경비지도사
법학개론

1차 [일반·기계경비]

시대에듀

2025 시대에듀 경비지도사 법학개론 [일반·기계경비]

Always with you

사람의 인연은 길에서 우연하게 만나거나 함께 살아가는 것만을 의미하지는 않습니다. 책을 펴내는 출판사와 그 책을 읽는 독자의 만남도 소중한 인연입니다.
시대에듀는 항상 독자의 마음을 헤아리기 위해 노력하고 있습니다. 늘 독자와 함께하겠습니다.

합격의 공식 ▶ 온라인 강의

보다 깊이 있는 학습을 원하는 수험생들을 위한
시대에듀의 동영상 강의가 준비되어 있습니다.
www.sdedu.co.kr ➔ 회원가입(로그인) ➔ 강의살펴보기

머리말
PREFACE

"생명과 재산을 지켜주는 수호자! 경비지도사"

현대인들은 자신의 의지와 상관없이 외부로부터 가해지는 각종의 위협에 노출되어 있다. 그러나 국가 경찰력이 각종 범죄의 급격한 증가 추세를 따라잡기에는 현실적으로 한계가 있으며, 이에 국가가 사회의 다변화 및 범죄의 증가에 효과적으로 대응하고 경찰력을 보완할 수 있는 전문인력을 양성하고자 경비지도사 국가자격시험을 시행한 지도 28년이 되었다.

경비지도사는 사람의 신변보호, 국가중요시설의 방호, 시설에 대한 안전업무 등을 담당하는 경비인력을 효율적으로 관리, 감독할 수 있는 전문인력으로서 그 중요성이 나날이 커지고 있으며, 그 수요 역시 꾸준히 증가하고 있지만, 합격인원을 한정하고 있기 때문에 경비지도사를 준비하는 수험생들의 부담감 역시 커지고 있다. 해마다 높아지고 있는 합격점에 대한 부담감을 안고 시험 준비에 어려움을 겪고 있을 수험생들을 위하여 본서를 권하는 바이다.

더 이상 단순 암기만으로는 합격에 도달할 수 없는 현시점에서, 지금 수험생들에게 가장 필요한 것은 "선택과 집중 그리고 이해 위주의 학습"이다. 점차 확장되고 있는 출제범위 내에서 과목별로 적절한 분량과 학습에 필요한 자료들만을 선택하여 이해 위주의 학습을 하는 것이야말로 시간 대비 가장 효율적인 학습방법인 것과 동시에 합격으로 향하는 가장 확실한 지름길이라 할 수 있을 것이다.

이에 따라 국가자격시험 전문출판사인 시대에듀가 수험생의 입장에서 더 필요하고 중요한 것을 생각하며 본서를 내놓게 되었다.

"2025 시대에듀 경비지도사 법학개론 [일반·기계경비]"의 특징은 다음과 같다.

❶ 최신 개정법령과 최근 기출문제의 출제경향을 완벽하게 반영하여 수록하였다.
❷ 시대에듀 교수진의 철저한 검수를 통해 교재상의 오류를 없애고 최신 학계 동향을 정확하게 반영하여 출제 가능성이 높은 테마를 빠짐없이 학습할 수 있도록 하였다.
❸ 다년간 경비지도사 수험분야 최고의 자리에서 축적된 본사만의 노하우(Know-how)를 바탕으로 시험에 자주 출제되는 중요 포인트를 선별하여 꼭 학습해야 할 핵심내용을 중심으로 교재를 구성하였다.
❹ 경비지도사 시험의 기출문제를 완벽하게 분석하여 상세한 해설을 수록하였으며, 기출표기를 통해 해당 문항의 중요도를 한눈에 파악할 수 있도록 하였다.
❺ 대한민국을 대표하는 시대에듀와의 강의 연계를 통해 검증된 수준의 강의를 지원받을 수 있다.

끝으로 본서가 모든 수험생들에게 합격의 지름길을 제시하는 안내서가 될 것을 확신하면서 본서로 공부하는 모든 수험생들에게 행운이 함께하기를 기원한다.

대표 편저자 씀

STRUCTURES
도서의 구성 및 특징

PART 01
이론편

STEP 1 학습지원

본격적으로 학습하기에 앞서 CHAPTER별로 상세 목차, 최다 출제 POINT 및 학습 목표를 통해 내용의 흐름을 파악하고, 중요도 및 학습방향을 설정할 수 있다.

❶ CHAPTER별 상세 목차
❷ 최다 출제 POINT & 학습목표

2025 시대에듀 경비지도사 법학개론 [일반·기계경비]

합격의 공식 Formula of pass | 시대에듀 www.sdedu.co.kr

PART 01
이론편

STEP 2 핵심이론

최신 출제경향 및 개정법령을 반영하여 체계적으로 정리한 핵심이론을 수록하였으며, 심화내용 BOX와 빈칸문제를 통해 필수개념을 확실하게 정리할 수 있다.

❶ 출제 POINT 빈칸문제 및 정답
❷ 심화내용 BOX
❸ 기출표시

STRUCTURES
도서의 구성 및 특징

PART 02 문제편

STEP 3 심화문제

경비지도사 제1회부터 제26회까지의 기출문제 중 중요 기출만을 엄선하였으며, 실전감각을 향상시킬 수 있는 모의심화문제를 추가로 수록하였다.

❶ 심화문제 & 정답
❷ 기출년도

PART 02 문제편

STEP 4 상세해설

꼼꼼한 상세해설을 통해 이론을 재확인하고, 핵심만 콕 & 법령 박스로 추가적인 학습이 가능하다.

① 상세해설
② 핵심만 콕
③ 법령 박스

INTRODUCTION
경비지도사 소개 및 시험안내

➕ 경비지도사란?
경비원을 지도·감독 및 교육하는 자를 말하며, 일반경비지도사와 기계경비지도사로 구분한다.

➕ 주요업무
경비업자가 대통령령이 정하는 바에 따라 선임한 경비지도사의 직무는 다음과 같다(경비업법 제12조 제2항, 동법 시행령 제17조 제1항).

1. 경비원의 지도·감독·교육에 관한 계획의 수립·실시 및 그 기록의 유지
2. 경비현장에 배치된 경비원에 대한 순회점검 및 감독
3. 경찰기관 및 소방기관과의 연락방법에 대한 지도
4. 집단민원현장에 배치된 경비원에 대한 지도·감독
5. 그 밖에 대통령령이 정하는 직무
    [1] 기계경비업무를 위한 기계장치의 운용·감독(기계경비지도사의 경우에 한한다)
    [2] 오경보방지 등을 위한 기기관리의 감독(기계경비지도사의 경우에 한한다)

➕ 응시자격 및 결격사유

응시자격	제한 없음
결격사유	경비업법 제10조 제1항 각호의 1에 해당하는 자

※ 결격사유에 해당하는 자는 시험 합격 여부와 관계없이 시험을 무효처리한다.

2025년 일반 · 기계경비지도사 시험 일정(사전공고 기준)

회차	응시원서 접수기간	제1차 · 제2차 시험 동시 실시	합격자 발표일
27	9.22~9.26 / 10.30~10.31(추가)	11.15 (토)	12.31 (수)

합격기준

구분	합격기준
제1차 시험	매 과목 100점을 만점으로 하여 매 과목 40점 이상, 전 과목 평균 60점 이상 득점한 자
제2차 시험	• 선발예정인원의 범위 안에서 전 과목 평균 60점 이상을 득점한 자 중에서 고득점순으로 결정 • 동점자로 인하여 선발예정인원이 초과되는 때에는 동점자 모두를 합격자로 결정

※ 제1차 시험 불합격자는 제2차 시험을 무효로 한다.

경비지도사 자격시험

구분	과목구분	일반경비지도사	기계경비지도사	문항수	시험시간	시험방법
제1차 시험	필수	1. 법학개론 2. 민간경비론		과목당 40문항 (총 80문항)	80분 (09:30~10:50)	객관식 4지택일형
제2차 시험	필수	1. 경비업법(청원경찰법 포함)		과목당 40문항 (총 80문항)	80분 (11:30~12:50)	객관식 4지택일형
	선택 (택1)	1. 소방학 2. 범죄학 3. 경호학	1. 기계경비개론 2. 기계경비기획 및 설계			

INTRODUCTION
경비지도사 소개 및 시험안내

일반경비지도사 제1차 시험 검정현황

구 분	대상자	응시자	합격자	합격률
2020년(제22회)	8,090	5,860	3,679	62.78%
2021년(제23회)	7,538	5,317	4,098	77.07%
2022년(제24회)	7,093	4,834	2,656	54.94%
2023년(제25회)	6,414	4,620	2,123	45.95%
2024년(제26회)	6,501	4,692	2,924	62.31%

제1차 시험 응시자와 합격자수

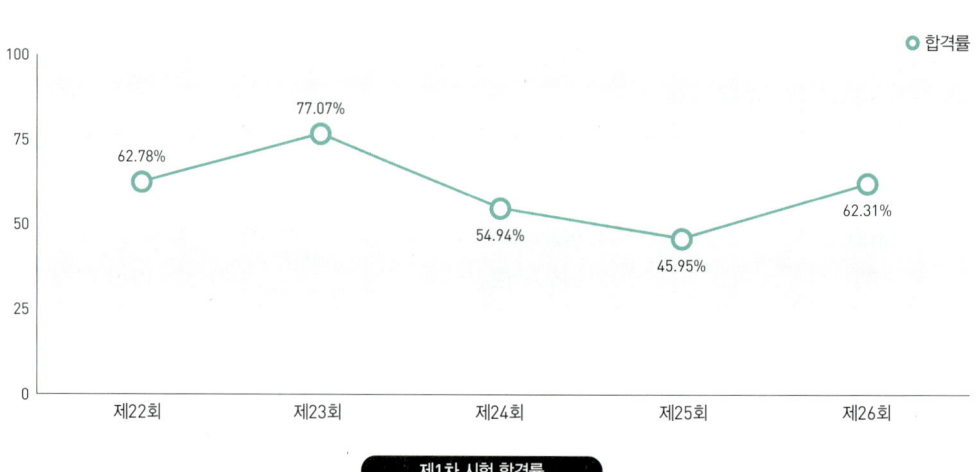

제1차 시험 합격률

REVISED LAW
최신 개정법령 소개

🞦 경비지도사 제1차 시험 관련 법령

본 도서에 반영된 주요 최신 개정법령은 아래와 같다(적색 : 2024년 이후 개정법령).

구 분	법 령	시행일
헌 법	헌 법	1988.02.25
	국민의 형사재판 참여에 관한 법률	2017.07.26
민사법	민 법	2025.01.31
	민사소송법	2025.07.12
형사법	형 법	2024.02.09
	형사소송법	2025.01.17
상 법	상 법	2025.01.31
사회법 일반	근로기준법	2025.10.23
	근로기준법 시행령	2021.11.19
	근로기준법 시행규칙	2024.07.29
	노동조합 및 노동관계조정법	2021.07.06
	노동위원회법	2022.05.19
	산업재해보상보험법	2025.01.01
	사회보장기본법	2025.06.21
	국민연금법	2024.12.20
	국민건강보험법	2025.04.23
	고용보험법	2025.02.23
행정법 일반	행정절차법	2023.03.24
	행정소송법	2017.07.26
	행정심판법	2023.03.21
	정부조직법	2024.06.27
	국가공무원법	2023.10.12
	국가배상법	2017.10.31
	지방자치법	2024.05.17

※ 경비지도사 자격시험에서 법률 등을 적용하여 정답을 구하여야 하는 문제는 시험 시행일 현재 시행 중인 법률 등을 적용하여 정답을 구하여야 한다.

ANALYSIS
최근 5년간 출제경향 분석

➕ 제1과목 법학개론

❖ 법학개론 회당 평균 출제횟수 : 법학 일반(8.2문제), 형사법(7.2문제), 민사법(7문제) 순이다.

출제영역		2020 (제22회)	2021 (제23회)	2022 (제24회)	2023 (제25회)	2024 (제26회)	총 계 (문항수)	회별출제 (평균)
제1장	법학 일반	8	8	8	9	8	41	8.2
제2장	헌 법	5	5	6	5	5	26	5.2
제3장	민사법	7	7	7	7	7	35	7
제4장	형사법	8	7	7	7	7	36	7.2
제5장	상법 일반	4	4	4	4	5	21	4.2
제6장	사회법 일반	4	4	4	4	4	20	4
제7장	행정법 일반	4	5	4	4	4	21	4.2
합계(문항수)		40	40	40	40	40	200	40

⋯▸ 2024년도 법학개론 총평 : 대부분 주요 빈출 주제에서 출제되었으나, 헌법상 대통령의 헌법기관 구성 권한에 관한 문제(5번), 경비계약과 손해배상에 관한 문제(18번), 상법상 회사에 관한 문제(36번), 상법상 주식회사에 관한 문제(37번)에서 어려움을 겪었을 것으로 생각된다. 특히 36번은 시행령과 관련된 지문이 출제되어 변별력이 있는 문제였다.

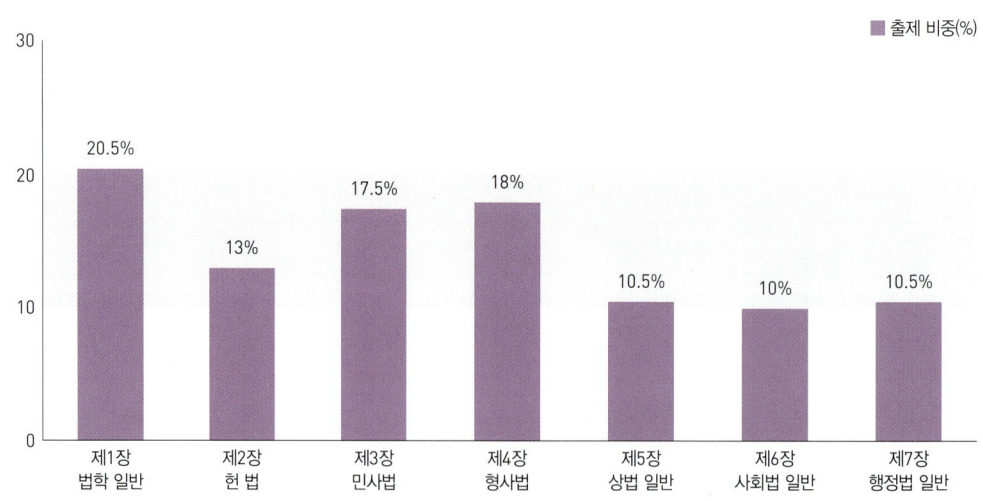

2020~2024년 경비지도사 법학개론 출제경향

2024년 제26회 법학개론 주제별 출제 분석

본 도서의 목차별로 정리한 2024년 법학개론 과목의 기출주제입니다(중복 출제된 주제 있음).

CHAPTER	POINT	2024년 제26회 기출주제
제1장 법학 일반	1. 법의 의의	법과 도덕
	2. 법원(法源)	법원(法源)
	3. 법의 구조(체계)와 분류	법의 분류
	4. 법의 적용과 해석	법의 적용, 법의 해석방법(물론해석)
	5. 권리와 의무	사법(私法)상의 권리, 형성권, 권리의 원시취득(原始取得) 사유
제2장 헌 법	1. 헌법 총설	헌법의 수호
	2. 대한민국 헌법	-
	3. 기본권	신체의 자유, 헌법이 규정하는 사회적 기본권
	4. 통치구조	국회의원, 대통령의 헌법기관 구성 권한
제3장 민사법	1. 민 법	법정추인 사유, 담보물권, 사용대차
	2. 경비업무와 손해배상	경비계약, 채무불이행의 유형, 불법행위책임(사용자책임)
	3. 민사소송법 일반	당사자능력
제4장 형사법	1. 형 법	책임능력, 재물을 객체로 하는 범죄
	2. 형사소송법 일반	형사소송의 지도이념, 소송의 주체, (준)현행범인, 공소, 상소
제5장 상법 일반	1. 상법총칙	-
	2. 회사법	회사의 종류, 회사 일반, 주식회사의 자본금
	3. 보험법	보험계약의 성질, 보험계약의 관계자
제6장 사회법 일반	1. 사회법의 이해와 노동법	근로기준법의 내용
	2. 사회보장법	산업재해보상보험법의 내용, 사회보장기본법의 내용, 국민연금법상 급여의 종류
제7장 행정법 일반	1. 행정법의 개요	행정법의 일반원칙(비례의 원칙)
	2. 행정조직법	행정관청
	3. 행정작용법	행정행위의 종류, 행정조사
	4. 행정구제법	-

PROCESS
시험접수부터 자격증 취득까지

1. 응시자격조건

- 경비업법 제10조 제1항의 결격사유에 해당하지 않는 어느 누구나 응시할 수 있습니다.
- 결격사유 기준일은 원서접수 마감일이며, 해당자는 시험합격 여부와 상관없이 시험을 무효처리합니다.

2. 필기원서접수

※ 인터넷 원서 접수 사이트 : q-net.or.kr

8. 자격증 발급

- 경비지도사 기본교육 종료 후 교육기관에서 일괄 자격증 신청
- 경찰청에서 교육 사항 점검 후, 20일 이내 해당 주소지로 우편 발송

7. 경비지도사 기본교육

3. 일반·기계 경비지도사의 시험

4. 1·2차 시험안내

6. 합격자발표

5. 합격기준

※ 확인 홈페이지 : q-net.or.kr

CONTENTS
이 책의 차례

이론편

CHAPTER 01 법학 일반

기출지문 OX	4
❶ 법의 의의	6
❷ 법원(法源)	16
❸ 법의 구조(체계)와 분류	20
❹ 법의 적용과 해석	25
❺ 권리와 의무	28

CHAPTER 02 헌 법

기출지문 OX	40
❶ 헌법 총설	42
❷ 대한민국 헌법	47
❸ 기본권	51
❹ 통치구조	63

CHAPTER 03 민사법

기출지문 OX	76
❶ 민 법	78
❷ 경비업무와 손해배상	110
❸ 민사소송법 일반	114

CHAPTER 04 형사법

기출지문 OX	128
❶ 형 법	130
❷ 형사소송법 일반	155

CHAPTER 05 상법 일반

기출지문 OX	170
❶ 상법총칙	172
❷ 회사법	178
❸ 보험법	184

CHAPTER 06 사회법 일반

기출지문 OX	192
❶ 사회법의 이해와 노동법	194
❷ 사회보장법	207

CHAPTER 07 행정법 일반

기출지문 OX	224
❶ 행정법의 개요	226
❷ 행정조직법	230
❸ 행정작용법	237
❹ 행정구제법	249

문제편

CHAPTER 01 법학 일반

심화문제	4

CHAPTER 02 헌 법

심화문제	94

CHAPTER 03 민사법

심화문제	172

CHAPTER 04 형사법

심화문제	276

CHAPTER 05 상법 일반

심화문제	380

CHAPTER 06 사회법 일반

심화문제	420

CHAPTER 07 행정법 일반

심화문제	468

법학개론

OX문제 + 핵심이론

CHAPTER 01 법학 일반
CHAPTER 02 헌 법
CHAPTER 03 민사법
CHAPTER 04 형사법
CHAPTER 05 상법 일반
CHAPTER 06 사회법 일반
CHAPTER 07 행정법 일반

1 법의 의의
01 법의 일반적 특징
02 법의 목적(이념)
03 법의 효력

2 법원(法源)
01 법원의 개념
02 성문법
03 불문법

3 법의 구조(체계)와 분류
01 법의 구조(체계)
02 법의 분류

4 법의 적용과 해석
01 법의 적용
02 법의 해석

5 권리와 의무
01 권리의 의의
02 의무의 의의
03 권리·의무의 종류
04 권리·의무의 주체와 객체
05 권리·의무의 변동
06 권리의 충돌과 순위
07 권리의 보호

최다 출제 POINT & 학습목표

1. 사회규범으로서 법의 특징을 도덕(윤리), 종교, 관습과 구별하여 알아본다.
2. 법의 목적인 정의, 합목적성, 법적 안정성을 구체적으로 알아보고, 특히 라드브루흐의 합목적성의 유형을 상세하게 학습한다.
3. 법의 효력과 관련하여, 법의 시간적 적용범위, 법의 장소적 적용범위, 속지주의, 속인주의 등에 관하여 알아본다.
4. 성문법과 불문법, 법의 구조와 분류, 법의 적용과 해석 및 권리와 의무 등에 대해 알아본다.

CHAPTER 01
법학 일반

CHAPTER 01 법학 일반

01 구법(舊法)과 신법 사이의 법적용의 문제를 해결하기 위해 제정된 법을 경과법이라고 한다. 기출 20
( )

02 국제사법(國際私法)에 따르면 사람의 권리능력은 우리나라 법에 의한다. 기출 20 ( )

03 한 국가의 법은 국적을 묻지 않고 그 영토 내에 있는 모든 사람에게 적용된다는 주의를 속지주의라고 한다.
기출 21 · 20 ( )

04 규칙은 지방의회에서 제정하는 자치법규이다. 기출 21 ( )

05 제정법에 대한 판례법의 우위는 대륙법계의 특징이다. 기출 21 ( )

06 조례, 규칙, 교육규칙 등은 지방자치단체의 자치입법에 해당한다. 기출 20 ( )

07 민사관계에서 조리는 성문법과 관습법이 존재하지 않는 경우에 적용된다. 기출 20 · 17 · 12 ( )

08 민법은 상법에 대한 특별법이다. 기출 21 ( )

09 법의 적용은 구체적 사안을 상위개념(대전제)으로 하고, 추상적인 법규범을 하위개념(소전제)으로 하여 결론을 도출하는 것이다. 기출 21 ( )

10 사실확정을 위한 실정법의 추정규정에 따르면, 아내가 혼인 중에 임신한 자녀는 남편의 자녀로 추정한다.
기출 18 ( )

11 물론해석에 따르면, '미성년자가 혼인을 할 때에는 부모의 동의를 얻어야 한다'는 규정이 있는 경우, 성년자가 혼인을 할 때에는 부모의 동의를 필요로 하지 않는다고 해석된다. 기출 21 ( )

12 '자전거 통행금지'라는 게시판이 있는 경우, 오토바이도 통행하지 못한다고 해석하는 것은 물론해석에 해당한다.
기출 24 · 21 ( )

13 구체적 사실을 확정하는 것은 법률문제가 아닌 사실문제이다. 기출 24 ( )

14 권원이란 일정한 법률상 또는 사실상 행위의 결과로 나타나는 효과를 말한다. 기출 15・14・12 ( )

15 헌법상 납세의 의무는 의무만 있고 권리를 수반하지 않는 경우에 해당한다. 기출 19 ( )

16 반사적 이익은 법에 의해 보호되는 이익으로서 그것이 침해된 자도 법률상 구제를 받을 수 있음이 원칙이다.
기출 21・15・14・12 ( )

17 신분권이란 사단법인에 소속된 구성원으로서의 지위에 기하여 발생하는 권리이다. 기출 21 ( )

18 타인의 작위・부작위 또는 인용을 적극적으로 요구할 수 있는 권리를 청구권이라 한다. 기출 14 ( )

19 甲의 행위에 대하여 우리 형법을 적용할 수 있는 근거는 속인주의이다. 기출 23 ( )

> 한국인 甲은 미국을 여행하던 중 미국 뉴욕의 한 공원에서 미국인 乙과 시비 끝에 乙을 살해하였다.

20 외국의 영해에 있는 우리나라의 선박 안에서 외국인이 죄를 범한 경우 우리나라 형법이 적용되지 않는다.
기출 22 ( )

21 헌법재판소는 관습헌법을 인정하지 않는다. 기출 22 ( )

▶ **정답과 해설** ◀ 01 ○ 02 × 03 ○ 04 × 05 × 06 ○ 07 ○ 08 × 09 × 10 ○
11 × 12 ○ 13 ○ 14 × 15 ○ 16 × 17 × 18 ○ 19 ○ 20 ×
21 ×

✓ **오답분석**

02 사람의 권리능력은 그의 본국법에 의한다(국제사법 제26조).
04 규칙은 지방자치단체의 장이 법령 또는 조례의 범위에서 그 권한에 속하는 사무에 관하여 제정할 수 있는 법규이다(지방자치법 제29조).
05 제정법에 대한 판례법의 우위는, 선례구속의 원칙이 확립되어 판례법이 제1차적 법원으로서 그 구속력과 법규성이 인정되고 있는 영미법계 국가의 특징에 해당한다.
08 상법이 민법에 대한 특별법이다.
09 법의 적용은 추상적인 법규범을 상위개념(대전제)으로 하고, 구체적 사안을 하위개념(소전제)으로 하여 3단논법으로써 결론을 도출하는 것이다.
11 이는 반대해석에 해당한다.
14 권원은 일정한 법률상 또는 사실상의 행위를 하는 것을 정당화하는 법률상 원인을 말한다.
16 반사적 이익은 법에 의해 보호되지 못하는 이익으로서, 그것이 침해된 자는 법률상 구제를 받을 수 없다.
17 지문의 내용은 사원권에 관한 설명이다.
20 기국주의(형법 제4조)에 근거하여 우리나라 형법이 적용된다.
21 헌법재판소는 신행정수도 건설을 위한 특별조치법이 관습헌법에 위배된다는 이유로 위헌 결정(헌재결[전] 2004.10.21. 2004헌마554・566)을 하였다. 즉, 헌법재판소는 관습헌법을 인정한다.

CHAPTER 01 법학 일반

1 법의 의의

01 법의 일반적 특징

1. 법의 본질 [기출 19]

① 사회규범(Social norm) : 법은 사회질서를 유지하기 위하여 사회의 구성원이 준수하여야 할 행위의 준칙을 의미한다.
② 강제규범(Zwangs norm) : 국가권력에 의하여 그 준수가 강제되는 규범이다. 법의 이러한 강제력은 다른 사회규범인 도덕, 종교, 관습 등과 구별되는 가장 뚜렷한 특징이다.
③ 문화규범(Cultural norm) : 법은 '정의'라는 법의 이념을 구현하고자 하는 인간들의 문화적 산물이다.
④ 당위규범(Sollen norm) : 법은 사회구성원들이 지켜야 할 행위의 준칙을 정하는 당위규범으로서, 있는 그대로의 존재를 설명하는 자연법칙과는 구별된다.

[당위규범과 자연법칙]

당위규범	자연법칙
당위법칙(Sollen) : '~해야 한다'는 법칙	존재법칙(Sein) : '~하다'는 법칙
규범법칙 : 준칙이 되는 법칙(행위의 기준)	인과법칙 : 원인이 있으면 결과가 나타남
목적법칙 : 정의·선과 같은 목적의 실현을 추구	필연법칙 : 우연이나 예외가 있을 수 없음
자유법칙 : 적용되는 상황에 따라 예외가 존재	구속법칙 : 자유의지로 변경할 수 없음

빈칸 채우기

사회규범(Social norm)
→ 법은 사회(❶)를 유지하기 위하여 사회의 (❷)이 준수하여야 할 (❸)의 준칙을 의미한다.

강제규범(Zwangs norm)
→ 국가(❹)에 의하여 그 준수가 (❺)되는 규범으로, 법규범은 종교, 도덕, 관습 따위의 사회규범과 구별된다.

❶ 질서 ❷ 구성원 ❸ 행위 ❹ 권력 ❺ 강제 정답

법언(法諺) 기출 17·14

법언은 시험에서 자주 인용되기 때문에 반드시 의미를 연관 지어 알아두어야 한다.
- 사회규범 : 사회가 있는 곳에 법이 있다.
- 강제성 : 강제력이 없는 법은 타지 않는 불이요, 비치지 않는 등불이다.
- 정의(正義) : 세상이 망하더라도 정의를 행하라.★
- 합목적성★
  - 민중의 행복이 최고의 법률이다.
  - 국민이 원하는 것이 법이다.
- 법적 안정성★
  - 정의의 극치는 부정의의 극치이다.
  - 무질서한 것보다 오히려 불평등한 것이 낫다.
  - 악법도 법이다.
- 법과 도덕과의 관계 : 도덕은 법의 최대한이고, 법은 도덕의 최소한이다.★
- 법치주의 : 국왕도 법 아래에 있다.
- 권리의 절대성 : 자기 권리를 행사하는 자는 어느 누구도 해하지 않는다.

함무라비법전 기출 12

기원전 1700년경 고대 바빌로니아의 함무라비왕에 의해 제정된 성문법으로, '눈에는 눈, 이에는 이'라는 동해보복형(같은 피해에는 같은 방법으로 보복을 함)을 규정하고 있다.

2. 법의 3중 구조(법규범의 종류) 기출 11

① **행위규범** : 법은 관습이나 도덕규범과 같이 인간의 행위를 규율한다. 여기에서 말하는 규범은 어떠한 행위를 행하도록 명하거나 어떠한 행위를 하지 말도록 금지하는 관계를 규정하는 사회규범의 전형적인 형태이다.

② **조직규범** : 공동사회를 운영하기 위하여 필요한 조직체의 구성과 운영에 관한 규범이다. 즉, 조직규범은 행위규범과 재판규범을 통합하며 그 존립의 기초와 작용방식을 부여하는 조직원리에 관한 규범으로 헌법, 국회법, 법원조직법, 정부조직법 등이 이에 속한다. 이 조직규범은 일반국민에 대한 행위의무를 명하지 않으며, 그 직접의 수범자는 국가기관의 구성자이다.

③ **강제규범(= 재판규범)** : 행위규범이 정하고 있는 명령 또는 금지에 위반하는 경우에는 강제력(형벌, 강제집행)이 발동된다. 이때 강제력의 발동은 재판을 통해서 하게 되므로 이를 재판규범이라고 한다. 이같이 법규범의 강제규범성은 법의 본질적 요소 중의 하나이며 예링(Jhering)은 "강제를 수반하지 않는 법은 타지 않는 불, 비치지 않는 등불이나 마찬가지로 그 자체가 모순"이라고 하였다. 그러므로 법규범은 행위규범에 강제규범을 결합시킨 중층구조를 형성하고 있다는 것이 통설이다.

3. 법과 사회규범 [기출 11]

① 법과 도덕
- ㉠ 법과 도덕의 관계 : 법과 도덕은 내용면에서 많은 부분이 중첩하는 관계로서 공공의 질서, 선량한 풍속, 신의성실의 원칙 등은 법과 도덕에 모두 준용되며, 효력 면에서는 상호보완관계이다. 즉, 법은 강제를 수단으로 도덕의 내용을 실현하며 도덕은 법의 효력을 뒷받침한다.
  - 규범의 내용면에서 볼 때 국가질서를 유지하는데 최소한으로 필요한 도덕을 실효적으로 만들기 위한 것이 법이다. 규범의 효력 면에서도 법의 강력력이 도덕의 효력을 뒷받침하기도 하고, 반대로 도덕의 효력이 법의 효력을 뒷받침하기도 한다.
  - 법과 도덕은 항상 일치하는 것은 아니며 도덕의 영역은 법의 영역보다 넓다.
- ㉡ 법과 도덕에 관한 학자들의 견해 [기출 12]
  - **칸트**(Kant) : 내면성과 외면성이라는 내용적인 기준보다는 합법성과 도덕성으로 구별하여 법은 동기의 여하와는 관계없이 합법성에 만족하고, 도덕은 의무감이 행위의 동기가 됨과 동시에 도덕성까지 요구한다고 하였다. ★
  - **예링**(Rudolf von Jhering) : 법은 국가권력에 의한 강제성이 보장되어 있으나 도덕은 그렇지 아니하다고 보면서, 법과 도덕의 구별이 매우 어렵다는 의미로 수많은 배들이 자주 난파했던 남미의 최남단 Cape Horn(혼곶)에 비유하였다. ★ 참고로 Cape of Good Hope(희망봉)는 아프리카 대륙의 남단(남아프리카공화국)에 위치하고 있다.
  - **옐리네크**(Georg Jellinek) : '법은 도덕의 최소한이다'이라고 보고 도덕규범 중 꼭 지켜져야 할 적은 부분이 법으로서 강제성을 띠게 된다고 보았다. ★
  - **라드브루흐**(Radbruch) : '법은 법이념에 봉사한다는 의미를 지니는 현실이다'라고 하였다. 또한 법은 행위를 규율하는 것이며, 도덕은 내심의 규범이라고 보면서도 법과 도덕의 구별에 있어서 절충적인 입장을 취하려고 하였다. ★
  - **슈몰러**(Schmoller) : '법은 도덕의 최대한이며, 결코 최소한은 아니다'라고 하면서 도덕규범 중 꼭 필요하다고 인정되는 것은 법으로 정립하여 강제성을 띤다고 보았다. 즉, 도덕규범이 법으로 제정되어 도덕이 사회생활 전면에 확대 적용되는 것을 강조하였다. ★

빈칸 채우기

법과 도덕에 관한 학자들의 견해
- 칸트 : 내면성과 외면성이라는 내용적인 기준보다 (❶)과 (❷)으로 구별하여 법은 동기의 여하와는 관계없이 (❶)에 만족하고, 도덕은 의무감이 행위의 동기가 됨과 동시에 (❷)까지 요구한다고 하였다.
- 예링 : 법은 국가(❸)에 의한 (❹)이 보장되어 있으나 도덕은 그렇지 아니하다고 보았다.
- 옐리네크 : '법은 도덕의 최소한이다'라 보고, 도덕규범 중 꼭 지켜져야 할 부분이 법으로서 (❹)성을 띤다고 보았다.
- 라드브루흐 : '법은 법(❺)에 봉사한다는 의미를 지니는 (❻)이다'라고 하였으며, 법과 도덕의 구별에 있어서 (❼)적인 입장을 취하려고 하였다.

정답 ❶ 합법성 ❷ 도덕성 ❸ 권력 ❹ 강제성 ❺ 이념 ❻ 현실 ❼ 절충

ⓒ 법과 도덕의 차이점 기출 24·17·15

법(法)	도덕(道德)
외면성 : 인간의 외부적 행위와 결과를 중요시함	내면성 : 인간의 내면적인 양심과 동기를 중요시함
강제성 : 위반에 대하여 국가권력을 배경으로 한 권력적 강제가 가능함	비강제성 : 규범의 유지와 제재에 강제성이 없음
양면성 : 의무에 대응하는 권리가 있음	편면성 : 의무에 대응하는 권리가 없음
목적 : 정의(Justice)의 실현	목적 : 선(Good)의 실현
경험적 사실에 의하여 성립	선험적 이성에 의하여 발생
대상은 평균인의 현실적 행위	대상은 평균인이 지키기 어려운 높은 이상
법률·명령형식의 문자로 표시	표현양식이 다양
준수 근거의 타율성, 국가가 규율주체	준수 근거의 자율성, 자기 자신이 규율주체

- 법의 외면성, 도덕의 내면성 : 법은 사람의 외면에 나타난 행위만을 규율할 뿐이고 내심에까지 간섭하지 않으나, 도덕은 내심(양심)만을 대상으로 하고 있다. 그러나 최근의 입법례에 있어서는 법도 행위자의 외면적인 행위보다도 내면적인 동기, 고의, 과실, 선의, 악의 등에 대한 관심이 커지고 있으며, 또 도덕에 있어서도 외부에 행위로서 나타나지 않는 내심은 그리 높게 평가하지 않는 것이 일반적으로 되고 있다.
- 법의 강제가능성, 도덕의 강제불가능성 : 법에는 강제가 있으나 도덕에는 강제가 없다. 즉, 사실에 있어서 법에 위반되는 행위가 있었을 때에는 강제(범죄에 대한 형벌, 불법행위에 대한 강제집행)가 따르는데 도덕의 명령에 위반했을 때에는 이러한 강제가 따르지 않는다.
- 법의 양면성과 도덕의 일면성(편면성) : 법은 국가와 국민, 권리와 의무, 채권과 채무와 같이 대립되는 양면을 가진 사회사실을 규제하는 양면성을 가지고 있으나 도덕은 권리는 없고 의무만 있으며, 따라서 도덕이 다루는 것은 의무뿐이라는 전제에서 이를 도덕의 일면성이라고 한다.
- 법의 타율성과 도덕의 자율성 : 법은 복종자에 대하여 밖에서 의무를 지우는 타율성의 규범이고, 도덕은 고유한 인격을 통한 자발적인 자율성의 규범이다.

> **선한 사마리아인 조항**
> 법의 윤리화 현상으로, 위험에 처해있는 자를 구해주어도 본인 또는 제3자에게 위험이 없음에도 불구하고 돕지 않은 자를 처벌한다는 것을 내용으로 한다. 우리 형법에는 도입하지 않고 있으며, 다만 이와 관련하여 응급의료에 관한 법률 제5조의2에서 선의의 응급의료에 대한 면책규정을 두고 있다.

② 법과 관습 기출 11 : 일정한 행위가 특정한 지역의 다수인 사이에서 반복됨으로써 발생하는 사회규범이 관습이며, 관습의 규범력을 보장하는 것은 공공적 의견이자 사회적 통념이다.
  ㉠ 법과 관습의 차이점 : 법은 인위적으로 만들어지는 반면, 관습은 자연발생적 현상으로 생성된다. 관습은 비조직적인 사회의 규범(관행)이고, 법은 공고한 조직적 사회인 국가의 규범으로 관습의 위반에 대해서는 사회의 비난에 그치지만, 법의 위반은 국가권력에 의한 강제가 규정되어 있다.
  ㉡ 법과 관습의 관계 : 관습법은 관습이 법규범화된 것이다(민법 제1조). 또 사실인 관습도 일정한 요건 하에서는 법적 효력을 가진다(민법 제106조). ★

> **법원(민법 제1조)** 기출 23
> 민사에 관하여 법률에 규정이 없으면 관습법에 의하고 관습법이 없으면 조리에 의한다.
>
> **사실인 관습**
> 법령 중의 선량한 풍속 기타 사회질서에 관계없는 규정과 다른 관습이 있는 경우에 당사자의 의사가 명확하지 아니한 때에는 그 관습에 의한다(민법 제106조). 다만 관습법이 법원으로서 법령과 같은 효력을 가질 수 있는 것과 달리 사실인 관습은 법령으로서의 효력이 없는 단순한 관행으로서 법률행위의 당사자의 의사를 보충함에 그친다는 것이 판례의 태도이다. 즉, 사실인 관습은 민법 제1조의 관습법에 해당하지 않는다(대판 1983.6.14. 80다3231).

③ 법과 종교
  ㉠ 공통점 : 종교는 관습·도덕과 함께 중요한 사회규범이라는 점에서 공통점을 갖는다. ★
  ㉡ 차이점 : 종교는 신앙의 요소를 가지고 절대적인 신에 의존하고 있다는 점과 사람의 사회생활의 기준으로서 사람의 내부적 의사를 규율하므로 의사 중심의 내면성을 갖는다. 반면에 법은 행위 중심의 외면성을 가지고 사회생활의 질서유지를 위한 규범으로 국가에 의해 강제된다는 점에서 차이가 있다.

4. 자연법과 실정법

일반적으로 우리가 법이라고 말할 때에는 이른바 실정법을 뜻하는데, 실정법은 인간이 만든 경험적인 법이며 때와 장소에 따라 변하는 상대적인 규범이다. 한편 자연법론자들은 실정법의 배후에 자연법이 존재한다고 주장하면서 자연법이란 인간이 제정한 법이 아니라 때와 장소를 초월한 보편타당한 법이며 선험적인 규범이라고 하였다.

> **자연법과 실정법**
> • 자연법은 시대와 민족, 국가와 사회를 초월하여 보편타당하게 적용되는 객관적 질서로 부당한 실정법을 개정하는 기준이 된다. 자연법론자들은 법과 도덕의 구별을 부인한다. ★
> • 실정법론자들은 법과 도덕의 구별을 인정한다. ★

02 법의 목적(이념) 기출 17

1. 의의

① 법의 목적 : 인간이 법을 통해 실현하려고 하는 사회생활의 실천목표로, 법의 배후에서 법의 원동력이 되는 하나의 이념가치이며, 효력의 근거이고 법가치를 평가하는 척도이다. 또한 법이 존재하는 이유가 되기도 한다.
② 법의 목적에 관한 제학설

플라톤과 아리스토텔레스	정의를 원칙으로 한 도덕생활의 실천이다. ★
루 소	개인의 자유·평등의 확보 및 발전이다. ★
칸 트	도덕적 개인 인격의 확보이다. ★
예 링	법의 목적은 전체 법의 창조로, 그 중요성을 강조하면서 법의 목적은 사회의 제 생활조건의 확보라고 보았다. ★

파운드	특정한 때와 장소에 있어서의 문화의 법적 공리이다.
맹거, 레너	경제적 기본권의 확보와 실현이다.
라드브루흐	법의 목적은 정의, 법적 안정성, 합목적성의 3가지 기본가치의 추구라고 보았다.★

기출 06

2. 정의(법의 추상적 목적)

정의(Justice)는 법이 추구하는 이념의 출발점인 동시에 궁극적인 목적이다. 정의는 인간이 사회생활을 하는데 있어서 마땅히 지켜야 할 생활규범의 이념이자 평등한 사회관계를 내용으로 하여 인간관계의 조화를 이룩하는 사회질서의 이념으로 법과 불가분의 관계를 맺고 있다.

플라톤의 정의론
정의란 공동생활에 있어서 각자의 계급에 합당한 덕을 다하는 것이라고 하였다.
- 철인 계급(통치자 계급)의 덕 : 지혜
- 무인 계급(군인 계급)의 덕 : 용기
- 생산자 계급(농민·노동자 계급)의 덕 : 절제

아리스토텔레스의 정의론 기출 16
정의를 일반적 정의(광의)와 특수적 정의(협의)로 구분하였고, 특수적 정의는 아래와 같이 나누어진다.
- 평균적 정의 : 개인은 동일한 가치를 가지고 평등하게 다루어져야 한다는 형식적·절대적 평등을 주장하는 산술적·교환적 정의★
- 배분적 정의 : 개인 각자의 능력과 가치에 따라 적합하게 분배되어야 한다는 실질적·상대적 평등을 주장하는 상대적·비례적 정의

3. 합목적성

① 합목적성의 개념 : "정의에 대한 지침과 구체적 방식에 대한 답을 제시하는 법의 이념이다(Radbruch)" 정의가 법의 내용을 일반화하는데 반하여 합목적성은 법을 개별화하는 경향이 있으며, 개인주의·단체주의, 사익과 공익의 대립·모순되는 가치관의 조절은 법의 합목적성을 통해서 가능하다. 따라서 법의 내용이 합목적성을 결여하게 되면 법으로서의 정당성을 상실하게 되므로 법의 정립에 있어서는 목적에 부합될 것이 요구된다.

② 라드브루흐의 합목적성의 유형(개인주의와 단체주의, 문화주의)

개인주의	개인의 궁극적 가치의 기준이 되며, 국가나 단체는 개인의 자유와 행복이 최대한 보장되도록 노력한다. 따라서 국가를 포함한 단체는 개인보다 하위의 가치에 서게 되며, 모든 개인이 평등하게 존중되도록 평균적 정의가 강조된다.
단체주의 (초개인주의)	단체(예컨대 민족이나 국가)를 최고의 가치로 신봉하고, 개인은 단체의 부분으로 단체의 가치를 실현하는 범위 안에서 인정되고 존중된다. 단체주의는 단체를 유지·발전시키기 위하여 단체의 입장에서 개인들에게 비례적인 평등을 실현시키면서 배분적 정의에 중점을 두게 된다.
문화주의 (초인격주의)	개인도 단체도 아닌 인간이 만든 문화 혹은 작품을 최고의 가치로 신봉하는 태도이다. 수천만의 노예의 목숨보다 피라미드가 위대하고, 불난 집에서 아이보다 라파엘의 그림을 먼저 꺼내야 한다는 입장이다. 개인과 국가는 이러한 문화를 창조해 나가는 범위 안에서만 부차적인 가치를 가진다고 본다.

③ 상대주의의 관용 : 진정한 상대주의의 의미는 "내 것이 소중하기 때문에 네 것도 소중하다"는 관용의 정신으로, 법의 목적은 국가나 세계관에 따라 달라질 수 있다고 본다. 민주주의 국가에서는 상대주의적 세계관이 지배하기 때문에 어떤 목적 하나만이 절대적이라고 인정되지 않는다.

4. 법적 안정성

① **법적 안정성의 의의** : 여러 공동생활의 질서로서 법은 의견들을 종합한 단일의 법질서가 필요하므로 정의나 합목적성을 위하여 다음과 같은 몇 가지 사항이 요구된다.
  ㉠ 법의 내용이 명확해야 한다(성문법주의).
  ㉡ 법이 쉽게 변경되어서는 안 되며, 특히 입법자의 자의에 의해 쉽게 영향을 받아서는 안 된다.
  ㉢ 법이 실제로 실행 가능한 것이어야 하며 너무 높은 이상만 추구하여서는 안 된다.
  ㉣ 법은 민중의 의식, 즉 법의식에 합치되는 것이어야 한다.

② **법적 안정성의 필요성**
  ㉠ **질서유지 및 평화의 회복** : 법의 제1차적 기능은 질서를 유지하고 분쟁이 발생한 경우에 평화를 회복하고 유지하는 데 있다. 법은 법 자체의 안정성과 사회질서의 안정성을 요구한다.
  ㉡ **법적 안정성의 보장** : 법적 안정성이 보장되어야 사회질서의 안정도 보장된다. 왜냐하면 법이란 행위규범인 동시에 재판규범의 기준으로서 법이 자주 변경된다면 국민이 행동의 지침을 잃게 되고 사회도 안정될 수 없기 때문이다.
  ㉢ **법적 안정성의 구체적인 예** : 공소시효, 소멸시효, 취득시효(소유권 취득), 사법상의 점유 보호, 선의취득 및 국제법에서의 현상유지이론 등 ★

5. 법 목적의 상관관계

① 정의는 법의 내용, 법적 안정성은 법질서 정립의 기능에 관한 법이념이다.
② 정의는 윤리적, 합목적성은 공리적 가치와 결부되는 법이념이다.
③ 정의는 법의 내용을 일반화하고 합목적성은 그것을 개별화하는 경향이 있으며, 정의·합목적성은 이념적이고, 법적 안정성은 사실로부터의 실정성이 요구된다.
④ 법실증주의 시대에서는 법의 실증성과 안정성을 유지하기 위하여 정의나 합목적성이 소홀히 취급되었으며, 근대 자연법의 전성기에는 정의를 가장 중시하였다.
⑤ 정의만 강조하면 "세상은 망하더라도 정의는 세우라"고 하고, "정의만이 통치의 기초이다"라고 주장한다. 그러나 정의만을 강조하면 법적 안정성을 해치고, 법적 안정성만 강조하면 정의를 망각하는 경우가 발생할 수 있다. ★
⑥ 합목적성을 강조하면 "민중의 행복이 최고의 법률이다"라고 하고, "국민이 원하는 것이 법이다"라고 주장하게 된다. ★
⑦ 법적 안정성을 강조하면 "악법도 법이다"라고 하고, "정의(법)의 극치는 부정의(불법)의 극치"라고 한다. ★

🔍 빈칸 채우기

법 목적의 상관관계
… (❶)는 법의 내용을 일반화하고 (❷)은 그것을 개별화하는 경향이 있으며, (❶)·(❷)은 이념적이고 (❸)은 사실로부터의 실정성이 요구된다.
… 법실증주의 시대에서는 법의 (❹)과 (❺)을 유지하기 위하여 (❶)나 (❷)이 소홀히 취급되었으며, 근대 자연법의 전성기에는 (❶)를 가장 중시하였다.

❶ 정의 ❷ 합목적성 ❸ 법적 안정성 ❹ 실증성 ❺ 안정성 정답

03 법의 효력 기출 17

1. 법의 실질적 효력

① 의의 : 법규범을 현실적으로 실현·복종시킬 수 있는 힘으로, 일정한 사항을 요구하고 금지할 수 있는 법의 '규범적 타당성'과 법규범이 정한대로 사회적 사실을 움직이는 힘인 '사실적 실효성'이 있어야 한다. 법은 행위규범과 강제규범의 중층구조로 이루어져 있는데 행위규범에 관계되는 문제가 법의 '타당성'이며, 강제규범에 관한 것이 법의 '실효성'이다.

② 법의 타당성과 실효성의 관계
  ㉠ 법이 타당성은 있으나 실효성이 없는 경우 : 법은 사문화될 가능성이 있다.
  ㉡ 법이 실효성이 있으나 타당성이 없는 경우 : 법은 악법에 해당하므로 위헌법률심판 등을 통해서 그 법률의 형식적 효력을 제거해야 한다.

> **자력구제(自力救濟)**
> 법률상의 절차에 의하지 않고 자신의 힘으로 권리의 내용을 실현하는 것으로, 원칙적으로 인정되지 않는다. 다만, "점유자는 그 점유를 부정히 침탈 또는 방해하는 행위에 대하여 자력으로써 이를 방위할 수 있다"고 규정한 민법 제209조와 같은 예외가 있다.

2. 법의 형식적 효력(적용 범위)

① 의의 : 실정법이 적용되는 효력 범위(적용 범위)를 말한다. 즉, 구체적 사실이 어떠한 시기, 어떠한 장소, 어떠한 사람에 의하여 발생되었는가 하는 일정한 한계를 갖기 마련인데, 이러한 한정된 범위 안의 효력을 말한다.

② 법의 시간적 효력 기출 16·15·09
  ㉠ 법의 유효기간 : 법은 시행일부터 폐지일까지 그 효력을 갖는다.★
  ㉡ 법의 시행 : 관습법은 성립과 동시에 효력을 가지나 제정법률은 특별한 규정이 없는 한 공포한 날로부터 20일을 경과함으로써 효력이 발생된다(헌법 제53조 제7항). 기출 20

> **법령 등 공포에 관한 법률**
> - 법령 등의 공포일 또는 공고일은 해당 법령 등을 게재한 관보 또는 신문이 발행된 날로 한다(제12조).
> - 대통령령, 총리령 및 부령은 특별한 규정이 없으면 공포한 날부터 20일이 경과함으로써 효력을 발생한다(제13조).★
> - 국민의 권리 제한 또는 의무 부과와 직접 관련되는 법률, 대통령령, 총리령 및 부령은 긴급히 시행하여야 할 특별한 사유가 있는 경우를 제외하고는 공포일부터 적어도 30일이 경과한 날부터 시행되도록 하여야 한다(제13조의2).★

빈칸 채우기

법의 시행

→ (❶)은 성립과 동시에 효력을 가지나 (❷)은 특별한 규정이 없는 한 공포한 날로부터 (❸)일을 경과함으로써 효력이 발생된다.

정답 ❶ 관습법 ❷ 제정법률 ❸ 20

ⓒ 법의 폐지 : 법 시행기간이 종료되었거나, 특정 사항을 목적으로 제정된 때 그 목적사항의 소멸 또는 신법에서 명시규정으로 구법의 일부 또는 전부를 폐지한다고 한 때에는 그 구법의 일부 또는 전부가 폐지되는 것을 명시적 폐지라 하고, 동일 사항에 관하여 서로 모순·저촉되는 신법의 제정으로 구법이 당연히 폐지되는 것을 묵시적 폐지라 한다. ★

ⓔ 법률불소급의 원칙 기출 22
- 원칙 : 법의 효력은 시행 후에 발생한 사항에 관해서만 적용되고 시행 이전에 발생한 사항에 대하여는 소급하여 적용하지 못한다는 원칙을 말한다.
  - 모든 국민은 행위 시 법률에 의하여 범죄를 구성하지 아니하는 행위로 소추되지 아니한다(헌법 제13조 제1항).
  - 모든 국민은 소급입법에 의하여 참정권의 제한을 받거나 재산권을 박탈당하지 아니한다(헌법 제13조 제2항).
  - 행정법령의 경우, 새로운 법령 등은 법령 등에 특별한 규정이 있는 경우를 제외하고는 그 법령 등의 효력 발생 전에 완성된 사실관계에 대해서는 적용되지 아니한다(행정기본법 제14조 제1항).
- 예외 : 소급효의 인정이 정의·형평의 관념에 부합할 때에는 예외를 인정한다. 신법이 도리어 관계자에게 유리하거나 소급하여 적용함이 기득권을 침해하는 일이 되지 않거나 또는 침해한다 할지라도 소급시킬 공법상의 필요가 있을 때에는 소급효가 인정된다.
  - 본법은 특별한 규정이 있는 경우 외에는 본법 시행일 전의 사항에 대하여도 이를 적용한다. 그러나 이미 구법에 의하여 생긴 효력에 영향을 미치지 아니한다(1960년 시행 민법 부칙 제2조).

> **형법상 예외적 소급적용(법률불소급 원칙의 예외)**
> 범죄 후 법률이 변경되어 그 행위가 범죄를 구성하지 아니하게 되거나 형이 구법(舊法)보다 가벼워진 경우에는 신법(新法)에 따른다(형법 제1조 제2항). 즉, 범죄 후 법률의 변경이 피고인에게 유리한 경우에는 소급적용이 허용된다. ★

ⓜ 경과법 : 법령의 제정·개폐가 있었을 때 구법 시행 시의 사항에는 구법을 그대로 적용하고 신법 시행 후의 사항에 대하여는 신법이 적용되는 것이 원칙이나 어떤 사항이 구법 시행 시 발생하여 신법 시까지 진행되고 있을 경우, 구법·신법 중 어떤 것을 적용할 것인가에 대하여 그 법령의 부칙 또는 시행법령에 특별한 경과규정을 두는 것을 말한다. 기출 22·20

③ 법의 장소적 효력 기출 23·22·21·20·15·09
ⓞ 원칙(속지주의) : 국가는 국민, 주권, 영토를 그 구성요소로 한다. 그리고 한 나라의 법은 원칙적으로 그 국가의 주권이 미치는 모든 영역인 영토·영해 및 영공의 전반에 걸쳐 그 효력이 미친다. 즉, 국가의 통치권은 그 나라의 영토 전반에 미치는 것이므로 통치권에 의하여 제정된 법도 그 영역 전반, 즉 내국인이건 외국인이건 국적을 불문하고 그 영역 내에 있는 사람 전체에 적용되는 것이다.
ⓛ 예외(속인주의) : 외국에서의 행위라도 자국민의 행위에 대해서는 자국법을 적용한다는 것으로, 자국에 있는 외국의 대사관(재외공관) 등 치외법권 지역의 경우 속인주의가 예외적으로 적용된다.
ⓒ 기국주의 : 공해상의 선박·항공기는 국적을 가진 국가의 배타적 관할에 속한다는 국제법상의 원칙이다.

형법상 장소적 적용범위
- 속지주의(제2조) : 본법은 대한민국 영역 내에서 죄를 범한 내국인과 외국인에게 적용한다.
- 속인주의(제3조) : 본법은 대한민국 영역 외에서 죄를 범한 내국인에게 적용한다.
- 기국주의(제4조) : 본법은 대한민국 영역 외에 있는 대한민국의 선박 또는 항공기 내에서 죄를 범한 외국인에게 적용한다.
- 보호주의(제5조) : 본법은 대한민국 영역 외에서 다음에 기재한 죄를 범한 외국인에게 적용한다.
  - 내란의 죄
  - 외환의 죄
  - 국기에 관한 죄
  - 통화에 관한 죄
  - 유가증권, 우표와 인지에 관한 죄
  - 문서에 관한 죄 중 공문서관련 죄
  - 인장에 관한 죄 중 공인 등의 위조, 부정사용
- 보호주의(제6조) : 본법은 대한민국 영역 외에서 대한민국 또는 대한민국국민에 대하여 전조에 기재한 이외의 죄를 범한 외국인에게 적용한다. 단, 행위자의 법률에 의하여 범죄를 구성하지 아니하거나 소추 또는 형의 집행을 면제할 경우에는 예외로 한다.
- 세계주의 : 총칙에는 이에 관한 규정이 없으나 각칙에서는 세계주의를 인정하고 있다(제296조의2).

④ 법의 대인적 효력
  ㉠ 속지주의 : 국가의 영토를 기준으로 하여 그 영토 내에 거주하는 사람은 내·외국인을 막론하고 모두 그 나라의 법의 적용을 받는다는 주의이다.
  ㉡ 속인주의 : 대인고권에 의해 자국의 국적을 가지는 한 그 소재지를 불문하고 자국법을 적용하는 것이다. 즉, 외국에 사는 자국민에 대하여도 자국법이 적용된다고 하는 주의이다.
  ㉢ 절충주의 : 역사적으로 속인주의에서 속지주의로 변천해 왔으며 오늘날 국제사회에서는 영토의 상호존중과 상호평등원칙이 적용되므로 속지주의가 원칙이고 예외적으로 모순이나 문제점이 있을 경우 이를 해결·보충하기 위하여 속인주의를 가미한다.★★

빈칸 채우기

속지주의
- 국가의 (❶)를 기준으로 하여 그 (❶) 내에 거주하는 사람은 내·외국인을 막론하고 모두 그 나라의 법의 적용을 받는다는 주의이다.
- 역사적으로 (❷)주의에서 속지주의로 변천해 왔으며 오늘날 국제사회에서는 (❶)의 상호(❸)과 상호(❹) 원칙이 적용되므로 속지주의가 원칙이며 예외적으로 (❷)주의가 가미된다.

정답 ❶ 영토 ❷ 속인 ❸ 존중 ❹ 평등

2 법원(法源)

01 법원의 개념

1. 법원의 의의 기출 19·09

① 법원이란 법의 연원으로 법에 대한 인식수단 내지는 존재 형식을 말하는데 법의 존재 형식으로서의 법원은 크게 성문법과 불문법으로 나뉜다. 성문법(제정법)은 문서화된 법인 동시에 일정한 절차를 거쳐 일정한 형식으로 공포된 법으로서 법률·명령·조약·규칙·조례 등이 있다. 불문법이란 성문법 이외의 법으로 관습법, 판례법, 조리가 있다.

② 프랑스, 독일 등 대부분의 대륙법계 국가에서는 성문법주의를, 영미법계 국가에서는 불문법주의를 취하지만 오늘날 영미법계에서는 불문법의 불비를 보충 또는 수정·보완하기 위해 성문법을 제정하기도 한다. 우리나라는 성문법주의를 원칙으로 하고 불문법은 성문법의 결함을 보충하는 데 적용하고 있다.

기출 21

2. 성문법과 불문법의 장·단점 기출 24·19·12·11

구 분	성문법	불문법
장 점	• 법의 존재와 의미를 명확히 할 수 있다. • 법적 안정성을 기할 수 있으며 입법기간이 짧다. • 법의 내용을 객관적으로 알려 국민이 법적 문제에 예측가능성을 갖는다. • 발전적으로 사회제도를 개혁할 수 있다. • 외국법의 계수와 법체계의 통일이 쉽다.	• 사회의 구체적 현실에 잘 대처할 수 있다. • 법의 적용에 융통성이 있다. • 입법자의 횡포가 불가능하다. • 법현실이 유동적이다.
단 점	• 입법자의 횡포가 가능하다. • 문장의 불완전성으로 법해석의 문제가 발생한다. • 개정절차가 필요하므로 사회변동에 능동적으로 대처하지 못하여 법현실이 비유동적이다. • 법이 고정화되기 쉽다.	• 법의 존재와 의미가 불명확하다. • 법의 내용을 객관화하기 곤란하며 법적 변동의 예측이 불가능하다. • 법적 안정성을 기하기 어렵다. • 법적 기능을 갖는데 기간이 오래 걸린다. • 외국법의 계수와 법체계의 통일이 어렵다.

빈칸 채우기

성문법의 장·단점

→ 장점 : 법적 (❶)성을 기할 수 있으며, 법의 내용을 (❷)적으로 알려 국민이 법적 문제에 (❸)가능성을 갖는다.

→ 단점 : (❹)절차가 필요하므로 사회변동에 능동적으로 대처하지 못하여 법현실이 비(❺)적이다.

불문법의 장·단점

→ 장점 : 법의 적용에 (❻)성이 있으며, 법현실이 (❺)적이다.

→ 단점 : 법의 내용을 (❷)화하기 곤란하며 법적 변동의 (❸)이 불가능하다. 법적 (❶)성을 기하기 어렵다.

❶ 안정 ❷ 객관 ❸ 예측 ❹ 개정 ❺ 유동 ❻ 융통 정답

02 성문법 기출 13

1. 헌법
① 헌법은 국가의 이념이나 조직 및 작용, 국가기관 상호 간의 관계, 국가와 국민의 관계에 관한 기본원칙을 정한 국가 최고의 기본법이다. 기출 14·11
② 국가의 최상위 규범으로서 하위법인 법률·명령·규칙 등이 헌법에 위반될 경우 무효로 한다. 따라서 헌법은 그 나라의 법원 중에서 최상위에 위치하여 모든 하위법규의 근거·기준·한계가 되는 법이다.
기출 12·11

2. 법률
① 법률이란 실질적 의미로는 넓게 법(Law, Recht)을 말하나, 형식적(좁은 의미)으로는 입법기관인 국회의 의결을 거쳐 대통령이 서명·공포하여 제정된 성문법을 말한다.★ 기출 08
② 법률은 제1차적 법원으로서 가장 중요한 것이다.

3. 명령
① 국회의 의결을 거치지 않고 행정기관에 의하여 제정되는 성문법규이다.★ 기출 21·13
② 명령제정은 사회적 법치국가의 출현과 위기정부 내지 비상사태의 일반화 현상에서 필요성을 찾아볼 수 있다.
③ 명령은 제정권자를 기준으로 대통령령·총리령·부령으로 나눌 수 있다. 또한 명령의 성질에 따라 법규명령과 행정명령으로 나뉘고, 법규명령은 다시 위임명령과 집행명령으로 나누어진다.★

> **행정입법** 기출 22
> • 법규명령 : 행정기관이 국민의 권리·의무에 관한 사항을 규정하는 것으로 대국민적 구속력을 가지는 법규적 명령을 말한다. 여기서 법규명령은 다시 위임명령과 집행명령으로 나누어진다.
>   – 위임명령 : 법령의 내용을 보충하는 보충명령으로 법률 또는 상위명령에 의하여 위임받은 사항에 관하여 내리는 명령이다.
>   – 집행명령 : 법률의 범위 내에서 법률의 실시에 관한 세부적·기술적 사항을 규율하기 위해 발하는 명령이다. 집행명령은 법률의 명시적 수권이 없더라도 발할 수 있으나 모법을 보충할 수 없고 국민의 새로운 권리·의무에 관한 사항을 규율할 수 없다는 점에서 위임명령과 차이가 있다.
> • 행정명령 : 넓은 의미의 행정명령은 법규의 성질을 지닌 법규명령을 포괄하는 의미로 사용되나, 일반적으로는 법규의 성질을 지니지 않은 훈령·지시·명령 등 행정규칙의 의미로 사용된다.
>
> **성문법의 종류**
> 헌법(국민), 법률(국회), 명령(행정부), 조례(지방의회), 규칙(지방자치단체의 장), 조약(다수의 국가)

4. 조례와 규칙 기출 19
① **조례** : 지방자치단체는 법령의 범위 안에서 그 사무에 관하여 조례를 제정할 수 있다. 다만, 주민의 권리 제한 또는 의무 부과에 관한 사항이나 벌칙을 정할 때에는 법률의 위임이 있어야 한다(지방자치법 제28조 제1항).
② **규칙** : 지방자치단체의 장은 법령이나 조례가 위임한 범위에서 그 권한에 속하는 사무에 관하여 규칙을 제정할 수 있다(지방자치법 제29조). 기출 21·13
③ **조례와 규칙의 입법한계** : 시·군 및 자치구의 조례나 규칙은 시·도의 조례나 규칙을 위반하여서는 아니 된다(지방자치법 제30조).

5. 국제조약과 국제법규 기출 19·12

① 법원성
  ㉠ 국제질서의 존중을 위하여 국제조약과 국제법규는 당연히 국제법의 법원이 되며, 한편 조약과 국제법규는 국내법과 마찬가지로 국민을 지배하므로 국내법의 법원도 된다고 할 것이다.
  ㉡ 우리나라 헌법(제6조 제1항)은 "헌법에 의하여 체결·공포된 조약과 일반적으로 승인된 국제법규는 국내법과 같은 효력을 가진다"라고 규정하고 있다. 기출 24·22·11·04
② 조약 : 그 명칭 여하를 불문하고 문서에 의한 국가 간의 합의를 말하며, 헌법에 의하여 체결·공포된 조약은 국내법과 같은 효력을 가진다.
③ 일반적으로 승인된 국제법규 : 국제사회의 일반적·보편적 규범으로서 세계의 대다수 국가가 승인하고 있는 것으로서 국내법과 같은 효력을 가진다.

6. 성문법 상호 간의 관계

① 상위법우선의 법칙 기출 22 : 한 국가의 실정법 질서는 '헌법 → 법률 → 명령 → 조례 → 규칙'이라는 단계적 구조를 이루고 있는데, 상위의 법규는 하위의 법규에 우월하며 상위의 법규에 저촉되는 하위의 법규는 그 효력을 상실한다.
② 특별법우선의 원칙 기출 22·12 : 동일한 사항에 대하여 규정이 상반되는 경우 특별법은 일반법에 우선하여 적용된다. 예를 들어 상법은 민법에 대한 특별법이므로 동일한 사항에 관하여 민법의 규정과 상법의 규정이 충돌할 때에는 상법이 우선하여 적용되는 것이다.

> **법의 적용순위의 예** 기출 23·22·12
> 민법 및 민법의 특별법의 지위에 있는 상법의 적용은 상법 > 상사관습법 > 민법 > 민사관습법 > 조리의 순서로 적용된다.

③ 신법우선의 원칙 : 법령이 새로 제정되거나 개정된 경우에는 신법은 구법에 우선한다. 그러나 일반법과 특별법 사이에는 법규성립의 선후가 아니라 특별법우선의 원칙에 따라 효력이 정해진다. ★
④ 법률불소급의 원칙 : 법적 안정성의 확보를 위하여 법규에는 소급효가 없다는 원칙이 인정되고 있다. 우리 헌법도 소급입법에 의한 참정권의 제한 또는 재산권의 박탈을 금지하고 있다(헌법 제13조 제2항).

03 불문법

1. 관습법 기출 16

① 관습법의 의의 기출 21 : 사회생활상 일정한 사실이 장기간 반복되어 그 생활권의 사람들을 구속할 수 있는 규범으로 발전된 경우 사회나 국가로부터 법적 확신을 획득하여 법적 가치를 가진 불문법으로서 권력남용이나 독단적인 권력행사를 할 수 있다는 단점이 있고, '사실인 관습'과는 구별된다.

> **관습법과 사실인 관습**
> • '사실인 관습'은 사회의 법적 확신의 뒷받침이 없는 단순한 사실로서의 관습을 말하며, 법원성이 인정되지 않는다.
> • '사실인 관습'은 민법상 임의규정에 우선하여 법률행위 해석의 기준이 되나, 관습법은 임의규정이라 할지라도 성문법규가 있는 사항에 관하여서는 그 존재가 인정될 수 없다는 점에서 구별된다. ★

② 관습법의 성립요건★★ 기출 06
  ㉠ 어떠한 관행이 존재할 것
  ㉡ 그 관행이 선량한 풍속, 기타 사회질서에 반하지 않을 것
  ㉢ 그 관행을 국민일반이 법규범으로서의 의식을 가지고 지킬 것

> **관습형법**
> 법률이 없으면 범죄도 형벌도 없다는 죄형법정주의의 원칙상 관습형법은 금지된다.★

③ 관습법의 효력★
  ㉠ 관습법은 성문법을 보충하는 효력이 있다(민법 제1조). 그러므로 성문법과 내용을 달리하는 관습법은 존재하지 못한다.
  ㉡ 관습법은 오직 법령의 규정에서 명문으로 인정하는 경우이거나 또는 법령에 규정이 없는 사항에 관하여서만 성립할 수 있다.

> **관습헌법** 기출 22·18·16
> 헌법재판소는 신행정수도 건설을 위한 특별조치법이 관습헌법에 위배된다는 이유로 위헌결정(헌재결 2004.10.21. 2004헌마554·566)을 하였다. 또한 관습헌법은 성문의 헌법과 동일한 법적 효력을 가진다고 보았다.
>
> **관습법상 인정되는 제도**
> 민법상 동산의 양도담보, 관습법상 법정지상권, 명인방법, 분묘기지권, 사실혼 제도 등이 인정된다. 그러나 관습법상 소유권, 온천권 등은 인정되지 않는 물권이다.

2. 판례법
  ① 법원의 판결은 본래 어떤 구체적인 사건의 해결방법으로서의 의미만을 가질 뿐이나 사실상 판례가 그 후의 재판을 구속할 때 그 판례는 법원이 되고 이를 판례법이라 한다. 따라서 판례법은 법적 안정성 및 예측가능성 확보에 불리하다.★
  ② 영미법계의 국가에서는 선례구속의 원칙이 확립되어 판례법이 제1차적 법원으로서 그 구속력과 법규성이 인정되고 있으나, 대륙법계 국가는 성문법주의를 취하기 때문에, 판례법은 제2차적 법원으로서 성문법의 보충적 기능만을 담당한다.★★ 기출 21
  ③ 우리나라의 경우 성문법 중심의 대륙법계 법체계를 따르고 있어 판례법의 법원성을 인정하지는 않으나, 법원조직법 제8조는 상급법원의 판단은 해당 사건에서만 하급법원에 기속력을 지닌다고 규정하여 사실상의 구속력은 인정하고 있다. 기출 20

3. 조 리
  ① 조리란 사람의 건전한 상식으로 판단할 수 있는 사물의 본질적 도리로서 경험법칙·사회통념·사회적 타당성·공서양속·신의성실·정의·형평의 원칙 등을 총칭하는 것으로 법의 흠결 시에 최후의 법원으로서 재판의 준거가 된다.★ 기출 21
  ② 조리는 법의 흠결 시에 제3차적 법원이 될 뿐 아니라, 법률행위의 해석의 기준이 되기도 한다.★
  ③ 우리 민법 제1조는 성문법·관습법이 없을 때에는 조리에 의하여 재판한다고 규정하여 조리의 법원성을 인정하고 있다. 기출 20·12

3 법의 구조(체계)와 분류

01 법의 구조(체계) 기출 16·15·14·13

1. 법체계

복수의 법규범에 의하여 형성된 체계를 법체계라 한다.

2. 법질서

법규범이 통일된 하나의 체계를 이룰 때 이것을 법질서라고 한다.

3. 법단계설(Kelsen)

법단계설에 의하면 법에 규범성을 주는 것은 상위의 법규범이고, 법 창설행위는 보다 상위법규범의 위임에 의해서만 가능하다고 하여 실정법의 체계는 헌법을 정점으로 피라미드형의 단계구조를 이룸으로써 전체로서의 통일성을 갖는다고 한다.

> **켈젠(Kelsen)의 법단계설** 기출 18
> 켈젠은 법에는 상·하위 단계가 있다고 하여, 피라미드형의 단계구조를 헌법 > 법률 > 명령 > 규칙 등으로 하여 효력을 위임받는다 하였으며, 정점인 헌법은 "근본규범"이라는 가설적 최고규범을 내세워 정당화하였다.

4. 국내법체계

① 국내법체계는 공법·사법·사회법의 3법체계로 나누어진다. ★
② 국내법체계와 대립하는 것이 국제법체계인데, 국제법은 주로 국가 간의 관계를 규율하는 법이나 국내법체계와 같이 통일성이 명확하지 못하다.
③ 국제사법 또는 섭외사법은 국내법의 일부이다. ★
   예 한국인 甲과 미국인 乙이 캘리포니아 주에 소재한 X건물을 매매한 경우 미국법에 따라 소유권이전이 이루어진다고 규정한 국내법은 국제사법이다.

빈칸 채우기

켈젠(Kelsen)의 법단계설
→ 켈젠은 법에는 상·하위 단계가 있다고 하여, 피라미드형의 단계구조를 (❶) > (❷) > (❸) > (❹) 등으로 하여 효력을 위임받는다 하였으며, 정점인 (❶)은 "근본규범"이라는 가설적 최고규범을 내세워 정당화하였다.

국내법체계
→ 국내법체계는 다시 (❺)법·(❻)법·(❼)법의 3법체계로 나누어진다. (❽)사법 또는 (❾)사법은 국내법의 일부이다.

정답 ❶ 헌법 ❷ 법률 ❸ 명령 ❹ 규칙 ❺ 공 ❻ 사 ❼ 사회 ❽ 국제 ❾ 섭외

02 법의 분류 기출 24·19·17·16·15·14·13·12·11

1. 국내법과 국제법

① **국내법** : 국가와 국민 또는 국민 상호 간의 권리·의무관계를 규율하는 국내사회의 법으로 한 나라의 주권이 미치는 범위 내에서 효력을 가진다. 공법, 사법, 사회법, 국제사법 등이 있다.★

> **국제사법(國際私法)**
> - 국제적 법률관계에 적용될 사법을 지정하는 법칙, 즉 사법적 법률관계와 이에 적용될 사법법규를 연결시키는 법칙이 곧 국제사법(구 섭외사법)이다.
> - 국제사법은 우리나라의 실정법으로 국제민법과 국제상법에 관한 것이 모두 포함된다.

② **국제법** : 국가 상호 간의 관계 또는 국제조직 등에 대하여 규율하는 국제사회의 법으로 다수 국가들 사이에서 효력을 가지며, 헌법에 의해 체결·공포된 조약과 일반적으로 승인된 국제법규는 국내법과 동일한 효력을 가진다. 조약, 국제관습법, 일반적으로 승인된 국제법규 등이 있다.★

③ 국내법과 국제법의 관계
　㉠ **일원론** : 법질서란 결국은 같은 것이고 단지 그 체계 구성에 두 가지 요소가 있을 뿐이라고 보는 견해로 국제법 우위론은 H. Kelsen, A. Verdross 등 빈학파가 주장하였고, 국내법 우위론은 Philip Zorn, Max Wenzel 등 본학파가 주장하였다. 우리나라 헌법 제6조는 양자의 동등성을 인정하고 있다.
　㉡ **이원론** : 국제법과 국내법은 그 법적 타당근거, 법원, 적용 등이 본질적으로 다르기 때문에 각기 독립된 별개의 법체계라고 보는 것으로 H. Triepel, D. Anzliotti, L. Oppenheim 등이 주장하였다.

2. 공법, 사법, 사회법

① **공법(公法)** 기출 22·21·15·13·12 : 공법과 사법의 구별은 대륙법계의 특징이다. 공법은 국가의 조직과 기능 및 공익작용을 규율하는 법으로 헌법, 행정법, 형법, 형사소송법, 민사소송법, 행정소송법, 국제법 등이 이에 해당된다.

> **행정법(行政法)**
> 국가의 조직과 기능 및 공익작용을 규율하는 법으로, 포괄적인 통일법전 없이 다수의 관련 법률로 규정되어 있다.

② **사법(私法)** : 개인 상호 간의 권리·의무관계를 규율하는 법으로 민법, 상법, 회사법, 어음법, 수표법 등이 있다. 기출 21·12

[공·사법의 구별기준에 관한 학설] 기출 04

이익설(목적설)	공익보호를 목적으로 하는 법을 공법, 사익보호를 목적으로 하는 법을 사법으로 본다.
주체설	국가 또는 공공단체 상호 간, 국가·공공단체와 개인 간의 관계를 규율하는 것을 공법, 개인 상호 간의 관계를 규율하는 것을 사법으로 본다.
성질설(법률관계설)	불평등관계(권력·수직관계)를 규율하는 것을 공법, 평등관계(비권력·대등·수평관계)를 규율하는 것을 사법으로 본다.
생활관계설	국민으로서의 생활관계를 규율하는 것을 공법, 인류로서의 생활관계를 규율하는 것을 사법으로 본다.
귀속설(신주체설)	행정주체에 대해서만 권리·권한·의무를 부여하는 경우를 공법, 모든 권리주체에 권리·의무를 부여하는 것을 사법으로 본다.

③ **사회법(社會法)** 기출 20·15·14·12 : 자본주의의 문제와 모순을 합리적으로 해결하여 경제적·사회적 약자를 보호할 목적으로, 비교적 근래에 등장한 법으로, 제3의 법영역이다. 사법과 공법의 성격을 모두 가진 법으로 법의 사회화·사법의 공법화 경향을 띤다. 노동법(노동조합 및 노동관계조정법, 근로기준법 등), 경제법, 산업재해보상보험법, 사회보장법 등이 있다.

3. 시민법과 사회법
① 시민법은 초기자본주의적 법원리를 가진 것이고, 사회법은 고도자본주의적인 법원리로서 시민법적 법원리를 수정하려는 것이었다.
② 사회법은 근로자에게 인간다운 생활을 보장하기 위하여 출발하였고 사법 중에서 고용계약법을 수정하여 노동법으로의 발전을 보게 되었으며, 다시 경제법을 비롯하여 사회보장법·사회복지법 등이 나타나 제3의 법영역으로 형성되었다. 기출 15
③ 사회법은 주로 사법의 영역에 대한 국가의 개입이라는 형태로 나타났으며, 사법에 있어서의 평균적 정의의 원리에 배분적 정의를 폭넓게 가미한 것을 뜻한다.
④ 시민법과 사회법의 구별은 이념상의 구별이라고 할 수 있는데, 시민법은 사법에 속하고 사회법은 공법과 사법의 중간 영역으로서 제3의 법영역을 형성한다.

4. 실체법과 절차법 기출 22·21·16·11
① **실체법(實體法)** : 권리·의무의 실체, 즉 권리나 의무의 발생·변경·소멸·성질·내용 및 범위 등을 규율하는 법으로 헌법, 민법, 형법, 상법 등이 이에 해당한다.
② **절차법(節次法)** : 권리나 의무의 실질적 내용을 실현하는 절차, 즉 권리나 의무의 행사·보전·이행·강제 등을 규율하는 법으로 민사소송법, 민사집행법, 형사소송법, 행정소송법, 채무자회생 및 파산에 관한 법률, 부동산등기법 등이 있다.
③ **실체법과 절차법과의 관계** : 실체법은 절차법을 통하여 그 목적을 달성할 수 있으므로 실체법이 목적인데 대하여 절차법은 수단이라 할 수 있다.

빈칸 채우기

시민법과 사회법
⋯▶ 사회법은 (❶)자에게 (❷)다운 생활을 (❸)하기 위하여 출발하였고 사법 중에서 (❹)법을 수정하여 (❺)법으로의 발전을 보게 되었으며, 다시 (❻)법을 비롯하여 (❼)보장법·(❼)복지법 등이 나타나 제3의 법영역으로 형성되었다.

❶ 근로 ❷ 인간 ❸ 보장 ❹ 고용계약 ❺ 노동 ❻ 경제 ❼ 사회 정답

5. 일반법과 특별법

① **일반법(一般法)** : 장소·사람·사물에 제한 없이 일반적으로 적용되는 법으로 헌법, 민법, 형법 등이 있다.

② **특별법(特別法)** 기출 21·11 : 특정한 장소·사람·사물에만 적용되는 법으로 상법, 군형법, 소년법, 국가공무원법, 조례, 규칙 등이 있으며 타법에 대하여 우선하는 법칙이 있다(특별법우선의 법칙).

③ **일반법과 특별법의 구별** 기출 23·15 : 적용되는 법의 효력범위가 일반적인가 또는 특수적인가에 의한 분류로서, 대체로 일반법은 그 효력범위가 넓고 특별법은 비교적 좁은 효력범위를 갖는다.

  ㉠ **사람을 표준으로** : 전국민에 대하여 효력이 미치는 법을 일반법이라 하고(민법·형법 등), 국민 중에서 어떤 특정된 직업이나 신분을 가진 사람에 한해서만 적용되는 법을 특별법이라 한다(군형법, 공무원법, 소년법 등).
    예 형법 – 군형법의 관계

  ㉡ **장소를 표준으로** : 국토의 전반에 걸쳐 적용되는 법이 일반법이고(헌법, 법률, 명령 등) 국토 내의 한정된 일부 지역에만 적용되는 법이 특별법이다(도의 조례, 규칙 등).
    예 지방자치법과 서울특별시 행정특례에 관한 법률의 관계

  ㉢ **사항을 표준으로** : 어떤 사항 전반에 걸쳐서 효력이 미치는 법이 일반법이고, 특정한 사항에 대해서만 효력을 갖는 법이 특별법이다(예 민법에 대해 상법은 특별법의 지위를 갖는다). 구별하는 실익은 동일한 사항에 대하여 특별법이 일반법에 우선하여 적용되고 특별법에 규정이 없는 경우에는 일반법의 규정이 보충적으로 적용된다는 점이다.

6. 강행법과 임의법 기출 23·13

① **강행법(强行法)** : 당사자의 의사와는 관계없이 절대적(강제적)·일반적으로 적용되는 법으로 헌법·형법 등 공법의 대부분이 이에 해당한다.

② **임의법(任意法)** : 당사자의 의사에 따라 그 적용을 받기도 하고 안 받기도 하는 법이다. 즉, 당사자가 법의 규정과 다른 의사표시를 한 경우 그 법의 규정을 배제할 수 있는 법으로 민법·상법 등 대부분의 사법이 이에 해당된다.

③ **강행법과 임의법의 구별 및 실익** 기출 15

  ㉠ 법조문에 명백히 나타나 있지 않은 경우에는 법규의 각 조항의 규정이 주로 공익을 위한 것이면 강행법규로, 사익을 위한 것이면 임의법규로 보는 것이 통설이다.

  ㉡ **구별의 실익** : 의사표시 및 기타의 행위가 임의법규의 내용에 반하는 경우에는 그 효력은 유효하고, 적어도 불법한 것이 되지는 않는다. 그러나 강행법규에 반하는 경우에는 무효 또는 취소할 수 있는 행위가 되거나 일정한 제재를 받게 된다.

7. 고유법과 계수법 기출 11
① **고유법(固有法)** : 그 국가 안에서의 국민생활에서 발생하고 발달해온 전통적인 고유의 법으로, 국가·민족 고유의 사회적·역사적 흐름 속에서 자연적으로 생성된다.
② **계수법(繼受法)** : 외국의 법을 그대로 번역하여 자국의 법으로 만들거나(직접계수법), 이를 참고·기초하여 자국의 사회현상을 고려하여 만든 법(간접계수법)이다.
③ **고유법과 계수법의 구별** 기출 15 : 외국에서 전래되었는지 여부에 따른 구분으로, 상대적인 의미이다. 따라서 계수법도 오랜 시일을 경과하여 국민생활 속에 소화·흡수되면 고유법으로서의 성질을 갖게 된다.

8. 원칙법과 예외법(법의 효력 범위에 따른 구별)
① **원칙법(原則法)** : 일정한 사항에 대해 일반적으로 적용되는 법이다.
② **예외법(例外法)** : 일정한 사항에 대해 특별한 사정이 있는 경우에 원칙법의 적용을 배제한 예를 정한 법이다.
③ **양자의 구별실익** : 예외법은 엄격히 해석해야 한다는 해석원칙이 있어 예외규정을 함부로 확장하여 해석해서는 안 된다.

9. 조직법과 행위법
조직법(組織法)은 사람의 행위의 기초 또는 수단으로 될 조직·제도를 정하는 법이며, 행위법(行爲法)은 사회생활에 있어서 사람의 행위 자체를 규율하는 법이다.

10. 자연법과 실정법 기출 23
실정법(實定法)은 인간의 경험을 근거로 만든 법으로서 시간과 장소에 따라 변하는 상대적 개념이며, 자연법(自然法)은 인간이 제정한 법이 아니고 또한 시간과 장소에 따라 변하지 않는 보편타당한 선험적 규범이다.

법의 분류기준
- 성문법과 불문법 : 법의 존재형식, 법원(法源)
- 국내법과 국제법 : 법의 제정주체와 법의 효력이 미치는 장소적 범위
- 공법과 사법, 사회법 : 법이 규율하는 생활관계, 공법과 사법의 구별은 대륙법계의 특징★★
- 일반법과 특별법 : 적용되는 법의 효력 범위
- 실체법과 절차법 : 법이 규율하는 내용(권리·의무의 실체) 유무
- 강행법과 임의법 : 강행성 유무, 당사자의 의사로 법의 적용을 배제할 수 있는지 여부
- 고유법과 계수법 : 법의 연혁, 법 제정의 자생성 유무
- 자연법과 실정법 : 실정성 여부, 보편타당성 여부, 시간과 장소의 초월 여부

한시법(限時法)
일정한 기간에 한하여 효력이 있는 것으로 제정된 법률로, 그 시행기간이 경과하여 적용되지 않게 된 경우에는 명시적 폐지에 해당한다. 반면 동일한 사항에 대해 새로 제정된 법이 기존의 법과 저촉 또는 모순될 경우에는 신법우선의 법칙에 의해 기존의 법이 묵시적으로 폐지된다.

4 법의 적용과 해석

01 법의 적용 기출 19·17·16·15

1. 의 의 기출 21

어떠한 구체적 사건이 발생하였을 경우 실정법의 어느 규정이 그 사건에 적용될 것인지를 판단하는 과정을 법의 적용이라 한다.

2. 법의 적용절차 기출 21·11

먼저 소전제인 구체적 사실이 어떠한가를 확정하여야 하고(사실의 확정), 다음에는 그 확정된 구체적 사실에 적용될 법이 어떤 것인지를 찾아(법규의 검색), 그 법의 내용을 확정(법의 해석)하여야 한다.

3. 사실의 확정 기출 24·23·22·14·13·11

사회생활에서 실제로 발생하는 무수한 사건에 대하여 법규를 적용하기 전에 법적으로 가치 있는 사실만을 확정하는 법적 인식작용으로, 객관적 증거에 의함을 원칙으로 한다. 여기서 확정의 대상인 사실은 자연적으로 인식한 현상 자체가 아니라 법적 가치가 있는 사실로 한정된다.

① 입증(立證) : 사실의 인정을 위하여 증거를 주장하는 것을 입증이라 하며, 이 입증책임(거증책임)은 그 사실의 존부를 주장하는 자가 부담한다. 그리고 사실을 주장하는 데 필요한 증거는, 첫째로 증거로 채택될 수 있는 자격, 즉 증거능력이 있어야 하고, 둘째로 증거의 실질적 가치, 즉 증명력이 있어야 한다. 만일 이것이 용이하지 않을 경우를 위해 추정과 간주를 두고 있다.

② 추정(推定) : 입증부담을 완화하기 위하여 입증이 용이하지 않은 확정되지 않는 사실(불명확한 사실)을 통상의 상태를 기준으로 하여 사실로 인정하고 이에 상당한 법률효과를 주는 것을 말한다. 추정된 사실과 다른 주장을 하는 자는 반증을 들어 추정의 효과를 뒤집을 수 있다.

③ 간주(看做) : 불명확한 사실에 대하여 공익 또는 기타 법정책상의 이유로 사실의 진실성 여부와는 관계없이 확정된 사실로 의제하여 일정한 법률효과를 부여하고 반증을 허용하지 않는 것으로, 의제라고도 한다. 법문상 '~(으)로 본다'라고 규정한 경우가 이에 해당한다.

④ 법 적용의 원칙
  ㉠ 상위법우선의 원칙 : 실정법상 상위의 법규가 하위의 법규보다 우선하며 상위법과 하위법이 충돌할 때는 상위법의 효력이 발생한다.
  ㉡ 특별법우선의 원칙 : 일반법과 특별법 사이에서는 특별법이 우선한다.
  ㉢ 신법우선의 원칙 : 새로이 제·개정된 법이 있을 때는 신법이 구법에 우선한다. 단, 구법이 상위법이거나 특별법일 때는 신법우선의 원칙이 적용되지 않는다.

02 법의 해석 기출 17·16

1. 의의
구체적이고 개별적인 사건이나 사실에 법을 적용하기 위하여 추상적·일반적으로 규정된 법규의 내용을 명확하게 하고, 그 참뜻을 밝히는 일을 말한다.

> **법해석의 목표**
> 법적 안정성을 저해하지 않는 범위 내에서 구체적 타당성을 찾는 데 두어야 한다. ★

2. 법해석의 본질
법의 규정은 추상적(불확정적) 개념으로 되어 있어 그 의미와 내용이 명확하지 않은 경우가 많고, 사회생활의 변천에 따라 법이 예견하지 못한 사실이 발생하기 때문에 법규의 단순한 문리적 의미뿐만 아니라 법질서 전체의 정신에 따른 합리적 의미를 찾아내는 것이 법해석의 본질적 문제이다.

> **실정법 해석의 일반원칙**
> - 사법 : 당사자 간 이익형량 및 공평성 유지를 위하여 해석
> - 헌법 : 국민의 기본권 보장에 중점을 두어 해석
> - 행정법 : 헌법의 가치를 실현할 수 있도록 실질적 법치주의의 실현·구체적 타당성의 확보를 목적으로 해석
> - 사회법 : 실질적인 평등 보장, 사회적 약자 보호에 중점을 두어 해석

3. 법해석의 방법 기출 20·19·17·14·12·11·09

빈칸 채우기

실정법 해석의 일반원칙
- (❶) : 당사자 간 이익형량 및 공평성 유지를 위하여 해석
- (❷) : 국민의 기본권 보장에 중점을 두어 해석
- (❸) : 헌법의 가치를 실현할 수 있도록 실질적 법치주의의 실현·구체적 타당성의 확보를 목적으로 해석
- (❹) : 실질적인 평등 보장, 사회적 약자 보호에 중점을 두어 해석

❶ 사법 ❷ 헌법 ❸ 행정법 ❹ 사회법 **정답**

① **유권해석** : 권한을 가진 국가기관에 의하여 행하여지는 해석으로서 공적인 구속력을 가지는 공권적 해석을 말한다.
  ㉠ **입법해석** : 입법기관이 입법권에 근거하여 일정한 법규정이나 법개념의 해석을 당시 법규정으로 정해 놓은 것으로, 가장 구속력이 강한 법해석이다. 기출 23
  ㉡ **행정해석** : 행정기관이 법을 집행하기 위하여 필요한 경우 법집행 권한에 근거하여 내리는 해석이다.
  ㉢ **사법해석** : 사법기관이 재판을 하는 권한에 근거하여 내리는 해석이다.
② **무권해석(학리해석)** : 법학자나 일반 사인에 의한 학리적 해설을 말하며, 유권해석에 상당한 영향을 미치고 있다.
  ㉠ **문리해석** : 법문을 형성하는 용어, 문장을 기초로 하여 그 문자가 가지는 의미에 따라서 법규 전체의 의미를 해석하는 것이다.
  ㉡ **논리해석** : 법의 해석에서 문자나 문구의 의미에 구애받지 않고 법의 입법취지 또는 법 전체의 유기적 관련, 법의 목적, 법 제정 시의 사회사정, 사회생활의 실태 등을 고려하여 논리적 추리에 의하여 법의 객관적 의미를 밝히는 것을 말한다.

[법해석의 구분]

구 분	내 용
확장해석 기출 21	법문상 자구(字句)의 의미를 통상의 의미 이상으로 확장하여 해석 [예] 물건의 형태를 파괴한 것뿐만 아니라 밥그릇에 방뇨(放尿)하는 것도 형법 제366조의 재물손괴죄에 해당한다고 해석하는 것
축소해석(= 제한해석) 기출 20·18	법문상 자구(字句)의 의미를 통상의 의미보다 축소하여 해석 [예] 형법 제329조(절도)가 규정하고 있는 '재물'에 부동산은 포함되지 않는다고 해석하는 것
반대해석 기출 22·21·20	법문이 규정하는 요건과 반대의 요건이 존재하는 경우에 그 반대의 요건에 대하여 법문과 반대의 법적 판단을 하는 해석 [예] 19세로 성년이 되므로(민법 제4조), 19세 미만인 자를 미성년자로 해석하는 것, 소멸시효의 이익은 미리 포기하지 못한다(민법 제184조 제1항)는 규정을, 소멸시효의 이익은 사후에 포기할 수 있다고 해석하는 것, 민법 제3조는 "사람은 생존한 동안 권리와 의무의 주체가 된다"라고 규정하고 있으므로, 원칙적으로 "태아에게는 권리능력이 인정되지 않는다"라고 해석하는 것
물론해석 기출 24·22·21·20	법문이 일정한 사항을 정하고 있을 때 그 이외의 사항에 관해서도 사물의 성질상 당연히 그 규정에 포함되는 것으로 보는 해석 [예] '실내에 개를 데리고 들어갈 수 없다'는 규정을 개뿐만 아니라 고양이, 돼지 등의 다른 동물도 물론 데리고 들어갈 수 없다고 해석하는 것
유추해석 기출 22·20·14·11	• 두 개의 유사한 사실 중 법규에서 어느 하나의 사실에 관해서만 규정하고 있는 경우에 나머지 다른 사실에 대해서도 마찬가지의 효과를 인정하는 해석 • 형법은 개인의 권리와 자유에 대한 예외적인 규정이기 때문에 유추해석이 금지
보정해석 기출 22	• 법문의 용어에 착오가 명백한 경우에 그 자구를 보정하여 해석 • 입법자의 의사가 그릇되게 표현된 것이 명확할 때, 명백히 확정적인 학리에 반할 때, 사회적 수요에 반하는 것이 명백하고 확정적일 때에만 행함
연혁해석	법의 제안이유서나 의사록 등을 참작하여 해석
목적해석	법의 제정 목적을 고려하여 그에 합당하게 해석
비교해석	외국의 입법례와 비교하여 해석

5 권리와 의무

01 권리의 의의

1. **권리의 개념**

   권리는 특별한 법익을 누리기 위하여 법이 허용하는 힘을 말하며, 개인의 존엄과 가치의 표현이기도 하다. 의무는 일정한 행위를 하여야 하는 또는 하여서는 아니 되는 법률상의 구속을 말한다.

2. **권리의 본질**

   ① 의사설(意思說) : 권리를 법에 의해 인정되는 의사의 힘, 의사의 자유 또는 의사의 지배로 보는 학설로 칸트, 헤겔, 사비니, 빈트샤이트에 의해 주장되었다. 의사설에 따르면 태아·유아·정신병자는 권리를 갖지 못하게 되는 문제점이 있다.

   ② 이익설(利益說) : 예링은 이익법학과 목적법학의 이론에 입각하여 이익이 권리의 본질이며 법에 의해 보호되는 이익이 권리의 본체라고 보았다. 그러나 이익이란 권리의 목적 또는 권리행사의 결과에 불과한 것이지 권리 그 자체는 아닌 것이다. 이익설에 따르면 반사적 이익(反射的 利益)에 불과함에도 권리로 인정되는 결함이 있다.

   ③ 권리법력설(權利法力說) : 권리를 일정한 이익을 향유할 수 있도록 법에 의하여 권리주체에게 주어진 법률상의 힘이라 보는 학설로 메르켈, 레겔스베르거 등에 의해 주장되었으며 현재의 통설로 되어 있다.

   ④ 권리부인설(權利否認說) : 권리란 사회적 기능에 불과하다는 설로 뒤기, 켈젠이 주장하였고, 사회연대주의(뒤기), 법적 의무의 반사적 이익(켈젠)을 권리로 보았다.

3. **권리와 구별되는 개념** 기출 22·21·20·19·15·14·13·12

   ① 권한(權限) : 타인(본인 또는 권리자)을 위하여 법률행위를 할 수 있는 법률상의 자격이다(예 이사의 대표권, 국무총리의 권한 등).

   ② 권능(權能) : 권리에서 파생되는 개개의 법률상의 작용을 권능이라 한다. 의사무능력자도 권능의 주체는 될 수 있다(예 소유권자의 소유권에서 파생되는 사용권·수익권·처분권).

   ③ 권력(權力) : 일정한 개인 또는 집단이 공익을 달성할 목적으로 다른 개인 또는 집단을 강제 또는 지배하는 힘을 말한다.

   ④ 권원(權原) : 일정한 법률적 또는 사실적 행위를 하는 것을 정당화하는 법률상의 원인을 말한다(예 지상권, 대차권).

   ⑤ 반사적 이익(反射的 利益) : 반사적 이익은 법이 일정한 사실을 명하거나 금하고 있는 결과로써 어떠한 자가 저절로 받게 되는 이익으로, 그 이익을 누리는 자에게 법적인 힘이 부여된 것은 아니므로, 타인이 그 이익의 향유를 방해하더라도 그 보호를 청구하지 못한다(예 도로·공원 등 공물의 설치로 인한 공물이용자의 이익, 공중목욕탕 영업의 거리제한으로 인하여 이미 허가를 받은 업자의 사실상의 이익).

02 의무의 의의

1. 의무의 개념
① 의무란 권리자의 권리에 대비되는 개념으로 자기의사 여하에도 불구하고 일정한 행위(작위 또는 부작위)를 강제당하는 법률상의 구속을 말한다.

> **권리와 의무** 기출 23·22
> 권리와 의무는 채권과 채무 등과 같이 대응하는 것이 보통이나, 예외가 있다. 권리만 있고 의무가 없는 경우는 제한능력자의 법정대리인의 동의권, 취소권 등이 있으며, 의무만 있고 권리가 없는 경우는 국방의 의무, 납세의 의무 등이 있다.

② 의무에는 적극적으로 일정한 행위를 하여야 할 작위의무, 일정한 행위를 하지 아니하여야 할 부작위의무, 다른 사람이 하는 일정한 행위를 승인해야 할 수인의무 등이 있다.

2. 의무의 본질
① **의사설** : 법에 의하여 정하여진 의사의 구속력을 의무의 본질로 보는 설이다. 그러나 의사설에 의하면 의사무능력자가 의무를 지는 것을 설명할 수 없다.
② **책임설** : 의무를 법률상의 책임이라고 보는 설이다. 그러나 책임은 의무 위반에 의하여 일정한 제재(형벌, 강제집행, 손해배상 등)를 받을 수 있는 바탕을 말하며 의무 자체와는 다르다는 점에서 난점이 있다(소멸시효완성 후의 채무는 의무는 있으나 책임은 없다).
③ **법적 구속력설** : 일정한 작위 또는 부작위를 하여야 할 법적 구속력을 말하며 현재의 통설이다.

권리와 의무
- 의무란 권리자의 권리에 (❶)되는 개념으로 자기(❷) 여하에도 불구하고 일정한 행위를 (❸)당하는 법률상의 (❹)을 말한다.
- 권리와 의무는 채권과 채무 등과 같이 (❺)하는 것이 보통이나, (❻)가 있다. 권리만 있고 의무가 없는 경우는 제한능력자의 법정대리인의 동의권, 취소권 등이 있으며, 의무만 있고 권리가 없는 경우는 국방의 의무 등이 있다.

정답 ❶ 대비 ❷ 의사 ❸ 강제 ❹ 구속 ❺ 대응 ❻ 예외

03 권리 · 의무의 종류

1. **권리의 종류** 기출 24·17·16·15·14·13·12·11

   ① **공권(公權)** : 공권은 사권에 대립되는 말로서 국가적 공권과 개인적 공권으로 나눌 수 있다. 기출 23·19

   ㉠ **국가적 공권** : 국가나 공공단체가 개인에 대하여 가지는 권리를 말한다. 기출 20
   - 국가의 3권을 기준 : 입법권·사법권·행정권
   - 권리의 목적을 기준 : 조직권·군정권·경찰권·재정권·형벌권 등
   - 권리의 내용을 기준 : 명령권·강제권·형성권 등

   ㉡ **개인적 공권** : 개인이 국가 또는 공공단체에 대하여 가지는 권리로서 인간의 존엄과 가치, 평등권, 자유권, 참정권, 청구권, 생존권, 수익권 등으로 분류한다. 기출 20·08

   > **옐리네크의 분류**
   > 옐리네크는 개인적 공권에 대하여 내용에 따라 다음 세 가지로 구분하였다.
   > - 자유권 : 국가기관으로부터 개인의 자유를 침해당하지 않는 것을 내용으로 하는 소극적 권리
   > - 수익권 : 국가의 일정한 봉사를 적극적으로 요구하는 권리
   > - 참정권 : 개인이 국가정치에 참여하는 권리

   ② **사권(私權)** : 사법상의 권리로서 개인 상호 간에 인정되는 권리를 말하며, 공권에 대응되는 개념이다.

   ㉠ **권리의 내용에 따른 분류** 기출 20·15·14·13·11
   - **인격권** : 권리자 자신을 객체로 하는 것으로 권리자와 분리할 수 없는 권리(생명권, 신체권, 초상권, 자유권, 명예권 등) 기출 08
   - **가족권(신분권)** : 친족관계에서 발생하는 신분적 이익을 내용으로 하는 권리(친권, 부부간의 동거청구권, 협력부조권, 친족간 부양청구권, 상속권 등) 기출 21
   - **재산권** : 금전으로 평가될 수 있는 경제적 이익을 내용으로 하는 권리(물권, 채권, 무체재산권, 위자료청구권 등)
   - **사원권** : 단체의 구성원이 그 구성원의 지위에서 단체에 대하여 갖는 권리(의결권, 업무집행감독권, 이익배당청구권 등) 기출 21·20·14

빈칸 채우기

국가적 공권
→ 국가의 3권을 기준 : 입법권·(❶)권·(❷)권
→ 권리의 목적을 기준 : 조직권·군정권·경찰권·(❸)권·(❹)권 등
→ 권리의 내용을 기준 : 명령권·강제권·(❺)권 등

개인적 공권
→ 인간의 존엄과 가치, 평등권, 자유권, (❻)권, (❼)권, (❽)권, (❾)권 등

❶ 사법 ❷ 행정 ❸ 재정 ❹ 형벌 ❺ 형성 ❻ 참정 ❼ 청구 ❽ 생존 ❾ 수익 정답

- ⓒ 권리의 작용(효력)에 따른 분류 기출 24·22·19·17·12·06
  - **지배권** : 권리의 객체를 직접적·배타적으로 지배할 수 있는 권리(물권, 무체재산권, 친권 등)
  - **청구권** : 타인에 대하여 일정한 급부 또는 행위(작위·부작위)를 적극적으로 요구하는 권리(채권, 부양청구권 등) 기출 14
  - **형성권** : 권리자의 일방적인 의사표시에 의하여 일정한 법률관계를 발생·변경·소멸시키는 권리(취소권, 해제권, 추인권, 해지권 등) 기출 14
  - **항변권** : 청구권의 행사에 대하여 급부를 거절할 수 있는 권리로, 타인의 공격을 막는 방어적 수단으로 사용되며 상대방에게 청구권이 있음을 부인하는 것이 아니라 그것을 전제하고, 다만 그 행사를 배척할 수 있는 권리(연기적 항변권 → 보증인의 최고 및 검색의 항변권·동시이행항변권/영구적 항변권 → 상속인의 한정승인 등)
- ⓒ 권리의 대외적 효력범위에 따른 분류
  - **절대권** : 모든 사람에 대하여 권리의 효력을 주장할 수 있는 '대세적' 권리(인격권, 물권 등)
  - **상대권** : 특정인에게만 권리의 내용을 주장할 수 있는 '대인적' 권리(부양청구권, 채권 등)
- ⓔ 권리의 독립성 여부에 따른 분류
  - **종된 권리** : 다른 권리의 효력을 담보하거나 증대하기 위하여 이에 종속되는 권리(원본에 대한 이자채권, 주채무에 대한 보증채권, 피담보채권에 대한 저당권·질권·유치권 등의 담보물권)
  - **주된 권리** : 종된 권리의 전제가 되는 권리
- ⓜ 권리의 양도성 유무에 따른 분류 기출 15
  - **일신전속권** : 권리의 주체와 긴밀한 관계에 있어 양도 또는 상속으로 타인에게 귀속될 수 없거나 혹은 그 주체만이 행사할 수 있는 권리로서 귀속상의 일신전속권(인격권, 초상권, 친권 등)과 행사상의 일신전속권(위자료청구권 등)으로 나뉜다. 기출 21
  - **비전속권** : 권리의 주체로부터 분리할 수 있는 권리로, 양도 또는 상속으로 타인에게 이전할 수 있다(재산권, 실용신안권, 물권, 채권, 법정지상권, 분묘기지권 등).
③ **사회권(社會權)**
  - ⓐ 현대사회의 복잡한 발전에 따라 전통적으로 개인간의 관계라고 생각하던 분야에 국가가 적극 개입하게 됨에 따라 발생하게 된 권리로서 근로권·단결권·단체교섭권·단체행동권·모성 및 보건을 보호받을 권리·교육을 받을 권리·인간다운 생활을 할 권리를 말한다.
  - ⓑ 사회법은 공법과 사법을 혼합한 성질을 가지므로 사회법에 의해 인정되는 사회권도 공권과 사권을 혼합한 성질을 가진다. ★

빈칸 채우기

사회권(社會權)
⇢ 사회법과 사회권은 (❶)법과 (❷)법을 (❸)한 성질을 가진다.

정답 ❶ 공 ❷ 사 ❸ 혼합

권리의 행사와 남용
- 권리의 행사 : 권리자의 임의에 맡기고 어떠한 강제도 따르지 않음이 원칙이다. 다만 일정한 기간 권리를 행사하지 않으면 소멸시효에 의해 권리 그 자체가 소멸하는 경우가 있다.
- 권리의 남용 : 권리의 행사는 법이 설정한 한계 내에서 해야 하며, 사회성에 반하는 경우에는 권리의 남용이 된다.
  - 신의성실의 원칙 : 권리의 행사와 의무의 이행은 신의에 좇아 성실히 하여야 한다(민법 제2조 제1항).
  - 권리남용금지의 원칙 : 민법 제2조 제2항은 '권리는 남용하지 못한다'라고 규정하고 있다. '권리남용'이라 함은 외형적으로는 권리의 행사인 것처럼 보이나, 실질적으로는 신의성실의 원칙과 권리의 사회성에 반하여 정당한 권리행사로 인정될 수 없는 것을 말한다.

신의성실의 원칙의 파생원칙
- 사정변경의 원칙 : 계약체결 당시의 사회사정이 계약체결 후 현저히 변경되면, 계약은 그 구속력을 잃는다는 원칙이다.
- 실효의 원칙 : 권리자가 장기간에 걸쳐 그 권리를 행사하지 아니함에 따라 그 의무자인 상대방이 더 이상 권리자가 그 권리를 행사하지 아니할 것으로 신뢰할만한 정당한 기대를 가지게 되는 경우에 새삼스럽게 권리자가 그 권리를 행사하는 것은 법질서 전체를 지배하는 신의성실의 원칙에 위반되어 허용되지 않는다는 것을 의미한다(대판 1995.8.25. 94다27069).
- 금반언의 원칙 : 행위자가 일단 특정한 표시를 한 이상 나중에 그 표시를 부정하는 주장을 하여서는 안 된다는 원칙이다. 즉, 자신의 선행행위와 모순되는 후행행위는 허용되지 않는다는 원칙이다.

2. **의무의 종류**
   ① 공의무(公義務) : 공법에 의하여 의사를 구속받는 것으로서 국가의 공의무와 개인(사인)의 공의무로 나눌 수 있다.
      ㉠ 국가의 공의무 : 국가가 국민에 대하여 지는 의무(국민의 기본권을 보장하는 의무)
      ㉡ 개인의 공의무 : 국방의무, 납세의무, 근로의무, 교육의무 등 기출 23·14
   ② 사의무(私義務) : 당사자의 자유로운 의사표시에 의하여 생성되는 것이 원칙인 사법상의 법률관계에서 발생하는 의무를 말한다(채무와 같은 재산법상의 의무, 부양의무 등과 같은 가족법상의 의무 등).
   ③ 사회법상의 의무 : 공법과 사법의 중간 영역인 사회법의 효과로 생겨나는 의무를 말하며 노동법상이나 사회보장법상의 여러 의무 등이 이에 해당한다(근로자의 노동3권을 보장해 주어야 할 사용자의 의무 등).
   ④ 작위의무와 부작위의무 : 일정한 행위를 하여야 하는 의무가 작위의무, 하지 말아야 할 의무가 부작위의무이다. 기출 23·22·19

 빈칸 채우기

의무의 종류
⋯ (❶) : 공법에 의하여 의사를 구속받는 것으로서 국가의 (❶)와 개인(사인)의 (❶)로 구분
⋯ (❷) : 당사자의 자유로운 의사표시에 의하여 생성되는 것이 원칙인 사법상의 법률관계에서 발생하는 의무
⋯ (❸)상의 의무 : 공법과 사법의 중간 영역인 사회법의 효과로 생겨나는 의무
⋯ (❹)의무와 (❺)의무 : 일정한 행위를 하여야 하는 (❹)의무와 하지 말아야 할 (❺)의무

❶ 공의무 ❷ 사의무 ❸ 사회법 ❹ 작위 ❺ 부작위 **정답**

04 권리·의무의 주체와 객체

1. 권리·의무의 주체 기출 22

권리를 가지는 자를 권리의 주체, 의무를 부담하는 자를 의무의 주체라고 부른다. 자연인은 누구나 당연히 권리·의무의 주체가 되지만, 법인은 관청의 허가를 얻고 등기를 해야 비로소 권리·의무의 주체가 된다.

자연인	모든 자연인은 출생과 동시에 권리능력이 인정된다. 그러나 공권은 일정한 범위 내의 자에게만 인정되는 경우가 많다.★
법 인	사람의 집단이나 재화의 합성체에 법적 인격이 부여되는 것을 법인이라 하며, 사람의 집단을 사단법인, 재화의 합성체를 재단법인이라 한다. 또 공법인과 사법인, 영리법인과 비영리법인 등으로 나눌 수 있다. 재단법인에는 비영리법인만 인정된다.★

재단법인(財團法人)
일정한 목적을 위해 출연된 재산을 바탕으로 설립된 법인으로, 재단법인은 사원이 없어 이익의 분배가 불가능하기 때문에 비영리법인이다.★

2. 권리·의무의 객체 기출 23

① 의의 : 권리·의무의 객체란 권리 또는 의무의 목적이 되는 것을 말하며 유체물과 무체물로 나눌 수 있다.
② 유체물(有體物) : 유형적 존재를 가지고 공간의 일부를 차지하는 물건
  ㉠ 부동산과 동산 : 토지와 그 정착물이 부동산이며, 부동산 이외의 물건을 동산이라고 한다.★
  ㉡ 특정물과 불특정물 : 물건의 개성이 명시되어 있어 다른 물건으로 바꿀 수 없는 것을 특정물(예 경마대회에서 1등을 한 말)이라 하고 종류와 수량만으로 정해져 있어 다른 물건으로 바꾸어 질 수도 있는 것이 불특정물이다(예 쌀 한 가마니).
  ㉢ 소비물과 불소비물 : 한번 사용하면 다시 같은 용도로 사용할 수 없는 물건을 소비물이라고 하고 건물과 같이 여러 번 같은 용도로 반복해서 사용할 수 있는 물건을 불소비물이라고 한다.
  ㉣ 주물과 종물 : 물건의 소유자가 그 물건의 효용에 지속적으로 이바지하기 위하여 자기 소유의 다른 물건을 부착했을 때 그 둘을 주물과 종물이라고 한다(예 시계와 시곗줄, 주유소와 주유기, 배와 노).

주물과 종물 관련 비교 판례
정화조가 건물 화장실의 오수처리를 위하여 건물 옆 지하에 바로 부속하여 설치되어 있음을 알 수 있어 독립된 물건으로서 종물이라기보다는 건물의 구성부분으로 보아야 한다(대판 1993.12.10. 93다42399).

  ㉤ 융통물과 불융통물 : 사법상 거래의 목적으로 할 수 있는 물건을 융통물이라고 하고, 거래가 법률적으로 금지된 물건을 불융통물이라고 한다.
  ㉥ 원물과 과실 : 수익을 낳게 하는 물건을 원물이라고 하고, 원물로부터 생기는 수익을 과실이라고 한다(예 나무와 열매, 예금과 그 이자).
③ 무체물(無體物) : 생명, 자유, 행위 또는 권리 등 무형의 것

05 권리 · 의무의 변동

1. 권리 · 의무의 발생(권리의 취득) 기출 24

① **원시취득(절대적 취득)★** : 다른 사람의 권리에 근거하지 않고 사회적으로 존재하지 않던 것을 새로 취득하는 것이다(건물의 신축에 의한 소유권 취득, 취득시효, 선의취득, 무주물선점, 유실물 습득, 매장물 발견, 부합, 첨부, 매매 계약에 기한 채권의 취득 등).

> **무주물선점(無主物先占)**
> - 소유자가 없는 동산(야생의 동물, 남이 버린 물건 등)을 남보다 먼저 점유하는 것을 말한다.
> - 민법 제252조는 무주(無主)의 동산을 소유의 의사로 점유한 자는 그 소유권을 취득한다고 규정함으로써 소유권의 원시적 취득원인으로 하고 있지만, 무주의 부동산은 국유로 하므로 선점의 목적이 되지 않는다.★

② **승계취득(상대적 취득)★** : 다른 사람의 권리에 근거하여 취득하는 권리로 권리의 주체만 달라지는 것이므로 권리의 상대적 발생이라고도 한다(상속 등). 이러한 승계취득은 이전적 승계와 설정적 승계로 나누어진다.

2. 권리의 변경

권리 그 자체는 계속 유지되면서 내용 · 효과에 있어서 변경이 생기는 것이다.
① 내용의 변경 : 권리의 내용 중 성질이나 수량이 변경되는 것
② 효과의 변경 : 동일한 물건에 대하여 여러 명의 채권자가 있을 때, 그 우선순위가 빨라지는 경우가 대표적인 예가 된다.

3. 권리의 소멸(상실)

① 절대적 소멸 : 권리 자체가 사라져 버리는 것(채무이행에 의한 채권 · 채무의 소멸)
② 상대적 소멸 : 권리의 주체가 바뀐 것(매매, 증여 등에 따른 승계 등)

빈칸 채우기

권리의 변경
→ (❶)의 변경 : 권리의 (❶) 중 (❷)이나 (❸)이 변경되는 것
→ (❹)의 변경 : 동일한 물건에 대하여 여러 명의 채권자가 있을 때, 그 (❺)가 빨라지는 경우가 대표적인 예가 된다.

권리의 소멸(상실)
→ (❻)적 소멸 : 권리 자체가 사라져 버리는 것(채무이행에 의한 채권 · 채무의 소멸)
→ (❼)적 소멸 : 권리의 (❽)가 바뀐 것(매매, 증여 등에 따른 승계 등)

❶ 내용 ❷ 성질 ❸ 수량 ❹ 효과 ❺ 우선순위 ❻ 절대 ❼ 상대 ❽ 주체 **정답**

06 권리의 충돌과 순위 기출 19

1. 의의
동일한 객체에 관하여 수개의 권리가 존재하는 경우(예 동일물 위에 여러 개의 물권이 있거나, 동일채무자에 대하여 여러 개의 채권이 존재하는 경우) 그 객체가 모든 권리를 만족시켜 주지 못하는 현상을 말한다. 이러한 경우에는 수개의 권리 간에 순위가 있어서 어떤 권리가 다른 권리에 우선하여 만족을 얻게 되는 것이 보통이다.

2. 물권 상호 간
① 소유권과 제한물권 간 : 제한물권이 언제나 소유권에 우선한다. ★
② 제한물권 상호 간
  ㉠ 서로 종류를 달리하는 물권일 때 : 일정한 원칙이 없고, 법률의 규정에 의하여 순위가 정하여진다.
  ㉡ 같은 종류의 권리 상호 간 : 먼저 성립한 권리가 후에 성립한 권리에 우선한다는 원칙이 지배한다. 즉, 동일한 물건 위에 앞의 물권과 동일한 내용을 갖는 물권은 그 후에 다시 성립할 수 없고, 그것이 인정된다 하더라도 앞의 물권의 내용인 지배를 해치지 않는 범위 내에서만 뒤의 물권이 성립한다.

3. 채권 상호 간 기출 23
① 채권자평등의 원칙에 따라, 동일채무자에 대한 여러 개의 채권은 그의 발생원인·발생시기의 선후·채권액의 다소를 묻지 않고서 평등하게 다루어진다. 즉, 채권은 성립의 선후에 따른 우선순위의 차이가 없고 모든 채권자는 같은 순위로 변제를 받는 것이 원칙이다. ★
② 채권자는 임의로 그의 채권을 실행할 수 있고, 먼저 채권을 행사한 자가 이익을 얻는다는 결과가 된다. 이것을 선행주의라고 한다.

4. 물권과 채권 간
① 하나의 물건에 대하여 물권과 채권이 병존하는 경우에는 그 성립시기를 불문하고 원칙적으로 물권이 우선한다. ★
② 대항요건을 갖춘 부동산의 임차권은 나중에 성립한 전세권에 우선한다. ★

빈칸 채우기

권리와 충돌의 순위
- 소유권과 (❶) 간 : (❶)이 언제나 소유권에 우선한다.
- (❶) 중 같은 종류의 권리 상호 간 : 먼저 (❷)한 권리가 후에 (❷)한 권리에 우선한다는 원칙이 지배한다.
- 채권 상호 간 : 채권자(❸)의 원칙에 따라, (❹)채무자에 대한 여러 개의 채권은 (❸)하게 다루어진다.

정답 ❶ 제한물권 ❷ 성립 ❸ 평등 ❹ 동일

07 권리의 보호

1. 의의
① 권리가 침해되는 때에는 그에 대한 구제가 필요하게 된다.
② 과거에는 권리자가 자기의 힘으로 권리를 보호·구제하는 이른바 사력구제(私力救濟)가 인정되었으나, 근대의 법치국가에 있어서의 권리의 보호는 국가구제가 원칙이고, 사력구제는 예외적으로 부득이한 경우에 한하여 인정된다.★ 기출 23

2. 국가구제
① 권리자가 사권의 내용을 실현하려고 할 때에, 이를 방해하는 자가 있어서 실현할 수 없는 때에는 국가가 그 권리의 실현에 협력한다.
② 국가구제의 제도로서 재판제도와 재판 외 분쟁해결제도(화해, 조정 및 중재 등)가 있다.★

3. 사력구제
① 의의★ : 권리의 보호는 국가에 요구하는 것이 원칙이고, 사력구제(私力救濟)는 허용되지 않는다. 사력구제는 원칙적으로 불법행위가 된다. 그러나 긴급한 사정으로 뒷날에 국가의 보호를 요구하는 것이 불가능하거나 곤란하게 될 경우에는 사력에 의한 구제를 예외적으로 허용하여 권리의 실현을 보호하는 것이 필요하다.
② 정당방위 : 타인의 불법행위에 대하여, 자기 또는 제3자의 권익을 방위하기 위하여 부득이 가해행위를 하는 것이 정당방위이다. 이러한 정당방위에 의한 가해행위는 그 위법성이 조각되어 불법행위가 되지 않고, 따라서 손해배상책임을 지지 않는다(민법 제761조 제1항 본문).
③ 긴급피난 : 급박한 위난을 피하기 위하여 부득이 타인에게 가해행위를 하는 것이 긴급피난이다. 이 경우에도 위법성은 조각되어 불법행위가 성립하지 않는다(민법 제761조 제2항).
④ 자력구제 : 청구권을 보전하기 위하여 국가기관의 구제를 기다릴 여유가 없는 경우에, 권리자가 스스로 사력으로써 구제하는 행위가 자력구제 또는 자조(自助)이다. 정당방위나 긴급피난은 현재의 침해에 대한 방위행위인데 대하여, 자력구제는 주로 과거의 침해에 대한 회복이라는 점에서 다르다. 우리 민법은 이에 관한 일반규정을 두고 있지 않으며, 다만 점유침탈에 관하여서만 자력구제를 인정하는 규정(민법 제209조)을 두고 있다. 여기서 점유침탈 이외의 경우에 자력구제를 인정할 것인가가 문제되는데, 형법 제23조가 청구권 일반에 관한 자구행위를 위법성조각사유로 인정하는 점을 비추어볼 때 자력구제가 인정된다고 해석하고 있다.

성공은 수만 번의 실패를 감싸준다.

— 조지 버나드 쇼 —

1 헌법 총설
01 헌법의 의의
02 헌법의 제정과 개정
03 헌법의 수호

2 대한민국 헌법
01 헌법전문
02 헌법의 기본원리와 기본질서
03 대한민국의 기본제도

3 기본권
01 기본권 서론
02 포괄적 기본권
03 자유권적 기본권
04 생존권적 기본권(사회적 기본권)
05 청구권적 기본권
　　(기본권 보장을 위한 기본권)
06 참정권적 기본권
07 국민의 의무

4 통치구조
01 통치구조의 원리와 형태
02 통치기구

최다 출제 POINT & 학습목표

1. 헌법 총설에서는 헌법의 분류와 헌법개념의 역사적 변천을 살펴보고 헌법의 제정과 개정 및 헌법수호에 대해 알아둔다.
2. 대한민국 헌법에서는 헌법전문과 헌법의 기본원리 및 기본질서를 파악하고 헌법상 기본제도에 대해 살펴본다.
3. 기본권과 관련하여 개별 기본권의 중심 이론을 숙지하고 기본권의 제한과 한계에 대해 학습한다.
4. 통치구조에서는 입법부, 사법부, 행정부의 기본구조를 파악한다.

CHAPTER 02
헌법

CHAPTER 02 헌법

01 저항권은 헌법상 명문 규정이 없는 헌법보호수단에 해당한다. 기출 20 (   )

02 헌법상 헌법개정안이 국회에서 의결되는 경우, 대통령이 30일 이내에 국민투표에 부쳐야 한다. 기출 12
(   )

03 제한선거, 직접선거, 공개선거는 헌법상 국회의원 선거에서 보장하고 있는 선거원칙이다. 기출 19 (   )

04 국민의 모든 자유와 권리는 국가안전 보장·질서유지 또는 공공복리를 위하여 필요한 경우에 한하여 법률로써 제한할 수 있으며, 제한하는 경우에도 자유와 권리의 본질적인 내용을 침해할 수 없다. 기출 21 (   )

05 모든 국민은 고문을 받지 아니하며, 형사상 자기에게 불리한 진술을 강요당하지 아니한다. 기출 24·20·14
(   )

06 누구든지 체포 또는 구속을 당한 때에는 즉시 국선변호인의 조력을 받을 권리를 가진다. 기출 24·20
(   )

07 형사피고인은 상당한 이유가 없는 한 지체 없이 공개재판을 받을 권리를 가진다. 기출 20 (   )

08 공무원인 근로자는 법률이 정하는 자에 한하여 단결권·단체교섭권 및 단체행동권을 가진다. 기출 21
(   )

09 법률이 정하는 주요방위산업체에 종사하는 근로자의 단체행동권은 법률이 정하는 바에 의하여 이를 제한하거나 인정하지 아니할 수 있다. 기출 21·12 (   )

10 타인의 권리 존중의무는 헌법에 규정되어 있는 의무가 아니다. 기출 21 (   )

11 대통령은 국회에서 의결된 법률안의 일부에 대하여 재의를 요구할 수 있다. 기출 18 (   )

12 국회는 정부의 동의 없이 정부가 제출한 지출예산 각항의 금액을 증가할 수 있다. 기출 20·17 (   )

13 헌법상 '국가안전보장회의'의 주재자는 대통령이다. 기출 21 ( )

14 법원은 명령·규칙의 위헌 여부에 대하여 헌법재판소에 제청하고 그 심판에 의하여 재판한다. 기출 21 ( )

15 법관은 탄핵 또는 금고 이상의 형의 선고에 의하지 아니하고는 파면되지 아니한다. 기출 21 ( )

16 대법원장과 대법관이 아닌 법관은 국회의 동의를 얻어 대통령이 임명한다. 기출 21 ( )

17 법률의 위헌 여부는 대법원이 이를 최종적으로 심사할 권한을 가진다. 기출 21 ( )

18 우리나라 헌법은 성문헌법, 민정헌법, 모방적 헌법, 경성헌법에 해당한다. 기출 22 ( )

19 ( )에 들어갈 용어는 ㄱ : 민주, ㄴ : 조약이다. 기출 22 ( )

> • 대한민국은 (ㄱ)공화국이다.
> • 외국인은 국제법과 (ㄴ)이 정하는 바에 의하여 그 지위가 보장된다.

20 알권리는 헌법상 명시되어 있는 권리가 아니다. 기출 22 ( )

21 지방자치단체 주민이 제기하는 주민소송을 헌법은 명시적으로 규정하고 있다. 기출 23 ( )

▶ 정답과 해설 ◀   01 ○   02 ○   03 ×   04 ○   05 ○   06 ×   07 ○   08 ○   09 ○   10 ○
11 ×   12 ×   13 ○   14 ×   15 ○   16 ×   17 ×   18 ○   19 ○   20 ○
21 ×

✔ 오답분석
03 우리나라의 선거제도는 보통·평등·직접·비밀·자유선거의 원칙을 따르므로, 제한선거와 공개선거는 헌법상 보장되는 선거원칙에 해당하지 않는다.
06 누구든지 체포 또는 구속을 당한 때에는 즉시 변호인의 조력을 받을 권리를 가진다. 다만, 형사피고인이 스스로 변호인을 구할 수 없을 때에는 법률이 정하는 바에 의하여 국가가 변호인[국선변호인(註)]을 붙인다(헌법 제12조 제4항).
11 대통령은 법률안의 일부에 대하여 또는 법률안을 수정하여 재의를 요구할 수 없다(헌법 제53조 제3항).
12 국회는 정부의 동의 없이 정부가 제출한 지출예산 각항의 금액을 증가하거나 새 비목을 설치할 수 없다(헌법 제57조).
14 명령·규칙 또는 처분이 헌법이나 법률에 위반되는 여부가 재판의 전제가 된 경우에는 대법원은 이를 최종적으로 심사할 권한을 가진다(헌법 제107조 제2항).
16 대법원장과 대법관이 아닌 법관은 대법관회의의 동의를 얻어 대법원장이 임명한다(헌법 제104조 제3항).
17 법률의 위헌 여부는 헌법재판소의 심판대상에 해당한다(헌법 제111조 제1항 제1호, 헌법재판소법 제2조 제1호).
21 지방자치단체 주민이 제기하는 주민소송은 지방자치법 제22조에서 규정하고 있다.

CHAPTER 02 헌법

1 헌법 총설

01 헌법의 의의

1. 헌법의 개념
헌법이란 정치적 공동체의 존재형태와 기본적 가치질서에 관한 국민적 합의를 법규범적인 논리체계로 정립한 국가의 기본법이다.

2. 헌법의 분류★ 기출 22

① 제정주체에 따른 분류★

군주헌법 (흠정헌법)	군주의 단독의사에 의하여 일방적으로 제정한 헌법(일본의 명치헌법, 19세기 전반 독일의 각 연방헌법)
협약헌법	국민과 군주 간 협의에 의해 제정된 헌법(대헌장, 권리장전)
민정헌법	국민의 대표자로 구성된 제헌의회를 통하여 제정된 헌법(오늘날 자유민주주의 국가 대부분의 헌법)
국약헌법	둘 이상의 국가 간의 합의의 결과로 국가연합을 구성하여 제정한 헌법(미합중국 헌법)

② 헌법전의 존재 여부(존재형식)에 따른 분류

성문헌법	헌법이 성문화되어 있는 헌법(1776년의 버지니아 헌법)
불문헌법	주요 부분이 관습 등에 의하여 성립된 것으로 헌법전의 형식으로 존재하지 않는 헌법(영국·뉴질랜드 등의 헌법)

③ 개정절차의 난이도에 따른 분류

경성헌법	개정절차가 일반 법률의 개정절차보다 까다로운 헌법(대부분의 국가들이 취하고 있는 헌법)
연성헌법	개정절차가 일반 법률과 동일한 헌법(1948년의 이탈리아 헌법, 1947년의 뉴질랜드 헌법)

④ 헌법규범과 헌법현실의 일치 여부에 따른 분류(뢰벤슈타인)

규범적 헌법	헌법 규정과 효력 행사의 현실이 일치하는 헌법(서구 여러 나라의 헌법)
명목적 헌법	헌법을 이상적으로 제정하였으나 사회 여건은 이에 불일치하는 헌법(남미 여러 나라의 헌법)
장식적 헌법 (가식적 헌법)	헌법이 권력장악자의 지배를 안정·영구화하는데 이용되는 수단이나 도구에 지나지 않는 헌법(구소련 등 공산주의 국가의 헌법)

⑤ 실질적 의미의 헌법과 형식적 의미의 헌법

실질적 의미의 헌법	국가의 조직·작용에 관한 기본원칙을 정하고 있는 법규범 전체를 말한다. 그 존재형식은 불문한다.
형식적 의미의 헌법	헌법전이라는 특별한 형식으로 성문화된 법규범을 말한다.

⑥ 독창성 여부에 따른 분류(뢰벤슈타인)

독창적 헌법	새로이 창조되어 다른 것에서 유래되지 않은 원칙적인 헌법(영국의 의회주권주의 헌법, 미국의 대통령제 헌법, 프랑스의 나폴레옹 헌법, 1931년의 중화민국 헌법 등)
모방적 헌법	국내외의 과거의 헌법을 모방하여 만든 헌법(영연방의 여러 헌법들, 남미의 헌법들)

3. 헌법의 특성 및 이중성

① 국가의 통치조직과 작용, 국가기관 상호 간의 관계 및 국가와 국민과의 관계에 관한 근본규칙을 정한 최고법으로 정치성, 개방성, 이념성, 역사성, 최고규범성, 기본권 보장 규범성, 수권적 조직규범성, 권력제한 규범성, 생활규범성을 특성으로 한다.
② 헌법은 한 국가의 정치적 측면을 나타내는 사실(Sein)적 특성과 국가생활, 정치생활을 규율하는 법규범(Sollen)적 특성을 동시에 내재하고 있다.

4. 헌법의 기능

헌법은 국가창설적 기능, 정치생활주도 기능, 기본권 보장을 통한 사회통합 기능, 권력제한적 기능을 가진다.

5. 헌법개념의 역사적 변천★

① **고유한 의미의 헌법** : 헌법은 국가의 영토·국민·통치권 등 국가의 근본조직과 작용에 관한 기본법으로 국가가 있는 이상 어떤 형태로든 존재한다.
② **근대 입헌주의 헌법** : 국법과 왕법을 구별하는 근본법(국법) 사상에 근거를 두고 국가권력의 조직과 작용에 관한 사항을 정하며 동시에 국가권력의 행사를 제한하여 국민의 자유와 권리 보장을 이념으로 하는 헌법으로 버지니아헌법(늑 권리장전, 1776년), 미합중국헌법(1787년), 프랑스 인권선언(1789년) 등이 그 효시이다.
③ **현대 복지국가 헌법** : 근대 입헌주의 헌법정신을 바탕으로 하면서 국민의 인간다운 생활을 보장하기 위하여 복지증진을 중심으로 개편된 것으로 바이마르헌법(1919년)이 그 효시이다.

[근대·현대 헌법의 비교]

근대 입헌주의 헌법	현대 복지국가 헌법
• 기본권의 보장(형식적 평등) • 권력분립 • 의회주의 • 형식적 법치주의(합법성 중시) • 성문헌법·경성헌법 • 시민적 법치국가 • 국민주권주의	• 생존권의 보장(실질적 평등) • 행정국가화 경향, 권력분립의 완화 • 사회적 시장경제질서, 사회복지국가 • 실질적 법치주의(합법성과 정당성 중시) • 헌법재판제도의 강화 • 국제평화주의, 복지국가적 경향 • 국민주권주의의 실질화(국민투표제도)

02 헌법의 제정과 개정

1. 헌법의 제정
정치적 통일체의 종류와 형태에 관하여 헌법제정권자가 행하는 법창조 행위를 말한다.

2. 헌법제정권력
① 개념 : 국민이 정치적 존재에 관한 근본 결단을 내리는 정치적 의사이며 법적 권한이다.
② 특 징
　㉠ 시원적 창조성 : 헌법제정권력은 제정의 본질상 당연히 국가적 질서와 헌법적 질서를 창조하는 시원적 창조성을 그 본질로 한다.
　㉡ 자율성 : 어떠한 법형식이나 절차에 구애받지 않고 스스로 의도한 바에 따라 발동된다.
　㉢ 단일불가분성 : 헌법제정권력은 다른 모든 권력의 기초가 되며 분할할 수 없다.
　㉣ 항구성 : 한 번 행사되었다고 소멸하는 것이 아니라 영원히 지속된다.
　㉤ 불가양성 : 국민에게만 존재할 뿐 양도될 수 없다. 그러나 그 행사를 위임할 수는 있다(제정의회).
③ 행사방법과 한계 : 헌법제정회의의 의결로 행사되며(제헌의회, 국민투표 등으로 표현), 헌법제정권력은 인격 불가침, 법치국가의 원리, 민주주의 원리 등과 같은 근본규범의 제약을 받는다.
④ 헌법제정권력 이론(칼 슈미트와 시에예스)
　㉠ 시에예스(A. Sieyes) : 헌법제정권력을 시원적이고 창조적인 권력으로 보았다.
　㉡ 슈미트(C. Schmitt) : 헌법제정권력을 법적 의사나 규범적인 것이 아닌 사실적인 힘으로 보고 있다.

[헌법제정권력 이론]

구 분	칼 슈미트	시에예스
주 체	힘과 권력, 정치적 의지를 갖춘 실력자	국 민
정당성	혁명성	시원성
권력 행사방법	국민투표	제헌의회
특 징	혁명성, 정치적 의지, 힘과 권력	시원적이고 창조적인 권력
헌법제정권력의 한계	한계 ×	한계 ×

빈칸 채우기

헌법제정권력
→ (❶)성 : 헌법제정권력은 제정의 본질상 국가적 질서와 헌법적 질서를 창조하는 (❶)성을 그 본질로 한다.
→ (❷)성 : 어떠한 법형식이나 절차에 구애받지 않고 스스로 의도한 바에 따라 발동된다.
→ (❸)성 : 헌법제정권력은 다른 모든 권력의 기초가 되며 분할할 수 없다.
→ (❹)성 : 한 번 행사되었다고 소멸하는 것이 아니라 영원히 지속된다.
→ (❺)성 : 국민에게만 존재할 뿐 양도될 수 없다. 그러나 그 행사를 위임할 수는 있다(제정의회).

❶ 시원적 창조　❷ 자율　❸ 단일불가분　❹ 항구　❺ 불가양　정답

3. 헌법의 개정

① **개념** : 헌법에 규정된 개정절차에 따라 헌법의 동일성을 유지하면서 의식적으로 헌법전의 내용을 수정·삭제·추가하는 것이다.
② **형식** : 개정 조항만을 추가해 나가는 경우(예 미국연방헌법)와 이미 있는 조항을 수정 또는 삭제하거나 새로운 조항을 설정하는 형식을 취하는 경우가 있다.
③ **우리나라 헌법의 개정절차**(헌법 제128조 내지 제130조) 기출 16·12·09
　㉠ 제안 : 대통령이나 국회 재적의원 과반수의 발의로써 제안
　㉡ 공고 : 대통령이 20일 이상의 기간 동안 공고
　㉢ 국회의결 : 공고일로부터 60일 이내에 국회 재적의원 2/3 이상의 찬성으로 의결(기명투표, 수정의결 불허)
　㉣ 국민투표 : 국회의결 후 30일 이내에 국회의원 선거권자 과반수의 투표와 투표자 과반수의 찬성으로 확정
　㉤ 공포 : 대통령이 즉시 공포

4. 헌법의 변동 ★

① 헌법의 **파괴**(수직적 교체) : 혁명 등에 의해 헌법제정권력이 경질되는 경우(프랑스 대혁명에 의한 군주제 헌법 파괴, 러시아 프롤레타리아혁명에 의한 제정헌법의 파괴)
② 헌법의 **폐지**(수평적 교체·헌법전의 교체) : 쿠데타, 즉 기존헌법을 배제하기는 하지만 헌법제정권력의 주체는 변경이 없는 경우(나폴레옹의 쿠데타, 나폴레옹 3세의 쿠데타, 드골헌법)
③ 헌법의 **정지** : 헌법의 특정조항에 대해 효력을 일시적으로 중단시키는 경우 합헌적 헌법정지(유신헌법상의 긴급조치권 발동), 초헌법적인 헌법정지(5·16 군사정변 이후의 국가비상조치에 의한 헌법정지)
④ 헌법의 **침해** : 위헌임을 알면서도 헌법에 위반되는 명령이나 조치를 취하는 경우(비상계엄이 선포된 경우 헌법의 특정조항이 침해될 가능성이 있음)
⑤ 헌법의 **변천**
　㉠ 헌법의 조문은 그대로 있으면서 그 의미나 내용이 실질적으로 변화하는 경우(헌법해석에 의한 변천, 헌법관행에 의한 변천, 헌법의 흠결을 보완하기 위한 변천)
　㉡ 미연방대법원의 위헌법률심사권, 미국의 대통령선거(간접선거임에도 직접선거처럼 운용), 영국 국왕의 권한 상실과 수상의 내각지배 등

빈칸 채우기

우리나라 헌법의 개정절차
- 제안 : (❶)이나 국회 재적의원 (❷)의 발의로써 제안
- 공고 : (❶)이 (❸)일 이상의 기간 동안 공고
- 국회의결 : 공고일로부터 (❹)일 이내에 국회 재적의원 (❺) 이상의 찬성으로 의결
- 국민투표 : 국회의결 후 (❻)일 이내에 국회의원 선거권자 (❷)의 투표와 투표자 (❷)의 찬성으로 확정
- 공포 : (❶)이 즉시 공포

정답 ❶ 대통령 ❷ 과반수 ❸ 20 ❹ 60 ❺ 2/3 ❻ 30

03 헌법의 수호 기출 20

1. 헌법수호의 의의

헌법의 수호 내지 헌법의 보호는 헌법의 기본적 가치질서에 대한 침해행위를 사전에 예방하거나 사후에 배제하는 것을 말한다. 헌법의 수호는 헌법의 최고규범성에서 나오는 당연한 결과이다.

2. 평상적·비상적 헌법수호에 따른 분류 기출 24·20

평상적 헌법수호	사전예방적 헌법수호	헌법의 최고규범성의 선언(헌법 제107조, 제111조 제1항), 헌법수호의무의 선서(헌법 제69조), 국가권력의 분립(헌법 제40조, 제66조 제4항, 제101조 제1항), 경성헌법성(헌법 제128조 내지 제130조), 방어적 민주주의의 채택(헌법 제8조 제4항), 공무원 및 군의 정치적 중립성의 보장(헌법 제7조 제2항, 제5조 제2항)
	사후교정적 헌법수호	위헌법령·처분심사제도(헌법 제107조 제1항·제2항), 탄핵제도(헌법 제65조 제1항, 제111조 제1항 제2호), 헌법소원제도(제111조 제1항 제5호), 위헌정당해산제도(헌법 제8조 제4항, 제111조 제1항 제3호), 국무총리 및 국무위원 해임건의제도(헌법 제63조 제1항), 국정감사 및 조사제도(헌법 제61조 제1항), 긴급명령 등의 승인제도 및 계엄해제요구제도(헌법 제76조 제3항, 제77조 제5항), 공무원의 책임제도(헌법 제29조 제1항) 등
비상적 헌법수호		국가긴급권[대통령의 계엄선포권(헌법 제77조 제1항), 긴급명령권(헌법 제76조 제2항), 긴급재정경제처분·명령권(헌법 제76조 제1항)], 저항권

3. 저항권

① 의의 : 헌법의 기본질서를 파괴하려는 자에 대하여 기존의 헌법질서를 유지·회복하기 위한 다른 구제수단이 없는 경우 예외적이고, 최후의 수단으로서 저항할 수 있는 권리를 의미한다. 이 점에서 ㉠ 비폭력적인 방법으로 행사될 것이 요구되며, ㉡ 보충성 요건의 제약을 받지 않는 시민불복종과 구별된다.

② 우리 헌법상 저항권의 인정여부 : 저항권에 관한 직접적인 규정이 없는바, 저항권을 인정할 수 있는지가 문제된다. 기출 20

㉠ 대법원의 입장(부정설) : 「저항권이 실정법에 근거를 두지 못하고 오직 자연법에만 근거하고 있는 한 법관은 이를 재판규범으로 원용할 수 없다(대판 1980.5.20. 80도306 등)」고 판시하였다.

㉡ 헌법재판소의 입장(긍정설) : 「저항권은 국가권력에 의하여 헌법의 기본원리에 대한 중대한 침해가 행하여지고 그 침해가 헌법의 존재 자체를 부인하는 경우 다른 합법적인 구제수단으로는 목적을 달성할 수 없을 때에 국민이 자기의 권리·자유를 지키기 위하여 실력으로 저항하는 권리이다(헌재결 1997.9.25. 97헌가4)」라고 결정하였다. 다만, 입법과정상의 하자는 저항권 행사의 대상이 되지 않는다고 하였다.

〈참고〉 김유향, 「기본강의 헌법」, 윌비스, 2020, P. 51~63

2 대한민국 헌법

01 헌법전문

1. 헌법전문의 의의

① 개념 : 헌법전문이란 헌법제정의 유래와 헌법제정권자, 헌법제정의 목적, 헌법의 기본원리 등을 선언하고 있는 헌법서문이다.

② 주요내용 ★★ 기출 19 · 06

현행 헌법전문에 명문으로 규정되어 있는 것	• 국민주권주의 • 대한민국의 건국이념(3·1운동, 대한민국임시정부의 법통과 4·19이념의 계승) • 조국의 민주개혁과 평화적 통일의 사명 • 정의·인도와 동포애로써 민족의 단결을 공고히 함 • 모든 사회적 폐습과 불의를 타파 • 자유민주적 기본질서의 확립 • 모든 영역에서 각인의 기회균등 • 국민생활의 균등한 향상 • 국제평화주의 • 제정일자 및 개정 횟수
현행 헌법전문에 명문으로 규정되어 있지 않은 것	• 권력분립 • 민주공화국, 국가형태(제1조) • 5·16군사정변(제4공화국 헌법) • 침략전쟁의 부인(제5조 제1항) • 자유민주적 기본질서에 입각한 평화적 통일정책(제4조) • 국가의 전통문화 계승발전과 민족문화 창달의무(제9조) • 대한민국 영토(제3조) • 개인과 기업의 경제상의 자유와 창의(제119조 제1항) • 인간의 존엄과 가치, 행복추구권(제10조)

대한민국의 구성요소(전통적 입장) 기출 14
- 주권(헌법 제1조 제2항)
- 국민(헌법 제1조 제2항, 헌법 제2조)
- 영토(헌법 제3조)

빈칸 채우기

대한민국의 구성요소(전통적 입장)
→ 대한민국의 구성요소는 (❶), (❷), (❸)이다.

정답 ❶ 주권 ❷ 국민 ❸ 영토

③ 법적 효력★
　㉠ 최고규범성 : 헌법전문은 본문을 비롯한 모든 법규범의 내용을 한정하고 그 타당성의 근거가 된다. 따라서 한 국가의 법체계에서 최상위의 근본규범이다.
　㉡ 법령의 해석기준 : 헌법전문은 헌법 본문과 기타 법령의 해석기준이 된다.
　㉢ 재판규범성 : 헌법전문의 법적 효력을 인정하는 입장에서도 헌법전문이 직접적인 재판규범인지에 대해서는 긍정설과 부정설로 나뉜다. 헌법재판소는 헌법전문의 재판규범성을 인정하고 있다.★
　㉣ 헌법개정의 한계 : 헌법전문의 자구수정은 가능하나 핵심적인 내용은 헌법개정의 한계이다. 제5·7·8·9차 개정헌법은 헌법전문을 개정한 바 있다.★
　㉤ 기본권 도출 : 헌법전문으로부터 곧바로 국민의 개별적 기본권을 도출해 낼 수는 없다.★

02 헌법의 기본원리와 기본질서

1. 헌법의 기본원리 기출 13
① 국민주권주의
② 권력분립주의
③ 자유민주주의
④ 기본권존중주의
⑤ 사회(복지)국가원리
⑥ 법치국가원리
⑦ 평화국가원리(평화통일지향)
⑧ 문화국가원리 등

2. 헌법의 기본질서 기출 15
① 자유민주적 기본질서
② 사회적 시장경제질서
③ 평화주의적 국제질서

03 대한민국의 기본제도

1. 정당제도
① 의의 : 국민의 이익을 위하여 책임 있는 정치적 주장이나 정책을 추진하고 공직선거의 후보자를 추천 또는 지지함으로써 국민의 정치적 의사 형성에 참여함을 목적으로 하는 국민의 자발적 조직이다(정당법 제2조).
② 헌법상의 지위 : 설립의 자유와 복수정당제의 보장, 그 목적과 조직 및 활동이 민주적이어야 하며 만일 민주적 기본질서에 위배될 때에는 헌법재판소의 심판에 의하여야만 해산할 수 있다.
③ 법적 성격 : 정당은 국가와 국민의 정치적 의사형성의 중개적 권력이라는 제도적 보장설(중개적 권력설)이 다수설이며 그 밖에 헌법기관설(국가기관설), 사법적 결사설이 있다.

④ 조직 : 정당은 5개 이상의 시·도당을 가져야 하며, 시·도당은 1천인 이상의 당원을 가져야 한다.
⑤ 특권 : 정당의 설립·활동·존립·해산 등에 있어 특권을 가진다. 구체적으로 정치적 의사형성에 참여할 권리, 균등하게 경쟁할 기회를 보장받을 권리, 선거참가인지명권, 정당운영자금의 국고보조 등을 포함한 정치자금을 모집할 권리를 가진다.
⑥ 의무 : 당헌과 강령의 공개의무 및 재원을 공개할 의무가 있다. 또한 조직 및 활동 등을 관할 선거관리위원회에 보고하여야 한다.
⑦ 정당의 해산 : 정당의 목적 및 활동이 민주적 기본질서에 위반될 때 헌법질서를 수호 및 유지하기 위해 헌법재판소가 정당을 강제로 해산하는 제도를 위헌정당해산제도라고 한다.

2. 선거제도

① 개념 : 합의에 의한 정치를 구현하기 위하여 국민의 대표자를 선출하는 행위를 말한다.
② 선거제도의 원칙★ 기출 19

보통선거제	제한선거제에 반대되는 것으로 사회적 신분·재산·납세·교육·신앙·인종·성별 등에 차별을 두지 않고 원칙적으로 모든 성년자에게 선거권을 부여하는 제도이다.
평등선거제	차등선거제에 반대되는 것으로 선거인의 투표가치가 평등하게 취급되는 제도이다.
직접선거제	간접선거제에 반대되는 것으로 선거인이 직접 선거하는 제도이다.
비밀선거제	공개선거제에 반대되는 것으로 선거인이 누구에게 투표했는가를 제3자가 알 수 없게 하는 제도이다.
임의선거제 (자유선거제)	강제선거제에 반대되는 것으로 투표를 선거인의 자유에 맡기고 기권에 대해서도 하등의 제재를 과하지 않는 제도이다.

③ 선거구 제도★ : 의원을 선출하는 단위로서의 지구를 말하며, 일반적으로 소선거구제는 1선거구에서 1인의 대표자를 선출하는 제도이고 중선거구제는 1선거구에서 2~4인의 대표자를 선출하는 제도이다. 대선거구제는 중선거구제 이상의 대표자를 선출하는 제도이다.

[선거구제의 장단점]

구 분	장 점	단 점
중·대선거구제	사표의 방지, 부정투표의 방지, 인물선택의 범위 확대	군소정당 출현, 정국 불안정, 다액의 선거비용, 보궐선거나 재선거의 실시곤란, 후보자 파악의 곤란
소선거구제	양대정당 육성, 정국안정, 선거의 공정성 확보, 의원과 선거민과의 밀접한 유대관계, 선거비용의 소액	사표의 가능성, 게리멘더링(Gerrymandering)의 위험성, 지방적인 소인물의 배출

빈칸 채우기

선거구 제도

… 의원을 선출하는 (❶)로서의 지구를 말하며, (❷)선거구제는 1선거구에서 1인의 대표자를 선출하는 제도이고 중선거구제는 1선거구에서 (❸)인의 대표자를 선출하는 제도이다. (❹)선거구제는 중선거구제 이상의 대표자를 선출하는 제도이다.
… (❺)선거구제 : 사표의 방지, 부정투표의 방지, 인물선택의 범위 확대, 군소정당 출현, 정국 불안정
… (❷)선거구제 : 양대정당 육성, 정국안정, 사표의 가능성, 게리멘더링의 위험성

정답 ❶ 단위 ❷ 소 ❸ 2~4 ❹ 대 ❺ 중·대

④ 대표제도(의원 정수의 결정방법)

다수대표제	하나의 선거구에서 다수득표를 얻은 자를 당선자로 하는 제도로, 소선구제와 결부된다.
소수대표제	한 선거구에서 다수득표자뿐만 아니라 소수득표자도 당선자로 낼 수 있는 제도로, 대선거구제를 그 전제로 한다.
비례대표제	각 정당에게 그 득표수에 비례하여 의석을 배분하는 대표제를 말한다.
직능대표제	선거인을 각 직역으로 그 직역을 단위로 하여 대표를 선출하는 방법이며, 정치의 경제화에 그 원인이 있다.

⑤ 우리나라의 선거제도 : 보통·평등·직접·비밀·자유선거의 선거 원칙을 따르며, 비례대표제(전국구 국회의원, 광역의회 의원)를 가미한 소선거구·다수대표제이다.

3. 공무원제도

① 의의 : 공무원이란 직·간접으로 국가나 공공단체의 공무를 담당하는 자를 총칭한다.
② 헌법상의 지위 : 공무원은 국민 전체에 대한 봉사자이며 국민에 대한 봉사자의 지위를 확립하고, 그 직무에 공정한 수행과 정치적 중립을 보장하기 위하여 일정한 범위에서 기본권을 제한하고, 국민에 대하여 책임을 진다.
③ 직업공무원제도 : 정당국가에 있어서 정당의 교체에 관계없이 행정의 독자성을 유지하기 위하여 헌법 또는 법률에 의하여 공무원의 신분이 보장된 공무원제도로 정치적 중립과 성적주의(능력실증), 정치활동과 근로3권의 제한을 내용으로 한다.
④ 공무원의 근로3권★
  ㉠ 근로자는 근로조건의 향상을 위하여 자주적인 **단**결권·단체**교**섭권 및 단체**행**동권을 가진다(헌법 제33조 제1항).
  ㉡ 공무원인 근로자는 법률이 정하는 자에 한하여 **단**결권·단체**교**섭권 및 단체**행**동권을 가진다(헌법 제33조 제2항).
  ㉢ 법률이 정하는 주요방위산업체에 종사하는 근로자의 단체**행**동권은 법률이 정하는 바에 의하여 이를 제한하거나 인정하지 아니할 수 있다(헌법 제33조 제3항).

4. 지방자치제도

① 의의 : 일정한 지역을 기초로 하는 단체나 일정한 지역의 주민이 국가로부터 자치권을 부여받아 자치단체의 고유사무를 자신의 책임하에서 자신이 선출한 기관을 통하여 처리하는 제도로서 민주주의(주민자치)와 지방분권(단체자치)을 기반으로 한다.
② 자치단체의 권한 : 자치행정권, 자주재정권, 자치입법권, 조례와 규칙제정권, 자치조직권
③ 지방자치단체의 구성요소 : 일정한 지역, 주민, 자치권

5. 가족제도와 교육제도

① 가족제도 : 개인의 존엄과 양성의 평등을 기초로 하는 혼인제도로서(헌법 제36조 제1항) 가족생활의 보장, 민주적인 혼인제도, 제도적 보장으로 주관적 방어권을 가진다.
② 교육제도 : 교육의 **자**주성·**전**문성·정치적 **중**립성·**대**학의 자율성은 법률이 정하는 바에 의하여 보장된다(헌법 제31조 제4항).

6. 군사제도
군사에 관한 헌법원칙에는 병정통합의 원칙, 문민우위의 원칙 등이 있다.

3 기본권

01 기본권 서론

1. 기본권의 발전★★
① 고전적 기본권
  ㉠ 중세 자연법학설에서 싹트기 시작하여 근세 영국의 전제군주와 평민과의 항쟁과정에서 보장되었으나, 군주의 권력에 대하여 군주의 양해하에 일정한 제약을 가하는 데에 머물렀다.
  ㉡ 1215년 마그나 카르타 → 1295년 모범의회 → 1628년 권리**청**원 → 1647년 **인**민협정 → 1679년 인신보호법 → 1688년 명예혁명 → 1689년 권리**장**전
② 근대적 기본권
  ㉠ 18세기 후반에 미국·프랑스에서 일어난 개인주의·자유주의사상을 배경으로 한 자유획득의 투쟁 결과 이루어진 몇 가지 권리선언에서 발전되는 것으로 자연법사상을 기반으로 한다.
  ㉡ 1776년 미국의 버지니아 권리장전(자유권적 기본권을 최초로 규정), 1776년 미국 독립선언서, 1789년 프랑스 인권선언, 1791년 미국의 수정헌법, 1906년 러시아의 국가기본법 등
③ 현대적 기본권 : 기본권의 사회화 경향(1919년 바이마르헌법 – 생존권적 기본권, 즉 사회적 기본권을 헌법적 차원에서 처음으로 규정), 자연권성 강조(1948년 UN인권선언), 기본권 보장의 국제화(1945년 UN헌장, 1948년 세계인권선언, 1950년 유럽인권규약, 1966년 UN인권규약, 1993년 비엔나 인권선언)가 특색이다.

2. 기본권의 성격과 제도적 보장 기출 23
① 성격 : 기본권은 주관적으로는 개인을 위한 주관적 공권을 의미하지만, 객관적으로는 국가의 가치질서인 기본적 법질서의 구성요소로서의 성격을 띠고 있으므로 헌법이 보장하는 기본권은 이중적 성격 내지 양면성을 가지고 있으며 보편성·고유성·항구성·불가침성이 그 특질이다.
② 제도적 보장★ : 국가 자체의 존립의 기초가 되는 객관적 제도를 헌법에 규정하여 당해 제도의 본질을 헌법이 보장하는 것으로 Wolff가 창안, Schmitt가 체계화하였다. 제도적 보장의 대상은 역사적·전통적으로 형성된 기존의 제도이며, 특정한 제도의 본질에 대한 최소한의 보장을 하기만 하면 되며, 제도 보장의 침해를 이유로 개인이 헌법소원을 제기할 수 없다.

> **대한민국 헌법 제8장 지방자치**
> 헌법 제117조
> ① 지방자치단체는 주민의 복리에 관한 사무를 처리하고 재산을 관리하며, 법령의 범위 안에서 자치에 관한 규정을 제정할 수 있다.
> ② 지방자치단체의 종류는 법률로 정한다.

헌법 제118조
① 지방자치단체에 의회를 둔다.
② 지방의회의 조직·권한·의원선거와 지방자치단체의 장의 선임방법 기타 지방자치단체의 조직과 운영에 관한 사항은 법률로 정한다.

3. 기본권의 분류 기출 22·17·14·10

포괄적 기본권	① 인간의 존엄과 가치 ② 행복추구권 ③ 평등권
자유권적 기본권	① 인신의 자유권(생명권, 신체의 자유) ② 사생활의 자유권(거주·이전의 자유, 주거의 자유, 사생활의 비밀과 자유, 통신의 자유) ③ 정신적 자유권(양심의 자유, 종교의 자유, 언론·출판의 자유, 집회·결사의 자유, 학문의 자유, 예술의 자유) ④ 경제적 자유권(직업선택의 자유, 재산권의 보장, 소비자의 권리)
생존권(사회권)적 기본권	① 인간다운 생활을 할 권리 ② 교육을 받을 권리 ③ 근로의 권리 ④ 근로3권 ⑤ 환경권 ⑥ 혼인·가족·모성 보호에 관한 권리
청구권적 기본권	① 청원권 ② 재판청구권 ③ 형사보상청구권 ④ 국가배상청구권 ⑤ 손실보상청구권 ⑥ 범죄피해자구조청구권
참정권	① 선거권 ② 공무담임권 ③ 국민표결권

4. 기본권의 주체 기출 16

① 국민 : 모든 자연인이 해당되며 개별적인 모든 국민을 의미한다.
② 외국인 : 참정권, 생존권, 사회권적 기본권 등의 주체는 될 수 없으나 인간의 존엄과 가치, 행복추구권, 구체적 평등권 및 대부분의 자유권적 기본권에 있어서의 주체는 될 수 있다.

외국인과 기본권
• 적극적으로 인정되는 기본권★ : 인간의 존엄과 가치, 신체의 자유, 신체의 자유 보장을 위한 실체적·절차적 보장, 종교의 자유, 예술·학문의 자유, 사생활의 자유, 소비자의 권리, 재산권, 언론·출판·집회·결사의 자유, 환경권, 보건권, 노동3권
• 제한받는 기본권★ : 입국의 자유, 선거권, 피선거권, 공무담임권, 근로의 권리, 인간다운 생활을 할 권리

③ 법 인 기출 15
  ㉠ 경제활동의 발전으로 사법상 법인실재설에 대응하여 법인에 대하여도 국민의 권리와 의무에 관한 규정이 인정된다고 본다(통설).
  ㉡ 성질상 내국법인은 법 앞의 평등, 직업선택의 자유, 주거의 자유, 거주이전의 자유, 통신의 불가침, 언론·출판·집회·결사의 자유, 재산권의 보장, 재판청구권 등의 기본권을 누릴 수 있으나, 생명권, 프라이버시권, 선거·피선거권, 행복추구권, 사회적 기본권(생존권) 등은 성질상 누릴 수 없다.

5. 기본권의 제한과 한계

① 헌법유보에 의한 기본권의 제한 : 정당의 목적과 활동(헌법 제8조 제4항), 언론·출판의 자유(헌법 제21조 제4항), 군인·공무원·경찰공무원 등의 국가배상청구권(헌법 제29조 제2항), 공무원의 근로3권(헌법 제33조 제2항), 방위산업체 근로자의 단체행동권(헌법 제33조 제3항)
② 법률유보에 의한 기본권의 제한 기출 21·19 : 국가안전보장·질서유지·공공복리를 위하여 필요한 경우에 '법률'로써 제한할 수 있다. 단, 제한하는 경우에도 자유와 권리의 본질적인 내용을 침해할 수 없다(헌법 제37조 제2항).
③ 기본권 제한의 한계★
  ㉠ 원칙적으로 형식적 법률에 의해서만 제한할 수 있으며 그 법률은 일반적이어야 하고 명확하여야 하며, 구체적인 기본권을 대상으로 하여야 한다.
  ㉡ 제한의 목적도 국가안전보장·질서유지·공공복리에 한하며, 제한 시에도 본질적 내용의 침해는 금지된다.

> **기본권 제한입법의 방법상 한계★**
> - 과잉금지의 원칙 : 광의의 과잉금지의 원칙이라 함은 "국가의 권력은 무제한적으로 행사되어서는 안 되고, 이는 반드시 정당한 목적을 위하여 그리고 또한 이러한 목적을 달성하기 위하여 필요한 범위 내에서만 행사되어야 한다"는 의미로 이해되고 있다.
> - 과잉금지원칙의 내용
>   - 목적의 정당성
>   - 방법의 적정성
>   - 피해의 최소성
>   - 법익의 균형성

빈칸 채우기

법 인
⋯ 경제활동의 발전으로 사법상 법인실재설에 대응하여 법인에 대하여도 국민의 (❶)와 (❷)에 관한 규정이 (❸)된다고 본다(통설).

정답 ❶ 권리 ❷ 의무 ❸ 인정

6. 기본권의 침해와 구제★
    ① 입법기관에 의한 침해와 구제
        ㉠ 기본권 침해 법률에 대한 위헌심사를 구하거나 헌법소원의 제기·청원으로 구제받을 수 있다.
        ㉡ 입법의 부작위로 기본권이 침해된 경우에는 헌법소원 제기가 가능하나 생존권적 기본권에 있어서는 부정설이 다수설이다.
    ② 행정기관에 의한 침해와 구제 : 행정쟁송을 제기하거나 국가배상이나 손실보상을 청구할 수 있다.
    ③ 사법기관에 의한 침해와 구제 : 오판이나 재판의 지연에 의한 침해 시에는 상소, 재심, 비상상고, 형사보상 청구에 의한 방법으로 구제받을 수 있다.
    ④ 사인(私人)에 의한 침해와 구제 : 고소·고발이나 손해배상청구의 방법이 있다.

7. 기본권의 효력★
    ① 대국가적 효력 : 원칙적으로 입법·사법·행정 등 모든 국가권력을 구속하며 권력작용뿐만 아니라 비권력 작용인 관리행위·국고행위에 대해서도 기본권 규정이 적용된다.
    ② 제3자적 효력 : 오늘날은 국가나 공공단체에 의한 기본권 침해보다도 국가유사기능을 행사하는 사회적 세력·단체들에 의한 기본권 침해가 크게 문제가 되고 있다. 여기에 기본권의 타당 범위를 국가권력 외에 사인 상호 간으로 확대하여 사인에 의한 법익의 침해에 대해서도 기본권의 보장효력을 인정할 필요가 있게 되는데, 이것이 기본권의 제3자적 효력의 문제이다.
    ③ 대한민국 헌법에 있어서의 제3자적 효력
        ㉠ 직접 적용 : 인간의 존엄과 가치, 행복추구권, 근로조건의 기준, 여자와 연소근로자의 보호, 근로3권
        ㉡ 간접 적용 : 평등권, 사생활의 비밀, 양심·신앙·표현의 자유

기본권의 침해와 구제
→ 입법기관에 의한 침해와 구제 : 기본권 침해 법률에 대한 (❶)심사를 구하거나 헌법소원의 제기·청원으로 구제받을 수 있다.
→ 행정기관에 의한 침해와 구제 : 행정(❷)을 제기하거나 국가(❸)나 손실(❹)을 청구할 수 있다.
→ 사법기관에 의한 침해와 구제 : 오판이나 재판의 지연에 의한 침해 시에는 (❺), (❻), 비상(❼), 형사(❹) 청구에 의한 방법으로 구제받을 수 있다.
→ 사인(私人)에 의한 침해와 구제 : (❽)·(❾)이나 손해(❸)청구의 방법이 있다.

❶ 위헌 ❷ 쟁송 ❸ 배상 ❹ 보상 ❺ 상소 ❻ 재심 ❼ 상고 ❽ 고소 ❾ 고발

02 포괄적 기본권

1. 인간으로서의 존엄과 가치 기출 15
① 의의 : 인간의 본질적인 인권과 인간으로서의 독자적인 가치를 말한다고 할 수 있다(인격주체성).
② 법적 성격 : 객관적 최고원리, 전국가적 자연권성, 개인주의적 성격, 최고규범성★
③ 주체 : 인간(모든 국민, 외국인)
④ 효력 : 주관적 공권, 제3자적 효력
⑤ 내용 : 인간의 존엄과 가치는 헌법상의 최고원리로서 모든 국가권력은 이에 구속되고 이에 반하는 헌법개정은 허용되지 아니한다. 인간의 존엄과 가치는 헌법상 기본권 보장의 대전제가 되는 최고의 원리이다. 이를 침해하는 국가권력에 대해 국민은 저항권을 행사할 수 있고, 이를 침해하는 행정처분이나 재판에 대해서는 재판청구권의 행사, 헌법소원 등을 통해 침해행위의 배제를 청구할 수 있다.★

2. 행복추구권
① 의의 : 고통이 없고 만족감을 느낄 수 있는 상태를 실현할 수 있는 권리
② 법적 성격 : 주관적 권리, 자연법상 권리이자 실정법상 권리, 포괄적 권리
③ 주체 : 인간(모든 국민, 외국인)
④ 효력 : 주관적 공권, 제3자적 효력
⑤ 유래 : 1776년 버지니아 권리장전★
⑥ 내용 : 생명권, 신체불훼손권, 인격권, 휴식권, 안면권 등

3. 평등권
① 의의 : 국가에 대하여 평등한 취급을 받을 권리, 즉 법 앞의 평등으로 법의 정립, 집행 및 적용에 있어서의 평등을 뜻하며 입법·사법·행정기관까지도 구속하는 기본권이다.★
② 법적 성격 : 객관적 법질서이며 주관적 공권, 전국가적 자연권
③ 주체 : 개인, 법인, 권리능력 없는 사단, 재단, 외국인(제한 가능)★
④ 내용 : 자연법을 포함한 모든 법 앞에서의 평등과 법 내용의 평등까지도 포함하며, 정치영역에서는 절대적 평등을, 사회·경제영역에서는 상대적 평등을 추구한다. 또한, 성별·종교·사회적 신분을 초월하여 정치·경제·사회·문화의 전 영역에 걸쳐 차별을 금지한다.★

> **평등권 위반 심사 기준**
> • 자의금지의 원칙 : 차별적 취급 존부 심사
> • 비례의 원칙 : 당해 차별의 정당성 및 균형성 심사

⑤ 기본권 제한
  ㉠ 헌법에 의한 제한 : 정당의 특권, 대통령의 형사상 특권, 국회의원의 불체포·면책특권, 공무원의 근로 3권의 제한·국가유공자의 보호, 국회의원 겸직금지, 대통령 피선거권 연령 제한, 군인 등의 배상청구권 금지, 방위산업체 노동자의 단체행동권 제한, 현역군인의 국무총리·국무위원 임명제한 등

> **헌법 제37조** 기출 23
> ① 국민의 자유와 권리는 헌법에 열거되지 아니한 이유로 경시되지 아니한다.
> ② 국민의 모든 자유와 권리는 국가안전보장·질서유지 또는 공공복리를 위하여 필요한 경우에 한하여 법률로써 제한할 수 있으며, 제한하는 경우에도 자유와 권리의 본질적인 내용을 침해할 수 없다.

  ㉡ 법률에 의한 제한 : 공무원법, 형의 집행 및 수용자의 처우에 관한 법률, 공직선거법, 출입국관리법 등에서 규정

03 자유권적 기본권

1. 자유권적 기본권의 의의와 법적 성격
① 의의 : 자신의 자유영역에 관하여 국가로부터 침해받지 않을 권리이다.
② 법적 성격 : 천부적·전국가적인 권리이자 소극적이며 방어적인 권리이며 포괄적 권리이다.★
③ 주체 : 국민, 외국인
④ 효력 : 모든 국가기관을 직접 구속하는 구체적이고 현실적인 권리★
⑤ 자유권의 분류★
  ㉠ 인신의 자유권 : 생명권, 신체를 훼손당하지 않을 권리, 신체의 자유
  ㉡ 사생활의 자유권 : 사생활의 비밀과 자유, 주거의 자유, 거주·이전의 자유, 통신의 자유
  ㉢ 정신적 자유권 : 양심의 자유, 종교의 자유, 언론·출판의 자유, 집회·결사의 자유, 학문과 예술의 자유
  ㉣ 경제적 자유권 : 재산권, 직업의 자유, 소비자의 권리

 빈칸 채우기

자유권의 분류
→ (❶)의 자유권 : (❶)의 비밀과 자유, 주거의 자유, 거주·이전의 자유, 통신의 자유
→ (❷)의 자유권 : 생명권, 신체를 훼손당하지 않을 권리, 신체의 자유
→ (❸) 자유권 : 재산권, 직업의 자유, 소비자의 권리

❶ 사생활 ❷ 인신 ❸ 경제적 정답

2. 인신의 자유권

① 생명권
- ㉠ 의의 : 인간의 인격적·육체적 존재형태인 생존에 관한 권리로서, 생명에 대한 모든 형태의 국가적 침해를 방어하는 권리
- ㉡ 헌법적 근거 : 우리 헌법에는 명문 규정은 없지만 통설과 판례는 인간의 존엄성 규정, 신체의 자유, 헌법에 열거되지 아니한 권리 등에서 생명권의 헌법상 근거를 들어 인정하고 있다. ★

② 신체의 자유 기출 14
- ㉠ 의의 : 법률에 따르지 않고서는 신체적 구속을 받지 아니할 자유를 말하는 것으로, 신체의 자유는 인간의 모든 자유 중에서 가장 원시적인 자유이다. ★
- ㉡ 제도 보장
  - **죄형법정주의와 적법절차의 보장**(헌법 제12조 제1항) 기출 14 : 모든 국민은 신체의 자유를 가진다. 누구든지 법률에 의하지 아니하고는 체포·**구속**·압수·**수색** 또는 **심문**을 받지 아니하며, 법률과 적법한 절차에 의하지 아니하고는 **처벌**·**보안처분**·**강제노역**을 받지 아니한다.
  - **고문의 금지와 불리한 진술거부권**(헌법 제12조 제2항) 기출 24·20·14·08 : 모든 국민은 고문을 받지 아니하며, 형사상 자기에게 불리한 진술을 강요당하지 아니한다.
  - **영장주의**(헌법 제12조 제3항) 기출 24·23·14·08 : 체포·**구속**·압수 또는 수색을 할 때에는 적법한 절차에 따라 검사의 신청에 의하여 법관이 발부한 영장을 제시하여야 한다. 다만, 현행범인 경우와 장기 3년 이상의 형에 해당하는 죄를 범하고 도피 또는 증거인멸의 염려가 있을 때에는 사후에 영장을 청구할 수 있다.
  - **변호인의 조력을 받을 권리와 국선변호인제도**(헌법 제12조 제4항) 기출 24·20·08 : 누구든지 체포 또는 구속을 당한 때에는 즉시 변호인의 조력을 받을 권리를 가진다. 다만, 형사피고인이 스스로 변호인을 구할 수 없을 때에는 법률이 정하는 바에 의하여 국가가 변호인을 붙인다.
  - **구속사유 고지제도**(헌법 제12조 제5항) : 누구든지 체포 또는 구속의 이유와 변호인의 조력을 받을 권리가 있음을 고지 받지 아니하고는 체포 또는 구속을 당하지 아니한다. 체포 또는 구속을 당한 자의 가족 등 법률이 정하는 자에게는 그 이유와 일시·장소가 지체 없이 통지되어야 한다.
  - **체포구속적부심사제도**(헌법 제12조 제6항) 기출 24·20 : 누구든지 체포 또는 구속을 당한 때에는 적부의 심사를 법원에 청구할 권리를 가진다.
  - **자백의 증거능력 제한**(헌법 제12조 제7항) : 피고인의 자백이 고문·폭행·협박·구속의 부당한 장기화 또는 기망 기타의 방법에 의하여 자의로 진술된 것이 아니라고 인정될 때 또는 정식재판에 있어서 피고인의 자백이 그에게 불리한 유일한 증거일 때에는 이를 유죄의 증거로 삼거나 이를 이유로 처벌할 수 없다.
  - **형벌불소급·일사부재리의 원칙**(헌법 제13조 제1항) : 모든 국민은 행위 시의 법률에 의하여 범죄를 구성하지 아니하는 행위로 소추되지 아니하며, 동일한 범죄에 대하여 거듭 처벌받지 아니한다.
  - **연좌제의 금지**(헌법 제13조 제3항) : 모든 국민은 자기의 행위가 아닌 친족의 행위로 인하여 불이익한 처우를 받지 아니한다.

3. 사생활의 자유권

① **거주・이전의 자유**(헌법 제14조) : 국내 거주・이전의 자유, 국외 거주・이전의 자유, 해외여행, 국적이탈의 자유가 포함되나 무국적의 자유는 인정되지 않는다. 국민과 국내법인은 거주・이전의 자유를 가지나 외국인은 원칙적으로 입국의 자유를 가지지 못한다. ★

② **주거의 자유**(헌법 제16조) : 주거에 대한 압수・수색에는 영장주의를 채택하고 있다. ★

③ **사생활의 비밀과 자유**(헌법 제17조) : 사생활의 비밀과 자유의 주체는 외국인을 포함한 자연인이고, 법인은 원칙적으로 사생활의 비밀과 자유의 주체가 되지 못한다.

④ **통신의 자유**(헌법 제18조) : 국가안전보장・질서유지・공공복리를 위하여 필요한 경우에 한하여 제한할 수 있다.

4. 정신적 자유권

① **양심의 자유** 기출 13 : 양심상 결정의 자유, 양심 유지의 자유, 양심에 반하는 행위를 하지 않을 자유, 침묵의 자유 등이 포함된다. 양심의 자유 중 양심형성의 자유는 내용을 제한할 수 없는 절대적 기본권이다. ★

② **종교의 자유** : 신앙의 자유, 개종・종교 선택의 자유, 종교적 행사의 자유, 종교적 집회 및 결사의 자유, 포교 및 종교 교육의 자유 등이며, 국교의 금지와 정교분리의 원칙도 아울러 규정하고 있다.

③ **언론・출판의 자유** : 언론・출판은 타인의 명예나 권리 또는 공중도덕이나 사회윤리를 침해해서는 안 된다. 관련 법률로 신문 등의 진흥에 관한 법률, 방송법 등이 있고, 허가제와 검열제를 원칙적으로 제한하고 있다. ★

④ **집회・결사의 자유** : 집단적인 표현의 자유의 성격을 갖기 때문에 언론・출판의 자유보다 통제를 받기 쉽다. 허가제는 인정되지 않으며, 시위도 움직이는 집회로서 집회의 개념 속에 포함된다. ★

⑤ **학문의 자유** : 학문의 자유는 진리 탐구의 자유로서 학문적 활동에 대한 어떠한 간섭이나 방해를 받지 아니할 자유이며 그 구체적 내용으로는 교수의 자유, 연구의 자유, 연구의 결과를 발표할 자유, 학문을 위한 집회・결사의 자유, 대학의 자치 등이 있다.

⑥ **예술의 자유** : 예술의 자유는 예술의 연구・발표・논의의 자유(헌법 제22조 제1항)를 말한다. 예술의 자유는 예술창작의 자유와 예술표현의 자유, 그리고 예술적 결사의 자유를 그 내용으로 한다.

5. 경제적 자유권

직업선택의 자유(헌법 제15조), 재산권의 보장(헌법 제23조 제1항 전문) 및 소비자의 권리를 그 내용으로 한다.

> **헌법 제23조** 기출 23
> ① 모든 국민의 재산권은 보장된다. 그 내용과 한계는 법률로 정한다.
> ② 재산권의 행사는 공공복리에 적합하도록 하여야 한다.
> ③ 공공필요에 의한 재산권의 수용・사용 또는 제한 및 그에 대한 보상은 법률로써 하되, 정당한 보상을 지급하여야 한다.

04 생존권적 기본권(사회적 기본권)

1. 생존권적 기본권의 개념

① 의의 : 국민이 인간다운 생활을 영위할 수 있도록 생활에 필요한 제 조건을 국가가 적극적으로 관여하여 확보해 줄 것을 요청할 수 있는 권리로서, 1919년 바이마르헌법에서 처음으로 규정되었다.★

② 자유권과 생존권의 비교★

구 분	자유권적 기본권	생존권적 기본권
이념적 기초	• 개인주의적·자유주의적 세계관 • 시민적 법치국가를 전제	• 단체주의적·사회정의의 세계관 • 사회적 복지국가를 전제
법적 성격	• 소극적·방어적 권리 • 전국가적·초국가적인 자연권 • 구체적 권리·포괄적 권리	• 적극적 권리 • 국가 내적인 실정권 • 추상적 권리·개별적 권리
주 체	• 자연인(원칙), 법인(예외) • 인간의 권리	• 자연인 • 국민의 권리
내용 및 효력	• 국가권력의 개입이나 간섭 배제 • 모든 국가권력 구속, 재판규범성이 강함 • 제3자적 효력(원칙)	• 국가적 급부나 배려 요구 • 입법조치 문제, 재판규범성이 약함 • 제3자적 효력(예외)
법률유보	권리제한적 법률유보	권리형성적 법률유보
제한 기준	주로 안전보장·질서 유지에 의한 제한 (소극적 목적)	주로 공공복리에 의한 제한 (적극적 목적)

2. 인간다운 생활을 할 권리(헌법 제34조) 기출 24

① 인간의 존엄성에 부합하는 건강하고 문화적인 생활을 영위할 권리로서 사회적 기본권 중에서 가장 근원이 되는 권리이다.★

② 인간다운 생활을 할 권리는 헌법 제10조의 '인간으로서의 존엄과 가치'에 관한 규정과 더불어 헌법상 최고의 가치를 가진다.★

③ 인간다운 생활을 확보하기 위한 수단으로 최저 생활이 불가능한 국민에게는 사회보장·사회복지의 방법을 통해 인간다운 생활을 확보해 주도록 하고 있다. 또한 생활무능력자에게는 생계비 지급 등의 방법으로 생존을 보장해줄 국가의 의무도 규정하고 있다.

3. 교육을 받을 권리

교육을 받을 수 있도록 국가의 적극적인 배려를 청구할 수 있는 권리로 능력에 따라 균등하게 교육을 받을 권리를 말한다.

4. 근로의 권리 기출 11

① **의의** : 근로자가 자신의 적성·능력·취미에 따라 일의 종류·장소 등을 선택하여 근로관계를 형성하고 타인의 방해 없이 근로관계를 계속 유지하는 권리이며, 가장 유리한 조건으로 노동력을 제공하여 얻는 대가로 생존을 유지하며, 근로의 기회를 얻지 못하면 국가에 대하여 이를 요구할 수 있는 권리를 말한다.

② **근로의 권리**(헌법 제32조) : 근로의 기회제공을 요구할 권리, 국가의 고용증진, 적정임금보장의 의무, 최저임금제, 근로조건 기준의 법정, 여자와 연소자 근로의 특별보호 기출 22 , 여자의 근로에 대한 고용·임금 및 근로조건에 있어서 부당한 차별 금지, 국가유공자·상이군경 및 전몰군경의 유가족에 대한 우선취업기회보장 등이 있다.

③ **근로자의 근로3권** 기출 11

단결권	근로조건의 유지·개선을 목적으로 사용자와 대등한 교섭력을 가진 단체를 자주적으로 구성할 수 있는 권리
단체교섭권	근로자단체가 근로조건에 관하여 사용자와 교섭할 수 있는 권리
단체행동권	노동쟁의가 발생한 경우에 쟁의행위를 할 수 있는 권리

④ **제 한**★★

㉠ 헌법 제33조에 의한 제한
- 공무원인 근로자는 법률이 정한 자에 한하여 단결권·단체교섭권 및 단체행동권(근로3권)을 가진다(제2항).★
- 법률이 정하는 주요 방위산업체에 종사하는 근로자의 단체행동권은 법률이 정하는 바에 의하여 이를 제한하거나 인정하지 아니할 수 있다(제3항).★

㉡ 헌법 제37조에 의한 제한 : 국민의 모든 자유와 권리는 국가안전보장·질서유지 또는 공공복리를 위하여 필요한 경우에 한하여 법률로써 제한할 수 있으며, 제한하는 경우에도 자유와 권리의 본질적인 내용을 침해할 수 없다(제2항).★

5. 환경권(헌법 제35조)

깨끗한 환경 속에서 인간다운 생활을 할 수 있는 권리이며, 타 기본권의 제한을 전제로 하는 기본권으로 의무성이 강하고 경제성장의 장애요인의 성격이 있고 미래세대의 기본권적 성격이 있다.

6. 혼인의 순결과 보건을 보호받을 권리(헌법 제36조)

헌법은 혼인과 가족생활에 대한 제도보장을 규정하고 있고 양성의 평등, 보건에 관한 국가의 보호의무, 모성의 보호 등을 규정하고 있다.

빈칸 채우기

근로자의 근로3권

⇢ 단결권 : (❶)의 (❷)·(❸)을 목적으로 사용자와 대등한 (❹)력을 가진 단체를 (❺)적으로 구성할 수 있는 권리
⇢ 단체교섭권 : 근로자단체가 (❶)에 관하여 사용자와 (❹)할 수 있는 권리
⇢ 단체행동권 : (❻)가 발생한 경우에 (❼)를 할 수 있는 권리

❶ 근로조건 ❷ 유지 ❸ 개선 ❹ 교섭 ❺ 자주 ❻ 노동쟁의 ❼ 쟁의행위 **정답**

05 청구권적 기본권(기본권 보장을 위한 기본권) 기출 17·16·13

1. 청구권적 기본권의 의의와 법적 성격
① 의의 : 국가에 대하여 일정한 행위를 적극적으로 청구할 수 있는 국민의 주관적 공권으로서, 그 자체가 권리의 목적이 아니라 기본권을 보장하기 위한 절차적 기본권이다.★
② 법적 성격 : 자유권적 기본권과 함께 가장 오래된 기본권 중의 하나로서 직접적 효력이 발생하는 현실적 권리이며 국가 내적 권리이다.

2. 청원권·청구권
① 청원권(헌법 제26조) : 오늘날 청원권은 권리구제의 수단이라기보다는 국민의 의사·희망을 개진하는 수단으로 기능을 하고 있다. 청원은 반드시 문서로 하며, 국가기관은 이를 수리·심사할 의무를 진다.★

기출 23

② 재판청구권(헌법 제27조) : 모든 국민은 '헌법과 법률에 정한 법관'에 의하여 '법률'에 의한 '정당한 재판'을 받을 권리를 가진다. 또한, 원칙상 군사법원의 재판을 받지 아니할 권리, 신속·공개·공정한 재판을 받을 권리, 판결확정 전의 무죄추정을 받을 권리, 형사피해자의 공판정 진술권 등을 가진다.
③ 형사보상청구권(헌법 제28조) 기출 08 : 형사피의자 또는 형사피고인으로 구금되었던 자가 불기소처분이나 무죄판결을 받을 경우 그가 입은 정신적·물질적 손실을 법률에 의하여 정당한 보상을 청구할 수 있는 권리이다.
④ 국가배상청구권(헌법 제29조)
 ㉠ 공무원의 직무상 불법행위로 말미암아 손해를 입은 자가 국가 또는 공공단체에 대하여 배상을 청구할 수 있는 권리이다.
 ㉡ 요건으로는 공무원(널리 공무에 종사하고 있는 자를 포함)의 행위일 것, 직무행위일 것, 고의나 과실이 있는 위법한 행위일 것, 타인에게 손해를 가하였을 것 등이 필요하다.
⑤ 손실보상청구권(헌법 제23조 제3항) : 국가의 적법한 권력행사로 인하여 재산상의 손실을 입은 자가 그 보상을 청구할 수 있는 권리로, 이는 특별한 희생에 대한 공평부담의 원칙에 근거한 것이다.
⑥ 범죄피해자구조청구권(헌법 제30조) 기출 08 : 가해자가 불명하거나 무자력인 타인의 범죄행위(피해자에게 귀책사유가 없을 것)로 인하여 생명·신체에 대한 피해를 입은 경우에 국가에 대하여 구조를 청구할 수 있는 권리이다.

빈칸 채우기

청구권적 기본권
- 형사보상청구권 : (❶) 또는 (❷)으로 구금되었던 자가 불기소처분이나 무죄판결을 받을 경우 그가 입은 정신적·물질적 손실을 법률에 의하여 (❸)한 보상을 청구할 수 있는 권리
- 국가배상청구권 : (❹)의 직무상 (❺)로 말미암아 손해를 입은 자가 국가 또는 공공단체에 배상을 청구할 수 있는 권리
- 손실보상청구권 : 국가의 (❻)한 권력행사로 인하여 재산상의 손실을 입은 자가 그 보상을 청구할 수 있는 권리

정답 ❶ 형사피의자 ❷ 형사피고인 ❸ 정당 ❹ 공무원 ❺ 불법행위 ❻ 적법

06 참정권적 기본권

1. 참정권의 의의

국민이 주권자로서 국정에 참여할 수 있는 기본권, 즉 국민이 국가기관의 구성원으로서 국가의 공무에 참여할 수 있는 권리를 말한다.

2. 참정권의 내용

선거권, 공무담임권, 국민투표(표결)권이 있다.

> **직접민주제**
> • 국민이 국가의 의사형성에 직접으로 참여할 수 있는 권리로 국민발안, 국민소환, 국민표결(국민투표)이 있다. ★
>
> | 국민발안 | 일정 수의 국민이 헌법 개정안이나 법률안 등을 의회에 직접 발의할 수 있는 제도 |
> |---|---|
> | 국민소환 | 국민이 선출한 공무원을 임기만료 전에 투표를 통해 해임하는 제도 |
> | 국민표결(국민투표) | 헌법 개정이나 국가의 중요 정책을 결정할 때 투표를 통해 국민의 의사를 묻는 제도 |
>
> • 현행 헌법에서는 국가안위에 관한 중요정책에 대한 국민투표(제72조), 헌법개정안에 대한 국민투표(제130조) 등을 규정하고 있다. ★

07 국민의 의무 기출 11

1. 고전적 의무

국가의 존립을 유지하고 보위(保衛)하기 위한 국민의 의무를 말한다. 이에는 납세의 의무(헌법 제38조)와 국방의 의무(헌법 제39조 제1항)가 있다. 기출 22

2. 현대적 의무 기출 21

고전적 의무와 달리 국민에 국한하지 않고 국적의 여하를 막론하며, 모든 인간에게 공통되는 기본 의무를 말한다.

① 교육을 받게 할 의무 : 모든 국민은 그 보호하는 자녀에게 적어도 초등교육과 법률이 정하는 교육을 받게 할 의무를 진다(헌법 제31조 제2항). 의무교육은 무상이다(헌법 제31조 제3항). 기출 22
② 근로의 의무 : 모든 국민은 근로의 의무를 진다(헌법 제32조 제2항 전문).
③ 환경보전의 의무 : 국가와 국민은 환경보전을 위하여 노력하여야 한다(헌법 제35조 제1항 후단).
④ 재산권 행사의 공공복리적합성의 의무 : 재산권의 행사는 공공복리에 적합하여야 한다(헌법 제23조 제2항).

4 통치구조

01 통치구조의 원리와 형태

1. 통치원리
국민주권의 원리, 권력분립의 원리, 의회주의의 원리, 법치주의의 원리를 그 내용으로 한다.

2. 통치구조의 형태
① 대통령제 : 엄격한 권력분립에 입각하여 행정부의 수반(대통령)이 국민에 의하여 선출되고, 그 임기 동안 의회에 대하여 책임을 지지 않고 의회로부터 완전히 독립한 지위를 유지하는 정부형태이다.
② 의원내각제 : 행정부(내각)가 의회(하원)에 의하여 구성되고 의회의 신임을 그 존립의 요건으로 하는 정부형태이다.

[대통령제와 의원내각제의 비교]

구 분	대통령제	의원내각제
성립·존속 관계 (본질)	• 엄격한 삼권분립, 정부와 국회의 관계 대등 • 대통령 : 민선 • 정부 : 대통령이 독자적으로 구성 • 대통령이 의회에 대해 무책임	• 입법권과 행정권의 융합 • 대통령 : 의회에서 간선 • 정부 : 의회에서 간선 • 의회는 정부불신임권 보유, 정부는 의회 해산권 보유
정부의 구조관계	국가대표와 행정수반이 대통령에 귀속 (실질적 권한)	• 국가대표는 대통령(또는 군주)에게 귀속 (형식적·의례적 권한) • 행정수반은 수상(또는 총리)에게 귀속 (실질적 행정권)
기능상의 관계	• 의원의 정부각료 겸직 불허 • 정부의 법률안제출권, 정부의 의회출석·발언권 없음	• 의원의 정부각료 겸직 허용 • 정부의 법률안제출권, 정부의 의회출석·발언권 있음
기타 제도상의 관계	• 민선의 부통령제를 채택 • 대통령의 법률안거부권 인정 • 국무회의는 법률상 기관, 임의적 기관, 자문기관	• 총리제 : 의회의 동의를 얻어 국가 원수가 총리를 임명 • 부서제도를 채택 • 국무회의는 헌법상 기관, 필수적 기관, 의결기관
장 점	• 대통령 임기동안 정국안정 • 국회 다수당의 횡포견제 가능	• 정치적 책임에 민감(책임정치) • 독재방지
단 점	• 정치적 책임에 둔감 • 독재의 우려	• 정국불안정 • 다수당의 횡포 우려

빈칸 채우기

통치구조의 형태
→ 대통령제 : 엄격한 (❶)에 입각하여 (❷)의 수반(대통령)이 (❸)에 의하여 선출되고, 그 임기 동안 (❹)에 대하여 (❺)을 지지 않고 (❹)로부터 완전히 (❻)한 지위를 유지하는 정부형태
→ 의원내각제 : (❷)(내각)가 (❹)(하원)에 의하여 구성되고 (❹)의 신임을 그 존립의 요건으로 하는 정부형태

정답 ❶ 권력분립 ❷ 행정부 ❸ 국민 ❹ 의회 ❺ 책임 ❻ 독립

③ 우리나라의 정부형태 : 대통령제 요소와 의원내각제 요소가 절충되고 있으나, 국정이 대통령중심제로 이루어지고 행정부의 수반과 국가원수가 동일인인 대통령인 점에 비추어 대통령제라 할 수 있다.

대통령제적 요소	의원내각제적 요소
• 대통령이 국가원수 겸 행정부 수반이 됨(집행부가 일원화) • 대통령이 국민에 의해 직접 선출 • 행정부 구성원의 탄핵소추 • 법률안거부권★ • 국회가 대통령을 불신임하거나, 대통령이 국회를 해산하지 못함★ • 국정조사 및 국정감사제도★	• 정부의 법률안제출권★ • 국무총리와 국무위원에 대한 해임건의권★ • 국무총리 및 관계 국무위원의 부서제도★ • 국무총리제★ • 국회의원과 국무위원의 겸직 허용★ • 국무총리 및 국무위원 등의 국회 및 위원회 출석발언권 및 출석발언요구권 • 국무회의제

02 통치기구

1. 국 회

① 의회의 개념 : 국민에 의하여 선출된 의원들로 구성되는 합의체의 국가기관으로서 입법권을 행사한다.

② 단원제와 양원제 : 의회는 하나 또는 둘의 합의체로써 구성되는데, 전자를 단원제, 후자를 양원제라 한다.

[단원제와 양원제의 장단점]

구 분	단원제	양원제
장 점	• 국정의 신속한 처리 • 국회의 경비절약 • 책임소재의 분명 • 국민의사의 직접적 반영	• 연방국가에 있어서 지방의 이익 옹호 • 직능적 대표로 상원이 원로원 구실을 하여 급진적 개혁방지 • 하원의 경솔한 의결이나 성급한 과오 시정 • 상원이 하원과 정부의 충돌완화
단 점	• 국정심의의 경솔 • 정부와 국회의 충돌 시 해결의 곤란 • 국회의 정부에 대한 횡포의 우려	• 의결의 지연 • 경비과다 • 전체 국민의 의사 왜곡 우려

③ 국회의 헌법상 지위★ : 국회는 국민의 대표기관으로서의 지위, 입법기관으로서의 지위, 국정의 통제기관으로서의 지위를 갖는다.

④ 국회의 구성★ 기출 19 : 국민의 보통·평등·직접·비밀선거에 의하여 선출된 의원과 비례대표제에 의한 간선의원으로 구성되며, 의원정수는 법률로 정하되 200인 이상으로 한다(헌법 제41조 제1항·제2항).

> **국회의원**
> • 국회의원의 임기는 4년으로 한다(헌법 제42조).
> • 국회의원은 법률이 정하는 직을 겸할 수 없다(헌법 제43조). 기출 15
> • 국회의원이 궐위되어 보궐선거로서 다시 의원을 선출하는 경우 당선된 의원의 임기는 잔여임기로 한다(공직선거법 제14조 제2항 단서 참고).

⑤ 국회의 의사정족수 기출 13
  ㉠ 국회의 일반의결정족수

정족수	사 항
재적의원의 과반수 출석과 출석의원의 과반수 찬성 : 가부동수인 경우 부결된 것으로 본다(헌법 제49조).	• 법률안 의결 • 예비비 승인 • 예산안 의결 • 긴급명령의 승인 • 조약 동의 • 공무원 임명동의 • 일반사면 동의 • 의원의 체포 · 석방 동의

  ㉡ 국회의 특별의결정족수

정족수	사 항
재적의원 2/3 이상 찬성	• 헌법개정안 의결 • 국회의원 제명 기출 24 • 대통령에 대한 탄핵소추 의결
재적의원 과반수의 찬성	• 헌법개정안 발의 • 대통령탄핵소추 발의 • 탄핵소추 의결(대통령은 제외) • 국무총리 등 해임 건의 • 계엄해제 요구 • 국회의장 및 부의장 선출(예외적으로 선거투표제 있음)
재적의원 1/3 이상 찬성	• 국무총리 등 해임 발의 • 탄핵소추 발의(대통령은 제외)
재적의원 과반수 출석과 출석의원 2/3 이상 찬성	법률안의 재의결
재적의원 1/4 이상 찬성	임시국회 집회요구
재적의원 과반수 출석과 출석의원 다수 찬성	• 국회법상 : 임시의장 · 상임위원회의 위원장 선출 • 헌법상 : 국회에서의 대통령당선자 결정
출석의원 과반수 찬성	본회의 비공개결정 기출 13

⑥ 회기와 회의의 원칙
  ㉠ 회기 : 국회가 의사활동을 할 수 있는 기간을 말하며, 이에는 정기회와 임시회가 있다.
  ㉡ 회의의 원칙
    • 의사공개의 원칙 : 회의의 내용은 원칙적으로 공개한다(헌법 제50조 제1항 본문).
    • 회기계속의 원칙 : 회기 중 의결하지 못한 의안은 폐기되지 않고 다음 회기에 자동으로 넘겨 심의를 계속하도록 하는 제도이다. 다만, 국회의원의 임기가 만료된 때에는 그러하지 아니한다(헌법 제51조).
    • 일사부재의 원칙 : 회기 중 한 번 부결된 안건은 같은 회기 내에 재발의하지 못하도록 하는 제도로 계속 똑같은 안건을 발의하여 원활한 회의진행을 방해하는 것을 사전에 차단하는 원칙이다(국회법 제92조).

⑦ 권한 기출 23·20·17·16·14·13
  ㉠ 입법 : 헌법개정안 발의·의결권, 법률안제출권, 법률제정권, 조약의 체결·비준에 대한 동의권, 국회규칙제정권
  ㉡ 재정(재정의회주의 채택) : 조세법률주의, 예산 및 추가경정예산의 심의·확정권, 결산심사권, 기채동의권, 예산 외의 국가부담 계약체결에 대한 동의권, 예비비 설치에 대한 의결권과 그 지출승인권 등
  ㉢ 헌법기관 구성 : 대법원장·헌법재판소장·국무총리·감사원장 임명동의권, 헌법재판소재판관·선거관리위원회위원의 일부선출권 등
  ㉣ 국정통제 : 탄핵소추권, 해임건의권, 긴급재정경제처분 및 명령·긴급명령에 대한 승인권, 국정감사권·국정조사권·계엄해제요구권, 국방·외교정책에 대한 동의권, 일반사면에 대한 동의권, 국무총리 등의 국회출석요구 및 질문권 등
  ㉤ 국회 내부사항에 관한 자율권 : 국회규칙제정권, 의원의 신분에 관한 권한(의원의 제명·징계·자격심사), 내부조직권, 내부경찰권 등
⑧ 권리 기출 15·13 : 특권(면책특권, 불체포특권), 의사운영에 관한 권리(출석권, 발의권, 질문권, 질의권, 토론권, 의결권), 임시회소집을 요구할 권리(재적의원 4분의 1 이상) 등

> **국회의원의 특권** 기출 24·19·13
> • 불체포특권
>   – 국회의원은 현행범인인 경우를 제외하고는 회기 중 국회의 동의 없이 체포 또는 구금되지 아니한다(헌법 제44조 제1항).
>   – 국회의원이 회기 전에 체포 또는 구금된 때에는 현행범인이 아닌 한 국회의 요구가 있으면 회기 중 석방된다(헌법 제44조 제2항).
> • 면책특권 : 국회의원은 국회에서 직무상 행한 발언과 표결에 관하여 국회 외에서 책임을 지지 아니한다(헌법 제45조).

⑨ 의무 기출 15·11 : 국민 전체에 대한 봉사자로서의 봉사의무, 겸직금지의무, 청렴의무, 국익우선의무, 지위남용금지의무, 선서의무, 국회·위원회 출석의무, 의장의 내부경찰권에 복종할 의무, 의사에 관한 법령·규칙준수의무, 의회장 질서유지에 관한 명령복종 준수 등

빈칸 채우기

국회의 권한
⋯ 입법 : 헌법개정안 발의·(❶)권, 법률안(❷)권, 법률(❸)권, 조약의 체결·비준에 대한 동의권, 국회규칙(❸)권
⋯ 재정 : 조세법률주의, (❹) 및 추가경정(❹)의 심의·확정권, 결산심사권, 기채동의권 등
⋯ 헌법기관 구성 : 대법원장·헌법재판소장·(❺)·감사원장 임명동의권, 헌법재판소재판관의 일부선출권 등
⋯ 국정통제 : (❻)소추권, (❼)건의권, 긴급재정경제처분 및 명령·긴급명령에 대한 승인권 등
⋯ 국회 내부사항에 관한 자율권 : 국회규칙(❸)권, 의원의 신분에 관한 권한, 내부조직권 등

정답 ❶ 의결 ❷ 제출 ❸ 제정 ❹ 예산 ❺ 국무총리 ❻ 탄핵 ❼ 해임

2. 대통령

① **대통령의 헌법상 지위** 기출 12

국민대표기관으로서의 지위	대통령은 국회와 더불어 국민의 대표기관이다.
국가원수로서의 지위	대통령은 국가원수로서 대외적으로 국가를 대표하는 지위, 국가 및 헌법의 수호자로서의 지위, 국정의 통합조정자로서의 지위, 헌법기관 구성권자로서의 지위를 갖는다.
행정부의 수반으로서의 지위	대통령은 행정부를 조직·통할하는 집행에 관한 최고책임자로서의 지위가 있다. 법률집행권, 국무회의 소집권, 예산안 제출권, 대통령령 제정권, 일반공무원 임명권 등이 있다.

② **선임★** : 보통·평등·직접·비밀선거의 원칙에 따라 무기명투표·단기투표방법으로 국민이 직접 선출(전국단위의 소선거구제), 당선자 결정 방법은 상대적 다수대표제이고 예외로 1인의 후보자인 경우에는 선거권자 총 수의 3분의 1 이상을 득표해야 당선(무투표당선제를 부인)이 되며, 최고득표자가 2인 이상인 경우에는 국회 재적의원 과반수의 공개회의에서 다수표를 얻은 자가 당선된다(헌법 제67조).

③ **임기** : 대통령의 임기는 5년으로 하며, 중임할 수 없다(헌법 제70조). 대통령의 임기연장 또는 중임변경을 위한 헌법개정은 그 헌법개정 제안 당시의 대통령에 대하여는 효력이 없다(헌법 제128조 제2항).

④ **의무와 특권** : 대통령은 헌법준수·국가보위·조국의 평화적 통일·민족문화의 창달 등의 직무를 성실히 수행할 의무를 지며, 공·사의 직을 겸할 수 없으며, 국가의 독립·영토의 보전·국가의 계속성과 헌법을 수호할 책무를 진다. 또한 대통령은 내란 또는 외환의 죄를 범한 경우를 제외하고는 재직 중 형사상의 소추를 받지 아니하며, 탄핵결정에 의하지 아니하고는 공직으로부터 파면되지 아니한다.

⑤ **권 한** 기출 13·08
  ⊙ 대권적 권한 : 긴급명령과 긴급재정경제처분 및 명령권, 계엄선포권, 국민투표회부권, 헌법기구구성권
  ⓒ 행정에 관한 권한 : 행정에 관한 최고결정권과 최고지휘권, 법률집행권, 외교에 관한 권한, 정부의 구성과 공무원임명권, 국군통수권, 재정에 관한 권한(예산안제출권, 예비비지출권), 영전수여권
  ⓒ 국회와 입법에 관한 권한 : 임시국회 소집요구권, 국회출석·발언권, 국회에 대한 서한에 의한 의사표시권, 헌법개정에 관한 권한, 법률안제출권, 법률안거부권, 법률안공포권, 행정입법권(위임명령·집행명령제정권)
  ⓔ 사법에 관한 권한 : 위헌정당해산제소권, 사면·감형·복권에 관한 권한
  ⓜ 권한행사의 방법 : 대통령의 권한행사는 문서로써 하여야 하며, 국무총리와 관계 국무위원의 부서가 있어야 한다. 한편, 일정한 사항에 대하여는 국무회의의 심의, 국가안전보장회의의 자문 등을 거쳐야 한다.
  ⓑ 권한행사에 대한 통제방법 : 국민은 대통령을 선출함으로써, 국회는 대통령의 권한행사에 대한 승인권·탄핵소추권·계엄해제요구권을 통해, 법원은 대통령의 명령·처분을 심사함으로써 대통령의 권한행사를 통제한다.
  ⓢ 권한대행 : 대통령이 궐위되거나 사고로 인하여 직무를 수행할 수 없게 된 때에는 1차적으로 국무총리가 그 권한을 대행하고, 2차적으로는 법률이 정한 국무위원의 순서에 따라 그 권한을 대행한다(헌법 제71조).

3. 행정부

① **국무총리**
   ㉠ 대통령의 보좌기관으로서 대통령의 명을 받아 행정각부를 통할한다(헌법 제86조 제2항).
   ㉡ 행정부의 제2인자로서 대통령 권한대행의 제1순위가 되며(헌법 제71조), 국무회의의 부의장이 된다(헌법 제88조 제3항).
   ㉢ 국회의 동의를 얻어 대통령이 임명하고(헌법 제86조 제1항), 해임은 대통령의 자유이나 국회가 해임건의를 할 수 있다(헌법 제63조 제1항).
   ㉣ 국무위원의 임명제청권과 해임건의권, 대통령의 권한대행 및 서리권, 국무회의의 심의·참가권, 국회에의 출석·발언권, 부서권, 행정각부 통할권, 총리령 제정권을 가지며 부서할 의무, 국회의 요구에 따라 출석·답변할 의무가 있다.

② **국무위원** 기출 11 : 국정에 관하여 대통령을 보좌하며, 국무회의 구성원으로서 국정을 심의한다(헌법 제87조 제2항). 임명은 국무총리의 제청으로 대통령이 하고(헌법 제87조 제1항) 해임은 대통령이 자유로이 한다.

③ **국무회의** 기출 11
   ㉠ 대통령을 의장으로 하고 국무총리를 부의장으로 하며 15인 이상 30인 이하의 국무위원으로 구성하는 정부의 권한에 속하는 중요정책을 심의하는 기관이다.
   ㉡ 헌법상의 필수기관이며 최고의 정책심의기관이며 독립된 합의제기관이다(헌법 제88조).

헌법 제89조 기출 22
다음 사항은 국무회의의 심의를 거쳐야 한다.
1. 국정의 기본계획과 정부의 일반정책
2. 선전·강화 기타 중요한 대외정책
3. 헌법개정안·국민투표안·조약안·법률안 및 대통령령안
4. 예산안·결산·국유재산처분의 기본계획·국가의 부담이 될 계약 기타 재정에 관한 중요사항
5. 대통령의 긴급명령·긴급재정경제처분 및 명령 또는 계엄과 그 해제
6. 군사에 관한 중요사항
7. 국회의 임시회 집회의 요구
8. 영전수여
9. 사면·감형과 복권
10. 행정각부 간의 권한의 획정
11. 정부 안의 권한의 위임 또는 배정에 관한 기본계획
12. 국정처리상황의 평가·분석
13. 행정각부의 중요한 정책의 수립과 조정
14. 정당해산의 제소
15. 정부에 제출 또는 회부된 정부의 정책에 관계되는 청원의 심사
16. 검찰총장·합동참모의장·각군참모총장·국립대학교총장·대사 기타 법률이 정한 공무원과 국영기업체관리자의 임명
17. 기타 대통령·국무총리 또는 국무위원이 제출한 사항

④ 행정각부 : 대통령 내지 국무총리의 지휘·통할 하에 법률이 정하는 행정사무를 담당하는 중앙행정관청으로, 각부의 장은 국무위원 중 국무총리 제청으로 대통령이 임명하며 대통령 내지 국무총리와 상명하복관계이다. 독임제 행정관청으로서 소속직원이나 소관사무에 관한 지방행정의 장을 지휘·감독하며, 필요한 행정처분·부령발포권을 가진다.
⑤ 대통령의 자문기관★ 기출 21 : 국가안전보장회의는 필수적 자문기관(대통령이 주재)이나 국가원로자문회의, 민주평화통일자문회의, 국민경제자문회의는 임의적 기관이다.
⑥ 감사원 기출 11
　㉠ 원장을 포함한 5인 이상 11인 이하의 위원으로 조직된다(헌법 제98조 제1항). 기출 11
　㉡ 원장을 포함한 위원의 임기는 4년, 1차에 한하여 중임이 가능하다(헌법 제98조 제2항·제3항). 기출 12·11
　㉢ 감사위원의 정년은 65세이지만, 감사원장의 정년은 70세로 한다(감사원법 제6조 제2항).
　㉣ 원장은 국회의 동의를 얻고 위원은 원장의 제청으로 대통령이 모두 임명한다(헌법 제98조 제2항·제3항). 기출 11
　㉤ 대통령의 직속기관이지만 기능상 독립되어 있으며 합의제의 헌법상 필수기관이다. 기출 11
　㉥ 국가의 세입·세출의 결산을 매년 검사하여 대통령과 차년도 국회에 결과를 보고하며(헌법 제99조), 국가 및 법률에 정한 단체의 회계검사, 행정기관 및 공무원의 직무에 관한 감찰, 기타 변상책임유무의 판단, 징계처분 및 문책, 시정의 요구, 수사기관에의 고발, 재심의 등의 일을 한다.

> **감사원장의 직무 대행(감사원법 제4조 제3항)**
> 원장이 궐위(闕位)되거나 사고(事故)로 인하여 직무를 수행할 수 없을 때에는 감사위원으로 최장기간 재직한 감사위원이 그 권한을 대행한다. 다만, 재직기간이 같은 감사위원이 2명 이상인 경우에는 연장자가 그 권한을 대행한다.★

빈칸 채우기

감사원
→ 원장을 포함한 (❶)인 이상 (❷)인 이하의 위원으로 조직된다.
→ 원장을 포함한 위원의 임기는 (❸)년, (❹)차에 한하여 (❺)이 가능하다.
→ 원장은 (❻)의 동의를 얻고 위원은 (❼)의 제청으로 대통령이 모두 임명한다.
→ (❽)의 직속기관이지만 기능상 (❾)되어 있으며 합의제의 헌법상 필수기관이다.

정답 ❶ 5 ❷ 11 ❸ 4 ❹ 1 ❺ 중임 ❻ 국회 ❼ 원장 ❽ 대통령 ❾ 독립

4. 법 원

① **법원의 지위** : 사법에 관한 권한을 행사하며, 입법·행정기관과 더불어 동등한 독립된 주권을 행사하는 기관이며, 국민의 기본권이 침해된 경우에 그 사법적 보장을 위한 기관이다.

② **법원의 구성**★★
   ㉠ 법원은 최고법원인 대법원과 각급의 법원으로 조직된다(헌법 제101조 제2항).
   ㉡ 대법원에 부를 둘 수 있다(헌법 제102조 제1항). 기출 22
   ㉢ 대법원장은 국회의 동의를 얻어 대통령이 임명하며(헌법 제104조 제1항), 임기는 6년이고 중임할 수 없다(헌법 제105조 제1항). 기출 24·22
   ㉣ 대법관은 대법원장의 제청으로 국회의 동의를 얻어 대통령이 임명하며(헌법 제104조 제2항), 임기는 6년이고 연임할 수 있다(헌법 제105조 제2항). 기출 24·22·12
   ㉤ 대법원장과 대법관이 아닌 법관은 대법관회의의 동의를 얻어 대법원장이 임명하며(헌법 제104조 제3항), 임기는 10년이고, 연임할 수 있다(헌법 제105조 제3항).
   ㉥ 군사법원의 상고심은 대법원에서 관할한다(헌법 제110조 제2항). 기출 22

> **대법원의 조직**
> - **대법관 수**★ : 대법관 수에 대해서는 <u>직접 헌법에서 규정하지 않고 있다</u>. 법원조직법에서 대법원장을 포함하여 14인으로 규정하고 있다(법원조직법 제4조 제2항).
> - **대법관회의**★ : 헌법상 필수기관으로 대법관으로 구성되며 대법관 전원의 3분의 2 이상의 출석과 출석인원 과반수의 찬성으로 의결한다. 의장인 대법원장은 의결에서 표결권을 가지며 가부동수일 때에는 결정권을 가진다(법원조직법 제16조).

③ **권한** 기출 21·12 : 법원의 고유한 권한으로는 민사·형사·행정소송 등 법률적 쟁송에 관한 재판권이 있으며, 그 외에 비송사건의 관장, <u>명령·규칙·처분의 심사권</u>, <u>위헌법률심판제청권</u>, 대법원의 규칙제정권, 사법행정권, 법정질서유지권, <u>대법원장의 헌법재판소재판관과 선거관리위원회위원 지명권(각 3인을 지명)</u> 등이 있다.

④ **사법절차와 운영**★★
   ㉠ **재판의 심급제** : 재판은 원칙적으로 삼심제를 채택하고, 예외적으로 이심제, 단심제를 채택하고 있다.
   ㉡ **재판의 공개제** : 공개함을 원칙으로 하나 재판의 심리가 국가안전보장 또는 안녕질서를 방해하거나 선량한 풍속을 해칠 염려가 있을 때에는 법원의 결정으로 공개하지 않을 수 있다. 또한 재판공개의 원칙은 비송사건절차나 가사심판절차에는 적용되지 아니한다.
   ㉢ **배심제·참심제**
      - **배심제** : 일반시민으로 구성된 배심원단이 직업법관으로부터 독립하여 사실문제에 대한 평결을 내리고, 법관이 그 사실판단에 대한 평결결과에 구속되어 재판하는 제도
      - **참심제** : 일반시민인 참심원이 직업법관과 함께 재판부의 일원으로 참여하여 직업법관과 동등한 권한을 가지고 사실문제 및 법률문제를 모두 판단하는 제도

⑤ **신분보장**
   ㉠ 법관은 탄핵 또는 금고 이상의 형의 선고에 의하지 아니하고는 파면되지 아니하며, 징계처분에 의하지 아니하고는 정직·감봉 기타 불리한 처분을 받지 아니한다.
   ㉡ 법관이 중대한 심신상의 장해로 직무를 수행할 수 없을 때에는 법률이 정하는 바에 의하여 퇴직하게 할 수 있다.

⑥ **사법권의 독립★** : 사법권의 독립은 공정한 재판을 보장하기 위하여 사법권을 입법권과 행정권으로부터 분리하여 독립시키고, 법관이 구체적인 사건을 재판함에 있어서 누구의 지위나 명령에도 구속받지 않는 것을 의미한다. 이에는 법관의 직무상의 독립(헌법 제103조)과 법관의 신분상의 독립(헌법 제105조, 제101조 제3항, 제106조 제1항 등)이 있다.

5. 헌법재판소 기출 17 · 16 · 15

① **헌법재판소의 지위와 구성** 기출 12
  ㉠ 헌법재판소는 정치적 사법기관으로서 사법적 방법에 의하여 헌법을 보장하는 기관이다.
  ㉡ 법관의 자격을 가진 9인의 재판관으로 구성하며(헌법 제111조 제2항), 국회에서 선출하는 3인과 대법원장이 지명하는 3인을 포함하여 9인의 재판관은 대통령이 임명한다(헌법 제111조 제2항·제3항). 헌법재판소의 장은 국회의 동의를 얻어 재판관 중에서 대통령이 임명한다(헌법 제111조 제4항). 기출 24
  ㉢ 임기는 6년이며 연임이 가능하고, 정당에 가입하거나 정치에 관여할 수 없다(헌법 제112조 제1항·제2항).
  ㉣ 탄핵 또는 금고 이상의 형의 선고에 의하지 않고서는 파면당하지 아니한다(헌법 제112조 제3항).

② **권한** 기출 19 : 헌법재판소는 그 권한으로 위헌법률심판권(헌법 제111조 제1항 제1호), 탄핵심판권(헌법 제111조 제1항 제2호), 위헌정당해산심판권(헌법 제111조 제1항 제3호), 권한쟁의심판권(헌법 제111조 제1항 제4호), 헌법소원심판권(헌법 제111조 제1항 제5호), 헌법재판소 규칙제정권(헌법 제113조 제2항, 헌법재판소법 제10조 제1항)을 갖는다.

빈칸 채우기

헌법재판소의 지위와 구성
⋯ 임기는 (❶)년이며 연임이 가능하고, (❷)에 가입하거나 (❸)에 관여할 수 없다.
⋯ 탄핵 또는 금고 이상의 형의 선고에 의하지 않고서는 (❹)당하지 아니한다.

정답 ❶ 6 ❷ 정당 ❸ 정치 ❹ 파면

6. 선거관리위원회

① **구성★** : 중앙선거관리위원회는 대통령이 임명하는 3인, 국회에서 선출하는 3인, 대법원장이 지명하는 3인의 위원으로 구성한다. 위원장은 위원 중에서 호선한다(헌법 제114조 제2항).

② **위원의 지위** 기출 12 : 위원의 임기는 6년이며(헌법 제114조 제3항), 정당에 가입하거나 정치에 관여할 수 없다(헌법 제114조 제4항). 위원은 탄핵 또는 금고 이상의 형의 선고에 의하지 아니하고는 파면되지 아니한다(헌법 제114조 제5항).

③ **권한** : 법령의 범위 내에서 선거관리·국민투표관리 또는 정당사무에 관한 규칙을 제정할 수 있으며(헌법 제114조 제6항 전단), 선거사무와 국민투표사무에 관하여 관계 행정기관에 필요한 지시를 할 수 있다(헌법 제115조 제1항).

빈칸 채우기

선거관리위원회

→ 중앙선거관리위원회는 (❶)이 임명하는 (❷)인, (❸)에서 선출하는 (❷)인, (❹)이 지명하는 (❷)인의 위원으로 구성한다. 위원장은 (❺) 중에서 호선한다.

→ 위원의 임기는 (❻)년이며, 정당에 가입하거나 정치에 관여할 수 (❼). 위원은 (❽) 또는 (❾) 이상의 형의 선고에 의하지 아니하고는 파면되지 아니한다.

정답 ❶ 대통령 ❷ 3 ❸ 국회 ❹ 대법원장 ❺ 위원 ❻ 6 ❼ 없다 ❽ 탄핵 ❾ 금고

의심은 실패보다 더 많은 꿈을 죽인다.

– 카림 세디키 –

1 민 법
01 민법의 의의
02 기본원리와 지도이념
03 자연인
04 법 인
05 권리의 객체
06 법률행위
07 기 간
08 소멸시효
09 물권법
10 채권법
11 가족법

2 경비업무와 손해배상
01 경비업무와 손해배상의 개요
02 분쟁의 법적 근거와 손해배상책임

3 민사소송법 일반
01 민사소송제도
02 민사소송절차의 종류
03 민사소송의 종류
04 민사소송의 주체
05 심리의 제원칙
06 종국판결과 중간판결
07 상 소
08 재 심

최다 출제 POINT & 학습목표

1. 민법과 관련된 주요 출제 주제는 대리, 물권의 종류, 연대채무, 전형계약의 종류, 경비업무와 관련된 내용(경비계약, 경비업무와 손해배상, 경비업무와 관련된 무효사유) 등이다.
2. 민사소송법과 관련된 주요 출제 주제는 형사소송법과 달리 그 출제 비중이 크지 않다는 점을 고려하여 민사소송법상의 심리의 원칙, 민사소송의 종류, 항소 일반 등을 중심으로 학습하길 권한다.
3. 교재에 수록된 이론부분을 통독하고 개념을 이해한 후 문제를 풀어보면서 정확한 지식을 쌓으려 노력한다.

CHAPTER 03

민사법

CHAPTER 03 민사법

01 법인의 대표자가 그 직무에 관하여 타인에게 가한 손해에 대해 법인은 배상할 책임이 없다. 기출 21
(　　)

02 영리 아닌 사업을 목적으로 하는 사단은 주무관청의 허가를 얻어 이를 법인으로 할 수 있다. 기출 21
(　　)

03 총유물은 정관 기타의 규약에 좇아 각 사원이 사용할 수 있다. 기출 23 (　　)

04 당사자 사이에 체결한 기한이익의 상실에 관한 특약은 효력이 없다. 기출 21 (　　)

05 소멸시효의 이익은 미리 포기할 수 있다. 기출 21 (　　)

06 소멸시효는 법률행위에 의하여 이를 연장할 수 있다. 기출 21 (　　)

07 어느 연대채무자에 대한 이행청구는 다른 연대채무자에게도 효력이 있다. 기출 17 (　　)

08 무상임치의 경우 채무자만이 기한의 이익을 가진다. 기출 21 (　　)

09 민법상 불법행위책임의 성립요건은 고의나 과실로 인한 가해행위일 것, 가해행위가 위법성이 있을 것, 가해행위로 인한 손해가 발생할 것 등이다. 기출 18
(　　)

10 경비업무를 도급하는 내용으로 경비계약을 체결하는 경우 그 계약의 법적 성질은 낙성·불요식·쌍무·유상계약이다. 기출 21
(　　)

11 격지자 간의 계약은 승낙의 통지가 도달한 때에 성립한다. 기출 22 (　　)

12 진의가 아닌 청약임을 알고서 승낙한 경우, 경비계약은 무효로 된다. 기출 16 (　　)

13 경비업무 중 근무태만으로 도난사고가 발생하여 고객이 재산상의 손해를 입은 경우 경비업자의 책임은 채무불이행이다. 기출 17
(　　)

14 경비원의 과실로 경비견이 고객의 애완동물을 죽인 경우, 형사상 재물손괴죄의 책임을 진다. 기출 17
( )

15 甲이 경비업자 乙과 도급계약의 형식으로 경비계약을 체결한 경우 甲이 파산하더라도 乙은 더 이상 경비계약을 해제할 수 없다. 기출 24
( )

16 甲은 경비업자 乙과 경비계약을 체결하였으나, 乙이 고용한 경비원 丙의 경비업무 수행 중 과실로 甲의 아들 丁이 사망하는 손해가 발생한 경우 甲은 乙에게 사용자책임을 물을 수 있다. 기출 24
( )

17 수인(數人)의 경비원이 업무수행 중 고의 또는 과실로 경비대상에 손해를 발생시킨 경우에는 연대하여 그 손해를 배상하여야 한다. 기출 14
( )

18 불법행위로 인한 손해배상의 청구권은 피해자나 그 법정대리인이 그 손해 및 가해자를 안 날로부터 3년간 이를 행사하지 아니하면 시효로 인하여 소멸한다. 기출 19
( )

19 경비업자 甲은 경비계약 위반을 이유로 고객 乙에게 손해배상청구소송을 제기하여 승소하였다. 이후 乙이 판결 내용에 따른 이행을 하지 않는 경우, 甲이 국가기관의 강제력에 의하여 판결내용을 실현하기 위한 절차는 강제집행절차이다. 기출 20
( )

▶ **정답과 해설** ◀ 01 ✕ 02 ○ 03 ○ 04 ✕ 05 ✕ 06 ✕ 07 ○ 08 ✕ 09 ○ 10 ○
11 ✕ 12 ○ 13 ○ 14 ✕ 15 ✕ 16 ○ 17 ○ 18 ○ 19 ○

✔ **오답분석**

01 법인은 이사 기타 대표자가 그 직무에 관하여 타인에게 가한 손해를 배상할 책임이 있다(법인의 불법행위책임, 민법 제35조 제1항 전문).

04 대법원은 「기한이익 상실의 특약은 그 내용에 의하여 일정한 사유가 발생하면 채권자의 청구 등을 요함이 없이 당연히 기한의 이익이 상실되어 이행기가 도래하는 것으로 하는 정지조건부 기한이익 상실의 특약과 일정한 사유가 발생한 후 채권자의 통지나 청구 등 채권자의 의사행위를 기다려 비로소 이행기가 도래하는 것으로 하는 형성권적 기한이익 상실의 특약의 두 가지로 대별할 수 있고, 기한이익 상실의 특약이 위의 양자 중 어느 것에 해당하느냐는 당사자의 의사해석의 문제이지만 일반적으로 기한이익 상실의 특약이 채권자를 위하여 둔 것인 점에 비추어 명백히 정지조건부 기한이익 상실의 특약이라고 볼만한 특별한 사정이 없는 이상 형성권적 기한이익 상실의 특약으로 추정하는 것이 타당하다(대판 2002.9.4. 2002다28340)」고 판시하여 기한이익의 상실에 관한 특약의 유효성을 인정하고 있다.

05 소멸시효의 이익은 미리 포기하지 못한다(민법 제184조 제1항).

06 소멸시효는 법률행위에 의하여 이를 배제, 연장 또는 가중할 수 없으나 이를 단축 또는 경감할 수 있다(민법 제184조 제2항).

08 무상임치란 당사자 일방이 무상으로 상대방에게 물건의 보관을 위탁하고 상대방이 이를 승낙함으로써 효력이 발생하는 전형계약으로, 기한의 이익은 오직 채권자(임치인)에게만 있다.

11 격지자 간의 계약은 승낙의 통지를 발송한 때에 성립한다(민법 제531조).

14 형사상 재물손괴죄는 과실로 인한 손괴의 경우에는 성립하지 않기 때문에 민법상 손해배상은 청구할 수 있으나 형사상의 책임은 발생하지 않는다.

15 도급인이 파산선고를 받은 때에는 수급인 또는 파산관재인은 계약을 해제할 수 있다(민법 제674조 제1항 전문). 도급인 甲이 파산한 경우 수급인 乙은 경비계약을 해제할 수 있다.

CHAPTER 03 민사법

1 민 법

01 민법의 의의

1. 의 의

민법은 개인 간의 사적인 권리·의무관계 및 가족관계를 규율하는 것을 내용으로 하는 법이다.

2. 특 성

① **사법** : 민법은 사인 상호 간의 관계를 규율하는 법이다.
② **일반법** : 민법은 누구나, 어떤 상황에나 모두 적용되는 일반법으로서, 어떤 사항에 관하여 특별법이 있는 경우에는 그 특별법을 먼저 적용하며, 특별법이 없는 경우 일반법을 적용한다.
③ **실체법** : 민법은 당사자의 권리·의무를 규정하는 실체법이다. 실체적 권리를 보장하기 위한 절차를 규정하는 법은 절차법이라고 한다.

3. 민법의 법원

① 의 의
  ㉠ 민법의 법원이란 민법의 존재형식을 말하며, 성문법원과 불문법원이 있다. 우리나라 민법은 성문법주의를 취함과 동시에 관습법과 조리의 법원성도 인정하고 있다.★
  ㉡ 민법 제1조 기출 24 : 민사에 관하여 법률에 규정이 없으면 관습법에 의하고, 관습법이 없으면 조리에 의한다.
② 적용순위
  ㉠ 법률 : 민법 제1조의 '법률'은 광의의 법률(실질적 의미의 법률)로서 민법전, 민사특별법, 조약, 명령, 규칙, 자치법규, 조례 등을 포함한다.
  ㉡ 관습법★
    • 성립요건 : 사회구성원 간의 거듭된 관행이 존재하고, 그 관행을 법규범으로 인식하는 법적 확신이 있으며, 그 관행이 선량한 풍속 기타 사회질서에 반하지 않는 경우 관습법이 성립한다.
    • 판례상 인정된 관습법 : 분묘기지권, 관습법상의 법정지상권, 동산의 양도담보, 사실혼, 수목의 집단이나 미분리과실의 소유권이전에 관한 명인방법 등이 있다.
    • 효력 : 판례와 다수설은 관습법은 성문법이 없는 경우에 한하여 성문법을 보충하는 효력만을 가진다고 한다(보충적 효력설).★
  ㉢ 조리 : 조리란 사물의 본질적 법칙, 도리를 의미하며 다수설과 판례는 조리의 법원성을 인정한다.

02 기본원리와 지도이념

1. 근대민법의 기본원리 기출 14

① 소유권 절대의 원칙(사유재산 존중의 원칙)★ : 사유재산권 일반에 대한 국가권력으로부터의 불가침을 규정하여 소유권의 행사는 소유자 개인의 자유에 맡기고 국가나 그 밖의 사인은 이에 간섭하지 못하게 하였다.

② 계약자유의 원칙(사적자치의 원칙)★ : 계약체결 여부의 자유, 계약상대방 선택의 자유, 계약내용 결정의 자유, 계약방식의 자유 등이 있다.

③ 과실책임의 원칙(자기책임의 원칙)★ : 고의 또는 과실로 위법하게 타인에게 가한 손해에 대하여만 손해배상책임을 진다는 원칙이다.

2. 현대민법의 구성원리(근대민법 3대원칙의 수정원리)★

① 소유권 상대의 원칙 : 소유권은 소유자를 위한 절대적인 것이 아니라 사회 전체의 권익을 위하여 제한을 받아야 한다는 원칙으로, 소유권의 사회적 구속성이 강조되어 권리의 남용은 금지되고 소유권의 행사도 공공복리에 적합해야 한다.

② 계약공정의 원칙 : 사회질서에 반하는 계약뿐만 아니라 현저히 공정성을 잃은 계약은 보호를 받을 수 없다는 원칙이다.

③ 무과실책임의 원칙 : 권리의 행사로 인하여 타인에게 손해를 준 경우에 가해자(권리자)에게 아무런 과실이 없을 때에도 손해배상의 책임을 지우는 원칙이다.

3. 민법의 지도이념

신의성실의 원칙(민법 제2조 제1항)과 권리남용금지의 원칙(민법 제2조 제2항)을 그 내용으로 한다.

> **신의칙(신의성실의 원칙)의 파생원칙**
> - 사정변경의 원칙
> - 실효의 원칙
> - 금반언의 원칙(외형주의)

03 자연인

1. 권리능력

① 의의 : 권리의 주체로 될 수 있는 지위 또는 자격을 권리능력 또는 인격(법인격)이라 하며 민법은 사람은 생존한 동안 권리와 의무의 주체가 된다고 규정하고 있다(민법 제3조). 참고로 국제사법은 사람의 권리능력은 그의 본국법에 의한다고 규정하고 있다(국제사법 제26조). 기출 20

② 권리능력의 시기 : 권리능력은 출생한 때부터 시작하여(전부노출설) 생존한 동안 계속된다. 따라서 출생 전의 태아에게는 원칙적으로 권리능력이 없으나 불법행위로 인한 손해배상청구, 재산상속, 대습상속, 유증, 인지 등의 경우에는 예외적으로 인정된다(계약의 경우에는 권리능력이 인정되지 않는다).★★

③ **권리능력의 종기** : 권리능력은 사망 시 소멸한다. 통설은 심장과 호흡이 영구적으로 정지한 때를 사망 시로 보고 있으며(심장박동정지설), 실종선고를 받은 경우 사망으로 간주되지만(민법 제28조) 권리능력을 상실하는 것은 아니다.★
④ **강행규정★** : 권리능력에 대한 규정은 강행규정으로서 권리능력의 시기나 종기는 당사자의 합의로 달리 정할 수 없다.
⑤ **외국인의 권리능력** : 외국인에 대하여는 원칙적으로 내국인과 동일한 일반권리능력을 인정하나 예외적으로 토지에 관한 권리, 한국선박 등의 취득에 있어서는 제한이 있다(부동산거래신고법 제3장, 선박법 제2조).

2. 의사능력

개개의 법률행위를 함에 있어서 그 행위의 결과를 합리적으로 판단할 수 있는 능력을 말한다.

3. 행위능력 기출 15

① **제한능력자제도** : 제한능력자제도는 의사능력의 유무의 입증곤란을 해결하기 위해 행위능력을 판단하는 객관적이고 획일적인 기준을 두어서 제한능력자를 보호하고 제한능력자의 상대방도 이에 대처할 수 있도록 하는 제도이다. 민법상 제한능력자는 미성년자, 피성년후견인, 피한정후견인이 있다.
② **미성년자**
  ㉠ 의의 : 19세에 달하지 않는 자는 미성년자이다(민법 제4조).
  ㉡ **미성년자의 행위능력** : 미성년자가 법률행위를 함에는 법정대리인의 동의를 얻어야 하며 단독으로 유효한 법률행위를 할 수 없다. 즉, 미성년자가 법정대리인의 동의 없이 행한 법률행위는 취소할 수 있다(민법 제5조 제2항).★
    • **예외적으로 법정대리인의 동의 없이 할 수 있는 행위★**
      – **권**리만을 얻거나 **의무**만을 면하는 행위 : 부담 없는 증여를 받는 행위, 채무의 면제, 부양료의 청구(단, 부담부 증여나 유리한 매매계약의 체결, 상속을 승인하는 행위 등은 의무도 함께 부담하는 행위이므로 단독으로 할 수 없다).
      – 범위를 정하여 **처**분을 허락한 재산의 처분행위
      – 허락을 얻은 특정한 **영**업에 관한 행위
      – **대**리행위 : 대리인은 행위능력자임을 요하지 않는다.
      – **근**로임금의 청구행위
      – 유언행위 : 의사능력이 있는 17세에 달한 사람은 유언을 할 수 있다(민법 제1061조).
③ **피성년후견인**
  ㉠ 의의 : 질병, 장애, 노령, 그 밖의 사유로 인한 정신적 제약으로 사무를 처리할 능력이 지속적으로 결여된 사람으로서 가정법원에 의해 성년후견개시의 심판을 받은 사람
  ㉡ 성년후견개시의 요건
    • 본인, 배우자, 4촌 이내의 친족, 미성년후견인, 미성년후견감독인, 한정후견인, 한정후견감독인, 특정후견인, 특정후견감독인, 검사 또는 지방자치단체의 장의 청구에 의하여 성년후견개시의 심판을 한다(민법 제9조 제1항). 🔑 **본·배·4·후·검·장**
    • 가정법원은 성년후견개시의 심판을 할 때 본인의 의사를 고려하여야 한다(민법 제9조 제2항).★

- ⓒ 피성년후견인의 행위와 취소★
  - 피성년후견인의 법률행위는 취소할 수 있다(민법 제10조 제1항). 단, 가정법원은 취소할 수 없는 피성년후견인의 법률행위의 범위를 정할 수 있다(민법 제10조 제2항).
  - 가정법원에 의한 취소할 수 없는 법률행위의 결정(민법 제10조 제2항, 제3항), 일상생활에 필요한 거래(민법 제10조 제4항), 대리행위(민법 제117조) 등에 대해서는 피성년후견인의 행위능력을 예외적으로 인정한다.
- ④ 피한정후견인
  - ㉠ 의의 : 질병, 장애, 노령, 그 밖의 사유로 인한 정신적 제약으로 사무를 처리할 능력이 부족한 사람으로서 가정법원에 의해 한정후견개시의 심판을 받은 사람
  - ㉡ 한정후견개시의 요건
    - 본인, 배우자, 4촌 이내의 친족, 미성년후견인, 미성년후견감독인, 성년후견인, 성년후견감독인, 특정후견인, 특정후견감독인, 검사 또는 지방자치단체의 장의 청구에 의하여 한정후견개시의 심판을 한다(민법 제12조 제1항). 두 **본·배·4·후·검·장**
    - 가정법원은 한정후견개시의 심판을 할 때 본인의 의사를 고려하여야 한다(민법 제12조 제2항).★
  - ㉢ 피한정후견인의 행위와 동의★
    - 가정법원은 피한정후견인이 한정후견인의 동의를 받아야 하는 행동의 범위를 정할 수 있으며(민법 제13조 제1항), 동의를 받아야 하는 법률행위를 동의 없이 한 경우에는 한정후견인은 그 행위를 취소할 수 있다(민법 제13조 세4항 본문).
    - 일용품의 구입 등 일상생활에 필요하고 그 대가가 과도하지 아니한 법률행위에 대해서는 한정후견인이 취소할 수 없다(민법 제13조 제4항 단서).
- ⑤ 피특정후견인
  - ㉠ 질병, 장애, 노령, 그 밖의 사유로 인한 정신적 제약으로 일시적 후원 또는 특정한 사무에 관한 후원이 필요하여 가정법원에 의해 특정후견의 심판을 받은 사람을 말한다(민법 제14조의2 제1항).★
  - ㉡ 특정후견은 본인의 의사에 반하여 할 수 없다(민법 제14조의2 제2항).★
  - ㉢ 특정후견의 심판을 하는 경우에는 특정후견의 기간 또는 사무의 범위를 정하여야 한다(민법 제14조의2 제3항).★
  - ㉣ 특정후견은 피특정후견인에 대한 후원만을 내용으로 하므로, 피특정후견인의 행위능력을 제한하지 않는다(민법 제14조의2). 따라서 특정후견이 개시되어도 피특정후견인은 완전한 행위능력을 보유한다(피특정후견인은 제한능력자가 아니다).★★
- ⑥ 제한능력자의 상대방 보호 두 **최·철·거·단·배·추인**
  - ㉠ 확답을 촉구할 권리(**최**고권)★
    - 제한능력자의 상대방은 제한능력자가 능력자가 된 후에 1개월 이상의 기간을 정하여 취소할 수 있는 행위를 추인할 것인지의 여부의 확답을 촉구할 수 있다. 능력자로 된 사람이 그 기간 내에 확답을 발송하지 않으면 그 행위를 추인한 것으로 본다(민법 제15조 제1항).
    - 제한능력자가 아직 능력자가 되지 못한 경우에는 그의 법정대리인에게 위의 촉구를 할 수 있고, 법정대리인이 그 정하여진 기간 내에 확답을 발송하지 않은 경우에는 그 행위를 추인한 것으로 본다(민법 제15조 제2항).
    - 특별한 절차가 필요한 행위는 정하여진 기간 내에 그 절차를 밟은 확답을 발송하지 아니하면 취소한 것으로 본다(민법 제15조 제3항).

- ⓒ **상대방의 철회권** : 제한능력자가 맺은 계약은 추인이 있을 때까지 상대방이 그 의사표시를 철회할 수 있다. 단, 상대방이 계약 당시에 제한능력자임을 알았을 경우에는 철회할 수 없다(민법 제16조 제1항). ★
- ⓒ **상대방의 거절권** : 제한능력자의 단독행위는 추인이 있을 때까지 상대방이 거절할 수 있다(민법 제16조 제2항). ★
- ㉢ **취소권의 배제** : 제한능력자가 속임수로써 자신을 능력자로 믿게 하거나, 미성년자·피한정후견인이 속임수로써 법정대리인의 동의가 있는 것으로 믿게 한 경우에는 그 행위를 취소할 수 없다(민법 제17조). ★
- ㉣ **기타** : 취소권의 **단**기소멸(민법 제146조), 법정**추인**(민법 제145조)이 있다.

4. 책임능력

위법행위로 인한 자신의 행위에 대해 책임을 질 수 있는 인식능력을 말하며 불법행위능력이라고도 한다. 법률행위 영역에서 의사능력이 담당하는 기능을 불법행위 영역에서는 책임능력이 담당하게 된다.

5. 주 소 기출 09

① **의의** : 사람의 생활의 근거가 되는 곳을 말하는데, 민법은 이 주소에 대하여 여러 가지 효력을 부여하고 있다.
② **민법상 주소** : 우리 민법은 주소에 관하여 실질주의·객관주의·복수주의를 취하고 있는데, 주민등록지는 주소로 인정될 수 있는 중요한 자료가 되며 반증이 없는 한 주소로 추정된다. ★

> **주소에 대한 민법의 태도**
> - **실질주의** : 생활관계의 실질적인 중심이 되는 장소(생활의 근거로 삼고 있는 곳)를 주소로 한다(민법 제18조 제1항).
> - **객관주의** : 주관적 요소(주거의 의사)를 요건으로 하지 않고 객관적 요소(주거의 사실)만에 의하여 주소를 정한다.
> - **복수주의** : 주소는 1개의 장소만 가능한 것이 아니며 동시에 두 곳 이상 있을 수 있다(민법 제18조 제2항).
>
> **거소·가주소**
> - **거소** : 주소만은 못하지만 일정한 사람이 어느 정도의 기간 계속해서 머무르는 장소이다. 주소를 알 수 없거나 국내에 주소가 없는 때에는 거소를 주소로 본다(민법 제19조, 제20조).
> - **가주소** : 당사자 간의 편의를 위하여 특정거래에 관하여 일정한 장소를 주소로 하기로 합의하여 정해지는 곳이다(민법 제21조).

6. 부재자(민법 제22조 내지 제26조)

① **부재자 제도의 의의** : 부재자란 종래의 주소나 거소를 떠나서 단시일 내에 돌아올 가망이 없어 그 주소나 거소에 있는 재산을 관리할 수 없는 상태에 있는 자를 말한다. 그의 잔류 재산의 관리 및 잔존배우자나 상속인 등의 이익을 보호하기 위하여 부재자 재산관리제도를 두고 있다.
② **부재자의 재산관리**
  ㉠ 부재자가 재산관리인을 두지 않은 경우 가정법원은 이해관계인 또는 검사의 청구에 의하여 재산관리에 필요한 처분을 명해야 한다. 이해관계인에는 부재자의 배우자·채권자·상속인 등이 해당한다.
  ㉡ 가정법원은 이해관계인의 청구에 의하여 재산관리인을 선임할 수 있다. 재산관리인은 법정대리인이며 부재자 재산의 보존행위를 할 권한을 가진다.

7. 실 종 기출 11

① **실종선고제도의 의의** : 실종선고란 부재자의 생사불명 상태가 오래 계속되어 죽은 것으로 여겨지나 분명한 사망의 증거는 없는 경우에 가정법원의 선고로 그 자를 사망한 것으로 보는 제도이다.

② **실종선고의 요건**(민법 제27조)
  ㉠ 생사불명 : 부재자의 생사가 불분명하고 그 생사불명이 일정기간 계속되어야 한다.
  ㉡ 실종기간 및 기산점 : 보통실종의 실종기간은 5년, 기산점은 부재자가 살아 있다는 것을 증명할 수 있는 최후의 시기로 한다. 특별실종의 실종기간은 1년, 기산점은 전쟁이 종지한 때·선박이 침몰한 때·비행기가 추락한 때·기타 위난이 종료한 때로 한다. ★
  ㉢ 이해관계인 또는 검사의 청구 : 이해관계인은 직접적인 법률상의 이해관계인에 한하며, 사실상의 이해관계를 가진 자는 이에 해당하지 않는다. 즉, 이해관계인의 범위는 '부재자의 법률상 사망으로 인하여 직접적으로 신분상 또는 경제상의 권리를 취득하거나 의무를 면하게 되는 사람'에 국한하여 한정적으로 해석한다. ★

③ **실종선고의 효과**
  ㉠ 사망간주 : 실종선고를 받은 자는 실종기간이 만료한 때 사망한 것으로 본다(민법 제28조). 실종선고 시 사망으로 보는 시기까지는 생존한 것으로 본다. 추정이 아니라 간주이므로 반증에 의하여 사망의 효력을 부정할 수는 없다.
  ㉡ 효력의 범위 : 종래의 주소를 중심으로 하는 사법관계에서만 사망한 것으로 본다. 실종선고를 받은 자가 종전의 주소지와 다른 곳에서 생존하면서 형성한 법률관계나 종래의 주소에 귀래하여 새로운 법률관계를 형성하는 것에 대하여는 영향을 미치지 않는다.

8. 동시사망과 인정사망

① **동시사망** : 동일한 위난으로 수인이 사망한 경우 그들은 동시에 사망한 것으로 추정한다(민법 제30조). 사망의 선후를 증명하는 어려움을 구제하기 위한 제도이며, 다수의 사람이 동일한 위난으로 사망한 경우에는 그 사망시기가 불분명한 경우에 그들은 동시에 사망한 것으로 추정하여 사망한 사람들 사이에는 상속이나 대습상속 그리고 유증이 발생하지 않게 된다.

② **인정사망** : 사망의 확실한 증거는 없지만 수해·화재·전쟁 등으로 인하여 사망한 것이 확실하다고 생각되는 경우, 그 사실을 조사한 관공서의 사망보고에 의해 사망한 것으로 취급하는 제도이다. 인정사망은 실종선고와는 달리, 반증에 의하여 그 사망의 추정력이 상실된다.

빈칸 채우기

실종선고의 요건
- 생사불명 : (❶)의 생사가 불분명하고 그 생사불명이 일정기간 계속되어야 한다.
- 실종기간 및 기산점 : (❷)의 실종기간은 (❸)년, 기산점은 부재자가 살아 있다는 것을 증명할 수 있는 최후의 시기로 한다. (❹)의 실종기간은 (❺)년, 기산점은 전쟁이 (❻)한 때·선박이 침몰한 때·비행기가 추락한 때·기타 위난이 종료한 때로 한다.
- 이해관계인 또는 검사의 청구 : 이해관계인은 직접적인 (❼)상의 이해관계인에 한하며, (❽)상의 이해관계를 가진 자는 이에 해당하지 않는다.

정답 ❶ 부재자 ❷ 보통실종 ❸ 5 ❹ 특별실종 ❺ 1 ❻ 종지 ❼ 법률 ❽ 사실

04 법인

1. 법인의 의의
① **법인의 개념** : 법인이란 일정한 목적을 위하여 결합된 사람의 단체(사단법인) 또는 일정 목적을 위하여 출연된 재산으로서 자연인이 아니면서 법에 의하여 권리능력이 인정된 자(재단법인)이다.
② **법인의 존재이유** : 법인은 단체를 둘러싼 각종 법률관계를 간단·명료하게 처리해 법적 거래를 간이화할 수 있으며, 단체의 재산을 그 단체를 구성하는 자연인의 재산과 분리하여 독립한 것으로 다룸으로써 단체 구성원의 책임을 제한해 주는 기능을 하고 있다.

2. 법인의 본질
법인의 본질과 관련하여 법인의제설, 법인부인설, 법인실재설의 다툼이 있다.

3. 법인의 설립
① **법인설립에 관한 입법태도** 기출 21 : 자유설립주의, 준칙주의, 인가주의, 허가주의, 특허주의, 강제주의가 있는데, 우리 민법은 허가주의를 취하고 있다.
② **재단법인의 설립**★★
  ㉠ 목적의 비영리성 : 재단법인은 본질적으로 비영리법인이다.★
  ㉡ 설립행위
    • 설립자는 일정한 재산을 출연하고 정관을 작성하여 이를 서면에 기재하고 기명날인하여야 한다(상대방 없는 단독행위).
    • 정관의 필요적 기재사항 : 목적, 명칭, 사무소의 소재지, 자산에 관한 규정, 이사의 임면에 관한 규정(민법 제43조)
    • 출연재산의 귀속시기(민법 제48조) : 판례는 출연재산이 부동산인 경우에 출연자와 법인 사이에서는 법인의 성립 이외에 부동산의 등기를 필요로 하는 것은 아니지만, 제3자에게 출연재산의 법인에의 귀속을 주장하기 위해서는 등기를 필요로 한다고 한다.★
  ㉢ 설립허가·등기 : 주무관청의 설립허가를 받아 법인의 주된 사무소의 소재지에서 설립등기를 함으로써 법인이 성립한다(민법 제33조). 기출 21

빈칸 채우기

법인의 설립
⋯ 법인설립에 관한 입법태도에는 자유설립주의, (❶), 인가주의, (❷), (❸), 강제주의가 있는데, 우리 민법은 (❷)를 취하고 있다.

❶ 준칙주의 ❷ 허가주의 ❸ 특허주의 **정답**

③ 사단법인의 설립요건★★
  ㉠ 목적의 비영리성 : 학술·종교·자선·기예·사교 기타 영리가 아닌 사업을 목적으로 하여야 한다.
  ㉡ 설립행위(정관 작성) : 2인 이상의 설립자가 정관을 작성하여 기명날인하여야 한다(요식행위·합동행위, 민법 제40조).★
    • 정관의 필요적 기재사항 : **목**적, **명**칭, **사**무소의 소재지, **자**산에 관한 규정, **이**사의 임면에 관한 규정, **사**원자격의 득실에 관한 규정, **존**립시기나 해산사유를 정하는 때에는 그 시기 또는 사유(민법 제40조) 두 **목·명·사·자·이·사·존**
  ㉢ 주무관청의 허가 : 사단법인으로서 법인격을 취득하기 위해서는 주무관청의 허가를 얻어야 한다(민법 제32조). 그리고 법인의 목적과 관련된 주무관청이 두 개 이상의 행정관청인 경우에는 이들 모두의 허가를 받아야 한다.
  ㉣ 설립등기 : 법인은 그 주된 사무소의 소재지에서 설립등기를 함으로써 성립한다(민법 제33조). 법인의 설립등기는 법인격을 취득하기 위한 '성립요건'으로 되어 있다.★
④ 법인의 소멸 : 법인의 소멸은 해산과 청산을 거쳐서 행해지는데, 해산만으로는 소멸하지 않으며 청산이 사실상 종료됨으로써 소멸한다.★

> **법인의 해산사유**
> • 사단법인·재단법인의 공통 해산사유 두 **존·목·파·설·기**
>   – 법인 존립기간 만료 기타 정관에 정한 해산사유의 발생
>   – 법인의 목적달성 또는 목적달성의 불가능
>   – 설립허가의 취소
>   – 이사의 법인 파산신청
> • 사단법인에만 있는 해산사유
>   – 사원이 1인도 없게 된 때
>   – 총회의 임의해산결의가 있을 때

4. 법인의 능력

① 권리능력 : 법인은 법률의 규정에 좇아 정관으로 정한 목적의 범위 내에서 권리와 의무의 주체가 된다. 판례는 목적 범위 내의 행위란 정관에 명시된 목적 자체에 국한되는 것이 아니라 그 목적을 수행하는 데 있어 직접 또는 간접으로 필요한 행위는 모두 포함되는 것으로 넓게 보고 있다.★
② 행위능력 : 법인의 행위능력에 대해 명문규정은 없으나 통설은 법인의 권리능력의 범위 내에서 행위능력을 가진다고 본다.★
③ 불법행위능력
  ㉠ 법인의 불법행위의 성립요건 : 법인은 이사 기타 대표자가 그 직무에 관하여 타인에게 가한 손해를 배상할 책임이 있는데, 이사 기타 대표자는 이로 인하여 자기의 손해배상책임을 면하지 못한다(민법 제35조 제1항). **기출** 21
  ㉡ 법인의 불법행위가 성립하지 않는 경우 : 대표기관의 행위라도 법인의 직무와 관련이 없는 경우에는 법인의 불법행위가 성립하지 않고 행위자가 개인적으로 책임을 지며, 법인의 목적 범위 외의 행위로 인하여 타인에게 손해를 가한 때에는 그 사항의 의결에 찬성하거나 그 의결을 집행한 사원·이사 및 기타 대표자가 연대하여 배상하여야 한다(민법 제35조 제2항).

5. 법인의 기관 기출 19

① 의의와 종류
  ㉠ 의의 : 법인의 기관이란 법인의 의사를 결정하고, 이를 집행하는 일정한 조직을 말한다.
  ㉡ 종류 : 사원총회와 이사는 비영리사단법인의 필수기관이고, 감사는 임의기관이다. 비영리재단법인에는 그 성질상 사원총회가 존재하지 않는다.★★

② 이 사
  ㉠ 의의 : 이사는 법인을 대표하고 법인의 업무를 집행하는 필수기관으로 사단법인과 재단법인 모두의 필수적 기관이다(민법 제57조). 이사의 인원수는 정관으로 정할 수 있으며, 이사는 반드시 자연인이어야 한다. 이사의 임면 방법은 정관의 필요적 기재사항이며, 법인과 이사와의 임면 관계는 민법상 위임에 관한 규정을 준용한다.★★
  ㉡ 권 한
   • 대표권 : 수인의 이사는 법인의 사무에 관하여 각자 법인을 대표한다(민법 제59조 제1항 본문). 이사가 2인 이상 있어도 각 이사는 단독으로 대표할 수 있는 것이 원칙이다.
   • 대표권의 제한 : 대표권은 정관·사원총회의 의결로 제한될 수 있다(민법 제59조 제1항 단서). 정관에 의한 제한은 정관에 기재하여야 효력이 있고, 이를 등기하지 않은 한 선·악의를 불문하고 제3자에게 대항할 수 없다(민법 제60조).★★
   • 업무집행권 : 이사는 법인의 모든 업무를 집행할 권한이 있다. 이사가 2인 이상일 경우에는 이사의 과반수로 결정한다(민법 제58조).

③ 감 사
  ㉠ 의의 : 감사는 사단법인·재단법인의 이사에 대한 감독기관이다. 비영리법인에서의 감사는 필수는 아니며 임의기관이다(민법 제66조).★
  ㉡ 직무 : 법인의 재산상황의 감독, 이사의 업무집행의 감독, 재산상황·업무집행에 부정·불비가 발견될 시 이를 총회 또는 주무관청에 보고하는 일, 보고가 필요할 때 임시총회를 소집하는 일을 한다(민법 제67조).

④ 사원총회
  ㉠ 의의 : 사원총회는 사단법인의 필요기관으로서 최고의 의사결정기관이다. 재단법인은 성질상 사원총회를 가지지 않는다.★
  ㉡ 통상총회 : 매년 1회 이상 일정한 시기에 소집되는 총회이다(민법 제69조).
  ㉢ 임시총회 : 이사가 필요하다고 인정하는 때, 총사원의 5분의 1 이상이 요구하는 때, 감사가 소집하는 때 열리는 총회이다. 사원의 5분의 1 이상의 요구에도 이사가 2주일 내에 총회소집절차를 밟지 아니하는 경우에는 청구한 사원은 법원의 허가를 얻어 스스로 총회를 소집할 수 있다(민법 제70조).
  ㉣ 의결 : 총회의 결의에 관하여 민법 또는 정관에 다른 규정이 없으면 그 정족수는 사원 과반수의 출석과 출석 사원의 결의권의 과반수의 찬성으로 한다(민법 제75조 제1항). 단, 정관변경에 관한 사항은 총사원의 3분의 2, 임의해산은 4분의 3 이상의 찬성이 있어야 한다.★★

⑤ 이사회 : 법인의 이사가 여러 명 있는 경우, 이러한 이사들의 의결기관이다.

⑥ **임시이사★** : 어떤 사유로 이사가 전혀 없게 되거나 정관에서 정한 이사의 수에 결원이 생겨 손해가 생길 염려가 있는 때에는 법원은 이해관계인이나 검사의 청구에 의하여 임시이사를 선임하여야 한다(민법 제63조).
⑦ **특별대리인★** : 법인과 이사 간에 이익이 상반하는 사항이 있는 경우 그 이사에 갈음하여 법인을 대표하는 기관으로 이해관계인이나 검사의 청구에 의하여 법원이 선임하는 임시기관이다(민법 제64조).

05 권리의 객체

1. 권리의 객체의 의의

권리의 효력이 미치는 대상을 지칭하나 민법총칙에서는 권리의 객체에 관한 일반적 규정을 두지 않고, 다만 물건에 관한 규정만을 두었다.

2. 물건의 의의 기출 11

민법에서 물건이란 유체물 및 전기 기타 관리할 수 있는 자연력을 말한다(민법 제98조).★
① 유체물이거나 또는 관리가능한 자연력이어야 한다. '관리가능한 자연력'이라 함은 전기, 광열, 원자력 등의 에너지를 말한다.
② 인간이 지배할 수 있는 것(지배가능성)이어야 한다.
③ 외계의 일부인 것이어야 한다. 따라서 인체 또는 그 일부는 물건이 아니다.★

3. 물건의 종류

① 동산(動産)과 부동산(不動産) 기출 11 : 부동산이란 토지 및 그 정착물을 말하며, 부동산 이외의 물건은 모두 동산이다(민법 제99조).
② 주물(主物)과 종물(從物)
　㉠ **의의** : 동일 소유자의 물건으로 사회통념상 계속해서 주물의 경제적 효용을 높이는 물건을 종물이라고 하고 종물이 이바지해주는 물건을 주물이라고 한다(민법 제100조 제1항). 따라서 주물과 종물은 원칙적으로 소유자가 같은 사람이어야 하고 장소적으로도 밀접한 관계에 있어야 한다.★
　㉡ **종물의 요건★**
　　• 종물은 하나의 독립된 물건이어야 한다. 즉, 종물이 주물의 구성부분이 아니어야 한다. 주물·종물은 동산이든 부동산이든 상관없다.
　　• 종물은 주물의 상용에 이바지하여야 한다.
　　• 주물과 종물은 원칙적으로 같은 소유자의 것이어야 한다.
　㉢ **종물의 효과★**
　　• 종물은 주물과 운명을 같이하는 것이므로 종물은 주물의 처분에 따른다(민법 제100조 제2항). 주물 위에 저당권이 설정된 경우에 그 저당권의 효력은 저당권 설정 당시의 종물은 물론 설정 후의 종물에도 미친다.★★
　　• 종물은 주물의 처분에 따른다는 규정은 강행규정이 아니고 당사자의 의사에 따라 달리 정할 수 있는 임의규정이다.

> **관련 판례**
> 종물은 주물의 처분에 수반된다는 민법 제100조 제2항은 임의규정이므로, 당사자는 주물을 처분할 때에 특약으로 종물을 제외할 수 있고 종물만을 별도로 처분할 수도 있다(대판 2012.1.26. 2009다76546).

③ **원물과 과실**★★ 기출 11 : 원물은 경제적 수익을 낳는 원천인 물건이고, 그 수익이 과실이다. 과실에는 천연과실과 법정과실이 있는데 천연과실은 원물의 용법에 따라 그로부터 수취되는 산출물이고(젖소의 우유)(민법 제101조 제1항), 법정과실은 원물을 타인에게 사용시킨 대가로서 얻는 과실이다(집세, 이자 등)(민법 제101조 제2항). 법정과실은 수취할 권리의 존속기간 일수의 비율로 취득한다(민법 제102조 제2항).

> **천연과실의 귀속**
> 천연과실이 분리된 때 그 천연과실이 누구의 것이 되느냐 하는 것이 귀속에 관한 문제이다. 이에 대해 생산주의와 원물주의가 있는데, 우리 민법은 원물주의에 의한다. 따라서 원물 소유자가 천연과실의 수취권을 가지는 것이 보통이지만 선의 점유자, 지상권자, 전세권자, 매도인 등이 수취권자가 될 수도 있다.

06 법률행위

1. 의 의

일정한 법률효과의 발생을 목적으로 하여, 한 개 또는 수개의 의사표시를 불가결의 요소(법률사실)로 하는 법률요건이다. 법률행위는 원칙적으로 자유로이 할 수 있으나 강행규정이나 선량한 풍속, 기타 사회질서에 반하는 법률행위는 무효이다.

2. 종 류

단독행위★★	행위자 한 사람의 한 개의 의사표시만으로 성립하는 법률행위로, 상대편의 이익을 위하여 조건이나 기한 등의 부관을 붙일 수 없다. ㉠ 특정한 상대방이 있는 단독행위 : 취소, 추인, 채무면제, 계약의 해제 또는 해지, 상계, 법정대리인의 동의 등 ㉡ 특정한 상대방이 없는 단독행위 : 재단법인의 설립행위, 유언, 소유권의 포기, 상속의 포기, 공탁소에 대한 채권자의 공탁승인 등
계 약	서로 대립하는 두 개 이상의 의사표시의 합치로써 성립하는 법률행위(매매, 교환, 임대차 등)
합동행위 (사단법인의 설립행위)	방향을 같이하는 두 개 이상의 의사표시의 합치로써 성립하는 법률행위
요식행위와 불요식행위	의사표시에 서면, 기타의 일정한 방식을 필요로 하는가에 따른 분류
채권행위	채권의 발생을 목적으로 하는 법률행위(매매, 임대차 등)
물권행위	물권의 변동(득실변경)을 목적으로 하는 법률행위(소유권의 이전, 지상권 또는 저당권의 설정 등)
준물권행위	물권 이외의 권리의 변동(발생, 변경, 소멸)을 목적으로 하는 법률행위(채권양도, 채무면제 등)

3. 법률행위의 요건★★

성립 요건	일반적 성립요건	당사자, 목적, 의사표시
	특별 성립요건	개개의 법률행위에 대하여 법률이 특별히 추가하는 요건(예 대물변제·질권설정계약에서의 인도, 혼인에서의 신고, 유언의 방식 등)
효력발생 요건	일반적 효력발생요건	• 당사자가 능력(권리능력, 의사능력, 행위능력)을 가지고 있을 것 • 법률행위의 목적이 실현 가능·적법하며 사회적으로 타당하고 확정될 수 있을 것 • 의사와 표시가 일치하며 의사표시에 하자가 없을 것
	특별 효력발생요건	개개의 법률행위의 특별한 효력발생요건(예 조건·기한부 법률행위에서 조건의 성취·기한의 도래, 대리행위에서 대리권의 존재, 유언에 있어 유언자의 사망 등)

4. 법률행위의 목적

법률행위의 목적은 행위자가 그의 법률행위로 하여금 달성하고자 하는 내용에 의해 정해진다. 행위자의 의사표시 내용을 실현하려면 법률행위 목적의 확정·가능·적법·사회적 타당성이라는 4가지 요건이 필요하다.

① 목적의 확정성 : 목적을 확정할 수 없는 법률행위는 무효이다. 법률행위의 목적은 법률행위 성립 당시에 명확하게 확정되어 있어야 하는 것은 아니고 목적이 실현될 시점까지 확정할 수 있는 정도이면 족하다. ★
② 목적의 가능성 : 법률행위는 그 실현이 가능하여야 한다. 가능 여부의 표준은 그 당시 사회관념에 의해 결정된다.
③ 목적의 적법성 : 법률행위의 목적은 강행법규에 위반하는 것이어서는 안 된다.
④ 목적의 사회적 타당성
　㉠ 의의 : 법률행위의 목적이 개개의 강행법규에 위반하지는 않더라도 '선량한 풍속 기타 사회질서'에 위반하는 경우에는 그 법률행위는 무효가 된다. 기출 22
　㉡ 행위의 유형★

정의관념에 반하는 행위	• 밀수입을 위한 자금의 대차나 출자 • 경매나 입찰에 있어서의 담합행위 • 부동산의 이중매매에 있어서 매도인의 배임행위에 제2매수인이 적극 가담한 경우
인륜에 반하는 행위	• 첩계약(단, 불륜관계를 단절하면서 첩에게 생활비나 양육비를 지급하는 계약은 유효) • 현재의 처와 이혼하고 혼인하기로 하는 계약 • 자식이 부모와 동거하지 않겠다고 하는 계약
개인의 자유를 심하게 제한하는 행위	• 개인의 행위의 자유(경제적 자유)를 침해하는 경우 • 소위 속박계약으로서 연예인이나 스포츠선수에 대하여 과도하게 장기간의 전속계약을 체결하거나 과도한 위약금의 약정
사행성이 심한 행위	• 도박계약(단, 주택복권·경마 등 국가에서 승인한 것은 반사회성이 조각되어 유효)
생존의 기초가 되는 재산의 처분행위	• 자신이 장차 취득하게 될 전 재산을 양도하기로 하는 계약 • 사찰이 그 존립에 필요불가결한 재산인 임야를 증여하는 계약

　㉢ 불공정한 법률행위(폭리행위) : 상대방의 궁박·경솔·무경험을 이용하여 현저하게 공정을 잃은 반대급부를 하게 하여 부당한 재산적 이익을 얻는 행위는 무효이다.
　㉣ 효과 : 사회질서에 반하는 법률행위는 무효로서 이행을 하기 전이면 이행할 필요가 없고, 이미 이행하였으면 반환을 청구하지 못한다. ★

5. 의사표시

① **의의** : 일정한 법률효과를 발생시키려고 하는 권리주체의 의사를 표시하는 행위로서 의사표시를 함에는 행위능력과 의사능력이 필요하다. 의사표시는 상대방에게 도달한 때 효력이 발생한다(도달주의 원칙).★

의사표시의 효력발생시기	
표백주의	표의자가 의사표시를 완성하여 외형적인 존재를 갖춘 때에 효력이 발생한다는 것이다. 지나치게 표의자중심이다.
발신주의	의사표시가 표의자의 지배를 떠나서 상대방을 향하여 보내진 때 효력이 발생한다는 것이다. 우리 민법은 이 주의를 예외적으로 인정한다.
도달주의	의사표시가 상대방에 도달한 때에 효력이 발생한다는 것이다. 이를 수신(受信)주의라고도 하는데 우리 민법은 이 주의를 원칙으로 하고 있다.
요지주의	의사표시의 내용을 상대방이 이해하여 안 때에 효력이 발생한다는 것이다. 지나치게 상대방 중심적이다.

② **종류** : 의사표시는 법률효과를 발생하게 하려는 내심의 의사와 그것을 외부에 표시하는 표시행위로 이루어지는데, 양자가 일치하지 않는 불완전한 의사표시의 효력에 관해 민법은 다음과 같이 규정하고 있다.

진의 아닌 의사표시	표의자 본인이 내심의 의사와 표시상의 의사가 일치하지 않음을 알면서 행한 경우로서 표시한 대로 효과가 발생한다(민법 제107조 제1항 본문).
통정한 허위의 의사표시	상대방과 통정한 허위의 의사표시는 무효로 한다. 이 경우 선의의 제3자에게 그 무효를 주장하지는 못한다(민법 제108조). 기출 22
착오로 인한 의사표시	법률행위 내용의 중요한 부분에 착오가 있을 때에는 취소할 수 있다. 그러나 표의자의 고의 또는 중대한 과실로 인한 때에는 취소하지 못한다. 기출 22 그것을 알지 못하는 제3자에 대해서는 취소의 효과를 주장할 수가 없다(민법 제109조). 화해계약은 착오를 이유로 하여 취소하지 못한다(민법 제733조 본문).
하자 있는 의사표시 (사기, 강박에 의한 의사표시)	사기(사람을 기망하여 착오에 빠지게 하는 행위) 또는 강박(공포심을 일으키게 하는 행위)에 의한 의사표시는 취소할 수 있다(민법 제110조 제1항). 기출 22 상대방이 있는 의사표시에 관하여 제3자가 사기나 강박을 행한 경우에는 상대방이 그 사실을 알았거나 알 수 있었을 경우에 한하여 그 의사표시를 취소할 수 있다(민법 제110조 제2항).

③ **의사표시와 구분해야 하는 개념**★

의사의 통지	의사의 통지는 의사를 외부에 표시하는 점에서는 의사표시와 같으나 그 의사가 법률효과에 향해진 효과의사가 아닌 점에서 의사표시와 다른 것을 말한다. 최고·거절이 이에 속한다.
관념의 통지	관념의 통지는 사실의 통지라고도 하며, 표시된 의식내용이 그 무엇을 의욕하는 의사가 아니라 어떤 객관적 사실에 관한 관념 또는 표상에 지나지 않는 것이다. 예를 들어 채권양도, 채무승인, 사원총회소집통지, 대리권을 수여한 뜻의 통지가 이에 속한다.
감정의 표시	감정의 표시에는 민법 제556조, 제841조에서의 용서가 이에 속한다.

④ **의사표시의 적용 범위**★★ : 의사표시에 관한 민법의 규정은 원칙적으로 가족법상의 행위, 공법행위, 소송행위, 단체법상의 행위에는 적용되지 않는다. 또한 주식인수의 청약·어음행위에도 원칙적으로 적용되지 않는다.

6. 대 리 기출 19·17·16

① 의의 : 타인(대리인)이 본인의 이름으로 법률행위를 하거나 또는 의사표시를 수령함으로써 그 법률효과가 직접 본인에게 발생하게 하는 제도를 말한다. 이는 의사능력이나 행위능력이 없는 자에게 대리인에 의한 거래의 길을 열어줌으로써 사적자치를 확장·보충하여 주는 사회적 기능을 가지고 있다.

대리와 구별되어야 하는 것

간접대리	위탁매매와 같이 타인의 계산으로 자기의 이름으로 법률행위를 하고 그 효과는 자신에게 생기고 후에 다시 그 취득한 권리를 타인에게 이전하는 관계를 말한다. 간접대리는 대리인이 자기의 이름으로 행위하고 효과도 자기가 받는다는 점에서 직접대리, 즉 보통 말하는 대리와 다르다.
사 자	본인의 의사표시를 전달하거나, 결정한 내심의 의사를 표시하는 심부름꾼을 사자라고 한다. 사실행위에도 사자는 허용된다.★
대 표	법인실재설에 의하면 법인의 대표기관은 법인의 본체이므로 법인의 대표자는 법인의 대리인이 아니다. 대표는 사실행위, 불법행위에도 인정된다.★

② 종 류

법정대리	법률에 의해 대리권이 발생하고 대리인의 자격 및 대리권의 범위도 법률의 규정에 의해 정해진다.
임의대리	본인의 수권행위에 의해 대리권이 발생하고 본인의 의사에 따라 대리권의 범위가 결정되는 것을 말한다.
무권대리	대리권이 없는 자가 행한 대리
능동대리	대리인이 제3자(상대방)에 대하여 의사표시를 하는 대리
수동대리	대리인이 제3자의 의사표시를 수령하는 대리

③ 대리권의 발생원인
  ㉠ 법정대리권의 발생원인 : 법률의 규정(친권자, 후견인), 지정권자의 지정행위(지정후견인, 지정유언집행자), 법원의 선임행위(부재자 재산관리인 등)★
  ㉡ 임의대리권의 발생원인 : 수권행위

④ 대리권의 소멸
  ㉠ 공통의 소멸원인 : **본**인의 **사**망, **대**리인의 **사**망, 대리인의 **성**년후견의 개시 또는 **파**산(민법 제127조)

  기출 23

  ㉡ 임의대리에 특유한 소멸원인 : 원인된 법률관계의 종료, 수권행위의 철회
  ㉢ 법정대리에 특유한 소멸원인 : 법원에 의한 대리인의 개임·대리권 상실선고

⑤ 대리권의 제한
  ㉠ 자기계약·쌍방대리의 금지 : 대리인은 본인의 허락이 없으면 본인을 위하여 자기와 법률행위를 하거나 동일한 법률행위에 관하여 당사자 쌍방을 대리하지 못한다. 그러나 채무의 이행은 할 수 있다(민법 제124조).
  ㉡ 공동대리의 경우에는 다수의 대리인이 공동으로만 법률행위를 할 수 있다.
  ㉢ 대리인이 수인일 때는 각자대리가 원칙이고(민법 제119조 본문), 대리인은 의사능력만 있으면 족하며 행위능력자임을 요하지 않는다(민법 제117조).★

> **대리권이 인정되지 않는 행위**
> 신분법상 행위, 불법행위, 사실행위(가공 등), 준법률행위(의사의 통지와 관념의 통지에는 대리를 유추 적용), 대리와 친하지 않는 행위(혼인, 인지, 유언 등), 자기계약, 쌍방대리

⑥ 대리행위
  ㉠ 대리인이 대리행위를 함에 있어서 본인을 위한 것임을 표시하고 의사표시를 하여야 한다(민법 제114조 제1항).
  ㉡ 수동대리의 경우에는 상대방이 대리인에 대하여 본인을 위한 것임을 표시하여야 한다(민법 제114조 제2항).
  ㉢ 공동대리의 경우에는 대리인이 공동하여 법률행위를 하여야 하며, 자기계약이나 쌍방대리는 본인의 허락이 없으면 할 수 없다. 그러나 채무의 이행은 할 수 있다. ★
  ㉣ 대리인은 의사능력만 있으면 족하고, 행위능력자임을 요하지 않는다(민법 제117조).

⑦ 대리행위의 효과 : 대리인이 대리권의 범위 내에서 한 대리행위에 의한 법률효과는 모두 직접 본인에게 귀속된다(민법 제114조).

⑧ 대리행위의 하자 : 의사표시의 효력이 의사의 흠결, 사기, 강박 또는 어느 사정을 알았거나 과실로 알지 못한 것으로 인하여 영향을 받을 경우에 그 사실의 유무는 대리인을 표준으로 하여 결정한다(민법 제116조 제1항). ★★

⑨ 대리권의 범위 : 권한을 정하지 않은 대리인은 보존행위나 대리의 목적인 물건이나 권리의 성질을 변하지 아니하는 범위에서 그 이용 또는 개량하는 행위만 할 수 있고(민법 제118조), 처분행위는 할 수 없다. ★

⑩ 복대리★ : 대리인이 자기의 이름으로 선임한 자에게 자기가 가지는 권한 내에서 대리행위를 시키는 관계이다.
  ㉠ 복대리인의 법적 성질 : 대리인이 선임한 본인의 대리인(대리인의 단순한 사자나 보조자가 아님)으로서 대리인의 복임권 행사는 대리행위가 아니다. 복대리인의 선임 후에도 대리인은 여전히 대리권을 가진다. 또한 대리권이 소멸하면 복대리권도 함께 소멸한다. ★★★
  ㉡ 복임권 : 대리인이 복대리인을 선임할 수 있는 권한★
    • 임의대리인은 원칙적으로 복임권이 없으나, 본인의 승낙이 있거나 부득이한 사유가 있을 때는 복임권을 갖는다(선임·감독에 관한 책임).
    • 법정대리인은 그 책임으로 복대리인을 선임할 수 있다(복대리인의 행위에 관하여 전적인 책임).

⑪ 무권대리
  ㉠ 의의 : 무권대리란 대리권 없이 행한 대리행위 또는 대리권의 범위를 넘어 한 대리행위를 말한다. 무권대리행위는 그 대리권 행사의 효력이 본인에게 돌아갈 수 없어 원칙적으로 무효여야 하나 우리 민법은 무권대리를 무조건 무효로 하지 아니하고 대리제도, 본인, 상대방을 조화롭게 보호할 수 있는 방법을 추구하고 있다.
  ㉡ 표현대리 : 표현대리란 본인과 무권대리인 사이에 실제로는 대리권이 없음에도 불구하고 대리인이 마치 대리권이 있는 것처럼 외형을 갖추고, 또 본인으로서도 그런 외형을 갖추는데 일정한 책임이 있는 경우에 그 무권대리행위의 책임을 본인에게 부담하게 하는 제도이다. 민법은 다음의 3가지 경우에 표현대리를 인정하고 있다.

- 본인이 특정한 자에게 대리권을 부여하였음을 표시한 때(민법 제125조)
- 다소의 범위의 대리권 있는 자가 그 권한 외의 행위를 한 경우에 상대방이 권한 내의 행위라고 믿을 만한 정당한 이유가 존재할 때(민법 제126조)
- 대리인이 대리권이 소멸한 이후에 대리인으로서 행위를 한 경우에 상대방이 과실 없이 대리권의 소멸을 알지 못했을 때(민법 제129조)

ⓒ 무권대리의 효과 : 표현대리의 요건을 갖추지 않은 경우로서, 이때의 법률행위는 본인이 추인하지 않는 한 무권대리인 자신의 책임이 된다. 계약의 경우와 단독행위의 경우로 나누어진다.

계약의 경우	• 본인과 상대방 사이 – 상대방은 본인에 대하여 무권대리행위에 대한 효과와 그에 따른 책임을 주장할 수 없음(민법 제130조)★ – 본인은 추인에 의하여 무권대리행위를 유효한 것으로 할 수 있고, 추인거절에 의하여 무권대리행위를 무효인 것으로 할 수도 있음 – 상대방은 본인에 대하여 추인여부의 확답을 최고할 수 있고(민법 제131조 전문), 무권대리인과 체결한 계약을 철회할 수 있음(민법 제134조 본문)★ • 상대방과 무권대리인 사이 : 상대방은 행위능력자인 무권대리인에 대하여 계약의 이행 또는 손해배상을 청구할 수 있음(민법 제135조 제1항)★ • 본인과 무권대리인 사이★ – 무권대리행위를 본인이 추인하면 사무관리가 성립 – 무권대리행위로 본인의 이익이 침해되면 불법행위가 성립 – 무권대리인이 부당하게 이득을 얻으면 부당이득이 성립
단독행위의 경우	• 상대방 없는 단독행위는 언제나 무효이며, 본인의 추인도 인정되지 않음★★ • 상대방 있는 단독행위도 원칙적으로 무효이지만, 예외적으로 그 행위 당시에 상대방이 대리인이라 칭하는 자의 대리권 없는 행위에 동의하거나 그 대리권을 다투지 아니한 때 또는 대리권 없는 자에 대하여 그 동의를 얻어 단독행위를 한 때에는 계약의 경우와 같게 취급됨

7. 무효와 취소

① 무 효

㉠ 의의 : 법률행위가 성립한 당초부터 법률상 당연히 그 효력이 생기지 아니하는 것을 말한다[민법 제107조 제1항 단서의 비진의표시(심리유보), 통정허위표시, 강행법규에 반하는 법률행위 등]. 민법상 선량한 풍속 기타 사회질서에 위반한 사항을 내용으로 하는 법률행위는 무효로 한다.★

㉡ 무효의 효과
- **법률행위의 일부무효** : 법률행위의 일부분이 무효인 때에는 그 전부를 무효로 한다. 그러나 그 무효 부분이 없더라도 법률행위를 하였을 것이라고 인정될 때에는 나머지 부분은 무효가 되지 않는다(민법 제137조).
- **무효행위의 추인** : 무효인 법률행위를 유효로 인정하는 당사자의 의사표시를 말한다. 민법은 당사자가 그 행위가 무효임을 알고서 이를 추인한 때에는 '새로운 법률행위'를 한 것으로 간주한다(민법 제139조 단서). 따라서 무효였던 법률행위는 새로운 별개의 법률행위로서 장래를 향하여 유효로 되고 소급적으로 처음부터 유효로 되지는 않는다.

법정추인의 의미

법정추인이란 추인권자의 명시적 의사표시가 없더라도 추인으로 인정될 만한 일정한 사항이 있을 때에는 추인한 것으로 법률이 인정하는 것을 말한다. 단, 이의를 보류한 때에는 그러하지 아니하다(민법 제145조 단서).

법정추인의 요건(민법 제145조) 기출 24

1. 전부나 일부의 이행
2. 이행의 청구
3. 경 개
4. 담보의 제공
5. 취소할 수 있는 행위로 취득한 권리의 전부나 일부의 양도
6. 강제집행

법정추인의 효과

법정추인이 인정되면 추인한 것으로 보아, 취소권을 다시는 행사할 수 없는 효과가 생긴다. ★

- 무효행위의 전환 : 무효행위의 전환이란 A라는 법률행위로는 무효인데 그것이 B라는 법률행위로는 유효요건을 갖추고 있는 경우에 A를 B로 인정하는 것이다(민법 제138조). 예컨대 전세계약이 무효인데 임대차계약으로는 유효인 경우 등이다. 기출 17

② 취 소
 ㉠ 취소할 수 있는 법률행위란 취소권자가 취소를 하기 전에는 일단 법률효과가 발생하나 취소의 의사를 표시하면 처음부터 소급하여 법률효과가 소멸되는 것을 말한다(사기, 강박 등). 취소된 법률행위는 처음부터 무효인 것으로 본다.
 ㉡ 취소권자 : **제**한능력자, **하**자있는 의사표시를 한 자와 그 **대**리인 및 **승**계인

[무효와 취소의 차이] 기출 17·16

구 분	무 효	취 소
기본적 효과	절대적 무효가 원칙	상대적 취소가 원칙
주장권자	누구라도 주장 가능	취소권자에 한하여 가능
기간의 제한	제한이 없음	제척기간(3년, 10년)
시간경과에 따른 효력	효력변동 없음	제척기간 도과 시 취소권 소멸, 유효한 것으로 확정됨
추 인	• 효력변동 없음 • 당사자가 무효임을 알고 추인한 때에는 새로운 법률행위로 봄(민법 제139조 단서)	추인으로 확정적 유효가 됨
발생사유	• 반사회적 법률행위(민법 제103조) • 불공정한 법률행위(민법 제104조) • 비진의표시 단서 규정(민법 제107조 제1항 단서) • 통정허위표시(민법 제108조 제1항)	• 행위무능력(민법 제5조 제2항) • 착오(민법 제109조 제1항 본문) • 사기·강박(민법 제110조 제1항)

8. 조 건

① 의의 : 법률행위 효과의 발생 또는 소멸을 장래의 도래가 불확실한 사실의 성부에 의존시키는 법률행위의 부관이다.

② 종 류

정지조건과 해제조건	정지조건	법률행위의 효력의 발생을 장래의 불확실한 사실에 의존시키는 조건 기출 12 예 입학시험에 합격하면 시계를 사주겠다.
	해제조건	법률행위의 효력의 소멸을 장래의 불확정한 사실에 의존시키는 조건 예 지금 학비를 주고 있지만 낙제하면 지급을 중지하겠다.
적극조건과 소극조건	적극조건	조건이 성취되기 위하여 조건이 되는 사실의 현상이 변경되는 조건 예 내일 비가 온다면 우산을 사주겠다.
	소극조건	조건이 성취되기 위하여 조건이 되는 사실의 현상이 변경되지 않는 조건 예 내일 비가 오지 않는다면 운동화를 사주겠다.
가장조건	형식적으로는 조건이지만 실질적으로는 조건으로 인정받지 못하는 것이다. ★★	
	기성조건	이미 이루어진 조건으로, 기성조건을 정지조건으로 한 경우에는 조건 없는 법률행위가 되고, 해제조건으로 하게 되면 무효가 된다(민법 제151조 제2항).
	불능조건	실현 불가능한 사실을 내용으로 하는 조건으로, 불능조건이 해제조건이면 조건 없는 법률행위에 해당하고, 정지조건이면 무효가 된다(민법 제151조 제3항). 기출 22
	법정조건	법률행위의 효력발생을 위해 법률이 명문으로 요구하는 조건이다.
	불법조건	선량한 풍속 기타 사회질서에 위반하는 조건으로, 불법조건이 붙은 법률행위는 법률행위 전체가 무효이다(민법 제151조 제1항).
수의조건	순수 수의조건	당사자의 일방적인 의사에 따라 조건의 성취가 결정되는 조건으로 항상 무효이다. 예 내 마음이 내키면 시계를 사주겠다.
	단순 수의조건	"내가 미국에 여행을 가면 시계를 사주겠다"와 같이 당사자의 일방적 의사로 결정되기는 하지만 '미국 여행'이라는 의사결정에 기인한 사실상태의 성립도 요건으로 하는 조건으로 이는 유효하다.
비수의조건	우성조건	당사자의 의사와 관계없이 자연적 사실에 의한 조건 예 내일 비가 온다면 우산을 사주겠다.
	혼성조건	당사자의 일방의 의사뿐만 아니라 제3자의 의사에 의해서도 성부가 결정되는 조건★ 예 당신이 갑녀와 결혼한다면 집을 한 채 사주겠다.

③ 조건을 붙일 수 없는 법률행위(조건과 친하지 않는 법률행위)★★
　㉠ 법률행위가 그 효과가 확정적으로 발생될 것이 요구되는 경우(예 어음 및 수표행위와 혼인·입양·인지·상속의 승인 및 포기 등과 같은 신분행위)에는 조건을 붙일 수 없다.
　㉡ 조건을 붙이면 상대방의 지위를 현저하게 불안정·불리하게 하는 경우(예 단독행위 중에서 상계·취소·철회 등)에는 원칙적으로 조건을 붙일 수 없다.
　㉢ 단독행위라도 '상대방의 동의가 있거나' 또는 '상대방에게 이익만을 주는 경우'(예 채무면제, 유증 등)에는 조건을 붙이더라도 무방하다.
　㉣ 효과 : 조건과 친하지 아니한 법률행위에 조건을 붙이는 경우 특별한 규정이나 약정이 없는 한 '일부무효의 법리'가 적용된다고 할 것이다. 따라서 당사자의 반대의사를 인정할 만한 사정이 없는 경우에는 이러한 조건이 붙은 법률행위는 그 법률행위 자체가 전부무효로 된다고 할 것이다.

④ **조건의 효력** 기출 22·12
  ㉠ 정지조건 있는 법률행위는 조건이 성취한 때로부터 그 효력이 생긴다(민법 제147조 제1항).
  ㉡ 해제조건 있는 법률행위는 조건이 성취한 때로부터 그 효력을 잃는다(민법 제147조 제2항). 기출 22
  ㉢ 조건 있는 법률행위의 당사자는 조건의 성부가 미정한 동안에 조건의 성취로 인하여 생길 상대방의 이익을 해하지 못한다(민법 제148조).
  ㉣ 조건의 성취가 미정한 권리의무는 일반규정에 의하여 처분, 상속, 보존 또는 담보로 할 수 있다(민법 제149조).

9. 기 한

① 법률행위의 효력의 발생·소멸 또는 채무의 이행을 도래할 것이 확실한 장래의 사실발생에 의존시키는 법률행위의 부관으로, 확정기한, 불확정기한이 있다. 수표·어음행위에는 조건은 붙일 수 없으나, 기한(始期)은 붙일 수 있다.★
  ㉠ 확정기한은 기한의 내용이 되는 사실이 발생하는 시기가 확정되어 있는 기한이다(예 내년 10월 3일에 금시계를 준다).
  ㉡ 불확정기한은 기한의 내용이 되는 사실이 발생하는 시기가 확정되어 있지 않은 기한이다(예 내년 봄비가 처음 오는 날에 우산을 사준다).
② 시기 있는 법률행위는 기한이 도래한 때로부터 그 효력이 생기며(민법 제152조 제1항), 종기 있는 법률행위는 기한이 도래한 때로부터 그 효력을 잃는다(민법 제152조 제2항). 기출 22
③ 기한은 채무자의 이익을 위한 것으로 추정한다(민법 제153조 제1항). 기출 22
④ 기한의 이익은 이를 포기할 수 있다. 그러나 상대방의 이익을 해하지 못한다(민법 제153조 제2항).
⑤ 기한의 효력에는 소급효가 없다.
⑥ **기한 이익의 상실**(민법 제388조, 채무자회생법 제425조) 기출 21
  ㉠ 채무자가 담보를 **손**상하거나 **감**소 또는 **멸**실하게 한 때
  ㉡ 채무자가 담보제공의무를 **이**행하지 아니한 때
  ㉢ 채무자의 **파**산선고 시

07 기 간

1. 의 의
기간이란 어느 시점으로부터 어느 시점까지의 계속된 시간의 구분을 말한다.

2. 자연적 계산법
기간을 시, 분, 초로 정한 때에는 즉시로부터 기산한다(민법 제156조).

3. 역법적 계산법

역법적 계산법이란 기간을 역법상의 단위 즉, 일, 주, 월, 연에 따라 계산하는 방법으로 자연적 계산방법에 대립한다. 민법은 기간이 일 이상 단위로 정해질 때에는 역법적 계산방법에 따르도록 규정하고 있다.

① 기간의 기산점 : 기간을 일, 주, 월 또는 연으로 정한 때에는 기간의 초일은 산입하지 아니한다. 그러나 그 기간이 오전 영시로부터 시작하는 때에는 그러하지 아니하다(민법 제157조).
② 나이의 계산과 표시 : 나이는 출생일을 산입하여 만(滿) 나이로 계산하고, 연수(年數)로 표시한다. 다만, 1세에 이르지 아니한 경우에는 월수(月數)로 표시할 수 있다(민법 제158조).
③ 기간의 만료점 : 기간을 일, 주, 월 또는 연으로 정한 때에는 기간말일의 종료로 기간이 만료한다(민법 제159조).
④ 역에 의한 계산
  ㉠ 기간을 주, 월 또는 연으로 정한 때에는 역에 의하여 계산한다(민법 제160조 제1항).
  ㉡ 주, 월 또는 연의 처음으로부터 기간을 기산하지 아니하는 때에는 최후의 주, 월 또는 연에서 그 기산일에 해당한 날의 전일로 기간이 만료한다(민법 제160조 제2항).
  ㉢ 월 또는 연으로 정한 경우에 최종의 월에 해당일이 없는 때에는 그 월의 말일로 기간이 만료한다(민법 제160조 제3항).
⑤ 공휴일 등과 기간의 만료점 : 기간의 말일이 토요일 또는 공휴일에 해당한 때에는 기간은 그 익일로 만료한다(민법 제161조).

08 소멸시효

1. 서 설

① 시효의 의의 : 특정한 사실상태가 일정기간 이상 계속되는 경우 그 상태가 진실한 권리관계에 합치하는지 여부를 묻지 않고 그 사실 상태를 존중하여 그대로 권리관계를 인정하는 법률상의 제도이다.★
② 시효제도의 존재이유
  ㉠ 오랫동안 계속 되어온 일정한 사실상태에 대한 신뢰를 보호하여 거래의 안전과 사회질서의 안정을 유지하기 위함이다.
  ㉡ 시간의 경과로 인한 정당한 권리관계에 대한 증명의 어려움이 있기 때문이다.
  ㉢ 오랫동안 자신의 권리를 행사하지 않은 '권리 위에 잠자는 자'는 보호가치가 없기 때문이다.
③ 시효의 분류

취득시효	권리행사의 외형인 점유·준점유가 일정기간 계속됨으로써 권리취득의 효과가 생기는 시효 예 20년간 소유의 의사로 평온·공연하게 부동산을 점유하는 자는 등기함으로써 그 소유권을 취득한다(민법 제245조 제1항).
소멸시효	자기의 권리를 일정기간 사용하지 않음으로 인하여 권리를 상실하게 되는 시효 예 채권은 10년간 사용하지 아니하면 소멸시효가 완성한다(민법 제162조 제1항).

④ 소멸시효의 대상성★★

채 권	채권은 10년의 소멸시효에 걸린다(민법 제162조 제1항). 그러나 법률행위로 인한 등기청구권은 목적물을 인도받아 사용·수익하고 있는 동안 소멸시효에 걸리지 아니한다. 점유취득시효에 기한 등기청구권도 점유를 상실하지 않는 한 소멸시효에 걸리지 아니한다.★★
소유권	소유권의 절대성과 항구성에 의해 소멸시효에 걸리지 아니한다.★
점유·유치권	점유를 기반으로 하는 성질상 별도로 소멸시효에 걸리지 아니한다.★
질권·저당권	피담보채권이 존속하는 한 독립하여 소멸시효에 걸리지 아니한다.★
상린관계상의 권리 및 공유물분할청구권	기초가 되는 법률관계가 존속하는 한 소멸시효에 걸리지 아니한다.★
지상권과 전세권	견해 대립이 있으나, 지상권은 소멸시효의 대상이 된다는 내용으로 출제되었다. 기출 20
지역권	소멸시효의 대상이 된다.
형성권	소멸시효가 아닌 제척기간의 적용을 받는다.★

2. 소멸시효의 요건

① 소멸시효의 요건★
  ㉠ 권리가 그 성질상 시효로 소멸할 수 있는 것이어야 한다.
  ㉡ 권리자가 법률상 그의 권리를 행사할 수 있어야 한다.
  ㉢ 권리자가 일정한 기간 계속하여 권리를 행사하지 않아야 한다.
② 소멸시효의 기산점★★

권 리	기산점
확정기한부 채권★	기한이 도래한 때
불확정기한부 채권★	기한이 객관적으로 도래한 때
기한을 정하지 않은 채권★	채권 성립 시
조건부 권리	조건 성취 시
선택채권★	선택권을 행사할 수 있는 때
채무불이행에 의한 손해배상청구권	채무불이행 시
불법행위에 의한 손해배상청구권	채권 성립 시
부당이득반환청구권	채권 성립 시
하자 있는 행정처분에 의한 부당이득반환청구권	• 취소 : 행정처분을 취소하는 판결이 확정된 때 • 무효 : 무효인 행정처분이 있은 때
부작위채권	위반행위를 한 때
구상권★	• 보증인 : 행사할 수 있는 때 • 공동불법행위자 : 피해자에게 현실로 손해배상금을 지급한 때
물 권	권리가 발생한 때
동시이행항변권이 붙어 있는 채권	이행기

③ 소멸시효기간★

20년	채권 및 소유권 이외의 재산권★
10년	보통의 채권, 판결·파산절차·재판상 화해·기타 판결과 동일한 효력이 있는 것에 의하여 확정된 채권(민법 제165조 제1항·제2항)
5년	상법상의 채권★

> **3년의 단기소멸시효(민법 제163조)** 기출 16
> 다음 각호의 채권은 3년간 행사하지 아니하면 소멸시효가 완성한다.
>   1. 이자, 부양료, 급료, 사용료 기타 1년 이내의 기간으로 정한 금전 또는 물건의 지급을 목적으로 한 채권
>   2. 의사, 조산사, 간호사 및 약사의 치료, 근로 및 조제에 관한 채권
>   3. 도급받은 자, 기사 기타 공사의 설계 또는 감독에 종사하는 자의 공사에 관한 채권
>   4. 변호사, 변리사, 공증인, 공인회계사 및 법무사에 대한 직무상 보관한 서류의 반환을 청구하는 채권
>   5. 변호사, 변리사, 공증인, 공인회계사 및 법무사의 직무에 관한 채권
>   6. 생산자 및 상인이 판매한 생산물 및 상품의 대가
>   7. 수공업자 및 제조자의 업무에 관한 채권
>
> **1년의 단기소멸시효(민법 제164조)**
> 다음 각호의 채권은 1년간 행사하지 아니하면 소멸시효가 완성한다.
>   1. 여관, 음식점, 대석, 오락장의 숙박료, 음식료, 대석료, 입장료, 소비물의 대가 및 체당금의 채권
>   2. 의복, 침구, 장구 기타 동산의 사용료의 채권
>   3. 노역인, 연예인의 임금 및 그에 공급한 물건의 대금채권
>   4. 학생 및 수업자의 교육, 의식 및 유숙에 관한 교주, 숙주, 교사의 채권

3. 소멸시효의 중단

① 소멸시효 중단의 의의 : 시효기간의 경과 중에 권리의 불행사라는 소멸시효의 바탕이 되는 사실 상태와 상반되는 사실이 발생할 경우 이미 진행한 시효기간은 무효로 하고 처음부터 다시 진행한다.
② 중단사유 : 청구, 압류·가압류·가처분, 승인

4. 소멸시효의 정지

① 의의 : 시효기간 만료 시 시효를 중단시키기 곤란한 사정이 있는 경우 시효의 완성을 일정기간 유예시키는 제도이다.
② 정지사유 : 제한능력자를 위한 정지(민법 제179조·제180조 제1항), 혼인관계의 종료에 의한 정지(민법 제180조 제2항), 상속재산에 관한 정지(민법 제181조), 천재 기타 사변에 의한 정지(민법 제182조)

5. 소멸시효의 효력

① 소멸시효와 소급효 : 소멸시효는 그 기산일에 소급하여 효력이 생긴다(민법 제167조). 기출 20
② 소멸시효 이익의 포기
  ㉠ 소멸시효의 이익의 포기는 시효완성 후에만 가능하다. 따라서 완성 전에는 포기할 수 없다(민법 제184조 제1항). 기출 20
  ㉡ 시효기간을 단축하거나, 시효요건을 경감하는 당사자의 특약은 유효하다(민법 제184조 제2항). 기출 20
  ㉢ 시효이익의 포기는 상대방 있는 단독행위이며 처분권능·처분권한이 있어야 한다. ★
  ㉣ 시효이익의 포기는 상대적 효력을 가지기에 주채무자의 시효이익의 포기는 보증인에게는 효력이 미치지 아니한다(민법 제169조). ★
  ㉤ 포기의 대상이 주(主)된 권리인 때에는 그 포기의 효력은 종(從)된 권리에도 미친다. 따라서 주된 권리를 포기하면 종된 권리도 자동으로 포기한 것이 된다(민법 제183조).

09 물권법

1. 물권의 종류

① 관습법에 의해 인정되는 물권 기출 13
  ㉠ 분묘기지권
  ㉡ 관습법상 법정지상권
  ㉢ 동산양도담보

② 물권설정대상★ 기출 09
  ㉠ 토지와 같은 부동산에는 질권을 설정할 수 없다.
  ㉡ 전세권에 저당권을 설정할 수 있다.
  ㉢ 토지에 지상권을 설정할 수 있다.
  ㉣ 건물에 유치권을 행사할 수 있다.

③ 민법상 물권의 종류 기출 24·22·21·19·17·16·14·13

구 분		의 의
점유권		물건을 사실상 지배함으로써 성립하는 권리
소유권		물건을 사용·수익·처분할 수 있는 권리
용익물권	지상권	타인의 토지에 건물이나 수목 등을 설치하고 그것을 소유하기 위하여 타인의 토지를 사용하는 물권
	지역권	타인의 토지를 자기 토지의 편익을 위하여 사용하는 물권
	전세권	전세금을 지급하고 타인의 토지 또는 건물을 사용·수익하는 물권
담보물권	유치권	타인의 물건(민법상 동산 및 부동산)이나 유가증권을 점유한 자가 그 물건이나 유가증권에 관하여 생긴 채권이 있는 경우, 변제받을 때까지 그 물건이나 유가증권을 유치할 수 있는 담보물권 예 甲이 전파상에 고장 난 라디오의 수리를 의뢰한 경우, 전파상 주인은 수리대금을 받을 때까지 甲에게 라디오의 반환을 거부할 수 있다.
	질권 (동산·권리질권)	채권자가 자신의 채권을 담보하기 위하여 채무의 변제기까지 채무자로부터 인도받은 동산을 점유·유치하기로 채무자와 약정하고, 채무의 변제가 없는 경우에는 그 동산의 매각대금으로부터 우선변제를 받을 수 있는 담보물권(동산질권) 예 甲이 乙에게 10만원을 빌리면서 금반지를 담보로 맡긴 경우, 乙은 빌려간 돈을 갚을 때까지 그 반지를 가지고 있을 수 있고, 만약 甲이 갚지 않을 경우에는 그 반지를 처분하여 우선변제받을 수 있다.
	저당권	채권자가 채무자 또는 제3자(물상보증인)로부터 점유를 옮기지 아니하고, 그 채권의 담보로 제공된 목적물(부동산)에 대하여 우선변제받을 수 있는 담보물권

빈칸 채우기

민법상 물권의 종류

→ (❶)이란 물건을 사실상 지배함으로써 성립하는 권리를 말하며, (❷)이란 물건을 사용·수익·처분할 수 있는 권리를 말한다.
→ (❸)에는 지상권, 지역권, 전세권이 있다.
→ (❹)에는 유치권, 질권, 저당권이 있다.

❶ 점유권 ❷ 소유권 ❸ 용익물권 ❹ 담보물권 정답

> **유치권** 기출 17·16
> - 유치권자는 채권전부의 변제를 받을 때까지 유치물 전부에 대하여 그 권리를 행사할 수 있다(민법 제321조). ★
> - 유치권자는 채권의 변제를 받기 위하여 유치물을 경매할 수 있다(민법 제322조 제1항). ★
> - 유치권의 행사는 채권의 소멸시효의 진행에 영향을 미치지 아니한다(민법 제326조). ★
> - 유치권은 점유의 상실로 인하여 소멸한다(민법 제328조). ★

2. 물권의 특성

① 물권은 객체를 직접 지배하는 성질이 있다.
② 물권은 객체를 배타적으로 지배하는 성질이 있다.
③ 물권의 효력은 누구에게나 주장할 수 있는 절대적 성질이 있다.
④ 물권은 강한 양도성이 있는 권리이다.

> **물권의 효력**
> - 물권 상호 간의 효력 : 시간적으로 먼저 성립한 물권은 뒤에 성립한 물권에 우선한다.
> - 물권과 채권 간의 효력
>   - 원칙 : 물권과 채권 간에는 성립시기를 불문하고 물권이 우선한다.
>   - 예외 : 법률이 정한 특정한 경우에는 채권이 물권에 우선한다(예 근로기준법상의 임금우선특권, 주택임대차보호법상의 소액보증금우선특권). ★

3. 동산 물권변동

① 법률행위에 의한 동산 물권변동 : 인도에 의해 동산 물권변동의 효력이 생긴다.
② 선의취득 : 평온·공연하게 동산을 양수한 자가 선의이며 과실 없이 그 동산을 점유한 경우에는 양도인이 정당한 소유자가 아닌 때에도 즉시 그 동산의 소유권을 취득한다. ★

4. 부동산 물권변동

① 원칙 : 법률행위에 의한 부동산 물권변동은 등기하여야 그 효력이 생긴다(민법 제186조). ★
② 예외 : 상속, 공용징수, 판결, 경매 기타 법률의 규정에 의한 부동산 물권취득은 등기를 요하지 아니한다. 그러나 등기를 하지 아니하면 이를 처분하지 못한다(민법 제187조). ★

> **부동산물권변동의 효력(민법 제186조)**
> 부동산에 관한 법률행위로 인한 물권의 득실변경은 등기하여야 그 효력이 생긴다.
>
> **등기를 요하지 아니하는 부동산물권취득(민법 제187조)**
> 상속, 공용징수, 판결, 경매 기타 법률의 규정에 의한 부동산에 관한 물권의 취득은 등기를 요하지 아니한다. 그러나 등기를 하지 아니하면 이를 처분하지 못한다.
>
> **동산물권양도의 효력, 간이인도(민법 제188조)**
> ① 동산에 관한 물권의 양도는 그 동산을 인도하여야 효력이 생긴다.
> ② 양수인이 이미 그 동산을 점유한 때에는 당사자의 의사표시만으로 그 효력이 생긴다.

5. 소유권

① **개념** : 소유권이란 물건을 전면적·포괄적으로 지배하는 권리이다.

② **취득시효에 의한 소유권의 취득**
   ㉠ **부동산의 시효취득** : 20년간 소유의 의사로 평온·공연하게 부동산을 점유한 자가 등기한 경우 또는 부동산의 소유자로 등기한 자가 10년간 소유의 의사로 평온·공연하게 선의·무과실로 부동산을 점유한 경우에는 그 소유권을 취득한다(민법 제245조).
   ㉡ **동산의 시효취득** : 10년간 소유의 의사로 평온·공연하게 동산을 점유한 자는 그 소유권을 취득한다. 이러한 점유가 선의·무과실로 개시된 경우에는 5년이 지나면 그 소유권을 취득한다(민법 제246조).

③ **소유권의 취득시기**
   ㉠ 아파트를 분양받는 경우 소유권이전등기를 해야 비로소 소유권을 갖게 된다.
   ㉡ 단독주택을 상속받은 경우 상속등기를 하지 않더라도 그 단독주택은 상속인들이 소유권을 갖게 된다.★
   ㉢ 승용차를 구입하는 경우 차량에 대한 소유권 등록을 해야 비로소 소유권을 갖게 된다.★

④ **공동소유** 기출 23·20

내 용	공 유 (예 공동상속)	합 유 (예 조합)	총 유 (예 권리능력 없는 사단)
지분의 유무	有	有	無
지분 처분	자 유	전원의 동의로 가능 (민법 제273조 제1항 반대해석)	지분이 없으므로 불가
분할청구	자 유	존속하는 동안 분할청구 불가(민법 제273조 제2항), 해산 시 가능	불 가
보존행위	각자 단독으로 가능	각자 단독으로 가능 (민법 제272조 단서)	총회결의를 얻어야 가능
관리행위	지분의 과반수로 가능 (민법 제265조 본문)	조합원의 과반수로 가능 (민법 제265조 본문 유추적용)	총회결의로 가능
처분·변경	전원 동의로 가능	전원 동의로 가능	총회결의로 가능
사용·수익	지분비율로 전부 사용 가능	지분비율로 전부 사용 가능 단, 조합계약으로 달리 정할 수 있다.	정관 기타 규약에 좇아 각자 사용·수익 가능
등 기	공유자 전원 명의	합유자 전원 명의	비법인사단 명의
종료사유	공유물 양도, 공유물 분할	합유물 양도, 조합해산	총유물 양도, 사원지위 상실

〈출처〉 박기현·김종원, 「핵심정리 민법」, 메티스, 2014, P. 677

10 채권법

1. 보증채무와 연대채무

① 보증채무 [기출] 15
  ㉠ 의의 : 보증채무란 채권자와 보증인 사이에 체결된 보증계약에 의하여 성립하는 채무로서, 주된 채무와 동일한 내용의 급부를 할 것을 내용으로 하여 주채무자가 급부를 이행하지 않을 경우에는 보증인이 이를 이행하여야 하는 채무이다.★
  ㉡ 특 성★★
   • **독립성** : 보증채무는 주채무와 독립한 별개의 채무이다.
   • **부종성** : 주채무가 성립하지 않으면 보증채무도 성립하지 아니하며, 주채무의 소멸시 보증채무도 따라서 소멸한다.
   • **보충성** : 보증인은 주채무자가 이행하지 않는 경우 이행의 책임을 지며, 채권자가 주채무자에게 이행을 청구하지 않고 보증인에게 이행을 청구하는 경우에는 먼저 주채무자에게 청구할 것과 그 재산에 대하여 집행할 것을 항변할 수 있다.

② 연대채무
  ㉠ 의의 : 수인의 채무자가 채무 전부를 각자 이행할 의무가 있고, 채무자 1인의 이행으로 다른 채무자도 그 의무를 면하게 되는 채무로서, 채권자는 연대채무자 중 1인을 임의로 선택하여 채무 전부의 이행을 청구할 수 있다. 연대채무자는 최고・검색의 항변권이 없다.★
  ㉡ 연대채무자 1인에게 생긴 사유의 효력 [기출] 17・16
   • **절대적 효력** : 변제・대물변제・공탁, 상계, 채권자지체, 이행의 청구, 경개, 면제, 혼동, 시효의 완성
   • **상대적 효력** : 시효의 중단・정지, 이행지체・이행불능(단, 채권자의 청구에 의한 지체는 절대적 효력), 채무자 한 사람에게 내려진 판결

빈칸 채우기

보증채무와 연대채무

→ (❶)란 채권자와 보증인 사이에 체결된 보증계약에 의하여 성립하는 채무로서, 주된 채무와 동일한 내용의 급부를 할 것을 내용으로 하여 주채무자가 급부를 이행하지 않을 경우에는 보증인이 이를 이행하여야 하는 채무이다.

→ 보증채무는 (❷), (❸), (❹)의 특성을 갖는다.

→ 연대채무란 수인의 채무자가 채무 전부를 각자 이행할 의무가 있고, 채무자 1인의 이행으로 다른 채무자도 그 의무를 면하게 되는 채무로서, 채권자는 연대채무자 중 1인을 임의로 선택하여 채무 전부의 이행을 청구할 수 있다. 연대채무자는 (❺)이 없다.

정답 ❶ 보증채무 ❷ 독립성 ❸ 부종성 ❹ 보충성 ❺ 최고・검색의 항변권

2. 채무불이행★

① 이행지체
- ㉠ 개념 : 이행기에 채무의 이행이 가능함에도 불구하고 채무자의 책임 있는 사유에 의하여 이행을 하지 않는 것이다. 이행이 가능하다는 점에서 이행불능과 다르며, 이행행위가 없다는 점에서 불완전이행과 다르다.
- ㉡ 효과 : 강제이행청구권(민법 제389조), 손해배상청구권(민법 제390조), 책임의 가중(민법 제392조), 계약해제권(민법 제544조)이 발생한다. 기출 20

② 이행불능
- ㉠ 개념 : 채무가 성립할 당시에는 이행이 가능하였으나 그 후 채무자의 귀책사유에 의해 이행이 불가능하게 된 경우
- ㉡ 효과 : 손해배상청구권(민법 제390조), 계약해제권(민법 제546조), 대상청구권이 발생한다. 기출 20

③ 불완전이행 : 채무자가 이행을 했지만 그 이행이 채무의 내용에 좇은 완전한 것이 아닌 경우

3. 채권자대위권과 채권자취소권★★

구 분	채권자대위권(민법 제404조·제405조)	채권자취소권(민법 제406조·제407조)
정 의	채권자가 자기의 채권을 보전하기 위하여 채무자의 권리(일신에 전속한 권리는 제외)를 행사할 수 있는 권리	채권자를 해함을 알면서 채무자가 행한 법률행위를 취소하고 채무자의 재산을 원상회복할 수 있는 권리
권리자	채권자	채권자
목 적	책임재산의 보전	책임재산의 보전
권리내용	채무자의 재산 보전조치를 대행	재산 감소행위의 취소 또는 원상회복
행사방법	• 재판상 및 재판 외 행사가능★ • 기한이 도래하기 전에는 법원의 허가 없이 행사 불가(단, 보전행위는 가능)★	반드시 재판상 행사
행사의 상대방	제3채무자	수익자 또는 전득자(단, 행위 또는 전득 당시에 채권자를 해함을 알지 못한 경우에는 행사 불가)★
행사의 효력	• 대위권 행사의 효과는 당연히 채무자에게 귀속하여 채무자의 일반재산에 편입됨 • 대위소송의 기판력은 소송사실을 인지한 채무자에게 미침	• 취소권행사의 효력은 소송상 피고에 한정됨★ • 소송당사자가 아닌 채무자, 채무자와 수익자, 수익자와 전득자 사이의 법률관계는 영향이 없음★

빈칸 채우기

채무불이행

→ (❶) : 이행기에 채무의 이행이 가능함에도 불구하고 채무자의 책임 있는 사유에 의하여 이행을 하지 않는 경우
→ (❷) : 채무가 성립할 당시에는 이행이 가능하였으나 그 후 채무자의 귀책사유에 의해 이행이 불가능하게 된 경우

❶ 이행지체 ❷ 이행불능

4. 계약의 성립

① 청약과 승낙에 의한 계약의 성립
   ㉠ **청약** : 청약이란 승낙과 결합하여 일정한 계약을 성립시킬 것을 목적으로 하는 일방적·확정적 의사표시이다. 청약은 원칙적으로 상대방에게 도달해야 효력이 발생한다.
   ㉡ **승낙** : 승낙이란 청약의 상대방이 청약에 응하여 계약을 성립시킬 목적으로 하는 의사표시를 말한다. 승낙은 청약자라는 특정인을 대상으로 해야 하며 청약의 내용과 일치하는 내용이어야 한다.
     • 승낙자가 청약에 대하여 변경을 가하여 승낙한 때에는 그 청약의 거절과 동시에 새로 청약한 것으로 본다(민법 제534조). 기출 22
     • 격지자 간의 계약은 승낙의 통지를 발송한 때에 성립한다(민법 제531조). 기출 22

② 청약·승낙 이외의 방법에 의한 계약의 성립
   ㉠ **교차청약에 의한 계약성립** : 당사자가 같은 내용을 서로 엇갈려 청약함으로써 성립하는 것으로, 양 청약이 상대방에게 도달한 때 계약이 성립한다(민법 제533조). 기출 22
   ㉡ **의사실현에 의한 계약성립** : 청약자의 특별한 의사표시나 관습에 의하여 승낙의 통지를 필요로 하지 않는 경우에는 승낙의 의사표시로 인정되는 사실이 있는 때에 계약이 성립한다(민법 제532조).

5. 민법상 계약의 종류 기출 24·22·19·15·14·13·10·09·06

① 민법상 15개 전형계약
   ㉠ **증여** : 당사자 일방이 무상으로 재산을 상대방에 수여하는 의사를 표시하고 상대방이 이를 승낙함으로써 효력 발생(민법 제554조 내지 제562조)
   ㉡ **매매** : 당사자 일방이 재산권을 상대방에게 이전할 것을 약정하고 상대방이 그 대금을 지급할 것을 약정함으로써 효력 발생(민법 제563조 내지 제595조)
   ㉢ **교환** : 당사자 쌍방이 금전 이외의 재산권을 상호이전할 것을 약정함으로써 효력 발생(민법 제596조 내지 제597조)
   ㉣ **소비대차** : 당사자 일방이 금전 기타 대체물의 소유권을 상대방에게 이전할 것을 약정하고 상대방은 그와 같은 종류, 품질 및 수량으로 반환할 것을 약정함으로써 효력 발생(민법 제598조 내지 제608조) ★
   ㉤ **사용대차** : 당사자 일방이 상대방에게 무상으로 사용, 수익하게 하기 위하여 목적물을 인도할 것을 약정하고 상대방은 이를 사용, 수익한 후 그 물건을 반환할 것을 약정함으로써 효력 발생(민법 제609조 내지 제617조)
   ㉥ **임대차** : 당사자 일방이 상대방에게 목적물을 사용, 수익하게 할 것을 약정하고 상대방이 이에 대하여 차임을 지급할 것을 약정함으로써 효력 발생(민법 제618조 내지 제654조)
   ㉦ **고용** : 당사자 일방이 상대방에 대하여 노무를 제공할 것을 약정하고 상대방이 이에 대하여 보수를 지급할 것을 약정함으로써 효력 발생(민법 제655조 내지 제663조)
   ㉧ **도급** : 당사자 일방이 어느 일을 완성할 것을 약정하고 상대방이 그 일의 효과에 대하여 보수를 지급할 것을 약정함으로써 효력 발생(민법 제664조 내지 제674조)
   ㉨ **여행계약** : 당사자 한쪽이 상대방에게 운송, 숙박, 관광 또는 그 밖의 여행 관련 용역을 결합하여 제공하기로 약정하고 상대방이 그 대금을 지급하기로 약정함으로써 효력 발생(민법 제674조의2 내지 제674조의9)
   ㉩ **현상광고** : 광고자가 어느 행위를 한 자에게 일정한 보수를 지급할 의사를 표시하고 이에 응한 자가 그 광고에 정한 행위를 완료함으로써 효력 발생(민법 제675조 내지 제679조) ★

- ㉠ 위임 : 당사자 일방이 상대방에 대하여 사무의 처리를 위탁하고 상대방이 이를 승낙함으로써 효력 발생(민법 제680조 내지 제692조)★
- ㉡ 임치 : 당사자 일방이 상대방에 대하여 금전이나 유가증권 또는 기타 물건의 보관을 위탁하고 상대방이 이를 승낙함으로써 효력 발생(민법 제693조 내지 제702조)★
- ㉢ 조합 : 2인 이상이 상호출자하여 공동사업을 경영할 것을 약정함으로써 효력 발생(민법 제703조 내지 제724조)
- ㉣ 종신정기금 : 당사자 일방이 자기, 상대방 또는 제3자의 종신까지 정기로 금전 기타의 물건을 상대방 또는 제3자에게 지급할 것을 약정함으로써 효력 발생(민법 제725조 내지 제730조)
- ㉤ 화해 : 당사자가 상호양보하여 당사자 간의 분쟁을 종지할 것을 약정함으로써 효력 발생(민법 제731조 내지 제733조)

② **쌍무계약과 편무계약** 기출 23·13 : 계약의 쌍방당사자가 서로 대가적 채무를 부담하는지 여부에 따른 계약의 분류이다.

구 분	종 류
쌍무계약	매매, 교환, 유상소비대차, 임대차, 고용, 도급, 여행계약, 유상위임, 유상임치, 조합, 화해
편무계약	증여, 무상소비대차, 사용대차, 현상광고, 무상위임, 무상임치

③ **유상계약과 무상계약** 기출 23·13 : 계약의 쌍방당사자가 서로 대가적 의미를 가지는 출연 내지 출재를 하는지 여부에 따른 구분이다.

구 분	종 류
유상계약	매매, 교환, 유상소비대차, 임대차, 고용, 도급, 여행계약, 현상광고, 유상위임, 유상임치, 조합, 유상종신정기금, 화해
무상계약	증여, 무상소비대차, 사용대차, 무상위임, 무상임치, 무상종신정기금

④ **낙성계약과 요물계약** 기출 23·13 : 계약의 쌍방당사자의 합의만으로 성립하는 계약을 낙성계약, 그 합의 이외에 일방이 물건의 인도 등 일정한 급부를 하여야만 성립하는 계약을 요물계약이라고 한다.

구 분	종 류
낙성계약	현상광고를 제외한 14개 전형계약
요물계약	현상광고

6. 채권성립의 원인 기출 12

① **계약(契約)** : 서로 대립하는 두 개 이상의 의사표시의 합치로써 성립하는 법률행위이다.
② **사무관리(事務管理)**(민법 제734조 내지 제740조) 기출 15 : 법률상 또는 계약상의 의무 없이 타인을 위하여 사무를 처리함으로써 법정채권관계가 성립한다.
③ **부당이득(不當利得)**(민법 제741조 내지 제749조) : 법률상 원인 없이 타인의 재산 또는 노무로 인하여 이익을 얻고 이로 인해 타인에게 손해를 가하는 것으로, 손해를 가한 자에게 그 이득의 반환을 요구할 수 있다.
④ **불법행위(不法行爲)**(민법 제750조 내지 제766조) : 고의 또는 과실로 인한 위법행위로 타인에게 손해를 가한 경우에는 그 손해를 배상할 책임이 발생한다.

> **일반적인 불법행위책임의 성립요건** 기출 18
> ① 행위자의 고의·과실, ② 행위자의 책임능력, ③ 행위의 위법성, ④ 가해행위에 의한 손해발생 등이 요구된다.

11 가족법

1. 친족과 가족

① 친족(親族)(민법 제767조) 기출 12
  ㉠ 배우자
  ㉡ 혈족(血族)(민법 제768조)
    - 자기의 직계존속과 직계비속을 직계혈족이라 한다.
    - 자기의 형제자매와 형제자매의 직계비속, 직계존속의 형제자매 및 그 형제자매의 직계비속을 방계혈족이라 한다.
  ㉢ 인척 : 혈족의 배우자, 배우자의 혈족, 배우자의 혈족의 배우자(민법 제769조)

② 친족의 범위 기출 12
  ㉠ 8촌 이내의 혈족, 4촌 이내의 인척 및 배우자가 친족의 범위에 속한다(민법 제777조). ★
  ㉡ 친족관계 : 입양으로 인한 친족관계는 입양의 취소 또는 파양으로 인하여 종료한다(민법 제776조). ★

③ 가족의 범위(민법 제779조) ★
  ㉠ 배우자, 직계혈족 및 형제자매
  ㉡ 생계를 같이하고 있는 직계혈족의 배우자, 배우자의 직계혈족 및 배우자의 형제자매

2. 혼인과 약혼

① 18세가 된 사람은 부모나 미성년후견인의 동의를 받아 약혼할 수 있다(민법 제801조 전문).
② 피성년후견인은 부모나 성년후견인의 동의를 받아 약혼할 수 있다(민법 제802조 전문).
③ 약혼은 강제이행을 청구하지 못하여 다음의 어느 하나에 해당하는 사유가 있는 경우에는 상대방은 약혼을 해제할 수 있다(민법 제804조).
  ㉠ 약혼 후 자격정지 이상의 형을 선고받은 경우(제1호)
  ㉡ 약혼 후 성년후견개시나 한정후견개시의 심판을 받은 경우(제2호)
  ㉢ 성병, 불치의 정신병, 그 밖의 불치의 병질(病疾)이 있는 경우(제3호)
  ㉣ 약혼 후 다른 사람과 약혼이나 혼인을 한 경우(제4호)
  ㉤ 약혼 후 다른 사람과 간음(姦淫)한 경우(제5호)
  ㉥ 약혼 후 1년 이상 생사(生死)가 불명한 경우(제6호)
  ㉦ 정당한 이유 없이 혼인을 거절하거나 그 시기를 늦추는 경우(제7호)
  ㉧ 그 밖에 중대한 사유가 있는 경우(제8호)
④ 18세가 된 사람은 혼인할 수 있다(민법 제807조).
⑤ 미성년자가 혼인을 한 때에는 성년자로 본다(성년의제)(민법 제826조의2).

> **혼인의 무효(민법 제815조)** 기출 09
> 혼인은 다음 각호의 어느 하나의 경우에는 무효로 한다.
>   1. 당사자 간에 혼인의 합의가 없는 때
>   2. 혼인이 제809조 제1항[8촌 이내의 혈족(친양자의 입양 전의 혈족을 포함한다) 사이에서는 혼인하지 못한다]의 규정을 위반한 때

> 3. 당사자 간에 직계인척관계(直系姻戚關係)가 있거나 있었던 때
> 4. 당사자 간에 양부모계의 직계혈족관계가 있었던 때
>
> [헌법불합치, 2018헌바115, 2022.10.27., 민법(2005.3.31. 법률 제7427호로 개정된 것) 제815조 제2호는 헌법에 합치되지 아니한다. 위 법률조항은 2024.12.31.을 시한으로 개정될 때까지 계속 적용된다.]

3. 이혼

① 부부는 협의에 의하여 이혼할 수 있다(민법 제834조).

② 재판상 이혼사유(민법 제840조) 기출 12
  ㉠ 배우자에 부정한 행위가 있었을 때(제1호)
  ㉡ 배우자가 악의로 다른 일방을 유기한 때(제2호)
  ㉢ 배우자 또는 그 직계존속으로부터 심히 부당한 대우를 받았을 때(제3호)
  ㉣ 자기의 직계존속이 배우자로부터 심히 부당한 대우를 받았을 때(제4호)
  ㉤ 배우자의 생사가 3년 이상 분명하지 아니한 때(제5호)
  ㉥ 기타 혼인을 계속하기 어려운 중대한 사유가 있을 때(제6호)

4. 사망과 상속

① 상속의 의미와 승인
  ㉠ **상속의 의미** : 상속이란 피상속인의 사망(상속의 개시조건)으로 인해 그가 가지고 있던 재산이 상속인에게 승계되는 과정을 말한다.
  ㉡ **상속의 승인★** : 적극재산·소극재산의 구분이 없이 모든 권리와 의무를 상속인이 포괄적으로 승계받는 단순승인과 적극재산의 범위 내에서 소극재산을 책임지는 한정승인이 있다.
  ㉢ **상속의 포기** : 상속인은 상속개시있음을 안 날로부터 3개월 이내(가정법원에 신고)에 단순승인이나 한정승인 또는 포기를 할 수 있다(민법 제1019조 제1항 본문). 기출 08

② 유언(遺言) 기출 12
  ㉠ **유언의 의미** : 유언이란 유언자가 유언능력을 갖추고 법적 사항에 대해 엄격한 방식에 따라 하는 행위를 말한다.
  ㉡ **유언의 효력발생 요건** : 의사능력, 17세 이상(민법 제1061조), 법정 형식 준수(요식주의)(민법 제1060조)
  ㉢ **유언의 방식**(민법 제1065조 내지 제1072조) 기출 08

자필증서	가장 간단한 방식으로, 유언자가 그 전문과 연월일, 주소, 성명을 자서하고 날인하는 것으로 증인이 필요 없는 유언방식(민법 제1066조)
녹음	유언자가 유언의 취지, 그 성명과 연월일을 구술하고 이에 참여한 증인이 유언의 정확함과 그 성명을 구술하는 유언방식(민법 제1067조)
공정증서	유언자가 증인 2인이 참여한 공증인의 면전에서 유언의 취지를 구수하고 공증인이 이를 필기·낭독하여 유언자와 증인이 그 정확함을 승인한 후 각자 서명 또는 기명날인하는 유언방식(민법 제1068조)

비밀증서	유언자가 필자의 성명을 기입한 증서를 엄봉날인하고 이를 2인 이상의 증인의 면전에 제출하여 자기의 유언서임을 표시한 후 그 봉서표면에 제출 연월일을 기재하고 유언자와 증인이 각자 서명 또는 기명날인하는 유언방식(민법 제1069조)
구수증서	질병 기타 급박한 사유로 인하여 전4조의 방식에 의할 수 없는 경우에 유언자가 2인 이상의 증인의 참여로 그 1인에게 유언의 취지를 구수하고 그 구수를 받은 자가 이를 필기·낭독하여 유언자의 증인이 그 정확함을 승인한 후 각자 서명 또는 기명날인하는 유언방식(민법 제1070조)

③ **유류분 제도**(민법 제1112조 내지 제1118조) : 피상속인의 유언과 상관없이 상속인에게 보장되는 상속비율로 유언의 효력을 제한하는 성격을 지닌다.
  ㉠ 피상속인의 직계비속 또는 배우자 : 법정상속분의 1/2(민법 제1112조 제1호·제2호)
  ㉡ 피상속인의 직계존속 : 법정상속분의 1/3(민법 제1112조 제3호)
  ㉢ 헌법재판소는 형제자매의 유류분을 규정한 민법 제1112조 제4호에 대하여 단순위헌 결정(즉시 효력 상실)하였다. 또한 유류분을 받지 못할 사유가 규정되어 있지 않은 입법부작위(제1112조 제1호부터 제3호)와 기여분에 관한 민법 제1008조의2를 유류분에 준용하는 규정을 두지 않은 입법부작위에 대하여는 헌법불합치 결정(2025.12.31.을 시한으로 입법자가 법을 개정할 때까지 잠정적용)을 하였다(헌재결 2024.4.25. 2020헌가4 등).

④ **법정상속순위**(민법 제1000조 제1항, 제1003조 제1항)

1순위	2순위	3순위	4순위
직계비속 + 배우자	직계존속 + 배우자	형제자매	4촌 이내 방계혈족

빈칸 채우기

유류분 제도
- 피상속인의 (❶) 또는 (❷)의 유류분은 법정상속분의 1/2이다.
- 피상속인의 (❸)의 유류분은 법정상속분의 1/3이다.
- 헌법재판소는 (❹)의 유류분을 규정한 민법 제1112조 제4호에 대하여 단순위헌 결정(즉시 효력 상실)하였다.

법정상속순위

1순위	2순위	3순위	4순위
(❶) + (❷)	(❸) + (❷)	(❹)	4촌 이내 방계혈족

정답 ❶ 직계비속 ❷ 배우자 ❸ 직계존속 ❹ 형제자매

2 경비업무와 손해배상

01 경비업무와 손해배상의 개요

1. 경비계약
① 경비계약은 경비대상시설에 대한 포괄적·전속적 경비의 실시와 그에 의한 일정기간 화재나 도난 등의 사고발생을 방지하기로 약속한 '도급' 형식의 유상계약이다. 기출 24·23·21·20
② 민간경비의 시작은 당사자인 경비업자와 고객과의 경비계약 체결에 의하여 실시된다. 기출 13
③ 경비계약은 당사자 간의 합의에 의해 성립하는 낙성계약이며, 권리장애사실(계약의 효력발생에 대한 장애사유)이 존재하지 않는 한 계약의 효력이 발생한다. 기출 23

2. 경비업자와 고객과의 분쟁유형 기출 22
① **채무불이행** : 경비업무를 실시하는 과정에서 근무태만으로 도난사고가 발생하거나 경비원의 부주의로 고객의 시설 및 설비를 파손하거나 업무과정에서 취득한 고객의 비밀을 누설하여 재산상의 손해를 끼친 경우이다.
② **불법행위** : 경비업무집행의 과정에서 고의 또는 과실로 인하여 타인의 권리나 이익을 불법으로 침해하여 상대방에게 손해를 끼친 경우이다.
　㉠ 경비원이 업무과정에서 고의 또는 과실로 제3자에게 부상을 입히거나 기물을 파손하고, 혹은 경비원의 과잉행위로 제3자의 자유를 속박하거나 폭력을 행사한 경우이다.
　㉡ 제3자란 사용자 및 실행행위자 이외의 자를 말한다.
③ **손해배상** : 채무불이행이나 불법행위가 발생했을 때에는 직접 손해를 끼친 자 혹은 업자가 사용자로서 손해배상책임을 지게 된다.
④ **고객의 강제이행청구**★ 기출 23 : 고객은 경비계약상 채무가 이행되지 않는 때 강제이행청구를 할 수 있다(민법 제389조 제1항).

> **선량한 관리자의 주의의무** 기출 24·23·15
> 경비업자는 경비계약상 채무를 선량한 관리자의 주의로 이행하여야 한다.
>
> **완성 전의 도급인의 해제권(민법 제673조)** 기출 24
> 수급인이 일을 완성하기 전에는 도급인은 손해를 배상하고 계약을 해제할 수 있다.
>
> **도급인의 파산과 해제권(민법 제674조)** 기출 24·15
> ① 도급인이 파산선고를 받은 때에는 수급인 또는 파산관재인은 계약을 해제할 수 있다. 이 경우에는 수급인은 일의 완성된 부분에 대한 보수 및 보수에 포함되지 아니한 비용에 대하여 파산재단의 배당에 가입할 수 있다.
> ② 전항의 경우에는 각 당사자는 상대방에 대하여 계약해제로 인한 손해의 배상을 청구하지 못한다.★

02 분쟁의 법적 근거와 손해배상책임 [기출] 20·19·17·16·15·14

1. 채무불이행과 손해배상(민법 제390조) [기출] 24·21·19

① 경비업자의 손해배상
   ㉠ 경비계약은 민법상 채권계약(도급 형식의 유상계약)의 하나이므로 채무자인 경비업자는 계약상의 의무, 즉 채무를 신의성실의 원칙에 따라 이행하여야 하는데, 경비업자의 책임 있는 사유로 계약에서 약정된 내용대로 급부를 이행하지 아니한 경우를 채무불이행이라고 한다.
   ㉡ 채무불이행의 경우에 고객은 강제이행, 손해배상, 계약의 해제를 신청할 수 있으며 계약을 해제하더라도 그와 동시에 손해배상을 청구할 수도 있다.★
   ㉢ 채무불이행책임의 발생원인은 이행지체·이행불능·불완전이행의 세 가지로 구분할 수 있다.★

② 이행지체
   ㉠ 이행지체의 의의 : 이행지체란 채무가 약정된 이행기에 이행이 가능함에도 불구하고 채무자의 책임 있는 사유로 인해 채무가 이행되지 않음으로써 위법한 것을 말한다.
      예 민간경비에 있어서 경비원이 예정대로 모집되지 않거나 경비기계의 도착이 지연되어 경비계약 개시시간에 경비가 불가능한 경우 이행지체에 해당된다.★
   ㉡ 성립요건 : 채무가 이행기에 있어야 하고, 채무의 이행이 가능하여야 하며, 채무자의 책임 있는 사유(고의·과실)로 이행하지 않아야 하며, 이행하지 않는 것이 위법하여야 한다.★
   ㉢ 이행지체 시 손해배상 : 이행지체에 의해 손해가 발생하면 경비업자(채무자)는 손해배상의 책임을 진다(민법 제392조). 또한 채무가 계약상의 채무인 경우에는 채권자는 계약을 해제할 수 있다. 이행지체 시에는 계약해제가 진행되기 이전에 이행의 최고를 할 수 있고 손해배상청구와 지연으로 인하여 발생한 지연배상을 청구할 수도 있다. 채무불이행으로 인한 손해배상은 사회통념상의 손해를 그 한도로 하며, 특별한 사정으로 인한 손해를 채무자가 그 사정을 알았거나 알 수 있었을 때에 한하여 배상의 책임이 있다(민법 제393조).

③ 이행불능
   ㉠ 의의 : 이행불능은 채권이 성립되었으나 채무자의 책임 있는 사유로 인하여 이행이 불가능한 경우가 해당된다.
      예 민간경비에서 경비계약의 체결 후에 경비업체가 도산하였거나 기계경비계약을 체결한 후 경비기계의 대금을 변제하지 못해 차압당한 결과 이행이 불가능한 경우가 해당된다.★
   ㉡ 성립요건 : 채무의 이행이 불가능하고, 그 불가능이 채무자의 귀책사유에 의한 것이고 위법하여야 한다.★
   ㉢ 이행불능 시 손해배상 : 채무자의 귀책사유에 의한 이행불능 시에는 이행에 갈음하는 손해의 배상(전보배상)을 청구할 수 있다. 이행불능의 경우에는 최고를 하지 않고도 해제가 가능하며, 계약의 해제여부를 불문하고 채무자는 배상책임을 지게 된다.★ [기출] 13

④ 불완전이행 기출 23·13
  ㉠ 의의 : 불완전이행이란 채무의 이행이 있기는 하지만 본래의 약정된 내용과 같은 완전한 급부를 이행하지 않은 경우이다. 즉, 하자가 있는 목적물을 인도한다거나 수량이 부족한 이행을 하는 경우 등이다.
  ㉡ 성립요건 : 채무의 이행행위라고 볼 수 있는 이행행위가 있어야 하고, 그 이행이 불완전한 이행이어야 하며, 불완전이행이 채무자의 귀책사유에 의한 것이고 위법하여야 한다. 기출 13
  ㉢ 불완전이행 사례
   • 경비계약의 이행 시 운송경비 중 트럭에서 물건을 떨어뜨려 부상을 입히거나 수량이 부족한 경우
   • 계약기간 중 경비하지 않은 날이 있거나, 심야에 경비계약대로 순회하지 않고 경비계약에 정한 인원수보다 적은 수의 경비원을 파견한 경우
   • 기계경비시스템에 이상이 생겨 작동하지 않거나(오작동), 작동을 하였으나 대처요원의 현장출동이 늦어 사고를 방지하지 못하고 고객의 신체 및 재산에 중대한 손해가 발생한 경우 기출 13
  ㉣ 불완전이행 시 손해배상
   • 이행의 불완전함으로 인해 채권자가 입은 손해로 지연배상이나 전보배상을 청구할 수 있다.★
   • 이행되더라도 채무의 내용에 하자가 있으면 재차 채무의 내용의 이행을 요구할 수 있다.
   • 불완전이행의 결과로 이행지체·이행불능이 생긴 때에는 계약을 해제할 수 있다.★
   • 불완전이행에서 종류매매(물건의 종류를 지정하여 수량으로 매매하는 경우)의 경우에는 특정된 목적물에 하자가 있는 때에는 매수인은 이를 안 날로부터 6개월 이내에 손해배상의 청구 또는 하자 없는 물건의 급부를 청구할 수 있다(민법 제581조, 제582조).

2. **불법행위책임**(민법 제750조, 제751조)
 ① 불법행위의 내용 : 고의 또는 과실로 인한 위법행위로 타인에게 손해를 가한 자는 그 손해를 배상할 책임이 있다(민법 제750조).
 ② 재산 이외의 손해의 배상 기출 24·20 : 타인의 신체, 자유 또는 명예를 해하거나 기타 정신상 고통을 가한 자는 재산 이외의 손해에 대하여도 배상할 책임이 있다(민법 제751조 제1항).★
 ③ 경비업무에서의 불법행위 사례★
  ㉠ 경비원이 휴식 중 부주의로 석유스토브를 넘어뜨려 화재가 일어나 경비대상시설 및 이웃 건물을 소실한 경우
  ㉡ 열쇠로 고객의 금고를 열고 현금을 절취한 경우
  ㉢ 경비 중에 고의 또는 과실로 제3자에게 부상을 입힌 경우 기출 22
 ④ 불법행위책임
  ㉠ 민사책임과 형사책임이 동시에 성립하는 경우가 많으나, 양 책임은 서로 별개로 성립하는 책임이다. 따라서 민사책임이 성립하지 않더라도 형사책임이 성립하는 경우가 있으며, 그 반대의 경우도 있다.
  ㉡ 형사재판에서 유죄판결이 내려졌다고 해서 행위자의 민사상의 책임이 확인된 것으로는 되지 않으며, 행위자가 형의 집행을 받는다고 해서 민사상의 책임이 면책되지도 않는다.

3. 사용자의 배상책임(민법 제756조) 기출 24·23·22·21·20

① 법적 근거
- ㉠ 타인을 사용하여 어느 사무에 종사하게 한 자는 피용자가 그 사무집행에 관하여 제3자에게 가한 손해를 배상할 책임이 있다. 그러나 사용자가 피용자의 선임 및 그 사무감독에 상당한 주의를 한 때 또는 상당한 주의를 하여도 손해가 있을 경우에는 그러하지 아니하다(민법 제756조 제1항).
- ㉡ 사용자에 갈음하여 그 사무를 감독하는 자도 ㉠의 책임이 있다(민법 제756조 제2항).
- ㉢ 위 ㉠·㉡의 경우에 사용자 또는 감독자는 피용자에 대하여 구상권을 행사할 수 있다(민법 제756조 제3항).

② 경비업자의 책임
- ㉠ 경비원(피용자)이 경비업자(사용자)의 사무를 집행함에 있어서 타인에게 위법한 손해를 가한 경우에, 사용자는 피용자의 가해행위로 말미암아 생긴 손해를 직접 피해자에게 배상할 의무를 부담한다. 또한 사용자를 갈음하여 그 사무를 감독하는 자도 사용자책임을 면할 수 없다(민법 제756조 제2항).★
- ㉡ 사용자책임을 지는 것은 사용자와 대리감독자이나, 사용자가 법인인 경우에는 제756조 제2항에 의해 이사가 책임을 진다. 사용자책임이 성립한 경우라 할지라도 종업원(경비원)은 독립하여 일반적불법행위책임을 진다.★
- ㉢ 사용자가 피용자의 업무수행으로 행해진 불법행위로 인하여 피해자에게 사용자로서의 손해배상책임을 부담한 결과로 손해를 입게 된 경우에는 사용자는 그 사업의 성격과 규모, 사업시설의 상황, 피용자의 업무내용, 근로조건이나 근무태도, 가해행위의 상황, 가해행위의 예방이나 손실의 분산에 관한 사용자의 배려정도 등의 제반사정에 비추어 손해의 공평한 분담이라는 견지에서 신의칙상 상당하다고 인정되는 한도 내에서만 피용자에 대하여 구상권을 행사할 수 있다(대판 2009.11.26. 2009다59350).★

4. 도급인의 책임(민법 제757조) 기출 13

도급인은 수급인이 해당 일에 관하여 제3자에게 가한 손해를 배상할 책임이 없다. 그러나 도급 또는 지시에 관하여 도급인에게 중대한 과실이 있는 때에는 그러하지 아니하다.★

5. 손해배상책임

① 경비업자는 경비원이 업무수행 중 과실로 경비대상에 손해가 발생하는 것을 방지하지 못한 때에는 그 손해를 배상하여야 한다(경비업법 제26조 제1항, 민법 제756조 제1항).
② 경비원이 업무수행 중 과실로 인한 위법행위로 제3자에게 손해를 입힌 경우, 경비원은 그 손해에 대하여 배상책임을 진다(민법 제750조).
③ 수인의 경비원이 공동의 불법행위로 타인에게 손해를 가한 경우, 각 경비원은 피해자에게 연대하여 손해배상책임을 진다(민법 제760조 제1항). 기출 21 교사자나 방조자는 공동불법행위자로 간주된다(민법 제760조 제3항). 기출 21
④ 불법행위로 인한 손해배상의 청구권은 피해자나 그 법정대리인이 그 손해 및 가해자를 안 날로부터 3년간 이를 행사하지 아니하면 시효로 인하여 소멸한다(민법 제766조 제1항). 기출 19 불법행위를 한 날로부터 10년을 경과한 때에도 전항과 같다(민법 제766조 제2항).
⑤ 미성년자가 성폭력, 성추행, 성희롱, 그 밖의 성적(性的) 침해를 당한 경우에 이로 인한 손해배상청구권의 소멸시효는 그가 성년이 될 때까지는 진행되지 아니한다(민법 제766조 제3항).

3 민사소송법 일반

01 민사소송제도

1. 민사소송제도의 개념
① **의의** : 사법적 법률관계에 관한 분쟁을 국가의 재판권에 의해 강제적으로 해결하는 재판절차이다.
② **법원** : 성문법전인 민사소송법과 민사집행법이 있다.
③ **목적** : 민사소송제도의 목적이 사권의 보호에 있는지 또는 사법질서의 유지에 있는지에 대해 논쟁이 있었으나, 오늘날에는 사권보호를 위해 분쟁을 해결하면서 자연히 사법질서도 유지되는 것이라고 보는 것이 통설이다.★
④ **소송절차** : 당사자의 변론을 중심으로 하는 소송활동과 증거조사를 중심으로 하는 입증활동으로 구성되며, 실체의 진실이 명백하게 드러나면 법원은 법률적용을 통하여 권리의 유무에 따라 승소 또는 패소시키는 판결을 내리고, 그에 따른 권리실현을 이루게 함으로써 종결된다.

2. 민사소송제도의 4대 이상(민사소송법 제1조 제1항)★★
① **적정이상**
  ㉠ 의의 : 내용상 사실인정에 있어서 정확성을 기하여 실체적 진실을 발견하고, 인정된 사실에 타당한 법률적용을 통하여 사회정의를 실현하는 것이다. 즉, 권리 있는 자는 승소하고 권리 없는 자는 패소한다는 결과를 확보하는 이상이다.
  ㉡ 적정이상을 실현하기 위한 제도 : 구술주의, 석명권행사, 교호신문제도, 법관의 자격제한과 신분보장, 직접주의, 직권증거조사주의, 불복신청제도 등이 보장되어야 한다.★
② **공평이상**
  ㉠ 의의 : 재판의 적정성을 기하기 위해서는 법관의 중립성, 무기평등의 원칙 등에 의해서 소송심리시에 당사자를 공평하게 취급하여야 한다.
  ㉡ 공평이상을 실현하기 위한 제도 : 심리의 공개, 법원직원에 대한 제척・기피・회피제도, 당사자평등주의, 변론주의, 소송절차의 중단・중지, 제3자의 소송참가제도 등이 있다.★
③ **신속이상** : 적정하고 공평한 재판이 보장된다 하더라도 권리 실현이 늦어지면 실효성이 없어져 결국 공정하지 못한 결과와 같을 수 있으므로 신속한 재판이 이루어져야 한다는 것이다.
④ **경제이상** : 소송을 수행함에 있어서 소송관계인의 시간을 단축하여 비용과 노력의 최소화가 이루어져야 한다는 것이다.

3. 민사소송법과 민사집행법
① **민사소송** : 사법적 법률관계에 관한 분쟁을 국가의 재판권에 의해 강제적으로 해결하는 재판절차이며, 이에 대한 법규범의 총체가 민사소송법과 민사집행법이다. 민사집행법은 기존의 민사소송법상의 강제집행절차와 담보권 실행을 위한 경매, 민법, 상법, 그 밖의 법률의 규정에 의한 경매, 부수절차의 하나인 보전처분의 절차를 분리하여 제정된 법이다. 따라서 민사소송의 성문법원 중 가장 중요한 것은 민사소송법과 민사집행법이다. 민사소송법과 민사집행법은 공법이며 실체사법(민법, 상법 등)과 합하여 민사법이라고 한다.★

② 민사소송법의 기본원리★★
　㉠ 민사소송을 지배하고 있는 원리는 형식적 진실주의이다.★
　㉡ 당사자가 신청한 범위 내에서만 판결하는 처분권주의가 원칙이다.
　㉢ 민사소송은 공개심리주의가 원칙이다.
　㉣ 소송진행 중이라도 청구의 포기나 인낙을 통해 소송을 종료할 수 있다.
　㉤ 이미 사건이 계속되어 있을 때는 그와 동일한 사건에 대하여 당사자는 다시 소를 제기하지 못한다(중복된 소제기의 금지).
　　　예 A가 B를 상대로 대여금반환청구의 소를 서울중앙지방법원에 제기한 뒤 이 소송의 계속 중 동일한 소를 부산지방법원에 제기하면 중복된 소제기의 금지 원칙에 저촉된다.

02 민사소송절차의 종류

1. 보통소송절차

① 판결절차
　㉠ 원고의 소제기에 의하여 개시되며, 변론을 거쳐 심리하고, 종국판결에 의하여 종료된다. 즉, 분쟁을 관념적으로 해결함을 목적으로 하는 절차이다.
　㉡ 판결절차는 제1심, 항소심, 상고심의 3심 구조로 되어 있으며, 고유의 의미의 민사소송이라고 하면 판결절차를 말한다.★
　㉢ 제1심 절차는 소송물 가액에 따라 지방법원 합의부에 의한 절차와 지방법원 단독판사에 의한 절차로 나뉜다.
　㉣ 3,000만원 이하의 소액사건은 소액사건심판법의 절차에 의한다.★★
② 강제집행절차(민사집행법) 기출 23·20
　㉠ 판결절차에 의하여 확정된 사법상의 청구권에 기하여 강제집행절차를 전개하는 것으로 채권자의 신청에 의하여 국가의 집행기관이 채무자에 대하여 강제력을 행사함으로써 채무명의에 표시된 이행청구권의 실행을 도모하는 절차이다.
　㉡ 강제집행절차는 판결절차의 부수적 내지 보조적 수단이 아님을 주의한다.★★

빈칸 채우기

민사소송절차의 종류
⋯ 판결절차는 (❶), (❷), (❸)의 3심 구조로 되어 있으며, 고유의 의미의 민사소송이라고 하면 판결절차를 말한다.
⋯ (❹)만원 이하의 소액사건은 소액사건심판법의 절차에 의한다.
⋯ (❺)는 판결절차의 부수적 내지 보조적 수단이 아님을 주의한다.

정답 ❶ 제1심 ❷ 항소심 ❸ 상고심 ❹ 3,000 ❺ 강제집행절차

2. 부수절차

판결절차나 강제집행절차에 부수하여 이들 절차의 기능을 돕는 절차를 말한다.

① **증거보전절차**(민사소송법 제375조 내지 제384조) 기출 23 : 판결절차에서 정식의 증거조사의 시기까지의 사이에 어떤 증거의 이용이 불가능하거나 곤란하게 될 수 있는 경우에 미리 그 증거를 조사하여 그 결과를 보전하기 위한 절차이다.

② **집행보전절차**(민사집행법) 기출 23·20 : 현상을 방치하면 장래의 강제집행이 불가능하거나 현저히 곤란하게 될 염려가 있는 경우에 그 현상의 변경을 금하는 절차로 가압류와 가처분이 있다.

③ **기타 파생절차** : 판결절차에 부수하는 소송비용액 확정절차와 강제집행절차에 부수하는 집행문 부여절차(민사집행법)가 있다.

3. 특별소송절차

보통소송절차 외에 사건의 특수한 성질이나 가액에 따른 특수 민사사건에 대하여 적용되는 소송절차이다.

① **소액사건심판절차**(소액사건심판법) 기출 23·20
  ㉠ 소송물 가액이 3,000만원을 초과하지 아니하는 제1심의 민사사건에 관하여 소송의 신속하고 경제적인 해결을 도모하기 위해서 간이절차에 따라 재판이 진행될 수 있도록 특례를 인정한 절차이다.★
  ㉡ 구술 또는 당사자 쌍방의 임의출석에 의한 소제기가 인정되고 당사자와 일정한 범위 내의 친족은 소송대리를 할 수 있으며, 가능한 한 1회의 변론기일로 심리를 종결한다.★

② **독촉절차** 기출 20
  ㉠ 독촉절차는 정식의 일반소송절차를 경유할 수 있음을 조건으로 하여 일반 민사소송원칙의 일부를 생략한 것이다.
  ㉡ 채권자의 일방적 신청에 의해 채무자에게 지급을 명하는 지급명령을 발하고, 채무자가 2주 이내에 이의신청을 하지 아니하면 확정되어 채무명의가 된다.★
  ㉢ 금전, 기타 대체물 또는 유가증권의 일정한 수량의 지급을 목적으로 하는 청구권에 관하여 인정되는 절차이다.

③ **파산절차**(채무자 회생 및 파산에 관한 법률)
  ㉠ 파산절차는 채무자의 자력이 불충분하여 총채권자에게 채권의 만족을 주지 못할 상태에 이른 경우에 채권자들의 개별적인 소송이나 강제집행을 배제하고 강제적으로 채무자의 전 재산을 관리·환가하여 총채권자의 채권비율에 따라 공평한 금전적 배당을 할 것을 목적으로 행하는 재판상의 절차이다.
  ㉡ 강제집행을 개별집행이라고 함에 대하여, 파산절차는 일반집행이라고도 한다.★
  ㉢ 장점 : 채무초과의 경우에 채무자의 재산을 공평하게 분배하는 장점이 있다.
  ㉣ 단점 : 청산절차가 너무 오래 걸리고, 채권자가 큰 만족을 얻기도 어려우며, 채무자의 갱생(更生)이 어렵다.

④ **개인회생절차**(채무자 회생 및 파산에 관한 법률) : 개인회생제도는 재정적 어려움으로 인하여 파탄에 직면하고 있는 개인채무자로서 장래 계속적으로 또는 반복하여 수입을 얻을 가능성이 있는 자에 대하여 채권자 등 이해관계인의 법률관계를 조정함으로써 채무자의 효율적 회생과 채권자의 이익을 도모하기 위하여 마련된 절차로서(채무자 회생 및 파산에 관한 법률 제1조 참고), 2004.9.23.부터 시행되었다.

⑤ 공탁절차
　㉠ 공탁이란 법령의 규정에 따른 원인에 기하여 금전·유가증권·기타의 물품을 국가기관(법원의 공탁소)에 맡김으로써 일정한 법률상의 목적을 달성하려고 하는 제도이다.
　㉡ 법령에 '공탁하여야 한다' 또는 '공탁할 수 있다'라고 규정하거나 그 공탁근거규정을 준용하거나 담보제공방법으로서 공탁을 규정한 경우에 한하여 공탁할 수 있으며 그러한 규정이 없는 경우에는 공탁할 수 없다. ★

03 민사소송의 종류 기출 11

1. 이행의 소
① 국가의 공권력을 빌어 강제집행을 가능하게 하는 이행판결을 목적으로 하는 소송형태이다. ★
② 원고가 사법상 청구권의 존재를 기초로 하여 이행청구권의 확정과 피고에게 일정한 이행명령을 선고함을 목적으로 하는 소송형태이다.
③ 이행의 소에 본안인용판결 중에 이행판결을 청구하는 것이 일반적이며, 이를 급부의 소 또는 급부의 판결이라고도 한다.
④ 이행의 소를 기각한 판결은 이행청구권의 부존재를 확인하는 소극적 확인판결이다. ★

2. 형성의 소 기출 22·06
① 형성의 소는 형성판결에 의하여 형성요건의 존재를 확정하는 동시에 새로운 법률관계를 발생하게 하거나, 기존의 법률관계를 변경 또는 소멸시키는 창설적 효과를 갖는다. ★
② 법률상태의 변동을 목적으로 하는 소송이며, 창설의 소 또는 권리변경의 소라고도 한다. ★
③ 법률의 근거가 없는 형성의 소는 인정하지 아니한다. ★

3. 확인의 소
① 당사자 간의 법률적 불안을 제거하기 위하여 실체법상의 권리 또는 법률관계의 존부나 법률관계를 증명하는 서면의 진부확인을 목적으로 하는 소송이다. ★
② 권리관계의 존부를 확정하기 위한 것을 적극적 확인의 소, 부존재의 확정을 목적으로 하는 것을 소극적 확인의 소라고 한다. 또한 소송 도중에 선결이 되는 사항에 대한 확인을 구하는 중간확인의 소가 있다. ★
③ 확인의 소가 제기되어 원고승소의 확정판결이 내려지면, 원고가 주장한 법률관계의 존부가 확정되지만, 집행력은 발생하지 아니하므로 다툼 있는 권리관계를 개념적으로 확정함으로써 분쟁이 해결되는 경우에 이용되는 소송형태이다.

04 민사소송의 주체

1. 법원
① **법원의 관할** : 각 법원에 대한 재판권의 배분으로서 특정법원이 특정사건을 재판할 수 있는 권한을 말한다.
② **보통재판적** 기출 12
  ㉠ 사람의 보통재판적은 원칙적으로 그의 주소에 따라 정한다.
  ㉡ 법인의 보통재판적은 그의 주된 사무소 또는 영업소가 있는 곳에 따라 정하고, 사무소와 영업소가 없는 경우에는 주된 업무담당자의 주소에 따라 정한다.
  ㉢ 국가의 보통재판적은 그 소송에서 국가를 대표하는 관청 또는 대법원이 있는 곳으로 한다.
  ㉣ 소는 피고의 보통재판적이 있는 곳의 법원이 관할한다.

2. 당사자
① **당사자능력** 기출 24 : 소송의 주체(원·피고)가 될 수 있는 능력으로서 소송법상의 권리능력이라고 할 수 있다. 법인이 아닌 사단이나 재단은 대표자 또는 관리인이 있는 경우에는 그 사단이나 재단의 이름으로 당사자가 될 수 있다(민사소송법 제52조).
② **소송능력** : 법정대리인의 동의 없이 유효하게 스스로 소송행위를 하거나 소송행위를 받을 수 있는 능력으로 소송법상의 행위능력이라 할 수 있다. 미성년자 또는 피성년후견인은 법정대리인에 의해서만 소송행위를 할 수 있으나, 미성년자가 독립하여 법률행위를 할 수 있는 경우와 피성년후견인이 민법 제10조 제2항(가정법원은 취소할 수 없는 피성년후견인의 법률행위의 범위를 정할 수 있다)에 따라 취소할 수 없는 법률행위를 할 수 있는 경우에는 그러하지 아니하다(민사소송법 제55조 제1항). 피한정후견인은 한정후견인의 동의가 필요한 행위에 관하여는 대리권 있는 한정후견인에 의해서만 소송행위를 할 수 있다(민사소송법 제55조 제2항). ★
③ **변론능력** : 법정에서 유효하게 소송행위를 하기 위하여 사실을 진술하거나 법률적 의견을 진술할 수 있는 능력을 말한다. 법률에 따라 재판상 행위를 할 수 있는 대리인 외에는 변호사나 소송대리인이 될 수 없으므로, 변호사자격이 없는 자는 원칙적으로 타인의 소송대리인으로서의 변론능력이 없다(민사소송법 제87조).

빈칸 채우기

당사자
- 당사자능력 : 소송의 (❶)가 될 수 있는 능력으로서 소송법상의 (❷)이라고 할 수 있다.
- 소송능력 : (❸)의 동의 없이 (❹)하게 스스로 소송행위를 하거나 소송행위를 받을 수 있는 능력으로 소송법상의 (❺)이라고 할 수 있다.
- 변론능력 : 법정에서 (❹)하게 소송행위를 하기 위하여 사실을 진술하거나 법률적 의견을 진술할 수 있는 능력을 말한다. 법률에 따라 재판상 행위를 할 수 있는 대리인 외에는 변호사가 아니면 (❻)이 될 수 없으므로 변호사자격이 없는 자는 원칙적으로 타인의 (❻)으로서의 변론능력이 없다.

❶ 주체 ❷ 권리능력 ❸ 법정대리인 ❹ 유효 ❺ 행위능력 ❻ 소송대리인 정답

05 심리의 제원칙 기출 13

1. 변론주의

① 의의 : 소송자료, 즉 사실과 증거의 수집·제출의 책임을 당사자에게 맡기고 당사자가 수집하여 변론에서 제출한 소송자료만을 재판의 기초로 삼아야 한다는 심리원칙을 말한다.★

② 변론주의의 내용

주장책임	주요사실(요건사실)은 당사자가 변론에서 주장하지 않으면 판결의 기초로 삼을 수 없고, 그 사실은 없는 것으로 취급되어 불이익한 판단을 받게 된다는 것이다.
자백의 구속력	당사자 간에 다툼이 없는 사실은 그대로 판결의 기초로 삼아야 한다.
증거신청	다툼이 있는 사실의 인정에 쓰이는 증거자료는 당사자가 신청한 증거방법으로부터 얻어야 하고, 당사자가 제출하지 않는 증거는 원칙적으로 법원이 직권조사할 수 없다는 것이다.

2. 처분권주의

① 의의 : 법원은 당사자가 신청하지 아니한 사항에 대하여는 판결하지 못한다(민사소송법 제203조).★ 즉, 소송의 개시, 재판의 대상 및 범위, 그리고 소송의 종결에 대하여 당사자의 주도권을 인정하는 주의이다.

② 내용 : 심판의 대상과 범위는 당사자가 자유로이 결정할 수 있으며 법원은 이에 구속된다. 법원은 당사자가 신청하지 아니한 사항에 대하여 판결할 수 없으므로 당사자가 신청한 것과 다른 사항이나 신청한 범위를 넘어서 판결할 수 없다(처분권주의에 위배된 판결의 효력은 당연무효가 아니고 항소 또는 상고에 의하여 불복함으로써 그 취소를 구할 수 있을 뿐이다).★

3. 구술심리주의

① 의의 : 구술심리주의란 심리에 있어 당사자 및 법원의 소송행위, 특히 변론과 증거조사를 구술로 행하도록 하는 절차상 원칙을 말한다. 즉, 법원의 재판은 구술변론을 기초로 하여야 한다는 것이다.

② 구술심리주의의 내용

㉠ 민사소송법은 구술주의를 원칙으로, 서면심리주의를 보충적으로 병용한다. 판결절차에 있어서는 원칙적으로 구술심리의 형식으로 변론을 열어야 하며, 변론에 관여한 법관만이 판결할 수 있다.★

㉡ 증거조사도 넓은 의미의 변론에 속하므로 구술에 의하는 것이 원칙이다. 따라서 변론, 증거조사, 재판과 준비절차에서는 원칙적으로 구술주의가 채택된다. 다만, 준비절차의 결과는 변론에서 진술하여야 한다.★

㉢ 결정으로 완결할 사건, 소송판결, 상고심판결, 기록 자체에 의하여 기각할 수 있는 소액사건에 관하여는 변론을 거칠 필요가 없으므로 서면심리에 의할 수 있다.

㉣ 단독사건과 소액사건의 특례 : 단독사건과 소액사건에 대하여는 특례규정을 두어 서면심리주의의 적용을 제한하고 있는데, 단독사건의 변론은 서면으로 준비하지 아니할 수 있고(민사소송법 제272조 제2항 본문), 소액사건의 소제기는 말로 할 수 있다(소액사건심판법 제4조 제1항).

4. 직접심리주의

① 의의 : 직접심리주의란 당사자의 변론 및 증거조사를 수소법원의 면전에서 직접 실시하는 주의를 말하는데 이는 수명법관이나 수탁판사의 면전에서 시행하고 그 심리결과를 수소법원이 재판의 기초로 채용하는 주의인 간접심리주의에 대립된다. ★

② 직접심리주의의 내용
㉠ 민사소송법에서 판결은 그 기본이 되는 변론에 관여한 법관이 하도록 하여 직접주의를 원칙으로 하고 있다(민사소송법 제204조 제1항).
㉡ 법관이 바뀐 경우에 당사자는 종전의 변론결과를 진술하여야 한다(민사소송법 제204조 제2항).
㉢ 단독사건의 판사가 바뀐 경우에 종전에 신문한 증인에 대하여 당사자가 다시 신문을 신청한 때에는 법원은 그 신문을 하여야 한다. 합의부의 법관의 반수 이상이 바뀐 경우에도 또한 같다(민사소송법 제204조 제3항).
㉣ 변론에 관여한 법관이 바뀐 경우에 처음부터 심리를 되풀이하는 것은 소송경제에 반하기 때문에 당사자가 새로 심리에 관여한 법관의 면전에서 종전의 변론결과를 진술하는 것으로 충분하다고 규정하고 있으므로(민사소송법 제204조 제2항), 이 한도에서 직접심리주의가 완화되었다.
㉤ 원격지나 외국에서의 증거조사는 수명법관 또는 수탁판사에게 촉탁하여 실시하게 하고 그 결과를 기재한 조서를 판결의 자료로 삼는 등 간접심리주의를 병용하고 있다.

5. 공개심리주의

① 의의 : 공개주의 또는 공개심리주의란 재판의 심리와 판결선고를 일반인이 방청할 수 있는 상태에서 행해야 한다는 절차원리이다.

② 공개심리주의의 내용
㉠ 재판의 심리와 판결은 공개한다(재판공개의 원칙). 다만, 심리가 국가의 안전보장 또는 안녕질서를 방해하거나 선량한 풍속을 해할 염려가 있을 때는 법원의 결정으로 이를 공개하지 아니할 수 있다고 규정하고 있다(헌법 제109조).
㉡ 국민은 공개재판을 받을 권리가 있으며(헌법 제27조 제3항 전문), 재판의 심리와 판결은 공개하여야 하며, 변론의 공개 여부는 변론조서의 필요적 기재사항이다(민사소송법 제153조 제6호). ★

빈칸 채우기

심리의 제원칙

⋯ 변론주의 : (❶), 즉 사실과 증거의 수집·제출의 책임을 (❷)에게 맡기고 (❷)가 수집하여 (❸)에서 제출한 (❶)만을 재판의 기초로 삼아야 한다는 심리원칙
⋯ 처분권주의 : 소송의 (❹), 재판의 (❺) 및 범위, 그리고 소송의 (❻)에 대하여 (❷)의 주도권을 인정하는 심리원칙
⋯ 구술심리주의 : 심리에 있어 (❷) 및 법원의 소송행위, 특히 (❸)과 증거조사를 구술로 행하도록 하는 절차상 원칙
⋯ 직접심리주의 : (❷)의 (❸) 및 증거조사를 수소법원의 면전에서 직접 실시하는 심리원칙
⋯ 공개심리주의 : 재판의 심리와 판결선고를 (❼)이 방청할 수 있는 상태에서 행해야 한다는 절차원리

정답 ❶ 소송자료 ❷ 당사자 ❸ 변론 ❹ 개시 ❺ 대상 ❻ 종결 ❼ 일반인

ⓒ 공개재판을 위반한 채 내려진 판결은 상고심에서 취소사유가 된다(민사소송법 제424조 제1항 제5호). ★
ⓓ 재판의 공개는 변론절차와 판결선고절차의 경우이므로 공개의 대상은 소송에 한한다. 그러므로 재판의 합의, 준비절차, 비송 또는 중재, 조정, 그리고 변론 없이 결정으로 완결하는 절차에는 공개주의가 적용되지 아니한다. ★

6. 쌍방심리주의(당사자 평등의 원칙)

① 의의 : 사건심리에 있어서 당사자 쌍방을 평등하게 대우하여 공격·방어의 방법을 제출할 수 있는 기회를 평등하게 부여하는 입장을 쌍방심리주의 또는 당사자 대등의 원칙이라고 한다.
② 쌍방심리주의의 내용
ⓐ 민사소송법은 판결절차에서 당사자를 대석시켜 변론과 증거조사를 하는 필요적 변론을 거치게 함으로써 쌍방심리주의를 기본으로 하고 있다. ★
ⓑ 결정·명령절차에 있어서는 임의적 변론에 의하므로 쌍방심리주의를 관철하지 아니하며, 강제집행절차나 독촉절차 또는 가압류절차에서는 당사자 대등이나 쌍방심리의 필요가 없으므로 일방심리주의가 적용된다. ★
ⓒ 독촉절차, 가압류절차에서는 채무자의 이의나 취소의 신청이 있는 경우에 한하여 쌍방심리를 구할 기회를 부여한다. ★

7. 적시제출주의

① 의의 : 적시제출주의란 당사자가 소송을 지연시키지 않도록 소송의 정도에 따라 공격방어방법을 적시에 제출하여야 한다는 주의이다. 본래 수시제출주의를 채택하고 있었으나, 소송촉진과 집중심리를 위하여 2002년 개정되어 적용되고 있다(민사소송법 제146조).
② 적시제출주의의 내용
ⓐ 재정기간 제도 : 재판장은 당사자의 의견을 들어 한쪽 또는 양쪽 당사자에 대하여 특정한 사항에 관하여 주장을 제출하거나 증거를 신청할 기간을 정할 수 있고, 이 기간을 넘긴 때에는 정당한 사유가 있음을 소명한 경우를 제외하고는 주장을 제출하거나 증거를 신청할 수 없도록 하고 있다(민사소송법 제147조).
ⓑ 실기한 공격·방어방법의 각하 : 적시제출주의에 위반하여 고의 또는 중대한 과실로 공격·방어방법을 뒤늦게 제출함으로써 소송의 완결을 지연시키게 하는 것으로 인정할 때에는 법원은 직권으로 또는 상대방의 신청에 따라 결정으로 이를 각하할 수 있다(민사소송법 제149조 제1항).
ⓒ 석명에 불응하는 공격·방어방법의 각하 : 당사자가 제출한 공격·방어방법의 취지가 분명하지 아니한 경우에, 당사자가 필요한 설명을 하지 아니하거나 설명할 기일에 출석하지 아니한 때에는 법원은 직권으로 또는 상대방의 신청에 따라 결정으로 이를 각하할 수 있다(민사소송법 제149조 제2항).
ⓓ 변론준비기일을 거친 경우의 새로운 주장의 제한(민사소송법 제285조)
ⓔ 중간판결의 내용과 저촉되는 주장의 제한(중간판결의 기속력)
ⓕ 상고이유서 제출기간 도과 후의 새로운 상고이유 주장의 제한(민사소송법 제427조, 제429조)
ⓖ 본안에 관한 변론(준비)기일에서의 진술 후의 제한

06 종국판결과 중간판결

1. 종국판결
① 법원은 소송의 심리를 완료한 때에는 종국판결을 한다(민사소송법 제198조).
② 종국판결이란 소 또는 상소에 의하여 계속되어 있는 사건의 전부나 일부에 대하여 당해 심급에서 완결하는 판결을 말한다. 종국판결의 예로는 본안판결, 소각하판결, 소송종료선언, 환송판결이나 이송판결 등이 있다.★

2. 중간판결
① 중간판결이란 종국판결을 하기에 앞서 소송심리 중에 문제가 된 실체상 또는 소송상 개개의 쟁점을 정리·해결하는 재판이다.★
② 중간판결이 내려지면 당해 심급의 법원은 중간판결의 주문에 표시된 판단에 기속되고, 종국판결을 함에는 중간판결의 판단을 기초로 하여야 한다.
③ 중간판결이 내려진 때에는 그 변론 이후에 생긴 새로운 사유가 아닌 한 원인을 부정하는 항변을 제출할 수 없다.★
④ 중간판결에 대하여는 독립하여 상소할 수 없고, 종국판결이 내려진 다음에 이에 대한 상소와 함께 상소심의 판단을 받아야 한다.★

07 상 소

1. 항 소
① 개념 : 하급법원의 제1심 판결에 불복하여 그 판결의 파기·변경을 상급법원인 고등법원 또는 지방법원 합의부에 신청하는 것을 말한다.★
② 항소의 대상 및 절차, 취하
  ㉠ 대상 : 항소는 제1심 법원이 선고한 종국판결에 대하여 할 수 있다. 단, 종국판결 뒤 양 당사자가 상고할 권리를 유보하고 항소하지 아니하기로 합의한 때에는 그렇지 아니하다(민사소송법 제390조 제1항). 소송비용 및 가집행에 관한 재판에 관하여는 독립하여 항소할 수 없다(민사소송법 제391조).★
  ㉡ 절차 : 항소는 판결서가 송달된 날로부터 2주 이내에 하여야 한다. 단, 판결서 송달 전에도 항소할 수 있다(민사소송법 제396조 제1항). 항소장의 부본은 피항소인에게 송달하여야 한다(민사소송법 제401조).★
  ㉢ 취하 : 항소는 항소심의 종국판결이 있기 전에 취하할 수 있다(민사소송법 제393조 제1항).

2. 상 고

① 개념 : 항소심 법원의 종국판결에 법령의 위반이 있음을 주장하여 그 판결에 관하여 심판을 구하는 상소를 말한다.

② 상고의 대상, 이유 및 절차

㉠ 대상 : 원칙적으로 상고는 고등법원이 선고한 종국판결과 지방법원 합의부가 제2심으로서 선고한 종국판결에 대하여 할 수 있다(민사소송법 제422조 제1항). 다만, 제1심 법원이 선고한 종국판결 뒤에 양쪽 당사자가 상고할 권리를 유보하고 항소를 하지 아니하기로 합의한 때에는 제1심의 종국판결에 대하여 상고할 수 있다(비약상고, 민사소송법 제422조 제2항).

㉡ 상고이유 : 상고는 판결에 영향을 미친 헌법·법률·명령 또는 규칙의 위반이 있다는 것을 이유로 드는 때에만 할 수 있다(민사소송법 제423조). 이를 일반적 상고이유라 한다.

> **절대적 상고이유(민사소송법 제424조)**
> ① 판결에 다음 각호 가운데 어느 하나의 사유가 있는 때에는 상고에 정당한 이유가 있는 것으로 한다.
>   1. 법률에 따라 판결법원을 구성하지 아니한 때
>   2. 법률에 따라 판결에 관여할 수 없는 판사가 판결에 관여한 때
>   3. 전속관할에 관한 규정에 어긋난 때
>   4. 법정대리권·소송대리권 또는 대리인의 소송행위에 대한 특별한 권한의 수여에 흠이 있는 때
>   5. 변론을 공개하는 규정에 어긋난 때
>   6. 판결의 이유를 밝히지 아니하거나 이유에 모순이 있는 때

㉢ 절차 : 상고와 상고심의 소송절차에는 특별한 규정이 없으면 항소에 관한 규정을 준용한다(민사소송법 제425조). 상고법원은 상고장·상고이유서·답변서, 그 밖의 소송기록에 의하여 변론 없이 판결할 수 있고, 소송관계를 분명하게 하기 위하여 필요한 경우에는 특정한 사항에 관하여 변론을 열어 참고인의 진술을 들을 수 있다(민사소송법 제430조).

빈칸 채우기

항 소

→ 개념 : 하급법원의 (❶) (❷)에 불복하여 그 (❷)의 파기·변경을 상급법원인 고등법원 또는 지방법원 합의부에 신청하는 것을 말한다.

→ 대상 : (❶) 법원이 선고한 (❸)에 대하여 할 수 있다.

→ 절차 : (❷)서가 송달된 날로부터 (❹) 이내에 하여야 한다.

→ 취하 : (❺)의 (❸)이 있기 전에 취하할 수 있다.

정답 ❶ 제1심 ❷ 판결 ❸ 종국판결 ❹ 2주 ❺ 항소심

3. 항고
① 개념 : 법원의 종국판결 이외의 결정·명령에 불복하여 독립하여 상소하는 것을 말한다.
② 항고의 대상, 제기방식 및 절차
　㉠ 대상 : 소송절차에 관한 신청을 기각한 결정이나 명령에 대하여 불복할 수 있고(민사소송법 제439조), 결정이나 명령으로 재판할 수 없는 사항에 대하여 결정 또는 명령을 한 때에 항고할 수 있다(민사소송법 제440조).
　㉡ 제기방식 : 항고는 항고장을 원심법원에 제출함으로써 한다(민사소송법 제445조).
　㉢ 절차 : 항고법원의 소송절차에는 항소에 관한 규정을 준용한다(민사소송법 제443조 제1항).

08 재 심

1. 재심의 개념
확정된 종국판결에 대하여 판결절차 또는 소송자료에 중대한 흠이 있음을 이유로 당사자가 소의 형식으로 그 판결의 취소를 구함과 아울러 소송을 흠 있는 판결 전의 상태로 복구시켜 다시 변론과 재판을 해 줄 것을 구하는 불복신청방법이다.

2. 재심의 관할, 제기기간 및 절차
① 관할 : 재심은 재심을 제기할 판결을 한 법원의 전속관할로 하고, 심급을 달리하는 법원이 같은 사건에 대하여 내린 판결에 대한 재심의 소는 상급법원이 관할한다(민사소송법 제453조).
② 제기기간 : 재심의 소는 당사자가 판결이 확정된 뒤 재심의 사유를 안 날부터 30일(불변기간) 이내에 제기하여야 하고, 판결이 확정된 뒤 5년(재심사유가 판결이 확정된 뒤에 생긴 때에는 그 사유가 발생한 날부터 계산)이 지난 때에는 재심의 소를 제기하지 못한다(민사소송법 제456조).
③ 절차 : 재심의 소송절차에는 각 심급의 소송절차에 관한 규정을 준용한다(민사소송법 제455조).

빈칸 채우기

재 심
→ 개념 : (❶)된 (❷)에 대하여 판결절차 또는 (❸)에 중대한 흠이 있음을 이유로 당사자가 소의 형식으로 그 판결의 (❹)를 구함과 아울러 소송을 흠 있는 판결 전의 상태로 복구시켜 다시 변론과 재판을 해 줄 것을 구하는 불복신청방법이다.
→ 관할 : 재심을 제기할 판결을 한 법원의 (❺)로 한다.
→ 제기기간 : 당사자가 판결이 (❶)된 뒤 재심의 사유를 안 날부터 (❻)일 이내에 제기하여야 하고, 판결이 (❶)된 뒤 (❼)년이 지난 때에는 재심의 소를 제기하지 못한다.
→ 절차 : 재심의 소송절차에는 각 (❽)의 소송절차에 관한 규정을 준용한다.

정답 ❶ 확정 ❷ 종국판결 ❸ 소송자료 ❹ 취소 ❺ 전속관할 ❻ 30 ❼ 5 ❽ 심급

미래는
현재 우리가 무엇을 하는가에 달려 있다.

– 마하트마 간디 –

1 형 법

Ⅰ. 총 론
01 형법의 기본개념
02 형법의 이론
03 죄형법정주의
04 형법의 효력

Ⅱ. 범죄론
01 범죄의 개념
02 구성요건해당성
03 위법성
04 책임성
05 미수범과 불능범
06 예비·음모
07 공 범
08 죄수론

Ⅲ. 형벌론
01 형벌의 의의와 종류
02 형의 양정
03 형벌의 적용

Ⅳ. 각 론
01 국가적 법익에 대한 죄
02 사회적 법익에 대한 죄
03 개인적 법익에 대한 죄

2 형사소송법 일반
01 총 칙
02 소송의 주체
03 수 사
04 체포와 구속
05 수사의 종결
06 공소제기
07 공판절차
08 법원의 재판
09 상소제도와 비상구제절차

최다 출제 POINT & 학습목표

1 형법의 성격과 기능, 죄형법정주의의 파생원칙, 형법의 효력에 관하여 알아본다.
2 범죄의 성립요건으로 구성요건해당성, 위법성, 책임성에 관하여 알아본다.
3 미수범, 공범, 죄수론, 형벌론에 관하여 알아본다.
4 국가적 법익에 대한 죄, 사회적 법익에 대한 죄, 개인적 법익에 대한 죄를 구체적으로 학습한다.
5 형사소송법과 관련하여 소송의 주체, 수사, 공소제기, 공판절차 등에 관하여 알아본다.

CHAPTER 04

형사법

CHAPTER 04 형사법

01 대한민국 영역 외에서 '우표와 인지에 관한 죄'를 범한 외국인에게는 우리나라 형법을 적용할 수 없다. `기출` 20
(   )

02 정당방위에 대해 정당방위를 할 수 있다. `기출` 18 (   )

03 甲은 어두운 골목길을 지나다가 강도를 만나 그를 피해 乙의 집에 무단으로 침입하였다. 이때 형법상 甲의 행위는 긴급피난이다. `기출` 21
(   )

04 친족상도례는 모든 재산범죄에 적용된다. `기출` 21 (   )

05 강도죄는 예비·음모한 자에 대한 처벌규정이 있다. `기출` 21 (   )

06 미수범의 형은 기수범보다 감경하여야 한다. `기출` 19 (   )

07 형법상 '죄를 범한 사람이 약취·유인한 자를 안전한 장소로 풀어 준 때에는 그 형을 감경할 수 있다'는 별도의 감경규정이 없는 범죄는 인질강도죄이다. `기출` 19
(   )

08 도주죄, 위증죄, 직무유기죄 등은 형법상 국가적 법익에 관한 죄이다. `기출` 20 (   )

09 피고인의 진술거부권은 형사소송법상 신속한 재판을 위한 제도이다. `기출` 21 (   )

10 적정절차의 원리, 신속한 재판의 원칙, 실체적 진실주의는 형사소송의 지도이념에 해당한다. `기출` 24
(   )

11 형사소송법상 고소권자와 범인 이외의 제3자가 수사기관에 범죄사실을 신고하여 범인의 소추를 구하는 의사표시를 고발이라고 한다. `기출` 21
(   )

12 고소의 취소는 대리가 허용되지 않는다. `기출` 20 (   )

13 공소범죄사실에 대한 거증책임은 원칙적으로 검사에게 있다. `기출` 21 (   )

14 피고인의 자백이 그 피고인에게 불이익한 유일의 증거인 경우 이를 유죄의 증거로 한다. `기출` 21·20
(   )

15 변호인 선임은 당해 심급에 한하여 효력이 있다. 기출 21 ( )

16 공소제기 전에 선임된 변호인은 제1심의 변호인이 될 수 없다. 기출 21 ( )

17 공소는 제2심판결의 선고 전까지 취소할 수 있다. 기출 24 ( )

18 절도죄, 강도죄, 배임죄, 횡령죄 중 재물을 객체로 하는 범죄가 아닌 것은 배임죄이다. 기출 24 ( )

19 모욕죄는 공연히 사실을 적시한 경우에 성립한다. 기출 23 ( )

20 명예훼손죄는 적시한 사실이 허위인 경우에만 벌한다. 기출 23 ( )

21 사자명예훼손죄는 공연히 사실을 적시하여 사자의 명예를 훼손한 경우에 성립한다. 기출 23 ( )

22 출판물 등에 의한 명예훼손죄는 명예훼손의 고의만으로도 성립한다. 기출 23 ( )

▶ 정답과 해설 ◀

01 ×	02 ×	03 ○	04 ×	05 ○	06 ×	07 ○	08 ○	09 ×	10 ○
11 ○	12 ×	13 ○	14 ×	15 ○	16 ×	17 ×	18 ○	19 ×	20 ×
21 ×	22 ×								

✔ 오답분석

01 대한민국 영역 외에서 '우표와 인지에 관한 죄'를 범한 외국인에게는 우리나라 형법을 적용한다(형법 제5조 제5호).
02 정당방위는 위법한 침해에 대한 방어행위이므로, 상대방은 이에 대해 정당방위를 할 수는 없으나 긴급피난은 가능하다.
04 재산죄 중 강도죄와 손괴죄는 친족상도례가 적용되지 아니한다.
06 미수범은 형법 각조에 규정이 있을 때에만 처벌되며, 그 형도 기수범에 비해 가볍게 처벌할 수 있다(임의적 감경, 형법 제25조 제2항).
09 피고인의 진술거부권은 피고인 또는 피의자가 공판절차나 수사절차에서 법원 또는 수사기관의 신문에 대하여 형사상 자신에게 불리한 진술을 거부할 수 있는 권리로 묵비권이라고도 하는데(헌재결[전] 2001.11.29. 2001헌바41), 이는 인권보장과 무기평등원칙을 실현하기 위한 수단으로서 의미가 있다(헌재결[전] 1997.3.27. 96헌가11).
12 고소의 취소는 대리인으로 하여금 하게 할 수 있다(형사소송법 제236조).
14 피고인의 자백이 그 피고인에게 불이익한 유일의 증거인 때에는 이를 유죄의 증거로 하지 못한다(형사소송법 제310조).
16 공소제기 전의 변호인 선임은 제1심에도 그 효력이 있다(형사소송법 제32조 제2항). 따라서 공소제기 전에 선임된 변호인은 제1심의 변호인이 될 수 있다.
17 공소는 제1심판결의 선고 전까지 취소할 수 있다(형사소송법 제255조 제1항).
19 모욕죄는 공연히 사람을 모욕한 경우에 성립한다(형법 제311조).
20 명예훼손죄는 공연히 사실 또는 허위의 사실을 적시하여 사람의 명예를 훼손한 경우에 성립한다(형법 제307조).
21 사자명예훼손죄는 공연히 허위의 사실을 적시하여 사자의 명예를 훼손한 경우에 성립한다(형법 제308조).
22 출판물 등에 의한 명예훼손죄는 사람을 비방할 목적으로 신문, 잡지 또는 라디오 기타 출판물에 의하여 사람의 명예를 훼손한 경우에 성립한다(형법 제309조).

CHAPTER 04 형사법

1 형법

Ⅰ 총론

01 형법의 기본개념

1. 형법의 의의

형법이란 일정한 행위를 범죄로 하고 이에 대한 법적 효과로서 형벌이라는 국가적 제재를 과하게 되는 법규범의 총체를 의미한다.

구 분	개 념
형식적 의미의 형법	1953년에 제정된 대한민국의 형법전 그 자체를 말함
실질적 의미의 형법	범죄가 성립하기 위한 법적인 구성요건과 그에 대한 형사제재를 규율한 법을 말함

형법의 기본원칙
- 죄형법정주의
- 형벌불소급의 원칙
- 유추해석금지의 원칙
- 일사부재리의 원칙

2. 형법의 성격 기출 13

① 법적 성격 : 국내법, 공법, 사법(司法)법, 형사법, 실체법
② 규범적 성격 : 가설적 규범, 평가규범, 의사결정규범, 행위규범, 재판규범(예 "사람을 살해한 자는 사형·무기 또는 5년 이상의 징역에 처한다")

3. 형법의 기능★

① 보장적 기능 : 국가형벌권의 발동한계를 명확히 하여 국가형벌권의 자의적인 행사로부터 국민의 자유와 권리를 보장하는 기능을 한다.★
② 보호적 기능 : 사회질서의 근본적 가치, 즉 법익과 사회윤리적 행위가치를 보호하는 형법의 기능을 말한다.
③ 규제적 기능 : 행위규범 내지 재판규범으로서 일반국민과 사법 관계자들을 규제하는 기능을 한다.★
④ 사회보전적 기능 : 형벌수단을 통하여 범죄행위를 방지함으로써 범죄자로부터 사회질서를 유지·보호하는 기능을 한다.

02 형법의 이론★

구 분		구 파	신 파
사상적 배경		개인주의, 자유주의, 계몽주의, 합리주의, 자연법 사상	실증주의, 전체주의
인간상		의사자유주의	의사결정론
범죄론		객관주의(침해 중시)	주관주의(인격 중시)
책임론		도의적 책임론	사회적 책임론
형벌론	본질·목적	응보형주의	교육형(목적형)주의
	기 능	일반예방주의	특별예방주의
형벌과 보안처분		2원론	1원론

03 죄형법정주의 기출 13

1. 의의

일정한 행위를 범죄로 하고 형벌을 과하기 위해서는 반드시 성문의 법규를 필요로 한다는 원칙으로 근대 형법의 가장 중요한 기본원리이다. "법률이 없으면 범죄도, 형벌도 없다"로 표현된다.

2. 연혁과 사상적 기초

① **연혁** : 포이에르바하에 의해 처음으로 사용되었고 영국의 대헌장(마그나카르타)에 기원을 두고 있으며 미국의 독립선언, 프랑스 인권선언 등에 규정하고 있다.
② **죄형법정주의의 파생원칙**★★ 기출 19·06
  ㉠ **관습형법금지의 원칙** : 관습법은 형법의 법원이 될 수 없다는 원칙이다. 그러나 법률해석상 관습법을 통하여 형벌을 완화하거나 제거하는 것은 인정될 수 있다.★
  ㉡ **소급효금지의 원칙** : 형법은 그 실시 이후의 행위만 규율할 뿐, 그 이전의 행위에는 효력이 미치지 않는다는 원칙이다. 그러나 인권침해의 염려가 없을 때에는 예외적으로 소급효가 인정된다.
  ㉢ **유추해석금지의 원칙** : 형법은 문서에 좇아 엄격히 해석되어야 하며(문리해석), 법문의 의미를 넘는 유추해석은 허용되지 않는다는 원칙이다. 다만 피고인에게 유리한 유추해석은 예외적으로 허용된다.
  ㉣ **명확성의 원칙** : 범죄의 구성요건과 형사제재에 관한 규정을 구체적으로 명확하게 규정하여야 한다는 원칙이다. 여기에는 절대적 부정기형 금지의 원칙이 포함된다.
  ㉤ **적정성의 원칙** : 행위자가 어떠한 범죄를 범했을 때 이를 형벌로 적정하게 처벌해야 한다는 원칙이다.

> **절대적 부정기형 금지 원칙**
> 형기를 전혀 정하지 않은 절대적 부정기형은 금지된다는 원칙으로, 형벌권의 자의적인 행사를 예방하기 위한 목적이다. 그러나 교육형주의에 따라 상대적 부정기형은 죄형법정주의에 반하지 않는 것으로 해석되고 있다.

04 형법의 효력

1. 시간적 효력 기출 20

① 원칙 – 행위시법주의(형벌불소급의 원칙) : 형법은 그 실시 이후의 행위에만 적용되고 실시 이전의 행위에 소급하여 적용되지 아니한다(형법 제1조 제1항).

② 예외 – 재판시법주의★

　㉠ 범죄 후 법률이 변경되어 그 행위가 범죄를 구성하지 아니하게 되거나 형이 구법(舊法)보다 가벼워진 경우에는 신법(新法)에 따른다(형법 제1조 제2항).

　㉡ 재판이 확정된 후 법률이 변경되어 그 행위가 범죄를 구성하지 아니하게 된 경우에는 형의 집행을 면제한다(형법 제1조 제3항).

---

[1] 범죄 후 법률이 변경되어 그 행위가 범죄를 구성하지 아니하게 되거나 형이 구 법보다 가벼워진 경우에는 신법에 따라야 하고(형법 제1조 제2항), 범죄 후의 법령 개폐로 형이 폐지되었을 때는 판결로써 면소의 선고를 하여야 한다(형사소송법 제326조 제4호). 이러한 <u>형법 제1조 제2항과 형사소송법 제326조 제4호의 규정은 입법자가 법령의 변경 이후에도 종전 법령 위반행위에 대한 형사처벌을 유지한다는 내용의 경과규정을 따로 두지 않는 한 그대로 적용되어야 한다. 따라서 범죄의 성립과 처벌에 관하여 규정한 형벌법규 자체 또는 그로부터 수권 내지 위임을 받은 법령의 변경에 따라 범죄를 구성하지 아니하게 되거나 형이 가벼워진 경우에는, 종전 법령이 범죄로 정하여 처벌한 것이 부당하였다거나 과형이 과중하였다는 반성적 고려에 따라 변경된 것인지 여부를 따지지 않고 원칙적으로 형법 제1조 제2항과 형사소송법 제326조 제4호가 적용된다.</u> [2] 형벌법규가 대통령령, 총리령, 부령과 같은 법규명령이 아닌 고시 등 행정규칙·행정명령, 조례 등(이하 '고시 등 규정'이라고 한다)에 구성요건의 일부를 수권 내지 위임한 경우에도 이러한 고시 등 규정이 위임입법의 한계를 벗어나지 않는 한 형벌법규와 결합하여 법령을 보충하는 기능을 하는 것이므로, 그 변경에 따라 범죄를 구성하지 아니하게 되거나 형이 가벼워졌다면 마찬가지로 형법 제1조 제2항과 형사소송법 제326조 제4호가 적용된다. 그러나 <u>해당 형벌법규 자체 또는 그로부터 수권 내지 위임을 받은 법령이 아닌 다른 법령이 변경된 경우 형법 제1조 제2항과 형사소송법 제326조 제4호를 적용하려면, 해당 형벌법규에 따른 범죄의 성립 및 처벌과 직접적으로 관련된 형사법적 관점의 변화를 주된 근거로 하는 법령의 변경에 해당하여야 하므로, 이와 관련이 없는 법령의 변경으로 인하여 해당 형벌법규의 가벌성에 영향을 미치게 되는 경우에는 형법 제1조 제2항과 형사소송법 제326조 제4호가 적용되지 않는다.</u> [3] 한편 <u>법령이 개정 내지 폐지된 경우가 아니라, 스스로 유효기간을 구체적인 일자나 기간으로 특정하여 효력의 상실을 예정하고 있던 법령[한시법(註)]이 그 유효기간을 경과함으로써 더 이상 효력을 갖지 않게 된 경우도 형법 제1조 제2항과 형사소송법 제326조 제4호에서 말하는 법령의 변경에 해당한다고 볼 수 없다</u>(대판[전합] 2022.12.22. 2020도16420).

형법의 시간적 효력

→ 원칙(행위시법주의) : 형법은 그 실시 이후의 행위에만 적용되고 실시 이전의 행위에 (❶)하여 적용되지 아니한다.

→ 예외(재판시법주의) : 범죄 후 법률이 변경되어 그 행위가 범죄를 구성하지 아니하게 되거나 형이 구법보다 (❷) 경우에는 (❸)에 따른다.

→ 재판이 확정된 후 법률이 변경되어 그 행위가 범죄를 구성하지 아니하게 된 경우에는 형의 (❹)을 면제한다.

❶ 소급 ❷ 가벼워진 ❸ 신법 ❹ 집행 정답

2. 장소적 효력 기출 21·12

① **속지주의** : 자국 영토 내의 범죄는 자국의 형법을 적용한다(형법 제2조). 기국주의도 속지주의의 하나이다.
   기출 04

② **속인주의** : 자국민의 범죄에 대하여는 자국의 형법을 적용한다(형법 제3조).
   예 우리나라 사람이 프랑스에서 프랑스 국민을 살해한 경우 우리 형법이 적용된다.

③ **기국주의** : 공해상의 선박·항공기는 국적을 가진 국가의 배타적 관할에 속한다(형법 제4조).
   예 미국 항구에 정박 중이던 우리나라 선박에서 선적작업을 하던 일본인 선원이 미국인을 살해한 경우 우리 형법이 적용된다.

④ **보호주의** : 외국에서의 범죄라도 자국 또는 자국민의 이익이 침해되는 경우에는 자국의 형법을 적용한다(형법 제5조, 제6조). 기출 20
   예 일본인이 독일 내 공원에서 대한민국 국민을 살해한 경우 대한민국 형법을 적용할 수 있다.

⑤ **세계주의** : 반인도적 범죄행위에 대하여는 세계적 공통의 연대성을 가지고 각국이 자국의 형법을 적용한다(형법 제296조의2).

3. 대인적 효력

시간적·장소적 효력이 미치는 범위 내에서는 원칙적으로 모든 사람의 범죄에 적용한다. 다만, 대통령의 형사상 불소추특권, 국회의원의 불체포특권 및 면책특권, 외국의 원수나 외교사절의 치외법권 등의 예외가 있다.

Ⅱ 범죄론

01 범죄의 개념

1. 범죄의 의의 기출 16

형법상의 형벌을 과할 수 있는 구성요건에 해당하는 위법하고 책임 있는 행위를 의미한다(형식적 의미의 범죄).

2. 범죄의 성립요건 기출 14

어떤 행위가 형법상의 범죄가 되기 위해서는 범죄성립요건으로 구성요건해당성, 위법성, 책임(유책성)을 모두 갖추어야 한다.

① **구성요건해당성** : 구체적인 범죄사실이 형법 각 본조에 규정하는 추상적 구성요건에 해당하면 구성요건해당성이 인정된다.

② **위법성** : 구성요건에 해당하는 행위가 법률상 허용되지 않는 성질을 말한다.

③ **책임** : 당해 행위를 한 주체인 행위자에 대한 비난가능성을 말한다. 즉, 책임능력자의 고의 또는 과실이 있어야 범죄가 성립한다.

3. 범죄의 처벌조건 기출 12

범죄의 처벌조건이란 일단 성립된 범죄의 가벌성만을 좌우하는 조건을 말한다. 처벌조건은 형벌권의 발생을 좌우하는 실체법적 조건이다.

① 객관적 처벌조건 : 범죄가 성립된 경우에도 다시 형벌권을 발생시키는 데 필요한 외부적·객관적 사유를 말한다(예 형법 제129조 제2항의 사전수뢰죄에서 공무원 또는 중재인이 된 사실).

② 인적 처벌조각사유 : 이미 성립한 범죄에 대하여 행위 당시에 존재하는 행위자의 특수한 신분관계로 인하여 형벌권의 발생을 저지하는 인적 사정을 말한다(예 친족상도례에서 직계혈족·배우자·동거친족 등의 신분).

4. 범죄의 소추조건 기출 12

① 범죄의 소추조건이란 범죄가 성립하고 형벌권이 발생하는 경우라도 그 범죄를 소추하기 위하여, 즉 공소를 제기하기 위하여 소송법상 필요한 조건을 말한다.

② 소추조건(소송조건)이 흠결된 경우에는 공소기각 등 형식재판으로 소송을 종결한다.

③ 형법이 규정하는 소추조건에는 친고죄와 반의사불벌죄가 있다. 기출 23·10·08

구 분	친고죄	반의사불벌죄
의 의	공소제기를 위하여 피해자 기타 고소권자의 고소가 있을 것을 요하는 범죄	피해자의 의사에 관계없이 공소를 제기할 수 있으나, 피해자의 명시한 의사에 반하여 처벌할 수 없는 범죄
종 류	• 절대적 친고죄★ 　- 모욕죄(제311조) 　- 비밀침해죄(제316조) 　- 업무상비밀누설죄(제317조) 　- 사자명예훼손죄(제308조) • 상대적 친고죄(친족상도례규정) : 절도, 사기, 공갈, 횡령, 배임, 장물, 권리행사방해죄의 일부(제328조)	• 외국원수 및 외국사절에 대한 폭행, 협박, 모욕죄 (제107조 및 제108조) • 외국국기, 국장모독죄(제109조) • 폭행, 존속폭행죄(제260조) • 협박, 존속협박죄(제283조) • 명예훼손죄(제307조)★ • 출판물 등에 의한 명예훼손죄(제309조)★ • 과실치상죄(제266조)★

빈칸 채우기

범죄의 처벌조건
- 범죄의 처벌조건이란 일단 성립된 범죄의 (❶)만을 좌우하는 조건을 말한다.
- 범죄의 처벌조건에는 (❷)과 (❸)가 있다.

범죄의 소추조건
- 범죄의 소추조건이란 범죄가 성립하고 (❹)이 발생하는 경우라도 그 범죄를 소추하기 위하여, 즉 공소를 제기하기 위하여 소송법상 필요한 조건을 말한다.
- 형법이 규정하는 (❺)에는 친고죄와 반의사불벌죄가 있다.

❶ 가벌성 ❷ 객관적 처벌조건 ❸ 인적 처벌조각사유 ❹ 형벌권 ❺ 소추조건 정답

5. 범죄의 유형

① 실질범과 형식범★
- ㉠ 실질범 : 결과의 발생을 구성요건의 내용으로 하는 범죄(결과범 : 살인죄, 강도죄 등)
- ㉡ 형식범 : 행위만을 구성요건의 내용으로 하는 범죄(거동범 : 주거침입죄, 위증죄 등)

② 침해범과 위험범★
- ㉠ 침해범 : 법익의 현실적 침해를 요하는 범죄(살인죄, 상해죄 등)
- ㉡ 위험범 : 법익침해의 위험발생만을 구성요건의 내용으로 하는 범죄이다. 위험범은 다시 현실적 위험의 발생을 요건으로 하는 구체적 위험범(자기소유건조물방화죄 등)과 법익침해의 일반적 위험이 있으면 구성요건을 충족하는 추상적 위험범(현주건조물방화죄, 명예훼손죄, 위증죄, 업무방해죄 등)으로 구분된다.

③ 즉시범과 계속범★
- ㉠ 즉시범 : 결과의 발생과 동시에 범죄도 완성되는 범죄(상태범 : 살인죄, 상해죄 등)
- ㉡ 계속범 : 범죄의 완성 후에도 위법상태가 계속되는 범죄(체포감금죄, 주거침입죄 등)

④ 일반범・신분범・자수범
- ㉠ 일반범 : 누구나 행위자가 될 수 있는 범죄
- ㉡ 신분범 : 구성요건이 행위의 주체에 일정한 신분을 요하는 범죄★

구 분	내 용	종 류
진정신분범	일정한 신분이 있는 자에 의하여만 범죄가 성립	위증죄, 횡령죄, 배임죄, 수뢰죄, 유기죄
부진정신분범	신분 없는 자에 의하여도 범죄가 성립할 수 있지만, 신분 있는 자가 죄를 범한 때에는 형이 가중되거나 감경되는 범죄	존속살해죄, 업무상횡령죄, 업무상낙태죄

- ㉢ 자수범 : 행위자 자신이 직접 실행해야 범할 수 있는 범죄로, 자수범의 경우에는 간접정범이 성립하지 않는다(위증죄, 업무상비밀누설죄 등).★

⑤ 목적범 기출 23・21 : 구성요건의 객관적 요소의 범위를 초과하는 일정한 주관적 목적이 구성요건상 전제로 되어 있는 범죄[준강도죄(재물의 탈환에 항거하거나 체포를 면탈할 목적), 문서위조죄(행사할 목적), 출판물 등에 의한 명예훼손죄(사람을 비방할 목적) 등]

빈칸 채우기

범죄의 유형

⋯ (❶)범 : 결과의 발생과 동시에 범죄도 완성되는 범죄(상태범 : 살인죄, 상해죄)
⋯ (❷)범 : 범죄의 완성 후에도 위법상태가 계속되는 범죄(체포감금죄, 주거침입죄)
⋯ (❸)범 : 누구나 행위자가 될 수 있는 범죄
⋯ (❹)범 : 구성요건이 행위의 주체에 일정한 신분을 요하는 범죄
⋯ (❺)범 : 행위자 자신이 직접 실행해야 범할 수 있는 범죄로, (❺)범의 경우에는 간접정범이 성립하지 않는다.
⋯ (❻)범 : 구성요건의 객관적 요소의 범위를 초과하는 일정한 주관적 목적이 구성요건상 전제로 되어 있는 범죄

정답 ❶ 즉시 ❷ 계속 ❸ 일반 ❹ 신분 ❺ 자수 ❻ 목적

02 구성요건해당성

1. 구성요건의 의의
형벌을 과하는 근거가 되는 행위 유형을 추상적으로 기술한 것으로, 개개의 행위가 구성요건에 합치되는 것을 구성요건해당성이라 한다.

2. 구성요건의 충족요소(행위, 행위의 주체·객체·상황)

행위(범죄)의 주체	모든 사람은 행위의 주체가 될 수 있다. 법인의 범죄능력은 부정하는 것이 통설이다.
행위(범죄)의 객체	범죄의 대상으로 각 구성요건에 명시된다(살인죄에서의 사람, 절도죄에 있어서의 타인의 재물 등).
보호의 객체	구성요건에 의하여 보호되는 법익(살인죄의 보호법익은 타인의 생명, 절도죄의 보호법익은 타인의 소유권)
충족요소의 유무	보호법익이 없는 범죄는 없지만, 행위의 객체가 없는 범죄는 있을 수 있다(다중불해산죄, 단순도주죄, 퇴거불응죄 등).

3. 작위범과 부작위범
① **작위범** : 작위를 구성요건의 내용으로 규정한 범죄를 작위범이라 한다.
② **부작위범** : 부작위범은 법규범이 요구하는 의무 있는 행위를 이행하지 않음으로써 성립한다(형법 제18조). 부작위범의 종류에는 부작위를 구성요건으로 하는 진정부작위범과 작위를 구성요건으로 하는 범죄를 부작위로 실현하는 부진정부작위범이 있다.
   ㉠ **진정부작위범** : 형법규정에서 부작위에 의해 범할 것을 내용으로 하는 범죄로 퇴거불응죄(예 경비원이 자기 근무지 안으로부터의 퇴거를 요구했을 때 이에 불복한 경우), 집합명령위반죄, 다중불해산죄 등이 있다.
   ㉡ **부진정부작위범** : 형법규정에서 작위에 의해 범할 것을 내용으로 하는 범죄를 부작위에 의해 범하는 범죄(예 산모가 젖을 주지 않아 영아를 굶겨 죽인 경우)이다.
   ㉢ 작위의무의 근거 ▶ 법·계·조·선
     • **법**령에 의한 경우 : 민법상의 친권자 보호의무, 친족간의 부양의무, 의료법상 의사의 진료와 응급조치의무 등
     • **계**약에 의한 경우 : 고용계약에 의한 근로자 보호의무, 간호사의 환자 간호의무 등
     • **조**리에 의한 경우 : 관리자의 위험발생방지의무
     • **선**행행위에 의한 경우 : 자동차로 타인을 친 경우 운전자의 구호의무

빈칸 채우기

작위범과 부작위범
⋯ 작위범 : (❶)를 (❷)의 내용으로 규정한 범죄를 말한다.
⋯ 부작위범 : 법규범이 요구하는 (❸) 있는 행위를 이행하지 않음으로써 성립한다. 부작위범의 종류에는 (❹)에 의해 범할 것을 내용으로 하는 (❺)과, (❶)에 의해 범할 것을 내용으로 하는 범죄를 (❹)에 의해 범하는 (❻)이 있다.

❶ 작위 ❷ 구성요건 ❸ 의무 ❹ 부작위 ❺ 진정부작위범 ❻ 부진정부작위범

4. 인과관계

① 의의 : 결과범에 있어서는 그 행위와 결과 사이에 인과관계가 있어야 한다(형법 제17조). ★
② 관련 학설
  ㉠ 조건설 : 행위와 결과 사이에 조건적 관계만 있으면 인과관계를 인정하는 학설
  ㉡ 원인설 : 결과에 기여한 여러 조건 중에서 어떤 하나를 선택하여 그것만을 결과에 대한 원인이라고 하여 조건설의 한계를 정하려는 학설
  ㉢ 상당인과관계설 : 사회경험상 특정 행위로부터 그 결과가 발생하는 것이 상당하다고 인정될 때 인과관계를 긍정하는 학설(통설·판례)

5. 고 의

① 의의 : 행위자가 일정한 범죄사실을 인식하면서 그러한 위법행위로 나오는 행위자의 의사태도를 말한다(형법 제13조).
② 고의의 구성요소 ★
  ㉠ 지적요소 : 사실의 인식과 의미의 인식
    • 의미의 인식이 전혀 없는 경우 → 사실의 착오
    • 의미를 잘못 인식한 경우 → 금지착오(포섭의 착오), 구성요건에 해당하지 않는다고 오인한 경우
  ㉡ 의지적 요소 : 행위의사는 무조건적·확정적이어야 한다(적극적 의욕을 반드시 요하는 것은 아니고 미필적 고의로 충분).
  ㉢ 착오와의 구별
    • 사실의 착오 : 구성요건에 해당하는 객관적 사실에 대한 착오(구성요건적 착오)(형법 제15조)
    • 법률의 착오 : 행위가 법적으로 허용되지 않는 점에 대한 착오(금지착오)(형법 제16조)
③ 고의의 종류
  ㉠ 확정적 고의 : 적극적으로 범죄의 실현을 행위자가 인식 또는 예견한 경우(직접적 고의)
  ㉡ 불확정적 고의 ★★
    • 미필적 고의 : 행위자가 결과의 가능성을 예견하고 그의 행위로 인하여 구성요건이 실현되는 것을 묵인한 경우(회사업무로 과속을 하면서 혹시 사람을 칠 수 있다고 생각했지만, 사람을 치어도 어쩔 수 없다고 생각하고 과속하는 경우)
    • 택일적 고의 : 결과발생은 확실하나 객체가 택일적이어서 둘 가운데 하나의 결과만 일어난 경우(총을 쏘면서 甲이나 乙 둘 중에서 누가 죽어도 좋다고 생각하는 경우)
    • 개괄적 고의 : 객체가 너무 많아서 무엇에 그 결과가 일어날 것인가가 확정되지 않은 경우(아무나 죽일 생각으로 인파가 붐비는 광장 안으로 차를 돌진한 경우)

6. 과 실

① 의의 : 정상적으로 기울여야 할 주의를 게을리하여 범죄사실을 인식하지 못하고 범죄를 발생시킨 경우(형법 제14조)로 업무상 과실, 중과실, 인식 있는 과실, 인식 없는 과실 등이 있다.
  ㉠ 업무상과실 : 업무종사자가 당해 업무의 성격상 또는 그 업무의 지위상 특별히 요구되는 주의의무를 게을리한 경우의 과실을 말한다(의사가 주의의무 태만으로 의료사고를 일으킨 경우). ★
  ㉡ 중과실 : 요구되는 주의에 대하여 행위자의 주의가 현저하게 결여되어 있는 경우의 과실을 말한다(가스통 옆에서 담배를 피우다 폭발사고를 일으킨 경우). ★

- ⓒ 인식 있는 과실 : 구성요건이 실현될 수 있다는 것을 인식했지만, 주의의무에 위반하여 이것이 실현되지 않을 것으로 신뢰하다 구성요건사실을 실현한 것이다(사냥터에서 앞에 사람과 사슴이 있을 때, 사람을 맞히지 않을 거라 믿고 사격을 하다가 사람을 맞혀 부상을 입힌 경우).★
- ⓔ 인식 없는 과실 : 행위자가 주의의무 위반으로 구성요건이 실현될 가능성을 인식하지 못한 경우의 과실을 말한다(총에 총알이 장전된 줄 모르고 장난으로 방아쇠를 당겨 상대방을 사망하게 한 경우).★
② 처 벌★
- ㉠ 형법상 범죄의 성립은 고의범이 원칙이고 과실범은 법률에 특별한 규정이 있는 경우만 처벌한다(형법 제14조).
- ㉡ 실화(형법 제170조, 제171조), 과실치사상(형법 제266조 내지 제268조).

> **과실치상죄의 법정형** 기출 17
> 과실로 인하여 사람의 신체를 상해에 이르게 한 자는 500만원 이하의 벌금, 구류 또는 과료에 처한다(형법 제266조 제1항).★

7. 결과적가중범★

① 의의 : 고의에 의한 기본범죄에 의하여 행위자가 예견하지 않았던 중한 결과가 발생한 때에 형이 가중되는 범죄이다.

② 종 류
- ㉠ 진정결과적가중범 : 고의에 의한 기본범죄에 기하여 과실로 중한 결과를 발생케 한 경우에 성립하는 범죄(예 상해치사죄 등)
- ㉡ 부진정결과적가중범 : 중한 결과를 과실로 야기한 경우뿐만 아니라 고의에 의하여 발생케 한 경우에도 성립하는 범죄(예 교통방해치상죄, 현주건조물방화치상죄, 중상해죄 등)

03 위법성

1. 의 의

법적 견지에서 허용되지 않는 것, 즉 법적 무가치성을 의미하며 구성요건에 해당하는 행위는 원칙적으로 위법성이 추정된다.

2. 위법성조각사유 기출 22

비록 행위가 구성요건에 해당하더라도 법질서 전체의 입장에서 볼 때 위법한 것으로 볼 수 없어 범죄로 되지 않는 경우가 있다. 현행 형법은 위법성조각사유로서 다음의 5가지를 규정하고 있다.

① 정당행위(형법 제20조) 기출 12
- ㉠ 법령에 의한 행위 : 공무원의 직무집행행위(교도관이 사형을 집행하는 경우), 징계권자의 징계행위, 현행범의 체포행위, 모자보건법상의 낙태행위, 노동쟁의행위 등
- ㉡ 업무로 인한 행위 : 의사의 치료행위 등★
- ㉢ 사회상규에 위배되지 않는 행위 : 전투 중인 군인의 살상행위, 권투 등 스포츠행위 등

② **정당방위**(형법 제21조)★ : 현재의 부당한 침해로부터 자기 또는 타인의 법익(法益)을 방위하기 위하여 한 행위는 상당한 이유가 있는 경우에는 벌하지 아니한다(제1항).
  ㉠ **과잉방위** : 방위행위가 그 정도를 초과한 경우에는 정황에 따라 그 형을 감경하거나 면제할 수 있다. 야간이나 그 밖의 불안한 상태에서 공포를 느끼거나 경악(驚愕)하거나 흥분하거나 당황하였기 때문에 그 행위를 하였을 때에는 벌하지 아니한다(제2항·제3항).
  ㉡ **오상방위** : 정당방위의 요건이 되는 사실, 즉 자기나 타인의 법익에 대한 현재의 부당한 침해가 없는데도 그것이 있다고 잘못 생각하여 행한 방위행위로, 오상방위는 위법성조각사유의 전제사실에 대한 착오에 해당한다. 다수설(법효과제한적 책임설)은 고의(구성요건적 고의, 불법고의)를 인정하나 책임고의가 조각되어 과실범 처벌이 가능하다는 입장이다. 반면, 판례는 착오에 정당한 이유가 있으면 정당방위로 취급하여 위법성을 조각시킨다. 기출 15
    예 길을 묻기 위해서 뒤에서 다가와 어깨를 건드렸는데 강도의 공격으로 오인하여 폭행을 가한 경우
③ **긴급피난**(형법 제22조)★ 기출 21 : 자기 또는 타인의 법익에 대한 현재의 위난을 피하기 위한 행위는 상당한 이유가 있는 때에는 벌하지 아니한다(제1항).
  예 • A건물에서 대형화재가 난 후 B건물로 그 불이 옮겨 붙고 다시 C건물로 불이 옮겨 붙으려 하자, C건물 주인이 B건물을 손괴함으로써 C건물로 불이 옮겨 붙지 않도록 한 경우
      • 달려오는 광견을 피하기 위하여 남의 집에 뛰어들어 값비싼 도자기를 망가뜨린 경우
④ **자구행위**(형법 제23조)★ : 법률에서 정한 절차에 따라서는 청구권을 보전(保全)할 수 없는 경우에 그 청구권의 실행이 불가능해지거나 현저히 곤란해지는 상황을 피하기 위하여 한 행위는 상당한 이유가 있는 때에는 벌하지 아니한다(제1항).
  ㉠ **과잉자구행위** : 행위가 그 정도를 초과한 경우에는 정황에 따라 그 형을 감경 또는 면제할 수 있다(제2항).
  ㉡ **오상자구행위** : 객관적으로 자구행위의 요건이 구비되지 않았는데도 주관적으로 이것이 있다고 오신하여 자구행위를 한 경우로, 오상방위와 동일하게 위법성조각사유의 전제사실의 착오로 취급한다.
⑤ **피해자의 승낙**(형법 제24조)★ : 처분할 수 있는 자의 승낙에 의하여 그 법익을 훼손한 행위는 법률에 특별한 규정이 없는 한 벌하지 아니한다.
⑥ **의무의 충돌**
  ㉠ 두 개 이상의 작위의무 중 하나만 이행함으로써 다른 의무를 이행하지 못했을 경우를 말한다(예 1명의 구조대원이 물에 빠진 2명 중 1명만 구할 수 있는 상황에서 1명만 구조한 경우).
  ㉡ 두 의무 중 상위가치 보호의무 이행 시에는 위법성이 조각되고, 동등가치 보호의무 이행 시에는 위법성조각설과 책임조각설이 대립되며, 하위가치 보호의무 이행 시에는 위법성은 조각되지 않지만 책임이, 이익형량이 불가능한 경우에는 위법성이 조각된다.★

04 책임성

1. 의의
책임이란 적법한 행위를 할 수 있었음에도 불구하고 위법한 행위를 한 행위자에 가해지는 비난가능성을 의미한다.

2. 책임능력★ 기출 24
법이 요구하는 공동생활상의 규범에 합치할 수 있도록 의사결정을 할 수 있는 능력으로 일정한 행위가 구성요건에 해당하고 위법성을 갖추었더라도 책임성이 결여되면 범죄로 성립하지 아니한다.
① **책임무능력자** : 형사미성년자(14세 미만인 자)(형법 제9조), 심신상실자(형법 제10조 제1항)의 행위는 벌하지 아니한다.
② **한정책임능력자**
    ⊙ 심신미약자(형법 제10조 제2항)의 행위는 벌하지 아니한다.
    ⓒ 청각 및 언어 장애인(형법 제11조)의 행위에 대해서는 형을 감경한다.

> **심신상실자의 책임능력**
> 심신상실 중에 타인에게 손해를 가한 자는 배상의 책임이 없다. 그러나 고의 또는 과실로 인하여 심신상실을 초래한 때에는 그러하지 아니하다(민법 제754조).★
>
> **원인에서 자유로운 행위** 기출 12
> 원인에 있어서 자유로운 행위란 고의 또는 과실로 자신을 심신장애상태에 스스로 빠지게 한 후 범죄를 저지르는 행위(예 사람을 살해할 목적으로 음주 후 만취 상태를 이용하여 상대방을 살해한 경우)로서 우리 형법은 이를 처벌한다(형법 제10조 제3항 참조).

3. 위법성의 인식
① **의의** : 행위자의 행위가 공동사회의 질서에 반하고 법적으로 금지되어 있다는 것을 인식하는 것을 말하며, 이는 책임비난의 핵심이 된다.
② **의미상 특징★**
    ⊙ 위법성의 인식은 법적 인식이므로 반윤리성에 대한 인식과 다르다.
    ⓒ 자연범의 경우에는 대부분 위법성의 인식이 추론된다.
    ⓒ 법정범의 경우에는 위법성에 대한 구체적인 인식이 필요하다.
    ⓔ 위법성의 인식은 자기의 행위가 현실적으로 실정법체계 내에서 허용되지 않음을 인식하면 족하고 실정법의 정당성에 대한 평가는 별론으로 한다.

4. 법률의 착오(금지착오)★

① 의의 : 행위자에게 그 행위사실의 인식은 있으나 행위의 위법성에 대한 인식은 없는 경우로서 직접적 착오와 간접적 착오로 나뉜다.

② 직접적 착오★

법률의 부지	행위자가 금지규범을 인식하지 못한 경우
효력의 착오	금지규범은 인식하였으나 그 규범의 효력이 없다고 오인한 경우
포섭의 착오	규범을 잘못 해석하여 그 행위에 대하여는 적용되지 않는다고 오인한 경우

③ 간접적 착오★ : 행위자가 금지된 것을 인식하였으나 구체적인 경우에 위법성조각사유의 법적 한계를 오해하였거나 위법성조각사유가 존재하는 것으로 오인한 경우이다.

5. 기대가능성

① 의의★ : 기대가능성이란 행위 당시의 구체적 사정으로 미루어 보아 범죄행위 대신 적법행위를 기대할 수 있는 가능성을 말한다. 기대가능성이 없는 행위는 책임이 조각된다.

② 형법상 책임조각사유 : 친족간의 범인은닉죄(형법 제151조 제2항), 친족간의 증거인멸죄(형법 제155조 제4항), 강요된 행위(형법 제12조), 과잉방위의 특수한 경우(형법 제21조 제3항), 과잉피난의 특수한 경우(형법 제22조 제3항)

③ 초법규적 책임조각사유 : 통설과 판례는 형법에 규정이 없는 일정한 경우에도 기대불가능성을 이유로 책임을 조각하고 있다.

④ 강요된 행위 : 저항할 수 없는 폭력이나 자기 또는 친족의 생명·신체에 대한 위해를 방어할 방법이 없는 협박에 의하여 강요된 행위는 벌하지 아니한다(형법 제12조). 피강요자는 기대가능성이 없어 책임이 조각되며, 강요자는 간접정범으로 처벌된다.★

6. 초법규적 책임조각사유★

① 면책적 긴급피난 : 동가치적 법익 사이에서 행하여진 긴급피난(예 타이타닉 침몰 후 피난보트의 침몰을 막기 위해 한 사람을 물에 빠뜨려 숨지게 한 경우)

② 면책적 의무충돌 : 동가치 사이의 의무충돌 또는 다른 가치의 의무충돌에서 하위가치의 의무를 수행한 경우(예 1명의 구조대원이 물에 빠진 2명 중 1명만 구할 수 있는 상황에서 1명만 구조한 경우)

③ 상관의 위법한 명령에 의한 행위 : 상관의 위법한 명령이 구속력이 있는 경우로서 적법행위에 대한 기대가능성이 없다면 책임이 조각된다는 견해(통설)(예 직속상관의 명령에 의해 쿠데타에 참여한 경우)

빈칸 채우기

기대가능성

··· 기대가능성이란 행위 당시의 구체적 사정으로 미루어 보아 (❶) 대신 (❷)를 기대할 수 있는 가능성을 말한다. 기대가능성이 없는 행위는 책임이 (❸)된다.

정답 ❶ 범죄행위 ❷ 적법행위 ❸ 조각

05 미수범과 불능범 기출 19

1. 미수범

① 의의 : 범죄의 실행에 착수하여 행위를 종료하지 못하였거나 결과가 발생하지 아니한 때 성립한다(형법 제25조 제1항). ★

② 미수범의 유형

㉠ 장애미수 : 행위자의 의사에 반하여 범죄를 완성하지 못하는 미수로 착수미수와 실행미수로 구분된다. ★

착수미수	착수는 했으나 실행이 미종료한 경우(절도를 하기 위해 차량운전석 손잡이를 잡고 당기다 경찰에 붙잡힌 경우)
실행미수	실행은 종료했으나 결과가 미발생한 경우(총알을 발사했으나 빗나간 경우)

㉡ 중지미수 : 실행은 했으나 자의로 중지 또는 결과의 발생을 방지한 경우로 착수중지와 실행중지로 구분된다. 기출 11

착수중지	범죄 실행에 착수한 자가 범죄 완성 전 자기 의사로 행위를 중지한 경우(절도를 위해 재물을 물색하다가 아내의 생일이라 중지한 경우)
실행중지	실행은 종료했으나 자의로 결과의 발생을 방지한 경우(살해하려고 독극물을 먹인 후 바로 후회하여 해독제를 먹여 살린 경우)

③ 처벌★ : 형법 각 조에 규정이 있을 때에만 처벌되며, 그 형도 기수범에 비해 가볍게 처벌할 수 있다(임의적 감경)(형법 제25조 제2항).

2. 불능미수와 불능범

① 의의 : 범죄의 실행에 착수하였으나 그 행위의 성질 또는 행위 대상인 객체의 성질상 범죄결과의 발생가능성(위험성)이 없어 미수범으로서도 처벌할 수 없는 경우로, 위험성의 유무가 미수범과 불능범을 구별하는 기준이 된다. ★

② 처벌 : 범죄결과의 발생이 불가능하고 위험성이 없는 불능범은 벌하지 않지만, 범죄결과의 발생이 불가능하더라도 위험성이 있으면 미수범으로 처벌하되, 다만 보통미수와는 달리 형의 감경뿐만 아니라 면제까지도 할 수 있도록 하였다(임의적 감면).

빈칸 채우기

미수범과 불능범

→ 미수범의 처벌 : 형법 각 조에 (❶)이 있을 때에만 처벌되며, 그 형도 (❷)범에 비해 가볍게 처벌할 수 있다(임의적 감경).

→ 불능미수와 불능범 : 범죄의 실행에 (❸)하였으나 그 행위의 성질 또는 행위 대상인 객체의 성질상 범죄결과의 (❹)가능성[(❺)]이 없어 미수범으로서도 처벌할 수 없는 경우로, (❺)의 유무가 미수범과 불능범을 구별하는 기준이 된다.

❶ 규정 ❷ 기수 ❸ 착수 ❹ 발생 ❺ 위험성 정답

06 예비·음모

범죄의 음모 또는 예비행위가 실행의 착수에 이르지 아니한 때에는 법률에 특별한 규정이 없는 한 벌하지 아니한다(형법 제28조). 형법은 강도죄의 경우 예비·음모한 자에 대한 처벌규정을 두고 있다(형법 제343조). **기출 21**

07 공범

1. 의의

두 사람 이상이 협력·가공하여 실현하는 범죄로서, 공동정범·교사범·종범·간접정범이 있다. 구성요건상 처음부터 다수인의 공동을 필요로 하는 필요적 공범과는 구별된다.

> **필요적 공범**
> 공범과 구별되는 개념으로 구성요건상 범죄가 성립하기 위해서는 처음부터 다수인의 공동을 필요로 하는 경우이다. ★★
>
> | | |
> |---|---|
> | 집합범 | 다수인이 동일한 방향에서 같은 목표를 향하여 공동으로 작용하는 범죄(소요죄, 내란죄 등) |
> | 대향범 | 2인 이상의 대향적 협력에 의하여 성립하는 범죄
• 대향자 쌍방의 법정형이 같은 경우(아동혹사죄 등)
• 대향자 사이의 법정형이 다른 경우(뇌물죄에 있어서 수뢰죄와 증뢰죄 등)
• 대향자의 일방만을 처벌하는 경우(범인은닉죄 등) |

2. 공동정범

2인 이상이 공동하여 죄를 범한 때에는 각자를 그 죄의 정범으로 처벌한다(형법 제30조). ★

3. 간접정범 **기출 13**

① 개념 : 타인을 도구로 이용하여 간접적으로 범죄를 실현하는 것을 말한다.
  ㉠ 정신병자를 교사하여 살인을 하도록 하는 것
  ㉡ 의사 甲이 그 사정을 전혀 알지 못하는 간호사를 이용하여 환자 乙에게 치료약 대신 독극물을 복용하게 하여 乙이 사망에 이른 경우
  ㉢ 甲이 초등학교 5학년인 만 11세 乙을 사주하여 丙을 살해하게 한 경우
② 처벌 : 어느 행위로 인하여 처벌되지 아니하는 자 또는 과실범으로 처벌되는 자를 교사 또는 방조하여 범죄행위의 결과를 발생시킨 자는 교사 또는 방조의 경우와 같이 처벌한다(형법 제34조 제1항).

4. 교사범

타인을 교사하여 죄를 범하게 한 자는 죄를 실행한 자와 동일한 형으로 처벌한다(형법 제31조 제1항).
① 미수의 교사 : 미수에 그칠 것이라고 인식하고 교사한 경우(불가벌)
② 교사의 미수 [기출] 11

협의의 교사의 미수		• 피교사자가 실행에 착수했으나 미수에 그친 경우 • 미수범처벌 규정이 있으면 미수죄의 교사범으로 처벌
기도된 교사	실패한 교사	• 피교사자가 응하지 않거나 교사 전에 이미 결의하고 있는 경우 • 교사자는 예비·음모에 준하여 처벌
	효과 없는 교사	• 피교사자가 승낙하였으나 실행의 착수에 이르지 아니한 경우 • 교사자와 피교사자를 모두 예비·음모에 준하여 처벌

5. 종 범

타인의 범죄를 방조한 자로 처벌은 정범의 형보다 감경한다(형법 제32조).

08 죄수론

1. 일 죄

① 의의 : 범죄의 수가 한 개인 것을 일죄라 한다. 법조경합과 포괄일죄로 구분할 수 있다.
② 법조경합 : 한 개 또는 수개의 행위가 외관상 수개의 형벌법규에 해당하는 것같이 보이지만 형벌법규의 성질상 하나의 법규만 적용되고 다른 법규는 배척되는 것을 말한다. ★

특별관계	어느 구성요건이 다른 구성요건의 모든 요소를 포함하고, 그 이외의 다른 요소를 구비해야 성립하는 경우 (존속살인죄와 살인죄, 강도죄와 폭행죄 등의 경우)
보충관계	어떤 형벌법규가 다른 형벌법규의 적용이 없을 때에 보충적으로 적용되는 것(예비와 기수, 과실범과 고의범)
흡수관계	어떤 구성요건에 해당되는 행위의 불법과 책임내용이 다른 구성요건에 흡수되는 경우(살인에 수반된 의복손상행위 또는 절도범이 훔친 재물을 손괴하는 것과 같은 불가벌적 사후행위)
택일관계	절도죄와 횡령죄, 강도죄와 공갈죄와 같이 양립되지 않는 2개의 구성요건 사이에 그 일방만이 적용되는 관계

③ 포괄일죄 : 수개의 행위가 포괄적으로 한 개의 구성요건에 해당하여 일죄를 구성하는 경우를 말한다.

결합범	개별적으로 독립된 범죄의 구성요건에 해당하는 수개의 행위가 결합하여 한 개의 범죄를 구성하는 경우 (강도죄와 강도살인죄)
계속범	범죄행위가 완료된 후에도 위법상태가 유지되는 범죄(주거침입죄, 감금죄 등)
접속범	단독에 의하여도 구성요건의 충족이 가능한 경우에 수개의 행위가 동일한 기회에 동일한 장소에서 불가분하게 결합되어 구성요건적 결과가 발생한 경우(동일기회에 같은 부녀를 수회 강간한 경우)
연속범	연속된 수개의 행위가 동종의 범죄에 해당하는 경우(매일 밤 동일한 창고에서 쌀 한 가마니씩 훔친 경우)
집합범	다수의 동종의 행위가 동일한 의사에 의하여 반복되지만 일괄하여 일죄를 구성하는 경우(영업범, 직업범, 상습범 등)

2. 수 죄

① **상상적 경합범(광의)** 기출 13 : 한 개의 행위가 여러 개의 죄에 해당하는 경우에는 가장 무거운 죄에 대하여 정한 형으로 처벌한다(형법 제40조).
  ㉠ 건물에 폭발물을 설치한 다음 원격조종으로 폭발케 하여 1인이 사망하고 다수인이 상해를 입고 해당 건물이 전파한 경우
  ㉡ 공무집행을 방해할 의사로 공무집행 중인 공무원을 살해한 경우
  ㉢ 甲이 사제폭탄을 제조, 丁소유의 가옥에 투척하여 乙을 살해하고 丙에게 상해를 입혔으며 丁소유의 가옥은 파손된 경우
  ㉣ 고층 건물 안에서 탄환 한 개를 발사하여 동시에 수인을 살해한 경우

② **실체적 경합범(협의)**
  ㉠ 경합범이란 판결이 확정되지 아니한 수개의 죄(동시적 경합범) 또는 금고 이상의 형에 처한 판결이 확정된 죄와 그 판결이 확정되기 전에 범한 죄(사후적 경합범)를 말한다(형법 제37조).
    • 경합범에 의한 판결의 선고를 받은 자가 경합범 중의 어떤 죄에 대하여 사면 또는 형의 집행이 면제된 때에는 다른 죄에 대하여 다시 형을 정한다(형법 제39조 제3항).
    • 1월에 절도죄를 범하고 이어서 2월에 횡령죄를 범하여 각각의 범죄를 3월에 동시에 재판하는 경우
  ㉡ **동시적 경합범의 처분**(형법 제38조)

흡수주의	가장 무거운 죄에 대하여 정한 형이 사형, 무기징역, 무기금고인 경우에는 가장 무거운 죄에 대하여 정한 형으로 처벌한다(제1항 제1호).
가중주의	각 죄에 대하여 정한 형이 사형, 무기징역, 무기금고 외의 같은 종류의 형인 경우에는 가장 무거운 죄에 대하여 정한 형의 장기 또는 다액(多額)에 그 2분의 1까지 가중하되 각 죄에 대하여 정한 형의 장기 또는 다액을 합산한 형기 또는 액수를 초과할 수 없다. 다만, 과료와 과료, 몰수와 몰수는 병과(倂科)할 수 있다(제1항 제2호).
병과주의	각 죄에 대하여 정한 형이 무기징역, 무기금고 외의 다른 종류의 형인 경우에는 병과한다(제1항 제3호).

  ㉢ **사후적 경합범의 처분** : 경합범 중 판결을 받지 아니한 죄가 있는 때에는 그 죄와 판결이 확정된 죄를 동시에 판결할 경우와 형평을 고려하여 그 죄에 대하여 형을 선고한다. 이 경우 그 형을 감경 또는 면제할 수 있다(형법 제39조 제1항).

Ⅲ 형벌론

01 형벌의 의의와 종류

1. 형벌의 의의

국가가 범죄에 대한 법률상의 효과로서 범죄자에 대하여 과하는 법익의 박탈(제재)을(를) 의미한다. 현대사회에서는 국가에서 형벌권을 독점하고 있으므로 형벌은 곧 공형벌(公刑罰)만을 뜻한다. 형벌의 종류로 사형, 징역, 금고, 자격상실, 자격정지, 벌금, 구류, 과료, 몰수의 9가지를 규정하고 있으며, 형의 경중도 이 순서에 의한다.

2. 형벌의 종류 기출 12·11·09·08

① **생명형** : 수형자의 생명을 박탈하는 사형이 이에 속한다.
② **자유형**
  ㉠ 징역 : 수형자를 교정시설에 수용하여, 정해진 노역(勞役)에 복무하게 하는 형벌(형법 제67조)로, 수형자의 신체적 자유를 박탈하는 것을 내용으로 하는 자유형의 일종이다. 징역에는 무기와 유기 2종이 있는데, 무기는 종신형, 유기는 1개월 이상 30년 이하의 형을 말하고, 유기징역에 대하여 형을 가중하는 때에는 최고 50년까지로 한다(형법 제42조).
  ㉡ 금고 : 수형자를 교정시설에 수용하여 자유를 박탈하는 점(형법 제68조)에서 징역과 같으나, 노역(勞役)에 복무하지 않는 점에서 징역과 다르다. 금고에도 무기와 유기가 있으며, 그 기간은 징역형과 같다(형법 제42조).
  ㉢ 구류 : 수형자를 교정시설에 수용하여 자유를 박탈하는 점(형법 제68조)에서 징역과 같으나, 노역(勞役)에 복무하지 않고, 구류기간이 1일 이상 30일 미만이라는 점에서 징역과 다르다(형법 제46조). ★
③ **재산형**
  ㉠ 벌금 : 일정 금액의 지불의무를 강제로 부과하는 것으로 금액은 50,000원 이상이며 재산형 중에서 가장 무거운 형벌이다. 감경하는 경우에는 50,000원 미만으로 할 수 있다(형법 제45조).
  ㉡ 과료 : 벌금형과 동일하나 2,000원 이상 50,000원 미만이다(형법 제47조).
  ㉢ 몰수 : 범죄행위와 관련이 있는 재산을 강제적으로 국가에 귀속시키는 것으로 부가형이다(형법 제49조).
④ **명예형**
  ㉠ 자격상실 : 일정한 형의 선고가 있으면 그 형의 효력으로서 당연히 일정한 자격이 상실되는 것이다.
  ㉡ 자격정지 : 일정한 자격의 전부 또는 일부를 일정기간 동안 정지시키는 것이다.

02 형의 양정

1. 의 의
법관이 구체적인 행위자에 대하여 선고할 형을 정하는 것을 형의 양정 또는 형의 적용이라고 한다.

2. 방 법
① 사형 및 무기징역 등의 감경★
  ㉠ 사형을 감경할 때에는 무기 또는 20년 이상 50년 이하의 징역 또는 금고로 한다(형법 제55조 제1항 제1호).
  ㉡ 무기징역 또는 무기금고를 감경할 때에는 10년 이상 50년 이하의 징역 또는 금고로 한다(형법 제55조 제1항 제2호).
② 형의 가중사유 : 경합범 가중, 누범 가중, 특수한 교사·방조에 대한 형의 가중(형법 제34조 제2항에 따른 가중)

③ 형의 감경사유★
  ㉠ 법률상 감경
   • 필요적 감경 : 청각 및 언어 장애인(형법 제11조), 종범(형법 제32조 제2항), 외국에서 받은 형의 집행으로 인한 감경(형법 제7조)
   • 임의적 감경 : 심신미약(형법 제10조 제2항), 장애미수(형법 제25조 제2항)
   • 필요적 감경 또는 면제 : 중지범(형법 제26조)
   • 임의적 감경 또는 면제 : 불능미수(형법 제27조), 과잉방위(형법 제21조 제2항), 과잉피난(형법 제22조 제3항), 과잉자구행위(형법 제23조 제2항), 자수 또는 자복(형법 제52조)
  ㉡ 재판상 감경 : 법원의 정상참작에 의한 감경(작량감경)
④ 형의 가중·감경의 순서(형법 제56조) : 형을 가중·감경할 사유가 경합하는 경우에는 다음의 순서에 따른다.
  두 각·특·누·법·경·작

각칙 조문에 따른 가중 → 특수한 교사·방조에 대한 형의 가중 → 누범 가중 → 법률상 감경 → 경합범 가중 → 정상참작감경

⑤ 형의 양형 : 법정형에서 법률상의 가중·감경 또는 정상참작감경을 한 처단형의 범위에서 구체적으로 선고할 형을 정하는 것을 말하며, 형법에서는 법관에게 양형에 대한 넓은 자유재량을 인정하면서도, 양형의 표준에 관한 일반적 지침을 제시하고 있다. 법관은 형의 결정 시 다음의 사항들을 참작하여야 한다(형법 제51조). 양형의 조건은 다음과 같다.
  ㉠ 범인의 연령, 성행, 지능과 환경(제1호)
  ㉡ 피해자에 대한 관계(제2호)
  ㉢ 범행의 동기, 수단과 결과(제3호)
  ㉣ 범행 후의 정황(제4호)

3. 누범

① 금고 이상의 형을 선고받아 그 집행이 종료되거나 면제된 후 3년 내에 금고 이상에 해당하는 죄를 지은 사람을 말한다(형법 제35조 제1항). ★
② 누범의 형은 그 죄에 대하여 정한 형의 장기의 2배까지 가중한다(형법 제35조 제2항). ★

빈칸 채우기

법률상의 감경
→ (❶)을 감경할 때에는 무기 또는 20년 이상 50년 이하의 징역 또는 금고로 한다.
→ (❷) 또는 (❸)를 감경할 때에는 10년 이상 50년 이하의 징역 또는 금고로 한다.

정답 ❶ 사형 ❷ 무기징역 ❸ 무기금고

4. 상습범

① 어느 기본적 구성요건에 해당하는 행위를 한 자가 범죄행위를 반복하여 저지르는 습벽, 즉 상습성이라는 행위자적 속성을 갖추었다고 인정되는 경우에 이를 가중처벌 사유로 삼고 있는 범죄 유형이다. ★
② 대한민국 형법에선 그 형을 가중하여 처벌하고 있다.
③ 상습으로 죄를 범한 자는 그 죄에 정한 형의 2분의 1까지 가중한다. ★

03 형벌의 적용

1. 선고유예 기출 17

① 의의 : 형의 선고 자체를 유예하는 제도이다. 범죄의 정도가 가벼운 자에 대하여 일정 기간 형의 선고를 유예하고, 그 유예기간 중 특정한 사고 없이 지내면 형의 선고를 면해 준다. 이 경우에 재범방지를 위하여 지도 및 원호가 필요한 때에는 보호관찰을 받을 것을 명할 수 있으며, 그 기간은 1년으로 한다(형법 제59조의2). ★
② 요건 : 1년 이하의 징역, 금고, 자격정지 또는 벌금의 형을 선고할 경우, 제51조(양형의 조건)의 사항을 고려하여 뉘우치는 정상이 뚜렷하고 자격정지 이상의 형을 받은 전과가 없어야 한다(형법 제59조 제1항). ★
③ 효과 : 선고유예를 받은 날로부터 2년을 무사히 경과하면 면소된 것으로 본다(형법 제60조). 형의 선고유예를 받은 자가 유예기간 중 자격정지 이상의 형에 처한 판결이 확정되거나 자격정지 이상의 형에 처한 전과가 발견된 때에는 유예한 형을 선고한다(형법 제61조 제1항).

2. 집행유예

① 의의 : 형의 선고는 하되 집행을 보류하는 제도이다.
② 요건 : 3년 이하의 징역이나 금고 또는 500만원 이하의 벌금의 형을 선고할 경우에 그 정상을 참작하여 1년 이상 5년 이하의 기간 동안 집행을 유예한다. 다만, 금고 이상의 형을 선고한 판결이 확정된 때부터 그 집행을 종료하거나 면제된 후 3년까지의 기간에 범한 죄에 대하여 형을 선고하는 경우에는 그러하지 아니하다(형법 제62조 제1항). ★
③ 효과 : 선고가 실효 또는 취소됨이 없이 유예기간을 경과한 때에는 형의 선고는 효력을 잃는다(형법 제65조). ★

3. 가석방

① 의의 : 징역이나 금고의 집행 중에 있는 사람을 형기 완료 전에 행정처분으로 가석방을 하는 제도이다.
② 요건 : 행상이 양호하여 뉘우침이 뚜렷한 때에는 무기형은 20년, 유기형은 형기의 3분의 1이 지난 후 행정처분으로 가석방을 할 수 있다. 벌금이나 과료가 병과되어 있는 때에는 그 금액을 완납하여야 한다(형법 제72조). ★
③ 효과 : 가석방 처분을 받은 후 그 처분이 실효 또는 취소되지 아니하고 가석방기간을 경과한 때에는 형의 집행을 종료한 것으로 본다(형법 제76조 제1항).

4. 형의 집행 [기출] 11

① **사형** : 사형은 교정시설 안에서 교수(絞首)하여 집행한다(형법 제66조).
② **징역** : 징역은 교정시설에 수용하여 집행하며, 정해진 노역(勞役)에 복무하게 한다(형법 제67조).
③ **금고와 구류** : 금고와 구류는 교정시설에 수용하여 집행한다(형법 제68조).
④ **벌금과 과료**
  ㉠ 벌금과 과료는 판결확정일로부터 30일 내에 납입하여야 한다. 단, 벌금을 선고할 때에는 동시에 그 금액을 완납할 때까지 노역장에 유치할 것을 명할 수 있다(형법 제69조 제1항). ★
  ㉡ 벌금을 납입하지 아니한 자는 1일 이상 3년 이하, 과료를 납입하지 아니한 자는 1일 이상 30일 미만의 기간 노역장에 유치하여 작업에 복무하게 한다(형법 제69조 제2항). ★
⑤ **노역장 유치**(형법 제70조)
  ㉠ 벌금이나 과료를 선고할 때에는 이를 납입하지 아니하는 경우의 노역장 유치기간을 정하여 동시에 선고하여야 한다. ★
  ㉡ 선고하는 벌금이 1억원 이상 5억원 미만인 경우에는 300일 이상, 5억원 이상 50억원 미만인 경우에는 500일 이상, 50억원 이상인 경우에는 1천일 이상의 노역장 유치기간을 정하여야 한다.
⑥ **유치일수의 공제** : 벌금이나 과료의 선고를 받은 사람이 그 금액의 일부를 납입한 경우에는 벌금 또는 과료액과 노역장 유치기간의 일수(日數)에 비례하여 납입금액에 해당하는 일수를 뺀다(형법 제71조).

5. 형의 시효

형(사형은 제외한다)을 선고받은 자에 대해서는 시효가 완성되면 그 집행이 면제된다.

형의 시효의 기간(형법 제78조)
시효는 형을 선고하는 재판이 확정된 후 그 집행을 받지 아니하고 다음 각호의 구분에 따른 기간이 지나면 완성된다.
1. 사형 : 30년 – 삭제 〈2023.8.8.〉
2. 무기의 징역 또는 금고 : 20년
3. 10년 이상의 징역 또는 금고 : 15년
4. 3년 이상의 징역이나 금고 또는 10년 이상의 자격정지 : 10년
5. 3년 미만의 징역이나 금고 또는 5년 이상의 자격정지 : 7년
6. 5년 미만의 자격정지, 벌금, 몰수 또는 추징 : 5년
7. 구류 또는 과료 : 1년

형의 시효의 정지(형법 제79조)
① 시효는 형의 집행의 유예나 정지 또는 가석방 기타 집행할 수 없는 기간은 진행되지 아니한다.
② 시효는 형이 확정된 후 그 형의 집행을 받지 아니한 사람이 형의 집행을 면할 목적으로 국외에 있는 기간 동안은 진행되지 아니한다.

형의 시효의 중단(형법 제80조)
시효는 징역, 금고 및 구류의 경우에는 수형자를 체포한 때, 벌금, 과료, 몰수 및 추징의 경우에는 강제처분을 개시한 때에 중단된다.

Ⅳ 각론

01 국가적 법익에 대한 죄 기출 20·08

1. 국가의 존립에 대한 죄

① 내란의 죄 : 대한민국 영토의 전부 또는 일부에서 국가권력을 배제하거나 국헌을 문란하게 할 목적으로 폭동을 일으키거나 사람을 살해하는 등의 행위를 하여 국가의 존립을 위태롭게 하는 범죄로, 내란죄(형법 제87조), 내란목적 살인죄(형법 제88조), 내란예비·음모죄(형법 제90조 제1항) 등이 있다.

② 외환의 죄 : 국가의 존립을 외부로부터 위태롭게 하는 범죄로, 외환유치죄(형법 제92조), 여적죄(형법 제93조), 이적죄(형법 제94조 내지 제97조, 제99조), 간첩죄(형법 제98조) 등이 있다.

2. 국가의 권위 및 기능에 대한 죄

① 국가의 권위를 해하는 죄
  ㉠ 국기에 관한 죄 : 국기·국장의 모독죄(형법 제105조), 국기·국장의 비방죄(형법 제106조)
  ㉡ 국교에 관한 죄 : 외국원수·외국사절에 대한 폭행죄(형법 제107조·제108조), 외국의 국기·국장 모독죄(형법 제109조), 외국에 대한 사전(私戰)죄(형법 제111조), 중립명령위반죄(형법 제112조), 외교상기밀의 누설죄(형법 제113조)(외국원수·외국사절에 대한 폭행죄와 외국의 국기·국장 모독죄는 반의사불벌죄에 해당)

② 국가의 기능을 해하는 죄
  ㉠ 공무원의 직무에 관한 죄 : 공무의 공정을 해하고 국가의 권위를 해하는 것을 본질로 하는 죄, 직무유기의 죄(형법 제122조), 공무상기밀누설죄(형법 제127조), 선거방해죄(형법 제128조), 뇌물에 관한 죄(형법 제129조 내지 제134조) 등
  ㉡ 공무방해에 관한 죄 : 공무집행방해죄(형법 제136조 제1항), 직무·사직강요죄(형법 제136조 제2항), 위계에 의한 공무집행방해죄(형법 제137조), 법정 또는 국회회의장모욕죄(형법 제138조) 등
  ㉢ 도주와 범인은닉죄 : 도주죄(형법 제145조 제1항), 집합명령위반죄(형법 제145조 제2항), 특수도주죄(형법 제146조), 도주원조죄(형법 제147조) 등
  ㉣ 위증과 증거인멸의 죄 : 법률에 의하여 선서한 증인이 허위의 진술을 하거나(형법 제152조) 타인의 형사사건·징계사건에 관한 증거를 인멸하는 죄(형법 제155조) 등★
  ㉤ 무고의 죄 : 타인으로 하여금 형사처분·징계처분을 받게 할 목적으로 공무소 또는 공무원에 대하여 허위의 사실을 신고하는 죄(형법 제156조)

> **반의사불벌죄(反意思不罰罪)**
> 피해자의 의사에 관계없이 공소를 제기할 수 있으나, 피해자의 명시한 의사에 반하여 처벌할 수 없는 범죄로 우리나라 형법상 반의사불벌죄로 규정된 범죄로는 외국원수에 대한 폭행·협박 등의 죄(제107조), 외국사절에 대한 폭행·협박 등의 죄(제108조), 외국의 국기·국장 모독죄(제109조), 폭행·존속폭행죄(제260조), 과실치상죄(제266조), 협박·존속협박죄(제283조), 명예훼손죄 및 출판물 등에 의한 명예훼손죄(제312조 제2항) 등이 있다.

02 사회적 법익에 대한 죄

1. 공공의 안전에 대한 죄
① 공안을 해하는 죄 : 범죄단체조직죄(형법 제114조), 소요죄(형법 제115조), 다중불해산죄(형법 제116조), 공무원자격사칭죄(형법 제118조) 등★
② 폭발물에 관한 죄 : 폭발물사용죄(형법 제119조), 전시폭발물제조 등의 죄(형법 제121조) 등
③ 방화와 실화의 죄 : 고의로 불을 놓거나 과실로 현주건조물, 공용건조물, 일반건조물 또는 일반물건을 불태우는 죄(형법 제164조 내지 제176조)★ 기출 06
④ 일수와 수리에 관한 죄 : 수해를 일으켜 공공의 안전을 해하는 죄(형법 제177조 내지 제184조)
⑤ 교통방해의 죄 : 교통방해치사상죄(형법 제188조), 과실교통방해죄(형법 제189조 제1항) 등

2. 공공의 신용에 대한 죄
① 통화에 관한 죄 : 행사의 목적으로 통화를 위조·변조하는 죄(형법 제207조 내지 제213조)★
② 유가증권·우표와 인지에 관한 죄 : 행사할 목적으로 유가증권을 위조·변조·허위 작성하는 죄(형법 제214조 내지 제224조)
③ 문서에 관한 죄 : 행사를 목적으로 문서를 위조·변조하거나 허위 문서를 작성하는 범죄 또는 위조·변조한 문서, 허위로 작성한 문서를 행사하거나 부정행사를 하는 등의 범죄
④ 공인 등의 위조·부정사용죄 등의 인장에 관한 죄 등(형법 제238조 내지 제240조)

3. 공중위생에 대한 죄
① 먹는 물에 관한 죄 : 먹는 물의 사용방해죄(형법 제192조), 수돗물의 사용방해죄(형법 제193조), 먹는 물 혼독치사상죄(형법 제194조), 수도불통죄(형법 제195조) 등
② 아편에 관한 죄 : 아편 등의 제조 등 죄(형법 제198조), 아편흡식기의 제조 등 죄(형법 제199조) 등

4. 사회도덕에 대한 죄
① 풍속을 해하는 죄 : 공연음란죄(형법 제245조), 음행매개죄(형법 제242조) 등★
② 도박과 복표에 관한 죄 : 국민의 건전한 근로관념과 공공의 미풍양속을 보호함을 목적으로 하는 죄(형법 제246조 내지 제249조)
③ 기타 신앙에 관한 죄 : 시체 등의 오욕죄(형법 제159조), 분묘발굴죄(형법 제160조), 시체 등의 유기 등 죄(형법 제161조), 변사체 검시 방해죄(형법 제163조)

03 개인적 법익에 대한 죄 기출 12·10

1. 생명·신체에 대한 죄

① 살인죄 : 객체는 사람이며 보호법익은 생명(사망시기 : 맥박종지설이 통설)으로 살인죄(형법 제250조 제1항), 존속살인죄(형법 제250조 제2항) 등
② 상해와 폭행의 죄 : 고의로 사람의 신체를 상해·폭행한 죄(폭행죄는 반의사불벌죄에 해당)
③ 과실치사상의 죄 : 과실치상죄(반의사불벌죄)(형법 제266조), 과실치사죄(형법 제267조), 업무상과실·중과실치사상죄(형법 제268조) 등
④ 낙태죄(형법 제269조 내지 제270조), 유기죄(형법 제271조, 제272조, 제275조) 등

2. 자유에 대한 죄

① 체포·감금죄 : 사람의 신체의 자유 또는 신체적 활동의 자유를 보호법익으로 하는 죄(형법 제276조 내지 제282조) 기출 12

> **감금죄가 성립하는 경우** 기출 12
> 경비원이 현행범인을 체포한 후 즉시 경찰관서에 인도하지 않고 장기간 구속한 경우에 성립한다.

② 협박죄 : 사람을 협박하여 의사결정의 자유를 침해하는 죄(반의사불벌죄)(형법 제283조 내지 제286조)
③ 약취·유인죄 : 영리·추행·간음을 위한 약취·유인죄(형법 제288조 제1항), 국외이송죄(형법 제288조 제3항·제289조 제4항) 등
④ 강간과 추행의 죄(형법 제297조 내지 제305조의3)

3. 명예·신용 및 업무에 대한 죄

① 명예에 관한 죄 : 사실의 적시 여부로 명예훼손죄와 모욕죄로 구분, 진실·공공의 이익을 위한 목적일 경우 위법성조각★

> **명예훼손(형법 제307조)** 기출 23
> ① 공연히 사실을 적시하여 사람의 명예를 훼손한 자는 2년 이하의 징역이나 금고 또는 500만원 이하의 벌금에 처한다.
> ② 공연히 허위의 사실을 적시하여 사람의 명예를 훼손한 자는 5년 이하의 징역, 10년 이하의 자격정지 또는 1천만원 이하의 벌금에 처한다.
>
> **사자의 명예훼손(형법 제308조)** 기출 23
> 공연히 허위의 사실을 적시하여 사자의 명예를 훼손한 자는 2년 이하의 징역이나 금고 또는 500만원 이하의 벌금에 처한다.
>
> **출판물 등에 의한 명예훼손(형법 제309조)** 기출 23
> ① 사람을 비방할 목적으로 신문, 잡지 또는 라디오 기타 출판물에 의하여 제307조 제1항의 죄를 범한 자는 3년 이하의 징역이나 금고 또는 700만원 이하의 벌금에 처한다.
> ② 제1항의 방법으로 제307조 제2항의 죄를 범한 자는 7년 이하의 징역, 10년 이하의 자격정지 또는 1천500만원 이하의 벌금에 처한다.

> **위법성의 조각(형법 제310조)**
> 제307조 제1항의 행위가 진실한 사실로서 오로지 공공의 이익에 관한 때에는 처벌하지 아니한다.
>
> **모욕(형법 제311조)** 기출 23
> 공연히 사람을 모욕한 자는 1년 이하의 징역이나 금고 또는 200만원 이하의 벌금에 처한다.
>
> **고소와 피해자의 의사(형법 제312조)**
> ① 제308조와 제311조의 죄는 고소가 있어야 공소를 제기할 수 있다(친고죄).
> ② 제307조와 제309조의 죄는 피해자의 명시한 의사에 반하여 공소를 제기할 수 없다(반의사불벌죄).

② 신용·업무와 경매에 관한 죄 등 : 신용훼손죄(형법 제313조), 업무방해죄(형법 제314조), 경매·입찰방해죄(형법 제315조)

4. 사생활의 평온에 대한 죄

① 비밀침해의 죄 : 비밀침해죄(형법 제316조), 업무상비밀누설죄(형법 제317조), 친고죄(형법 제318조)
② 주거침입의 죄 등 : 주거침입죄, 퇴거불응죄(형법 제319조) 등 기출 09

> **주거침입죄** 기출 22
> • 주거침입죄의 객체는 사람의 주거, 관리하는 건조물, 선박이나 항공기 또는 점유하는 방실이다(형법 제319조 제1항).
> • 건물 내에서 사실상 지배·관리하는 일 구획인 사무실, 연구실 등도 주거침입죄의 객체가 된다.
> • 주거침입죄는 침입 당시에 주거에 사람이 현존할 것을 요하지 않는다.
> • 주거침입죄의 미수범은 처벌한다(형법 제322조).

5. 재산에 대한 죄 기출 24·21·15·14·04

① 절도죄, 강도죄
  ㉠ 절도죄 : 타인의 재물을 절취, 타인의 소유권을 침해, 단순절도죄(형법 제329조), 야간주거침입절도죄(형법 제330조) 등
  ㉡ 강도죄 : 폭행·협박으로 타인의 재물을 강취 또는 기타 재산상의 이익을 취득하거나 제3자로 하여금 취득하게 하는 죄, 단순강도죄(형법 제333조), 특수강도죄(형법 제334조) 등
② 사기죄, 공갈죄(형법 제347조 내지 제354조)
  ㉠ 사기죄 : 기망의 수단을 사용, 타인의 재산상 손해 발생을 요건
  ㉡ 공갈죄 : 공갈의 수단을 사용, 상대방의 하자 있는 의사표시로 재산상 이득을 취득
③ 횡령죄, 배임죄(형법 제355조 내지 제361조)★
  ㉠ 횡령죄 : 자기가 보관하는 타인의 재물을 횡령 또는 반환의 거부
  ㉡ 배임죄 : 타인의 사무를 처리하는 자가 이로 인하여 재산상의 이익을 취득
④ 컴퓨터등 사용사기죄 : 컴퓨터등 정보처리장치에 허위의 정보 또는 부정한 명령을 입력하거나 권한 없이 정보를 입력·변경하여 정보처리를 하게 하여 재산상의 이익을 취득하는 죄(형법 제347조의2)★

⑤ 손괴죄 : 타인의 재물, 문서 또는 전자기록등 특수매체기록을 손괴 또는 은닉 기타 방법으로 그 효용을 해하는 죄(형법 제366조 내지 제372조)★
⑥ 장물에 관한 죄 : 장물을 취득, 양도, 운반 또는 보관하는 죄(형법 제362조 내지 제365조)

> **친족상도례**
> - 재산에 대한 죄 중 강도죄와 손괴죄에는 친족상도례가 적용되지 아니한다.
> - 헌법재판소는 "직계혈족, 배우자, 동거친족, 동거가족 또는 그 배우자 간의 제323조(권리행사방해)의 죄는 그 형을 면제한다"는 형법 제328조 제1항에 대하여 2025.12.31.을 시한으로 입법자가 개정할 때까지 적용 중지 헌법불합치결정(헌재결 2024.6.27. 2020헌마468 등)을 하였다. 따라서 직계혈족, 배우자, 동거친족, 동거가족 또는 그 배우자 간의 재산에 대한 죄는 그 형이 면제되지 않는다.
> - 헌법재판소는 "직계혈족, 배우자, 동거친족, 동거가족 또는 그 배우자 이외의 친족 간에 제323조의 죄를 범한 때에는 고소가 있어야 공소를 제기할 수 있다"는 형법 제328조 제2항에 대해서는 합헌결정(헌재결 2024.6.27. 2023헌바449)을 하였다. 따라서 직계혈족, 배우자, 동거친족, 동거가족 또는 그 배우자 이외의 친족 간에 재산에 대한 죄를 범한 때에는 여전히 고소가 있어야 공소를 제기할 수 있다.

[법익에 대한 죄 정리]

개인적 법익에 대한 죄 기출 12·10	생명과 신체에 대한 죄 기출 10	살인죄, 상해와 폭행의 죄, 과실치사상의 죄, 낙태의 죄, 유기·학대의 죄
	자유에 대한 죄 기출 12	협박의 죄, 강요의 죄, 체포와 감금의 죄, 약취·유인 및 인신매매 죄, 강간과 추행의 죄
	명예와 신용에 대한 죄 기출 10	명예에 관한 죄, 신용·업무와 경매에 관한 죄
	사생활의 평온에 대한 죄	비밀침해의 죄, 주거침입의 죄
	재산에 대한 죄 기출 15·14·10	절도의 죄, 강도의 죄, 사기의 죄, 공갈의 죄, 횡령의 죄, 배임의 죄, 장물의 죄, 손괴의 죄, 권리행사를 방해하는 죄
사회적 법익에 대한 죄 기출 06	공공의 안전과 평온에 대한 죄 기출 10	공안을 해하는 죄, 폭발물에 관한 죄, 방화와 실화의 죄, 일수와 수리에 관한 죄, 교통방해의 죄
	공공의 신용에 대한 죄	통화에 관한 죄, 유가증권·인지와 우표에 관한 죄, 문서에 관한 죄, 인장에 관한 죄
	공중의 건강에 대한 죄	먹는 물에 관한 죄, 아편에 관한 죄
	사회의 도덕에 대한 죄	성풍속에 관한 죄, 도박과 복표에 관한 죄, 신앙에 관한 죄
국가적 법익에 대한 죄 기출 20·06	국가의 존립과 권위에 대한 죄	내란의 죄, 외환의 죄, 국기에 관한 죄, 국교(國交)에 관한 죄
	국가의 기능에 대한 죄	공무원의 직무에 관한 죄(뇌물관련범죄 등), 공무방해에 관한 죄, 도주와 범인은닉의 죄, 위증과 증거인멸의 죄, 무고의 죄

빈칸 채우기

재산에 대한 죄
- (❶)죄 : 타인의 사무를 처리하는 자가 이로 인하여 재산상의 이익을 취득하는 죄를 말한다.
- (❷)죄 : 타인의 재물, 문서 또는 전자기록등 특수매체기록을 손괴 또는 은닉 기타 방법으로 그 효용을 해하는 죄를 말한다.
- (❸)에 관한 죄 : 장물을 취득, 양도, 운반 또는 보관하는 죄를 말한다.

❶ 배임 ❷ 손괴 ❸ 장물

2 형사소송법 일반

01 총칙

1. 형사소송법의 의의 기출 20・15・14・12

① 의의 : 국가형벌권 행사의 전 과정을 형사소송이라 하고, 소송의 절차를 규율하는 법을 형사소송법이라 한다. 기출 20 형사소송법은 공판절차뿐만 아니라 수사절차, 형집행절차에 대해서도 규정하고 있다.
② 성격 : 형법의 적용・실현을 목적으로 하는 절차법이며 사법법(司法法), 공법, 성문법★
③ 법원 : 형사소송법, 법원조직법, 검찰청법, 변호사법, 소년법, 경찰관직무집행법, 형사소송비용 등에 관한 법률, 형사보상법, 형의 집행 및 수용자의 처우에 관한 법률 등
④ 형사소송법의 이념 기출 24・23・22・21・20

실체적 진실주의	재판의 기초가 되는 사실의 진상을 규명하여 객관적 진실을 추구한다.
적정절차의 원칙	공정한 법정절차에 의하여 형사절차가 진행되어야 한다.
신속한 재판의 원칙	형사재판절차가 가능한 신속히 적정한 기간 내에 종료되어야 한다.

2. 형사소송법의 기본구조 기출 22・20・16・14・09

① 탄핵주의와 규문주의
  ㉠ 탄핵주의 : 재판기관인 법원이 재판기관 이외의 자(검사)의 소추에 의하여 재판절차를 개시하는 주의로, 우리나라 형사소송법은 탄핵주의를 채택하고 있다. → 불고불리의 원칙 : 검사가 공소를 제기하지 아니하면 심판을 할 수 없다는 원칙★
  ㉡ 규문주의 : 소추기관의 소추를 기다리지 않고 법원이 직권으로 심판을 개시할 수 있는 주의이다(절차는 법원의 직권으로 함).★
② 직권주의와 당사자주의
  ㉠ 직권주의 : 당사자, 기타 소송관계인의 의사 여하를 불문하고 법원의 직권에 의하여 소송을 진행시키고 심판하는 주의이다(대륙법체계에서의 기본원리).★

> **현행 형사소송법의 직권주의적 요소** 기출 12
> - 직권증거조사제도
> - 법원의 증인신문제도
> - 법원의 공소장변경요구권

  ㉡ 당사자주의 : 소송이 당사자의 공격・방어에 의하여 진행되는 방식으로 법원은 제3자의 위치에 있다(영미법체계에서는 철저한 당사자주의가 지배).★
③ 실체적 진실주의와 형식적 진실주의
  ㉠ 실체적 진실주의 : 법원이 실질적으로 진상을 규명하여 진실한 사실을 인정하자는 주의이다.★
  ㉡ 형식적 진실주의 : 법원이 당사자의 사실상의 주장, 사실의 부인 또는 제출한 증거에 구속되어 이를 기초로 하여 사실의 진부를 인정하는 주의이다.★

3. 우리나라 형사소송법의 기본구조★★

① 탄핵주의 소송구조 [기출] 22·20 : 국가소추주의, 기소독점주의(불고불리의 원칙)
② 당사자주의와 직권주의 절충 : 당사자주의를 기본적인 소송구조로 삼고 형벌권의 적정·신속을 위하여 직권주의도 아울러 채택하여 당사자주의의 결함을 수정하고 있다.
③ 증거재판주의 [기출] 20 : 공소범죄사실의 인정은 적법한 증거에 의하고, 증거에 대한 가치판단은 법관의 자유재량에 맡기는 자유심증주의를 채택 → 증거법정주의의 예외 인정
④ 공판중심주의 [기출] 23 : 공개주의, 구두변론주의, 직접심리주의, 계속심리주의(집중심리주의)

02 소송의 주체 [기출] 24·22·17·14

1. 법 원

① 의의 : 광의의 법원은 재판권을 행사하는 국가기관을 총칭하며, 협의의 법원은 법관으로 구성되는 재판기관인 합의부와 단독판사를 말한다. 소송법상의 법원은 협의의 법원을 의미한다.
② 관 할
　㉠ 사물관할 : 사건의 경중·성질에 따라 동일 지방법원·지방법원 지원의 단독판사와 합의부 간의 제1심 관할의 분배의 표준이 된다.★
　㉡ 토지관할 : 사건의 토지적 관계에 의한 동등법원 간에 있어서의 제1심 관할의 분배로 토지관할은 범죄지, 피고인의 주소, 거소 또는 현재지로 본다.★
　㉢ 재정관할 : 법원의 재판에 의해 정해지는 관할이다.
　㉣ 심급관할 : 항소사건은 고등법원에서, 상고사건은 대법원에서, 항고사건은 고등법원에서 각각 관할한다.★
③ 법관의 제척·기피·회피 [기출] 20·15·09
　㉠ 제척(除斥) : 법관이 불공정한 재판을 할 현저한 법정의 이유가 있을 때 그 법관을 배제하는 제도
　㉡ 기피(忌避) : 제척사유가 있는 법관이 재판에 관여하거나, 기타 불공정한 재판을 할 우려가 있을 때 당사자의 신청에 의해 그 법관을 배제하는 제도★
　㉢ 회피(回避) : 법관이 기피의 사유가 있다고 생각하여 스스로 직무집행에서 탈퇴하는 제도★
④ 법원사무관등에 대한 제척·기피·회피(형사소송법 제25조)
　㉠ 법원직원의 제척, 기피, 회피 규정은 제17조 제7호의 규정을 제한 외에는 법원서기관·법원사무관·법원주사 또는 법원주사보(법원사무관등)와 통역인에 준용한다.
　㉡ 법원사무관등과 통역인에 대한 기피재판은 그 소속법원이 결정으로 하여야 한다. 단, 제20조 제1항의 결정은 기피당한 자의 소속법관이 한다.

2. 검사

형사소송에서 원고로서 검찰권을 행사하는 국가기관으로 검사는 법무부에 속하는 단독제의 행정관청이다.
① **직무** : 검사는 공익의 대표자로서 범죄수사·공소의 제기 및 그 유지에 필요한 사항, 범죄수사에 관한 특별사법경찰관리 지휘·감독, 법원에 대한 법령의 정당한 적용 청구, 재판 집행 지휘·감독, 국가를 당사자 또는 참가인으로 하는 소송과 행정소송 수행 또는 그 수행에 관한 지휘·감독의 직무와 권한이 있다.
② **의무** : 검사는 그 직무를 수행할 때 국민 전체에 대한 봉사자로서 헌법과 법률에 따라 국민의 인권을 보호하고 적법절차를 준수하며, 정치적 중립을 지켜야 하고 주어진 권한을 남용하여서는 아니 된다.

3. 피고인 기출 12

① **의의** : 형사사건에서 형사책임을 져야 할 자로 검사에 의해 공소가 제기된 자나 공소가 제기된 것으로 의제된 자로서 신고·출석·재정·복종·수락의무를 지닌다.
② **권리** : 변호인선임권(형사소송법 제30조 제1항), 증거보전청구권(형사소송법 제184조 제1항), 진술거부권(형사소송법 제244조의3), 법관기피신청권(형사소송법 제18조 제1항), 방어권, 소송절차참여권(형사소송법 제163조 제1항) 등이 있다.

> **소송주체 및 피의자**
> • 소송주체 : 형사소송에서는 법원과 검사 및 피고인을 말하며, 민사소송에서는 법원과 소송당사자이다.
> • 피의자 : 죄를 범한 혐의로 수사기관의 수사대상이 되어 있는 자로서 아직 공소가 제기되지 않은 자. 공소가 제기되지 않았다는 점이 피고인과의 차이점이다.

4. 변호인 기출 21

① **의의** : 피고인의 방어력을 보충하기 위하여 선임된 제3자인 보조자로서 형사소송상 피고인의 정당한 이익 옹호를 임무로 하는 자이며, 소송주체에 해당하지는 않는다. 기출 22
② **권한** : 피고인과의 접견교통권(형사소송법 제34조), 피고인 및 증인심문권, 증거조사의 신청권(형사소송법 제290조, 제291조의2 제1항) 및 기록열람권(형사소송법 제35조 제1항), 상소심에서의 변론권, 구속의 취소 청구(형사소송법 제93조), 보석의 청구(형사소송법 제94조), 증거보전의 청구(형사소송법 제184조 제1항) 등
③ **의무** : 비밀엄수의무, 진실의무, 직무수행의 의무
④ **국선변호인을 선임하는 경우** 기출 23·19·11·08
  ㉠ 법원이 직권으로 선정(형사소송법 제33조 제1항)
    • 피고인이 구속된 때
    • 피고인이 미성년자인 때★
    • 피고인이 70세 이상인 때★
    • 피고인이 듣거나 말하는 데 모두 장애가 있는 사람인 때
    • 피고인이 심신장애가 있는 것으로 의심되는 때
    • 피고인이 사형, 무기 또는 단기 3년 이상의 징역이나 금고에 해당하는 사건으로 기소된 때★
  ㉡ 피고인의 청구에 의한 선정 : 피고인이 빈곤이나 그 밖의 사유로 변호인을 선임할 수 없는 경우(형사소송법 제33조 제2항)

03 수사

1. 의의
① 수사 : 형사사건에 관하여 공소를 제기하고 이를 유지·수행하기 위한 준비로서 범죄사실을 조사, 범인 및 증거를 발견하고 수집하는 수사기관의 활동
② 수사기관 : 검사, 사법경찰관리

> **수사의 일반원칙**
> - 임의수사의 원칙
> - 영장주의 원칙
> - 강제수사 법정주의 원칙
> - 수사비례의 원칙
> - 수사 비공개의 원칙 등

2. 수사의 개시
① 수사의 단서★ : 수사개시의 원인이 되는 수사기관의 주관적 혐의를 단서라고 한다. 수사의 단서로는 현행범 체포, 변사자 검시, 불심검문, 다른 사건 수사 중의 범죄 발견, 기사, 풍설, 고소, 고발, 자수, 진정, 범죄신고 등이 있다.

② 고소와 고발 기출 21·20·19·13·12·08·04 : 고소는 범죄의 피해자 기타 고소권자가 범죄사실을 수사기관에 신고하여 그 소추를 구하는 것이고, 고발은 범인 또는 고소권자 이외의 자(누구든지)가 수사기관에 범죄사실을 신고하는 것이다. 고소와 고발은 서면 또는 구술로써 검사 또는 사법경찰관에게 해야 한다(형사소송법 제237조 제1항).

고 소	고 발
고소권자(범죄로 인한 피해자 및 피해자의 법정대리인 등)만이 고소 가능 (형사소송법 제223조, 제225조)	범죄를 인지한 자는 누구든지 고발 가능 (형사소송법 제234조 제1항)
고소를 취하한 자는 다시 고소할 수 없음. 1심 판결 선고 전까지 고소를 취하할 수 있음 (형사소송법 제232조 제1항·제2항)	고발을 취소한 경우에도 다시 고발 가능
친고죄의 경우 범인을 알게 된 날로부터 6개월 내에 고소하여야 함 (형사소송법 제230조 제1항 본문)	기간 제한 없음
대리가 허용됨 (형사소송법 제236조)	대리가 허용되지 않음

③ 수사의 개시 : 검사와 사법경찰관(경무관, 총경, 경정, 경감, 경위)이 주관적으로 범죄의 혐의가 있다고 판단하는 때에는 객관적 혐의가 없을 경우에도 수사를 개시하도록 한다(형사소송법 제196조 제1항, 제197조 제1항).

3. 수사의 방법 기출 17

임의수사가 원칙이고, 강제수사는 예외적으로 법의 규정이 있을 때 가능하다.

① **임의수사** 기출 16·14
  ㉠ 의의 : 강제력을 행사하지 않고 당사자의 승낙을 얻어서 행하는 수사
  ㉡ 방법 : 출석요구, 참고인진술 청취, 통역·번역·감정의 위촉, 피의자 신문, 사실조회(형사소송법 제199조 제2항) 등

② **강제수사★**
  ㉠ 영장 없는 수사 : 현행범 체포(형사소송법 제212조), 특수한 경우의 압수, 수색, 검증(형사소송법 제216조 제1항 제2호) 등
  ㉡ 영장에 의한 수사 : 구속, 압수, 수색(형사소송법 제215조) 등
  ㉢ 수사기관의 청구에 의해서 법관이 하는 것 : 증거보전(형사소송법 제184조) 등

③ **수사의 종결** : 사법경찰관은 범죄를 수사한 후 신속히 관계서류와 증거물을 검사에게 송부하고, 검사는 사건의 기소 또는 불기소, 기타의 처분으로 수사를 종결한다.★

④ **검사의 처분** : 타관송치, 기소처분(공판청구, 약식명령청구), 불기소처분(혐의 없음, 공소권 없음, 기소유예, 공소보류, 죄가 아님)

04 체포와 구속

1. 영장에 의한 체포

① **영장 발부 요건★** : 피의자가 죄를 범하였다고 의심할 만한 상당한 이유가 있고, 정당한 이유 없이 수사기관의 출석에 응하지 아니하거나 응하지 아니할 우려가 있을 것을 요한다(형사소송법 제200조의2 제1항).

② **체포 후의 조치★** : 피의자를 체포한 후 구속을 계속하기 위해서는 48시간 내에 구속영장을 청구하여야 하며, 기간 내에 영장을 청구하지 않았거나 청구가 기각된 때에는 즉시 석방하여야 한다(형사소송법 제200조의2 제5항).

2. 영장 없이 체포가능한 경우 기출 16

① **현행범 체포** : 현행범은 누구든지 영장 없이 체포할 수 있다(형사소송법 제212조). 기출 22 체포된 현행범에 대하여 구속을 계속하려면 48시간 이내에 구속영장을 청구하여야 한다.★

> **현행범 체포** 기출 24·22
> • 범죄를 실행하고 있거나 실행하고 난 직후의 사람을 현행범인이라 한다(형사소송법 제211조 제1항).
> • 범인으로 불리며 추적되고 있을 때, 장물이나 범죄에 사용되었다고 인정하기에 충분한 흉기나 그 밖의 물건을 소지하고 있을 때, 신체나 의복류에 증거가 될 만한 뚜렷한 흔적이 있을 때, 누구냐고 묻자 도망하려고 할 때의 어느 하나에 해당하는 사람은 현행범인으로 본다(형사소송법 제211조 제2항).
> • 사법경찰관리가 현행범인의 인도를 받은 때에는 체포자의 성명, 주거, 체포의 사유를 물어야 하고 필요한 때에는 체포자에 대하여 경찰관서에 동행함을 요구할 수 있다(형사소송법 제213조 제2항).
> • 사법경찰관은 제212조의 규정(현행범인의 체포)에 의하여 피의자를 체포하는 경우에 필요한 때에는 영장 없이 체포현장에서의 수색을 할 수 있다(형사소송법 제216조 제1항 제2호).

② **긴급체포요건** : 사형·무기 또는 장기 3년 이상의 징역이나 금고에 해당하는 죄를 범하였다고 의심할 만한 상당한 이유가 있고, 도망 또는 도망칠 우려가 있는 경우 또는 증거인멸의 염려가 있는 경우일 것(형사소송법 제200조의3 제1항)

3. 구 속

① **구속요건** : 피의자가 죄를 범하였다고 의심할 만한 상당한 이유가 있으면서, 일정한 주거가 없는 경우·증거인멸의 우려가 있는 경우·도망하거나 도망할 염려가 있는 경우 중 하나에 해당할 때(형사소송법 제201조 제1항)★

② **구속기간**
　㉠ 사법경찰관과 검사는 10일의 범위 내에서 피의자를 구속할 수 있으며, 검사는 10일의 범위 내에서 1차에 한하여 지방법원판사의 허가를 받아 연장할 수 있다(형사소송법 제205조 제1항). ★
　㉡ 사법경찰관이 피의자를 구속한 때에는 10일 이내에 피의자를 검사에게 인치하지 아니하면 석방하여야 하며(형사소송법 제202조), 검사가 피의자를 구속한 때 또는 사법경찰관으로부터 피의자의 인치 받은 때에는 10일 이내에 공소를 제기하지 아니하면 석방하여야 한다(형사소송법 제203조).

05 수사의 종결

1. 의 의

수사의 단서로 개시된 수사절차가 공소제기·불기소처분 또는 타관송치에 의하여 종료되는 것을 말한다.

2. 불기소처분의 형태★

협의의 불기소 처분 (검찰사건사무규칙 제115조)	공소권 없음 처분 (동조 제3항 제4호)	피의자의 사망, 사면, 친고죄의 고소가 없는 경우, 반의사불벌죄에서 피해자가 처벌을 원하지 않는 경우 등 소추조건이 구비되지 않은 경우
	죄가 안 됨 처분 (동조 제3항 제3호)	피의사실이 범죄구성요건에는 해당하지만 법률상 범죄의 성립을 조각하는 사유(위법성조각사유 또는 책임조각사유)가 있어 범죄를 구성하지 않는 경우
	혐의 없음 처분 (동조 제3항 제2호)	증거가 불충분하거나 범죄가 인정되지 않는 경우
	각 하 (동조 제3항 제5호)	고소·고발 사건에서 혐의 없음·죄가 안 됨·공소권 없음 사유가 있음이 명백한 경우 등
	기소유예 (동조 제3항 제1호)	피의사실이 인정되나 범인의 연령, 성행, 지능과 환경, 피해자에 대한 관계, 범행의 동기, 수단과 결과, 범행후의 정황 등을 참작하여 소추를 필요로 하지 아니하는 경우
기소중지 (검찰사건사무규칙 제120조)		피의자나 참고인의 행방을 알 수 없는 경우 등 실질적으로 수사를 종결할 수 없는 경우 일시적으로 수사를 중지하는 것

06 공소제기

1. 의 의 기출 24·23·20·16·13

검사가 특정범죄에 관한 형벌권의 존부 및 범위를 확정하는 것을 목적으로 법원에 대하여 그 심판을 구하는 의사표시로 공소제기의 기본원칙은 다음과 같다.
① **국가소추주의**(형사소송법 제246조) : 사인소추를 인정하지 않고 국가기관만이 소추를 행할 수 있는 것
② **기소독점주의**(형사소송법 제246조) : 국가기관 중에서도 검사만이 소송제기의 권한을 갖는 것
③ **기소편의주의**(형사소송법 제247조) : 검사에게 기소·불기소에 관한 재량의 여지를 인정하는 것
④ **기소변경주의**(형사소송법 제255조) : 공소취소를 인정하는 제도로 공소의 취소는 검사만이 할 수 있고 공소취소의 사유에는 법률상 제한이 없다.

2. 공소의 효력 범위(형사소송법 제248조) 기출 24

① 공소의 효력은 검사가 피고인으로 지정한 자에게만 미친다.
② 범죄사실의 일부에 대한 공소의 효력은 범죄사실 전부에 미친다.

3. 공소시효의 기간(형사소송법 제249조 제1항)★ 기출 19

① 사형에 해당하는 범죄에는 25년
② 무기징역 또는 무기금고에 해당하는 범죄에는 15년
③ 장기 10년 이상의 징역 또는 금고에 해당하는 범죄에는 10년
④ 장기 10년 미만의 징역 또는 금고에 해당하는 범죄에는 7년
⑤ 장기 5년 미만의 징역 또는 금고, 장기 10년 이상의 자격정지 또는 벌금에 해당하는 범죄에는 5년
⑥ 장기 5년 이상의 자격정지에 해당하는 범죄에는 3년
⑦ 장기 5년 미만의 자격정지, 구류, 과료 또는 몰수에 해당하는 범죄에는 1년
※ 공소가 제기된 범죄는 판결의 확정이 없이 공소를 제기한 때로부터 25년을 경과하면 공소시효가 완성한 것으로 간주하고(형사소송법 제249조 제2항), 사람을 살해한 범죄(종범은 제외)로 사형에 해당하는 범죄에 대하여는 법에 규정된 공소시효를 적용하지 아니한다(형사소송법 제253조의2).

4. 공소의 취소(형사소송법 제255조) 기출 24

① 공소는 제1심판결의 선고 전까지 취소할 수 있다.
② 공소취소는 이유를 기재한 서면으로 하여야 한다. 단, 공판정에서는 구술로써 할 수 있다.

5. 소송요건★★

실체적 소송요건	형식적 소송요건
㉠ 공소시효의 만료 전일 것 ㉡ 확정판결이 없었을 것 ㉢ 사면이 없었을 것 ㉣ 범죄 후 법령개폐로 형이 폐지되지 않았을 것	㉠ 피고사건이 관할법원에 속할 것 ㉡ 공소기각의 판결·결정사유가 없을 것

07 공판절차

1. **의의와 기본원칙**
   ① 의의 : 공소가 제기되어 소송절차가 종결되기까지의 단계적 절차로서 형사소송의 중심이 된다.
      ㉠ 공판준비절차 : 공판기일에 있어서의 심리를 충분히 능률적으로 행하기 위한 준비로서 수소법원에 의하여 행하여지는 절차를 말한다.
      ㉡ 간이공판절차 : 피고인이 공판정에서 자백한 사건에 대하여 증거능력의 제한을 완화하는 등의 방법으로 심리를 신속하게 진행하기 위하여 인정되는 절차를 말한다. 기출 13
   ② 기본원칙★ : 공판중심주의, 제1심 중심주의, 공개주의, 구두변론주의, 직접심리주의, 계속심리주의

2. **공판절차의 순서** 기출 14
   ① 모두절차 : 피고인의 진술거부권 고지(형사소송법 제244조의3 제1항) → 인정신문(형사소송법 제284조) → 검사의 모두진술(형사소송법 제285조) → 피고인의 모두진술(형사소송법 제286조) → 쟁점정리(형사소송법 제287조 제1항)
   ② 사실심리절차 : 증거조사(검사, 피고인, 직권)(형사소송법 제290조) → 피고인 신문(형사소송법 제296조의2) → 최후변론(검사, 피고인, 변호인)(형사소송법 제302조, 제303조)
   ③ 판결선고절차 : 판결선고

3. **증 거**
   ① 의의 : 형사소송법상 법원에서 사실의 존부에 관한 확신을 주기 위한 자료를 말한다.
   ② 증거의 기본원칙 기출 20·13·11
      ㉠ 증거재판주의 : 사실의 인정은 증거에 의하여야 한다(형사소송법 제307조 제1항). 기출 21·20
      ㉡ 자유심증주의 : 증거의 증명력은 법관의 자유판단에 의한다(형사소송법 제308조). 기출 06
      ㉢ 위법수집증거배제원칙 : 적법한 절차에 따르지 아니하고 수집한 증거는 증거로 할 수 없다(형사소송법 제308조의2). 기출 21·20
      ㉣ 자백의 증거능력 : 피고인의 자백이 고문, 폭행, 협박, 신체구속의 부당한 장기화 또는 기망 기타의 방법에 의한 것으로 임의에 의한 진술이 아니라고 의심할만한 이유가 있는 때에는 이를 유죄의 증거로 하지 못한다(형사소송법 제309조). 기출 20
      ㉤ 불이익한 자백의 증거능력 : 피고인의 자백이 그에게 불이익한 유일한 증거인 때에는 이를 유죄의 증거로 하지 못한다(형사소송법 제310조). 기출 21·20
      ㉥ 전문증거의 증거능력 제한 : 전문증거란 사실인정의 기초가 되는 사실을 체험자 자신이 직접 진술하지 않고 타인의 증언이나 진술 등으로 간접적으로 법원에 보고하는 것으로, 전문증거는 증거능력을 인정받지 못한다(형사소송법 제310조의2). 기출 20

4. 재판의 확정★

① **상고법원의 판결** : 원칙적으로 선고와 동시에 확정된다.
② **제1·2심 재판** : 상소기간 중 상소를 제기함이 없이 상소기간을 경과하거나 상소의 포기 또는 취하에 의하여 확정된다.
③ **일사부재리(一事不再理)의 원칙** : 판결이 확정되면 기판력이 발생하여 동일한 범죄사실에 대하여 다시 공소를 제기하거나 심판을 할 수 없다.

5. 특별형사소송절차 기출 13

① **약식절차** : <u>공판절차 없이 서면심리만으로 피고인에게 벌금, 과료, 몰수를 과하는 간이 형사절차로, 검사가 청구한다</u>(형사소송법 제448조 제1항).
  ㉠ **청구대상** : 지방법원 관할사건으로 벌금·과료 또는 몰수에 처할 수 있는 사건, 단독판사 또는 합의부 관할 불문
  ㉡ **효력** : 정식재판의 청구기간이 경과하거나 그 청구의 취하 또는 청구기각의 결정이 확정된 때에는 확정판결과 동일한 효력발생(형사소송법 제457조)
  ㉢ **정식재판의 청구** : 약식명령을 고지받은 날로부터 7일 이내에 명령을 한 법원에 서면으로 청구(형사소송법 제453조 제1항·제2항)

② **즉결심판절차**
  ㉠ **청구권자** : 관할 경찰서장 또는 관할 해양경찰서장(즉결심판법 제3조 제1항)
  ㉡ **대상** : 20만원 이하의 벌금 또는 구류나 과료에 처하는 경미한 범죄사건(즉결심판법 제2조)
  ㉢ **효력** : 즉결심판이 확정되면 확정판결과 동일한 효력이 있으며(즉결심판법 제16조), <u>그 형의 집행은 경찰서장이 하고 그 집행결과를 지체 없이 검사에게 보고하여야 한다</u>(즉결심판법 제18조 제1항).

08 법원의 재판

1. 재판의 의의와 종류

① 재판의 형식에 의한 분류

판결(判決)	수소법원에 의한 종국재판의 원칙적 형식을 말하는 것으로 실체적 재판인 유죄·무죄판결과 형식적 재판 중 관할위반·공소기각·면소판결이 있다.
결정(決定)	수소법원에 의한 종국 전 재판의 원칙적 형식을 말한다. 종국 전 재판인 중간재판으로 보석허가결정, 증거신청에 대한 결정, 공소장변경허가결정이 이에 속하며, 종국재판으로 공소기각결정, 상소기각결정, 이송결정이 있다.
명령(命令)	법관(재판장·수명법관·수탁판사)이 하는 재판을 말하며, 명령은 모두 종국 전 재판이자 형식재판이다. 공판기일의 지정, 퇴정명령 등을 예로 들 수 있다(↔ 약식명령 ×)★

② **재판의 내용에 의한 분류** : 사건의 실체에 관하여 법률관계를 판단하는 실체적 재판, 사건의 실체에 관해서는 심리하지 않으며 절차적, 형식적 법률관계를 판단하는 형식적 재판으로 분류한다.
③ **재판의 기능에 의한 분류** : 종국재판에 이르기까지의 절차에 관한 종국 전 재판(중간재판), 소송을 그 심급에서 종결하도록 하는 종국재판으로 분류한다.

2. 종국재판 기출 22·19·17·16·12

구분	내용
유죄판결	사건의 실체에 관하여 피고인 범죄사실의 증명이 있는 때
무죄판결 (형사소송법 제325조)	• 피고사건이 범죄로 되지 아니하는 때(구성요건해당성이 없거나 또는 위법성조각사유나 책임조각사유가 존재한다는 것이 밝혀진 경우) • 범죄사실의 증명이 없는 때
관할위반의 판결 (형사소송법 제319조)	피고사건이 법원의 관할에 속하지 아니하는 때
공소기각의 결정 (형사소송법 제328조 제1항)	두 공·취·사·소 / 수·법·계·관·경 / 범·사·포·아 • 공소가 취소되었을 때(제1호) • 피고인이 사망하거나 또는 피고인인 법인이 존속하지 아니하게 되었을 때(소멸)(제2호) • 동일사건이 사물관할을 달리하는 수개의 법원에 계속되거나 관할이 경합하는 경우(제12조 또는 제13조)의 규정과 관련하여 재판할 수 없는 때(제3호) • 공소장에 범죄가 될 만한 사실이 포함되지 아니할 때(제4호)
공소기각의 판결 (형사소송법 제327조)	두 재·절·무 / 위반 공소 / 친·반 • 피고인에 대하여 재판권이 없을 때(제1호) • 공소제기의 절차가 법률의 규정을 위반하여 무효일 때(제2호) • 공소가 제기된 사건에 대하여 다시 공소가 제기되었을 때(제3호) • 제329조(공소취소와 재기소)를 위반하여 공소가 제기되었을 때(제4호) • 고소가 있어야 공소를 제기할 수 있는 사건(친고죄)에서 고소가 취소되었을 때(제5호) • 피해자의 명시한 의사에 반하여 공소를 제기할 수 없는 사건(반의사불벌죄)에서 처벌을 원하지 아니하는 의사표시를 하거나 처벌을 원하는 의사표시를 철회하였을 때(제6호)
면소판결 (형사소송법 제326조)	두 확·사·시·폐 • 확정판결이 있은 때(제1호) • 사면이 있은 때(제2호) • 공소시효가 완성되었을 때(제3호) • 범죄 후 법령개폐로 형이 폐지되었을 때(제4호)

- 공소기각의 재판(공소기각판결, 공소기각결정)을 할 것이 명백한 사건에 관하여는 피고인의 출석을 요하지 아니한다. 이 경우 피고인은 대리인을 출석하게 할 수 있다(형사소송법 제277조 제2호). 기출 22
- 공소사실이 모두 증명되었더라도 피고사건이 범죄로 되지 아니한다면, 즉 구성요건해당성이 없거나 위법성조각사유나 책임조각사유가 있다면 판결로써 무죄를 선고하여야 한다(형사소송법 제325조 전단). 기출 22
- 무죄, 면소, 형의 면제, 형의 선고유예, 형의 집행유예, 공소기각 또는 벌금이나 과료를 과하는 판결이 선고된 때에는 구속영장은 효력을 잃는다(형사소송법 제331조). 기출 22

09 상소제도와 비상구제절차

1. **상소제도** 기출 20·16·14·13

   ① 의의 : 상소라 함은 미확정 재판에 대하여 상급법원에 구제적 재판을 구하는 불복신청의 제도를 말한다. 상소할 수 있는 자에는 검사와 피고인 및 피고인의 법정대리인이 있다(형사소송법 제338조 제1항, 제340조). 기출 24

   ② 특 징★★
   - ㉠ 상소는 재판의 일부에 대하여 할 수 있다(형사소송법 제342조 제1항). 기출 24
   - ㉡ 피고인의 법정대리인은 피고인을 위하여 상소할 수 있다(형사소송법 제340조). 기출 23
   - ㉢ 상소의 제기는 그 기간 내에 서면으로 하고, 상소의 제기기간은 재판을 선고 또는 고지한 날로부터 진행된다(형사소송법 제343조). 기출 24
   - ㉣ 상소(항소·상고)의 제기기간은 7일로 한다(형사소송법 제358조, 제374조). 단, 항고와 관련하여 보통항고의 시기는 즉시항고(제기기간은 7일, 형사소송법 제405조) 외에는 언제든지 할 수 있는 것이 원칙이다. 기출 23·22·20
   - ㉤ 상소장(항소장·상고장·항고장)은 원심법원에 제출하여야 한다(형사소송법 제359조, 제375조, 제406조). 기출 24·20

   ③ 상소제도의 필요성 : 오판의 시정, 원심재판으로 인한 피고인의 불이익을 구제한다.

   ④ 상소의 종류 기출 23·21

항 소	제1심 판결에 대한 상소를 말한다. 단독판사의 제1심 판결은 지방법원 합의부에 항소하고, 지방법원 합의부의 제1심 판결은 고등법원에 항소한다.
상 고	제2심 판결에 대한 상소를 말한다. 예외적으로 제1심 판결에 대해서도 상고가 허용된다. 원칙적으로 법률심이며, 관할 법원은 대법원, 상고심의 판결에 대해서는 상소가 허용되지 아니하고, 다만 오류정정신청제도를 두고 있다.
항 고	법원의 결정에 대한 상소이다. 특별항고와 재항고사건은 대법원 관할이다. 기출 20

   ⑤ 3심제(심급제도)★
   - ㉠ 민·형사사건 중 단독사건 : 지방법원(지원) 단독판사 → 지방법원 본원 합의부(항소부) → 대법원
   - ㉡ 민·형사사건 중 합의사건 : 지방법원(지원) 합의부 → 고등법원 → 대법원
   - ㉢ 군사재판 : 보통군사법원 → 고등군사법원 → 대법원
   - ㉣ 행정소송 : 행정법원 → 고등법원 → 대법원

   ⑥ 불이익변경금지의 원칙
   - ㉠ 불이익변경금지의 원칙은 피고인이 상소한 사건 또는 피고인을 위하여 상소한 사건에 대하여 원심판결의 형보다 무거운 형을 선고할 수 없다는 원칙이다(형사소송법 제368조).★
   - ㉡ 검사 단독으로 상소한 사건에는 원심의 형보다 무거운 형의 선고도 가능하다.★

2. 비상구제절차

① 재심 기출 21·19·15

㉠ 의의 : <u>유죄의 확정판결에 대하여 주로 사실인정의 부당을 시정하기 위하여 인정되는 절차</u>로 확정판결에 있어서의 사실인정의 과오를 시정함으로써 그 확정판결에 의해서 불이익을 받는 피고인을 구제할 수 있다(형사소송법 제420조 내지 제440조).

㉡ 대상 : 재심은 원칙적으로 유죄의 확정판결에 대해서만 인정되지만 항소 또는 상고를 기각한 판결에 대해서도 인정된다.

㉢ 내용

재심의 사유 (형사소송법 제420조)	• 원판결의 증거가 된 서류 또는 증거물이 확정판결에 의하여 위조되거나 변조된 것임이 증명된 때(제1호) • 원판결의 증거가 된 증언, 감정, 통역 또는 번역이 확정판결에 의하여 허위임이 증명된 때(제2호) • 무고(誣告)로 인하여 유죄를 선고받은 경우에 그 무고의 죄가 확정판결에 의하여 증명된 때(제3호) • 원판결의 증거가 된 재판이 확정재판에 의하여 변경된 때(제4호) • 유죄를 선고받은 자에 대하여 무죄 또는 면소를, 형의 선고를 받은 자에 대하여 형의 면제 또는 원판결이 인정한 죄보다 가벼운 죄를 인정할 명백한 증거가 새로 발견된 때(제5호) • 저작권, 특허권, 실용신안권, 디자인권 또는 상표권을 침해한 죄로 유죄의 선고를 받은 사건에 관하여 그 권리에 대한 무효의 심결 또는 무효의 판결이 확정된 때(제6호) • 원판결, 전심판결 또는 그 판결의 기초가 된 조사에 관여한 법관, 공소의 제기 또는 그 공소의 기초가 된 수사에 관여한 검사나 사법경찰관이 그 직무에 관한 죄를 지은 것이 확정판결에 의하여 증명된 때. 다만, 원판결의 선고 전에 법관, 검사 또는 사법경찰관에 대하여 공소가 제기되었을 경우에는 원판결의 법원이 그 사유를 알지 못한 때로 한정한다(제7호). ※ 상소기각 판결에 대해서는 전조 제1호, 제2호, 제7호만 재심사유에 해당한다(형사소송법 제421조 제1항).
재심의 재판	• 재심심판절차도 일반 공판절차에 관한 규정이 그대로 적용된다. • 재심에는 원판결의 형보다 무거운 형을 선고할 수 없다[불이익변경의 금지(형사소송법 제439조)]. • 재심에서 무죄의 선고를 한 때에는 그 판결을 관보와 그 법원소재지의 신문지에 기재하여 공고하여야 한다[무죄판결의 공시(형사소송법 제440조 본문)]. • 재심의 청구는 원판결의 법원이 관할한다(형사소송법 제423조). • 재심의 청구는 형의 집행을 종료하거나 형의 집행을 받지 아니하게 된 때에도 할 수 있다(형사소송법 제427조). • 재심의 청구는 형의 집행을 정지하는 효력이 없다. 단 관할법원에 대응한 검찰청검사는 재심청구에 대한 재판이 있을 때까지 형의 집행을 정지할 수 있다(형사소송법 제428조). • 재심의 청구를 취하한 자는 동일한 이유로써 다시 재심을 청구하지 못한다(형사소송법 제429조 제2항). • 재심의 청구가 법률상의 방식에 위반하거나 청구권의 소멸 후인 것이 명백한 때에는 결정으로 기각하여야 한다(형사소송법 제433조).

빈칸 채우기

재심

⋯ 유죄의 (❶)판결에 대하여 주로 (❷)의 부당을 시정하기 위하여 인정되는 절차로 불이익을 받는 피고인을 (❸)할 수 있다.

❶ 확정 ❷ 사실인정 ❸ 구제 정답

② 비상상고 기출 17
  ㉠ 의의 : 확정판결에 대하여 그 심판의 법령위반을 이유로 하여 인정되는 비상구제절차로서 신청권자가 검찰총장에 국한되고 관할법원은 대법원이며, 법령의 해석·적용의 과오를 시정하는 데에 목적이 있어 판결의 효력이 피고인에게 미치지 아니한다는 점에서 재심과 구별된다.★
  ㉡ 절차
    • 비상상고의 신청은 검찰총장의 재량으로 대법원에 대하여 행할 수 있다(형사소송법 제441조).
    • 비상상고를 함에는 이유를 기재한 신청서를 대법원에 제출하여야 한다(형사소송법 제442조).
    • 비상상고의 신청에 대하여는 기간의 제한이 없다.★
    • 형의 시효, 공소시효에 구애되지 않고 신청을 할 수 있고, 판결확정 후 언제든지 할 수 있다.
    • 비상상고의 취하에 대하여는 명문상 규정은 없으나 검찰총장이 필요하다고 판단하는 경우에는 비상상고의 판결이 있을 때까지 취하할 수 있다.★
    • 공판기일에는 검사가 출석을 하여야 하며, 검사는 신청서에 의하여 진술하여야 한다(형사소송법 제443조). 공판기일에 피고인의 출석은 요하지 않는다.★
    • 피고인이 변호인을 선임하여 공판기일에 의견을 진술할 수 있는가에 대하여 법률적 의견을 개진할 기회가 부여되어야 한다.
    • 대법원은 신청서에 포함된 이유에 한하여 조사하여야 한다(형사소송법 제444조 제1항). 따라서 직권조사가 이뤄질 수 없다. 다만, 법원의 관할, 공소의 수리와 소송절차에 관하여는 사실조사를 할 수 있다(형사소송법 제444조 제2항).
    • 비상상고가 이유 없다고 인정한 때에는 판결로써 이를 기각하여야 한다(형사소송법 제445조). 또 이유 있다고 인정한 때에도 원칙적으로 원판결의 법령위반의 부분 또는 법령위반의 원심소송절차(原審訴訟節次)를 파기하는데 그친다(형사소송법 제446조).★
  ㉢ 비상상고의 필요성 : 법령의 해석·적용에 통일을 기할 수 있다.
  ㉣ 비상상고에 의한 판결의 효력(형사소송법 제447조) : 비상상고의 판결은 원판결이 피고인에게 불이익하여 파기자판하는 경우를 제외하고는 그 효력이 피고인에게 미치지 않는다. 즉, 부분파기하는 경우에 원판결의 판결주문은 그대로 효력을 가지며, 따라서 판결은 원칙적으로 이론적 효력이 있을 뿐이다.★

빈칸 채우기

비상상고
→ 확정판결에 대하여 그 심판의 법령위반을 이유로 하여 인정되는 비상구제절차로서 신청권자가 (❶)에 국한되고 관할 법원은 (❷)이며, 법령의 해석·적용의 과오를 시정하는 데에 목적이 있어 판결의 효력이 (❸)에게 미치지 아니한다는 점에서 재심과 구별된다.

정답 ❶ 검찰총장 ❷ 대법원 ❸ 피고인

1 상법총칙
01 상법의 의의
02 기업의 인적 요소와 물적 요소 등
03 상행위

2 회사법
01 회사의 개념과 종류
02 회사의 설립, 합병·해산 등

3 보험법
01 보험의 개념
02 손해보험
03 인보험

최다 출제 POINT & 학습목표

1. 상법총칙에서는 상법의 특색, 법원, 상인의 종류에 대해 살펴보고 상업사용인의 개념을 파악하며 상호와 상업장부, 상업등기, 상행위 등을 개념 위주로 학습한다.
2. 회사법 부분에서는 회사의 종류를 알아두고 특히 주식회사의 구성과 전반적인 제도에 대해 학습한다.
3. 보험법에서는 보험의 종류와 보험계약에 대해 살펴보고 손해보험과 인보험에 대해 학습한다.
4. 상법에서는 개념 위주의 문제가 출제되므로 교재에 수록된 상법의 핵심이론을 파악하고 자주 출제되는 문제를 숙지한다.

CHAPTER 05

상법 일반

CHAPTER 05 상법 일반

01 영업의 특정한 종류 또는 특정한 사항에 대한 위임을 받은 사용인에 관한 사항은 등기사항이다. 기출 20 ( )

02 지배인의 선임과 그 대리권의 소멸에 관한 사항은 등기사항이다. 기출 20 ( )

03 회사는 다른 회사의 무한책임사원이 될 수 있다. 기출 19 ( )

04 합명회사는 무한책임사원과 유한책임사원으로 조직한다. 기출 18 ( )

05 합명회사의 설립의 무효는 그 사원에 한하여, 설립의 취소는 그 취소권 있는 자에 한하여 회사성립의 날로부터 2년 내에 소만으로 이를 주장할 수 있다. 기출 16 ( )

06 유한회사는 사원의 지분에 관하여 지시식 또는 무기명식의 증권을 발행하지 못한다. 기출 24 ( )

07 상법상 주식회사의 최고의결기관은 주주총회이다. 기출 20 ( )

08 타인과 영업의 손익 일부를 같이 하는 계약은 상법상 주주총회의 특별결의사항에 해당한다. 기출 19 ( )

09 보험계약은 사행계약(射倖契約)이 아니다. 기출 18 ( )

10 상법상 보험계약의 보험수익자는 인보험에서만 존재한다. 기출 20 ( )

11 보험료 반환의무는 보험계약자가 부담한다. 기출 20 ( )

12 보험계약의 직접 당사자로서 보험사고가 발생한 경우에 보험금을 지급할 의무를 지는 자는 보험계약자이다. 기출 19 ( )

13 생명보험, 보증보험, 해상보험, 책임보험 중 상법상 손해보험의 종류가 아닌 것은 생명보험이다. 기출 21·18·15·14 ( )

14 설명의무 위반 시 보험계약자는 보험계약이 성립한 날부터 3개월 이내에 그 계약을 취소할 수 있다. 기출 21
(   )

15 상법상 피보험자가 보험기간 중에 사고로 인하여 제3자에게 배상할 책임을 지는 경우에 이를 보상하는 보험은 책임보험이다. 기출 19
(   )

16 합명회사의 재산으로 회사의 채무를 완제할 수 없는 때에는 각 사원은 연대하여 변제할 책임이 있다. 기출 23
(   )

17 상법상 소멸시효에 관한 설명이다. (   )에 들어갈 숫자는 순서대로 3, 3, 2이다. 기출 23   (   )

> 보험금청구권은 (   )년간, 보험료 또는 적립금의 반환청구권은 (   )년간, 보험료청구권은 (   )년간 행사하지 아니하면 시효의 완성으로 소멸한다.

18 법원은 회사의 설립목적이 불법한 것인 때 검사의 청구에 의하여 회사의 해산을 명할 수 있다. 기출 22
(   )

19 주주의 제명은 상법상 주식회사에서 허용될 수 없다. 기출 22   (   )

20 유한책임회사의 대표기관은 대표이사이다. 기출 24   (   )

▶ 정답과 해설 ◀   01 × 02 ○ 03 × 04 × 05 ○ 06 ○ 07 ○ 08 × 09 × 10 ○
11 × 12 × 13 ○ 14 ○ 15 ○ 16 ○ 17 ○ 18 ○ 19 ○ 20 ×

✓ **오답분석**

01 영업의 특정한 종류 또는 특정한 사항에 대한 위임을 받은 사용인에 관한 사항은 등기사항이 아니라 대항요건에 해당한다(상법 제15조 제2항, 제11조 제3항).

03 회사는 다른 회사의 무한책임사원이 되지 못한다(상법 제173조).

04 합자회사는 무한책임사원과 유한책임사원으로 조직한다(상법 제268조).

08 타인과 영업의 손익 전부를 같이 하는 계약이 상법상 주주총회의 특별결의사항에 해당한다(상법 제374조 제1항 제2호).

09 사행계약이란 계약당사자가 이행하여야 할 급여의무 또는 급여내용의 전부 또는 일부가 계약성립 시부터 불확실성에 의존하여 있는 계약을 말한다. 보험계약은 우연한 사고의 발생으로 인하여 보험금액의 액수가 정해지므로 대표적인 사행계약에 해당한다.

11 보험료 반환의무를 지는 자는 보험료를 수령하는 보험자가 부담하는 것이고, 보험계약자는 보험료 지불의무가 있는 자이다.

12 보험료를 받는 대신에 보험사고 발생 시 보험금 지급의무를 지는 보험회사를 보험자라고 한다.

20 업무집행자는 유한책임회사를 대표한다(상법 제287조의19 제1항).

CHAPTER 05 상법 일반

1 상법총칙

01 상법의 의의

1. 상법의 특색 ★★

영리성	영리성은 자본주의사회에서 기업활동의 본질이고, 상법상의 기본 개념인 상인, 상행위, 회사 등은 이 영리성을 기초로 성립한다.
집단성·반복성	경제사회가 대규모화됨에 따라서 거래가 집단적·반복적으로 행하여지고, 기업은 인적으로나 물적으로나 조직화되어 노력의 보충과 자본집중의 촉진을 꾀할 것을 필요로 하게 되었다.
획일성·정형성	집단적으로 반복하여 이루어지는 기업활동에 있어서는 상사거래의 정형화가 요청된다.
공시주의	기업활동에 있어 거래의 안전을 보호하기 위해 상업등기나 회사의 중요사항에 대한 등기 및 공고제도 등이 발달하게 된다.
기업책임의 가중과 경감	기업의 신용유지 및 거래상대방의 보호를 위한 상사연대책임·무과실책임을 규정하고, 한편 기업 자체의 보호를 위해 주주의 인적 유한책임 등과 같이 기업의 책임을 경감한다.
기업의 유지 강화	기업의 유지를 도모하고 기업의 해체에서 오는 손실을 방지하기 위하여 자본의 집중(회사의 합병·설립), 위험의 분산(보험제도), 기업의 독립성 확보(독립법인으로서의 회사제도) 등을 규정하고 있다.
기술성·진보성	• 상법은 기업법으로서 기업생활의 합리적 규제를 목적으로 하는 것이므로 전체로서 기술적·전문적인 성격을 띠게 된다. • 기업생활관계에서 나타나는 기술은 자본주의의 합리적 정신에 기한 경제적 수요에 따라 진보·발전하게 되는데, 여기서 상법은 민법에 비하여 진보적이고 유동적인 경향을 띠게 된다.
세계성·통일성	상법은 세계적·통일적인 경향을 가장 많이 보인다고 할 수 있다. 예컨대 선박충돌 및 해난구조에 관한 조약, 선하증권통일조약, 어음법통일조약, 수표법통일조약 등이 그 예이다.

2. 상법의 법원

상법 제1조는 "상사에 관하여 본법에 규정이 없으면 상관습법에 의하고 상관습법이 없으면 민법의 규정에 의한다"고 규정하여 상법과 상관습법이 없는 경우 민법은 보충적으로 적용된다. 기출 24·23

상사제정법	상법전, 상사특별법령, 상사관계조약과 국제법규 등이 있다.
상관습법	기업에 관한 관행이 일반의 법적 확신에 의해 확립된 것으로 성문법의 보충적 효력을 갖는 법원이 된다.
상사자치법	회사의 정관 등의 자치법규도 법원이 된다(단, 반대설도 있음).

02 기업의 인적 요소와 물적 요소 등

1. 상인 기출 12·11

상인은 기업활동에 있어서 권리의무가 귀속되는 기업의 주체로 상인의 행위는 영업을 위하여 하는 것으로 추정한다(상법 제47조 제2항).

① 상인의 종류
- ㉠ 당연상인(고유상인) : 자기명의로 상행위를 하는 자이다(상법 제4조). 기본적 상행위뿐만 아니라 타인의 영업을 대리하는 경우, 타인의 계산으로 타인의 영업수단을 이용하는 경우, 타인의 명의로 신고·납세하는 경우도 포함한다.
- ㉡ 의제상인 : 점포 기타 유사한 설비에 의하여 상인적 방법으로 영업을 하는 자와 회사는 상행위를 하지 아니하더라도 상인으로 본다(상법 제5조).
- ㉢ 소상인 : 소규모 상인으로서 자본금이 1,000만원 미만으로 회사가 아닌 자를 말한다(상법 시행령 제2조). 이러한 소상인에 대하여는 지배인, 상호, 상업장부와 상업등기에 관한 규정의 적용을 받지 않는다(상법 제9조).

② 상인자격의 취득과 상실

구 분	취 득	상 실
회 사	설립등기	청산종결
회사 외의 법인·자연인	영업준비행위의 객관적 인정	기업활동의 사실상 종결

2. 상업사용인(영업보조자)

상인에 종속하여 기업상의 활동을 보조하는 자를 상업사용인이라 하는데, 대리권의 범위를 기준으로 하여 지배인, 부분적 포괄대리권을 가진 사용인, 물건판매점포의 사용인 등으로 나눌 수 있다.

① 지배인
- ㉠ 의의 : 상인인 영업주에 갈음하여 그 영업에 관한 재판상 또는 재판 외의 모든 행위를 할 수 있는 경영보조자이다(상법 제11조 제1항). 기출 20 보통 지점장, 지사장 등이 이에 속한다. 이사는 지배인이 될 수 있으나 감사는 불가능하다.
- ㉡ 지배인의 선임과 종임
  - 소상인·청산회사·파산회사는 지배인의 선임이 불가능하고 금치산·영업폐지·회사해산 등의 사유로 종임된다.
  - 지배인의 선임과 그 대리권의 소멸에 관하여 영업소(회사의 경우 본점을 말한다)의 소재지에서 등기하여야 한다(상법 제13조).

ⓒ 지배인의 권한
- 정형성·포괄성, 영업에 관한 재판상 또는 재판 외의 모든 행위를 할 권한(상법 제11조 제1항)
- 지배인이 아닌 점원 기타 사용인 선임·해임 가능(상법 제11조 제2항), 지배인의 선임에 관한 대리권을 수여받은 경우는 지배인도 선임 가능
- 대리권의 제한은 명칭 여하에 불구하고 선의의 제3자에게 대항 불가(상법 제11조 제3항)

ⓔ 행위의 판단 : 지배인의 행위가 영업주의 영업에 관한 것인가의 여부는 지배인의 행위 당시의 주관적인 의사와는 관계없이 객관적 성질에 따라 추상적으로 판단하여야 한다. ★

ⓜ 공동지배인과 표현지배인

공동지배인	능동대리는 공동으로, 수동대리는 단독으로 한다. 수인의 지배인과는 구별된다(상법 제12조).
표현지배인	지배인이 아니면서 본점 또는 지점의 본부장, 지점장, 그 밖에 지배인으로 인정될 만한 명칭을 사용하는 자는 본점 또는 지점의 지배인과 동일한 권한이 있는 것으로 본다. 다만, 재판상 행위에 관하여는 그러하지 아니하다(상법 제14조 제1항). 즉, 재판 외의 행위에 대하여 지배인과 같은 포괄적인 대리권이 있는 것으로 간주되므로 영업주가 표현지배인이 한 행위에 대하여 책임을 부담한다.

ⓗ 회사별 지배인 선임방법★★

합명회사	총사원 과반수의 결의(업무집행사원이 있는 경우에도, 상법 제203조)
합자회사	무한책임사원 과반수의 결의(업무집행사원이 있는 경우에도, 상법 제274조)
주식회사	이사회 결의(상법 제393조 제1항)
유한회사	이사 과반수 결의 또는 사원총회의 보통결의(상법 제564조 제1항·제2항)

② 부분적 포괄대리권을 가진 사용인 : 영업의 특정한 종류 또는 특정한 사항(예 판매, 구입, 대부, 출납 등)에 대한 위임을 받은 사용인을 말하며, 이에 관한 재판 외의 모든 행위를 할 수 있다(상법 제15조 제1항). 지배인과 달리 등기사항은 아니다. 기출 20

③ 물건판매점포의 사용인 : 원칙적으로 대리권이 없으나 법은 판매에 관한 모든 권한이 있는 것으로 본다(상법 제16조 제1항). 외관이 중요하므로 점포를 떠난 판매외무사원은 제외된다.

④ 상업사용인의 의무(경업회피의무)(상법 제17조)
ⓐ 의의 : 상업사용인은 영업주의 허락 없이 자기 또는 제3자의 계산으로 영업주의 영업부류에 속한 거래를 하거나 회사의 무한책임사원, 이사 또는 다른 상인의 사용인이 되지 못한다(제1항).
ⓑ 효과 : 거래행위 자체는 유효하나 영업주는 손해배상청구권, 해임권(제3항), 개입권의 행사가 가능하다(제4항).
ⓒ 영업주의 개입권 : 상업사용인이 얻은 이득을 영업주에게 귀속시킬 수 있는 권리(상업사용인이 자기의 계산으로 한 경우는 경제적 효과를 귀속시킬 수 있고 타인의 계산으로 한 경우는 상업사용인이 얻은 이득의 양도를 청구할 수 있음)(상법 제17조 제2항)이며, 개입권 행사 후에도 손해배상청구 및 해임이 가능하다(상법 제17조 제3항). 단, 다른 회사의 무한책임사원·이사 또는 다른 상인의 상업사용인이 된 경우에는 개입권은 행사할 수 없다.

3. 상 호

① **의의** : 상인이 영업상 자기를 표시하기 위해 사용하는 명칭(영업의 통일성을 위해)이다. 상인은 원칙적으로 상호를 선정하여 사용할 권리를 가진다(상호자유주의)(상법 제18조).

② **상호의 선정★** : 상호자유주의 + 약간의 제한(회사라는 명칭, 회사의 종류)(상법 제19조), 상호단일주의(수개의 영업에 하나의 상호 가능, 회사는 항상 1개의 상호, 지점은 본점과의 종속관계 표시)(상법 제21조)

③ **상호권★**
  ㉠ **상호사용권** : 적극적 권리, 적법하게(타인의 상호사용권을 침해하지 않고) 선정 및 사용할 수 있는 권리를 말한다.
  ㉡ **상호전용권** : 소극적 권리, 타인이 부정목적으로 동일 또는 유사한 상호의 사용을 배제하는 권리이다.
  ㉢ **등기의 효력** : 동종영업 상호로 등기 불가하고(상법 제22조), 등기상호의 사용시 부정목적이 추정(→ 입증책임의 전환으로 상호전용권의 강화)된다.★

④ **의 무**
  ㉠ 회사의 상호에는 그 종류에 따라 합명회사, 합자회사, 유한책임회사, 주식회사 또는 유한회사의 문자를 사용하여야 한다(상법 제19조).★
  ㉡ 회사가 아니면 상호에 회사임을 표시하는 문자를 사용하지 못한다. 회사의 영업을 양수한 경우에도 같다(상법 제20조).★
  ㉢ 동일한 영업에는 단일상호를 사용하여야 한다(상법 제21조 제1항).

⑤ **상호의 양도**
  ㉠ 상호는 영업을 폐지하거나 영업과 함께 하는 경우에 한하여 이를 양도할 수 있다(상법 제25조 제1항).★
  ㉡ 상호의 양도는 등기하지 아니하면 제3자에게 대항하지 못한다(상법 제25조 제2항).★

⑥ **상호불사용의 효과** : 상호를 등기한 자가 정당한 사유 없이 2년간 상호를 사용하지 아니하는 때에는 이를 폐지한 것으로 본다(상법 제26조).

4. 상업장부

① 상인이 그 기업의 재산 상태를 명백히 하기 위하여 상법상의 의무로서 작성하는 장부를 상업장부라 한다.
② 상업장부에는 영업상의 재산 및 손익의 상황을 명백히 하기 위하여 작성하는 회계장부와 대차대조표(재무상태표)가 있다(상법 제29조 제1항 참고).★
③ 상인은 10년간 상업장부와 영업에 관한 중요서류를 보존하여야 한다. 다만, 전표 또는 이와 유사한 서류는 5년간 이를 보존하여야 한다(상법 제33조 제1항).★

빈칸 채우기

상업장부

⋯ 상업장부에는 영업상의 재산 및 손익의 상황을 명백히 하기 위하여 작성하는 (❶)와 (❷)(재무상태표)가 있다.
⋯ 상인은 (❸)년간 상업장부와 영업에 관한 중요서류를 보존하여야 한다. 다만, 전표 또는 이와 유사한 서류는 (❹)년간 이를 보존하여야 한다.

정답 ❶ 회계장부 ❷ 대차대조표 ❸ 10 ❹ 5

5. 상업등기

① 의 의
  ㉠ 영업에 관한 중요한 사항을 상법의 규정에 의하여 상업등기부에 등기하는 것을 상업등기라 한다.
  ㉡ 상업등기부에는 상호, 미성년자, 법정대리인, 지배인, 합자조합, 합명회사, 합자회사, 유한책임회사, 주식회사, 유한회사, 외국회사에 관한 11종이 있다(상업등기법 제11조 제1항).

② 효 력★
  ㉠ 일반적 효력 : 등기·공고 전에는 선의 제3자에게 대항하지 못하고(등기의 소극적 공시의 원칙), 등기·공고 후에는 선의의 제3자에게도 대항 가능하다(등기의 적극적 공시의 원칙)(상법 제37조 제1항 반대해석).
  ㉡ 특수한 효력
    • 창설적(확정적) 효력 : 회사의 설립·합병·분할등기로 효력 발생
    • 보완적 효력 : 하자의 치유, 설립 시 또는 증자 시 주식인수인의 인수 취소불가
    • 부수적(해제적) 효력 : 설립등기로 주권발행 및 주식양도, 인적회사사원의 책임소멸시효의 기산일
      → 상호양도등기

6. 영업의 양도

① 의의 : 영업의 양도란 기업의 동일성을 유지하면서 포괄적 일체인 영업 자체를 양도하여 소유와 경영의 법적 관계에 변동을 가져오는 것을 말한다. 동일성이 유지되면 일부 양도도 가능하다.★

② 영업양도의 효과
  ㉠ 대내적 효과 : 영업재산의 이전(개별적인 이전 절차), 제3자에 대한 대항요건구비, 경업피지의무, 동일·인접 행정구역에서 동종의 영업행위를 할 수 없다. 기간의 무약정 시에는 10년, 약정 시에는 20년 내에서 유효하다(상법 제41조).★
  ㉡ 대외적 효과 : 선의 변제자의 면책, 양수인은 원칙적으로 상호 사용 시에는 책임이 있으나 상호불사용 시에는 책임이 없다(상법 제42조 제1항).★
  ㉢ 소멸 : 영업양수인이 변제의 책임이 있는 경우에는 양도인의 제3자에 대한 채무는 영업양도 또는 광고 후 2년이 경과하면 소멸한다(상법 제45조).★

03 상행위

1. 의의 및 종류

① '상행위'란 실질적으로는 영리에 관한 행위이며 형식적으로는 상법과 특별법에서 상행위로서 규정한 행위를 말한다.
② 대부분의 상행위는 상인이 영리를 목적으로 하는 영업행위를 말하며, 영업적 상행위 또는 기본적 상행위라고도 한다. 그리고 이 기본적 상행위 이외에 영업을 위하여 하는 행위를 보조적 상행위 또는 부속적 상행위라고 한다.★

2. 상행위의 총칙적 규정
① 상행위 일반에 관한 특칙 : 상행위는 영리를 목적으로 하는 상인의 행위로서 반복·계속되는 것이므로, 그 거래의 신속·원활을 기하기 위해서 민법에 대한 특칙을 규정하고 있다.
② 매매에 관한 특칙 : 상인 간의 매매에 있어 매수인이 그 영수한 목적물을 즉시 살피고 이의가 없는 한 매도인은 후일에 제기되는 이의에 응하지 아니하는 등 약간의 특칙을 규정하고 있다.
③ 상호계산 : 상인 상호 간 또는 상인과 비상인 간에 이루어지는 계속적 거래관계에서 일정한 기간의 거래로 인한 채권·채무의 총액을 상계하고 그 잔액을 지불할 것을 계약하는 대차결제방법이다(상법 제72조).
④ 익명조합 : 상인이 그 영업을 위하여 타인으로부터 재산의 출자를 받고 이에 대하여 영업이익을 분배할 것을 약속하는 계약관계이다(상법 제78조). 이 익명조합은 경제적으로는 공동기업의 한 형태이나 법적으로는 영업자의 단독기업이다. 따라서 익명조합원은 출자의 의무와 이익배당의 권리가 있으며 제3자에 대하여 권리나 의무가 없다(상법 제80조). ★

3. 용어의 정리

합자조합	조합의 업무집행자로서 조합의 채무에 대하여 무한책임을 지는 조합원과 출자가액을 한도로 하여 유한책임을 지는 조합원이 상호출자하여 공동사업을 경영할 것을 약정함으로써 그 효력이 생긴다(상법 제86조의2).
대리상	일정한 상인을 위하여 상업사용인이 아니면서 상시 그 영업부류에 속하는 거래의 대리 또는 중개를 영업으로 하는 자를 말한다(상법 제87조).
중개인	타인 간의 상행위의 중개를 영업으로 하는 자를 말한다(상법 제93조).
위탁매매인	자기명의로써 타인의 계산으로 물건 또는 유가증권의 매매를 영업으로 하는 자를 말한다(상법 제101조).
운송주선인	자기의 명의로 물건운송의 주선을 영업으로 하는 자를 말한다(상법 제114조).
운송인	육상 또는 호천, 항만에서 물건 또는 여객의 운송을 영업으로 하는 자를 말한다(상법 제125조).

4. 어음법상 행위

배 서	어음상의 권리를 양도하기 위한 방법으로 어음소지인이 어음에 일정한 사항을 기재하고 기명날인하여 교부하는 것을 뜻한다. ★
지 급	채무를 변제하기 위하여 금전이나 어음 등을 채권자에게 주는 것으로, 확정일출급, 발행일자 후 정기출급 또는 일람 후 정기출급의 환어음 소지인은 지급을 할 날 또는 그날 이후의 2거래일 내에 지급을 받기 위한 제시를 하여야 한다.
양 도	물권의 주체가 법률행위에 의하여 그 물건을 타인에게 이전하는 것을 말한다.
인 수	지급인이 환어음상의 기재내용대로 어음대금을 지급하겠다는 의사를 밝히는 절차로서 지급의 승낙이다. 환어음의 소지인 또는 단순한 점유자는 만기에 이르기까지 인수를 위하여 지급인에게 그 주소에서 어음을 제시할 수 있다. ★

빈칸 채우기

어음법상 행위
- (❶) : 어음상의 권리를 양도하기 위한 방법으로 어음소지인이 어음에 일정한 사항을 기재하고 (❷)하여 교부하는 것
- (❸) : 채무를 변제하기 위하여 금전이나 어음 등을 채권자에게 주는 것
- (❹) : 지급인이 환어음상의 기재내용대로 어음대금을 지급하겠다는 의사를 밝히는 절차로서 지급의 승낙이다.

정답 ❶ 배서 ❷ 기명날인 ❸ 지급 ❹ 인수

2 회사법

01 회사의 개념과 종류

1. 회사의 개념
① 상법상 회사라 함은 상행위, 기타 영리를 목적으로 하는 사단법인으로서 상법상 회사편의 규정에 따라 설립된 것을 말한다(상법 제169조).
② 회사는 사단이다. 구 상법 제169조는 "본법에서 회사라 함은 상행위 기타 영리를 목적으로 하여 설립한 사단을 이른다"고 하여 회사의 사단성을 명시하였으나 현행 상법 제169조는 "이 법에서 '회사'란 상행위나 그 밖의 영리를 목적으로 하여 설립한 법인을 말한다"고 하여 사단성을 명시하고 있지 않다. 기출 24
③ 회사는 사원의 단체인 점에서 재산의 집합체인 재단과 구별되며 영리사업으로 얻은 이익을 각 구성원에게 분배하는 영리법인인 점에서 민법상 비영리법인과 구별된다. ★

2. 회사의 권리능력 기출 04
① 회사는 유증(遺贈)을 받을 수 있다.
② 회사는 상표권을 취득할 수 있다.
③ 회사는 명예권과 같은 인격권의 주체가 될 수 있다. ★
④ 회사는 다른 회사의 무한책임사원이 되지 못한다(상법 제173조). ★ 기출 23·22
⑤ 해산 후의 회사는 존립 중의 회사를 존속하는 회사로 하는 경우에 한하여 합병을 할 수 있다(상법 제174조 제3항). 기출 22
⑥ 법원은 회사의 설립목적이 불법한 것인 때 검사의 청구에 의하여 회사의 해산을 명할 수 있다(상법 제176조 제1항 제1호). 기출 22

3. 회사의 종류 기출 23·21·19·14·12
상법상의 회사에는 합명회사, 합자회사, 주식회사, 유한회사, 유한책임회사의 다섯 가지가 있다(상법 제170조). 사원의 인적 신용이 회사신용의 기초가 되는 회사를 인적 회사(예 개인주의적 회사, 합명회사·합자회사)라 하고, 회사재산이 회사신용의 기초가 되는 회사를 물적 회사(예 단체주의적 회사, 주식회사·유한회사)라 한다.

① 합명회사 기출 16
  ㉠ 합명회사는 2인 이상의 무한책임사원으로 조직된 회사이다(상법 제178조). ★
  ㉡ 무한책임사원이라 함은 회사에 대하여 출자의무가 있고 회사채무에 대한 직접·연대·무한의 책임을 부담하는 사원을 말한다(상법 제212조 제1항).
  ㉢ 각 사원은 정관에 특별한 규정이 없는 한, 회사의 업무를 직접 집행하고 회사를 대표할 권한을 가지고 있다(상법 제207조 본문).
  ㉣ 인적 신뢰도가 기초가 되는 조직으로 사원이 소수임이 보통이고 형식적으로는 사단이지만 실질적으로는 조합에 가까운 성격을 띠고 있다. ★

ⓜ 내부관계에 있어서도 정관 또는 상법에 특별한 규정이 없는 한, 민법상의 조합의 규정이 준용된다(상법 제195조). ★
　　　ⓑ 회사의 재산으로 회사의 채무를 완제할 수 없는 때에는 각 사원은 연대하여 변제할 책임이 있다(상법 제212조 제1항). 기출 23 회사재산에 대한 강제집행이 주효하지 못한 때에도 전항과 같다(상법 제212조 제2항).
　　　ⓢ 사원의 출자는 금전, 현물, 노무, 신용 어느 것으로도 출자할 수 있고, 사원의 수가 1인이 된 때 회사는 해산하나 다른 사원을 가입시켜 회사를 계속할 수 있다(상법 제227조 제3호, 제229조 제2항). ★
　② 합자회사 기출 24
　　　㉠ 합자회사는 무한책임사원과 유한책임사원으로 조직된 이원적 회사이다(상법 제268조). ★
　　　㉡ 무한책임사원은 합명회사의 경우와 같이 회사의 채무에 대한 직접·연대·무한의 책임을 지지만, 유한책임사원은 출자가액에서 이미 이행한 부분을 공제한 가액을 한도로 하여 회사의 채무를 변제할 책임이 있다(상법 제279조 제1항).
　　　㉢ 사원이 출자함에 있어서 무한책임사원의 경우에는 그 목적의 제한이 없지만, 유한책임사원은 재산(금전·현물)으로만 출자할 수 있다(상법 제272조). ★
　　　㉣ 회사 경영이나 대표권은 무한책임사원만 맡을 수 있고, 유한책임사원의 경우에는 업무집행이나 회사대표의 권한은 없지만(상법 제278조), 감시권은 있다(상법 제277조).
　③ 유한회사
　　　㉠ 유한회사는 지분을 가진 사원으로 구성되는 사단법인이며 사원 전원이 회사에 대하여 원칙적으로 출자액을 한도로 유한책임을 지는 회사이다.
　　　㉡ 유한회사는 사원이 출자금액을 한도로 간접·유한의 책임을 지는 점(상법 제553조)에서 주식회사와 같으나, 지분의 양도가 자유롭지 못한 점에서 주식회사와 다르다(상법 제556조). 출자의 종류는 재산출자에 한한다. ★
　　　㉢ 각 사원은 그 출자좌수에 따라 지분을 가지고(상법 제554조), 유한회사는 사원의 지분에 관하여 지시식 또는 무기명식의 증권을 발행하지 못한다(상법 제555조). 기출 24
　　　㉣ 의사를 결정하는 최고의결기관으로 사원총회가 있고, 업무집행기관으로 이사가 있으며, 임의기관으로 감사가 있다. ★
　　　ⓜ 인적 회사의 성격이 가미되어 있어 주식회사보다는 소규모적·폐쇄적·비공개적인 회사이다. ★

빈칸 채우기

회사의 종류

··· 상법상의 회사에는 (❶)회사, (❷)회사, (❸)회사, (❹)회사, (❺)회사의 다섯 가지가 있다.
··· 합명회사는 2인 이상의 (❻)책임사원으로 조직된 회사이다. 인적 신뢰도가 기초가 되는 조직으로 내부관계에 있어서도 정관 또는 상법에 특별한 규정이 없는 한, (❼)상의 조합의 규정이 준용된다.
··· 합자회사는 (❻)책임사원과 (❹)책임사원으로 조직된 이원적 회사이다. (❻)책임사원은 합명회사의 경우와 같이 회사의 채무에 대한 직접·연대·무한의 책임을 지지만, (❹)책임사원은 출자가액에서 이미 이행한 부분을 공제한 가액을 한도로 하여 회사의 채무를 변제할 책임이 있다.
··· 유한회사는 사원이 출자금액을 한도로 간접·유한의 책임을 지는 점에서 (❸)회사와 같으나, 인적 회사의 성격이 가미되어 있어 (❸)회사보다는 소규모적·폐쇄적·비공개적인 회사이다.

정답 ❶ 합명 ❷ 합자 ❸ 주식 ❹ 유한 ❺ 유한책임 ❻ 무한 ❼ 민법

④ 유한책임회사
  ㉠ 2011년 개정된 상법에 도입된 회사의 형태로서, 주식회사보다 유연하고 탄력적인 지배구조를 가지고 있으며, 주주에게 법적책임이 없는 주식회사와 달리 주주들이 자신의 투자액 범위 내에서 회사채권자들에 대하여 법적인 책임을 부담하는 회사이다(상법 제287조의7). ★
  ㉡ 유한책임회사는 주식회사에 비해 지분양도·양수가 자유롭지 못하다(상법 제287조의8, 제287조의9). 따라서 작은 규모의 폐쇄적인 회사에 적합한 형태의 법인이다. ★
  ㉢ 유한책임회사의 대표기관은 업무집행자이다(상법 제287조의19 제1항). 기출 24

⑤ 주식회사 기출 17·16·13
  ㉠ 개 념
    • 주식회사의 구성원인 사원을 주주라 하며 주주가 될 자는 회사에 대하여 출자를 하고 회사로부터 주권의 교부를 받는다.
    • 주주는 그 주식의 인수가액을 한도로 하는 출자의무를 부담할 뿐 회사의 채무에 대해서는 책임을 지지 않는다. 따라서 주식회사는 회사 재산만으로 책임을 지는 회사이다. ★
  ㉡ 설립 : 주식회사의 설립에는 발기설립과 모집설립의 두 가지가 있다. ★

발기설립	1인 이상의 발기인이 설립 시에 발행하는 주식을 전부 인수하고 일반으로부터는 공모하지 않는 경우이다(상법 제295조 제1항).
모집설립	발기인이 발행주식의 일부만을 인수하고 나머지 주식에 대하여는 주주를 모집하여 이를 인수시키는 경우이다(상법 제301조).

  ㉢ 자본금의 구성 기출 08
    • 회사는 정관으로 정한 경우에는 주식의 전부를 무액면주식으로 발행할 수 있다. 다만, 무액면주식을 발행하는 경우에는 액면주식을 발행할 수 없다(상법 제329조 제1항). ★ 기출 24·22
    • 액면주식의 금액은 균일하여야 한다(상법 제329조 제2항). 기출 24
    • 액면주식 1주의 금액은 100원 이상으로 하여야 한다(상법 제329조 제3항). ★ 기출 24
    • 회사는 정관으로 정하는 바에 따라 발행된 액면주식을 무액면주식으로 전환하거나 무액면주식을 액면주식으로 전환할 수 있다(상법 제329조 제4항).
    • 주식회사의 최저자본금은 종전에는 5000만원 이상이었으나, 「상법」(법률 제9746호, 2009.5.28. 개정, 2010.5.29. 시행) 개정으로 최저자본금제도를 폐지하여 누구라도 손쉽게 저렴한 비용으로 회사를 설립할 수 있도록 하였다. 기출 24
  ㉣ 회사의 기관 : 주식회사에는 기본적 사항에 관한 최고의사결정기관인 주주총회, 업무집행에 관한 의결기관인 이사회, 업무집행을 담당하고 회사를 대표하는 대표이사, 감독기관인 감사가 법률상 필수기관이다. 기출 21·20

> **의결권(상법 제369조)**
> ① 의결권은 1주마다 1개로 한다.
> ② 회사가 가진 자기주식은 의결권이 없다.
> ③ 회사, 모회사 및 자회사 또는 자회사가 다른 회사의 발행주식의 총수의 10분의 1을 초과하는 주식을 가지고 있는 경우 그 다른 회사가 가지고 있는 회사 또는 모회사의 주식은 의결권이 없다.

- ⓜ 이 사
  - 이사는 주주총회에서 선임한다(상법 제382조 제1항).
  - 이사는 법령과 정관의 규정에 따라 회사를 위하여 그 직무를 충실하게 수행하여야 하고(충실의무)(상법 제382조의3), 재임 중 뿐만 아니라 퇴임 후에도 직무상 알게 된 회사의 영업상 비밀을 누설하여서는 아니 된다(비밀유지의무)(상법 제382조의4). 이사가 임무수행시 법령을 위반한 행위를 한 때에는 경영판단의 원칙이 적용되지 않는다(대판 2011.4.14. 2008다14633).
  - 이사회의 승인이 없으면 자기 또는 제3자의 계산으로 회사의 영업부류에 속한 거래를 하거나 동종영업을 목적으로 하는 다른 회사의 무한책임사원이나 이사가 되지 못한다(경업금지)(상법 제397조 제1항).
- ⓑ 사외이사 [기출] 24 : 상장회사의 경우 사외이사 선임이 의무사항(상법 제542조의8)이나 비상장회사의 경우에는 의무사항이 아니다. 다만, 상장회사의 경우에도 자산총액 1천억원 미만 벤처기업(코스닥시장 또는 코넥스시장 상장법인에 한함) 및 「채무자회생 및 파산에 관한 법률」에 따른 회생절차가 개시되었거나 파산선고를 받은 상장회사 등은 예외가 인정되어 사외이사 선임의무가 없다(상법 시행령 제34조 제1항).
- ⓢ 특 징
  - 상법에 의하여 유한책임을 지는 다수의 주주가 출자하여 설립된 물적 회사이다. ★
  - 소유와 경영이 분리되어 있다. ★
  - 주식과 회사채를 발행하여 불특정다수인으로부터 대자본을 조달할 수 있다. ★
  - 설립 시에 현물출자는 발기인에 한정되지 않고 제3자도 가능하다. ★
  - 발기인이 받은 특별이익은 주식과 분리하여 양도할 수 있다. ★
  - 법원의 허가를 얻어야 납입은행을 변경할 수 있다(상법 제306조). ★
  - 회사는 합병 또는 다른 회사의 영업전부를 양수한 때, 회사의 권리를 실행함에 있어 그 목적을 달성하기 위하여 필요한 경우, 단주(端株)의 처리를 위하여 필요한 경우, 주주가 주식매수청구권을 행사한 경우에는 제341조에도 불구하고 자기의 주식을 취득할 수 있다(상법 제341조의2).
  - 상법상 주식은 원칙적으로 타인에게 이를 양도할 수 있다(상법 제335조 제1항 본문). ★
  - 주주는 그가 가지는 주식의 수에 비례하여 회사에 대하여 평등한 권리·의무를 갖는다. ★
  - 주식은 자본의 균등한 구성단위로서의 의미뿐만 아니라 사원으로서의 지위라는 의미도 가지고 있다. ★
  - 자본금의 감소에는 제434조에 따른 결의(특별결의 : 출석한 주주의 의결권의 3분의 2 이상의 수와 발행주식총수의 3분의 1 이상의 수로써 하여야 한다)가 있어야 한다(상법 제438조 제1항). [기출] 22
  - 회사는 이사회의 결의에 의하여 사채(社債)를 발행할 수 있다(상법 제469조 제1항). [기출] 22
  - 주주의 제명은 상법상 주식회사에서는 허용될 수 없다. [기출] 22 참고로 사원의 제명은 합명회사, 유한책임회사에서 인정된다.

ⓞ 정관 기출 15

정관의 절대적 기재사항 (상법 제289조 제1항)	정관의 상대적 기재사항 (= 변태설립사항, 상법 제290조)
• 목 적 • 상 호 • 회사가 발행할 주식의 총수 • 액면주식을 발행하는 경우 1주의 금액 • 회사의 설립 시에 발행하는 주식의 수 • 본점의 소재지 • 회사가 공고를 하는 방법 • 발기인의 성명·주민등록번호 및 주소	다음의 사항은 정관에 기재함으로써 그 효력이 있다. • 발기인이 받을 특별이익과 이를 받을 자의 성명 • 현물출자를 하는 자의 성명과 그 목적인 재산의 종류, 수량, 가격과 이에 대하여 부여할 주식의 종류와 수 • 회사성립 후에 양수할 것을 약정한 재산의 종류, 수량, 가격과 그 양도인의 성명 • 회사가 부담할 설립비용과 발기인이 받을 보수액

ⓩ 설립등기 기재사항(상법 제317조 제2항)★

- 목 적
- 상 호
- 회사가 발행할 주식의 총수
- 액면주식을 발행하는 경우 1주의 금액
- 본점 및 지점의 소재지
- 회사가 공고를 하는 방법
- 자본금의 액
- 발행주식의 총수, 그 종류와 각종 주식의 내용과 수
- 주식의 양도에 관하여 이사회의 승인을 얻도록 정한 때에는 그 규정
- 주식매수선택권을 부여하도록 정한 때에는 그 규정
- 회사의 존립기간 또는 해산사유를 정한 때에는 그 기간 또는 사유
- 주주에게 배당할 이익으로 주식을 소각할 것을 정한 때에는 그 규정
- 전환주식을 발행하는 경우에는 주식을 다른 종류의 주식으로 전환할 수 있다는 뜻, 전환의 조건, 전환으로 인하여 발행할 주식의 내용, 전환청구기간 또는 전환의 기간
- 사내이사, 사외이사, 그 밖에 상무에 종사하지 아니하는 이사, 감사 및 집행임원의 성명과 주민등록번호
- 회사를 대표할 이사 또는 집행임원의 성명·주민등록번호 및 주소
- 둘 이상의 대표이사 또는 대표집행임원이 공동으로 회사를 대표할 것을 정한 경우에는 그 규정
- 명의개서대리인을 둔 때에는 그 상호 및 본점소재지
- 감사위원회를 설치한 때는 감사위원회 위원의 성명 및 주민등록번호

02 회사의 설립, 합병·해산 등

1. 회사의 설립

① 의의 : 회사의 설립이란 회사라는 하나의 단체를 형성하여 그것이 법률상의 인격자로서 존재하기에 이르는 절차를 말하며, 본점소재지에서 설립등기를 함으로써 성립한다(상법 제172조). 기출 23

> **회사설립의 무효와 취소** 기출 16
> 회사설립의 무효는 그 사원에 한하여, 설립의 취소는 그 취소권 있는 자에 한하여 회사성립의 날로부터 2년 내에 소만으로 이를 주장할 수 있다(상법 제184조 제1항).

② 회사설립에 관한 입법주의★ : 회사의 설립에는 자유설립주의, 면허주의(허가주의), 인가주의, 준칙주의, 특허주의가 있으며, 우리나라 상법은 준칙주의를 채택하고 있다. 즉, 법률로써 일정한 요건을 정하고 그 요건을 구비하면 법인격을 취득하게 하는 것이다.

③ 회사의 능력
  ㉠ 회사는 권리의무의 주체가 되며, 의사능력·행위능력·불법행위능력을 갖는다.★
  ㉡ 회사의 능력은 성질상·법령상 제한이 있으며, 회사는 성질상 법인이기 때문에 자연인에게 특유한 권리의무인 신체·생명에 관한 권리 등은 가질 수 없다. 법령상 제한으로는 상법 제173조에 의해 회사는 다른 회사의 무한책임사원이 되지 못하는 것 등이다.★

2. 회사의 합병과 조직변경

① 합병
  ㉠ 회사는 경영의 합리화, 사업의 확장, 무익한 경쟁의 회피 등을 위하여 합병을 할 수 있다.
  ㉡ 합병은 같은 종류의 다른 회사와 할 수 있을 뿐 아니라, 다른 종류의 회사와도 합병할 수 있다. 다만 일정한 제한이 있다.★
  ㉢ 흡수합병은 합병으로 인하여 당사회사 중의 1회사가 존속하고 다른 회사가 소멸하는 경우이며, 신설합병은 당사회사의 전부가 소멸하고 새로운 하나의 회사가 설립되는 것이다.

② 조직변경
  ㉠ 회사의 조직변경이란 회사가 그 인격의 동일성을 유지하면서 법률상의 조직을 변경하여 다른 종류의 회사로 되는 것을 말한다.★
  ㉡ 상법상 회사의 조직변경은 합명회사와 합자회사의 상호 간(상법 제242조), 주식회사와 유한책임회사의 상호 간(상법 제287조의43, 제287조의44)에만 인정된다. 따라서 인적회사와 물적회사 상호 간의 조직변경은 인정되지 않는다.★★

3. 회사의 해산과 청산

① **회사의 해산** : 회사의 법인격을 소멸시키는 원인이 되는 법률사실을 말한다.
② **회사의 청산** : 해산 후 재산관계를 정리하고 법인격을 소멸시키는 절차를 말한다.
③ **회사의 해산사유**
  ㉠ **공통된 해산사유** : 존립기간의 만료 기타 정관으로 정한 사유의 발생, 합병, 파산, 법원의 명령 또는 판결
  ㉡ **개별적 해산사유**
   - 합명회사는 총사원의 동의, 사원이 1인으로 된 때(상법 제227조 제2호·제3호)
   - 합자회사는 총사원의 동의, 사원이 1인으로 된 때, 무한책임사원 또는 유한책임사원 전원 퇴사(상법 제227조 제2호·제3호, 제269조, 제285조 제1항)
   - 유한회사는 사원총회의 특별결의(상법 제609조 제1항 제2호)
   - 주식회사는 주주총회의 특별결의 및 회사의 분할 또는 분할합병(상법 제517조 제1호의2·제2호)
   - 유한책임회사는 총사원의 동의, 사원이 없게 된 경우(상법 제287조의38 제1호·제2호).

> **효력의 발생 시점**
> 분할 또는 분할합병으로 회사분할의 효력이 발생하는 시기는 분할 또는 분할합병의 등기 시이다. ★

④ **회사 해산 시 권리능력★** : 영업능력은 없게 되나 청산의 목적범위 내에서는 권리능력이 인정되고 청산절차가 끝나면 법인격은 소멸된다(상법 제245조).

3 보험법

01 보험의 개념

1. 보험의 의의

① **의의** : 우발적 사고나 재해에 대하여 경제생활의 불안을 제거 또는 경감하기 위하여 동질적인 종류의 경제상의 위험에 놓여 있는 다수인(보험계약자)이 사회적 위험단체를 만들어 일정률의 금액(보험료)을 분담하고, 특정인(피보험자)에게 발생한 우연한 사고(보험사고)에 대해서 일정한 금액(보험금)을 지급하는 제도이다.
② **보험의 기능** : 우발적 사고나 위험에 의하여 생긴 손해의 전보 또는 재산상의 수요의 충족을 목적으로 하는 것으로서 이같은 손해의 전보, 수요의 충족을 다수인이 분담하여 위험을 분산시키는 제도이다.
③ **보험의 종류** : 보험에는 여러 가지 종류가 있으나 보험의 목적이 사람인가 물건인가에 따라 손해보험과 인보험이 있다. ★

> **상법상 보험** 기출 13
> - 소급보험 : 보험계약은 그 계약 전의 어느 시기를 보험기간의 시기로 할 수 있다는 것(상법 제643조) 기출 22
> - 일부보험 : 보험금액이 보험가액에 달하지 않는 경우(상법 제674조)
> - 단체보험 : 단체보험이란 일정한 단체에 소속되어 있는 사람 전체를 대상으로 보험계약을 맺고, 그 소속원이면 당연히 포괄적으로 피보험자가 되는 보험(상법 제735조의3)
> - 중복보험 : 수인의 보험자가 동일한 피보험이익에 대하여 보험사고가 같고 보험기간을 공통으로 하는 복수의 손해보험을 각자 체결하는 경우(상법 제672조)

2. 보험계약

① **보험계약의 의의**(상법 제638조) : 보험계약은 당사자 일방이 약정한 보험료를 지급하고 재산 또는 생명이나 신체에 불확정한 사고가 발생할 경우에 상대방이 일정한 보험금이나 그 밖의 급여를 지급할 것을 약정함으로써 효력이 생긴다.

② **보험계약의 특성** 기출 24
  ㉠ 유상·쌍무계약 : 보험계약은 보험사고의 발생을 전제로 보험계약자의 보험료지급에 대하여 보험자는 일정한 보험금액, 기타의 급여를 지급할 것을 약정하므로 유상계약이고, 보험계약의 보험료지급채무와 보험자의 위험부담채무가 보험계약과 동시에 채무로서 이행되어야 하므로 대가관계에 있는 쌍무계약이다. ★
  ㉡ 불요식·낙성계약 : 보험계약은 청약과 승낙이라는 당사자 쌍방의 의사표시의 합치만으로 성립하고 아무런 급여를 요하지 않으므로 낙성계약이며, 또 그 의사표시에는 특별한 방식이 없으므로 법률상 불요식계약이다. 다만, 상법은 보험자가 서면으로 질문한 사항은 중요한 사항으로 추정한다(상법 제651조의2)고 규정하고 있다. 기출 22 ★★
  ㉢ 사행계약 : 계약당사자가 이행하여야 할 급여의무 또는 급여내용의 전부 또는 일부가 계약성립의 처음부터 불확실성에 의존하여 있는 계약을 말한다. 보험계약은 우연한 사고의 발생으로 인하여 보험금액의 액수가 정해지므로 이른바 사행계약이다. ★★
  ㉣ 영업적 상행위 : 보험의 인수는 영업으로 해야 하며 기본적 상행위이다. 영업과 관계없이 개별적으로 체결하거나, 영업에 부수하여 체결하는 계약은 그 내용이 보험의 성격을 가진다 하더라도 보험계약이 될 수 없다.
  ㉤ 부합계약 : 보험계약은 성질상 다수의 가입자를 상대로 대량적으로 처리하므로 그 내용을 정형화해야 한다는 기술적 요청으로 보험자가 미리 작성한 보통보험약관에 의하여 계약을 체결하므로 부합계약성을 가진다. ★★

③ **보험계약의 관계자** 기출 24·20·19·17

보험자	보험사고가 발생하는 경우 보험금 지급의무를 지는 보험회사를 말한다. ★
보험계약자	자기명의로 보험자와 보험계약을 체결하고, 보험료 지급의무를 부담하는 자를 말한다.
피보험자	• 손해보험에서는 피보험이익의 주체로서 보험사고로 인한 재산상의 손해에 대한 보험금을 보험자에게 청구할 수 있는 보험금청구권자를 말한다. ★ • 인보험에서는 자기의 생명이나 신체를 보험에 붙인 보험사고의 객체를 의미한다. ★
보험수익자	인보험에서 보험사고가 발생한 경우 또는 만기가 도래한 경우 보험금의 지급을 청구할 수 있는 보험금청구권자를 의미한다. ★

〈출처〉 이재열 외 6인, 「법학개론」, 집현재, 2023, P. 321

④ 보험계약의 유효조건 : 보험계약의 당사자, 보험의 목적, 보험사고, 보험기간, 보험료와 보험금액 등의 요소를 갖추어야 한다.
⑤ 보험계약의 효과
   ㉠ 보험자의 의무 : 보험약관의 교부・설명의무(상법 제638조의3), 보험증권의 교부의무(상법 제640조 제1항), 보험금지급의무, 보험료반환의무, 이익배당의무 등을 진다.

보험약관의 교부・설명의무(상법 제638조의3) 기출 21
① 보험자는 보험계약을 체결할 때에 보험계약자에게 보험약관을 교부하고 그 약관의 중요한 내용을 설명하여야 한다.
② 보험자가 제1항을 위반한 경우 보험계약자는 보험계약이 성립한 날부터 3개월 이내에 그 계약을 취소할 수 있다.

전쟁위험 등으로 인한 면책(상법 제660조) 기출 22
보험사고가 전쟁 기타의 변란으로 인하여 생긴 때에는 당사자 간에 다른 약정이 없으면 보험자는 보험금액을 지급할 책임이 없다.

   ㉡ 보험계약자・피보험자・보험수익자의 의무 : 보험료지급의무, 중요사항에 관한 고지의무, 위험변경증가 통지의무(보험자는 통지의무가 없다), 위험유지의무 등을 진다.★
⑥ 보험계약의 기간, 해지, 소멸시효
   ㉠ 보험계약기간
      • 보험계약기간은 보험계약이 유효하게 존속하는 기간을 말하고, 보험기간은 보험자의 위험부담책임이 시작되는 시기부터 끝날 때까지의 기간을 말한다. 보험자는 보험기간 중에 생긴 보험사고에 대하여 보험금을 지급할 책임이 있으나 보험기간 전 또는 후에 발생한 보험사고에 대하여는 책임이 없다.
      • 보험계약기간과 보험기간은 일치하는 것이 보통이나 특약에 의해 보험기간을 달리 설정할 수 있다. 계약 전의 어느 시기(時期)를 보험기간의 시기(始期)로 하는 소급보험(상법 제643조)이 그 예라고 할 수 있다.
   ㉡ 보험계약의 해지 : 상법은 보험계약자 또는 피보험자의 고지의무위반으로 인한 계약해지(상법 제651조), 보험기간 중 보험계약자 또는 피보험자의 위험변경증가의 통지와 계약해지(상법 제652조), 보험기간 중 보험계약자, 피보험자 또는 보험수익자의 고의・중과실로 인한 위험증가와 계약해지(상법 제653조), 보험자의 파산선고와 계약해지(상법 제654조)를 규정하고 있다.
   ㉢ 보험계약의 소멸시효 : 보험금청구권은 3년간, 보험료 또는 적립금의 반환청구권은 3년간, 보험료청구권은 2년간 행사하지 아니하면 시효의 완성으로 소멸한다(상법 제662조). 기출 23・16

고지의무위반으로 인한 계약해지(상법 제651조) 기출 22
보험계약 당시에 보험계약자 또는 피보험자가 고의 또는 중대한 과실로 인하여 중요한 사항을 고지하지 아니하거나 부실의 고지를 한 때에는 보험자는 그 사실을 안 날로부터 1월 내에, 계약을 체결한 날로부터 3년 내에 한하여 계약을 해지할 수 있다. 그러나 보험자가 계약 당시에 그 사실을 알았거나 중대한 과실로 인하여 알지 못한 때에는 그러하지 아니하다.

보험자의 파산선고와 계약해지(상법 제654조) 기출 16
① 보험자가 파산의 선고를 받은 때에는 보험계약자는 계약을 해지할 수 있다.
② 제1항의 규정에 의하여 해지하지 아니한 보험계약은 파산선고 후 3월을 경과한 때에는 그 효력을 잃는다.

02 손해보험

1. 손해보험의 개념

① 손해보험은 당사자의 일방(보험자)이 우연한 사고로 인하여 발생하게 되는 재산상의 손해를 보상할 것을 약정하고, 상대방(보험계약자)이 이에 대하여 보험료를 지급하는 보험이다(상법 제665조 내지 제726조의7). ★

> **피보험이익** 기출 22
> 피보험이익이란 보험계약의 목적(경제적 이해관계)을 말하며, 보험사고가 발생하면 손해를 입게 될 염려가 있는 이익으로 적법하고 금전으로 산정할 수 있는 이익이어야 한다. 피보험이익의 주체를 피보험자라 하며, 피보험이익은 손해보험 특유의 개념으로 인보험(생명보험)에는 인정할 여지가 없는 개념이다. ★★

② 상법은 보험계약자와 피보험자에게 손해방지의무를 과하고 있으며(상법 제680조 제1항), 보험자에게 잔존물대위(상법 제681조)와 청구권대위(상법 제682조)를 인정하고 있다. ★

2. 손해보험의 목적대상

① **경제상의 재화** : 가옥, 건물, 운송물, 선박, 기계 등과 같은 구체적인 물건은 물론 채권과 같은 무체물, 피보험자의 책임도 포함된다. ★
② **집합보험** : 피보험자의 가족과 사용인의 물건도 보험의 목적에 포함된다(상법 제686조). ★
③ **총괄보험** : 보험의 목적에 속한 물건이 보험기간 중에 수시로 교체된 경우에도 보험사고의 발생 시에 현존한 물건은 보험의 목적에 포함된다(상법 제687조). ★
④ **영업책임** : 피보험자의 대리인 또는 그 사업감독자의 제3자에 대한 책임도 보험의 목적에 포함된다.

> **손해보험증권의 기재사항(상법 제666조)**
> 1. 보험의 목적
> 2. 보험사고의 성질
> 3. 보험금액
> 4. 보험료와 그 지급방법
> 5. 보험기간을 정한 때에는 그 시기와 종기
> 6. 무효와 실권의 사유
> 7. 보험계약자의 주소와 성명 또는 상호
> 7의2. 피보험자의 주소, 성명 또는 상호
> 8. 보험계약의 연월일
> 9. 보험증권의 작성지와 그 작성년월일

> **미평가보험(상법 제671조)** 기출 22
> 당사자 간에 보험가액을 정하지 아니한 때에는 사고 발생 시의 가액을 보험가액으로 한다.

> **보험자의 면책사유(상법 제678조)** 기출 22
> 보험의 목적의 성질, 하자 또는 자연소모로 인한 손해는 보험자가 이를 보상할 책임이 없다.

> **보험목적의 양도(상법 제679조)** 기출 22
> ① 피보험자가 보험의 목적을 양도한 때에는 양수인은 보험계약상의 권리와 의무를 승계한 것으로 추정한다.
> ② 제1항의 경우에 보험의 목적의 양도인 또는 양수인은 보험자에 대하여 지체 없이 그 사실을 통지하여야 한다.

3. 상법이 규정하는 손해보험의 종류★★ 기출 21·19·18·15·09

① **화재보험**(상법 제683조 내지 제687조) : 화재로 인하여 발생하는 손해의 보상을 목적으로 하는 보험이며, 화재로 손해를 입을 우려가 있는 유체물이 보험의 목적물이 된다.

② **운송보험**(상법 제688조 내지 제692조)★
   ㉠ 육상운송에 관한 사고로 인하여 생길 수 있는 손해의 보상을 목적으로 하는 보험이다.
   ㉡ 보험의 목적물은 운송물이며 여객은 운송의 대상이 될 수 있어도 운송보험의 목적물은 될 수 없다.
   ㉢ 육상운송에는 육지·호수·항만운송이 포함된다.

③ **해상보험**(상법 제693조 내지 제718조)
   ㉠ 항해에 관한 사고로 인하여 생길 수 있는 손해의 보상을 목적으로 하며 보험의 목적물은 선박 또는 적하물이다.
   ㉡ 항해란 해상의 항해를 의미하며 호수나 항만은 포함되지 않는다.

④ **책임보험**(상법 제719조 내지 제726조) : 피보험자가 보험기간 중에 발생한 사고로 인하여 제3자에게 손해배상책임을 지는 경우에 보험자가 이 손해를 보상해 주는 보험으로 소극적 보험에 속한다. 따라서 책임보험은 피보험자가 책임을 져야 하는 사고로 인하여 제3자에게 발생한 손해를 보상하는 것을 목적으로 하는 보험이다.

⑤ **재보험**
   ㉠ 보험자는 보험사고로 인하여 부담할 책임에 대하여 다른 보험자와 재보험계약을 체결할 수 있다. 이 재보험계약은 원보험계약의 효력에 영향을 미치지 아니한다(상법 제661조).
   ㉡ 책임보험의 규정(상법 제719조부터 제725조의2까지)은 그 성질에 반하지 아니하는 범위에서 재보험계약에 준용하므로(상법 제726조), 재보험을 손해보험의 범위에 포함한다.

⑥ **자동차보험**(상법 제726조의2 내지 제726조의4)
   ㉠ 자동차보험계약의 보험자가 피보험자가 자동차를 소유, 사용 또는 관리하는 동안에 발생한 사고로 인하여 생긴 손해를 보상해주는 보험이다.
   ㉡ 피보험자가 보험기간 중에 자동차를 양도한 때에는 양수인은 보험자의 승낙을 얻은 경우에 한하여 보험계약으로 인하여 생긴 권리와 의무를 승계한다(상법 제726조의4 제1항). 보험자가 양수인으로부터 양수사실을 통지받은 때에는 지체 없이 낙부를 통지하여야 하고 통지받은 날부터 10일 이내에 낙부의 통지가 없을 때에는 승낙한 것으로 본다(상법 제726조의4 제2항).★

⑦ **보증보험**(상법 제726조의5 내지 제726조의7)
   ㉠ 보증보험계약의 보험자가 보험계약자의 피보험자에 대한 계약상의 채무불이행 또는 법령상의 의무불이행으로 인한 손해를 보상해주는 보험이다(상법 제726조의5).
   ㉡ 보증보험계약에 관하여는 그 성질에 반하지 아니하는 범위에서 보증채무에 관한 「민법」의 규정을 준용한다(상법 제726조의7).

03 인보험

1. 인보험의 개념
인보험(Personal Insurance)은 사람의 생명이나 신체에 관한 사고로 인하여 생기는 손해에 대하여 보험금액, 기타의 급여를 지급할 것을 목적으로 하는 보험이다(상법 제727조 제1항). ★

2. 인보험의 목적대상 기출 20
① **자연인** : 사람의 생명 또는 신체(상법 제727조 제1항)
② **사망보험** : 15세 미만자, 심신상실자 또는 심신박약자는 피보험자로 할 수 없다(상법 제732조 본문). ★
③ **피보험자의 범위** : 피보험자가 하나인 개인보험과 단체의 구성원이 모두 피보험자가 되는 단체보험이 있다(상법 제735조의3).

> **인보험에서의 피보험자** 기출 13
> 자신의 생명이나 신체를 보험에 붙인 자연인

3. 인보험의 종류 기출 23 · 16
생명보험과 상해보험 및 질병보험이 있으며, 제3자에 대한 보험대위는 금지된다(상법 제729조 본문). ★

① **생명보험**(상법 제730조 내지 제736조) : 생명보험은 당사자의 일방이 상대방 또는 제3자의 생사에 관하여 일정한 금액을 지급할 것을 약정하고 상대방이 이에 대하여 보수(보험료)를 지급하는 보험으로, 정액보험이다.

사망보험	피보험자의 사망을 보험사고로 한다.
생존보험	일정한 시기에 있어서의 피보험자의 생존을 보험사고로 한다(예 교육보험).
혼합보험	일정한 시기에 있어서의 피보험자의 생존 및 그 시기까지의 피보험자의 사망의 쌍방을 보험사고로 한다. ★

② **상해보험**(상법 제737조 내지 제739조) : 상해보험은 보험자가 피보험자의 신체의 상해를 보험사고로 하여 보험금액, 기타의 급여를 지급할 것을 약정하고 보험계약자가 보험료를 지급하는 보험이다. 상해보험에는 상해의 종류에 따른 정액보험과 상해로 인한 치료의 실비를 부담하는 부정액보험이 있다.

③ **질병보험**(상법 제739조의2 내지 제739조의3)
  ㉠ 질병보험계약의 보험자가 피보험자의 질병에 관한 보험사고가 발생할 경우 보험금이나 그 밖의 급여를 지불하는 보험이다(상법 제739조의2).
  ㉡ 질병보험에 관하여는 그 성질에 반하지 아니하는 범위에서 생명보험 및 상해보험에 관한 규정을 준용한다(상법 제739조의3).

1 사회법의 이해와 노동법

01 사회법의 의의
02 노동법
03 노동조합 및 노동관계조정법
04 근로기준법
05 노동위원회법

2 사회보장법

01 사회보장의 의의
02 사회보장의 구성
03 사회보장기본법
04 사회보험제도
05 4대보험법의 주요 내용

최다 출제 POINT & 학습목표

1. 사회법 등장의 배경과 특징을 알아보고 노동법과 관련하여 법원, 노동조합 및 노동관계조정법상의 용어와 노동조합의 설립, 부당노동행위의 개념 등을 파악한다.
2. 근로기준법에서는 근로계약, 재해보상, 취업규칙 등을 살펴보고 노동위원회법에 대해 학습한다.
3. 사회보장법에서는 사회보장의 정의와 기본원리를 학습하고 사회보험과 공공부조, 사회서비스에 대해 숙지한다.
4. 사회보장법상의 주요제도, 사회보험과 사보험 사이의 공통점과 차이점 및 사회보험과 공공부조 사이의 관계를 파악한다.

CHAPTER **06**

사회법 일반

CHAPTER 06 사회법 일반

01 사용자가 근로자를 해고하려고 하는 경우, 근로자가 계속 근로한 기간이 3개월 미만인 경우에는 해고의 예고를 하지 않을 수 있다. 기출 21 ( )

02 사용자가 경영상 이유에 의해 근로자를 해고하려면 긴박한 경영상의 필요가 있어야 한다. 이 경우 경영 악화를 방지하기 위한 사업의 양도·인수·합병은 긴박한 경영상의 필요가 있는 것으로 본다. 기출 19·18·13 ( )

03 사용자가 근로자에게 부당해고 등을 하면 근로자는 부당해고 등이 있었던 날로부터 3개월 이내에 노동위원회에 구제신청을 할 수 있다. 기출 21 ( )

04 근로자에 대한 해고는 반드시 서면으로 할 필요는 없다. 기출 18 ( )

05 미성년자는 독자적으로 임금을 청구할 수 있다. 기출 20·12 ( )

06 사회보험 및 사보험은 임의가입이 원칙이다. 기출 21 ( )

07 사회보장기본법상 생애주기에 걸쳐 보편적으로 충족되어야 하는 기본욕구와 특정한 사회위험에 의하여 발생하는 특수욕구를 동시에 고려하여 소득·서비스를 보장하는 맞춤형 사회보장제도는 평생사회안전망이다. 기출 19 ( )

08 사회보장수급권은 관계법령에서 정하는 바에 따라 사회보장급여를 받을 권리를 의미한다. 기출 21 ( )

09 사회보장수급권이 제한되거나 정지되는 경우에는 제한 또는 정지하는 목적에 필요한 최소한의 범위에 그쳐야 한다. 기출 21 ( )

10 사회보장수급권은 포기할 수 없다. 기출 21·18 ( )

11 생활이 어려운 사람에게 필요한 급여를 실시하여 이들의 최저생활을 보장하고 자활을 돕는 것을 목적으로 하는 법률은 최저임금법이다. 기출 20 ( )

12 우리나라는 사회보험을 특수직역 종사자를 모두 포괄한 국민 단일연금체계로 운영하여 사회통합에 기여하고 있다. 기출 21 ( )

13 직업재활급여는 국민연금법상 급여에 해당한다. 기출 24 ( )

14 국민연금 가입자는 사업장가입자, 지역가입자, 임의가입자 및 임의계속가입자로 구분한다. 기출 20·19
( )

15 「국민연금법」상 수급권은 이를 압류하거나 담보로 제공할 수 없다. 기출 21·20 ( )

16 「산업재해보상보험법」에 따른 산업재해보상보험 사업은 보건복지부장관이 관장한다. 기출 20 ( )

17 사망한 자의 사실혼 관계에 있는 배우자는 유족급여 대상이 아니다. 기출 20 ( )

18 사용자는 근로계약 불이행에 대한 위약금 또는 손해배상액을 예정하는 계약을 체결할 수 있다. 기출 23
( )

19 근로기준법에서 정하는 기준에 미치지 못하는 근로조건을 정한 근로계약은 그 부분에 한정하여 무효로 한다. 기출 24 ( )

20 국민연금, 고용보험, 산업재해보상보험, 자동차보험 중 사회보험에 해당하지 않은 것은 자동차보험이다. 기출 23 ( )

21 국민연금법, 국민건강보험법, 고용보험법, 국가배상법 중 사회보험과 관계가 없는 법률은 국가배상법이다. 기출 22 ( )

▶ **정답과 해설** ◀ 01 ○ 02 ○ 03 ○ 04 × 05 ○ 06 × 07 ○ 08 ○ 09 ○ 10 ×
11 × 12 × 13 × 14 ○ 15 ○ 16 × 17 × 18 × 19 ○ 20 ○
21 ○

✔ **오답분석**
04 사용자가 근로자를 해고하려면 해고사유와 해고시기를 서면으로 통지하여야 한다(근로기준법 제27조 제1항).
06 사회보험은 강제가입, 사보험은 임의가입이 원칙이다.
10 사회보장수급권은 정당한 권한이 있는 기관에 서면으로 통지하여 포기할 수 있다(사회보장기본법 제14조 제1항).
11 국민기초생활보장법은 생활이 어려운 사람에게 필요한 급여를 실시하여 이들의 최저생활을 보장하고 자활을 돕는 것을 목적으로 한다(국민기초생활보장법 제1조).
12 국민 단일연금체계로 운영하여 사회통합에 기여하는 것은, 국민연금법상 국민연금의 특성에 해당한다.
13 직업재활급여는 산업재해보상보험법상 보험급여에 해당한다(산업재해보상보험법 제36조 제1항 제8호).
16 산업재해보상보험법에 따른 산업재해보상보험 사업은 고용노동부장관이 관장한다(산업재해보상보험법 제2조 제1항).
17 사망한 자의 사실혼 관계에 있는 배우자는 재혼을 하지 않은 경우 유족보상연금수급자격이 있으므로(산업재해보상보험법 제64조 제1항 제2호 반대해석), 동법 제62조에 따라 유족급여의 대상이 된다.
18 사용자는 근로계약 불이행에 대한 위약금 또는 손해배상액을 예정하는 계약을 체결하지 못한다(근로기준법 제20조).

CHAPTER 06 사회법 일반

1 사회법의 이해와 노동법

01 사회법의 의의

1. 사회법 등장의 배경★

근대 자본주의경제는 자유방임주의를 기반으로 하여 개인의 경제적 자유와 활동을 최대한 보장하고, 국가는 간섭을 최대한 축소함으로써 여러 가지 사회적 모순과 부조리가 발생하게 되었다. 이를 해결하기 위해 경제적 약자인 노동자를 보호하기 위한 노동법, 공정한 경쟁체제를 유지하기 위한 경제법, 모든 국민의 인간다운 최저생활 보장을 위한 사회보장법이 제정되었다. <u>사회법이란 자본주의사회에서 일어나는 사회적 부조리를 해결하려는 수정자본주의에 입각한 법질서이다.</u> 즉, 자본주의사회에 있어서 경제적 약자와 강자와의 생활을 간섭·조정·보호하는 실정법질서이다.

2. 사회법의 특질

① 종래 시민법에 대한 특색
  ㉠ **시민법과의 공존** : 사회법은 시민법을 부정하는 것이 아니고, 시민법을 수정·보완함으로써 서로 독립적인 시민법과 사회법은 현대자본주의 법체계 안에서 공존하였다.
  ㉡ **국민경제발전의 목적** : 사회법은 독점자본주의가 야기한 각종 사회적·경제적 폐해를 시정하여 균형 있는 국민경제의 발전을 기하고 사회적·경제적 약자의 권익을 보호하여 국민복지의 균등실현을 도모함을 그 이념으로 채택하였다.
  ㉢ **적극적 복지국가를 지향** : 사회법은 소유권의 자유나 계약의 자유를 기초로 하는 시장에서의 자유경쟁(보이지 않는 손)에 의해서가 아니라 국가의 규제를 수단 내지 도구로 하여 그 이념이나 목적을 실현하며, 적극적인 복지국가기능을 기본전제로 하였다.
  ㉣ **공·사법의 혼합 경향** : 사회법에서는 종래 사법의 영역에 공권력이 개입함으로써 사법의 원리와 공법의 원리가 서로 교차하고 혼합하여 '사법의 공법화', '공법과 사법의 혼합 내지 침투', '공법에 의한 사법의 지배'의 법현상이 출현하였다.

② 사회법의 공통된 일반적 법원리
  ㉠ **약자 보호(개별성 고려)** : 사회에서 권세자나 무력자의 현실적 지위를 배려
  ㉡ **분배적 정의** : 보상적 정의가 아닌 분배적 정의
  ㉢ **감시적·간섭적 기능** : 사회나 국가가 대존재자로서 감시적·간섭적 기능을 수행
  ㉣ **조화** : 종래 법률형식과 현재 법현실을 새로운 차원에서 조화 및 적응 노력

02 노동법

1. 노동법의 개념
① 노동법이란 자본주의사회에서 근로자가 인간다운 생활을 할 수 있도록 노동관계를 규율하는 법규범의 총체를 말한다. ★
② 노동법은 노동관계, 즉 근로자의 노동력 제공에 관련된 생활관계를 규율하는 법이다. 이 경우 노동은 독립적 노동이 아니라 종속적 노동을 의미한다.
③ 노동법은 근로자의 인간다운 생활의 실현을 기본이념으로 하는 법이다. 그러나 인간다운 생활의 실현이라는 이념은 사유재산제, 시장경제, 개인의 자유 등 자본주의사회의 필수적 요소를 전제로 이와 조화를 이루면서 추구되는 이념이지 이를 부정·침해하면서 추구되는 것은 아니다. ★

2. 노동법의 체계
① 개별적 노동관계법과 집단적 노동관계법

구 분	내 용
개별적 노동관계법 (근로계약법)	• 근로자 개인과 사용자 사이의 근로계약의 체결·전개·종료를 둘러싼 관계를 규율하는 법을 말한다. • 국가에 의한 근로자의 보호 내지 계약자유의 수정·제한을 지도이념으로 한다. 예 근로기준법, 직업안정법, 산업재해보상보험법 등
집단적 노동관계법 (노동단체법, 노사관계법)	• 근로자의 노동관계상의 이익을 대변하는 노동단체의 조직·운영 및 노동단체와 사용자 측 사이의 단체교섭을 중심으로 전개되는 관계(노동운동관계)를 규율하는 법을 말한다. • 국가로부터의 자유(단결활동의 자유) 내지 집단적 노사자치를 지도이념으로 한다. 예 노동조합 및 노동관계조정법, 노동위원회법, 근로자참여 및 협력증진에 관한 법률 등

② 노사관계법
㉠ 근로자의 경영참가 내지 노사협의회를 둘러싼 근로자와 사용자 간의 관계를 규율하는 법
㉡ 노동시장에서의 근로자의 구직활동 등을 둘러싼 관계를 규율하는 법
㉢ 노동위원회제도(나라에 따라서는 노동소송법이 확립되어 있기도 하다) 등을 규율하는 법

빈칸 채우기

노동법의 체계
⋯ 개별적 노동관계법(근로계약법) : 근로자 개인과 사용자 사이의 (❶)의 체결·전개·종료를 둘러싼 관계를 규율하는 법으로서 (❷)에 의한 근로자의 보호 내지 (❸)의 수정·제한을 지도이념으로 한다.
⋯ 집단적 노동관계법(노사관계법) : 근로자의 노동관계상의 이익을 대변하는 (❹)의 조직·운영 및 (❹)와 사용자 측 사이의 (❺)을 중심으로 전개되는 관계를 규율하는 법으로서 (❷)로부터의 자유 내지 집단적 (❻)를 지도이념으로 한다.

정답 ❶ 근로계약 ❷ 국가 ❸ 계약자유 ❹ 노동단체 ❺ 단체교섭 ❻ 노사자치

3. 노동법의 법원

① 노동관계법령

구 분	내 용
노동단체법 부문	노동조합 및 노동관계조정법, 국가공무원법 중 노동운동에 관한 규정, 공무원직장협의회의 설립·운영에 관한 법률, 교원의 노동조합설립 및 운영 등에 관한 법률 등
근로계약법 부문	근로기준법, 최저임금법, 임금채권보장법, 근로자의 날 제정에 관한 법률, 남녀고용평등과 일·가정 양립 지원에 관한 법률, 산업안전보건법, 산업재해보상보험법, 선원법, 파견근로자보호 등에 관한 법률 등
특수부문	근로자참여 및 협력증진에 관한 법률, 노동위원회법, 고용정책기본법, 직업안정법, 건설근로자의 고용개선 등에 관한 법률, 근로자직업능력개발법, 고용보험법, 고용상 연령차별금지 및 고령자고용촉진에 관한 법률, 장애인고용촉진 및 직업재활법 등

② 일반법과 협약 등 : 헌법의 노동조항(제32조·제33조), 민법의 법인·법률행위·계약·고용·불법행위 등에 관한 법규, 우리나라가 비준·공포한 ILO 협약들, 단체협약·취업규칙·조합규약·근로계약

③ 노동관행
  ㉠ 취업규칙·단체협약·조합규약·근로계약 등으로 성문화되지 않은 채 노사관계의 현장에서 근로조건·직장규율·시설관리·조합활동 등에 관하여 장기간 반복·계속 행하여진 처리방법을 말한다.
  ㉡ 노동관행은 그 자체로서 특별한 법적 효력을 가지지 않지만, 근로조건에 관하여 일정한 취급이 이의 없이 계속하여 행하여져 온 경우에는 근로계약 당사자 간에 묵시의 합의가 성립한 것으로 보거나 당사자가 '이 사실인 관습에 따를 것'을 인정한 것으로 보아 근로계약의 내용으로 되고 그 효력을 인정받는다.★

④ 노동법의 법원으로 인정되지 않는 것★★ : 판례, 고용노동부 등의 예규·질의회신, 지침 등 행정해석은 노동법의 법원으로 인정되지 않는다.

4. 법원의 적용순서★★

① 헌법 → 법률 → 명령 → 단체협약 → 취업규칙과 조합규약 → 근로계약★
② 상하위 규범들이 서로 충돌하는 경우에는 당연히 상위법 우선의 원칙에 따르지만, 하위규범이 근로자에게 더 유리할 때에는 하위규범이 우선 적용된다(유리한 조건 우선의 원칙).★
③ 동순위의 규범들이 서로 충돌하는 경우에는 신법 우선의 원칙과 특별법 우선의 원칙에 의하여 우선순위가 결정된다.★

빈칸 채우기

법원의 적용순서
⋯ 법원은 (❶) → 법률 → (❷) → (❸) → 취업규칙과 조합규약 → (❹) 순으로 적용한다.

❶ 헌법　❷ 명령　❸ 단체협약　❹ 근로계약　정답

03 노동조합 및 노동관계조정법(이하 노동조합법) 기출 11

1. 목적과 용어의 정의

① **목적** : 이 법은 헌법에 의한 근로자의 단결권·단체교섭권 및 단체행동권을 보장하여 근로조건의 유지·개선과 근로자의 경제적·사회적지위의 향상을 도모하고, 노동관계를 공정하게 조정하여 노동쟁의를 예방·해결함으로써 산업평화의 유지와 국민경제의 발전에 이바지함을 목적으로 한다.

② **용어의 정의**(노동조합법 제2조)★★

  ㉠ **근로자** : 직업의 종류를 불문하고 임금·급료, 기타 이에 준하는 수입에 의하여 생활하는 자를 말한다(제1호).

> **노동조합법상 근로자**
> 노동조합 및 노동관계조정법에서 말하는 '임금·급료 기타 이에 준하는 수입에 의하여 생활하는 자'에는 특정한 사용자에게 고용되어 현실적으로 취업하고 있는 자뿐만 아니라, 일시적으로 실업상태에 있는 자나 구직 중인 자도 노동3권을 보장할 필요성이 있는 한 그 범위에 포함된다고 할 것이다(대판 2015.1.29. 2012두28247).

  ㉡ **사용자** : 사업주, 사업의 경영담당자 또는 그 사업의 근로자에 관한 사항에 대하여 사업주를 위하여 행동하는 자를 말한다(제2호).

  ㉢ **사용자단체** : 노동관계에 관하여 그 구성원인 사용자에 대하여 조정 또는 규제할 수 있는 권한을 가진 사용자의 단체를 말한다(제3호).

  ㉣ **노동쟁의** : 노동조합과 사용자 또는 사용자단체(이하 '노동관계 당사자'라 한다) 간에 임금·근로시간·복지·해고, 기타 대우 등 근로조건의 결정에 관한 주장의 불일치로 인하여 발생한 분쟁상태를 말한다. 이 경우 주장의 불일치라 함은 당사자 간에 합의를 위한 노력을 계속하여도 더 이상 자주적 교섭에 의한 합의의 여지가 없는 경우를 말한다(제5호).★

  ㉤ **쟁의행위** : 파업·태업·직장폐쇄, 기타 노동관계 당사자가 그 주장을 관철할 목적으로 행하는 행위와 이에 대항하는 행위로서 업무의 정상적인 운영을 저해하는 행위를 말한다(제6호). 기출 06

  ㉥ **정당행위** : 형법 제20조의 규정은 노동조합이 단체교섭·쟁의행위, 기타의 행위로서 노동조합의 목적을 달성하기 위하여 한 정당한 행위에 대하여 적용된다. 다만, 어떠한 경우에도 폭력이나 파괴행위는 정당한 행위로 해석되어서는 아니 된다(노동조합법 제4조).★

빈칸 채우기

노동조합법상 근로자

⋯ 직업의 종류를 (❶)하고 임금·급료, 기타 이에 (❷) 수입에 의하여 생활하는 자를 말한다.

정답 ❶ 불문 ❷ 준하는

2. 노동조합

① **의의** : 근로자가 주체가 되어 자주적으로 단결하여 근로조건의 유지·개선, 기타 근로자의 경제적·사회적지위의 향상을 도모함을 목적으로 조직하는 단체 또는 그 연합체를 말한다(노동조합법 제2조 제4호 본문). 노동조합은 그 규약이 정하는 바에 의하여 법인으로 할 수 있다(노동조합법 제6조 제1항).

> **정의(노동조합법 제2조)**
> 4. "노동조합"이라 함은 근로자가 주체가 되어 자주적으로 단결하여 근로조건의 유지·개선 기타 근로자의 경제적·사회적 지위의 향상을 도모함을 목적으로 조직하는 단체 또는 그 연합단체를 말한다. 다만, 다음 각목의 1에 해당하는 경우에는 노동조합으로 보지 아니한다.
>   가. 사용자 또는 항상 그의 이익을 대표하여 행동하는 자의 참가를 허용하는 경우
>   나. 경비의 주된 부분을 사용자로부터 원조받는 경우
>   다. 공제·수양 기타 복리사업만을 목적으로 하는 경우
>   라. 근로자가 아닌 자의 가입을 허용하는 경우
>   마. 주로 정치운동을 목적으로 하는 경우

② **노동조합의 보호요건★★** : 이 법에 의하여 설립된 노동조합이 아니면 노동위원회에 노동쟁의의 조정 및 부당노동행위의 구제를 신청할 수 없고, 노동조합이라는 명칭을 사용할 수 없다(노동조합법 제7조 제1항·제3항).

③ **조세의 면제★** : 노동조합에 대하여는 그 사업체를 제외하고는 세법이 정하는 바에 따라 조세를 부과하지 아니한다(노동조합법 제8조).

④ **차별대우의 금지** : 노동조합의 조합원은 어떠한 경우에도 인종, 종교, 성별, 연령, 신체적 조건, 고용형태, 정당 또는 신분에 의하여 차별대우를 받지 아니한다(노동조합법 제9조).

⑤ **노동조합의 설립** : 노동조합을 설립하고자 하는 자는 신고서에 규약을 첨부하여 연합단체인 노동조합과 2 이상의 특별시·광역시·특별자치시·도·특별자치도에 걸치는 단위노동조합은 고용노동부장관에게, 2 이상의 시·군·구에 걸치는 단위노동조합은 특별시장·광역시장·도지사에게, 그 외의 노동조합은 특별자치시장·특별자치도지사·시장·군수·구청장에게 제출하여야 한다(노동조합법 제10조 제1항).

⑥ **총회 및 임시총회★** : 노동조합은 매년 1회 이상 총회를 개최하여야 하고, 노동조합의 대표자는 총회의 의장이 되며(노동조합법 제15조), 노동조합의 대표자는 필요하다고 인정할 때에는 임시총회 또는 임시대의원회를 소집할 수 있다(노동조합법 제18조 제1항).

⑦ **대의원회★** : 노동조합은 규약으로 총회에 갈음한 대의원회를 둘 수 있고, 대의원은 조합원의 직접·비밀·무기명투표에 의하여 선출되어야 하며, 임기는 규약으로 정하되 3년을 초과할 수 없다(노동조합법 제17조 제1항·제2항·제4항).

3. 단체교섭 및 단체협약

① **교섭 및 체결권한★** : 노동조합의 대표자는 그 노동조합 또는 조합원을 위하여 사용자나 사용자단체와 교섭하고 단체협약을 체결할 권한을 가진다(노동조합법 제29조 제1항).

② **교섭 등의 원칙** : 노동조합과 사용자 또는 사용자단체는 신의에 따라 성실히 교섭하고 단체협약을 체결하여야 하며 그 권한을 남용하여서는 아니 된다. 노동조합과 사용자 또는 사용자단체는 정당한 이유 없이 교섭 또는 단체협약의 체결을 거부하거나 해태하여서는 아니 된다(노동조합법 제30조 제1항·제2항).

③ **단체협약의 유효기간의 상한** : 단체협약의 유효기간은 3년을 초과하지 않는 범위에서 노사가 합의하여 정할 수 있다(노동조합법 제32조 제1항). 단체협약에 그 유효기간을 정하지 아니한 경우 또는 제1항의 기간을 초과하는 유효기간을 정한 경우에 그 유효기간은 3년으로 한다(노동조합법 제32조 제2항).

④ **기준의 효력★** : 단체협약에 정한 근로조건, 기타 근로자의 대우에 관한 기준에 위반하는 취업규칙 또는 근로계약의 부분은 무효로 한다(노동조합법 제33조 제1항).

⑤ **일반적 구속력** : 하나의 사업 또는 사업장에 상시 사용되는 동종의 근로자 반수 이상이 하나의 단체협약의 적용을 받게 된 때에는 당해 사업 또는 사업장에 사용되는 다른 동종의 근로자에 대하여도 당해 단체협약이 적용된다(노동조합법 제35조).

⑥ **지역적 구속력** : 하나의 지역에 있어서 종업하는 동종의 근로자 3분의 2 이상이 하나의 단체협약의 적용을 받게 된 때에는 행정관청은 당해 단체협약의 당사자의 쌍방 또는 일방의 신청에 의하거나 그 직권으로 노동위원회의 의결을 얻어 당해 지역에서 종업하는 다른 동종의 근로자와 그 사용자에 대하여도 당해 단체협약을 적용한다는 결정을 할 수 있다(노동조합법 제36조 제1항).

4. 쟁의행위

① **쟁의행위의 기본원칙** : 쟁의행위는 그 목적·방법 및 절차에 있어서 법령, 기타 사회질서에 위반되어서는 아니 되고 조합원은 노동조합에 의하여 주도되지 아니한 쟁의행위를 하여서는 아니 된다(노동조합법 제37조 제1항·제2항). 또한 노동조합은 사용자의 점유를 배제하여 조업을 방해하는 형태로 쟁의행위를 해서는 아니 된다(노동조합법 제37조 제3항).

② **쟁의행위의 종류** 기출 12

파업	근로자들이 단결체를 형성하여 근로조건의 유지 및 개선을 위하여 노무제공을 거부하는 행위
태업	작업장에서 의도적으로 작업을 태만히 하거나, 불완전한 제품을 만듦으로써 사용자에게 대항하는 행위
준법투쟁	근로자들이 단체로 근로관계법령 등에 규정된 권리·의무를 동시에 이행하여 파업 또는 태업과 같은 상태를 만드는 행위
직장점거	파업에 참가한 근로자가 파업의 실효성을 확보하기 위하여 사용자의 사업장 시설을 점거하는 방식의 쟁의행위
보이콧(Boycott)	노동조합이 사용자의 제품불매를 호소하거나 그 제품취급을 거부하게 함으로써 그 제품의 거래를 방해하는 행위
피켓팅(Picketing)	쟁의행위 참가자들이 당해 쟁의행위로 인하여 중단된 업무를 수행하려고 하는 자들에게 업무수행을 하지 말 것을 평화적으로 설득하거나 권고하는 것으로, 근로자들이 공장 근처나 사업장의 입구에서 파업의 방해자나 배신자를 감시하는 행위
동정파업	다른 노동조합이 행하는 쟁의행위를 지원하기 위한 파업
직장폐쇄	사용자가 노동조합의 쟁의행위에 대항하여 직장을 폐쇄함으로써 근로자들의 근로수령을 거부하고 임금을 지급하지 아니하는 사용자의 쟁의행위

③ **노동조합의 지도와 책임**(노동조합법 제38조)
  ㉠ 쟁의행위는 그 쟁의행위와 관계없는 자 또는 근로를 제공하고자 하는 자의 출입・조업, 기타 정상적인 업무를 방해하는 방법으로 행하여져서는 아니 되며, 쟁의행위의 참가를 호소하거나 설득하는 행위로서 폭행・협박을 사용하여서는 아니 된다(제1항).
  ㉡ 작업시설의 손상이나 원료・제품의 변질 또는 부패를 방지하기 위한 작업은 쟁의행위기간 중에도 정상적으로 수행되어야 한다(제2항). ★
  ㉢ 노동조합은 쟁의행위가 적법하게 수행될 수 있도록 지도・관리・통제할 책임이 있다(제3항).
④ **근로자의 구속제한** : 근로자는 쟁의행위기간 중에는 현행범 외에는 이 법의 위반을 이유로 구속되지 아니한다(노동조합법 제39조). ★
⑤ **쟁의행위의 제한과 금지 등**
  ㉠ 노동조합의 쟁의행위는 그 조합원(제29조의2에 따라 교섭대표노동조합이 결정된 경우에는 그 절차에 참여한 노동조합의 전체 조합원)의 직접・비밀・무기명투표에 의한 조합원 과반수의 찬성으로 결정하지 아니하면 이를 행할 수 없다. 이 경우 조합원 수 산정은 종사근로자인 조합원을 기준으로 한다(노동조합법 제41조 제1항).
  ㉡ 방위사업법에 의하여 지정된 주요방위산업체에 종사하는 근로자 중 전력, 용수 및 주로 방산물자를 생산하는 업무에 종사하는 자는 쟁의행위를 할 수 없으며, 주로 방산물자를 생산하는 업무에 종사하는 자의 범위는 대통령령으로 정한다(노동조합법 제41조 제2항).
  ㉢ 쟁의행위는 폭력이나 파괴행위 또는 생산, 기타 주요업무에 관련되는 시설과 이에 준하는 시설로서 대통령령이 정하는 시설을 점거하는 형태로 이를 행할 수 없다(노동조합법 제42조 제1항).
  ㉣ 사업장의 안전보호시설에 대하여 정상적인 유지・운영을 정지・폐지 또는 방해하는 행위는 쟁의행위로서 이를 행할 수 없다(노동조합법 제42조 제2항).
  ㉤ 사용자는 쟁의행위기간 중 그 쟁의행위로 중단된 업무의 수행을 위하여 당해 사업과 관계없는 자를 채용 또는 대체할 수 없다(노동조합법 제43조 제1항). ★
  ㉥ 사용자는 쟁의행위기간 중 그 쟁의행위로 중단된 업무를 도급 또는 하도급 줄 수 없다(노동조합법 제43조 제2항). ★

빈칸 채우기

쟁의행위의 제한과 금지 등
→ 노동조합의 쟁의행위는 그 조합원(제29조의2에 따라 교섭대표노동조합이 결정된 경우에는 그 절차에 참여한 노동조합의 전체 조합원)의 직접・비밀・무기명투표에 의한 조합원 (❶)의 찬성으로 결정하지 아니하면 이를 행할 수 없다.
→ 사용자는 쟁의행위기간 중 그 쟁의행위로 (❷)된 업무의 수행을 위하여 당해 사업과 (❸)없는 자를 채용 또는 대체할 수 없다.
→ 사용자는 쟁의행위기간 중 그 쟁의행위로 (❷)된 업무를 (❹) 또는 (❺) 줄 수 없다.

❶ 과반수 ❷ 중단 ❸ 관계 ❹ 도급 ❺ 하도급 [정답]

5. 부당노동행위(사용자가 할 수 없는 부당노동행위)(노동조합법 제81조 제1항) 기출 17

① 근로자가 노동조합에 가입 또는 가입하려고 하였거나, 노동조합을 조직하려고 하였거나, 기타 노동조합의 업무를 위한 정당한 행위를 한 것을 이유로 그 근로자를 해고하거나 그 근로자에게 불이익을 주는 행위(제1호)

② 근로자가 어느 노동조합에 가입하지 아니할 것 또는 탈퇴할 것을 고용조건으로 하거나, 특정한 노동조합의 조합원이 될 것을 고용조건으로 하는 행위. 다만, 노동조합이 당해 사업장에 종사하는 근로자의 3분의 2 이상을 대표하고 있을 때에는 근로자가 그 노동조합의 조합원이 될 것을 고용조건으로 하는 단체협약의 체결은 예외로 하며[유니온숍(Union shop)], 이 경우 사용자는 근로자가 그 노동조합에서 제명된 것 또는 그 노동조합을 탈퇴하여 새로 노동조합을 조직하거나 다른 노동조합에 가입한 것을 이유로 신분상 불이익한 행위를 할 수 없다(제2호). ★

③ 노동조합의 대표자 또는 노동조합으로부터 위임을 받은 자와의 단체협약체결, 기타의 단체교섭을 정당한 이유 없이 거부하거나 해태하는 행위(제3호)

④ 근로자가 노동조합을 조직 또는 운영하는 것을 지배하거나 이에 개입하는 행위와 근로시간 면제한도를 초과하여 급여를 지급하거나 노동조합의 운영비를 원조하는 행위. 다만, 근로자가 근로시간 중에 제24조 제2항에 따른 활동을 하는 것을 사용자가 허용함은 무방하며, 또한 근로자의 후생자금 또는 경제상의 불행, 기타 재액의 방지와 구제 등을 위한 기금의 기부와 최소한의 규모의 노동조합사무소의 제공 및 그 밖에 이에 준하여 노동조합의 자주적인 운영 또는 활동을 침해할 위험이 없는 범위에서의 운영비 원조 행위는 예외로 한다(제4호). 그리고 노동조합의 자주적 운영 또는 활동을 침해할 위험 여부를 판단할 때에는 운영비 원조의 목적과 경위, 원조된 운영비 횟수와 기간, 원조된 운영비 금액과 원조방법, 원조된 운영비가 노동조합의 총수입에서 차지하는 비율, 원조된 운영비의 관리방법 및 사용처 등을 고려하여야 한다(노동조합법 제81조 제2항). ★

⑤ 근로자가 정당한 단체행위에 참가한 것을 이유로 하거나 또는 노동위원회에 대하여 사용자가 이 조의 규정에 위반한 것을 신고하거나 그에 관한 증언을 하거나 기타 행정관청에 증거를 제출한 것을 이유로 그 근로자를 해고하거나 그 근로자에게 불이익을 주는 행위(제5호)

빈칸 채우기

부당노동행위의 종류

⋯ 근로자가 노동조합에 (❶) 또는 (❶)하려고 하였거나, 노동조합을 (❷)하려고 하였거나, 기타 노동조합의 업무를 위한 (❸) 행위를 한 것을 이유로 그 근로자를 해고하거나 그 근로자에게 불이익을 주는 행위

⋯ 근로자가 어느 노동조합에 (❶)하지 아니할 것 또는 (❹)할 것을 고용조건으로 하거나, 특정한 노동조합의 조합원이 될 것을 고용조건으로 하는 행위. 다만, 노동조합이 당해 사업장에 종사하는 근로자의 (❺) 이상을 대표하고 있을 때에는 근로자가 그 노동조합의 조합원이 될 것을 고용조건으로 하는 단체협약의 체결은 예외로 한다.

⋯ 단체협약체결, 기타의 단체교섭을 정당한 이유 없이 (❻)하거나 (❼)하는 행위 등

정답 ❶ 가입 ❷ 조직 ❸ 정당한 ❹ 탈퇴 ❺ 3분의 2 ❻ 거부 ❼ 해태

04 근로기준법 기출 16 · 13 · 11

1. 근로기준법의 목적과 기준 등

① **목적** : 헌법에 의하여 근로조건의 기준을 정함으로써 근로자의 기본적 생활을 보장·향상시키며 균형 있는 국민경제의 발전을 도모함을 목적으로 한다(근로기준법 제1조).

② **용어의 정의**(근로기준법 제2조 제1항)★

근로자	직업의 종류와 관계없이 임금을 목적으로 사업이나 사업장에 근로를 제공하는 사람(제1호)
사용자	사업주 또는 사업 경영 담당자, 그 밖에 근로자에 관한 사항에 대하여 사업주를 위하여 행위하는 자(제2호)
근 로	정신노동과 육체노동(제3호)
근로계약	근로자가 사용자에게 근로를 제공하고 사용자는 임금을 지급하는 것을 목적으로 체결된 계약(제4호)
임 금	사용자가 근로의 대가로 근로자에게 임금, 봉급, 그 밖에 어떠한 명칭으로든지 지급하는 모든 금품(제5호)
평균임금	이를 산정하여야 할 사유가 발생한 날 이전 3개월 동안에 그 근로자에게 지급된 임금의 총액을 그 기간의 총일수로 나눈 금액(제6호)
1주	휴일을 포함한 7일(제7호)
소정근로시간	법정근로시간의 범위에서 근로자와 사용자 사이에 정한 근로시간(제8호)
단시간근로자	1주 동안의 소정근로시간이 그 사업장에서 같은 종류의 업무에 종사하는 통상 근로자의 1주 동안의 소정근로시간에 비하여 짧은 근로자(제9호)

③ **근로조건의 기준** : 근로조건은 최저기준이므로 근로관계 당사자는 이 기준을 이유로 근로조건을 낮출 수 없다(근로기준법 제3조). 기출 24 · 12 · 11 · 08

④ **근로조건의 결정** : 근로조건은 근로자와 사용자가 동등한 지위에서 자유의사에 따라 결정하여야 한다(근로기준법 제4조). 기출 24 · 12

⑤ **근로조건의 준수** : 근로자와 사용자는 각자가 단체협약, 취업규칙과 근로계약을 지키고 성실하게 이행할 의무가 있다(근로기준법 제5조).

⑥ **균등처우** : 사용자는 근로자에 대하여 남녀의 성(性)을 이유로 차별적 대우를 하지 못하고, 국적·신앙 또는 사회적 신분을 이유로 근로조건에 대한 차별적 처우를 하지 못한다(근로기준법 제6조).

⑦ **강제근로의 금지** : 사용자는 폭행, 협박, 감금, 그 밖에 정신상 또는 신체상의 자유를 부당하게 구속하는 수단으로써 근로자의 자유의사에 어긋나는 근로를 강요하지 못한다(근로기준법 제7조).

⑧ **폭행의 금지** : 사용자는 사고의 발생이나 그 밖의 어떠한 이유로도 근로자에게 폭행을 하지 못한다(근로기준법 제8조). 기출 23

빈칸 채우기

근로기준법상 용어의 정의

→ 임금 : (❶)가 근로의 대가로 (❷)에게 임금, 봉급, 그 밖에 어떠한 명칭으로든지 지급하는 모든 금품
→ 소정근로시간 : (❸)의 범위에서 (❷)와 (❶) 사이에 정한 근로시간
→ 단시간근로자 : (❹) 동안의 소정근로시간이 그 (❺)에서 같은 종류의 업무에 종사하는 (❻) 근로자의 (❹) 동안의 소정근로시간에 비하여 짧은 근로자

❶ 사용자 ❷ 근로자 ❸ 법정근로시간 ❹ 1주 ❺ 사업장 ❻ 통상 **정답**

⑨ **중간착취의 배제** : 누구든지 법률에 의하지 아니하고는 영리로 다른 사람의 취업에 개입하거나 중간인으로서 이익을 취득하지 못한다(근로기준법 제9조).
⑩ **공민권행사의 보장** : 사용자는 근로자가 근로시간 중에 선거권, 그 밖의 공민권(公民權) 행사 또는 공(公)의 직무를 집행하기 위하여 필요한 시간을 청구하면 거부하지 못한다. 다만, 그 권리 행사나 공(公)의 직무를 수행하는 데에 지장이 없으면 청구한 시간을 변경할 수 있다(근로기준법 제10조). 기출 08
⑪ **적용범위**
 ㉠ 상시 5명 이상의 근로자를 사용하는 모든 사업 또는 사업장에 적용한다. 다만, 동거하는 친족만을 사용하는 사업 또는 사업장과 가사(家事)사용인에 대하여는 적용하지 아니한다(근로기준법 제11조 제1항).
 ㉡ 상시 4명 이하의 근로자를 사용하는 사업 또는 사업장에 대하여는 근로기준법의 일부 규정을 적용할 수 있다(근로기준법 제11조 제2항). 기출 24
 ㉢ 근로기준법과 근로기준법 시행령은 국가, 특별시·광역시·도, 시·군·구, 읍·면·동, 그 밖에 이에 준하는 것에 대하여도 적용된다(근로기준법 제12조).
⑫ **적용의 제외** : 제4장(근로시간과 휴식)과 제5장(여성과 소년)에서 정한 근로시간, 휴게와 휴일에 관한 규정은 다음에 해당하는 근로자에 대하여는 적용하지 아니한다(근로기준법 제63조).
 ㉠ 토지의 경작·개간, 식물의 식재(植栽)·재배·채취 사업, 그 밖의 농림 산업(제1호)
 ㉡ 동물의 사육, 수산 동식물의 채취·포획·양식 사업, 그 밖의 축산, 양잠, 수산 사업(제2호)
 ㉢ 감시(監視) 또는 단속적(斷續的)으로 근로에 종사하는 사람으로서 사용자가 고용노동부장관의 승인을 받은 사람(제3호)
 ㉣ 대통령령으로 정하는 업무(사업의 종류에 관계없이 관리·감독 업무 또는 기밀을 취급하는 업무)에 종사하는 근로자(제4호)

2. 근로계약

① **의의** : 근로자가 사용자에게 근로를 제공하고 사용자는 이에 대하여 임금을 지급함을 목적으로 체결된 계약으로서(근로기준법 제2조 제1항 제4호), 계약의 형식이나 명칭 불문하고 명시 및 묵시의 계약 체결도 가능하며 반드시 서면으로 할 필요는 없다. ★
② **근로계약의 체결·임금청구** : 근로계약의 체결은 친권자나 후견인이 대리할 수 없고(근로기준법 제67조 제1항), 임금청구는 미성년자가 독자적으로 할 수 있다(근로기준법 제68조). 기출 20·12·11
③ **근로조건의 명시** : 사용자는 근로계약 체결시 근로자에 대하여 임금, 소정근로시간, 휴일, 연차유급휴가 그 밖에 대통령령에 정하는 근로조건을 명시하여야 한다(근로기준법 제17조 제1항 전문). 이 경우 임금의 구성항목·계산방법·지급방법·소정근로시간·휴일 및 연차유급휴가의 사항이 명시된 서면(「전자문서 및 전자거래 기본법」제2조 제1호에 따른 전자문서를 포함한다)을 근로자에게 교부하여야 한다. 다만, 본문에 따른 사항이 단체협약 또는 취업규칙의 변경 등 대통령령으로 정하는 사유로 인하여 변경되는 경우에는 근로자의 요구가 있으면 그 근로자에게 교부하여야 한다(근로기준법 제17조 제2항).
④ **금지사항**
 ㉠ **위약예정의 금지** : 사용자는 근로계약 불이행에 대한 위약금 또는 손해배상액을 예정하는 계약을 체결하지 못한다(근로기준법 제20조). ★ 기출 23·22·11·08
 ㉡ **전차금 상계의 금지** : 사용자는 전차금이나 그 밖에 근로할 것을 조건으로 하는 전대채권과 임금을 상계하지 못한다(근로기준법 제21조).

ⓒ **강제 저금의 금지**: 사용자는 근로계약에 덧붙여 강제 저축 또는 저축금의 관리를 규정하는 계약을 체결하지 못한다(근로기준법 제22조 제1항). 기출 23·22

ⓔ **해고 등의 제한**: 사용자는 근로자에게 정당한 이유 없이 해고, 휴직, 정직, 전직, 감봉, 그 밖의 징벌을 하지 못한다(근로기준법 제23조 제1항). 사용자가 경영상 이유에 의하여 근로자를 해고하려면 긴박한 경영상의 필요가 있어야 한다. 이 경우 경영 악화를 방지하기 위한 사업의 양도·인수·합병은 긴박한 경영상의 필요가 있는 것으로 본다(근로기준법 제24조 제1항). ★ 기출 19

⑤ **근로조건의 위반**
   ㉠ 규정에 의하여 명시된 근로조건이 사실과 다를 경우에는 근로자는 근로조건 위반을 이유로 손해배상을 청구할 수 있으며, 즉시 근로계약을 해제할 수도 있다(근로기준법 제19조 제1항). ★ 기출 22
   ㉡ 근로자가 손해배상을 청구할 경우에는 노동위원회에 신청할 수 있으며 근로계약이 해제되었을 경우에는 사용자는 취업을 목적으로 거주를 변경하는 근로자에게 귀향여비를 지급하여야 한다(근로기준법 제19조 제2항). ★

⑥ **법위반의 근로계약**: 근로기준법에서 정하는 기준에 미치지 못하는 근로조건을 정한 근로계약은 그 부분에 한하여 무효로 하며, 무효로 된 부분은 근로기준법에서 정한 기준에 따른다(근로기준법 제15조). ★

기출 24·22

⑦ **해고의 예고** 기출 21·09 : 사용자는 근로자를 해고(경영상 이유에 의한 해고를 포함한다)하고자 할 때에는 적어도 30일 전에 그 예고를 하여야 하며, 30일 전에 예고를 하지 아니한 때에는 30일분 이상의 통상임금을 지급하여야 한다. 다만, 다음의 어느 하나에 해당하는 경우에는 그러하지 아니하다(근로기준법 제26조).
   ㉠ 근로자가 계속 근로한 기간이 3개월 미만인 경우(제1호) ★
   ㉡ 천재·사변, 그 밖의 부득이한 사유로 사업을 계속하는 것이 불가능한 경우(제2호)
   ㉢ 근로자가 고의로 사업에 막대한 지장을 초래하거나 재산상 손해를 끼친 경우로서 고용노동부령으로 정하는 사유에 해당하는 경우(제3호)

⑧ **해고사유 등의 서면 통지**: 사용자는 근로자를 해고하려면 해고사유와 해고시기를 서면으로 통지하여야 한다(근로기준법 제27조 제1항).

⑨ **부당해고 등의 구제신청** 기출 21 : 사용자가 근로자에게 부당해고 등을 하면 근로자는 부당해고 등이 있었던 날로부터 3개월 이내에 노동위원회에 구제신청을 할 수 있다(근로기준법 제28조).

⑩ **계약 서류의 보존** 기출 23 : 사용자는 근로자 명부와 대통령령으로 정하는 근로계약에 관한 중요한 서류를 3년간 보존하여야 한다(근로기준법 제42조).

3. 통상임금 기출 15

① **의의**: 근로자에게 정기적이고 일률적으로 소정근로 또는 총 근로에 대하여 지급하기로 정한 시간급 금액, 일급 금액, 주급 금액, 월급 금액 또는 도급 금액을 말한다(근로기준법 시행령 제6조 제1항). ★

② **적용범위** ★
   ㉠ 평균임금의 최저한도 보장(근로기준법 제2조 제2항)
   ㉡ 다음에 해당하는 수당 및 급여 산정의 기초
      • 해고예고수당(근로기준법 제26조)
      • 연장·야간·휴일근로수당(근로기준법 제56조)

- 연차유급휴가수당(근로기준법 제60조 제5항)
- 출산전후휴가급여(고용보험법 제75조)

※ **퇴직금**(근로기준법 제34조, 근로자퇴직급여 보장법 제8조 제1항), **휴업수당**(근로기준법 제46조), **연차유급휴가수당**(근로기준법 제60조 제5항), **재해보상금**(근로기준법 제79조 내지 제85조), **감급액**(근로기준법 제95조), 산업재해보상보험법상의 보험급여 및 고용보험법상 구직급여기초일액 산정 등의 경우에는 평균임금을 기초로 한다.

4. 근로시간과 휴식

① **연장근로의 제한** : 당사자 간에 합의하면 1주간에 12시간을 한도로 근로시간을 연장할 수 있다(근로기준법 제53조 제1항).

② **휴게** : 사용자는 근로시간이 4시간인 경우에는 30분 이상, 8시간인 경우에는 1시간 이상의 휴게시간을 근로시간 도중에 주어야 한다(근로기준법 제54조 제1항).

③ **휴일** : 사용자는 근로자에게 1주일에 평균 1회 이상의 유급휴일을 주어야 한다(근로기준법 제55조 제1항).

④ **연장·야간 및 휴일근로** : 사용자는 연장근로와 야간근로에 대하여는 통상임금의 100분의 50 이상을 가산하여 근로자에게 지급하여야 한다. 반면에 휴일근로에 대해서는 8시간 이내의 경우에는 통상임금의 100분의 50 이상을, 8시간을 초과한 경우에는 통상임금의 100분의 100 이상을 가산하여 근로자에게 지급하여야 한다(근로기준법 제56조).

⑤ **유급휴가** : 사용자는 1년간 80퍼센트 이상 출근한 근로자에게 15일의 유급휴가를 주어야 한다(근로기준법 제60조 제1항).

> **3개월 이내의 탄력적 근로시간제(사업자 배려제도)** 기출 17
> 2주 또는 3개월 이내의 일정한 단위기간을 평균하여 법정근로시간을 초과하지 않는 범위 내에서 특정한 날이나 특정한 주의 근로시간을 초과하여 근무할 수 있도록 운영하는 제도(근로기준법 제51조 제1항·제2항)
>
> **선택적 근로시간제(근로자 배려제도)** 기출 17
> 일정한 단위기간동안 미리 정해진 총근로시간의 범위 내에서 개별근로자가 출퇴근시간을 자유롭게 선택할 수 있도록 운영하는 제도(근로기준법 제52조)

5. 재해보상

① **요양보상** : 근로자가 업무상 부상 또는 질병에 걸린 경우에는 사용자는 그 비용으로 필요한 요양을 행하거나 또는 필요한 요양비를 부담하여야 한다(근로기준법 제78조 제1항).

② **휴업보상** : 요양 중에 있는 근로자에 대하여는 사용자는 근로자의 요양 중 평균임금의 100분의 60의 휴업보상을 행하여야 한다(근로기준법 제79조 제1항). ★

③ **장해보상** : 근로자가 업무상 부상 또는 질병에 걸리고, 완치된 후 신체에 장해가 있으면 사용자는 그 장해 정도에 따라 평균임금에 별표에서 정한 일수를 곱한 금액의 장해보상을 하여야 한다(근로기준법 제80조 제1항).

④ **유족보상** : 근로자가 업무상 사망한 경우에는 사용자는 근로자가 사망한 후 지체 없이 그 유족에게 평균임금 1,000일분의 유족보상을 하여야 한다(근로기준법 제82조 제1항).

⑤ **장례비** : 근로자가 업무상 사망한 경우에는 사용자는 근로자가 사망한 후 지체 없이 평균임금 90일분의 장례비를 지급하여야 한다(근로기준법 제83조).
⑥ **보상청구권** : 보상을 받을 권리는 퇴직으로 인하여 변경되지 아니하고, 양도나 압류하지 못한다(근로기준법 제86조).

6. 취업규칙

① **취업규칙의 작성·신고** : 상시 10명 이상의 근로자를 사용하는 사용자는 취업규칙을 작성하여 고용노동부장관에게 신고하여야 한다. 이를 변경하는 경우에 있어서도 또한 같다(근로기준법 제93조).
② **규칙의 작성·변경의 절차** : 사용자는 취업규칙의 작성 또는 변경에 관하여 당해 사업 또는 사업장에 근로자의 과반수로 조직된 노동조합이 있는 경우에는 그 노동조합, 근로자의 과반수로 조직된 노동조합이 없는 경우에는 근로자의 과반수의 의견을 들어야 한다. 다만, 취업규칙을 근로자에게 불리하게 변경하는 경우에는 그 동의를 얻어야 한다(근로기준법 제94조 제1항).
③ **위반의 효력** : 취업규칙에 정한 기준에 미달하는 근로조건을 정한 근로계약은 그 부분에 관하여는 무효로 한다. 이 경우에 있어서 무효로 된 부분은 취업규칙에 정한 기준에 의한다(근로기준법 제97조).

05 노동위원회법

1. 노동위원회법의 목적과 종류

① **목적** : 노동위원회법은 노동관계에 있어서 판정 및 조정업무의 신속·공정한 수행을 위하여 노동위원회를 설치하고 그 운영에 관한 사항을 규정함으로써 노동관계의 안정과 발전에 이바지함을 목적으로 한다(노동위원회법 제1조).
② **노동위원회의 구성★** : 노동위원회는 근로자를 대표하는 위원(근로자위원)과 사용자를 대표하는 위원(사용자위원) 및 공익을 대표하는 위원(공익위원)으로 구성한다(노동위원회법 제6조 제1항).

2. 노동위원회의 지위 등

① 노동위원회는 그 권한에 속하는 업무를 독립적으로 수행한다(노동위원회법 제4조 제1항). ★
② 중앙노동위원회 위원장은 중앙노동위원회 및 지방노동위원회의 예산·인사·교육훈련, 기타 행정사무를 총괄하며, 소속공무원을 지휘·감독한다(노동위원회법 제4조 제2항).
③ 중앙노동위원회 위원장은 행정사무의 지휘·감독권의 일부를 대통령령이 정하는 바에 의하여 지방노동위원회위원장에게 위임할 수 있다(노동위원회법 제4조 제3항).

2 사회보장법

01 사회보장의 의의

1. 사회보장의 정의

① 일반적 정의
  ㉠ 사회보장은 사회정책의 일부로서 국민의 생활을 보장하기 위한 국가정책이다.
  ㉡ 사회보장은 소득재분배를 통해 전체 국민의 최저생활을 확보하는 조치의 총체이다.★
  ㉢ 사회보장은 일반적인 위기단계에 직면했을 때 자본주의 사회가 스스로 붕괴하는 것을 방지하기 위해 임금 재분배를 통해 사회적으로 국민의 최저생활을 보장하기 위한 제도이다.

> **사회보험제도**
> 사회적 변화와 함께 발생이 예상되는 불안요소에 대처하여 사회구성원들의 생활을 보장하기 위한 방법으로, 일정한 조건에 해당하는 사람은 반드시 가입해야 한다. 사회보험의 보험납부비용은 당사자뿐만 아니라, 사회적 위험에 동일한 확률로 처해 있는 모든 해당 국민 개개인을 공동체로 서로 결합시킨 후 그 부담을 국가, 사업주, 당사자에게 일정비율로 분산시킨다. 근대 최초의 사회보장법은 1601년 영국의 엘리자베스구빈법(공공부조법)이며, 사회보험법은 1883년 독일의 비스마르크에 의한 질병보험법이다.★

② 국제노동기구(ILO)의 개념(광의의 사회보장)
  ㉠ 사회보장의 의미 : 사회구성원이 봉착하게 될 특정 위험에 대하여 원인 여하를 막론하고 궁핍에서 그 생활을 보호하기 위하여 소속사회가 일정한 기관을 통하여 부양성을 띤 급여를 제공하는 것을 의미한다.
  ㉡ 공공기관을 통한 보호·보장 : 전 국민의 최저생활을 보장 및 모든 위험과 사고로부터 보호
  ㉢ ILO의 사회보장계획 : 고용의 촉진 및 고용수준의 유지, 국민소득의 증대 및 균등 배분, 영양과 주택의 개선, 의료시설의 완비, 일반교육 및 취업교육 기회 확대

③ 베버리지보고서의 사회보장(협의의 사회보장)
  ㉠ 사회보장의 의미 : 질병·실업·재해 등에 의하여 소득이 중단된 경우 또는 퇴직이나 사망으로 인한 부양상실에 대비하며 더 나아가 출생 및 사망 등에 관련된 특수한 지출을 보충하기 위한 소득보장을 의미한다.
  ㉡ 사회보장실시의 전제조건 : 아동부양의 수당지급, 전면적 건강 및 요양급여, 대량실업방지를 위한 완전고용증대★

④ 사회보장기본법상의 용어의 정의(사회보장기본법 제3조)

사회보장	출산, 양육, 실업, 노령, 장애, 질병, 빈곤 및 사망 등의 사회적 위험으로부터 모든 국민을 보호하고 국민 삶의 질을 향상시키는 데 필요한 소득·서비스를 보장하는 사회보험, 공공부조, 사회서비스(제1호)
사회보험	국민에게 발생하는 사회적 위험을 보험의 방식으로 대처함으로써 국민의 건강과 소득을 보장하는 제도 (제2호)
공공부조 (公共扶助)	국가와 지방자치단체의 책임하에 생활유지능력이 없거나 생활이 어려운 국민의 최저생활을 보장하고 자립을 지원하는 제도(제3호) 기출 18·10
사회서비스	국가·지방자치단체 및 민간부문의 도움이 필요한 모든 국민에게 복지, 보건의료, 교육, 고용, 주거, 문화, 환경 등의 분야에서 인간다운 생활을 보장하고 상담, 재활, 돌봄, 정보의 제공, 관련 시설의 이용, 역량 개발, 사회참여 지원 등을 통하여 국민의 삶의 질이 향상되도록 지원하는 제도(제4호) 기출 24

평생사회 안전망	생애주기에 걸쳐 보편적으로 충족되어야 하는 기본욕구와 특정한 사회위험에 의하여 발생하는 특수욕구를 동시에 고려하여 소득·서비스를 보장하는 맞춤형 사회보장제도(제5호) 기출 19
사회보장 행정데이터	국가, 지방자치단체, 공공기관 및 법인이 법령에 따라 생성 또는 취득하여 관리하고 있는 자료 또는 정보로서 사회보장 정책 수행에 필요한 자료 또는 정보(제6호)

사회보장법 분야에 해당하지 않는 법률
- 근로기준법
- 노동조합법 및 노동관계조정법
- 독점규제 및 공정거래에 관한 법률
- 소비자기본법
- 국가배상법 등

사회보장법 관련 주요 법률 기출 23·22·16·15·14·13
- 사회보장기본법
- 사회보험법 : 국민연금법, 국민건강보험법, 산업재해보상보험법, 고용보험법 등
- 공공부조법 : 국민기초생활보장법, 의료급여법 등
- 사회복지사업법 : 국민기초생활보장법, 아동복지법, 노인복지법, 장애인복지법, 한부모가족지원법, 영유아보육법, 성매매방지 및 피해자보호 등에 관한 법률, 정신건강증진 및 정신질환자 복지서비스 지원에 관한 법률, 성폭력방지 및 피해자 보호 등에 관한 법률, 가정폭력방지 및 피해자보호 등에 관한 법률 등(사회복지사업법 제2조 제1호)
※ 국민기초생활보장법은 공공부조법이면서 동시에 사회복지사업법에 해당한다.

2. 사회보장의 기본원리★

① 사회정책으로서 사회질서유지에 기본적 목적이 있다.
② 개인의 경제적 곤란에 대한 사회적 개입으로 최저수준의 보장이다.
③ 사회보장을 국가의 의무로 보고 있으며, 강제성을 띤다.
④ 사회연대의식(사회적 책임)을 강조한다.

사회보험법의 원칙
- 강제가입의 원칙
- 국가관리의 원칙
- 국고부담의 원칙

3. 사회보장의 기능★

① **정치적 기능(생활안정의 기능)** : 자본주의제도가 갖는 모순을 극복할 수 있도록 돕는 수단으로 정치적 위기에 대한 대책으로 사용된다. 즉, 자본주의제도의 유지·존속과 사회질서를 유지시키기 위한 목적을 지닌다.
② **경제적 기능** : 소득재분배의 기능, 자본주의제도의 자동적인 안전장치, 건강한 노동력 공급 및 유지, 자본축적의 기능, 고용기회 창출, 구매력 촉진 등의 기능, 일반생활수준을 규정하는 기능을 한다.

③ 사회적 기능 : 최저생활보장의 기능과 사회적으로 소득재분배를 통하여 이해, 요구 등을 조정하는 이해조정의 기능을 한다.
④ 공적 기능 : 국민의 사회보장 권리의식을 일깨우고 국민의 정치참여 유도 기능으로 국민의식, 생활양식에 영향을 미친다(사회보장의 권리성).

02 사회보장의 구성

1. 사회보험

① 사회구성원의 생활과 위험을 보험방식에 의해 보장함으로써 국민건강과 소득을 보장하고 생활보장을 실현시켜 주는 제도이다.
② 기여자는 피고용인 + 고용주 + 정부의 보조가 되며, 기여금은 개인의 소득에 따라 정도가 정해진다.
③ 급여는 개인의 욕구와 자산에 관계없이 주어지며, 각 개인의 기여금 정도에 따라 정해진다.
④ 사회보험은 주로 사회적 공평성을 강조하며, 연금보험·의료보험·산업재해보상보험·고용보험 등이 해당된다.★

2. 공공부조

① 국가 및 지방자치단체의 책임하에 생활유지능력이 없거나 생활이 어려운 국민에게 최저생활을 보장하고 자립을 지원하는 제도를 말한다(사회보장기본법 제3조 제3호).★
② 최저한의 수준보장으로 재정적 지원은 생활유지능력이 없거나 생활이 어려운 국민의 욕구를 조사한 후에 이루어지며, 재원은 일반 조세를 통해서 나오며 이 공공부조의 핵심은 빈곤을 해결하기 위한 것이다.★
③ 우리나라의 경우 국가 또는 지방단체의 책임하에 생활유지능력이 없거나 생활이 어려운 국민의 최저생활을 보장하는 복지제도로서 국민기초생활보장법, 의료급여법 등이 해당된다.★
④ 공공부조의 실시원칙★ : 직권 및 신청에 의한 보장의 원칙, 필요즉응의 원칙, 세대단위의 원칙, 기준 및 정도의 원칙
⑤ 공공부조의 기본원리
　㉠ 국가책임의 원리
　㉡ 최저생활보장의 원리
　㉢ 보충성의 원리★
　㉣ 자립조장의 원리
　㉤ 무차별평등의 원리★
　㉥ 국가부담의 원리
　㉦ 인간다운 생활보장의 원리
　㉧ 보장청구권의 원리

3. 사회서비스(사회복지사업)

① 국가·지방자치단체 및 민간부문의 도움이 필요한 모든 국민에게 복지, 보건의료, 교육, 고용, 주거, 문화, 환경 등의 분야에서 인간다운 생활을 보장하고 상담, 재활, 돌봄, 정보의 제공, 관련 시설의 이용, 역량 개발, 사회참여 지원 등을 통하여 국민의 삶의 질이 향상되도록 지원하는 제도를 말한다.
② 영유아보육법, 아동복지법, 한부모가족지원법, 장애인복지법, 노인복지법 등이 해당된다. ★
③ 사회적인 장애를 가진 사람에 대하여 개별적으로 급부를 하거나 서비스를 제공한다는 의미에서 공공부조, 사회보험과 구별되고, 금전적인 급부를 그 본래의 목적으로 하지 않는다는 특징이 있다.
④ 사회서비스는 입법적 측면, 제도운영적 측면에서 공공부조와 밀접하다. ★

[각 사회보장제도의 비교] ★

구 분	사회보험	공공부조	사회서비스
주 체	국가(보험자)	국가 및 지방자치단체	사회복지법인
객 체	국민	빈민	요보호자
재 원	기여, 갹출금	조세	재정보조금, 헌금
내 용	• 연금보험 • 산재보험 • 국민건강보험 • 고용보험 • 가족수당(외국입법례) • 노인장기요양보험법	• 생계급여 • 의료급여 • 교육급여 • 자활급여 • 주거급여 • 장제급여 • 해산급여	• 시설보호 • 아동복지 • 노인복지 • 장애자복지 • 부녀자복지

빈칸 채우기

사회서비스(사회복지사업)

⋯ 국가·지방자치단체 및 민간부문의 도움이 필요한 (❶)에게 복지, 보건의료, 교육, 고용, 주거, 문화, 환경 등의 분야에서 (❷) 생활을 보장하고 상담, 재활, 역량 개발, 사회참여 지원 등을 통하여 국민의 (❸)이 향상되도록 지원하는 제도를 말한다.

❶ 모든 국민 ❷ 인간다운 ❸ 삶의 질

03 사회보장기본법

1. 목적
이 법은 사회보장에 관한 국민의 권리와 국가 및 지방자치단체의 책임을 정하고 사회보장정책의 수립·추진과 관련 제도에 관한 기본적인 사항을 규정함으로써 국민의 복지증진에 이바지하는 것을 목적으로 한다(사회보장기본법 제1조).

2. 기본이념
사회보장은 모든 국민이 다양한 사회적 위험으로부터 벗어나 행복하고 인간다운 생활을 향유할 수 있도록 자립을 지원하며, 사회참여·자아실현에 필요한 제도와 여건을 조성하여 사회통합과 행복한 복지사회를 실현하는 것을 기본 이념으로 한다(사회보장기본법 제2조).

3. 주요 내용 기출 16

① 다른 법률과의 관계(사회보장기본법 제4조) : 사회보장에 관한 다른 법률을 제정하거나 개정하는 경우에는 이 법에 부합되도록 하여야 한다. 기출 22

② 국가 및 지방자치단체의 책임(사회보장기본법 제5조)
  ㉠ 국가와 지방자치단체는 모든 국민의 인간다운 생활을 유지·증진하는 책임을 가진다(제1항).
  ㉡ 국가와 지방자치단체는 사회보장에 관한 책임과 역할을 합리적으로 분담하여야 한다(제2항). ★
  ㉢ 국가와 지방자치단체는 국가 발전수준에 부응하고 사회환경의 변화에 선제적으로 대응하며 지속가능한 사회보장제도를 확립하고 매년 이에 필요한 재원을 조달하여야 한다(제3항). ★★

③ 국가 등과 가정(사회보장기본법 제6조)
  ㉠ 국가와 지방자치단체는 가정이 건전하게 유지되고 그 기능이 향상되도록 노력하여야 한다(제1항). 기출 22
  ㉡ 국가와 지방자치단체는 사회보장제도를 시행할 때에 가정과 지역공동체의 자발적인 복지활동을 촉진하여야 한다(제2항).

④ 국민의 책임(사회보장기본법 제7조)
  ㉠ 모든 국민은 자신의 능력을 최대한 발휘하여 자립·자활할 수 있도록 노력하여야 한다(제1항).
  ㉡ 모든 국민은 경제적·사회적·문화적·정신적·신체적으로 보호가 필요하다고 인정되는 사람에게 지속적인 관심을 가지고 이들이 보다 나은 삶을 누릴 수 있는 사회환경 조성에 서로 협력하고 노력하여야 한다(제2항).
  ㉢ 모든 국민은 관계법령에서 정하는 바에 따라 사회보장급여에 필요한 비용의 부담, 정보의 제공 등 국가의 사회보장정책에 협력하여야 한다(제3항).

⑤ 외국인에 대한 적용(사회보장기본법 제8조) 기출 22 : 국내에 거주하는 외국인에게 사회보장제도를 적용할 때에는 상호주의의 원칙에 따르되, 관계법령에서 정하는 바에 따른다.

⑥ **사회보장을 받을 권리**(사회보장기본법 제9조) 기출 21 : 모든 국민은 사회보장 관계법령에서 정하는 바에 따라 사회보장급여를 받을 권리(사회보장수급권)를 가진다.
⑦ **사회보장급여의 수준**(사회보장기본법 제10조) 기출 23
  ㉠ 국가와 지방자치단체는 모든 국민이 건강하고 문화적인 생활을 유지할 수 있도록 사회보장급여의 수준 향상을 위하여 노력하여야 하며, 국가는 관계법령에서 정하는 바에 따라 최저보장수준과 최저임금을 매년 공표하여야 한다(제1항·제2항). ★
  ㉡ 국가와 지방자치단체는 최저보장수준과 최저임금 등을 고려하여 사회보장급여의 수준을 결정하여야 한다(제3항). ★
⑧ **사회보장수급권의 보호**(사회보장기본법 제12조) 기출 23·21 : 사회보장수급권은 관계법령에서 정하는 바에 따라 다른 사람에게 양도하거나 담보로 제공할 수 없으며, 이를 압류할 수 없다. ★★
⑨ **사회보장수급권의 제한 등**(사회보장기본법 제13조) 기출 21
  ㉠ 사회보장수급권은 제한되거나 정지될 수 없다. 다만, 관계법령에서 따로 정하고 있는 경우에는 그러하지 아니하다(제1항).
  ㉡ ㉠의 단서에 따라 사회보장수급권이 제한되거나 정지되는 경우에는 제한 또는 정지하는 목적에 필요한 최소한의 범위에 그쳐야 한다(제2항).
⑩ **사회보장수급권의 포기**(사회보장기본법 제14조) 기출 23·21
  ㉠ 사회보장수급권은 정당한 권한이 있는 기관에 서면으로 통지하여 포기할 수 있다(제1항).
  ㉡ 사회보장수급권의 포기는 취소할 수 있다(제2항).
  ㉢ ㉠에도 불구하고 사회보장수급권을 포기하는 것이 다른 사람에게 피해를 주거나 사회보장에 관한 관계법령에 위반되는 경우에는 사회보장수급권을 포기할 수 없다(제3항).
⑪ **사회보장 기본계획의 수립**(사회보장기본법 제16조) 기출 22 : 보건복지부장관은 관계 중앙행정기관의 장과 협의하여 사회보장 증진을 위하여 사회보장에 관한 기본계획을 5년마다 수립하여야 한다(제1항).
⑫ **사회보장위원회의 설치**(사회보장기본법 제20조 제1항) 기출 23 : 사회보장에 관한 주요 시책을 심의·조정하기 위하여 국무총리 소속으로 사회보장위원회(이하 "위원회"라 한다)를 둔다.

04 사회보험제도

1. **사회보험의 개념**
  ① 사회보험의 정의
    ㉠ 전 국민을 대상으로 하여 질병·장애·노령·실업·사망 등으로 인한 활동능력상실 및 감소가 발생하였을 때 보험방식에 의해 그것을 보상하는 제도이다. ★
    ㉡ 국민에게 보험가입을 법으로 강제하여 사회적 위험에 대비하는 제도로서, 연금보험, 국민건강보험, 산업재해보상보험, 고용보험, 가족수당(외국의 입법례) 등이 있다. ★
    ㉢ 보험기술을 이용하여 사회정책을 실현하려는 경제사회제도이다.

② 사회보험의 특성★ 기출 21

사회성	사회평등, 사회조화, 사회평화
보험성	공통위험에 대한 공통부담원칙
강제성	불균형 생활격차의 축소를 위하여 국가가 개입하여 재분배 실시
부양성	국가, 기업주, 고소득층 등의 부담에 의하여 저소득층 자금의 부담 경감

2. 사회보험과 사보험의 비교

① 사회보험과 사보험의 공통점 : 위험전가 및 확산, 가입·급부·재정조건의 유사, 급부와 갹출의 균형유지, 경제적 보상·욕구에 따른 사전 급부결정 불가

② 사회보험과 사보험의 차이점★ 기출 21

구 분	사회보험	사보험
가입방법	강제가입	임의가입
보험료 부과방식	소득수준에 따른 차등 부과	위험 정도·급여수준에 따른 부과
보험급여	필요에 따른 균등 급여	보험료 수준에 따른 차등 급여
보험료 징수방식	법률에 따른 강제징수	사적 계약에 따른 징수
원 리	사회적 적합성의 원리	개인적 공평성의 원리
보 호	최저 수준	요구와 능력에 의한 결정
요 소	복지요소로서 사회적 적합성·보장성 강조	보험요소로서 개인적 적합성·효율성 강조
자 금	정부가 법으로 지급을 보장하므로 자금집중의 필요 없음	자금집중 필요

3. 사회보험과 공공부조의 비교

① 사회보험 : 노동능력자, 갹출금, 자산조사 불요, 모든 참여자가 피보험자이고 특정시점부터 일부만 수혜자가 된다.

② 공공부조 : 노동무능력자, 자산조사, 급여의 양의 예상 곤란, 일정 기준 해당자가 수혜자이다.

빈칸 채우기

사회보험과 사보험의 차이점

구 분	사회보험	사보험
가입방법	(❶)가입	(❷)가입
보험료 부과방식	소득수준에 따른 (❸) 부과	위험 정도·급여수준에 따른 부과
보험급여	필요에 따른 (❹) 급여	보험료 수준에 따른 (❸) 급여
보험료 징수방식	(❺)에 따른 강제징수	사적 (❻)에 따른 징수
요 소	복지요소로서 사회적 적합성·(❼)성 강조	보험요소로서 개인적 적합성·(❽)성 강조

정답 ❶ 강제 ❷ 임의 ❸ 차등 ❹ 균등 ❺ 법률 ❻ 계약 ❼ 보장 ❽ 효율

05 4대보험법의 주요 내용

1. 고용보험법

① **목적** : 고용보험법은 고용보험의 시행을 통하여 실업의 예방, 고용의 촉진 및 근로자 등의 직업능력의 개발과 향상을 꾀하고, 국가의 직업지도와 직업소개 기능을 강화하며, 근로자 등이 실업한 경우에 생활에 필요한 급여를 실시하여 근로자 등의 생활안정과 구직활동을 촉진함으로써 경제·사회 발전에 이바지하는 것을 목적으로 한다(고용보험법 제1조).

② **정의**(고용보험법 제2조)

피보험자	보험에 가입되거나 가입된 것으로 보는 근로자, 예술인 또는 노무제공자, 고용보험에 가입하거나 가입된 것으로 보는 자영업자를 말한다(제1호).★
이직(離職)	피보험자와 사업주 사이의 고용관계가 끝나게 되는 것(제77조의2 제1항에 따른 예술인 및 제77조의6 제1항에 따른 노무제공자의 경우에는 문화예술용역 관련 계약 또는 노무제공계약이 끝나는 것을 말한다)을 말한다(제2호).
실 업	근로의 의사와 능력이 있음에도 불구하고 취업하지 못한 상태에 있는 것을 말한다(제3호).★
실업의 인정	직업안정기관의 장이 수급자격자가 실업한 상태에서 적극적으로 직업을 구하기 위하여 노력하고 있다고 인정하는 것을 말한다(제4호).
보 수	근로소득에서 비과세 근로소득을 뺀 금액을 말한다. 다만, 휴직이나 그 밖에 이와 비슷한 상태에 있는 기간 중에 사업주 외의 자로부터 지급받는 금품 중 고용노동부장관이 정하여 고시하는 금품은 보수로 본다(제5호).
일용근로자	1개월 미만 동안 고용되는 자를 말한다(제6호).

③ **고용보험사업** 기출 14 : 보험은 고용보험법의 목적을 이루기 위하여 고용보험사업으로 고용안정·직업능력개발 사업, 실업급여, 육아휴직 급여 및 출산전후휴가 급여 등을 실시한다(고용보험법 제4조 제1항).★

④ **실업급여의 종류** : 실업급여는 구직급여와 취업촉진 수당으로 구분하는데, 취업촉진 수당에는 조기(早期)재취업 수당, 직업능력개발 수당, 광역 구직활동비, 이주비가 있다(고용보험법 제37조).★

빈칸 채우기

고용보험법 정의

→ (❶) : 보험에 가입되거나 가입된 것으로 보는 근로자, 예술인 또는 노무제공자, 고용보험에 가입하거나 가입된 것으로 보는 자영업자
→ (❷) : 피보험자와 사업주 사이의 고용관계가 끝나게 되는 것
→ (❸) : 근로의 의사와 능력이 있음에도 불구하고 취업하지 못한 상태에 있는 것
→ (❹) : 직업안정기관의 장이 수급자격자가 실업한 상태에서 적극적으로 직업을 구하기 위하여 노력하고 있다고 인정하는 것
→ (❺) : 근로소득에서 비과세 근로소득을 뺀 금액
→ (❻) : 1개월 미만 동안 고용되는 자

❶ 피보험자 ❷ 이직 ❸ 실업 ❹ 실업의 인정 ❺ 보수 ❻ 일용근로자 [정답]

2. 국민연금법

① **목적** : 국민연금법은 국민의 노령, 장애 또는 사망에 대하여 연금급여를 실시함으로써 국민의 생활 안정과 복지 증진에 이바지하는 것을 목적으로 한다(국민연금법 제1조). 기출 20

> **법률상 국민연금의 특성** 기출 21
> - 사회보험
> - 공적연금
> - 단일연금체계
> - 부분적립방식

② **정의**(국민연금법 제3조 제1항) 기출 17

연금보험료	국민연금사업에 필요한 비용으로서 사업장가입자의 경우에는 부담금 및 기여금의 합계액을, 지역가입자·임의가입자 및 임의계속가입자의 경우에는 본인이 내는 금액을 말한다(제10호).★
부담금	사업장가입자의 사용자가 부담하는 금액을 말한다(제11호).★
기여금	사업장가입자가 부담하는 금액을 말한다(제12호).★
사업장가입자	사업장에 고용된 근로자 및 사용자로서 국민연금에 가입된 자를 말한다(제6호).

③ **가입대상** 기출 17 : 국내에 거주하는 국민으로서 18세 이상 60세 미만인 자는 국민연금 가입대상이 된다. 다만, 공무원, 군인, 교직원 및 별정우체국 직원, 그 밖에 대통령령으로 정하는 자는 제외한다(국민연금법 제6조).

④ **가입자의 종류** 기출 20·19 : 사업장가입자, 지역가입자, 임의가입자 및 임의계속가입자로 구분한다(국민연금법 제7조).

사업장가입자	사업장에 고용된 근로자 및 사용자로서 국민연금법 제8조에 따라 국민연금에 가입된 자를 말한다.
지역가입자	사업장가입자가 아닌 자로서 국민연금법 제9조에 따라 국민연금에 가입된 자를 말한다.
임의가입자	사업장가입자 및 지역가입자 외의 자로서 국민연금법 제10조에 따라 국민연금에 가입된 자를 말한다.
임의계속가입자	국민연금 가입자 또는 가입자였던 자가 국민연금법 제13조 제1항에 따라 가입자로 된 자를 말한다.

⑤ **임원의 임면** 기출 20 : 이사장은 보건복지부장관의 제청으로 대통령이 임면(任免)하고, 상임이사·이사(당연직 이사는 제외한다) 및 감사는 이사장의 제청으로 보건복지부장관이 임면한다(국민연금법 제30조 제2항).

⑥ **급여의 종류** 기출 24 : 국민연금법에 따른 급여의 종류는 노령연금, 장애연금, 유족연금, 반환일시금이 있다(국민연금법 제49조).★

⑦ **수급권 보호** 기출 21·20 : 수급권은 양도·압류하거나 담보로 제공할 수 없다(국민연금법 제58조 제1항). 수급권자에게 지급된 급여로서 대통령령으로 정하는 금액 이하의 급여는 압류할 수 없다(국민연금법 제58조 제2항). 급여수급전용계좌에 입금된 급여와 이에 관한 채권은 압류할 수 없다(국민연금법 제58조 제3항).

🔍 빈칸 채우기

국민연금법 총칙

⋯ 연금보험료 : 국민연금사업에 필요한 비용으로서 (❶)가입자의 경우에는 부담금 및 기여금의 합계액을, (❷) 가입자·임의가입자 및 임의계속가입자의 경우에는 본인이 내는 금액을 말한다.

정답 ❶ 사업장 ❷ 지역

3. 산업재해보상보험법

① **목적** : 산업재해보상보험법은 산업재해보상보험 사업을 시행하여 근로자의 업무상의 재해를 신속하고 공정하게 보상하며, 재해근로자의 재활 및 사회복귀를 촉진하기 위하여 이에 필요한 보험시설을 설치·운영하고, 재해예방과 그 밖에 근로자의 복지증진을 위한 사업을 시행하여 근로자 보호에 이바지하는 것을 목적으로 한다(산업재해보상보험법 제1조). 기출 20

② **보험의 관장** 기출 23·20 : 이 법에 따른 산업재해보상보험 사업은 고용노동부장관이 관장한다(산업재해보상보험법 제2조 제1항).

③ **정의**(산업재해보상보험법 제5조) 기출 16
   ㉠ 업무상의 재해 : 업무상의 사유에 따른 근로자의 부상·질병·장해 또는 사망을 말한다(제1호).
   ㉡ 근로자·임금·평균임금·통상임금 : 각각 근로기준법에 따른 근로자·임금·평균임금·통상임금을 말한다. 다만, 근로기준법에 따라 임금 또는 평균임금을 결정하기 어렵다고 인정되면 고용노동부장관이 정하여 고시하는 금액을 해당 임금 또는 평균임금으로 한다(제2호). ★
   ㉢ 유족 : 사망한 자의 배우자(사실상 혼인관계에 있는 자를 포함한다. 이하 같다)·자녀·부모·손자녀·조부모 또는 형제자매를 말한다(제3호). ★
   ㉣ 치유 : 부상 또는 질병이 완치되거나 치료의 효과를 더 이상 기대할 수 없고 그 증상이 고정된 상태에 이르게 된 것을 말한다(제4호). ★
   ㉤ 장해 : 부상 또는 질병이 치유되었으나 정신적 또는 육체적 훼손으로 인하여 노동능력이 상실되거나 감소된 상태를 말한다(제5호). ★
   ㉥ 중증요양상태 : 업무상의 부상 또는 질병에 따른 정신적 또는 육체적 훼손으로 노동능력이 상실되거나 감소된 상태로서 그 부상 또는 질병이 치유되지 아니한 상태를 말한다(제6호). ★
   ㉦ 진폐 : 분진을 흡입하여 폐에 생기는 섬유증식성 변화를 주된 증상으로 하는 질병을 말한다(제7호). ★
   ㉧ 출퇴근 : 취업과 관련하여 주거와 취업장소 사이의 이동 또는 한 취업장소에서 다른 취업장소로의 이동을 말한다(제8호).

> **산업재해보상보험법상 보험급여의 종류(산업재해보상보험법 제36조 제1항)** 기출 21·19
> 1. 보험급여 : 요양급여, 휴업급여, 장해급여, 간병급여, 유족급여, 상병보상연금, 장례비, 직업재활급여
> 2. 진폐보험급여 : 요양급여, 간병급여, 장례비, 직업재활급여, 진폐보상연금, 진폐유족연금
> 3. 건강손상자녀에 대한 보험급여 : 요양급여, 장해급여, 간병급여, 장례비, 직업재활급여

④ **적용 범위** : 이 법은 근로자를 사용하는 모든 사업 또는 사업장에 적용한다. 다만, 위험률·규모 및 장소 등을 고려하여 다음의 경우에는 이 법을 적용하지 아니한다(산업재해보상보험법 제6조, 동법 시행령 제2조 제1항).
   ㉠ 공무원 재해보상법 또는 군인 재해보상법에 따라 재해보상이 되는 사업. 다만 공무원재해보상법 제60조에 따라 순직유족급여 또는 위험직무순직유족급여에 관한 규정을 적용받는 경우는 제외한다(동법 시행령 제2조 제1항 제1호).
   ㉡ 선원법, 어선원 및 어선 재해보상보험법 또는 사립학교교직원 연금법에 따라 재해보상이 되는 사업(동법 시행령 제2조 제1항 제2호)
   ㉢ 가구 내 고용활동(동법 시행령 제2조 제1항 제4호) 기출 20
   ㉣ 농업, 임업(벌목업은 제외한다), 어업 및 수렵업 중 법인이 아닌 자의 사업으로서 상시근로자 수가 5명 미만인 사업(동법 시행령 제2조 제1항 제6호)

⑤ **보험관계의 성립·소멸** 기출 23 : 산업재해보상보험법에 따른 보험관계의 성립과 소멸에 대하여는 보험료징수법으로 정하는 바에 따른다(동법 제7조).
⑥ **공단의 사업** 기출 23 : 근로복지공단은 다음 각호의 사업을 수행한다(산업재해보상보험법 제11조 제1항).
   ㉠ 보험가입자와 수급권자에 관한 기록의 관리·유지(제1호)
   ㉡ 보험료징수법에 따른 보험료와 그 밖의 징수금의 징수(제2호)
   ㉢ 보험급여의 결정과 지급(제3호)
   ㉣ 보험급여 결정 등에 관한 심사 청구의 심리·결정(제4호)
   ㉤ 산업재해보상보험 시설의 설치·운영(제5호)
   ㉥ 업무상 재해를 입은 근로자 등의 진료·요양 및 재활(제5호의2)
   ㉦ 재활보조기구의 연구개발·검정 및 보급(제5호의3)
   ㉧ 보험급여 결정 및 지급을 위한 업무상 질병 관련 연구(제5호의4)
   ㉨ 근로자 등의 건강을 유지·증진하기 위하여 필요한 건강진단 등 예방사업(제5호의5)
   ㉩ 근로자의 복지증진을 위한 사업(제6호)
   ㉪ 그 밖에 정부로부터 위탁받은 사업(제7호)
   ㉫ 제5호·제5호의2부터 제5호의5까지·제6호 및 제7호에 따른 사업에 딸린 사업(제8호)
⑦ **법인격** 기출 23 : 근로복지공단은 법인으로 한다(산업재해보상보험법 제12조).
⑧ **업무상 재해의 인정기준** 기출 15 : 근로자가 다음에 해당하는 사유로 부상·질병 또는 장해가 발생하거나 사망하면 업무상의 재해로 본다. 다만, 업무와 재해 사이에 상당인과관계가 없는 경우에는 그러하지 아니하다(산업재해보상보험법 제37조 제1항). 기출 22·20
   ㉠ **업무상 사고**(제1호)
      - 근로자가 근로계약에 따른 업무나 그에 따르는 행위를 하던 중 발생한 사고(가목)
      - 사업주가 제공한 시설물 등을 이용하던 중 그 시설물 등의 결함이나 관리소홀로 발생한 사고(나목) ★
      - 사업주가 주관하거나 사업주의 지시에 따라 참여한 행사나 행사준비 중에 발생한 사고(라목) ★
      - 휴게시간 중 사업주의 지배관리하에 있다고 볼 수 있는 행위로 발생한 사고(마목) ★
      - 그 밖에 업무와 관련하여 발생한 사고(바목) ★
   ㉡ **업무상 질병**(제2호)
      - 업무수행 과정에서 물리적 인자, 화학물질, 분진, 병원체, 신체에 부담을 주는 업무 등 근로자의 건강에 장해를 일으킬 수 있는 요인을 취급하거나 그에 노출되어 발생한 질병(가목)
      - 업무상 부상이 원인이 되어 발생한 질병(나목) ★
      - 근로기준법 제76조의2에 따라 직장 내 괴롭힘, 고객의 폭언 등으로 인한 업무상 정신적 스트레스가 원인이 되어 발생한 질병(다목)
      - 그 밖에 업무와 관련하여 발생한 질병(라목)
   ㉢ **출퇴근 재해**(제3호)
      - 사업주가 제공한 교통수단이나 그에 준하는 교통수단을 이용하는 등 <u>사업주의 지배관리하에서 출퇴근하는 중 발생한 사고</u>(가목) ★
      - 그 밖에 <u>통상적인 경로와 방법으로 출퇴근하는 중 발생한 사고</u>(나목) ★

> 근로자의 고의·자해행위나 범죄행위 또는 그것이 원인이 되어 발생한 부상·질병·장해 또는 사망은 업무상의 재해로 보지 아니한다. 다만, 그 부상·질병·장해 또는 사망이 정상적인 인식능력 등이 뚜렷하게 낮아진 상태에서 한 행위로 발생한 경우로서 대통령령으로 정하는 사유가 있으면 업무상의 재해로 본다(산업재해보상보험법 제37조 제2항). 기출 22

⑨ 유족급여
  ㉠ 유족급여는 근로자가 업무상의 사유로 사망한 경우에 유족에게 지급한다(산업재해보상보험법 제62조 제1항). 기출 22
  ㉡ 유족급여는 유족보상연금이나 유족보상일시금으로 하되, 유족보상일시금은 근로자가 사망할 당시 유족보상연금을 받을 수 있는 자격이 있는 사람이 없는 경우에 지급한다(동법 제62조 제2항).
  ㉢ 유족보상연금을 받을 수 있는 자격이 있는 사람이 원하면 유족보상일시금의 100분의 50에 상당하는 금액을 일시금으로 지급하고 유족보상연금은 100분의 50을 감액하여 지급한다(동법 제62조 제3항).
⑩ 유족보상연금 수급자격자의 범위
  ㉠ 유족보상연금 수급자격자는 근로자가 사망할 당시 그 근로자와 생계를 같이 하고 있던 유족(그 근로자가 사망할 당시 대한민국 국민이 아닌 사람으로서 외국에서 거주하고 있던 유족은 제외한다) 중 배우자와 다음의 어느 하나에 해당하는 사람으로 한다. 이 경우 근로자와 생계를 같이 하고 있던 유족의 판단 기준은 대통령령으로 정한다(산업재해보상보험법 제63조 제1항).
    • 부모 또는 조부모로서 각각 60세 이상인 사람(제1호)
    • 자녀로서 25세 미만인 사람(제2호)
    • 손자녀로서 25세 미만인 사람(제2호의2)
    • 형제자매로서 19세 미만이거나 60세 이상인 사람(제3호)
    • 제1호부터 제3호까지의 규정 중 어느 하나에 해당하지 아니하는 자녀·부모·손자녀·조부모 또는 형제자매로서「장애인복지법」제2조에 따른 장애인 중 고용노동부령으로 정한 장애 정도에 해당하는 사람(제4호)
  ㉡ ㉠을 적용할 때 근로자가 사망할 당시 태아(胎兒)였던 자녀가 출생한 경우에는 출생한 때부터 장래에 향하여 근로자가 사망할 당시 그 근로자와 생계를 같이 하고 있던 유족으로 본다(산업재해보상보험법 제63조 제2항).
  ㉢ 유족보상연금 수급자격자 중 유족보상연금을 받을 권리의 순위는 배우자·자녀·부모·손자녀·조부모 및 형제자매의 순서로 한다(산업재해보상보험법 제63조 제3항).
⑪ 유족보상연금 수급자격자의 자격상실과 지급정지 등
  ㉠ 유족보상연금 수급자격권자인 유족이 다음의 어느 하나에 해당하면 그 자격을 잃는다(산업재해보상보험법 제64조 제1항).
    • 사망한 경우(제1호)
    • 재혼한 때[사망한 근로자의 배우자만 해당하며, 재혼에는 사실상 혼인관계에 있는 경우를 포함한다](제2호) 기출 20
    • 사망한 근로자와의 친족관계가 끝난 경우(제3호)
    • 자녀가 25세가 된 때(제4호)
    • 손자녀가 25세가 된 때(제4호의2)

- 형제자매가 19세가 된 때(제4호의3)
- 제63조 제1항 제4호에 따른 장애인이었던 사람으로서 그 장애상태가 해소된 경우(제5호)
- 근로자가 사망할 당시 대한민국 국민이었던 유족보상연금 수급자격자가 국적을 상실하고 외국에서 거주하고 있거나 외국에서 거주하기 위하여 출국하는 경우(제6호)
- 대한민국 국민이 아닌 유족보상연금 수급자격자가 외국에서 거주하기 위하여 출국하는 경우(제7호)

　ⓒ 유족보상연금 수급권자가 그 자격을 잃은 경우에 유족보상연금을 받을 권리는 같은 순위자가 있으면 같은 순위자에게, 같은 순위자가 없으면 다음 순위자에게 이전된다(산업재해보상보험법 제64조 제2항).

　ⓒ 유족보상연금 수급권자가 3개월 이상 행방불명이면 대통령령으로 정하는 바에 따라 연금 지급을 정지하고, 같은 순위자가 있으면 같은 순위자에게, 같은 순위자가 없으면 다음 순위자에게 유족보상연금을 지급한다(산업재해보상보험법 제64조 제3항).

⑫ **미지급의 보험급여**
　ⓐ 보험급여의 수급권자가 사망한 경우에 그 수급권자에게 지급하여야 할 보험급여로서 아직 지급되지 아니한 보험급여가 있으면 그 수급권자의 유족(유족급여의 경우에는 그 유족급여를 받을 수 있는 다른 유족)의 청구에 따라 그 보험급여를 지급한다(산업재해보상보험법 제81조 제1항). 기출 24
　ⓑ 그 수급권자가 사망 전에 보험급여를 청구하지 아니하면 유족의 청구에 따라 그 보험급여를 지급한다(산업재해보상보험법 제81조 제2항).

⑬ **수급권의 보호**
　ⓐ 근로자의 보험급여를 받을 권리는 퇴직하여도 소멸되지 아니한다(산업재해보상보험법 제88조 제1항).
　ⓑ 보험급여를 받을 권리는 양도 또는 압류하거나 담보로 제공할 수 없다(동법 제88조 제2항). 기출 24·22
　ⓒ 제82조 제2항에 따라 지정된 보험급여수급계좌의 예금 중 대통령령으로 정하는 액수 이하의 금액에 관한 채권은 압류할 수 없다(동법 제88조 제3항).

⑭ **공과금의 면제** : 보험급여로서 지급된 금품에 대하여는 국가나 지방자치단체의 공과금을 부과하지 아니한다(산업재해보상보험법 제91조). 기출 24

4. 국민건강보험법

① **목적** : 국민건강보험법은 국민의 질병·부상에 대한 예방·진단·치료·재활과 출산·사망 및 건강증진에 대하여 보험급여를 실시함으로써 국민보건 향상과 사회보장 증진에 이바지함을 목적으로 한다(국민건강보험법 제1조).

② **적용대상 등**(국민건강보험법 제5조)
　ⓐ 국내에 거주하는 국민은 가입자 또는 피부양자가 된다. 다만, 의료급여 수급자 등은 제외된다(제1항). ★
　ⓑ **피부양자** : 직장가입자에게 주로 생계를 의존하는 다음에 해당하는 사람으로서 소득 및 재산이 보건복지부령으로 정하는 기준 이하에 해당하는 사람(제2항)
- 직장가입자의 배우자(제1호)
- 직장가입자의 직계존속(배우자의 직계존속 포함)(제2호)
- 직장가입자의 직계비속(배우자의 직계비속 포함)과 그 배우자(제3호)
- 직장가입자의 형제·자매(제4호)

③ 가입자의 종류(국민건강보험법 제6조) ★

직장가입자	원칙적으로 모든 사업장의 근로자 및 사용자와 공무원 및 교직원
지역가입자	직장가입자와 그 피부양자를 제외한 가입자

④ 보험자 : 국민건강보험공단(국민건강보험법 제13조)

⑤ 요양급여(국민건강보험법 제41조) : 가입자와 피부양자의 질병, 부상, 출산 등에 대하여 다음의 요양급여를 실시한다(제1항).

　㉠ 진찰·검사(제1호)
　㉡ 약제·치료재료의 지급(제2호)
　㉢ 처치·수술 및 그 밖의 치료(제3호)
　㉣ 예방·재활(제4호)
　㉤ 입원(제5호)
　㉥ 간호(제6호)
　㉦ 이송(제7호)

⑥ 요양기관(국민건강보험법 제42조) : 의료기관, 약국, 한국희귀·필수의약품센터, 보건소·보건의료원 및 보건지소, 보건진료소

⑦ 보험료의 부담(국민건강보험법 제76조)

> **보험료의 부담(국민건강보험법 제76조)**
> ① 직장가입자의 보수월액보험료는 직장가입자와 다음 각호의 구분에 따른 자가 각각 보험료액의 100분의 50씩 부담한다. 다만, 직장가입자가 교직원으로서 사립학교에 근무하는 교원이면 보험료액은 그 직장가입자가 100분의 50을, 제3조 제2호 다목에 해당하는 사용자가 100분의 30을, 국가가 100분의 20을 각각 부담한다.
>   1. 직장가입자가 근로자인 경우에는 제3조 제2호 가목에 해당하는 사업주
>   2. 직장가입자가 공무원인 경우에는 그 공무원이 소속되어 있는 국가 또는 지방자치단체
>   3. 직장가입자가 교직원(사립학교에 근무하는 교원은 제외한다)인 경우에는 제3조 제2호 다목에 해당하는 사용자
> ② 직장가입자의 보수 외 소득월액보험료는 직장가입자가 부담한다. 〈개정 2024.2.6.〉
> ③ 지역가입자의 보험료는 그 가입자가 속한 세대의 지역가입자 전원이 연대하여 부담한다.
> ④ 직장가입자가 교직원인 경우 제3조 제2호 다목에 해당하는 사용자가 부담액 전부를 부담할 수 없으면 그 부족액을 학교에 속하는 회계에서 부담하게 할 수 있다.

빈칸 채우기

국민건강보험

⋯ 목적 : 국민건강보험법은 국민의 질병·부상에 대한 예방·진단·치료·재활과 출산·사망 및 건강증진에 대하여 보험급여를 실시함으로써 (❶) 향상과 (❷) 증진에 이바지함을 목적으로 한다.
⋯ 요양기관 : 의료기관, 약국, 한국희귀·필수의약품센터, 보건소·보건의료원 및 보건지소, 보건진료소
⋯ 보험료의 부담 : 직장가입자의 보수 외 소득월액보험료는 (❸)가 부담한다. (❹)의 보험료는 그 가입자가 속한 세대의 (❹) 전원이 (❺)하여 부담한다.

❶ 국민보건　❷ 사회보장　❸ 직장가입자　❹ 지역가입자　❺ 연대

모든 일에 있어서, 시간이 부족하지 않을까를 걱정하지 말고,
다만 내가 마음을 바쳐 최선을 다할 수 있을지, 그것을 걱정하라.

– 정조 –

1 행정법의 개요
01 행정법의 의의
02 행정법관계

2 행정조직법
01 국가행정조직법
02 자치행정조직법
03 공무원

3 행정작용법
01 행정입법
02 행정행위(행정처분)
03 행정행위의 효력
04 행정절차법과 정보공개법
05 특별행정작용법
06 행정작용의 실효성 확보

4 행정구제법
01 국가배상제도
02 손실보상제도
03 행정심판제도
04 행정소송제도

최다 출제 POINT & 학습목표

1. 행정법상 행정주체에 관하여 구체적인 예를 들어 나열할 수 있도록 학습하며, 공무수탁사인의 개념을 이해한다.
2. 행정행위의 종류에 대하여 개괄하고, 법률행위적 행정행위와 준법률행위적 행정행위를 구별한다.
3. 행정의 실효성 확보수단으로서 행정대집행, 집행벌, 직접강제, 간접강제, 강제징수 등을 구별한다.
4. 국가배상제도와 손실보상제도를 구분하고, 행정쟁송의 수단으로서 행정심판제도와 행정소송제도에 대해 학습한다.

CHAPTER 07

행정법 일반

CHAPTER 07 행정법 일반

01 행정청이 법률의 근거가 없음에도 불구하고 상대방에게 영업취소 처분을 하였다면, 이는 법률유보의 원칙에 위배된다. 기출 21 ( )

02 한국은행, 부산광역시, 세종특별자치시, 행정안전부장관 등은 행정주체에 해당한다. 기출 19 ( )

03 보좌기관은 행정조직의 내부기관으로서 행정청의 권한 행사를 보조하는 것을 임무로 하는 행정기관이다. 기출 15 ( )

04 행정에 관한 국가의사를 결정·표시하는 권한을 가진 행정기관의 종류는 행정관청이다. 기출 24·16 ( )

05 행정주체의 의사를 결정할 수는 있지만 이를 대외적으로 표시할 권한이 없는 행정기관은 자문기관이다. 기출 20 ( )

06 행정청이 자기에게 주어진 권한의 일부를 법에 근거하여 타자에게 이전하여 그 자의 이름과 권한과 책임으로 특정의 사무를 처리하게 하는 것을 권한의 위임이라고 한다. 기출 21 ( )

07 하명은 명령적 행정행위, 인가는 형성적 행정행위, 공증은 법률행위적 행정행위, 공법상 계약은 권력적 사실행위에 해당한다. 기출 17 ( )

08 甲에게 수익적이지만 동시에 乙에게는 침익적인 결과를 발생시키는 행정행위는 혼합적 행정행위이다. 기출 19 ( )

09 행정청이 행정목적을 달성하기 위하여 부과한 일반적·상대적 금지를 일정한 요건을 갖춘 경우에 해제하여 일정한 행위를 적법하게 할 수 있게 하는 행정행위는 허가이다. 기출 20 ( )

10 하자 있는 행정행위가 다른 행정행위의 적법요건을 갖춘 경우, 다른 행정행위의 효력발생을 인정하는 것을 하자 있는 행정행위의 전환이라고 한다. 기출 17 ( )

11 행정청이 영업허가를 하면서 "허가기간은 2021년 12월 31일까지"라고 부관을 붙인 경우, 그 부관의 종류는 종기이다. 기출 21 ( )

12 철회는 행정행위의 부관에 해당한다. 기출 19 ( )

13 건축허가, 도로포장, 운전면허, 허가취소 등은 행정상 사실행위에 해당한다. 기출 21 ( )

14 행정청이 어떠한 처분을 하기 전에 당사자 등의 의견을 직접 듣고 증거를 조사하는 절차는 청문이다. 기출 21 ( )

15 즉시강제는 행정상 강제집행이다. 기출 17 ( )

16 행정벌은 행정형벌, 행정질서벌, 행정상 직접강제로 구분된다. 기출 16 ( )

17 행정청의 처분 등이나 부작위에 대하여 제기하는 행정소송은 항고소송이다. 기출 20 ( )

18 다음 설명에 해당하는 행정의 법 원칙은 법치행정의 원칙이다. 기출 23 ( )

> 행정작용은 법률에 위반되어서는 아니 되며, 국민의 권리를 제한하거나 의무를 부과하는 경우와 그 밖에 국민생활에 중요한 영향을 미치는 경우에는 법률에 근거하여야 한다.

19 행정청은 행정작용을 할 때 상대방에게 해당 행정작용과 실질적인 관련이 없는 의무를 부과해서는 안 된다는 행정법상 원칙은 부당결부금지의 원칙이다. 기출 22 ( )

20 행정기관이 사인으로부터 행정상 필요한 자료나 정보를 수집하기 위하여 행하는 일체의 행정작용은 행정조사이다. 기출 24 ( )

▶ **정답과 해설** ◀ 01 ○ 02 × 03 × 04 ○ 05 × 06 ○ 07 × 08 × 09 ○ 10 ○
11 ○ 12 × 13 × 14 ○ 15 × 16 × 17 ○ 18 ○ 19 ○ 20 ○

✔ **오답분석**
02 행정안전부장관은 행정주체가 아닌, 행정기관에 해당한다. 행정기관(行政機關)이란 행정주체가 현실적으로 행정작용을 수행하기 위하여 두는 기관을 말한다. 행정기관의 행위의 법적 효과는 행정주체에 귀속된다.
03 행정청에 소속되어 행정청의 권한 행사를 보조하는 행정기관은 보좌기관이 아니라 보조기관이다.
05 행정주체의 의사를 결정할 권한은 있지만 이를 외부에 표시할 권한이 없는 행정기관은 의결기관이다. 이점이 행정주체의 의사를 외부에 표시할 권한을 가지는 행정청과 다르다.
07 공증은 확인·통지·수리와 함께 준법률행위적 행정행위에 속하며, 공법상 계약은 비권력적 행정작용에 해당한다.
08 상대방에 대해서는 수익적이나, 제3자에 대해서는 침익적으로 작용하거나 또는 그 역으로 작용하는 행위를 복효적 행정행위라고 한다(이를 제3자효적 행정행위라고도 한다).
12 부관은 행정행위의 일반적인 효과를 제한하기 위하여 주된 의사표시에 붙여진 종된 의사표시인데, 철회는 주된 의사표시에 해당한다.
13 도로포장은 행정상 사실행위, 건축허가·운전면허·허가취소는 행정행위(행정처분)에 해당한다.
15 행정상 강제집행에는 대집행, 집행벌(이행강제금), 직접강제, 강제징수가 있다.
16 행정벌은 행정형벌과 행정질서벌(과태료)로 구분된다. 행정상 직접강제는 행정상 강제집행에 속한다.

CHAPTER 07 행정법 일반

1 행정법의 개요

01 행정법의 의의

1. 행정법의 기본원리

① **법치행정의 원리** : 법치행정의 원리란 행정기관의 행정작용이 헌법과 법률에 적합하여야 한다는 것을 의미하며, 이를 행정의 법률적합성의 원칙이라 부르기도 한다. 행정의 법률적합성의 원칙은 '법률의 법규창조력', '법률우위의 원칙', '법률유보의 원칙'을 그 내용으로 한다. 기출 23·21

② **민주행정의 원리** : 민주행정의 원리란 국민주권의 원리에 부합하게 행정작용은 국민의 의사에 부합하는 방향으로 수행되어야 하고, 국민의 이익을 위해 추진되어야 한다는 것을 의미한다.

③ **복지행정의 원리** : 복지행정의 원리란 행정작용은 소극적으로 국민의 자유를 보장하는 데 그치는 것이 아니라, 적극적으로 국민의 인간다운 생활을 보장할 수 있도록 계획을 수립하고, 이를 추진해야 한다는 것을 의미한다.

④ **지방분권주의의 원리** : 지방분권주의의 원리란 모든 행정작용이 중앙정부의 통제하에 있는 것보다는 지방자치제도의 이념에 부합하도록 주민의 의사를 반영하고 지방의 특수상황을 고려한 행정작용이 이루어져야 한다는 것을 의미한다.

⑤ **사법국가주의의 원리** : 사법국가주의의 원리란 행정부가 아닌 일반법원에서 행정사건을 담당해야 한다는 것을 의미한다.

2. 행정법의 법원

행정법의 성문법원	헌법, 법률, 조약 및 국제법규, 법규명령, 행정규칙, 행정법의 일반원칙
행정법의 불문법원	행정관습법, 판례법

3. 행정법의 일반원칙 [기출] 24 · 23 · 22

① 의의 : 행정법의 일반원칙은 헌법과 정의의 관념에서 당연히 도출되는 행정법 해석의 기준이 되는 원칙(조리)을 말한다. 2021년 제정된 행정기본법에서 오랜 기간 조리의 영역에서 설명되어온 행정법의 일반원칙을 명문화하였다.

② 헌법으로부터 도출되는 법의 일반원칙

평등원칙	불합리한 차별을 하여서는 안 된다는 원칙을 의미(행정기본법 제9조)
행정의 자기구속의 원칙	행정관행이 성립된 경우 행정청은 특별한 사정이 없는 한 동일한 사안에서 행정관행과 같은 결정을 하여야 한다는 원칙을 의미
비례의 원칙	행정작용에 있어서 행정목적과 행정수단 사이에는 합리적인 비례관계가 있어야 한다는 원칙을 의미(행정기본법 제10조)
신뢰보호의 원칙	행정기관의 어떠한 언동(言動)에 대해 국민이 신뢰를 갖게 된 경우 그 신뢰가 보호가치가 있는 경우 보호해 주어야 한다는 원칙을 의미(행정기본법 제12조)
적법절차의 원칙	개인의 권익을 제한하는 모든 국가작용은 적법절차에 따라 행해져야 한다는 원칙을 의미

③ 모든 법의 일반원칙

신의성실의 원칙	모든 사람은 공동체의 일원으로서 상대방의 신뢰를 헛되이 하지 않도록 성의 있게 행동하여야 한다는 원칙을 의미(행정기본법 제11조 제1항)
권한남용금지의 원칙	법치국가원리 내지 법치주의에 기초한 것으로서, 행정청은 행정권한을 남용하거나 그 권한의 범위를 넘어서는 안 된다는 원칙을 의미(행정기본법 제11조 제2항)

④ 기타 행정법상의 법의 일반원칙

부당결부금지의 원칙	행정기관이 행정권을 행사함에 있어서 그것과 실질적인 관련이 없는 반대급부를 결부시켜서는 안 된다는 원칙을 의미(행정기본법 제13조)
공익목적의 원칙	행정권은 공익목적을 위해 행사되어야 한다는 원칙을 의미
행정계속성의 원칙	행정서비스는 중단 없이 계속 제공되어야 한다는 원칙을 의미
보충성의 원칙	국가 등 행정주체는 사인이나 하위의 행정주체가 그들의 임무를 적정하게 수행하는 한 개입할 수 없고, 그 임무를 적정하게 수행하지 못해 공익상 개입할 필요가 있는 경우에 한하여 보충적으로 개입할 수 있다는 원칙을 의미

〈출처〉 박균성, 「행정법강의」, 박영사, 2022, P. 27~49

02 행정법관계

1. 의 의

① 행정법관계 : 행정상의 법률관계 가운데에서 특히 행정법이 규율하는 법률관계를 말한다.
② 행정상의 법률관계 : 국가·지방자치단체와 같은 행정주체가 당사자로 되어 있는 모든 법률관계를 말한다.
③ 기타 제관계
  ㉠ 행정조직법적 관계와 행정작용법적 관계에서의 행정법관계만이 아니라 국고관계도 모두 포함된다. ★
  ㉡ 행정법관계도 본질적으로는 사법관계에서와 같은 권리·의무의 관계에 불과하나, 행정법이 가지는 사법에 대한 특수성에 따라 사법관계에서와는 다른 법원리가 지배한다. ★

2. 성질

① 권력관계
  ㉠ 행정권의 주체에 대하여 우월한 지위를 인정하고, 그에 따르는 행위에 특수한 법적 효력이 인정되는 행정법관계이다.★
  ㉡ 특히 반대의 취지를 명백하게 규정하고 있지 않으면, 명문규정의 유무에 관계없이 원칙적으로 공법원리가 적용되며, 그에 대한 법적인 분쟁은 행정쟁송사항이 된다. 이를 본래적 공법관계라고도 한다.

② 관리관계
  ㉠ 법이 공공복리의 실현을 위한 행정목적을 효율적으로 달성시키기 위하여 특수한 법적 규율을 인정하고 있는 행정법관계이다.
  ㉡ 본질적으로는 사법관계와 차이가 없으며, 특히 공법원리를 적용하기 위해서는 일반 사경제적 관계와 구별될 만한 공공성을 입증할 수 있는 실정법상의 근거가 있어야 한다.
  ㉢ 특별한 규정이 없는 한 사법원리가 적용되고, 그에 대한 법적인 분쟁도 민사소송사항이다. 이를 전래적 공법관계라고도 한다.★

③ 구별실익 : 행정법관계를 위와 같이 권력관계와 관리관계로 구별하는 것은, 실정법을 해석·적용하는 경우에 중요한 의미를 가지기 때문이다.

3. 행정법관계의 특수성

① 국가의사의 공정력★★ : 행정법관계에 있어서의 행정주체의 행위는 당연무효인 경우를 제외하고는 설혹 하자가 있는 경우라도 일단은 효력을 발생하며, 취소권이 있는 기관이 취소할 때까지는 아무도 그 효력을 부정할 수 없다.

공정력
행정행위의 성립에 하자가 있는 경우에도 그것이 중대·명백하여 무효로 인정되는 경우를 제외하고는, 권한 있는 기관에 의하여 취소되기까지 유효한 것으로 통용되는 힘을 말한다.

불가변력
행정행위가 발해진 이후 그 행정행위가 위법하거나 공익에 적합하지 않을 때에는 행정청은 직권에 의하여 이를 취소하거나 철회할 수 있는 것이 원칙이다. 그러나 일정한 경우 행정청 자신도 직권으로 자유로이 이를 취소·변경·철회할 수 없는바, 이를 불가변력 또는 실질적 존속력이라고 한다.

빈칸 채우기

권력관계
⋯ 행정권의 주체에 대하여 (❶)한 지위를 인정하고, 그에 따르는 행위에 (❷)한 법적 효력이 인정되는 행정법관계이다.

❶ 우월　❷ 특수　정답

② **국가의사의 확정력(불가쟁력)** : 행정주체의 행위는 설혹 다툴 수 있는 것이라도 그 공공성으로 인한 법적 안정을 위하여 일정한 기간이 경과된 후에는 그에 대하여 법적 분쟁을 할 수 없다.

> **불가쟁력**
> 행정행위의 상대방 기타 이해관계인은 원칙적으로 일정한 불복신청 기간 내에 행정쟁송을 통하여 행정행위의 효력을 다툴 수 있으나 쟁송제기기간이 경과하거나 법적 구제수단을 포기 또는 쟁송수단을 다 거친 후에는 더 이상 그에 대하여 다툴 수 없게 하는 행정행위의 효력을 말한다.

③ **국가의사의 강제력** : 행정주체의 의사에 위배되는 행위에 대하여는 법원을 거치지 않고 일단 행정청이 일정한 제재를 과하거나 당해 행정청에 의한 강제집행이 허용되는 것을 말한다. 행정청에 의한 제재는 행정상 의무의 위배에 대한 행정형벌 또는 질서벌(과태료)을 의미한다. 의무불이행에 대한 강제집행은 대집행이나 강제징수 등의 방법에 의한다. ★

④ **권리의무의 특수성** : 사법관계에 있어서의 권리·의무가 당사자의 상반되는 이해관계를 내용으로 하는데 반하여, 공법관계에서의 권리·의무는 공공복리나 사회질서의 유지라는 면에서 공통적이며 상대적이다. 따라서 그 이전이나 포기가 제한되거나 특별한 보호가 가하여진다. ★

⑤ **권리구제절차의 특수성**
  ㉠ **행정소송** : 행정소송의 관할은 민사소송과 같이 일반법원에 속하나, 임의적 행정심판전치주의가 선택되고, 행정법원이 제1심 법원이 되며, 소송절차 면에서도 많은 특례가 인정된다. ★★
  ㉡ **행정상의 손실보전** : 행정주체의 적법한 공권력작용으로 인하여 개인에게 '특별한 희생'이 생긴 때에는 행정상의 적정한 손실보상을, 공무원의 직무상의 불법행위 또는 공공시설의 설치·관리상의 하자로 말미암아 타인에게 손해를 끼친 때에는 국가배상법에 의한 행정상의 손해배상을 하여야 한다.

빈칸 채우기

국가의사의 강제력
- 행정청에 의한 제재는 행정상 의무의 위배에 대한 (❶) 또는 (❷)(과태료)을 의미한다.
- 의무불이행에 대한 (❸)은 대집행이나 강제징수 등의 방법에 의한다.

정답 ❶ 행정형벌 ❷ 질서벌 ❸ 강제집행

4. 행정주체 기출 22·20·19·15

① 의의 : 행정법관계에서 행정권을 행사하고 그 법적 효과가 궁극적으로 귀속되는 당사자를 말한다.
② 종 류★★

국 가		고유의 행정주체
공공단체	지방자치단체	일정한 구역을 기초로 그 구역 내의 모든 주민에 대해 지배권을 행사하는 공공단체로, 보통지방자치단체(특별시, 광역시, 특별자치시, 도 및 특별자치도와 기초자치단체인 시·군·자치구)와 특별지방자치단체(지방자치단체조합)가 있다.
	공공조합 (공사단)	특정한 국가목적을 위하여 설립된 인적 결합체에 법인격이 부여된 것으로, 농업협동조합, 산림조합, 상공회의소, 변호사회 등이 있다.
	공재단	국가나 지방자치단체가 공공 목적을 위하여 출연한 재산을 관리하기 위하여 설립된 공법상의 재단법인으로, 한국학중앙연구원 등이 있다.
	영조물법인	행정주체에 의하여 특정한 국가목적에 계속적으로 봉사하도록 정하여진 인적·물적 결합체로, 각종의 공사, 국책은행, 서울대학교병원, 적십자병원, 한국과학기술원 등이 있다.
공무수탁사인		국가나 지방자치단체로부터 공권(공행정사무)을 부여받아 자신의 이름으로 공권력을 행사하는 사인이나 사법인으로, 사인인 사업시행자, 학위를 수여하는 사립대학 총장, 선박항해 중인 선장, 별정우체국장 등이 있다.

5. 공권과 공의무

공 권	국가적 공권	행정주체가 우월한 지위에서 상대방인 개인 또는 단체에 대하여 가지는 권리로, 입법권, 경찰권, 형벌권, 재정권, 군정권, 공기업특권 등이 있다.
	개인적 공권	행정객체인 개인이 국가 등 행정주체에 대하여 직접 자기를 위하여 일정한 이익을 주장할 수 있는 법률상의 힘으로, 자유권, 수익권, 참정권, 무하자재량행사청구권, 행정개입청구권 등이 있다.
공의무	국가적 공의무	개인적 공권에 대응하여 국가 등 행정주체가 개인에 대하여 부담하는 의무로, 봉급지급의무, 국가배상지급의무, 손실보상지급의무 등이 있다.
	개인적 공의무	국가적 공권에 대응하여 개인이 국가 등 행정주체에 대하여 부담하는 의무로, 국방·납세·근로·교육의 의무 등이 있다.

2 행정조직법

01 국가행정조직법

1. 의 의

① 국가행정조직이란 국가의 행정을 담당하기 위하여 설치된 국가의 고유한 행정기관의 조직을 말하며, 넓게는 국가행정을 담당하는 모든 기관을, 좁게는 행정관청만을 국가행정기관이라 한다.
② 국가행정기관은 대통령을 정점으로 국무총리, 행정각부 및 그의 소속기관과 감사원 등으로 이루어져 있다.
③ 지역적 범위에 따라 중앙행정기관과 지방행정기관으로 구분된다.
④ 법률상의 지위, 권한, 주관사무의 종류와 내용 등을 표준으로 행정관청, 보조기관, 자문기관, 의결기관, 감사기관, 기업 및 공공시설기관으로 구분된다.

2. 지역적 범위에 따른 국가행정기관 〈기출〉 22·16·15·14

① 중앙행정조직
- ㉠ 국가의 중앙행정조직은 헌법에 기본적 규정이 있고(대통령, 국무총리, 국무회의, 행정각부 등), 국가행정조직에 관한 일반법인 정부조직법 및 개개의 특별법에 의하여 규정되고 있다.
- ㉡ 특별법으로서는 감사원법, 국가안전보장회의법, 국가정보원법, 의무경찰대법(의무경찰대 설치 및 운영에 관한 법률), 검찰청법 등이 있다.

정부조직법의 주요사항 〈기출〉 11
- 중앙행정기관의 설치와 조직 : 중앙행정기관의 설치와 직무범위는 법률로 정한다(정부조직법 제2조 제1항).
- 대통령의 행정감독권
  - 대통령은 정부의 수반으로서 법령에 따라 모든 중앙행정기관의 장을 지휘·감독한다(정부조직법 제11조 제1항).
  - 대통령은 국무총리와 중앙행정기관의 장의 명령이나 처분이 위법 또는 부당하다고 인정하면 이를 중지 또는 취소할 수 있다(정부조직법 제11조 제2항). ★
- 대통령경호처 : 대통령 등의 경호를 담당하기 위하여 대통령경호처를 둔다(정부조직법 제16조 제1항).
- 국가정보원 : 국가안전보장에 관련되는 정보 및 보안에 관한 사무를 담당하기 위하여 대통령 소속으로 국가정보원을 둔다(정부조직법 제17조 제1항). ★
- 인사혁신처 : 공무원의 인사·윤리·복무 및 연금에 관한 사무를 관장하기 위하여 국무총리 소속으로 인사혁신처를 둔다(정부조직법 제22조의3 제1항).
- 법제처 : 국무회의에 상정될 법령안·조약안과 총리령안 및 부령안의 심사와 그 밖에 법제에 관한 사무를 전문적으로 관장하기 위하여 국무총리 소속으로 법제처를 둔다(정부조직법 제23조 제1항).
- 식품의약품안전처 : 식품 및 의약품의 안전에 관한 사무를 관장하기 위하여 국무총리 소속으로 식품의약품안전처를 둔다(정부조직법 제25조 제1항).
- 행정각부 : 대통령의 통할하에 기획재정부, 교육부, 과학기술정보통신부, 외교부, 통일부, 법무부, 국방부, 행정안전부, 국가보훈부, 문화체육관광부, 농림축산식품부, 산업통상자원부, 보건복지부, 환경부, 고용노동부, 여성가족부, 국토교통부, 해양수산부, 중소벤처기업부를 둔다(정부조직법 제26조 제1항). 〈기출〉 22

② 지방행정조직
- ㉠ 보통지방행정기관 : 지방자치단체의 장인 서울특별시장, 부산·인천·광주·대전·대구·울산광역시장, 도지사 및 시장, 군수 또는 그 하급기관인 구청장, 읍장, 면장 등에게 위임하여 행한다.
- ㉡ 특별지방행정기관 : 중앙행정기관에는 소관사무를 수행하기 위하여 필요한 때에는 특히 법률로 정한 경우를 제외하고는 대통령령으로 정하는 바에 따라 지방행정기관을 둘 수 있다(정부조직법 제3조 제1항).

3. 법률상의 지위, 권한 등에 따른 국가행정기관 〈기출〉 24·20·16·15·14

① 행정청
- ㉠ 행정관청이란 국가의사를 결정하여 이를 자기의 이름으로 외부에 표시하는 권한을 가진 행정기관을 말하며, 행정청은 국가뿐만 아니라 지방자치단체의 의사를 결정하여 자신의 이름으로 외부에 표시할 수 있는 권한을 가진 행정기관을 말한다. ★★
- ㉡ 행정청은 구성원이 1인인 독임제 행정청(장관, 처장, 청장 및 지방자치단체의 장, 권한을 위임받은 행정기관)과 다수인인 합의제 행정청(선거관리위원회, 토지수용위원회, 도시계획위원회 등 각종 위원회)으로 구분할 수 있다. ★
- ㉢ 행정관청은 국가의 의사를 결정하는 점에서 의결기관과 같으나, 그것을 외부에 표시할 수 있는 권한을 가진 점에서 의결기관과 다르다. 행정관청의 설치와 조직은 법으로 정한다.

② **보조기관**★★ : 행정기관의 의사 또는 판단의 결정이나 표시를 보조함으로써 행정기관의 목적달성에 공헌하는 기관을 말한다(행정기관의 조직과 정원에 관한 통칙 제2조 제6호). 행정각부의 차관, 차장, 실장, 국장, 과장 등이 이에 해당한다. 보조기관의 설치 및 그 사무분장(分掌)은 법률로 정하여진 것을 제외하고는 대통령령으로 정한다(정부조직법 제2조 제4항 본문).

③ **보좌기관** : 행정기관이 그 기능을 원활하게 수행할 수 있도록 그 기관장이나 보조기관을 보좌함으로써 행정기관의 목적달성에 공헌하는 기관을 말한다(행정기관의 조직과 정원에 관한 통칙 제2조 제7호). 대통령실, 국무총리실, 행정 각부의 차관보, 담당관 등이 이에 해당한다.

④ **자문기관** : 부속기관 중 행정기관의 자문에 응하여 행정기관에 전문적인 의견을 제공하거나, 자문을 구하는 사항에 관하여 심의·조정·협의하는 등 행정기관의 의사결정에 도움을 주는 행정기관을 말한다(행정기관의 조직과 정원에 관한 통칙 제2조 제4호). 행정기관의 부속기관으로 위원회 또는 심의회 등 자문기관을 두는 경우에는 「행정기관 소속 위원회의 설치·운영에 관한 법률」 및 같은 법 시행령에서 정하는 바에 따른다(행정기관의 조직과 정원에 관한 통칙 제20조).

⑤ **의결기관**★★ : 행정주체의 의사를 결정하는 권한만을 가지고 이를 외부에 표시할 권한은 없는 기관을 말한다. 의사결정에만 그친다는 점에서 외부에 표시할 권한을 가지는 행정청과 다르고, 단순한 자문적 의사의 제공에 그치는 자문기관과는 행정청을 구속한다는 점에 차이점이 있다(감사위원회, 소청심사위원회, 각종의 징계위원회 등). 의결기관의 설치는 법률에 근거해야 한다.

⑥ **집행기관**★ : 실력을 행사하여 행정청의 의사를 집행하는 기관을 말한다(경찰, 소방, 세무공무원 등).

⑦ **감사기관**★★ : 행정기관의 회계처리 및 사무집행을 감시하고 검사하는 권한을 가진 기관을 말한다(감사원).

⑧ **공기업기관** : 국가기업의 경영을 담당하는 기관을 말한다.

⑨ **공공시설기관(영조물기관)** : 공공시설(영조물)의 관리를 담당하는 기관을 말한다(국립병원, 국립대학, 국립도서관 등).

〈출처〉 박균성, 「행정법 강의」, 박영사, 2019, P. 922~924

행정청의 권한의 대리 등 기출 21

- 권한의 대리란 행정청의 권한 전부나 일부를 다른 행정기관이 대리기관으로서 대신 행사하고, 그 법적 효과는 피대리청(행정청)의 행위로서 발생하는 것을 말한다.
- 권한의 위임이란 행정청이 법적 근거에 의하여 자신의 권한 일부를 다른 행정기관에 이전하면, 수임기관은 이전받은 권한을 자신의 권한으로서 행사하는 것을 말한다.
- 대결이란 행정청이나 기타 결재권자의 부재 또는 급박한 사고발생 시 그 직무를 대리하는 자가 대신 결재하고, 사후에 결재권자에게 보고하게 하는 것을 말한다.
- 위임전결(내부위임)이란 행정청이 보조기관 등에게 비교적 경미한 사무의 처리권한을 위임하여 보조기관 등이 행정청의 이름으로 그 권한을 행사하는 것을 말한다.

〈참고〉 정하중, 「행정법개론」, 법문사, 2020, P. 858~859

02 자치행정조직법

1. 의 의
① 국가가 행정을 그 스스로 행하는 외에 일정한 독립된 법인, 즉 공공단체로 하여금 공공의 행정을 행하게 하는 경우를 자치행정이라고 한다.
② 보통 지방자치행정이라고 하며 자치행정의 주체에는 공공단체 및 공법인이 있다.

2. 공공단체★
① 공공단체란 국가로부터 그 존립의 목적이 부여된 공법상의 법인이다.
② 공공단체는 목적이 법률에 규정되고 설립조직이 강제되며, 국가적 공권 등이 부여되거나, 국가의 특별감독을 받는다.
③ 지방자치단체, 공공조합, 영조물법인, 즉 특정한 행정목적을 계속적으로 수행하기 위하여 독립된 인격이 부여된 공법상의 재단법인(한국조폐공사, 한국토지주택공사, 한국방송공사, 한국은행 등)이 있다.

3. 지방자치단체
① 의의 : 지방자치를 헌법적으로 보장하고 있으며(헌법 제117조, 제118조) 보통지방자치단체와 특별지방자치단체(지방자치단체조합)가 있다(지방자치법 제2조).
② 지방자치단체의 주민의 자격 : 당해 지방자치단체의 구역에 주소를 가진 자는 그 지방자치단체의 주민이 된다(지방자치법 제16조).
③ 지방자치단체의 사무 : 지방자치단체는 관할 구역의 자치사무와 법령에 따라 지방자치단체에 속하는 사무를 처리한다(지방자치법 제13조 제1항).
④ 권한★ : 자치입법권, 자치조직권, 자치행정권, 자치재정권을 가진다.
⑤ 종류 및 관할★
　㉠ 지방자치단체는 다음의 두 가지 종류로 구분한다(지방자치법 제2조 제1항·제3조 제2항).
　　• 특별시·광역시·특별자치시, 도·특별자치도(정부의 직할로 둠)
　　• 시(도 또는 특별자치도의 관할 구역 안에 둠)·군(광역시·도 또는 특별자치도의 관할 구역 안에 둠)·구(자치구는 특별시와 광역시의 관할 구역 안에 둠)
　　• 다만, 특별자치도의 경우에는 법률이 정하는 바에 따라 관할 구역 안에 시 또는 군을 두지 아니할 수 있음
　㉡ 특별시·광역시 또는 특별자치시가 아닌 인구 50만 이상의 시에는 자치구가 아닌 구를 둘 수 있고, 군에는 읍·면을 두며, 시와 구(자치구를 포함한다)에는 동을, 읍·면에는 리를 둔다(지방자치법 제3조 제3항).
　㉢ 특별자치시와 관할 구역 안에 시 또는 군을 두지 아니하는 특별자치도의 하부행정기관에 관한 사항은 따로 법률로 정한다(지방자치법 제3조 제5항).

⑥ **기관★** : 단체의사를 결정하는 의결기관인 지방의회와 그것을 집행하는 집행기관으로서 일반행정집행기관인 자치단체의 장과 교육·학예 등의 집행기관인 교육위원회·교육감이 있다. 또 특별기관으로서 선거관리위원회 등이 있다.
⑦ **지방자치단체에 대한 국가의 지도·감독**
  ㉠ 지방자치법상 국가의 '감독'은 입법권·사법권에 의한 '합법성의 감독'으로서 국가의 일반적인 권력적·후견적 감독은 아니다. 그러나 수임사무의 처리에는 일반적인 지휘·감독권이 인정된다.★
  ㉡ 국가의 감독은 입법기관(법률제정과 국정조사권 등)에 의한 감독, 사법기관(재판에 의한 간접감독)에 의한 감독, 행정기관에 의한 감독, 행정상 쟁송의 재결 등의 방법에 의한 감독, 행정적 감독(사무감독, 보고, 승인, 명령·지정, 명령 처분의 취소·정지, 징계요구 등)이 있다.

4. 지방자치기관의 권한★

① **지방자치단체장의 권한** : 통할대표권(지방자치법 제114조), 사무관리 및 집행권(지방자치법 제116조), 국가사무의 위임(지방자치법 제115조), 행정의 지휘·감독권 및 소속직원의 임면권(지방자치법 제118조), 주민투표부의권(지방자치법 제18조 제1항), 규칙제정권(지방자치법 제20조 제1항 해석상) 등이 있다.
② **지방의회의 권한** : 의결권(지방자치법 제47조 제1항), 출석답변요구권(지방자치법 제49조 제4항 등), 선거권(지방자치법 제57조 제1항·제2항), 자율권, 지방의회의원의 자격심사 및 제명권(지방자치법 제91조), 행정의 감사·조사권(지방자치법 제49조 제1항), 청원심사처리권(지방자치법 제87조), 조례제정권(지방자치법 제47조 제1항) 등이 있다.

5. 주민의 권리와 의무

① **주민의 권리** 기출 13 : 소속재산 및 공공시설이용권, 균등한 행정혜택을 받을 권리(지방자치법 제17조 제2항), 선거권과 피선거권(지방자치법 제17조 제3항), 주민투표권(지방자치법 제18조 제2항, 주민투표법 제5조), 지방의회에의 청원권(지방자치법 제85조 제1항), 행정쟁송권과 손해배상청구권, 손실보상청구권 등이 있다.
② **주민의 의무** : 주민은 법령으로 정하는 바에 따라 소속 지방자치단체의 비용을 분담하여야 하는 의무를 진다(지방자치법 제27조).

03 공무원

1. 공무원의 개념

공무원법에서의 공무원	국가의 고용인(雇傭人)으로서 국가공무를 담당하는 자를 말한다.
최광의의 공무원	일체의 공무담당자이며, 국가배상법상의 공무원이 이에 해당한다.
광의의 공무원	국가 또는 자치단체와 공법상 근무관계를 맺고 공무를 담당하는 기관구성자이다.
협의의 공무원	국가 또는 자치단체와 특별권력관계를 맺고 공무를 담당하는 기관구성자이다.

2. 공무원의 권리 기출 13

① **신분상의 권리** : 공무원은 법령이 정하는 사유와 절차에 의하지 않고는 그 신분과 직위로부터 일방적으로 배제되거나 그 직위에 속하는 직무의 집행을 방해당하지 아니하는 권리를 가진다(국가공무원법 제68조 본문)(신분보유권, 직위보유권, 직무집행권, 직명사용권, 제복착용권, 쟁송제기권 등).
② **재산상의 권리** : 봉급청구권, 연금청구권 및 실비변상청구권 등이 있다.

3. 공무원의 의무 기출 14

① **성실의무**(국가공무원법 제56조) : 공법상 근무관계의 기본적 특질이며 윤리성을 그 본질로 한다. 따라서 단순한 고용관계에 있어서의 노무급부의무와 구별된다.
② **직무상 의무**
  ㉠ **법령준수의무**(국가공무원법 제56조) · **복종의무**(국가공무원법 제57조) : 복종의무는 소속 상관에 대한 의무로서 그를 위반하면 징계사유가 된다. 그러나 직무명령이 법규는 아니므로 위법은 아니다. 직무명령이 중대하고 명백한 법령위반으로 절대무효라고 판단되는 경우 외에는, 즉 단순히 법령해석상의 차이에 불과한 경우나 직무명령이 다소 부당하다고 인정되어도 그에 기속되어야 한다. 직무명령이 상급상관끼리 경합되면 직근 상관의 명령에 복종하여야 한다.
  ㉡ **직무전념의무** : 직장이탈금지(국가공무원법 제58조), 영리 업무·겸직의 금지(국가공무원법 제64조), 영예의 제한(국가공무원법 제62조), 정치운동금지(국가공무원법 제65조), 집단행위금지(국가공무원법 제66조) 등의 의무가 있다.
  ㉢ **기타** : 친절·공정의무(국가공무원법 제59조), 비밀엄수의무(국가공무원법 제60조) 등이 있다.
③ **품위유지의무** : 특히 경제적 청렴의무를 포함한다. 그러나 단순한 공무원의 사생활까지는 미치지 아니한다. ★

4. 공무원의 결격사유(국가공무원법 제33조) ★★

다음의 어느 하나에 해당하는 자는 공무원으로 임용될 수 없다.
① 피성년후견인(제1호)
② 파산선고를 받고 복권되지 아니한 자(제2호)
③ 금고 이상의 실형을 선고받고 그 집행이 끝나거나(집행이 끝난 것으로 보는 경우를 포함한다) 집행이 면제된 날부터 5년이 지나지 아니한 자(제3호)
④ 금고 이상의 형의 집행유예를 선고받고 그 유예기간이 끝난 날부터 2년이 지나지 아니한 자(제4호)
⑤ 금고 이상의 형의 선고유예를 받은 경우에 그 선고유예 기간 중에 있는 자(제5호)
⑥ 법원의 판결 또는 다른 법률에 따라 자격이 상실되거나 정지된 자(제6호)
⑦ 공무원으로 재직기간 중 직무와 관련하여 「형법」 제355조 및 제356조에 규정된 죄를 범한 자로서 300만원 이상의 벌금형을 선고받고 그 형이 확정된 후 2년이 지나지 아니한 자(제6호의2)
⑧ 다음 각목의 어느 하나에 해당하는 죄를 범한 사람으로서 100만원 이상의 벌금형을 선고받고 그 형이 확정된 후 3년이 지나지 아니한 사람(제6호의3)
  ㉠ 「성폭력범죄의 처벌 등에 관한 특례법」 제2조에 따른 성폭력범죄(가목)
  ㉡ 「정보통신망 이용촉진 및 정보보호 등에 관한 법률」 제74조 제1항 제2호 및 제3호에 규정된 죄(나목)
  ㉢ 「스토킹범죄의 처벌 등에 관한 법률」 제2조 제2호에 따른 스토킹범죄(다목)

⑨ 미성년자에 대한 다음 각목의 어느 하나에 해당하는 죄를 저질러 파면·해임되거나 형 또는 치료감호를 선고받아 그 형 또는 치료감호가 확정된 사람(집행유예를 선고받은 후 그 집행유예 기간이 경과한 사람을 포함한다)(제6호의4)

　㉠ 「성폭력범죄의 처벌 등에 관한 특례법」 제2조에 따른 성폭력범죄(가목)

　㉡ 「아동·청소년의 성보호에 관한 법률」 제2조 제2호에 따른 아동·청소년대상 성범죄(나목)

⑩ 징계로 파면처분을 받은 때부터 5년이 지나지 아니한 자(제7호)

⑪ 징계로 해임처분을 받은 때부터 3년이 지나지 아니한 자(제8호)

※ [헌법불합치, 2020헌마1181, 2022.11.24., 국가공무원법(2018.10.16. 법률 제15857호로 개정된 것) 제33조 제6호의4 나목 중 아동복지법(2017.10.24. 법률 제14925호로 개정된 것) 제17조 제2호 가운데 '아동에게 성적 수치심을 주는 성희롱 등의 성적 학대행위로 형을 선고받아 그 형이 확정된 사람은 국가공무원법 제2조 제2항 제1호의 일반직공무원으로 임용될 수 없도록 한 것'에 관한 부분 및 군인사법(2019.1.15. 법률 제16224호로 개정된 것) 제10조 제2항 제6호의4 나목 중 아동복지법(2017.10.24. 법률 제14925호로 개정된 것) 제17조 제2호 가운데 '아동에게 성적 수치심을 주는 성희롱 등의 성적 학대행위로 형을 선고받아 그 형이 확정된 사람은 부사관으로 임용될 수 없도록 한 것'에 관한 부분은 모두 헌법에 합치되지 아니한다. 위 법률조항들은 2024.5.31.을 시한으로 입법자가 개정할 때까지 계속 적용된다.]

[헌법불합치, 2020헌마1605, 2022헌마1276(병합), 2023.6.29., 국가공무원법(2018.10.16. 법률 제15857호로 개정된 것) 제33조 제6호의4 나목 중 구 아동·청소년의 성보호에 관한 법률(2014.1.21. 법률 제12329호로 개정되고, 2020.6.2. 법률 제17338호로 개정되기 전의 것) 제11조 제5항 가운데 '아동·청소년이용음란물임을 알면서 이를 소지한 죄로 형을 선고받아 그 형이 확정된 사람은 국가공무원법 제2조 제2항 제1호의 일반직공무원으로 임용될 수 없도록 한 것'에 관한 부분 및 지방공무원법(2018.10.16. 법률 제15801호로 개정된 것) 제31조 제6호의4 나목 중 구 아동·청소년의 성보호에 관한 법률(2014.1.21. 법률 제12329호로 개정되고, 2020.6.2. 법률 제17338호로 개정되기 전의 것) 제11조 제5항 가운데 '아동·청소년이용음란물임을 알면서 이를 소지한 죄로 형을 선고받아 그 형이 확정된 사람은 지방공무원법 제2조 제2항 제1호의 일반직공무원으로 임용될 수 없도록 한 것'에 관한 부분은 모두 헌법에 합치되지 아니한다. 위 법률조항들은 2024.5.31.을 시한으로 입법자가 개정할 때까지 계속 적용된다.]

5. 공무원의 징계

① **징계사유**(국가공무원법 제78조 제1항)

　㉠ 국가공무원법 및 국가공무원법에 따른 명령을 위반한 경우

　㉡ 직무상의 의무(다른 법령에서 공무원의 신분으로 인하여 부과된 의무를 포함한다)를 위반하거나 직무를 태만히 한 때

　㉢ 직무의 내외를 불문하고 그 체면 또는 위신을 손상하는 행위를 한 때

② **징계의 종류** 기출 12 : 파면, 해임, 강등, 정직, 감봉, 견책(국가공무원법 제79조)

3 행정작용법

01 행정입법

1. 행정입법의 개념
① 행정입법이란 행정권이 법조의 형식으로 일반적, 추상적 규율을 제정하는 작용 또는 그에 의하여 제정된 법규정을 의미한다.
② 행정입법에는 국가행정권에 의한 입법(대통령령, 총리령, 부령)과 자치입법이 있으며, 전자에는 법규의 성질을 가지는 법규명령과 그렇지 않은 행정규칙이 있고, 후자에는 제정주체에 따라 조례·규칙·교육규칙이 있다.

2. 법규명령
① 법규명령의 의의 : 법률의 위임에 의하여 또는 법률을 집행하기 위하여 행정권에 의하여 제정되는 일반적, 추상적 규율로서 대외적인 효력이 있다. 즉 법규의 성질을 가진다.
② 법규명령의 종류
  ㉠ 법률에 대한 관계를 기준 : 위임명령과 독립명령(헌법상 대통령의 긴급재정경제명령 및 긴급명령)
  ㉡ 수권의 근거를 기준 : 직권명령과 위임명령
  ㉢ 규정사항의 내용을 기준 : 위임명령과 집행명령
  ㉣ 권한의 소재를 기준 : 대통령령·총리령·부령, 기타 중앙선거관리위원회의 규칙 등

3. 행정규칙 기출 23
① 의의 및 성질 : 상급행정청이 하급행정청이나 보조기관을 수범자로 하여 그의 임무 수행과 조직에 관하여 발하는 일반적, 추상적 규율로서 대외적인 효력이 없고(법규의 성질이 없고) 행정조직의 내부에만 효력이 있다.
② 근거 : 특별한 법률의 수권 없이도 행정권의 당연한 기능으로서 제정할 수 있다. 다만 특정의 고시·훈령 등 법규의 보충명령의 성질이 있는 것은 그 법규의 구체적인 위임이 필요하다. ★
③ 종류 : 조직규칙(사무분장규정·처무규정 등), 근무규칙(훈령·통첩 등), 영조물규칙(국·공립대학교 학칙 등), 감독규칙(법관계의 내용에 따른 분류) 등이 있다.

4. 자치입법
행정입법의 한 종류로서 조례·규칙·교육규칙 등이 있다.

빈칸 채우기

행정입법
- 법규명령 : (❶)의 (❷)에 의하여 또는 (❶)을 (❸)하기 위하여 행정권에 의하여 제정되는 일반적, 추상적 규율로서 (❹)인 효력이 있다.
- 행정규칙 : (❺)행정청이 (❻)행정청이나 보조기관을 수범자로 하여 그의 임무 수행과 조직에 관하여 발하는 일반적, 추상적 규율로서 (❹)인 효력이 없고 (❼)의 내부에만 효력이 있다.

정답 ❶ 법률 ❷ 위임 ❸ 집행 ❹ 대외적 ❺ 상급 ❻ 하급 ❼ 행정조직

02 행정행위(행정처분)

1. 행정행위의 개념
① 행정행위는 일반적으로 행정주체가 구체적인 사실에 대한 법집행으로서 행하는 권력적 단독행위로서 공법행위를 의미한다. 학문상 용어인 행정행위는 실정법이나 실무상 사용되는 개념은 아니며, 처분이나 행정처분이라는 개념이 실무에서 사용된다.
② 실정법상으로 인가, 허가, 면허, 결정, 재결 등의 명칭으로 불리고 있다.

2. 행정행위의 종류 기출 19 · 12 · 11
① 법률행위적 · 준법률행위적 행정행위(행위의 구성요소 내지 법률적 효과의 발생원인에 따른 분류)
  ㉠ 법률행위적 행정행위 : 의사표시를 구성요소로 하고 그 의사의 내용에 따라 법률적 효과가 발생하는 행위이다(허가 · 하명 · 면제 · 특허 · 대리 등).
  ㉡ 준법률행위적 행정행위 : 의사표시 이외의 정신작용(인식 · 관념 등) 등의 표시를 요소로 하고 그 법률적 효과는 행위자의 의사 여하를 불문하고 직접 법규가 정하는 바에 따라 발생하는 행위이다(확인 · 공증 · 통지 · 수리 등).
② 기속행위와 재량행위(법규의 구속 정도에 따른 분류)
  ㉠ 기속행위 : 법규가 행정주체에 대하여 어떠한 재량의 여지를 주지 아니하고 오직 그 법규를 집행하도록 하는 경우의 행정행위를 말한다(조세부과행위).
  ㉡ 재량행위 : 법규가 행정기관에게 어느 범위까지 판단의 자유를 허용하는 경우의 행정행위를 말한다. 법치주의원칙 아래에서 이는 공익이나 행정의 구체적 타당성을 위한 것으로 이 구분은 어디까지나 상대적이다.
③ 수익적 · 침익적 · 복효적 행정행위(상대방에 대한 효과에 따른 분류)
  ㉠ 수익적 행정행위 : 상대방에게 권리 · 이익의 부여, 권리에 대한 제한의 철폐 등 유리한 효과를 발생시키는 행정행위로 법률유보원칙이 완화되어 적용되는 특색을 보이며, 특허행위, 각종 급부제공행위 등이 해당된다.
  ㉡ 침익적 행정행위 : 상대방에게 의무를 부과하거나 권리 · 이익을 침해 · 제한하는 등의 불이익한 효과를 발생시키는 행정행위로 명령, 금지, 박권행위, 수익적 행정행위의 취소나 철회 등이 있다. 부과적 행정행위, 불이익처분이라고도 한다.
  ㉢ 복효적 행정행위 : 상대방에 대해서는 수익적이나, 제3자에 대해서는 침익적으로 작용하거나 또는 그 역으로 작용하는 행위를 말한다(이를 제3자효적 행정행위라고도 한다). 예컨대, 甲에게 공해공장 건축허가를 하면 허가라는 하나의 행위가 甲에게는 이익이 되지만 인근주민에게는 불이익이 되는 경우이다.

④ 대인적·대물적·혼합적 행정행위(대상에 따른 분류)
  ㉠ **대인적 행정행위** : 순전히 사람의 학식, 기술, 경험과 같은 주관적 사정에 착안하여 행하여지는 행정행위를 지칭한다(의사면허, 운전면허, 인간문화재지정 등).
  ㉡ **대물적 행정행위** : 물건의 객관적 사정에 착안하여 행하여지는 행정행위를 말한다(자동차검사증교부, 건물준공검사, 자연공원지정, 물적 문화재지정, 목욕탕 영업허가 등).
  ㉢ **혼합적 행정행위** : 인적·주관적 사정과 물적·객관적 사정을 모두 고려하여 행하여지는 행정행위를 말한다(중개업허가, 가스·석유 사업허가, 화학류 영업허가, 약국 영업허가 등).
⑤ 단독(독립)적·쌍방적 행정행위(상대방의 협력 여부에 따른 분류)
  ㉠ **단독적 행정행위** : 상대방의 협력을 요건으로 하지 않는 행정행위로서 일방적 행정행위, 협의의 단독행위, 직권행위라고도 한다(조세부과, 경찰하명, 허가의 취소, 공무원의 징계 등).
  ㉡ **쌍방적 행정행위** : 상대방의 협력을 요건(유효요건 또는 적법요건)으로 하는 행정행위로서 허가, 인가, 특허와 같이 상대방의 신청을 요하는 행위와 공무원임명과 같이 상대방의 동의를 요하는 행위가 있으며, 신청 등이 없이 행한 행정행위는 무효로 된다.★
⑥ 요식행위와 불요식행위(형식의 요부에 따른 분류)
  ㉠ **요식행위** : 관계법령이 일정한 서식, 날인, 기타 일정한 형식을 요하는 행정행위이다(납세고지서발부, 징집영장발부, 대집행계고, 대집행영장통지, 독촉).
  ㉡ **불요식행위** : 일정한 형식을 요하지 않는 행정행위로서 원칙적인 형태이다.★

빈칸 채우기

행정행위의 종류

- 법률행위적 행정행위 : (❶)표시를 구성요소로 하고 그 (❶)의 내용에 따라 법률적 (❷)가 발생하는 행위
- 준법률행위적 행정행위 : (❶) 이외의 정신작용 등의 (❸)를 요소로 하고 그 법률적 (❷)는 행위자의 (❶) 여하를 불문하고 직접 법규가 정하는 바에 따라 발생하는 행위
- 복효적 행정행위[(❹) 행정행위] : 상대방에 대해서는 수익적이나, 제3자에 대해서는 침익적으로 작용하거나 또는 그 역으로 작용하는 행위
- 요식행위 : 관계법령이 일정한 서식, 날인, 기타 일정한 (❺)을 요하는 행정행위
- 불요식행위 : 일정한 (❺)을 요하지 않는 행정행위로서 원칙적인 형태

정답 ❶ 의사 ❷ 효과 ❸ 표시 ❹ 제3자효적 ❺ 형식

3. 행정행위의 내용 기출 24·23·20·19·16·13

① **법률행위적 행정행위** : 의사표시를 구성요소로 하고 그 의사의 내용에 따라 법률적 효과가 발생하는 행위이다.
　㉠ **명령적 행정행위** : 국민에게 특정한 의무를 명하여 자연적 자유를 제한하거나, 부과된 의무를 해제하여 자연적 자유를 회복시키는 행위★

하 명	일정한 행정목적을 위하여 개인에게 작위·부작위·지급·수인의 의무를 과하는 행정행위로서 특히 부작위의 의무를 과하는 하명을 금지라고도 한다.
허 가	일반적 금지를 특정한 경우에 해제하여 적법하게 그 행위를 할 수 있도록 자연의 자유를 회복하여 주는 행정행위이다. 허가의 효과는 일반적으로 과하여진 부작위의무의 소멸이므로 적극적으로 새로운 권리를 설정하는 것은 아니다. 기출 20
면 제	법령 또는 그에 의거한 행정행위에 의하여 일반적으로 과하여진 작위·지급·수인의 의무를 특정한 경우에 소멸시키는 행정행위이다. 그 면제하는 의무가 부작위는 아닌 점이 허가와 구별된다.

　㉡ **형성적 행정행위** : 행정객체에게 특정한 권리나 능력 등의 법률상 힘이나 포괄적 법률관계, 기타 법률상 힘을 형성시키는 법률행위★

특 허 기출 20	특정인에게 일정한 권리·권력 또는 포괄적 법률관계를 설정·변경·소멸시키는 행정행위이다. 특허를 받은 자는 특허된 법률상의 힘을 제3자에 대하여 법적으로 주장·행사할 수 있으며, 특허에 대한 침해는 권리의 침해가 된다.
인 가 기출 20	개인이 제3자와의 관계에서 하는 법률적 행위를 보충함으로써 그 법률적 행위의 효력을 완성시켜주는 행정행위이다(보충적 행정행위). 인가는 행정객체의 출원을 전제로 해서만 행하여질 수 있다.
대 리	타인이 하여야 할 행위를 행정청이 갈음하여 함으로써 본인이 한 것과 같은 법적 효과를 발생시키는 행정행위이다. 이는 사법상의 대리나 행정관청의 대리와는 달리 법정대리라 할 수 있다.

② **준법률행위적 행정행위**★ : 의사표시 이외의 정신작용(인식·관념 등) 등의 표시를 요소로 하고 그 법률적 효과는 행위자의 의사 여하를 불문하고 직접 법규가 정하는 바에 따라 발생하는 행위

확 인 기출 20	특정한 법률사실 또는 법률관계의 존부(存否)·정부(正否)에 관하여 의문이나 분쟁이 있는 경우에 행정청이 이를 공권적으로 판단·확정하는 행정행위이다.
공 증	특정한 법률관계의 존재를 공적으로 증명하는 행정행위이다. 공증은 이러한 것에 공적인 증거력을 발생시킨다.
통 지	특정인 또는 불특정다수인에 대하여 특정한 사실을 알리는 행정행위이다. 통지의 효과는 직접 법령에 의하여 발생한다.
수 리	타인의 행위를 유효하게 수령하는 행위이다.

빈칸 채우기

허 가

⋯ 허가란 일반적 (❶)를 특정한 경우에 해제하여 적법하게 그 행위를 할 수 있도록 자연의 (❷)를 회복하여 주는 행정행위이다.

❶ 금지　❷ 자유

[법률행위적 행정행위와 준법률행위적 행정행위] ★★ 기출 23

법률행위적 행정행위	명령적 행위	하명, 허가, 면제 ⇨ **하·허·면**
	형성적 행위	특허, 인가, 대리 ⇨ **특·임(인)·대**
준법률행위적 행정행위		확인, 공증, 통지, 수리 ⇨ **공·통·수·확**

4. 행정행위의 성립과 효력발생요건

① 행정행위의 성립요건★
  ㉠ 주체 : 행정행위는 정당한 권한을 가지는 행정청에 의하여야 하고, 적법하게 구성된 행정기관의 정상적인 의사에 의한 것이어야 한다. 또한, 타기관과의 협력이 요구된 경우에는 소정의 협력이 있어야 하고, 권한 내의 사항에 관한 행위를 하여야 한다.
  ㉡ 내용 : 법률상·사실상 실현가능하고 객관적으로 명확해야 한다. 또한 법령과 공익에 부합되어야 하며 절차와 형식을 갖추어야 한다.
② 행정행위의 효력발생요건★ : 보통 법규나 부관에 특별한 규정이 없는 한 성립과 동시에 발생하나 수령을 요하는 행정행위는 상대방에게 도달함으로써 발생한다.

5. 행정행위의 부관 기출 22·21·19

① 부관의 의의★ : 행정청에 의해 주된 행정행위에 부가된 종된 규율이다.
② 부관의 종류

조 건	행정행위의 효력의 발생 또는 소멸을 발생이 불확실한 장래의 사실에 의존하게 하는 부관으로서, 조건성취에 의하여 당연히 효력을 발생하게 하는 정지조건과 당연히 그 효력을 상실하게 하는 해제조건이 있다.
기 한	행정행위의 효력의 발생 또는 소멸을 장래의 발생이 확실한 사실에 의존하게 하는 부관으로서, 기한의 도래로 행정행위가 당연히 효력을 발생하는 시기와 당연히 효력을 상실하는 종기가 있다.
부 담	행정행위의 주된 내용에 부가하여 그 상대방에게 작위·부작위·급부·수인의무를 부과하는 부관으로서, 부담은 다른 부관과 달리 그 자체가 행정행위이며, 독립하여 항고소송의 대상이 될 수 있다.
철회권의 유보	행정행위를 행함에 있어 일정한 경우에는 행정행위를 철회(변경)할 수 있음을 정한 부관이다(숙박업 허가를 하면서 성매매행위를 하면 허가를 취소한다는 경우).

빈칸 채우기

행정행위의 부관

⋯ 조건 : 행정행위의 효력의 (❶) 또는 (❷)을 (❶)이 (❸)한 장래의 사실에 의존하게 하는 부관이다.
⋯ 기한 : 행정행위의 효력의 (❶) 또는 (❷)을 장래의 (❶)이 (❹)한 사실에 의존하게 하는 부관이다.
⋯ 부담 : 행정행위의 주된 내용에 부가하여 그 상대방에게 작위·부작위·급부·수인의무를 부과하는 부관으로서, 다른 부관과 달리 그 자체가 (❺)이며, 독립하여 (❻)의 대상이 될 수 있다.
⋯ 철회권의 유보 : 행정행위를 행함에 있어 일정한 경우에는 행정행위를 (❼)(변경)할 수 있음을 정한 부관이다.

정답 ❶ 발생 ❷ 소멸 ❸ 불확실 ❹ 확실 ❺ 행정행위 ❻ 항고소송 ❼ 철회

6. 행정행위의 무효 기출 15

① 의의★ : 행정행위가 중대하고 명백한 하자로 인하여 행정행위로서의 외형은 존재하나 처음부터 당연히 행정행위로서의 효력이 발생하지 못하는 것을 말한다.
② 무효의 원인 : 실정법적 규정이 없기 때문에 학설과 판례에 의한다.

주체상의 하자	정당한 권한을 가지지 아니하는 행정기관의 행위는 무효이다. 즉, 공무원이 아닌 자의 행위, 적법하게 구성되지 아니한 합의제 행정기관의 행위, 타기관의 필요적 협력을 받지 아니하고 한 행위 등이 이에 해당된다. 행정기관의 권한 외의 행위는 원칙적으로 무효이다. 행정기관의 정상의 의사에 의하지 아니한 행위, 즉 전혀 의사 없이 한 행위나 의사결정에 하자 있는 행위 등이 그것이다.
내용상의 하자	내용이 불분명하거나 실현이 불가능한 행위로서 사실상 불능인 행위와 법률상 불능인 행위가 있다.
절차상의 하자	법률상 필요한 상대방의 신청이나 동의가 없는 행위, 필요적 고지 없이 한 행위, 소정의 청문, 기타 의견진술의 기회를 부여하지 아니하고 한 행위, 이해관계인의 필요적인 참여 없이 한 행위 등이다.
형식상의 하자	서면에 의하지 아니한 행위, 필요적 기재가 없는 행위, 행정기관의 서명·날인이 없는 행위 등이 있다.

7. 행정행위의 취소 기출 15

① 의 의★
  ㉠ 행정행위의 취소 : 그 성립에 흠이 있음에도 불구하고 일단 유효하게 성립한 행정행위에 대하여 그 성립에 흠이 있음을 이유로 권한 있는 기관이 그 효력의 전부 또는 일부를 원칙적으로 행위 시로 소급하여 상실시키는 행위를 말한다.
  ㉡ 철회와의 구별 : 철회는 아무런 흠 없이 유효·적법하게 성립한 행정행위에 대하여 그 효력을 존속시킬 수 없는 새로운 사유의 발생을 이유로 효력의 전부 또는 일부를 장래에 향해 소멸시키는 행위를 말한다. 즉, 행정행위의 성립에 흠의 유무에 따라 구별된다.

> **무효와 취소의 구별기준**
> 하자 있는 행정처분이 당연무효가 되기 위하여는 그 하자가 법규의 중요한 부분을 위반한 중대한 것으로서 객관적으로 명백한 것이어야 하며, 하자가 중대하고 명백한 것인지 여부를 판별함에 있어서는 그 법규의 목적, 의미, 기능 등을 목적론적으로 고찰함과 동시에 구체적 사안 자체의 특수성에 관하여도 합리적으로 고찰함을 요한다.★

② 종류 : 법원에 의한 취소와 행정청에 의한 취소, 쟁송취소와 직권취소, 수익적 행정행위의 취소와 침익적 행정행위의 취소 등으로 나눌 수 있다.

빈칸 채우기

행정행위의 취소
→ 행정행위의 취소란 그 성립에 (❶)이 있음에도 불구하고 일단 유효하게 성립한 (❷)에 대하여 그 성립에 (❶)이 있음을 이유로 권한 있는 기관이 그 효력의 전부 또는 일부를 원칙적으로 행위 시로 (❸)하여 상실시키는 행위를 말한다.

❶ 흠 ❷ 행정행위 ❸ 소급   정답

③ **취소권자★** : 직권취소는 정당한 권한을 가진 처분청과 감독청이, 쟁송취소는 행정청 외의 법원과 예외적으로 제3기관(소청심사위원회·국세심판소)이 있다.
④ **취소사유** : 단순위법(경미한 법규위반 및 조리법위반)이나 부당(공익위반)의 경우에도 취소사유가 된다(부당은 행정심판에서의 취소사유에만 해당).
⑤ **취소의 제한★**
  ㉠ 수익적 행정행위에 있어서는 법적 안정성 및 법률적합성원리에서 신뢰보호원칙으로 바뀌고 있다.
  ㉡ 직권취소에 있어서는 취소에 의해서 달성하려는 공익상의 필요와 상대방 또는 제3자의 신뢰보호와 법률생활안정·기득권존중 등의 요청을 비교 형량하여 구체적으로 타당성 있게 결정해야 한다.
⑥ **취소의 절차** : 직권취소의 경우, 그에 관한 규정이 없는 것이 보통이나, 쟁송취소의 경우에는 행정심판법(재결)·행정소송법(판결) 등의 형식에 의한다.
⑦ **취소의 효과★** : 직권취소는 그 소급 여부가 구체적인 이익형량에 따라 다르며 확정력이 발생하지 아니한다. 그러나 쟁송취소는 원칙적으로 기왕에 소급한다.

8. 그 밖의 행정의 주요 행위형식 기출 16·14

① **행정상의 확약** : 일정한 행정작용을 하거나 하지 않을 것을 내용으로 하는 행정청의 구속력 있는 약속 또는 자기구속적 의사표시이다(공무원에 대한 승진약속, 주민에 대한 개발약속 등).
② **행정계획** : 행정주체가 장래 일정기간 내에 도달하고자 하는 목표를 설정하고, 그 목표를 상호관련성 있는 행정수단의 조정과 종합화의 과정을 통하여 실현하기 위한 여러 행정시책의 계획 또는 그 설정행위이다(국토종합개발계획, 도시·군계획 등).
③ **공법상의 계약★** : 공법적 효과의 발생을 목적으로 하는 복수당사자 사이의 반대방향의 의사합치에 의하여 성립되는 비권력적 쌍방행위이다(교육사무위탁, 도로·하천의 경비분담에 관한 협의, 전문직 공무원 등 임용계약, 별정우체국장의 지정 등).
④ **공법상의 합동행위★** : 공법적 효과의 발생을 목적으로 하는 복수당사자 사이의 동일방향의 의사표시의 합치에 의하여 성립하는 비권력적 쌍방행위이다(지방자치단체 간의 협의, 지방자치단체조합을 설립하는 행위, 공공조합연합회를 설립하는 행위, 정관작성행위 등).
⑤ **행정상의 사실행위★** 기출 21 : 일정한 법률효과의 발생을 목적으로 하는 것이 아니라 직접적으로는 일정한 사실상의 결과만을 발생하게 하는 행정주체의 일체의 행위형식이다(행정지도, 공물·영조물의 설치·관리행위, 행정조사, 즉시강제, 대집행 실행행위, 쓰레기 수거, 학교 수업 등).

빈칸 채우기

행정상의 사실행위

⋯ 일정한 (❶)의 발생을 목적으로 하는 것이 아니라 직접적으로는 일정한 사실상의 (❷)만을 발생하게 하는 행정주체의 일체의 행위형식이다.

정답 ❶ 법률효과 ❷ 결과

⑥ **행정지도**★★ : 행정주체가 지도·조언·권고 등의 방법으로 국민이나 기타 관계자의 행동을 유도하여 그 의도하는 바를 실현하기 위하여 행하는 비권력적 사실행위이다(물가의 억제를 위한 지도, 장학지도, 중소기업의 기술지도 등).
⑦ **행정조사**(행정조사기본법 제2조 제1호) 기출 24 : 행정기관이 정책을 결정하거나 직무를 수행하는 데 필요한 정보나 자료를 수집하기 위하여 현장조사·문서열람·시료채취 등을 하거나 조사대상자에게 보고요구·자료제출요구 및 출석·진술요구를 행하는 활동이다(인구조사, 주민등록 사실조사 등).
⑧ **비공식 행정작용**★ : 실제로는 빈번히 이용됨에도 불구하고 법적 성격·요건·효과·절차 등이 일반적으로 법에 정해져 있지 않은 행정작용으로, 법적 구속력을 발생하지 않는 일체의 행정작용이다(경고와 권고, 협상, 조정, 화해, 설득, 정보제공 등).
⑨ **기타** : 행정의 자동화 작용, 행정의 사법적 활동 등이 있다.

03 행정행위의 효력

1. (내용상) 구속력

행정행위가 그 내용에 따라 관계행정청, 상대방 및 관계인에 대하여 일정한 법적 효과를 발생하는 힘으로 모든 행정행위에 당연히 인정되는 실체법적 효력을 말한다.

2. 공정력★ 기출 18·09

비록 행정행위의 성립에 하자가 있는 경우에도 그것이 중대·명백하여 당연무효인 경우를 제외하고는, 권한 있는 기관에 의하여 취소될 때까지는 유효한 것으로 통용되는 힘을 말한다.

3. 구성요건적 효력★ 기출 15

유효한 행정행위가 존재하는 이상 모든 국가기관은 그 존재를 존중하고 스스로의 판단에 대한 기초로 삼아야 한다는 효력을 말한다(국가기관에 대한 효력).

4. 존속력(확정력)★

① **불가쟁력(형식적 확정력)** : 행정행위에 대한 쟁송제기기간이 경과하거나 쟁송수단을 다 거친 경우에는 상대방 또는 이해관계인은 더 이상 그 행정행위의 효력을 다툴 수 없게 되는 효력을 말한다.
② **불가변력(실질적 확정력)**★ : 일정한 경우 행정행위를 발한 행정청 자신도 행정행위의 하자 등을 이유로 직권으로 취소·변경·철회할 수 없는 제한을 받게 되는 효력을 말한다.

빈칸 채우기

공정력
⋯ 비록 행정행위의 성립에 하자가 있는 경우에도 그것이 (❶)하고 (❷)하여 당연무효인 경우를 제외하고는, 권한 있는 기관에 의하여 (❸)될 때까지는 (❹)한 것으로 통용되는 힘을 말한다.

❶ 중대 ❷ 명백 ❸ 취소 ❹ 유효 **정답**

5. 강제력

강제력에는 제재력과 자력집행력이 있다.
① 제재력 : 행정법상 의무위반자에게 처벌을 가할 수 있는 힘을 말한다.
② 자력집행력 : 행정법상 의무불이행자에게 의무의 이행을 강제할 수 있는 힘을 말한다.

04 행정절차법과 정보공개법

1. 행정절차법

① 행정절차법의 목적 : 행정절차에 관한 공통적인 사항을 규정하여 국민의 행정참여를 도모함으로써 행정의 공정성·투명성 및 신뢰성을 확보하고 국민의 권익을 보호함을 목적으로 한다(행정절차법 제1조).
② 행정절차법의 주요내용
  ㉠ 처분, 신고, 확약, 위반사실 등의 공표, 행정계획, 행정예고 및 행정지도의 절차에 관하여 다른 법률에 특별한 규정이 없는 경우에 적용되는 일반법이다(행정절차법 제3조 제1항).
  ㉡ 행정청은 처분의 처리기간 및 처분기준을 미리 공표하여야 한다(행정절차법 제19조 제1항, 제20조 제1항). ★
  ㉢ 당사자에게 의무부과와 권익침해처분을 하는 경우에는 사전통지 및 청문 등의 의견청취를 하며, 처분의 근거와 이유를 명시하도록 한다(행정절차법 제21조 내지 제23조). ★
  ㉣ 국민의 일상생활과 밀접한 법령 등을 제정·개정·폐지하거나 정책·제도·계획수립의 경우에는 미리 예고하여 국민의 참여와 정부정책에 대한 국민의 협조를 유도한다(행정절차법 제41조 내지 제47조).
  ㉤ 행정지도는 부당하게 강요하지 않고 상대방에게 의견 제출의 기회를 주도록 할 수 있다(행정절차법 제48조 제1항, 제50조).

2. 정보공개법

① 의의와 목적 : 공공기관의 정보공개에 관한 법률의 목적은 행정권이 보유·관리하는 다양한 정보에 대한 국민의 자유로운 접근권을 인정하여 국민의 알 권리를 보장하고, 아울러 국정에 대한 국민의 참여와 국정운영의 투명성을 확보하려는 데 있다(정보공개법 제1조).
② 주요 내용
  ㉠ 공공기관이 보유·관리하는 정보는 국민의 알권리 보장 등을 위하여 이 법에서 정하는 바에 따라 적극적으로 공개하여야 한다(정보공개법 제3조). ★
  ㉡ 공공기관이 보유·관리하는 정보는 공개 대상이 된다. 다만, 일정한 경우의 정보(비공개 대상 정보)는 공개하지 아니할 수 있다(정보공개법 제9조 제1항). ★
  ㉢ 공공기관은 정보공개청구를 받은 날부터 10일 이내에 공개여부를 결정하여야 하고, 제3자와 관련이 있는 공개대상 정보는 그 사실을 제3자에게 지체 없이 통지하여 의견을 청취할 수 있도록 한다(정보공개법 제11조 제1항·제3항). ★
  ㉣ 정보 비공개결정의 통지를 받은 청구인은 이의신청, 행정심판, 행정소송을 청구할 수 있다(정보공개법 제18조, 제19조 및 제20조).

05 특별행정작용법

1. 의의
특별행정작용법이란 국가 또는 지방자치단체 등의 행정주체가 행정목적을 달성하기 위하여 하는 일체의 행정활동에 관한 법이다.

2. 내용★
특별행정작용법의 구체적인 내용은 시대와 국가에 따라 차이가 있으나, 현대 복지국가의 행정작용은 근대 야경국가적 시민국가의 소극적인 질서유지작용에서 탈피하여 적극적으로 국민의 복리증진을 위해 개입하고 급부·조정하는 등 그 범위가 확대되고 있다.

3. 분류
특별행정작용법 각론은 크게 질서행정(경찰행정), 복리행정, 재무행정, 군사행정으로 나눌 수 있다.

빈칸 채우기

특별행정작용법의 분류
- 특별행정작용법 각론은 크게 (❶)행정, (❷)행정, (❸)행정, (❹)행정으로 나눌 수 있다.
- 복리행정은 (❺)행정, (❻)행정, (❼)행정으로 나뉜다.
- 공용제한, 공용수용, 공용사용은 (❼)행정에 해당한다.

❶ 질서 ❷ 복리 ❸ 재무 ❹ 군사 ❺ 급부 ❻ 규제 ❼ 공용부담

06 행정작용의 실효성 확보

1. 행정상 강제집행 기출 17

① **강제집행의 의의**★★ : 행정상의 강제집행은 행정법상 의무의 불이행에 대하여 행정권이 의무자의 신체 또는 재산에 직접 실력을 가하여 그 의무를 이행시키거나 이행된 것과 동일한 상태를 실현시키는 작용이다.

행정대행법상 대집행 계 · 통 · 실 · 비
계고 → 대집행영장 통지 → 대집행의 실행 → 비용의 징수 순으로 이루어진다.

② **법적 근거** : 행정상의 강제집행은 권력작용인 만큼 엄격한 법률적 근거를 요한다. 일반법에는 행정대집행법과 국세징수법이 있으며, 특별법으로는 공익사업을 위한 토지 등의 취득 및 보상에 관한 법률, 출입국관리법, 산림기본법, 방어해면법 등이 있다.

③ **강제집행의 수단**★
  ㉠ **행정대집행** : 행정대집행은 의무자가 의무를 불이행한 데 대한 제1차적 수단으로 당해 행정청이 의무자가 행할 작위를 스스로 행하거나 또는 제3자로 하여금 이를 행하게 하고 그 비용을 의무자로부터 징수하는 것이다(예 철거명령을 따르지 않은 무허가건물의 강제철거).
  ㉡ **직접강제** : 직접강제란 의무자가 의무를 이행하지 아니하는 경우에 직접적으로 의무자의 신체 또는 재산에 실력을 가함으로써 행정상 필요한 상태를 실현하는 작용이다(예 해군 작전구역 내에 정박하는 선박의 작전수역 외로 강제이동).

빈칸 채우기

행정상 강제집행
⋯ 행정상의 강제집행은 행정법상 의무의 불이행에 대하여 행정권이 의무자의 (❶) 또는 (❷)에 직접 실력을 가하여 그 의무를 이행시키거나 이행된 것과 동일한 상태를 실현시키는 작용이다.
⋯ 행정대집행법상 대집행 : (❸) → 대집행영장 (❹) → 대집행의 (❺) → (❻)의 징수 순으로 이루어진다.
⋯ 행정벌은 행정(❼)과 행정(❽)로 나눌 수 있다.

정답 ❶ 신체 ❷ 재산 ❸ 계고 ❹ 통지 ❺ 실행 ❻ 비용 ❼ 형벌 ❽ 질서벌

ⓒ 행정상의 강제징수 : 강제징수란 사인이 국가 또는 지방자치단체에 대해 부담하고 있는 공법상 금전급부의무를 불이행한 경우에 행정청이 강제적으로 그 의무가 이행된 것과 같은 상태를 실현하는 작용을 말한다(예 미납된 세금의 강제징수).
ⓓ 강제 : 강제금(이행강제금)이란 비대체적 작위의무·부작위의무·수인의무의 불이행 시에 일정 금액의 금전이 부과될 것임을 의무자에게 미리 계고함으로써 의무이행의 확보를 도모하는 강제수단을 말한다. 경우에 따라서는 강제금이 대체적 작위의무의 강제를 위해서도 사용될 수 있을 것이다.

2. 행정상의 즉시강제 기출 15

① 의의★ : 행정상 장해가 존재하거나 장해의 발생이 목전에 급박한 경우에 성질상 개인에게 의무를 명해서는 공행정 목적을 달성할 수 없거나, 또는 미리 의무를 명할 시간적 여유가 없는 경우에 개인에게 의무를 명함이 없이 행정기관이 직접 개인의 신체나 재산에 실력을 가해 행정상 필요한 상태의 실현을 목적으로 하는 작용을 말한다(예 마약중독자의 강제수용, 감염병 환자의 강제입원, 위험의 방지를 위한 출입 등).
② 근거 : 법치행정의 원리상 엄격한 법률의 근거를 요한다(예 경찰관직무집행법, 소방기본법, 마약류관리에 관한 법률, 감염병의 예방 및 관리에 관한 법률 등).
③ 수 단
 ㉠ 경찰관직무집행법이 규정하는 수단 : 무기사용, 보호조치, 위험발생 방지조치, 범죄의 예방과 제지조치, 임시영치 등
 ㉡ 각 행정법규가 규정하는 수단 : 대인적 강제, 대물적 강제, 대가택 강제

3. 행정벌 기출 16

① 의의 : 행정벌이란 행정의 상대방인 국민이 행정법상 의무를 위반하는 경우에 일반통치권에 의하여 그 의무 위반자에게 과해지는 제재로서의 처벌을 의미한다.
② 근거★ : 죄형법정주의 원칙상 당연히 법률의 근거를 요하며 소급입법은 허용되지 않는다(헌법 제13조 제1항). 행정입법에의 위임도 그 처벌대상인 행위의 종류 또는 성질 및 벌의 최고한도를 구체적으로 정하여야 한다.
③ 종 류★
 ㉠ 행정형벌 : 형법에 규정되어 있는 형명(刑名)의 벌(사형·징역·금고·벌금·구류)이 가해지는 행정벌을 의미한다.
 ㉡ 행정질서벌
  • 일반사회의 법익에 직접 영향을 미치지는 않으나 행정상의 질서에 장해를 야기할 우려가 있는 의무위반에 대해 과태료가 가해지는 제재를 말한다.
  • 행정질서벌은 형벌이 아니므로 형법총칙이 적용되지 아니한다.★

빈칸 채우기

행정벌의 종류
→ (❶) : 형법에 규정되어 있는 형명(刑名)의 벌(사형·징역·금고·벌금·구류)이 가해지는 행정벌을 의미한다.
→ (❷) : 일반사회의 법익에 직접 영향을 미치지는 않으나 행정상의 질서에 장해를 야기할 우려가 있는 의무위반에 대해 과태료가 가해지는 제재를 말한다.

❶ 행정형벌 ❷ 행정질서벌 정답

4 행정구제법

01 국가배상제도

1. 국가배상제도의 의의 ★
국가나 지방자치단체의 위법한 행위로 인하여 사인이 손해를 입은 경우에 그 사인은 국가에 대하여 손해의 배상을 청구할 수 있는바, 이것이 국가배상제도이다. 헌법규정에 따라 제정된 국가배상법에 따르면, 국가의 배상책임은 공무원의 위법한 직무집행행위로 인한 배상책임(국가배상법 제2조)과 영조물의 설치·관리상의 하자로 인한 배상책임(국가배상법 제5조)의 두 가지를 규정하고 있다.

2. 공무원의 위법한 직무행위로 인한 손해의 배상
① 배상책임의 요건 : 공무원이 직무를 집행하면서 고의 또는 과실로 법령에 위반하여 타인에게 손해를 가하였을 때에는 국가나 지방자치단체는 그 손해를 배상할 책임이 있다(국가배상법 제2조 제1항 본문).
② 공무원의 직무행위
  ㉠ 공무원 : 소속을 불문하고 널리 국가나 지방자치단체의 사무를 수행하는 자를 말한다. 공무를 위탁받은 사인도 여기의 공무원에 해당한다. ★
  ㉡ 직무행위 : 국가배상법 제5조의 영조물의 설치·관리와 관련된 직무를 제외한 모든 공법상의 행정작용을 말한다. ★
  ㉢ 직무를 집행하면서 : 직무집행행위뿐만 아니라 널리 외형상으로 직무집행행위와 관련 있는 행위를 포함한다. ★
③ 위법행위 : 고의 또는 과실로 법령에 위반되는 행위이어야 한다.
  ㉠ 고의·과실 : 고의란 어떠한 위법행위의 발생 가능성을 인식하고 그 결과를 인용하는 것을 말하고, 과실이란 부주의로 인하여 어떠한 위법한 결과를 초래하는 것을 말한다.
  ㉡ 법령위반 : 법률과 명령의 위반이라는 의미뿐 아니라 널리 성문법·불문법과 신의성실·인권존중·사회질서 등 법원칙에의 위반도 포함한다. ★
④ 손해의 발생(타인에게 발생한 손해이어야 함)
  ㉠ 타인 : 위법행위를 한 자나 바로 그 행위에 가담한 자를 제외한 모든 피해자를 의미한다. 따라서 타인에는 공무원도 포함될 수 있다. ★
  ㉡ 손해 : 가해행위로부터 발생한 모든 손해를 의미한다. 재산상의 손해인가 비재산상의 손해인가를 가리지 않는다.

3. 영조물의 설치·관리상의 하자로 인한 배상책임
① 배상책임의 요건 : 도로·하천 그 밖의 공공의 영조물의 설치나 관리에 하자가 있기 때문에 타인에게 손해를 발생하게 하였을 때에는 국가나 지방자치단체는 그 손해를 배상하여야 한다(국가배상법 제5조 제1항 전문).
② 도로·하천 그 밖의 영조물 ★ : 공적 목적에 제공된 물건인 공물을 의미한다. 자연공물인가 인공공물인가를 가리지 않는다. 다만 공공시설(공물)이 아닌 국공유의 사물(국유잡종재산)은 제외된다.

③ 설치 또는 관리의 흠(하자)★ : 공물 자체가 항상 갖추어야 할 객관적인 안전성을 결여한 것을 말한다. 불가항력에 의한 행위는 설치·관리상의 하자가 아니다.
④ 손해의 발생 : 손해의 종류 여하를 묻지 아니하며, 손해와 영조물의 흠(하자) 사이에는 인과관계가 있어야 한다.

4. 손해배상의 내용

① 정당한 배상
  ㉠ 헌법은 정당한 배상을 지급할 것을 규정하고 있다(헌법 제29조 제1항 전문).
  ㉡ 국가배상법은 생명·신체에 대한 침해와 물건의 멸실·훼손으로 인한 손해에 관해서는 배상금액의 기준을 정해 놓고 있다. 그 밖의 손해에 대해서는 불법행위와 상당인과관계가 있는 범위 내의 손해를 기준으로 하고 있다(국가배상법 제3조 제1항 내지 제4항).
② 양도의 금지★ : 생명·신체의 침해에 대한 배상청구권은 이를 양도하거나 압류하지 못한다(국가배상법 제4조).
③ 이중배상의 금지★ : 피해자가 군인·군무원·경찰공무원·예비군대원으로서 전투·훈련 등 직무집행과 관련하여 전사·순직 또는 공상을 입은 경우에, 다른 법령에 의한 보상을 지급받을 수 있을 때에는 국가배상법 및 민법에 의한 손해배상을 청구하지 못한다(헌법 제29조 제2항, 국가배상법 제2조 제1항 단서).
④ 배상책임자 : 국가 또는 지방자치단체가 그 손해에 대한 배상책임을 지는 경우에, 그 공무원의 선임·감독자와 봉급·급여 등의 비용부담자가 동일하지 않을 때에는 피해자는 그 어느 쪽에 대하여도 선택적 청구권을 행사할 수 있다(국가배상법 제6조 제1항 참고).
⑤ 소멸시효★ : 국가배상청구권에는 단기 소멸시효가 인정된다. 그 시효기간은 손해 및 가해자를 안 날로부터 3년, 불법행위를 한 날로부터 5년이다(국가배상법 제8조, 민법 제766조 제1항, 국가재정법 제96조 제2항 및 지방재정법 제82조 제2항 참고).

02 손실보상제도

1. 의 의★

손실보상제도란 국가나 지방자치단체가 공공의 필요에 의한 적법한 권력행사를 통하여 사인의 재산권에 특별한 희생을 가한 경우(예 정부나 지방자치단체의 청사 건설을 위하여 사인의 토지를 수용하는 경우)에 재산권의 보장과 공적부담 앞의 평등이라는 견지에서 사인에게 적절한 보상을 해주는 제도를 말한다.

2. 법적 근거★

현재로서 손실보상에 관한 단일의 통일 법전은 없다. 실정법적 근거로는 공익사업을 위한 토지 등의 취득 및 보상에 관한 법률, 징발법, 건축법, 하천법, 도로법 등이 있다.

3. 헌법규정의 성질

헌법은 제23조 제3항에서 "공공필요에 의한 재산권의 수용·사용 또는 제한 및 그에 대한 보상은 법률로써 하되, 정당한 보상을 지급하여야 한다"고 규정하고 있다.

4. 요건의 검토

① 손실보상청구권이 인정되는 침해는 공공의 필요를 위한 것이어야 한다. 순수 국고목적은 여기의 공공필요에 해당하지 않는다.
② 손실보상청구권을 가져오는 침해는 재산권에 대한 것이어야 한다. 물권인가 채권인가를 가리지 아니하며, 공법상의 권리인가 사법상의 권리인가도 문제되지 아니한다. ★
③ 침해는 적법한 것이어야 한다. 위법한 침해라면 기본적으로 손해배상청구권의 문제가 된다.
④ 손실보상이 주어지기 위해서는 피해자에게 가해진 피해가 특별한 희생에 해당하는 것이어야 한다.

03 행정심판제도

1. 행정심판의 의의

행정심판은 행정청의 위법 또는 부당한 처분이나 부작위로 인하여 권익을 침해당한 자가 행정기관에 대하여 그 시정을 구하는 행정쟁송이다(행정심판법 제1조 참고). 행정심판에 불복하는 경우에는 행정소송을 제기할 수 있다.

2. 행정심판제도의 활용(고지제도) ★

고지제도는 행정의 민주화, 행정의 신중·적정·합리화를 도모하기 위한 제도이다. 고지제도는 개인의 권익보호의 강화에 기여한다. 고지제도는 불복고지라고 불리기도 한다. 고지에는 직권고지와 신청에 의한 고지의 두 종류가 있다.

① **직권고지** : 행정심판법은 사인이 행정심판제도를 활용할 수 있도록 하기 위하여 고지제도를 두고 있다. 즉, 행정청이 처분을 서면으로 하는 경우에는 그 상대방에게 처분에 관하여 행정심판을 제기할 수 있는지의 여부, 제기하는 경우의 심판청구절차 및 청구기간을 알려야 한다(행정심판법 제58조 제1항).
② **신청에 의한 고지** : 행정청은 이해관계인으로부터 당해 처분이 행정심판의 대상이 되는 처분인지의 여부와 행정심판의 대상이 되는 경우에 소관위원회 및 청구기간에 관하여 알려줄 것을 요구받은 때에는 지체 없이 이를 알려야 한다. 이 경우에 서면으로 알려줄 것을 요구받은 때에는 서면으로 알려야 한다(행정심판법 제58조 제2항).

3. 행정심판의 종류(행정심판법 제5조)

구 분	내 용
취소심판(제1호)	행정청의 위법 또는 부당한 처분의 취소 또는 변경을 구하는 행정심판을 말한다.
무효등확인심판(제2호)	행정청의 처분의 효력 유무 또는 존재 여부에 대한 확인을 구하는 행정심판을 말한다.
의무이행심판(제3호)	당사자의 신청에 대한 행정청의 위법 또는 부당한 거부처분이나 부작위에 대하여 일정한 처분을 할 것을 구하는 행정심판을 말한다.

4. 심판청구기간 등★★

① **심판청구기간** : 행정심판청구는 처분이 있음을 알게 된 날부터 90일 이내에 청구하여야 하고, 처분이 있었던 날부터 180일이 지나면 청구하지 못한다(행정심판법 제27조 제1항·제3항 본문).
② **재결** : 재결은 서면으로 하여야 하며(행정심판법 제46조 제1항), 원칙적으로 피청구인 또는 위원회가 심판청구를 받은 날로부터 60일 이내에 하여야 한다. 다만, 부득이한 사정이 있는 경우에는 위원장이 직권으로 30일을 연장할 수 있다(행정심판법 제45조 제1항).
③ **재결의 기속력** : 재결은 피청구인과 그 밖의 관계행정청을 기속한다(행정심판법 제49조 제1항). 재결에 대하여는 다시 심판청구를 할 수 없다(행정심판법 제51조).

5. 행정심판의 심판기관(행정심판법 제6조)

① 감사원, 국정원장, 대통령 소속기관의 장, 국회사무총장·법원행정처장·헌법재판소사무처장 및 중앙선관위사무총장, 국가인권위원회, 그 밖에 지위·성격의 독립성과 특수성 등이 인정되어 대통령령으로 정하는 행정청 또는 그 소속 행정청의 처분 또는 부작위(이하 "처분 등")에 대하여는 당해 행정청에 두는 행정심판위원회에서 심리·재결한다(제1항).
② ① 이외의 국가행정기관의 장 또는 그 소속 행정청, 시·도지사 또는 시·도의 의회, 지방자치단체조합 등 관계 법률에 따라 국가·지방자치단체·공공법인 등이 공동으로 설립한 행정청의 처분 등에 대하여는 국민권익위원회에 두는 중앙행정심판위원회에서 한다(제2항).
③ 시·도 소속 행정청, 시·도의 관할구역에 있는 시·군·자치구의 장, 소속 행정청 또는 시·군·자치구의 의회·공공법인 등이 공동으로 설립한 행정청의 처분 등에 대하여는 시·도지사 소속으로 두는 행정심판위원회에서 한다(제3항).
④ 대통령령으로 정하는 국가행정기관 소속 특별지방행정기관의 장의 처분 등에 대하여는 해당 행정청의 직근 상급행정기관에 두는 행정심판위원회에서 한다(제4항).

6. 행정심판의 대상★

① 행정청의 처분 또는 부작위에 대하여 다른 법률에 특별한 규정이 있는 경우를 제외하고는 행정심판법에 의하여 행정심판을 제기할 수 있다(행정심판법 제3조 제1항).
② 대통령의 처분 또는 부작위에 대하여는 다른 법률에 특별한 규정이 있는 경우를 제외하고는 행정심판을 제기할 수 없다(행정심판법 제3조 제2항).

빈칸 채우기

행정심판의 청구기간과 대상

→ 청구기간 : 행정심판청구는 (❶)이 있음을 알게 된 날부터 (❷)일 이내에 청구하여야 하고, (❶)이 있었던 날부터 (❸)일이 지나면 청구하지 못한다.
→ 대상 : (❹)의 (❶) 또는 (❺)에 대하여는 다른 법률에 특별한 규정이 있는 경우 외에는 행정심판법에 따라 행정심판을 제기할 수 있다. (❻)의 (❶) 또는 (❺)에 대하여는 다른 법률에서 행정심판을 청구할 수 있도록 정한 경우 외에는 행정심판을 청구할 수 없다.

정답 ❶ 처분 ❷ 90 ❸ 180 ❹ 행정청 ❺ 부작위 ❻ 대통령

04 행정소송제도

1. 행정소송의 의의
① 행정소송이란 행정법규의 적용과 관련하여 위법하게 권리나 이익이 침해된 자가 소송을 제기하고 법원이 이에 대하여 심리·판단을 행하는 정식의 행정쟁송을 말한다. 행정소송에 관한 일반법으로 행정소송법이 있다.
② 행정소송은 관련 사인의 권리를 보호·구제하고 행정법질서 및 행정의 효율성을 확보하는 것을 목적으로 한다(행정소송법 제1조 참고).

2. 행정소송의 종류(행정소송법 제3조) ★
① 행정의 적법·타당성의 보장 및 개인의 권리·이익의 보호를 목적으로 하는 주관적 쟁송(항고소송·당사자소송)과 행정의 적법·타당성만을 목적으로 하는 객관적 쟁송(민중소송·기관소송)이 있다.
② 항고소송에는 취소소송·무효등확인소송·부작위위법확인소송이 있다(행정소송법 제4조).

> **행정소송의 종류(행정소송법 제3조)** 기출 20
> 행정소송은 다음의 네 가지로 구분한다.
> 1. 항고소송 : 행정청의 처분등이나 부작위에 대하여 제기하는 소송
> 2. 당사자소송 : 행정청의 처분등을 원인으로 하는 법률관계에 관한 소송 그 밖에 공법상의 법률관계에 관한 소송으로서 그 법률관계의 한쪽 당사자를 피고로 하는 소송
> 3. 민중소송 : 국가 또는 공공단체의 기관이 법률에 위반되는 행위를 한 때에 직접 자기의 법률상 이익과 관계없이 그 시정을 구하기 위하여 제기하는 소송
> 4. 기관소송 : 국가 또는 공공단체의 기관 상호 간에 있어서의 권한의 존부 또는 그 행사에 관한 다툼이 있을 때에 이에 대하여 제기하는 소송. 다만, 헌법재판소법 제2조의 규정에 의하여 헌법재판소의 관장사항으로 되는 소송은 제외한다.

3. 행정소송의 관할법원
① 행정소송법에서 정한 행정사건과 다른 법률에 의하여 행정법원의 권한에 속하는 사건의 제1심 관할 법원은 행정법원이다. ★
② 행정법원이 설치되지 아니한 지역은 지방법원에서 관할한다. 행정소송은 3심급제를 채택하여 제1심 판결에 대한 항소사건은 고등법원이 심판하고, 상고사건은 대법원이 관할한다. ★

빈칸 채우기

항고소송
⋯ 항고소송에는 (❶)소송·(❷)확인소송·(❸)위법확인소송이 있다(행정소송법 제4조).
⋯ 항고소송 : 행정청의 (❹)등이나 (❸)에 대하여 제기하는 소송

정답 ❶ 취소 ❷ 무효등 ❸ 부작위 ❹ 처분

4. 행정소송의 판결

행정소송의 경우에도 민사소송의 경우와 마찬가지로 크게 중간판결과 종국판결로 나누어지고, 종국판결은 다시 각하판결·기각판결(사정판결 포함)·인용판결 등으로 구분된다.

구 분	내 용
각하판결	소 제기요건의 결여로 인하여 본안의 심리를 거부하는 판결을 말한다. 각하판결은 소의 대상인 처분 등의 위법성에 대한 판단은 아니므로 원고는 결여된 요건을 보완하여 다시 소를 제기할 수 있고, 아울러 법원은 새로운 소에 대하여 판단하여야 한다.★
기각판결	원고의 청구가 이유 없다고 하여 배척하는 판결로, 해당 처분이 위법하지 않거나 단순히 부당한 것인 때에 행해지는 판결이다.
사정판결	원고의 청구가 이유 있다고 인정하는 경우에도 행정처분을 취소하는 것이 현저히 공공복리에 적합하지 아니하다고 인정하는 때에는 법원이 원고의 청구를 기각하는 판결을 말한다(행정소송법 제28조).★
인용판결	원고의 청구가 이유 있음을 인정하여 행정청의 위법한 처분 등의 취소·변경을 행하거나(취소소송의 경우), 행정청의 처분 등의 효력 유무 또는 존재여부의 확인을 내용으로 하는 판결을 하거나(무효등확인소송의 경우), 행정청의 부작위가 위법하다는 부작위의 위법을 확인하는 판결(부작위위법확인소송의 경우)을 의미한다(행정소송법 제4조).

빈칸 채우기

행정소송의 판결

- (❶)판결 : 소 (❷)요건의 결여로 인하여 (❸)의 심리를 거부하는 판결을 말한다. 각하판결은 소의 대상인 처분 등의 위법성에 대한 판단은 아니므로 원고는 결여된 요건을 보완하여 다시 소를 제기할 수 있다.
- (❹)판결 : 원고의 청구가 이유 없다고 (❺)하는 판결로, 처분이 위법하지 않거나 단순히 부당한 것인 때에 행해지는 판결이다.
- (❻)판결 : 원고의 청구가 이유 있음을 (❼)하여 행정청의 위법한 처분 등의 취소·변경을 행하거나, 행정청의 처분 등의 효력 유무 또는 존재여부의 확인을 내용으로 하는 판결을 하거나, 행정청의 부작위가 위법하다는 부작위의 위법을 확인하는 판결을 의미한다.

❶ 각하 ❷ 제기 ❸ 본안 ❹ 기각 ❺ 배척 ❻ 인용 ❼ 인정 　정답

하느냐의 문제가 아니야,
언제 하느냐의 문제야.

— 미생 中 —

혼자 공부하기 힘드시다면 방법이 있습니다.
시대에듀의 동영상 강의를 이용하시면 됩니다.
www.sdedu.co.kr → 회원가입(로그인) → 강의 살펴보기

시대에듀 경비지도사 독자지원 네이버카페

경비지도사 독자지원카페

https://cafe.naver.com/sdsi

혜택 1
**정상급 교수진의 명품강의!
시대에듀가 독자님의 학습을
지원해드립니다.**

- 시험/자격정보
- 출제경향 및 합격전략
- 무료 기출문제 해설 특강(회원가입 필요)

혜택 2
**시대에듀 경비지도사 편집팀이
독자님과 함께 소통하며 궁금증을
해결해드리겠습니다.**

- 과목별 독자문의 Q&A
- 핵심요약/정리자료
- 과년도 기출문제
- 최신 법령정보
- 도서 정오표/추록
- DAILY TEST

19년간 경비지도사 부문 누적판매 1위
[2023년 기준] 경비지도사 시리즈, 19년간 34만부 판매

A SUCCESSFUL PROJECT

1차 [일반·기계경비]

2025
A SUCCESSFUL PROJECT

PROJECT

2025년 제27회 시험 대비
온라인 모의고사 무료 제공

최신 기출문제 무료 해설 강의

경비지도사
법학개론
1차 [일반·기계경비]
문제편

시대에듀

시대에듀 최강교수진!

합격에 최적화된 수험서와 최고 교수진의 名品 강의를 확인하세요!

시대에듀만의 경비지도사 수강혜택

1 : 1 맞춤
학습 제공

모바일강의
서비스 제공

기출문제
특강 제공

한눈에 보이는 경비지도사 동영상 합격 커리큘럼

1차		2차	
기본이론	과목별 필수개념 수립	기본이론	과목별 필수개념 수립
문제풀이	예상문제를 통한 실력 강화	문제풀이	예상문제를 통한 실력 강화
모의고사	동형 모의고사로 실력 점검	모의고사	동형 모의고사로 실력 점검
기출특강	기출문제를 통한 유형 파악	기출특강	기출문제를 통한 유형 파악
마무리특강	시험 전 최종 마무리	마무리특강	시험 전 최종 마무리

※ 과정별 커리큘럼 및 강사진은 내부사정에 따라 변경될 수 있습니다.

법학개론

심화문제

CHAPTER 01   법학 일반
CHAPTER 02   헌 법
CHAPTER 03   민사법
CHAPTER 04   형사법
CHAPTER 05   상법 일반
CHAPTER 06   사회법 일반
CHAPTER 07   행정법 일반

1 법의 의의
2 법원(法源)
3 법의 구조(체계)와 분류
4 법의 적용과 해석
5 권리와 의무

CHAPTER 01

법학 일반

CHAPTER 01 법학 일반

1 법의 의의

01
CHECK ⊙ △ ✕

법의 의의에 관한 설명으로 옳지 않은 것은? 기출 19

① 법은 사회규범의 일종이다.
② 법은 재판규범이 되기도 한다.
③ 법은 존재법칙이지만 자연현상은 당위법칙이다.
④ 법은 양면성을 갖지만 도덕은 일면성을 갖는다.

해설
법은 사회구성원들이 지켜야 할 행위의 준칙을 정하는 당위규범으로서, 있는 그대로의 존재를 설명하는 자연법칙과는 구별된다.

핵심만콕 법과 도덕의 비교(차이점) ★

구 성	법(法)	도덕(道德)
목 적	정의(Justice)의 실현	선(Good)의 실현
규율대상	평균인의 현실적 행위·결과	평균인의 내면적 의사·동기·양심
규율주체	국 가	자기 자신
준수근거	타율성	자율성
표현양식	법률·명령형식의 문자로 표시	표현양식이 다양함
특 징	외면성 : 인간의 외부적 행위·결과 중시	내면성 : 인간의 내면적 양심과 동기를 중시
	강제성 : 위반 시 국가권력에 의해 처벌 받음	비강제성 : 규범의 유지·제재에 강제가 없음
	양면성 : 권리에 대한 의무가 대응	일면성(편면성) : 의무에 대응하는 권리가 없음

02

다음 중 법의 규범성에 관한 설명으로 맞는 것은? 기출 06

① 법은 개인의 행위규범일 뿐 사회규범은 아니다.
❷ **법의 작위나 부작위를 지시하거나 금지하는 행위규범이다.**
③ 법을 위반할 경우 강제력이 동원되며 양심 등 인간내면을 직접 강제할 수 있다.
④ 법의 이념 중 정의와 법적 안정성이 충돌될 때에는 항상 법적 안정성이 우선되어야 한다.

해설

② (×), ① (○) 법은 행위규범이면서 사회규범이다.
③ (○) 법을 위반할 경우 강제력이 동원되지만 양심 등 인간내면을 직접 강제할 수는 없다.
④ (○) 상황에 따라 법질서유지를 위해 법적 안정성을 우위에 놓아야 할 때도 있고(예컨대 불법은 아니지만 부당한 법률의 경우 정의보다는 법적 안정성이 우선이다), 정의를 우위에 놓아야 할 경우도 있다(독재자의 영구집권헌법 등의 경우에는 법적 안정성보다 정의가 우선이 되어야 한다).

03

다음의 도표에서 (　) 안에 들어갈 내용을 잘못 연결한 것은?

당위규범	자연법칙
당위법칙(Sollen) : '～해야 한다'는 법칙	(　①　)법칙(Sein) : '～하다'는 법칙
(　②　)법칙 : 준칙이 되는 법칙(행위의 기준)	(　③　)법칙 : 원인이 있으면 결과가 나타남
목적법칙 : 정의·선과 같은 목적의 실현을 추구	필연법칙 : 우연이나 예외가 있을 수 없음
(　④　)법칙 : 적용되는 상황에 따라 예외가 존재	구속법칙 : 자유의지로 변경할 수 없음

① 존 재
② 규 범
③ 인 과
❹ 사 회

해설

자연법칙의 구속법칙과 대비되는 당위규범의 내용은 자유법칙이다. 따라서 ④에는 자유가 들어간다.

04

"악법도 법이다"라는 말이 강조하고 있는 법의 이념은? 유사 17·14

① 법적 타당성
✓ ② 법적 안정성
③ 법적 형평성
④ 법적 효율성

해설
"악법도 법이다."라는 말은 법적 안정성에 관한 법언이다.

05

"눈에는 눈, 이에는 이"와 같이 동해보복형(同害報復刑)을 규정하고 있는 고대 바빌로니아의 법전은? 기출 12

① 마누법전
✓ ② 함무라비법전
③ 마그나 카르타
④ 권리장전

해설
함무라비법전은 기원전 1700년경 고대 바빌로니아의 함무라비왕에 의해 제정된 성문법으로 '눈에는 눈, 이에는 이'라는 말과 같이 같은 피해에는 같은 방법으로 보복을 하는 동해보복형의 특징을 가지고 있다.

06

"남의 물건을 훔치지 말라"라는 것은 다음 중 어느 규범에 해당하는가? 기출문제

① 재판규범
☑ **행위규범**
③ 조직규범
④ 강제규범

해설

행위규범이란 일반 국민에 대해 어떠한 행위를 하도록 명령하거나(작위규범), 하지 않도록 금지하는(부작위규범) 사회규범을 말한다.

| 핵심만콕 | 법의 3중 구조 |

- 행위규범 : 작위 또는 부작위와 같이 일반 국민의 행위를 직접적으로 규율하는 법규범을 말한다.
- 재판규범 : 사법부가 행하는 재판의 준칙이나 적용의 기준이 되는 법규범을 말한다.
- 조직규범 : 조직이나 제도를 구성하는 법규범을 말한다.

07

법의 개념에 대한 견해와 학자가 바르게 연결된 것은? 기출 12

☑ **법은 도덕의 '최대한'이다 - 슈몰러(Schmoller)**
② 법은 법이념에 봉사한다는 의미를 지니는 현실이다 - 라렌츠(Larenz)
③ 법은 도덕의 '최소한'이다 - 라드부르흐(Radbruch)
④ 법은 사회적 조직체의 공동정신이다 - 키케로(Cicero)

해설

① (○) 슈몰러는 "법은 도덕의 최대한이며, 결코 최소한은 아니다"라고 하면서 도덕규범 중 꼭 필요하다고 인정되는 것은 법으로 정립하여 강제성을 띤다고 보았다. 즉, 도덕규범이 법으로 제정되어 도덕이 사회생활 전면에 확대 적용되는 것을 강조하였다.
② (×) 법은 법이념에 봉사한다는 의미를 지니는 현실이다 - 라드부르흐(Radbruch)
③ (×) 법은 도덕의 최소한이다 - 옐리네크(Jellinek)
④ (×) 법은 사회적 조직체의 공동정신이다 - 몽테스키외(Montesquieu)

08

법과 도덕을 비교한 것으로 옳지 않은 것은? 기출 24

☑ **법은 사회규범이지만, 도덕은 사회규범이 아니다.**
② 법은 행위의 외면성을 다루지만, 도덕은 행위의 내면성을 다룬다.
③ 법은 강제성을 가지지만, 도덕은 비강제성을 갖는다.
④ 법은 타율성을 가지지만, 도덕은 자율성을 갖는다.

[해설]
법은 사회질서를 유지하기 위하여 사회의 구성원이 준수하여야 할 행위의 준칙을 의미하는 것으로 도덕이나 관습 등과 같은 사회규범이다.

핵심만콕 법과 도덕의 비교(차이점) ★

구 성	법(法)	도덕(道德)
목 적	정의(Justice)의 실현	선(Good)의 실현
규율 대상	평균인의 현실적 행위·결과	평균인의 내면적 의사·동기·양심
규율 주체	국 가	자기 자신
준수 근거	타율성	자율성
표현양식	법률·명령형식의 문자로 표시	표현양식이 다양함
특 징	외면성 : 인간의 외부적 행위·결과 중시	내면성 : 인간의 내면적 양심과 동기를 중시
	강제성 : 위반 시 국가권력에 의해 처벌 받음	비강제성 : 규범의 유지·제재에 강제가 없음
	양면성 : 권리에 대한 의무가 대응	일면성(편면성) : 의무에 대응하는 권리가 없음

09

법과 도덕에 관한 설명으로 옳지 않은 것은? 기출 18

① 법은 행위의 외면성을, 도덕은 행위의 내면성을 다룬다.
② 법은 강제성을, 도덕은 비강제성을 갖는다.
③ 법은 타율성을, 도덕은 자율성을 갖는다.
☑ **권리 및 의무의 측면에서 법은 일면적이나, 도덕은 양면적이다.**

[해설]
법은 권리에 대응하는 의무가 있는 반면(양면적), 도덕은 의무에 대응하는 권리가 없다(일면적).

10

법과 도덕의 차이점에 관한 설명으로 옳은 것은? 기출 17

① 법은 도덕보다 상대적으로 내면성이 강하다.
② 도덕은 법보다 상대적으로 타율성이 강하다.
❸ 법은 양면성이 강하고 도덕은 일면성이 강하다.
④ 도덕은 법보다 규범적인 측면에서 강제성이 강하다.

해설
법과 도덕의 차이점으로 옳은 것은 ③이다.

11

법과 도덕의 관계에 대한 설명으로 틀린 것은? 기출 04

① 법은 인간의 외면적 행위를 주로 규율하고, 도덕은 인간의 내면적 의사를 주로 규율한다.
❷ 법은 권리·의무의 양 측면을 규율하고, 도덕은 의무적 측면만을 규율하므로 권리가 없거나 의무가 없는 법은 존재하지 않는다.
③ 법도 때에 따라서는 '선의' 또는 '악의'와 같은 인간의 내부적 의사를 중요시한다.
④ 법의 효력은 국가의 강제력에 의하여 보장되는데 반하여, 도덕은 개인의 양심에 의해 구속받는다.

해설
권리와 의무의 관계에 있어서는 권리가 있으면 이에 대응하는 의무가 있는 것이 원칙이다. 그러나 권리와 의무가 언제나 서로 대응하여 존재하는 것은 아니다.

12

법과 관습에 관한 설명으로 옳지 않은 것은? 기출 10

① 법은 인위적으로 만들어지는 반면, 관습은 자연발생적 현상으로 생성된다.
② 법은 국가 차원의 규범인 반면, 관습은 부분사회의 관행이다.
③ 법위반에는 법적 제재가 가능한 반면, 관습위반은 사회적 비난을 받는데 그친다.
❹ 법은 합목적성에 기초하는 반면, 관습은 당위성에 기초한다.

해설
합목적성은 목적에 맞추어 방향을 결정하라는 원리로서 어느 국가의 법질서가 어떠한 표준과 가치관에 의하여 구체적으로 제정·실시되어야 한다는 원칙을 말한다. 관습은 사회생활상 일정한 사실이 반복적으로 장기간 반복되고 있는 현상을 말하므로 당위성과는 관련이 없다. 즉, 관습은 마땅히 그러해야 하는 것의 문제가 아니라 반복된 사회적 현상을 의미한다.

13

법과 종교의 관계에 관한 설명으로 틀린 것은? 기출 08

① 법은 사회생활의 질서유지를 위한 규범이지만, 종교는 절대자에 귀의하기 위한 규범이다.
❷ 법은 의사 중심의 내면성을 가지지만, 종교는 행위 중심의 외면성을 가진다.
③ 법은 국가에 의해 강제되지만, 종교는 초인격적인 신을 대상으로 한다.
④ 법에는 신앙의 요소가 없지만, 종교에는 신앙의 요소가 있다.

해설
법은 행위 중심의 외면성을 가지고, 종교나 도덕은 의사 중심의 내면성을 가진다.

14

다음 중 사회규범에 관한 내용으로 옳지 않은 것은 어느 것인가? 기출문제

① 사회가 있는 곳에 법이 있다.
② 사회의 질서유지를 위하여 반드시 사회규범이 필요하다.
③ 사회규범에는 관습, 법, 도덕 등이 있다.
❹ 법실증주의자들은 법과 도덕의 구별을 부인한다.

해설
법과 도덕의 구별을 부인하는 것은 자연법론자들이다. ★

15

법의 이념에 관한 다음 설명 중 잘못된 것은?

① 법이 실현해야 할 궁극적 가치를 법의 이념이라고 한다.
② 라드브루흐는 정의·합목적성·법적 안정성을 법의 이념이라고 했다.
③ 법의 근본이념으로는 정의의 실현을 들 수 있다.
❹ 법의 이념 가운데 정의는 법의 내용을 개별화하는 데 반하여 합목적성은 법을 일반화하는 경향이 있다고 할 수 있다.

해설
정의는 모든 법에 공통되는 법의 추상적 목적이고, 합목적성은 정의에 대한 지침과 구체적 방식에 대한 답을 제시하는 법의 이념이다. 정의가 법의 내용을 일반화하는 데 반하여 합목적성은 법을 개별화하는 경향이 있다. ★

16

법의 목적에 관한 설명 중 연결이 잘못된 것은?

① 칸트 – 도덕적 개인 인격의 확보
☑ **루소 – 국가이익의 추구**
③ 예링 – 사회의 제 생활조건의 확보
④ 벤담 – 최대다수의 최대행복

해설
루소는 개인의 자유와 평등의 확보 및 발전을 법의 목적으로 보았다.

17

다음 중 라드브루흐(G. Radbruch)가 제시한 법의 이념에 속하지 않는 것은? 기출 06

① 정 의
② 법적 안정성
☑ **법 집행 과정의 투명성**
④ 합목적성

해설
구스타프 라드브루흐(G. Radbruch)는 법의 이념을 정의, 법적 안정성, 합목적성으로 분류하였다. ★

18

다음 중 라드브루흐가 민족이나 국가와 같은 것을 가치로 삼는 주의를 의미하는 것은?

① 개인주의
☑ **단체주의**
③ 문화주의
④ 국가주의

해설
라드브루흐는 개인주의(개인가치), 단체주의(단체가치, 초개인주의), 문화주의(작품주의, 초인격주의)에 대하여 설명하고 있는데, 민족이나 국가와 같은 것을 가치로 삼는 주의는 단체주의이다.

19

아리스토텔레스의 정의론에 관한 설명으로 옳은 것은? 기출 16

☑ 정의는 일반적 정의와 특수적 정의로 나뉜다.
② 일반적 정의는 평균적 정의와 배분적 정의로 나뉜다.
③ 평균적 정의는 상대적·실질적 평등을 의미한다.
④ 배분적 정의는 절대적·형식적 평등을 의미한다.

해설
아리스토텔레스의 정의론에 따르면 정의는 일반적(광의) 정의와 특수적(협의) 정의로 나뉘며, 특수적 정의는 다시 평균적(절대적·형식적 평등) 정의와 배분적(상대적·실질적 평등) 정의로 나뉜다. ★

20

동양의 윤리사상 중 본래 자기의 본분을 자각하는 것을 의미하며 법의 이념으로서의 정의에 가장 가까운 관념은? 기출문제

☑ 의(義)
② 인(仁)
③ 지(智)
④ 예(禮)

해설
'의(義)'는 정의(正義)의 준말이다.

21

법의 이념 중 합목적성에 대한 설명으로 옳지 않은 것은?

① 법의 정립에 있어서 목적에 부합될 것을 요구한다.
☑ 라드브루흐의 합목적성의 유형은 개인주의, 단체주의, 공중주의이다.
③ 합목적성만을 강조할 경우 집단주의·독재 가능성 등의 문제점이 있다.
④ 합목적성은 법을 개별화하는 경향이 있다.

해설
라드브루흐는 국가가 선택할 수 있는 가치관으로 개인주의, 단체주의, 문화주의(초인격주의)를 열거하였다. ★

22

법이 효력을 발생하기 위한 조건은?

① 규범성과 사실성
② 실질성과 형식성
③ **타당성과 실효성** ✓
④ 임의성과 안정성

[해설]
법의 효력이 있으려면 규범적 타당성과 사실적 실효성이 필요하다.

23

법의 실질적 효력에 관한 설명으로 옳지 않은 것은?

① 규범적 타당성과 사실적 실효성이 합치되느냐의 문제이다.
② 사실적 실효성이란 국가권력에 의하여 강제규범으로서의 법이 실현되는 것을 말한다.
③ **법의 실효성은 궁극적으로 국제법에 의하여 보장된다.** ✓
④ 악법의 판단기준은 법이념이다.

[해설]
위법상태의 발생 시 강제수단을 발동하여 국가권력으로써 그 효력을 보장하는 것을 법의 실효성이라 하며, 국가권력은 국민으로부터 나오는 것이므로 법의 실효성은 궁극적으로 국민과 국가권력에 의해 보장된다고 할 수 있다. ★★

24

법의 형식적 효력에 관한 다음 기술 중 타당하지 않은 것은? 기출 04

① 법률은 법률의 별도 규정이 없는 한 그 공포일로부터 20일이 경과하면 효력이 발생한다.
② 한시법에 있어서 시행기간이 경과하여 적용되지 않게 된 경우, 이는 명시적 폐지에 해당한다.
❸ 구법에 의해 취득한 기득권은 신법의 시행으로 소급하여 박탈하지 못한다는 원칙은 절대적인 것이어서 입법으로도 제한할 수 없다.
④ 범죄행위가 있은 후 법률의 변경에 의하여 그 행위가 범죄를 구성하지 아니하거나 형이 구법보다 가벼운 때에는 신법에 의한다.

해설

법률불소급의 원칙은 오직 신법은 기왕의 사실에 거슬러서 적용될 수 없다는 법해석 적용상의 제한이지 소급효 있는 법을 제정조차 금한다는 입법상의 원칙은 아니다. 예를 들면 구 민법 부칙 제2조는 "본법은 특별한 규정이 없는 한 본법 시행일 전의 사항에 대하여도 적용한다."고 규정하고 있는데 이 원칙은 절대적인 것은 아니므로 신법이 도리어 관계자에게 유리하거나 소급적용이 기득권을 침해하는 일이 없거나 또는 침해한다 할지라도 소급시킬 공익상의 필요가 있을 때에는 불소급의 원칙이 배제된다. ★

25

법의 실효성에 대한 설명으로 옳은 것은?

❶ 법의 실현이 국가권력에 의하여 보장되어 있는 상태의 법의 효력을 말한다.
② 국민 전체의 지지를 받고 있는 상태의 법의 효력을 말한다.
③ 법이 그 의미·내용대로 실현되지 않으면 안 된다는 요청을 띠는 성질을 말한다.
④ 법이 그 자체 규범의 의미에 타당성이 있는 효력을 말한다.

해설

법의 실효성은 국가권력에 의하여 강제규범으로서의 법이 실현되는 것으로 궁극적으로는 국민에 의해 보장되는 것이라 할 수 있다. 법의 실효성은 궁극적으로는 조직된 사회의 강제에 의하여 뒷받침되고 있으며 현대에도 법위반 시에는 형벌·강제집행 등이 행하여지고 있는 것을 볼 때 강제는 법의 본질적 요소이다. 동시에 법은 또 하나의 요소로서 정당성을 지니고 있다.

26

법의 효력에 관한 설명으로 옳지 않은 것은? 기출 20

① 「국제사법(國際私法)」에 따르면 사람의 권리능력은 우리나라 법에 의한다.
② 속지주의는 국가의 법은 자국의 영토 내에 있는 모든 사람에게 적용된다는 주의를 말한다.
③ 구법(舊法)과 신법 사이의 법적용의 문제를 해결하기 위해 제정된 법을 경과법이라고 한다.
④ 헌법에 의하면 법률은 특별한 규정이 없는 한 공포한 날로부터 20일을 경과함으로써 효력을 발생한다.

해설
사람의 권리능력은 그의 본국법에 의한다(국제사법 제26조).

27

법의 효력에 관한 규정으로 옳지 않은 것은? 기출 18

① 법률은 특별한 규정이 없는 한 공포한 날로부터 20일을 경과함으로써 효력을 발생한다.
② 모든 국민은 소급입법에 의하여 참정권의 제한을 받거나 재산권을 박탈당하지 않는다.
③ 대통령은 내란 또는 외환의 죄를 범한 경우를 제외하고는 재직 중 형사상의 소추를 받지 아니한다.
④ 범죄의 성립과 처벌은 재판 시의 법률에 따른다.

해설
④ (×) 범죄의 성립과 처벌은 행위 시의 법률에 따른다(형법 제1조 제1항).
① (○) 헌법 제53조 제7항★
② (○) 헌법 제13조 제2항
③ (○) 헌법 제84조

28

법의 효력에 관한 설명으로 옳은 것은? 기출 17

① 법은 제정과 동시에 효력이 발생한다.
② 법의 효력기간이 미리 정해진 법률을 특별법이라 한다.
③ 모든 국민은 소급입법에 의하여 참정권의 제한을 받지 아니한다.
④ 속인주의는 영토주권이 적용되는 원칙이다.

해설

③ (○) 헌법 제13조 제2항
① (×) 법은 시행일부터 폐지일까지 그 효력을 갖는다. ★
② (×) 특별법은 특정인 또는 특정사항·지역에 한하여 적용되는 것이다. 그 예로 상법은 민법의 특별법인 것을 들 수 있다. 법의 효력기간이 미리 정해진 법률은 한시법이다.
④ (×) 속지주의에 대한 내용이다.

29

법의 효력에 관한 설명으로 옳지 않은 것은? 기출 15

① 법률의 시행기간은 시행일부터 폐지일까지이다.
② 법률은 특별한 규정이 없는 한 공포일로부터 30일을 경과하면 효력이 발생한다.
③ 범죄 후 법률의 변경이 피고인에게 유리한 경우에는 소급적용이 허용된다.
④ 외국에서 범죄를 저지른 한국인에게 우리나라 형법이 적용되는 것은 속인주의에 따른 것이다.

해설

법률은 특별한 규정이 없는 한 공포한 날로부터 20일을 경과함으로써 효력을 발생한다(헌법 제53조 제7항).

30

법의 효력에 관한 설명으로 옳지 않은 것은? 기출 15

① 민법은 특별한 규정이 있는 경우 외에는 법률불소급의 원칙이 적용된다.
② 소급법률에 의한 참정권 제한 금지는 헌법에 규정되어 있다.
③ 법이 효력을 가지려면 실효성과 타당성이 동시에 있어야 한다.
④ 하위 법규범으로 상위 법규범을 개폐할 수 없다.

[해설]
최근 개정 민법에서의 부칙 규정 때문에 소급효 원칙에 대해 논란이 있을 수 있지만, 통설적으로 민법이나 상법 등 사법(私法)은 특별한 규정이 있는 경우 외에는 법률소급의 원칙이 적용되고, 예외적으로 이미 구법(민법 중 이 법에 의하여 개정 또는 폐지되는 종전의 조항)에 의해 생긴 효력에는 영향을 미치지 아니한다고 본다. ★

31

법의 시간적 효력에 대한 서술로서 타당한 것은?

① 제정법의 효력은 제정일로부터 발생한다.
② 입법예고일로부터 시행일까지의 기간을 주지기간이라 한다.
③ 우리 헌법상 원칙적으로 법률은 공포한 날부터 30일이 경과함으로써 효력이 발생한다.
④ 신법의 제정으로 구법이 당연히 폐지되는 것을 묵시적 폐지라 한다.

[해설]
④ (○) 묵시적 폐지에 대한 내용으로 타당하다.
① (×) 법의 효력은 시행일로부터 발생한다.
② (×) 공포일에서 시행일까지의 기간을 주지기간이라 한다. ★
③ (×) 법률은 특별한 규정이 없는 한 공포한 날로부터 20일을 경과함으로써 효력을 발생한다(헌법 제53조 제7항).

32

법의 시간적 효력에 관한 설명으로 옳은 것은? 기출 16

① 법률은 시행일을 특별히 규정하지 않는 한 공포한 날로부터 효력을 발생한다.
☑ **형법에서는 범죄 후 법률이 변경되어 형이 구법보다 가벼워진 경우에는 신법에 따른다.**
③ 신법우선의 원칙은 특별법이 개정되는 경우에는 적용되지 않는다.
④ 신법이 시행되면 구법에 의하여 이미 발생한 기득권은 보장되지 않는다.

해설

② (○) 형법 제1조 제2항
① (×) 법률은 특별한 규정이 없는 한 공포한 날로부터 20일을 경과함으로써 효력을 발생한다(헌법 제53조 제7항).
③ (×) 특별법우선의 원칙이 적용되지 않는 한 특별법의 개정에도 신법우선의 원칙이 적용된다.
④ (×) 법률불소급의 원칙에 따라 구법에 의해 취득한 기득권은 신법에 의해 소급하여 박탈하지 못한다.

33

다음의 헌법 규정은 어떠한 원칙을 선언한 것인가? 기출 10

> 모든 국민은 행위 시의 법률에 의하여 범죄를 구성하지 아니하는 행위로 소추되지 아니한다.

① 신법우선의 원칙
② 특별법우선의 원칙
③ 상위법우선의 원칙
☑ **법률불소급의 원칙**

해설

헌법 제13조 제1항은 형벌에 관한 소급입법을 금지하고 있으며, 이는 법률불소급의 원칙의 내용이다.

34

법의 효력에 관한 설명으로 옳지 않은 것은? 기출 10

① 제정법의 유효기간은 시행일로부터 폐지일까지이다.
② 경과법이란 법령의 제정이나 개폐가 있을 때, 진행 중인 사항에 관하여 적용될 법령을 규정하고 있는 법을 말한다.
❸ 신법과 구법의 규정이 상반되는 경우, 항상 신법이 우선한다.
④ 일반법과 특별법의 규정이 상반되는 경우, 항상 특별법이 우선한다.

해설

신법과 구법의 규정이 상반되는 경우 신법우선의 원칙상 신법이 우선한다는 것은 원칙적으로 옳은 설명이다. 다만, 신법이 구법보다 항상 우선하는 것은 아니며 법에 경과규정을 두는 경우 해당 사건에 있어 구법이 적용된다. ★

35

법이 변경된 경우에 어떠한 사실이 신법의 적용을 받는가, 구법의 적용을 받는가에 대하여 설정해 두는 규정을 무엇이라고 하는가?

① 원칙주의
② 임의규정
❸ 경과규정
④ 단속규정

해설

경과규정이란, 새로이 법령을 제정하거나 기존법령을 개폐하는 경우에 종전의 제도에서 새로운 제도로의 이행이 순조롭게 행해지도록 법률관계의 승계 또는 중단 등에 관하여 일정한 조치, 즉 경과조치를 규정하는 것을 말한다.

36

범죄의 성립과 처벌은 어느 때의 법률을 기준으로 하는가?

❶ 행위시법주의
② 재판시법주의
③ 한시법주의
④ 실효시법주의

해설

형법 제1조 제1항에 의해 범죄의 성립과 처벌은 행위 시의 법률에 따른다.

37

법의 효력에 관한 다음 설명 중 타당한 것은?

① 예외적으로 법률불소급의 원칙이 인정된다.
② 법은 내·외국인을 구별하여 적용하는 것을 원칙으로 한다.
❸ 속지주의를 원칙으로 하고 보충적으로 속인주의를 채택한다.
④ 성문법은 공포일로부터 폐지할 때까지 효력을 가진다.

해설

③ (O) 법의 효력과 관련하여 속지주의가 원칙이고, 속인주의가 보충적으로 적용된다.
① (×) 원칙적으로 법률불소급의 원칙이 적용된다.
② (×) 한 나라의 법은 내·외국인을 구별하지 아니하고 그 영역 내의 모든 사람에게 적용됨을 원칙으로 한다.
④ (×) 공포일이 아니라 시행일부터 효력을 가진다.

38

법의 효력에 관한 설명으로 옳지 않은 것은? 기출 22

① 형법은 대한민국영역 외에서 죄를 범한 내국인에게 적용한다.
❷ 외국의 영해에 있는 우리나라의 선박 안에서 외국인이 죄를 범한 경우 우리나라 형법이 적용되지 않는다.
③ 경과법은 독립된 시행법으로 제정되는 경우도 있다.
④ 행정법령의 경우, 새로운 법령 등은 법령 등에 특별한 규정이 있는 경우를 제외하고는 그 법령 등의 효력 발생 전에 완성된 사실관계에 대해서는 적용되지 아니한다.

해설

기국주의(형법 제4조)에 근거하여 우리나라 형법이 적용된다.

39

( )에 들어갈 것으로 옳은 것은? 기출 21

> 한 국가의 법은 국적을 묻지 않고 그 영토 내에 있는 모든 사람에게 적용된다는 주의를 (   )라고 한다.

☑ 속지주의
② 보호주의
③ 세계주의
④ 속인주의

해설
속지주의는 자국 영토 내의 범죄에 대해 자국의 형법을 적용하는 주의이다.

40

일본인이 독일 내 공원에서 대한민국 국민을 살해한 경우, 대한민국 형법을 적용할 수 있는 근거는? 기출 12

① 속인주의
② 속지주의
☑ 보호주의
④ 기국주의

해설
형법의 장소적 효력 중 보호주의(제6조)에 관한 설명이다.

41

국제사회에서 법의 대인적 효력에 관한 입장으로 옳은 것은?

☑ 속지주의를 원칙적으로 채택하고 속인주의를 보충적으로 적용
② 속인주의를 원칙적으로 채택하고 속지주의를 보충적으로 적용
③ 보호주의를 원칙적으로 채택하고 피해자주의를 보충적으로 적용
④ 피해자주의를 원칙적으로 채택하고 보호주의를 보충적으로 적용

해설
역사적으로 속인주의에서 속지주의로 변천해 왔다. 오늘날 국제사회에서 영토의 상호존중과 상호평등원칙이 적용되므로 속지주의가 원칙이며 예외적으로 속인주의가 가미된다. ★

42

甲의 행위에 대하여 우리 형법을 적용할 수 있는 근거는? 기출 23

> 한국인 甲은 미국을 여행하던 중 미국 뉴욕의 한 공원에서 미국인 乙과 시비 끝에 乙을 살해하였다.

① 속지주의
② **속인주의** ✓
③ 기국주의
④ 보호주의

해설

속인주의는 자국민의 범죄에 대해 자국의 형법을 적용하는 주의이다. 이에 따라 한국인 甲의 행위에 대하여 우리 형법을 적용할 수 있다.

핵심만콕 형법의 장소적 적용 범위★

- 속지주의(제2조) : 본법은 대한민국 영역 내에서 죄를 범한 내국인과 외국인에게 적용한다.
- 속인주의(제3조) : 본법은 대한민국 영역 외에서 죄를 범한 내국인에게 적용한다.
- 기국주의(제4조) : 본법은 대한민국 영역 외에 있는 대한민국의 선박 또는 항공기 내에서 죄를 범한 외국인에게 적용한다.
- 보호주의(제5조) : 본법은 대한민국 영역 외에서 다음에 기재한 죄를 범한 외국인에게 적용한다.
  - 내란의 죄
  - 외환의 죄
  - 국기에 관한 죄
  - 통화에 관한 죄
  - 유가증권, 우표와 인지에 관한 죄
  - 문서에 관한 죄 중 공문서 관련 죄(제225조 내지 제230조)
  - 인장에 관한 죄 중 공인 등의 위조, 부정사용(제238조)
- 보호주의(제6조) : 본법은 대한민국 영역 외에서 대한민국 또는 대한민국 국민에 대하여 전조에 기재한 이외의 죄를 범한 외국인에게 적용한다. 단, 행위자의 법률에 의하여 범죄를 구성하지 아니하거나 소추 또는 형의 집행을 면제할 경우에는 예외로 한다.
- 세계주의 : 총칙에는 이에 관한 규정이 없으나, 각칙에서는 세계주의를 인정하고 있다(제296조의2).

2 법원(法源)

43
CHECK ○△×

법원(法源)에 관한 설명으로 옳지 않은 것은? 기출 24

① 헌법에 의하여 체결·공포된 조약과 일반적으로 승인된 국제법규는 국내법과 같은 효력을 가진다.
② 민사에 관하여 법률에 규정이 없으면 관습법에 의하고 관습법이 없으면 조리에 의한다.
❸ **성문법은 불문법에 비해 사회변화에 따른 필요에 신속히 대응할 수 있다는 장점이 있다.**
④ 상사에 관하여 상법에 규정이 없으면 상관습법에 의하고 상관습법이 없으면 민법의 규정에 의한다.

해설
③ (×) 사회변화에 따른 필요에 신속히 대응할 수 있는 것(유동적인 법 현실이 잘 반영됨)은 불문법의 장점이다. 성문법은 개정절차가 필요하여 사회변동에 능동적으로 대처하기 어려우므로 법 현실이 잘 반영되지 못한다.
① (○) 헌법 제6조 제1항
② (○) 민법 제1조
④ (○) 상법 제1조

44
CHECK ○△×

법원(法源)에 관한 설명으로 옳지 않은 것은? 기출 21

① 관습법은 관습이 법적 확신을 얻어 규범화된 것이다.
② 조리는 사물의 이치나 본성을 뜻하는 불문법이다.
❸ **규칙은 지방의회에서 제정하는 자치법규이다.**
④ 명령은 행정기관에 의해 제정된 성문법이다.

해설
③ (×) 규칙은 지방자치단체의 장이 법령 또는 조례의 범위에서 그 권한에 속하는 사무에 관하여 제정할 수 있는 법규이다(지방자치법 제29조).
① (○) 관습법이란 사회에서 형성된 일정한 관습(관행)이 국민일반에 의하여 법규범으로서의 확신을 얻은 것을 말한다.
② (○) 조리란 사물의 본질적 법칙이나 도리를 의미하며, 관습법·판례법과 더불어 대표적인 불문법에 해당한다.
④ (○) 명령은 국회의 의결을 거치지 않고 행정기관에 의하여 제정되는 성문법이다.

45

법원(法源)에 관한 설명으로 옳지 않은 것은? 기출 17

☑ ① 영미법계 국가에서는 판례의 법원성이 부정된다.
② 죄형법정주의에 따라 관습형법은 인정되지 않는다.
③ 대통령령은 헌법에 근거를 두고 있다.
④ 민사에 관하여 법률에 규정이 없으면 관습법에 의하고 관습법이 없으면 조리에 의한다.

해설

영미법계 국가에서는 선례구속의 원칙에 따라 판례의 법원성이 인정된다. ★

46

법원(法源)에 관한 설명으로 옳지 않은 것은? 기출 09

☑ ① 성문법은 법적 안정성을 확보하기 어려운 점이 있다.
② 자치법규는 그 지방자치단체 구역 내에서 효력을 갖는다.
③ 조리(條理)는 경험법칙, 사회통념 등의 다른 명칭으로 표현되기도 한다.
④ 대법원규칙은 명령으로서의 성격을 갖는다.

해설

성문법은 법의 내용을 객관적으로 알려 명확히 할 수 있기 때문에 법적 안정성을 확보하기 쉽다.

47

법원(法源)에 관한 설명으로 옳지 않은 것을 모두 고른 것은? 기출 23

> ㄱ. 「경비업법 시행령」은 행정안전부령이다.
> ㄴ. 민사관계에서 법률에 규정이 없으면 조리가 관습법에 우선하여 적용된다.
> ㄷ. 상사(商事)에 관하여 「상법」에 규정이 없으면 「민법」에 의하고, 「민법」의 규정이 없으면 상관습법에 의한다.

① ㄴ
② ㄱ, ㄷ
③ ㄴ, ㄷ
④ ㄱ, ㄴ, ㄷ ✓

해설

제시된 내용은 모두 법원(法源)에 관한 설명으로 옳지 않다.
ㄱ. (×) 경비업법 시행령은 대통령령이다.
ㄴ. (×) 민사에 관하여 법률에 규정이 없으면 관습법에 의하고 관습법이 없으면 조리에 의한다(민법 제1조).
ㄷ. (×) 상사에 관하여 본법에 규정이 없으면 상관습법에 의하고 상관습법이 없으면 민법의 규정에 의한다(상법 제1조).

48

법원(法源)에 관한 설명으로 옳은 것은? 기출 22

① 제정법의 경우 그 효력은 상위법이 하위법에 우선한다. ✓
② 민법은 상사에 관하여 원칙적으로 상관습법에 우선하여 적용된다.
③ 일반적으로 승인된 국제법규라도 국회의 비준을 거치지 않은 경우 국내법과 같은 효력은 인정되지 않는다.
④ 헌법재판소는 관습헌법을 인정하지 않는다.

해설

① (○) 상위법 우선의 원칙에 관한 설명이다.
② (×) 상사에 관하여 본법에 규정이 없으면 상관습법에 의하고, 상관습법이 없으면 민법의 규정에 의한다(상법 제1조).
③ (×) 일반적으로 승인된 국제법규는 국내법과 같은 효력을 가진다(헌법 제6조 제1항).
④ (×) 헌법재판소는 신행정수도 건설을 위한 특별조치법이 관습헌법에 위배된다는 이유로 위헌 결정을 하였다(헌재결[전] 2004.10.21. 2004헌마554·566). 즉, 헌법재판소는 관습헌법을 인정한다.

49

법원(法源)에 관한 현행법의 설명으로 옳지 않은 것은? 기출 20

① 상사에 관하여 상관습법은 민법에 우선하여 적용된다.
☑ **대법원 판결은 모든 사건의 하급심을 기속한다.**
③ 민사관계에서 조리는 성문법과 관습법이 존재하지 않는 경우에 적용된다.
④ 민사관계에서 법령 중의 선량한 풍속 기타 사회질서에 관계없는 규정과 다른 관습이 있는 경우에 당사자의 의사가 명확하지 아니한 때에는 그 관습에 의한다.

해설

② (×) 상급법원 재판에서의 판단은 해당 사건에 관하여 하급심(下級審)을 기속(羈束)한다(법원조직법 제8조). 따라서 대법원의 판결은 모든 사건이 아닌 해당 사건에 관하여만 하급심을 기속한다.
① (○) 상법 제1조
③ (○) 민법 제1조
④ (○) 민법 제106조

50

대륙법계의 특징으로 옳지 않은 것은? 기출 21

☑ **제정법에 대한 판례법의 우위**
② 독일법계와 프랑스법계 중심
③ 성문법 중심
④ 일반적·추상적 규범으로 체계화

해설

① (×) 제정법에 대한 판례법의 우위는 선례구속의 원칙이 확립되어 판례법이 제1차적 법원으로서 그 구속력과 법규성이 인정되고 있는 영미법계 국가의 특징에 해당한다.
② (○) 성문법주의를 취하는 대륙법계의 대표적인 국가는 독일과 프랑스이다.
③ (○) 전통적으로 대륙법계 국가(독일·프랑스 등)에서는 성문법주의를, 영미법계 국가(영국·미국 등)에서는 불문법주의를 취하여 왔다.
④ (○) 대륙법계에 의하면, 법에 내재하는 또는 법의 속성상 입법은 일반적·추상적 규범으로 체계화하는 과정이다.

51

법의 존재형식에 관한 설명으로 옳지 않은 것은? 기출 10

① 헌법에 의하여 체결·공포된 조약은 국내법과 동일한 효력을 갖는다.
❷ **불문법에는 사실인 관습, 판례, 조리가 있다.**
③ 성문법이 상호 간에 충돌할 때에는 상위법우선의 원칙이 적용된다.
④ 관습법은 성문법에 대하여 보충적 효력을 갖는다는 것이 다수설이다.

해설

불문법주의 국가에서는 제정법 이외에도 판례법이나 관습법 등을 1차적인 법원으로 인정한다. 사실인 관습은 관행이 일반적으로 사회구성원들에게 법적 확신을 인식시키지 못한 단계로서 관습법과는 달리 불문법에 포함되지 않는다. 즉, 사실인 관습의 법원성은 부정된다. ★

52

성문법과 불문법에 관한 설명으로 옳은 것은? 기출 19

① 조례는 불문법에 해당한다.
❷ **헌법에 의하여 체결·공포된 조약은 성문법에 해당한다.**
③ '죄형법정주의'의 '법'에는 법률 및 관습법이 포함된다.
④ 성문법은 사회적 변화에 신속히 대응할 수 있는 장점이 있다.

해설

헌법에 의하여 체결·공포된 조약은 국내법과 같은 효력을 갖는 성문법에 해당한다(헌법 제6조 제1항).

핵심만콕 성문법과 불문법의 정리 ★

구 분	성문법(대륙법계)	불문법(영미법계)
장 점	• 법의 존재와 의미를 명확히 할 수 있다. • 법적 안정성을 기할 수 있다. • 법의 내용을 객관적으로 알려 국민이 법적 문제에 예측가능성을 갖는다. • 입법기간이 짧다. • 발전적으로 사회제도를 개혁할 수 있다. • 외국법의 계수와 법체계의 통일이 쉽다.	• 사회의 구체적 현실에 잘 대처할 수 있다. • 법의 적용에 융통성이 있다. • 입법자의 횡포가 불가능하다. • 법현실이 유동적이다.
단 점	• 입법자의 횡포가 가능하다. • 문장의 불완전성으로 법해석의 문제가 발생한다. • 개정절차가 필요하므로 사회변동에 능동적으로 대처하지 못하여 법현실이 비유동적이다. • 법이 고정화되기 쉽다.	• 법의 존재와 의미가 불명확하다. • 법의 내용을 객관화하기 곤란하며 법적 변동의 예측이 불가능하다. • 법적 안정성을 기하기 어렵다. • 법적 기능을 갖는 데 기간이 오래 걸린다. • 외국법의 계수와 법체계의 통일이 어렵다.

53

성문법과 불문법에 관한 설명 중 맞는 것은? 기출문제

① 성문법은 전통적으로 영미법계 국가에서 취하는 입법태도이다.
② 불문법은 법의 존재와 그 의미가 명확하므로 법적 행동을 하는데 편리하다.
❸ **성문법은 법규의 내용을 일반국민에게 알리기에 적합하다는 장점이 있다.**
④ 불문법은 입법기간이 짧으며, 입법정책을 통하여 발전적 방향으로 사회제도를 개혁할 수 있는 장점이 있다.

해설

③ (○) 법의 내용을 객관적으로 알려 국민이 법적 문제에 예측가능성을 가질 수 있다는 것은 성문법의 장점이다.
① (×) 전통적으로 대륙법계 국가(독일·프랑스 등)에서는 성문법주의를, 영미법계 국가(영국·미국 등)에서는 불문법주의를 취하여 왔다.
② (×) 불문법은 문서 형식이 아니므로 법의 존재와 그 의미가 명확하지 않은 단점이 있다.
④ (×) 성문법은 입법기간이 짧으며, 입법정책을 통하여 발전적 방향으로 사회제도를 개혁할 수 있는 장점이 있다.

54

다음 중 성문법주의의 단점인 것은? 기출문제

① 법체계의 통일
② 법의 존재 파악
③ 법적 안정성 유지
❹ **법의 고착화**

해설

①·②·③은 성문법주의의 장점이고, ④는 단점이다.

55

지방자치단체의 자치입법에 해당하는 것을 모두 고른 것은? 기출 19

> ㄱ. 조례
> ㄴ. 규칙
> ㄷ. 교육규칙

① ㄱ, ㄴ
② ㄱ, ㄷ
③ ㄴ, ㄷ
✓④ ㄱ, ㄴ, ㄷ

해설
「헌법」제117조 제1항에 의해 "지방자치단체는 … 법령의 범위 안에서 자치에 관한 규정을 제정할 수 있다"라고 하여, 자치입법권을 보장하고 있다. 이에 의거하여 「지방자치법」은 조례와 규칙의 2형식을 인정하고 있고, 「지방교육자치에 관한 법률」은 자치입법으로 교육규칙을 인정하고 있다. 따라서 ㄱ, ㄴ, ㄷ 모두 자치입법권의 내용에 해당한다.

56

다음 (　)에 들어갈 법원(法源)으로 옳은 것은? 기출 14

> • (ㄱ) : 국가의 조직·통치 및 기본권에 관한 근본법
> • (ㄴ) : 지방자치단체 의회가 제정하는 자치법규
> • (ㄷ) : 문서로써 국가간에 체결되고 국제법에 의하여 규율되는 합의

✓① ㄱ : 헌법, ㄴ : 조례, ㄷ : 조약
② ㄱ : 헌법, ㄴ : 법률, ㄷ : 명령
③ ㄱ : 법률, ㄴ : 조약, ㄷ : 조례
④ ㄱ : 법률, ㄴ : 명령, ㄷ : 조약

해설
법원(法源)에서 빈출되는 지문으로, 국가라는 단어에서 헌법을, 지방자치단체의회라는 단어에서 조례를, 국가간이라는 단어에서 조약을 추론할 수 있다.

57

법원(法源)에 관한 설명으로 옳은 것은? 기출 13

① 성문법은 불문법에 비해 사회변화에 따른 필요에 신속히 대응할 수 있다는 장점이 있다.
② 명령은 국회의 의결을 거쳐 제정되는 법령이다.
❸ 민사에 관하여 법률에 규정이 없으면 관습법에 의하고 관습법이 없으면 조리에 의한다.
④ 상관습법은 상법의 법원이 될 수 없다.

해설

③ (○) 민법 제1조
① (×) 성문법은 문장화되어 있어 사회변화에 신속하고 능동적으로 대처하지 못하는 것이 단점이다.
② (×) 명령은 국회의 의결을 거치지 않고 행정기관에 의하여 제정되는 성문법규이다.
④ (×) 상사에 관하여 본법에 규정이 없으면 상관습법에 의하고 상관습법이 없으면 민법의 규정에 의한다(상법 제1조).

58

헌법상 조약과 국제법규에 관한 설명으로 옳지 않은 것은? 기출 12

① 일반적으로 승인된 국제법규는 국내법과 동일한 효력을 갖는다.
❷ 헌법에 의해 체결·공포된 조약이더라도 국내법의 법원(法源)은 될 수 없다.
③ 외국인은 국제법과 조약이 정하는 바에 의하여 그 지위가 보장된다.
④ 헌법에 의해 체결·공포된 조약은 국내법과 동일한 효력을 갖는다.

해설

헌법에 의하여 체결·공포된 조약과 일반적으로 승인된 국제법규는 국내법과 같은 효력을 가진다(헌법 제6조 제1항).

59

법원(法源)으로서 조례(條例)에 관한 설명으로 옳은 것은? 기출 08

① 조례는 규칙의 하위규범이다.
② 국제법상의 기관들은 자체적으로 조례를 제정할 수 있다.
❸ 시의회가 법률의 위임 범위 안에서 제정한 규범은 조례에 해당한다.
④ 재판의 근거로 사용된 조리(條理)는 조례가 될 수 있다.

해설
③ (○) 조례에 관한 설명으로 옳다.
① (×) 조례는 규칙의 상위규범이다(헌법 > 법률 > 명령 > 조례 > 규칙).★
② (×) 국제법상의 기관들은 자체적으로 조약을 체결할 수 있다.
④ (×) 재판의 근거로 사용된 조리(條理)와 조례는 서로 무관하다.★

60

헌법이 명시하고 있는 법규명령이 아닌 것은? 기출 14

① 부 령
② 총리령
③ 대통령령
❹ 감사원규칙

해설
헌법 제75조(대통령령)와 제95조(총리령, 부령)에 법규명령의 근거가 명시되어 있지만, 감사원규칙에 대한 규정은 헌법이 아니라 감사원법(제52조)에 그 근거가 있다.★

61

다음 ( )에 들어갈 법원(法源)이 바르게 연결된 것은? 기출 13

- (ㄱ) – 국회의 의결을 거치지 않고 행정기관에 의해 제정되는 성문법규
- (ㄴ) – 국가기관이 그 소관 사무에 관하여 법률에 저촉되지 않는 범위 내에서 정하는 내부규율
- (ㄷ) – 지방자치단체의 장이 법령의 범위 내에서 제정한 법규

① ㄱ : 명령, ㄴ : 조례, ㄷ : 규칙
② ㄱ : 명령, ㄴ : 규칙, ㄷ : 규칙 ✓
③ ㄱ : 조례, ㄴ : 명령, ㄷ : 조례
④ ㄱ : 규칙, ㄴ : 규칙, ㄷ : 명령

해설

- ㄱ(명령) : 일정한 행정기관이 법률의 형식에 따라 제정하는 성문법의 한 종류. 즉, 법의 일부로서의 명령은 행정입법에 의한 명령을 말한다. ★
- ㄴ(규칙) : 헌법이나 법률에 근거하여 정립되는 성문법의 한 형식으로, 행정기관 내부의 사항을 규율하기 위한 일반적 규범으로서의 규칙은 법규의 성질을 갖지 않는다. 헌법 제108조에 따른 대법원규칙 등이 이에 해당한다.
- ㄷ(규칙) : 자치단체의 장이 법령 또는 조례가 위임한 범위 내에서 그 권한에 속하는 사무에 대해 제정하는 자치입법은 규칙에 속한다. ★

62

민법 제1조 "민사에 관하여 법률에 규정이 없으면 관습법에 의하고 관습법이 없으면 조리에 의한다."에 대한 설명으로 옳지 않은 것은? 기출 04

① 법률을 가장 중요한 법원으로 삼음으로써 성문법우선주의를 취하고 있다.
② 법원의 종류와 효력순위에 대해 규정하고 있다.
③ 불문법으로 인정되는 범위는 관습법과 조리에 한정되지 않는다는 것이 다수설적 견해이다. ✓
④ 조리는 사물의 본성을 말한다.

해설

민법 제1조를 놓고 볼 때, 불문법으로 인정되는 범위는 법문의 해석상 관습법과 조리에 한정한다. ★

63

국내법과 헌법에 의하여 체결·공포된 조약의 관계를 바르게 설명한 것은? 기출 04

① **국내법과 조약은 동일한 효력을 갖는다.** ✓
② 조약은 국내법에 우선하여 적용된다.
③ 조약은 헌법과 동일한 효력을 갖는다.
④ 국내법은 조약에 우선하여 적용된다.

해설

그 명칭 여하를 불문하고 문서에 의한 국가 간의 합의를 조약이라 하고, 국내법과 같은 효력을 갖는다. 여기서 국내법이란 법률을 의미한다.

64

다음의 기술 중 가장 부적당한 것은? 기출문제

① 법원은 법의 연원이라고도 하며, 법에 대한 인식수단 내지는 존재형식을 가리킨다.
② **성문법이라 함은 그 제정의 주체가 반드시 의회인 경우에 국한된다.** ✓
③ 법의 이념 내지 속성에 있어서 법적 안정성도 그 한 요소를 이룬다.
④ 정의는 법이 추구하는 이념에 있어 그 한 출발점인 동시에 궁극적인 목적이다.

해설

성문법의 종류는 헌법(국민), 법률(국회), 명령(행정부), 조례(지방의회), 규칙(지방자치단체의 장), 조약(다수의 국가)이 있다.

65

다음 중 법의 효력에 관한 내용 중 틀린 것은? 기출문제

① 상위법은 하위법에 우선한다.
② 특별법은 일반법에 우선한다.
③ 신법은 구법에 우선한다.
④ **임의규정은 강행규정에 우선한다.** ✓

해설

강행규정은 임의규정에 우선한다. 즉, 이 구별은 법의 효력이 강행적인가의 여부에 따른 것으로 당사자의 의사 여하에 불구하고 적용되는 것이 강행법규이고, 당사자의 의사표시에 의하여 그 적용을 배제할 수 있는 것이 임의법규이므로 주로 당사자의 의사를 보충하는 작용을 한다.

66

다음 중 내용이 상충될 때에 가장 우선하는 법은?

① 법률
②✓ 헌법
③ 대통령령
④ 조약

해설
제정법 상호 간의 적용순위에 있어서는 신법우선의 원칙과 특별법우선의 원칙, 상위법우선의 원칙이 있는데, 보기의 경우에는 헌법이 가장 상위법이므로 가장 우선적으로 적용된다.

67

관습법에 관한 설명으로 옳지 않은 것은? 기출 18

①✓ 관습법은 당사자의 주장·입증이 있어야만 법원이 이를 판단할 수 있다.
② 민법 제1조에서는 관습법의 보충적 효력을 인정하고 있다.
③ 형법은 관습형법금지의 원칙이 적용된다.
④ 헌법재판소 다수의견에 의하면 관습헌법도 성문헌법과 동등한 효력이 있다.

해설
사실인 관습은 그 존재를 당사자가 주장·입증하여야 하나, 관습법은 당사자의 주장·입증을 기다림이 없이 법원이 직권으로 이를 판단할 수 있다(대판 1983.6.14. 80다3231).

68

관습법에 관한 설명으로 옳지 않은 것은? 기출 16

① 민법은 관습법의 보충적 효력을 인정한다.
② 상법에서는 민법보다 상관습법을 우선 적용한다.
③ 죄형법정주의에 따라 관습형법은 인정되지 않는다.
❹ **헌법재판소는 관습헌법을 인정하지 않는다.**

[해설]
헌법재판소는 2004년 신행정수도건설 특별조치법이 위헌이라는 근거로 관습헌법의 위배를 들었으며, 관습헌법을 변경 또는 폐기하기 위해서는 헌법 개정절차가 필요하다고 하였다.★

> **핵심만콕**
> - 민사에 관하여 법률에 규정이 없으면 관습법에 의하고 관습법이 없으면 조리에 의한다(민법 제1조).
> - 상사에 관하여 본법에 규정이 없으면 상관습법에 의하고 상관습법이 없으면 민법의 규정에 의한다(상법 제1조).
> - 관습형법금지의 원칙으로 구성요건의 확대 또는 형의 가중에는 관습형법이 인정되지 않지만, 구성요건의 축소 또는 형의 감경에는 관습형법을 적용할 수 있다.★

69

다음 중 관습법의 성립요건이 아닌 것은?

① 일정한 반복적 관행의 존재
② 선량한 풍속 등 사회질서에 반하지 않을 것
❸ **관보에 게재하여 공포할 것**
④ 법규범으로서의 준수해야 한다는 의식이 존재할 것

[해설]
관행이 법원의 판결에 의해 인정될 것, 관보에 게재하여 공포할 것, 입법기관인 국회의 의결을 거쳐야 할 것 등은 요건이 아니다.

70

불문법의 법원성에 관한 설명으로 옳은 것은? 기출 10

① 관습법은 사법보다 공법의 영역에서 중요한 법원이다.
② 성문법주의 국가에서는 일반적으로 판례를 독립한 법원으로 인정하고 있다.
③ ✔ 조리는 공서양속, 사회통념, 정의 등으로 표현되기도 한다.
④ 유수사용권과 온천권은 우리나라에서 인정되고 있는 관습법이다.

해설

③ (○) 조리란 사람의 건전한 상식으로 판단할 수 있는 사물의 본질적 도리로서 경험법칙·사회통념·사회적 타당성·공서양속·정의 등으로 표현되기도 한다.
① (×) 관습법은 사적자치의 원리가 적용되는 사법의 영역에서 중요한 법원이 된다.★
② (×) 불문법주의 국가에서는 일반적으로 판례의 법원성을 인정하나 성문법주의 국가에서는 판례의 법원성을 인정하지 않는다.★
④ (×) 온천권은 관습법상 인정되지 않는 물권이며, 유수사용권은 민법 제221조·제227조 및 하천법 등에도 관계규정을 두고 있다.

71

우리나라의 법 중 판례의 법원성에 관해 규정하고 있는 법은? 기출문제

① 대법원규칙
② 국회법
③ ✔ 법원조직법
④ 형 법

해설

법원조직법 제8조에서 상급심 재판의 기속력이라는 제목으로 판례의 법원성에 관해 규정하고 있다. 하지만, 통설은 이 규정의 의미를 판례의 법원성을 법적으로 인정한 것으로 볼 수는 없고, 사실적 구속력을 인정한 것으로 본다.

72

조리(條理)의 다른 표현으로서 옳지 않은 것은? 기출문제

① 경험법칙
② 사회통념
③ ✔ 임의재량
④ 공서양속

해설

임의재량은 조리와 직접적 관련 없는 표현이다.

3 법의 구조(체계)와 분류

73
CHECK ○△×

법단계설을 주장한 학자는? 기출 18

① **켈젠(H. Kelsen)** ✓
② 슈미트(C. Schmitt)
③ 예링(R. v. Jhering)
④ 스멘트(R. Smend)

해설
법단계설을 주장한 학자는 켈젠(H. Kelsen)이다.

> **핵심만콕** 주요 법사상가들의 견해
> - 켈젠 : 국내법인 헌법·법률·명령·규칙·자치법규는 모두 동일한 효력이 있는 것이 아니라, 헌법을 최상위로 하여 일정한 단계를 이루고 있어서 하위의 법은 상위의 법에 저촉하여서는 안 되며, 또 하위의 법으로써 상위의 법을 개정하거나 폐지할 수 없다는 법단계설을 주장하였다.
> - 슈미트 : 헌법제정권력을 법적의사나 규범적인 것이라기보다는 사실적인 힘으로 보았다.
> - 예링 : 법은 국가권력에 의한 강제성이 보장되어 있으나 도덕은 그렇지 아니하다고 보면서, 법과 도덕의 구별이 매우 어렵다는 뜻에서 수많은 배들이 자주 난파됐던 남미의 최남단 Cape Horn에 비유하였다.
> - 스멘트 : 헌법을 규범과 현실의 상호연관 속에서 통합되는 기본 법질서로 보았다(통합주의).

74
CHECK ○△×

다음 중 법단계에 관한 것으로 옳은 것은?

① **헌법 → 법률 → 명령 → 조례 → 규칙** ✓
② 헌법 → 법률 → 명령 → 규칙 → 조례
③ 규칙 → 조례 → 명령 → 법률 → 헌법
④ 법률 → 헌법 → 명령 → 조례 → 규칙

해설
성문법의 올바른 순서는 '헌법 → 법률 → 명령 → 조례 → 규칙'이다. ★

75

법체계에 관한 설명으로 옳지 않은 것은?

① 논리적 통일성에 맞추어 복수의 법규범에 의하여 형성된 체계를 법체계라고 한다.
❷ 국제사법은 섭외적 법률관계를 규율하는 것으로 국제법에 속한다.
③ 법체계는 국내법체계와 국제법체계로 나눌 수 있다.
④ 국내법체계는 공법 · 사법 · 사회법으로 나누어진다.

해설
국제사법은 섭외적 법률관계를 규율하는 것이지만, 명칭대로 사법(私法)에 속하는 국내법이다.

76

다음 설명 중 틀린 것은?

① 법의 제정 주체와 효력이 미치는 지역적 범위를 기준으로 국내법과 국제법으로 분류할 수 있다.
② 법이 규율하는 생활의 실체를 기준으로 공법 · 사법 · 사회법으로 구분할 수 있다.
❸ 법이 규율하는 내용을 기준으로 일반법 · 특별법으로 구분할 수 있다.
④ 효력의 강제성 여부에 따라 강행법 · 임의법으로 구분할 수 있다.

해설
일반법 · 특별법의 구별은 법의 효력이 미치는 범위를 기준으로 한다. 내용을 기준으로는 실체법 · 절차법으로 구분한다. ★

77

국회가 제정한 법률과 같은 지위의 효력이 있는 것은? 기출 22

❶ 대통령의 긴급명령
② 자치법규
③ 시행령
④ 시행규칙

해설
국회가 제정한 법률과 같은 효력을 가지는 것은 대통령의 긴급명령이다(헌법 제76조).

78

우리나라 법의 체계에 관한 설명으로 옳은 것은? 기출 20

① 대법원규칙은 법률과 동등한 효력을 가진다.
② 대통령령과 총리령은 동등한 효력을 가진다.
③ 헌법에 의하여 체결·공포된 조약은 국내법에 우선한다.
☑ **대통령은 법률의 효력을 가지는 긴급명령을 발할 수 있다.**

해설

④ (○) 대통령은 국가의 안위에 관계되는 중대한 교전상태에 있어서 국가를 보위하기 위하여 긴급한 조치가 필요하고 국회의 집회가 불가능한 때에 한하여 법률의 효력을 가지는 명령을 발할 수 있다(헌법 제76조 제2항).
① (×) 대법원은 법률에 저촉되지 아니하는 범위 안에서 소송에 관한 절차, 법원의 내부규율과 사무처리에 관한 규칙을 제정할 수 있다(헌법 제108조). 따라서 법률이 대법원규칙보다 상위 효력을 갖는다.
② (×) 대통령령·총리령·부령은 법률의 위임근거가 있거나 법률을 집행하는 데 필요한 사항을 대상으로 한다는 점에서 법률보다 하위에 있음은 분명하다. 그리고 대통령령과 총리령 내지 부령과의 관계를 본다면 제정권자 또는 제정절차에서 보거나 헌법 제95조에서 대통령령의 위임에 의하여 제정되는 총리령과 부령의 존재를 인정하고 있는 점에서 전자가 후자보다 상위에 있고, 총리령과 부령은 서로 대등한 관계에 있다.
③ (×) 헌법에 의하여 체결·공포된 조약은 국내법과 같은 효력을 가진다(헌법 제6조 제1항).

79

법의 체계에 관한 설명으로 옳지 않은 것은? 기출 16

① 국가에 의하여 제정되는 법규범은 실정법에 해당한다.
② 관습법은 불문법에 해당한다.
☑ **헌법, 행정법, 상법 및 형사소송법 등은 공법에 속한다.**
④ 지방자치단체는 법령의 범위 안에서 자치에 관한 규정을 제정할 수 있다.

해설

상법은 민법과 함께 대표적인 사법에 속한다.

80

법체계에 관한 설명으로 옳지 않은 것은? 기출 14

① 일반적으로 승인된 국제법규는 국내법과 같은 효력을 가진다.
② 대통령의 긴급명령은 법률과 같은 효력을 가진다.
☑ ③ 민법이 사법이므로 민사소송법도 사법에 속한다.
④ 민법과 상법은 실체법이다.

해설

민사·형사소송법은 절차법으로서 공법에 해당한다.

81

다음 중 '국제사법의 시조'라고 볼 수 있는 사람은? 기출문제

☑ ① 바톨루스
② 뒤 기
③ 그로티우스
④ 사뷔니

해설

바톨루스(1314~1357) : 그가 살았던 14세기 당시의 북이탈리아는 도시마다 법이 달랐는데, 바톨루스가 그 상호 관계를 규율하는 법을 이론화하였기 때문에 그를 '국제사법의 시조'라고도 부른다.

핵심만콕

- 그로티우스(1583~1645) : 국제법의 아버지
- 뒤기(1859~1928) : 법을 국가와는 관계없이 사회에서 생성·발전하는 것으로 파악
- 사뷔니(1779~1861) : 법전 논쟁을 계기로 역사법학을 창설

82

다음 중 국제법의 창시자는 누구인가? 기출문제

① 라드브루흐
② 아담 스미스
✓ ③ 그로티우스
④ 베카리아

해설

그로티우스(1583~1645)는 국제법의 창시자로서 당사국간에 의해 생성되는 조약과 국제관습법을 국제법의 법원으로 인정하여 국제법의 비약적 발전을 가져오는 데 공헌하였다.

83

한국인 甲과 미국인 乙이 캘리포니아 주에 소재한 X건물을 매매한 경우, 미국법에 따라 소유권이전이 이루어진다고 규정한 국내법은? 기출 13

① 국제법
✓ ② 국제사법
③ 국제민사사법공조법
④ 국내에서 비준·공포된 국제물품매매계약에 관한 국제연합협약

해설

국가마다 법질서가 다르기 때문에 국경을 초월한 외국적 요소가 있는 법률관계에서는 외국 법들간 저촉이 발생하게 된다. 이와 같은 모순을 극복하기 위하여 각국이 독자적인 입장에서 국제적 사법관계의 특수성을 고려하여 일정한 기준에 따라 내국법원에 의한 외국법의 적용을 지시하는 것이 국제사법이다.

84

다음 중 법의 분류가 옳지 않은 것은? 기출 24

① 형법은 공법이며 실체법이다.
② 형사소송법은 공법이며 절차법이다.
③ 민법은 사법이며 실체법이다.
❹ 민사소송법은 사법이며 절차법이다.

해설

공법(公法)은 국가의 조직과 기능 및 공익작용을 규율하는 법으로 헌법, 행정법, 형법, 형사소송법, 민사소송법, 행정소송법, 국제법 등이 이에 해당한다. 사법(私法)은 개인 상호 간의 권리ㆍ의무관계를 규율하는 법으로 민법, 상법 등이 있다. 실체법은 권리ㆍ의무의 실체, 즉 권리나 의무의 발생ㆍ변경ㆍ소멸ㆍ성질ㆍ내용 및 범위 등을 규율하는 법으로 헌법, 민법, 형법, 상법 등이 이에 해당한다. 절차법은 권리나 의무의 실질적 내용을 실현하는 절차, 즉 권리나 의무의 행사ㆍ보전ㆍ이행ㆍ강제 등을 규율하는 법으로 민사소송법, 민사집행법, 형사소송법, 행정소송법, 채무자회생 및 파산에 관한 법률, 부동산등기법 등이 있다.

85

법의 분류에 관한 설명으로 옳지 않은 것은? 기출 20

① 절차법에서는 원칙적으로 신법우선의 원칙이 적용된다.
② 일반법과 특별법이 충돌하는 경우에는 특별법이 우선한다.
③ 당사자가 임의법과 다른 의사를 표시한 때에는 그 의사에 의한다.
❹ 사회법은 사법(私法)원리를 배제하고, 공공복리의 관점에서 사회적 약자보호와 실질적 평등을 목적으로 한다.

해설

사회법은 자본주의의 문제와 모순을 합리적으로 해결하여 경제적ㆍ사회적 약자를 보호할 목적으로 비교적 근래에 등장한 제3의 법영역이다. 즉, 사법과 공법의 성격을 모두 가진 법으로 법의 사회화ㆍ사법의 공법화 경향을 띤다. 따라서 사법원리를 배제하는 것은 아니다.

86

법의 분류에 관한 설명으로 옳은 것은? 기출 19

① 민사소송법은 사법이다.
② 공법이 축소되고 사법이 확대되는 '공법의 사법화' 경향이 강해지고 있다.
③ 형법은 범죄를 저지른 사람에게만 적용된다는 점에서 특별법이다.
❹ 권리나 의무의 발생·변경·소멸을 규율하는 법은 실체법이다.

해설

④ (○) 실체법은 권리·의무의 실체, 즉 발생·변경·소멸·성질·내용 및 범위 등을 규율하는 법으로 헌법, 민법, 형법, 상법 등이 이에 해당한다. 반면 절차법은 권리나 의무의 실질적 내용을 실현하는 절차법으로 민사소송법, 민사집행법, 형사소송법, 행정소송법, 채무자회생 및 파산에 관한 법률, 부동산등기법 등이 있다.
① (×) 민사소송법은 헌법, 행정법, 형법, 형사소송법, 행정소송법, 국제법 등과 마찬가지로 공법(公法)에 해당한다.
② (×) 사법이 축소되고 공법이 확대되는 '사법의 공법화' 경향이 강해지고 있다.
③ (×) 형법은 장소·사람·사물에 제한 없이 일반적으로 적용되는 법으로 헌법, 민법 등과 마찬가지로 일반법에 해당한다. 반면 특별법은 특정한 장소·사람·사물에만 적용되는 법으로 상법, 군형법, 국가공무원법, 조례, 규칙 등이 있다.

87

법의 분류에 관한 설명으로 옳지 않은 것은? 기출 18

① 자연법은 시·공간을 초월하여 보편적으로 타당한 법을 의미한다.
② 임의법은 당사자의 의사에 의하여 그 적용이 배제될 수 있는 법을 말한다.
❸ 부동산등기법은 사법이며, 실체법이다.
④ 오늘날 국가의 개입이 증대되면서 '사법의 공법화' 경향이 생겼다.

해설

사법은 개인 상호 간의 권리·의무관계를 규율하는 법으로 민법, 상법, 회사법, 어음법, 수표법 등이 있으며, 실체법은 권리·의무의 실체, 즉 권리나 의무의 발생·변경·소멸 등을 규율하는 법으로 헌법, 민법, 형법, 상법 등이 이에 해당한다. 부동산등기법은 절차법이면서 공법이라는 견해가 다수견해이나, 절차법이지만 사법이라는 소수견해도 있다. ★

88

법의 분류에 관한 설명으로 옳지 않은 것은? 기출 17

① 이익설은 보호법익이 공익이냐 사익이냐에 따라 공법과 사법을 구별한다.
② 형사소송법, 행정소송법은 절차법이다.
③ 일반적으로 승인된 국제법규는 국내법과 같은 효력을 가진다.
❹ 민법, 상법, 민사소송법은 사법(私法)이다.

[해설]
민법과 상법은 사법(私法)이나, 민사소송법은 공법(公法)에 해당한다.

89

법의 분류에 관한 설명으로 옳지 않은 것은? 기출 14

① 당사자가 법의 규정과 다른 의사표시를 한 경우 그 법의 규정을 배제할 수 있는 법은 임의법이다.
② 당사자의 의사와 관계없이 강제적으로 적용되는 법은 강행법이다.
③ 국가의 조직과 기능 및 공익작용을 규율하는 행정법은 공법이다.
❹ 대한민국 국민에게 적용되는 헌법은 특별법이다.

[해설]
헌법은 널리 일반적으로 적용되므로 특별법이 아니라, 일반법에 해당한다.

90

법의 분류에 관한 설명으로 옳은 것은? 기출 10

❶ 경제법은 사회법 영역에 속한다.
② 특정범죄 가중처벌 등에 관한 법률은 형사절차법에 속한다.
③ 형법은 임의법에 속한다.
④ 민사소송법은 사법(私法) 영역에 속한다.

[해설]
① (○) 공정한 경쟁체제를 유지하기 위한 경제법은 자본주의사회의 부조리를 해결하려는 수정자본주의에 입각한 사회법 영역에 속한다.
② (×) 특정범죄 가중처벌 등에 관한 법률은 형법의 특별법으로 형사실체법에 속한다. ★
③ (×) 형법은 강행법에 해당한다.
④ (×) 민사소송법은 공법의 영역에 해당한다. ★

91

다음 중 공법과 사법의 구별기준에 관한 학설의 내용으로서 거리가 먼 것은? 기출 04

① 공익을 위한 것인가 사익을 위한 것인가에 따라 구별한다.
② 권력적인 것인가의 여부에 따라 구별한다.
③ 권리의무의 주체에 따라 구별한다.
❹ 법규의 명칭에 따라 구별한다.

해설
공·사법의 구별기준에 관해서는 주체설, 이익설(목적설), 법률관계설, 생활관계설, 신주체설(귀속설), 통치관계설 등이 있다. 법규의 명칭에 따른 구별기준에 관한 학설은 존재하지 않는다.

92

공법과 사법의 구별에 관한 다음 설명 중 옳은 것은?

① 공법과 사법의 구별은 학문적 의의는 있으나 구체적 실익은 없다.
❷ 공·사법의 구별기준에 관하여 이익설, 주체설, 통치관계설 등이 있다.
③ 독일, 프랑스에서는 양자를 구별하지 않는다.
④ 생활관계설에 의하면 국민으로서의 생활을 지배하는 것이 사법, 개인으로서의 생활을 지배하는 것이 공법이라고 한다.

해설
② (○) 공·사법의 구별기준에 관해서는 주체설, 이익설(목적설), 법률관계설, 생활관계설, 신주체설(귀속설), 통치관계설 등이 있다.
① (×) 공법과 사법은 법적용의 원리상 필요하다. 예컨대 사법의 경우에는 계약자유의 원칙이라는 사법원리에 의해 지배되지만, 공법의 경우에는 적용되지 않는다.
③ (×) 영국, 미국과 같은 영미법계·불문법 국가에서 양자를 구별하지 않는다.★
④ (×) 생활관계설은 국민으로서의 생활을 지배하는 것이 공법, 개인으로서의 생활을 지배하는 것이 사법이라 한다.

93

다음 설명 중 틀린 것은?

① 법의 제정 주체와 효력이 미치는 지역적 범위를 기준으로 국내법과 국제법으로 분류할 수 있다.
② 법이 규율하는 생활의 실체를 기준으로 공법·사법·사회법으로 구분할 수 있다.
❸ **법이 규율하는 내용을 기준으로 일반법·특별법으로 구분할 수 있다.**
④ 효력의 강제성 여부에 따라 강행법·임의법으로 구분할 수 있다.

[해설]
일반법·특별법의 구별은 법의 효력이 미치는 범위를 기준으로 한다. 내용을 기준으로는 실체법·절차법으로 구분한다. ★

94

사회법에 관한 설명으로 옳지 않은 것은? 기출 15

❶ **공법영역에 사법적 요소를 가미하는 제3의 법영역이다.**
② 노동법, 경제법, 사회보장법은 사회법에 속한다.
③ 자본주의의 부분적 모순을 수정하기 위한 법이다.
④ 사회적·경제적 약자의 이익 보호를 목적으로 한다.

[해설]
사회법은 사법의 공법화 경향을 말하므로, 사법영역에 공법적 요소를 가미하는 제3의 법영역이다.

95

다음 중 사회법에 속하는 것은? 기출 14

① 상 법
② 가등기담보 등에 관한 법률
③ 특정범죄 가중처벌 등에 관한 법률
❹ **산업재해보상보험법**

해설
사회법에서 사회의 의미는 약자보호를 뜻한다. 산업재해보상보험법이 사회법에 해당한다.

핵심만콕

- 공법 – 헌법, 행정법, 형법, 형사소송법, 민사소송법, 행정소송법, 국제법 등
- 사법 – 민법, 상법, 회사법, 어음법, 수표법 등
- 사회법 – 근로기준법, 연금법, 보험법, 사회보장법, 산업재해보상보험법 등

96

실체법과 절차법에 관한 설명으로 옳지 않은 것은? 기출 16

① 실체법은 권리·의무의 실체적인 사항을 규정한 법이다.
❷ **행정심판법은 실체법에 해당한다.**
③ 절차법은 권리·의무의 실현을 위한 수단과 방법을 규정한 법이다.
④ 부동산등기법은 절차법에 해당한다.

해설
행정심판법은 행정심판 절차를 통하여 행정청의 위법 또는 부당한 처분이나 부작위로 침해된 국민의 권리 또는 이익을 구제하고, 아울러 행정의 적정한 운영을 꾀함을 목적으로 한다(행정심판법 제1조). 즉, 행정심판의 절차를 규정한 절차법에 해당한다.

97

다음 중 실체법이 아닌 것은? 기출문제

① 형법
② 헌법
③ 민법
❹ 채무자회생 및 파산에 관한 법률

해설

채무자회생 및 파산에 관한 법률은 권리나 의무의 행사, 보전, 이행강제 등을 규율하는 절차법이다.

98

법의 구조에 관한 설명으로 옳은 것은 모두 몇 개인가? 기출 23

- 「형법」과 「군형법」은 일반법과 특별법 관계이다.
- 실정법은 불문법만으로 존재하며 이에는 관습법·판례법·조리 등이 있다.
- 「형법」상 존속살해죄는 살인죄의 특별규정이다.
- 임의법은 당사자의 의사로 그 적용을 배제하거나 변경할 수 없는 법이다.

① 0개
② 1개
❸ 2개
④ 3개

해설

제시된 내용 중 법의 구조에 관한 설명으로 옳은 것은 2개이다.
- (O) 형법은 일반법, 군형법은 형법의 특별법이다.
- (×) 실정법은 성문법뿐만 아니라 불문법도 포함되며, 불문법에는 관습법·판례법·조리 등이 있다.
- (O) 존속살해죄(형법 제250조 제2항)는 살인죄(형법 제250조 제1항)의 특별규정이다.
- (×) 임의법은 법령 중 선량한 풍속 기타 사회질서에 관계없는 법규로써, 사적자치가 허용되어 당사자의 의사로 그 적용을 배제할 수 있는 법을 말한다.

99

특별법에 관한 설명으로 틀린 것은? 기출 08

① 군형법은 군인 및 군무원 등에게 적용된다는 점에서 형법의 특별법이다.
② 상법은 기업의 생활관계를 다룬다는 점에서 민법의 특별법이다.
③ 국가보안법은 국가보안이라는 특수적 사항에 적용된다는 점에서 형법의 특별법이다.
❹ **헌법은 모든 국내법 중에서 최고규범이라는 점에서 민법의 특별법이다.**

해설
헌법은 모든 국내법 중에서 최고규범이라는 점에서 민법의 상위법이다.

100

다음 중 일반법과 특별법의 관계를 올바르게 나열한 것은? 기출문제

① 민법 – 민사소송법
② 형법 – 형사소송법
③ 정부조직법 – 지방자치법
❹ **민법 – 상법**

해설
일반법과 특별법의 관계로 민법 – 상법, 형법 – 군형법 등이 있다.

101

다음 중 법규의 적용 시에 당사자의 의사를 고려할 것인가 여부를 표준으로 하는 법의 분류방식에 해당하는 것은?

① 원칙법과 예외법
❷ **강행법과 임의법**
③ 실체법과 절차법
④ 일반법과 특별법

해설
당사자의 의사를 기준으로 법을 분류하는 방식은 강행법과 임의법이다.

102

다음 중 강행법규적 성질이 가장 약한 것은? 기출문제

① 물권법
② 친족・상속법
✓ ③ 계약법
④ 민사소송법

해설

강행법규는 선량한 풍속, 기타 사회질서에 관계되는 법규를 말하며, 임의법규는 이와는 관계없이 당사자의 자치가 허용되는 법규이다. 계약법은 일반적으로 임의법규에 해당한다.

핵심만콕	강행법규의 종류★
• 친족・상속법에서 볼 수 있는 바와 같이 사회의 기본윤리관을 반영하거나 가족관계의 질서유지에 관한 법규		
• 법률질서의 기본구조에 관한 법규(권리능력, 행위능력, 법인제도 등)		
• 제3자나 사회일반의 이해에 중요한 영향을 끼치는 법규(물권법 등)		
• 거래의 안전을 위한 법규(유가증권제도 등)		
• 경제적 약자의 보호를 위한 사회정책적 법규(특별법에서 많이 볼 수 있고 재산법에서도 볼 수 있다)		

103

강행규정에 해당하지 않는 것은? 기출 13

① 횡령죄에 관한 형법의 규정
✓ ② 위험부담에 관한 민법의 규정
③ 국회의 권한에 관한 헌법의 규정
④ 항소기간에 관한 형사소송법의 규정

해설

강행규정이란 당사자의 의사 여부와 관계없이 강제적으로 적용되는 규정으로서 강행법규라고도 한다. 일반적으로 공공질서에 관한 사항을 정한 법규나 공법에 속하는 규정은 대부분 강행규정에 속한다. 위험부담에 관한 민법 채권편의 규정은 강행규정이 아닌 임의규정에 해당하는 예이다.

104

계수법에 대한 다음 설명 중 틀린 것은?

① 외국으로부터 받아들여지거나 외국법을 자료로 하여 제정된 법을 계수법이라고 한다.
② 계수법을 자법(子法), 계수의 기본이 되는 법을 모법(母法)이라고 한다.
③ 한 국가의 국민생활에서 발생·발달된 고유법과 구별된다.
❹ 외국법을 참고하여 자국의 특수사정 등을 고려해서 만든 법을 직접 계수법이라고 한다.

해설
계수법은 외국의 법을 그대로 번역하여 자국의 법으로 만들거나(직접 계수법), 이를 참고·기초하여 자국의 사회현상을 고려하여 만든 법(간접 계수법)이다. ④는 간접 계수법에 대한 설명이다. ★

105

시공을 초월하여 영구불변의 보편타당성을 지닌 법은? 기출 23

❶ 자연법
② 강행법
③ 일반법
④ 실체법

해설
① (○) 시간과 공간의 개념을 초월한 영구불변의 보편타당한 선험적 규범은 자연법이다.
② (×) 강행법은 당사자의 의사와 관계없이 강제적으로 적용되는 법이다. 헌법·형법 등 공법의 대부분이 이에 해당한다.
③ (×) 일반법은 장소·사람·사물에 제한 없이 일반적으로 적용되는 법으로 이에는 헌법, 민법, 형법 등이 있다.
④ (×) 실체법은 권리·의무의 발생·변경·소멸 등을 규정한 법이다.

106

법의 체계에 관한 설명으로 옳은 것은? 기출 15

① 강행법과 임의법은 실정성 여부에 따른 구분이다.
② 고유법과 계수법은 적용대상에 따른 구분이다.
❸ 일반법과 특별법은 적용되는 효력 범위에 따른 구분이다.
④ 공법과 사법으로 분류하는 것은 영미법계의 특징이다.

해설
③ (○) 일반법과 특별법은 법의 효력 범위에 따른 구분에 해당한다.
① (×) 강행법과 임의법은 당사자의 의사로 법 적용을 배제할 수 있는지에 따른 구분이다.
② (×) 고유법과 계수법은 연혁에 따른 구분이다. 즉, 법 제정의 자생성 여부에 따른 구분이다.
④ (×) 공법과 사법으로 분류하는 것은 대륙법계의 특징이다. 영미법계는 공법과 사법이 엄격히 구별되지 않는다. ★

107

자연법(自然法)과 실정법(實定法)에 관한 설명으로 옳지 않은 것은?

① 자연법론은 개인주의, 자유주의로 확장되어 근대 시민혁명에 사상적 기반을 제공했다.
✓ **자연법론은 형식적 법치주의를 지향하게 된다.**
③ 실정법은 주로 입법절차에 의해 제정된 법률, 명령, 조례, 규칙 등을 포함한다.
④ 실정법론에서는 과학적 근거가 취약한 자연법보다는 현실적으로 효력을 인정받는 실정법을 통해 다수의 권리를 보장하는 것이 훨씬 낫다고 한다.

해설
자연법(自然法)은 시대와 장소를 초월하여 보편타당하게 받아들여지는 법을 일컫는다. 이에 따르면 개인의 자유와 권리를 보장하는 것은 특별히 법에 명문의 규정이 없더라도 국가와 법질서가 당연히 해야 할 역할이다. 따라서 자연법은 실질적 법치주의를 지향한다. ★

108

다음 중 서로 대비되는 법의 유형끼리 연결된 것이 아닌 것은? 기출문제

① 고유법 - 계수법
② 공법 - 사법
✓ **자연법 - 관습법**
④ 강행법 - 임의법

해설
자연법은 실정법과 대비되는 법의 유형이다.

핵심만콕 서로 대비되는 법의 유형

- 국내법 ↔ 국제법
- 자연법 ↔ 실정법
- 시민법 ↔ 사회법
- 실체법 ↔ 절차법
- 일반법 ↔ 특별법
- 강행법 ↔ 임의법
- 고유법 ↔ 계수법
- 공법 ↔ 사회법 ↔ 사법
- 조직법 ↔ 행위법

4 법의 적용과 해석

109
CHECK ⊙△✕

법의 적용에 관한 설명으로 옳지 않은 것은? 기출 24

① 구체적 사실을 확정하는 것은 법률문제가 아닌 사실문제이다.
② 법을 적용하기 위한 사실의 확정은 증거에 의한다.
③ 추정은 명확하지 못한 사실을 그대로 가정하여 법률효과를 발생시키는 것이다.
❹ 간주 규정에 따라 법이 의제한 효과는 반증에 의해 번복할 수 있다.

[해설]

④ (✕) 간주란 불명확한 사실에 대하여 공익 또는 기타 법정책상의 이유로 사실의 진실성 여부와는 관계없이 확정된 사실로 의제하여 일정한 법률효과를 부여하고 반증을 허용하지 않는 것으로, 의제라고도 한다. 반증에 의해 번복할 수 있는 것은 추정으로, 추정된 사실과 다른 주장을 하는 자는 반증을 들어 추정의 효과를 뒤집을 수 있다.
① (○) 구체적 사실을 확정하는 것은 법을 적용할 만한 가치가 있는 사실들을 확정하는 것으로 법률문제가 아닌 사실문제이다.
② (○) 사실의 확정은 사회생활에서 실제로 발생하는 무수한 사건에 대하여 법규를 적용하기 전에 법적으로 가치 있는 사실만을 확정하는 법적 인식작용으로, 객관적 증거에 의함을 원칙으로 한다.
③ (○) 추정은 입증부담을 완화하기 위하여 입증이 용이하지 않은 확정되지 않은 사실(불명확한 사실)을 통상의 상태를 기준으로 하여 사실로 인정하고 이에 상당한 법률효과를 주는 것을 말한다.

110
CHECK ⊙△✕

"실종선고를 받은 자는 전조(前條)의 기간이 만료한 때에 사망한 것으로 본다"는 민법 제28조의 규정에서 '본다'의 법률적 의미는? 기출 23

① 추 정
② 반 증
❸ 간 주
④ 입 증

[해설]

③ (○) 법문상 '~으로 본다'는 것은 사실의 진실성 여부와는 관계없이 확정된 사실로 의제하여 일정한 법률효과를 부여하고 반증을 허용하지 않는 간주의 의미이다.
① (✕) 추정은 입증부담을 완화하기 위하여 불명확한 사실에 대하여 일정한 법적 효과를 부여하는 것이다.
② (✕) 반증이란 어떤 사실이나 주장이 옳지 않음을 그에 반대되는 근거를 들어 증명하는 것 또는 그런 증거를 의미한다.
④ (✕) 입증은 사실의 인정을 위하여 증거를 주장하는 것을 말하며, 이 입증책임은 그 사실의 존부를 주장하는 자가 부담한다.

111

당사자의 반증에 의하여 법률효과가 번복될 수 있는 것은? 기출 22

☑ ① 추정
② 준용
③ 간주
④ 부적용

해설
① (○) 반증을 들어 법률효과를 번복할 수 있는 것은 추정이다.
② (×) '준용'이란 비슷한 사항에 관하여 법률을 제정할 때 법률을 간결하게 할 목적으로 다른 유사한 법규정을 그 성질에 따라 다소 수정하여 적용하도록 하는 것을 말한다.
③ (×) '의제한다' 또는 '~로 본다'라고 표현되는 간주는 법규에 의한 의제를 말하고, 반증을 들어서 번복하지 못한다는 의미에서 추정과 구별된다.
④ (×) '부적용'은 적용하지 않는다는 의미인데, '적용'은 이미 규정되어 있는 조문을 수정하지 않고 그대로 따르도록 한다는 점에서 기존 조문의 규율 범위를 확장하는 의미가 있다.

112

법의 적용에 관한 설명으로 옳지 않은 것은? 기출 21

① 법의 적용은 구체적인 사안을 법규범에 적용하는 것을 말한다.
☑ ② 법의 적용은 구체적 사안을 상위개념(대전제)으로 하고, 추상적인 법규범을 하위개념(소전제)으로 하여 결론을 도출하는 것이다.
③ 법의 적용을 위해서는 우선 법이 적용되어야 할 구체적 사실을 확정해야 한다.
④ 국가생활에서 궁극적인 법의 적용은 재판에 의해서 실현된다고 할 수 있다.

해설
② (×) 법의 적용은 추상적인 법규범을 상위개념(대전제)으로 하고, 구체적 사안을 하위개념(소전제)으로 하여 3단논법으로써 결론을 도출하는 것이다.
① (○) 구체적 사건이 발생하였을 경우에 실정법의 어느 규정을 그 사건에 적용할 것인지를 판단하는 과정을 법의 적용이라 한다.
③ (○) 법의 적용을 위해서는 먼저 소전제인 구체적 사실을 확정하여야 하고(사실의 확정), 다음으로 그 확정된 구체적 사실에 적용할 법을 찾아야 하며(법규의 검색), 그 찾아낸 법의 내용을 확정하여야 한다(법의 해석).
④ (○) 재판을 통한 법적용의 실현에 대한 내용으로, 이는 옳다.

113

법의 적용에 관한 설명으로 옳은 것은? 기출 19

① 간주의 효과는 반증이 있으면 뒤집을 수 있다.
② 사실의 진실 여부와는 관계없이 의제하는 것은 추정이다.
❸ **입증책임은 원칙적으로 사실의 존부를 주장하는 자가 부담한다.**
④ 2인 이상이 동일한 위난으로 사망한 경우에는 동시에 사망한 것으로 간주한다.

[해설]
③ (○) 사실의 인정을 위하여 증거를 주장하는 것을 입증이라 하며, 이 입증책임은 그 사실의 존부를 주장하는 자가 부담한다.
① (×) 반증을 들어 뒤집을 수 있는 것은 추정이다.
② (×) 사실의 진실 여부와는 관계없이 확정된 사실로 의제하는 것은 간주이다.
④ (×) 동일한 위난으로 수인이 사망한 경우 그들은 동시에 사망한 것으로 추정한다(민법 제30조).

114

사실확정을 위한 실정법의 추정규정으로 옳지 않은 것은? 기출 18

① 공유자의 지분은 균등한 것으로 추정한다.
② 아내가 혼인 중에 임신한 자녀는 남편의 자녀로 추정한다.
③ 2인 이상이 동일한 위난으로 사망한 경우에는 동시에 사망한 것으로 추정한다.
❹ **실종선고를 받은 자는 실종기간이 만료한 때에 사망한 것으로 추정한다.**

[해설]
④ (×) 실종선고를 받은 자는 실종기간이 만료한 때에 사망한 것으로 <u>간주</u>한다(민법 제28조).
① (○) 민법 제262조 제2항
② (○) 민법 제844조 제1항
③ (○) 민법 제30조

115

법의 적용에 관한 설명으로 옳은 것은? 기출 17

① 구체적 사실을 확정하는 것은 법률문제이다.
② 반증을 허용하지 않고 법률이 정한 효력을 당연히 생기게 하는 것을 추정이라고 한다.
❸ **추정된 사실과 다른 반증을 들어 추정의 효과를 뒤집을 수 있다.**
④ 사실의 존재여부에 관하여 확신을 가지게 하는 것을 간주라고 한다.

해설

③ (○) 추정은 간주와 달리 반증을 들어 그 효과를 뒤집을 수 있다.
① (×) 구체적 사실을 확정하는 것은 법을 적용할 만한 가치가 있는 사실들을 확정하는 것이다. ★
② (×) 반증을 허용하지 않는 것은 간주에 해당하며, 추정은 반증을 통해 효력을 뒤집을 수 있다.
④ (×) 사실의 존재여부에 관하여 확신을 가지게 하는 것은 입증이다. ★

116

법의 적용에 관한 설명으로 옳지 않은 것은? 기출 16

❶ **법의 적용은 법원의 재판에 한정된다.**
② 사실의 인정을 위하여 증거를 내세우는 것을 입증이라고 한다.
③ 간주된 사실은 반증을 들어 이를 뒤집을 수 없다.
④ 추정된 사실과 다른 주장을 하는 자는 반증을 들어 추정의 효과를 뒤집을 수 있다.

해설

법의 적용은 구체적 사안을 추상적인 법규범에 적용하는 것으로, 법원의 재판에 한정되지 않는다. ★

117

법의 적용에 관한 설명으로 옳지 않은 것은? 기출 15

① 법을 적용하기 위한 사실의 확정은 증거에 의한다.
❷ **확정의 대상인 사실이란 자연적으로 인식한 현상 자체를 말한다.**
③ 사실의 추정은 확정되지 못한 사실을 그대로 가정하여 법률효과를 발생시키는 것이다.
④ 간주는 법이 의제한 효과를 반증에 의해 번복할 수 없다.

해설

확정의 대상인 사실은 법적으로 가치 있는 구체적 사실이어야 한다. ★

118

불명확한 사실에 대하여 공익 또는 기타 법정책상의 이유로 사실의 진실성 여부와는 관계없이 확정된 사실로 의제하여 일정한 법률효과를 부여하고 반증을 허용하지 않는 것은? 기출 14

☑ ① 간 주
② 추 정
③ 준 용
④ 입 증

해설

사실의 진실성 여부와는 관계없이 확정된 사실로 의제하여 일정한 법적효과를 부여하는 것은 간주이며, 반증을 허용하지 않는다는 점이 특징이다.

> **핵심만콕** 추정(推定)과 간주(看做)·의제(擬制)
> - 추정은 반대의 증거가 제출되면 법규정의 적용이 배제된다.
> - 간주·의제는 반대의 증거제출을 허용하지 않고 법률이 정한 효력을 당연히 생기게 한다.

119

'추정'과 '간주'에 관한 설명으로 옳은 것은? 기출 13

☑ ① 추정은 입증부담을 완화하기 위하여 불명확한 사실에 대하여 일정한 법적 효과를 부여하는 것이다.
② 추정은 반증으로 그 효과를 번복할 수 없다.
③ 2인 이상이 동일한 위난으로 사망한 경우에는 동시에 사망한 것으로 간주한다.
④ 가정법원의 선고에 의해 사망한 것으로 간주되는 사법상의 효과는 반증에 의해 번복될 수 있다.

해설

① (○) 추정에 대한 설명으로 옳다.
② (×) 추정으로 인하여 발생한 법률효과는 당사자의 반증으로 번복될 수 있다.
③ (×) 2인 이상이 동일한 위난으로 사망한 경우에는 동시에 사망한 것으로 추정한다(민법 제30조).
④ (×) 생사불명의 상태가 장기간 계속되고 있는 자를 일정한 요건과 절차에 의하여 사망한 것으로 하는 가정법원의 신고를 실종선고라고 한다. 실종선고로 인하여 실종자는 사망한 것으로 간주되며, 생존의 사실 등의 반증만으로 실종선고의 효과를 다툴 수는 없다.

120

법규를 적용하기 전에 사실을 확정하기 위한 방법이 아닌 것은? 기출 10

☑ ① 사실의 발견
② 사실의 입증
③ 사실의 추정
④ 사실의 간주

해설

사실의 확정하기 위한 방법에는 사실의 입증, 추정, 의제(간주)가 있다.

핵심만콕	사실의 확정 단계

- 입증 : 재판에서 사실의 존부에 관하여 확신을 얻게 하는 단계로 증거에 따른다.
- 추정 : 증거로 확정하지 못한 사실을 우선 있는 그대로 확정하여 법률효력을 발생시키는 것을 말한다.
- 의제(간주) : 추정과 달리 '취소절차'를 거쳐야만 그 효력을 번복시킬 수 있다. 따라서 간주는 추정보다 강력한 효력을 발생시킨다.

121

법률의 적용과 관련하여 사실의 의제에 관한 설명으로 틀린 것은? 기출 08

① 법률의 규정에 의하여 사실을 인정하는 것을 의미한다.
② 법문에서는 '간주한다' 또는 '본다'라고 표현한다.
③ 반증을 통해서 사실의 의제를 번복할 수 없다.
☑ ④ 죄형법정주의를 취하고 있는 형법은 사실의 의제와 관련된 규정을 두지 않고 있다.

해설

사법인 민법과는 달리 공법인 형법에는 추정이나 간주규정이 존재하지 않는다. 형사소송에서 범죄사실의 입증불가능이나 곤란성을 이유로 형법상 간주나 의제규정을 두어 피고인에게 형벌을 부과한다는 것은 죄형법정주의에 반하기 때문이다. 그러나 예외적으로 동시범의 특례조항(형법 제263조)에 사실의 의제규정이 존재한다.★

122

법에 대한 설명으로 틀린 것은? 기출 06

① 민법은 실체법이고 민사소송법은 절차법이다.
② 법은 강제규범이라는 점에서 도덕과 구별된다.
③ 당사자의 의사에 의해 그 적용을 배제할 수 있는 법이 임의법이다.
❹ 법령에 규정이 없는 경우 법해석에 의해 성질이 비슷한 다른 법령의 규정을 적용하는 것을 준용이라고 한다.

해설
법령에 규정이 없는 경우 법해석에 의해 성질이 비슷한 다른 법령의 규정을 적용하는 것은 준용이 아니라 유추적용이다. 준용이란 비슷한 사항에 관하여 법률을 제정할 때 법률을 간결하게 할 목적으로 법규정을 그 성질에 따라 다소 수정하여 적용하는 것을 말한다. 즉, 유추적용이 법해석의 한 방법이라면, 준용은 입법기술의 한 방법이다.

123

법의 적용과 관련된 다음 기술 중 타당하지 않은 것은? 기출 04

① 재판의 과정을 살펴보면, 먼저 적용될 추상적 법규를 대전제로 하고, 구체적 사건을 소전제로 하며 여기에 재판이라는 결론을 도출하는 3단 논법의 형식이 적용된다.
❷ 민법 제28조에서 "실종선고를 받은 자는 실종기간이 만료한 때에 사망한 것으로 본다."고 규정한 것은 '사실의 추정'의 예라 할 수 있다.
③ 사실의 존부는 증거에 의해 확정되며 이를 증거재판주의라고 부른다.
④ 확정되지 못한 사실을 잠정적으로 확정된 것처럼 법률효과를 발생시키는 것을 '사실의 추정'이라 한다.

해설
②는 '사실의 추정'이 아닌 '사실의 의제(간주)'의 예에 해당한다.

124

확정되지 못한 사실을 우선 사실대로 확정하여 법률효과를 발생시키는 것은?

① 입 증
② 사실의 확정
③ ✓ 사실의 추정
④ 간 주

해설

추정은 법의 편의상 사실을 가정하는 것으로 입증이 용이하지 않은 확정되지 않은 사실을 통상의 상태를 기준으로 하여 사실로 인정하고 이에 상당한 법률효과를 주는 것을 말한다.

125

다음은 실정법 해석상의 일반원칙에 대하여 설명한 것이다. 가장 옳지 않은 것은? 기출문제

① 사법의 해석은 당사자의 대등관계를 전제로 하므로 당사자 간의 이익형량과 공평성이 유지되도록 해석하여야 한다.
② 행정법은 기술성·구체성을 가지므로 헌법의 가치를 실현할 수 있도록 해석해야 하고, 실질적 법치주의의 실현과 구체적 타당성의 확보를 위하여 목적론적 해석이 이루어져야 한다.
③ ✓ 헌법은 국가의 기본법이며 정치적 성격이 강하고 공익우선적 법이므로 국가에게 유리하도록 해석하여야 한다.
④ 사회법의 해석은 그 성격이 당사자 사이의 관계를 실질적으로 보완하기 위한 법이므로 이들 사이의 실질적인 법적 평등이 보장되는 방향으로 해석해야 한다. 따라서 약자보호의 측면이 강조된다.

해설

법해석의 목표는 법적 안정성을 저해하지 않는 범위 내에서 구체적 타당성을 찾는데 두어야 하는데 그중 헌법의 해석에 있어서 헌법은 국가의 기본법이며 기본권 보장 규범이므로 개인에게 유리하도록 해석해야 한다.

126

법규를 구체적 사안에 적용할 수 있도록 그 의미·내용을 명확히 하는 과정은 무엇인가?

① 사실의 확정
❷ **법의 해석**
③ 법의 적용
④ 입 증

해설
법규를 구체적 사실에 적용하기 위하여 그 의미·내용을 명확히 하는 것을 법의 해석이라고 한다.

127

'자전거 통행금지'라는 게시판이 있는 경우, 오토바이도 통행하지 못한다고 해석하는 것은 법의 해석 방법 중 어디에 해당하는가? 기출 24

① 유추해석
② 확장해석
❷ **물론해석**
④ 반대해석

해설
③ (○) 물론해석이란 법문이 일정한 사항을 정하고 있을 때 그 이외의 사항에 관해서도 사물의 성질상 당연히 그 규정에 포함되는 것으로 보는 해석을 말한다.
① (×) 유추해석이란 두 개의 유사한 사실 중 법규에서 어느 하나의 사실에 관해서만 규정하고 있는 경우에 나머지 다른 사실에 대해서도 마찬가지의 효과를 인정하는 해석을 말한다.
② (×) 확장해석이란 법규의 내용에 포함되는 개념을 문자 자체의 보통의 뜻보다 확장해서 효력을 인정함으로써 법의 타당성을 확보하려는 해석을 말한다.
④ (×) 반대해석이란 법문이 규정하는 요건과 반대의 요건이 존재하는 경우에 그 반대의 요건에 대하여 법문과 반대의 법적 판단을 하는 해석을 말한다.

128

법의 해석에 관한 설명으로 옳지 않은 것은? 기출 23

① 미성년자 통행금지 규정이 있는 경우 성년자는 통행 가능하다고 해석하는 것은 반대해석이다.
② **법률 자체에 법의 해석규정을 두는 것은 사법해석이다.** ✓
③ 과실책임을 물을 때 그보다 중한 고의책임은 당연히 포함되는 것으로 해석하는 경우 물론해석에 해당한다.
④ 생명침해로 인한 위자료를 청구할 수 있는 배우자에 사실혼관계의 배우자가 포함된다고 해석하는 것은 확장해석이다.

해설

법령에서 그 법령의 해석에 관한 방침을 명확히 제시하기 위하여 해석규정을 두는 것을 입법해석이라고 한다. 사법해석은 재판기관(법원, 헌법재판소)이 구체적 쟁송의 해결을 목적으로 추상적인 법규범의 객관적 의미를 파악하는 해석이다.

핵심만콕 법해석의 종류

해석의 구속력에 따라	• 유권해석 : 입법해석, 사법해석, 행정해석 • 무권해석(학리해석) : 문리해석, 논리해석
해석의 방법에 따라	• 확장해석 : 법문상 자구(字句)의 의미를 통상의 의미 이상으로 확장하여 해석 • 축소(제한)해석 : 법문상 자구(字句)의 의미를 통상의 의미보다 축소하여 해석 • 반대해석 : 법문이 규정하는 요건과 반대의 요건이 존재하는 경우에 그 반대의 요건에 대해 법문과 반대의 법적 판단을 하는 해석 • 물론해석 : 법문이 일정한 사항을 정하고 있을 때 그 이외의 사항에 관해서도 사물의 성질상 당연히 그 규정에 포함되는 것으로 보는 해석 • 유추해석 : 두 개의 사실 중 법규에서 어느 하나의 사실에 관해서만 규정하고 있는 경우에 나머지 다른 사실에 대해서도 마찬가지의 효과를 인정하는 해석 • 보정해석 : 법조문이 입법자의 의사에 반하여 잘못 표현되고 있는 것이 명백한 경우에 그것을 바로잡는 해석

129

미성년자에 대한 흡연금지 규정이 있는 경우에 성년자의 흡연은 허용된다고 하는 해석은? 기출 22

① 물론해석
② 보정해석
③ 유추해석
④ **반대해석** ✓

해설

설문은 반대해석에 관한 설명이다. 즉, 반대해석은 법문이 규정하는 요건과 반대의 요건이 존재하는 경우에 그 반대의 요건에 대해 법문과 반대의 법적 판단을 하는 해석방법이다.

130

법의 해석방법 가운데 물론해석에 해당되는 것은? 기출 21

① '소멸시효의 이익은 미리 포기하지 못한다'는 규정이 있는 경우, 시효완성 후의 포기는 허용된다고 해석하는 것
② **'자전거 통행금지'라는 게시판이 있는 경우, 오토바이도 통행하지 못한다고 해석하는 것**
③ '배우자'의 개념에 대해서, 법률상 배우자뿐만 아니라 사실상 배우자를 포함한다고 해석하는 것
④ '미성년자가 혼인을 할 때에는 부모의 동의를 얻어야 한다'는 규정이 있는 경우, 성년자가 혼인을 할 때에는 부모의 동의를 필요로 하지 않는다고 해석하는 것

해설

② (○) 물론해석은 법문에 일정한 사항을 정하고 있을 때 그 이외의 사항에 관해서도 사물의 성질상 당연히 그 규정에 포함되는 것으로 보는 해석방법으로, '자전거 통행금지'라는 게시판이 있는 경우, 자전거보다 크고 무거운 오토바이는 당연히 그 통행이 금지되어야 하므로, 이는 물론해석에 해당한다.
①·④는 반대해석, ③은 확장해석에 해당한다.

131

'민법 제3조는 "사람은 생존한 동안 권리와 의무의 주체가 된다."라고 규정하고 있으므로 원칙적으로 태아에게는 권리능력이 인정되지 않는다'라고 하는 해석은? 기출 20

① 축소해석
② **반대해석**
③ 물론해석
④ 유추해석

해설

설문은 반대해석에 대한 내용이다. 즉, 반대해석은 법문이 규정하는 요건과 반대의 요건이 존재하는 경우에 그 반대의 요건에 대하여 법문과 반대의 법적 판단을 하는 해석방법을 말한다.

132

유권해석에 해당하는 것은? 기출 19

① 문리해석
② 반대해석
✓ ③ 행정해석
④ 유추해석

해설
유권해석은 권한을 가진 국가기관에 의하여 행하여지는 해석으로서 공적인 구속력을 가지는 공권적 해석이다. 행정해석은 행정기관이 법을 집행하기 위하여 필요한 경우 법집행 권한에 근거하여 내리는 해석으로 유권해석의 일종이다.

133

"형법 제329조 절도죄의 객체인 「재물」에 부동산은 포함되지 아니한다"고 해석한다면 이는 무슨 해석인가? 기출 18

✓ ① 축소해석
② 유추해석
③ 반대해석
④ 확장해석

해설
축소해석은 법률의 문언을 문리보다 좁게 엄격히 해석하는 방법이다.

134

( )에 들어갈 용어는? 기출 17

> ( )은 법문에 일정한 사항을 정하고 있을 때 그 이외의 사항에 관해서도 사물의 성질상 당연히 그 규정에 포함되는 것으로 해석하는 것이다.

✓ ① 물론해석
② 유추해석
③ 확장해석
④ 변경해석

해설
( ) 안에 들어갈 용어는 물론해석이다.

135

법의 해석에 관한 설명으로 옳지 않은 것은? 기출 16

① 법해석의 방법은 해석의 구속력 여부에 따라 유권해석과 학리해석으로 나눌 수 있다.
② 법해석의 목표는 법적 안정성을 저해하지 않는 범위 내에서 구체적 타당성을 찾는 데 두어야 한다.
③ 법의 해석에 있어 법률의 입법취지도 고려의 대상이 된다.
❹ **민법, 형법, 행정법에서는 유추해석이 원칙적으로 허용된다.**

해설

형법에서는 (불이익한) 유추해석과 확대해석을 동일한 것으로 보아 금지하며(죄형법정주의의 원칙), 피고인에게 유리한 유추해석만 가능하다고 본다.

136

법의 해석방법 중 유추해석 방법은? 기출 14

① 서로 반대되는 두 개의 사실 중 하나의 사실에 관해서만 규정이 되어 있을 때 다른 하나에 관해서는 법문과 반대의 결과를 인정하는 해석방법
② 법규의 문자가 가지는 사전적 의미에 따라서 법규의 의미를 확정하는 해석방법
❸ **두 개의 유사한 사실 중 법규에서 어느 하나의 사실에 관해서만 규정하고 있는 경우에 나머지 다른 사실에 대해서도 마찬가지의 효과를 인정하는 해석방법**
④ 법규의 내용에 포함되는 개념을 문자 자체의 보통의 뜻보다 확장해서 효력을 인정함으로써 법의 타당성을 확보하려는 해석방법

해설

③ (○) 유추란 단어는 규정이 없을 때 유사한 법규를 끌어 쓴다는 의미이다.
①은 반대해석, ②는 문리해석, ④는 확장해석에 관한 설명이다.

137

법의 해석에 관한 설명으로 옳지 않은 것은? 기출 12

① 권한을 가진 국가기관에 의하여 행하여지는 해석을 유권해석이라고 한다.
❷ 법문을 형성하는 용어, 문장을 기초로 하여 그 문자가 가지는 의미에 따라서 법규 전체의 의미를 해석하는 것을 논리해석이라고 한다.
③ 법률 자체에 법의 해석규정을 두는 것을 입법해석이라고 한다.
④ 어떤 사항을 직접적으로 규정하는 법규가 없는 경우, 이와 유사한 사항을 규정한 법규를 적용하는 것을 유추해석이라고 한다.

[해설]
문리해석에 대한 설명이다. 논리해석이란 법의 문자나 문구의 의미에 구애받지 않고 법의 입법 취지, 목적 등을 고려해서 논리적 추론에 의하여 법의 객관적 의미를 밝히는 것을 말한다.

138

법의 해석방법 중 논리해석에 해당하지 않는 것은? 기출 08

❶ 문리해석
② 확장해석
③ 물론해석
④ 보정해석

[해설]
학리해석에는 문리해석과 논리해석이 있고, ②·③·④가 논리해석에 해당한다.

139

다음 중 유권해석에 해당하지 않는 것은? 기출 06

① 사법해석
② 입법해석
③ **논리해석** ✓
④ 행정해석

[해설]
유권해석에는 입법해석, 행정해석, 사법해석이 있고, 논리해석은 학리해석(무권해석)에 속한다.

140

다음 중 법의 적용 및 해석에 관하여 맞게 기술한 것은? 기출 04

① 문리해석은 유권해석의 한 유형이다.
② **법률용어로 사용되는 선의·악의는 일정한 사항에 대해 아는 것과 모르는 것을 의미한다.** ✓
③ 유사한 두 가지 사항 중 하나에 대해 규정이 있으면 명문규정이 없는 다른 쪽에 대해서도 같은 취지의 규정이 있는 것으로 해석하는 것을 준용이라 한다.
④ 간주란 법이 사실의 존재·부존재를 법정책적으로 확정하되, 반대사실의 입증이 있으면 번복되는 것이다.

[해설]
② (○) 선의·악의에 대한 내용으로 옳다.
① (×) 문리해석과 논리해석은 학리해석의 범주에 속한다.
③ (×) 유추해석에 관한 설명이다.
④ (×) 추정은 불명확한 사실을 일단 인정하는 것으로 정하여 법률효과를 발생시키되 나중에 반증이 있을 경우 그 효과를 발생시키지 않는 것을 말한다. 간주는 추정과는 달리 나중에 반증이 나타나도 이미 발생된 효과를 뒤집을 수 없는 것을 말한다.

141

소위 정의규정(定義規定)은 다음 중 어디에 해당하는가? 기출문제

① 행정해석
② 사법해석
③ **입법해석** ✓
④ 반대해석

해설
입법해석이란 입법기관이 입법권에 근거하여 일정한 법규정이나 법개념의 해석을 당시 법규정으로 정해놓은 것이다. 즉, 법률의 규정으로 직접 법률의 정의개념을 해석하는 것이다.

142

법해석 방법 중 가장 우선적이고 기본적인 것은? 기출문제

① 논리해석
② **문리해석** ✓
③ 행정해석
④ 사법해석

해설
문리해석은 가장 우선적이고 기본적인 법해석으로 법문을 형성하는 용어, 문장을 기초로 하여 그 문자가 가지는 의미에 따라서 법규 전체의 의미를 해석하는 법해석 방법이다.

5 권리와 의무

143

CHECK ○△×

권리에 대한 설명으로 틀린 것은? 기출 06

① 권리의 본질에 관해 오늘날의 통설은 권리법력설이다.
② 고대에 있어서의 법률관계는 의무의 측면에서 규율되었다.
❸ **현대법학에서의 법률관계는 권리본위의 측면에서 규율한다.**
④ 이익설은 예링이 이익법학과 목적법학의 이론에 입각하여 주장한 학설이다.

[해설]
현대법학에서의 법률관계는 권리본위의 측면뿐만 아니라 의무본위의 측면 모두를 고려하여 규율한다.

144

CHECK ○△×

권리와 구별되는 개념에 관한 설명으로 옳은 것은? 기출 21

① 권원은 권리의 내용을 이루는 개개의 법률상 작용을 말한다.
② 권능은 일정한 법률상 또는 사실상의 행위를 하는 것을 정당화하는 법률상의 원인이다.
❸ **권한은 타인을 위하여 그 자에게 일정한 법률효과를 발생하게 하는 행위를 할 수 있는 법률상 자격이다.**
④ 반사적 이익은 법에 의해 보호되는 이익으로서 그것이 침해된 자도 법률상 구제를 받을 수 있음이 원칙이다.

[해설]
③ (○) 권한은 타인을 위하여 법률행위를 할 수 있는 법률상의 자격으로, 이사의 대표권, 국무총리의 권한 등이 대표적이다.
①은 권능, ②는 권원에 대한 설명이고, ④의 반사적 이익은 법의 보호를 받지 못하는 이익으로, 그것이 침해된 자는 법률상 구제를 받을 수 없다.

핵심만콕 권리와 구별되는 개념 ★★

- 권한 : 타인을 위하여 법률행위를 할 수 있는 법률상의 자격을 말한다(예 이사의 대표권, 국무총리의 권한 등).
- 권능 : 권리에서 파생되는 개개의 법률상의 작용을 말한다(예 소유권자의 소유권에서 파생되는 사용권·수익권·처분권).
- 권력 : 일정한 개인 또는 집단이 공익을 달성할 목적으로 다른 개인 또는 집단을 강제 또는 지배하는 힘을 말한다.
- 권원 : 일정한 법률상 또는 사실상의 행위를 하는 것을 정당화하는 법률상의 원인을 말한다(예 지상권, 대차권).
- 반사적 이익 : 법이 일정한 사실을 명하거나 금하고 있는 결과로써 어떠한 자가 저절로 받게 되는 이익으로, 그 이익을 누리는 자에게 법적인 힘이 부여된 것은 아니므로, 타인이 그 이익의 향유를 방해하더라도 그 보호를 청구하지 못한다(예 도로·공원 등 공물의 설치로 인한 공물이용자의 이익, 공중목욕탕 영업의 거래제한으로 인하여 이미 허가를 받은 업자의 사실상의 이익).

145

권리와 관련된 설명으로 옳지 않은 것은? 기출 18

① 사권(私權)은 권리의 작용에 의해 지배권, 청구권, 형성권, 항변권으로 구분된다.
❷ **사권은 권리의 이전성에 따라 절대권과 상대권으로 구분된다.**
③ 권능은 권리의 내용을 이루는 개개의 법률상의 힘을 말한다.
④ 권한은 본인 또는 권리자를 위하여 일정한 법률효과를 발생케 하는 행위를 할 수 있는 법률상의 자격을 말한다.

[해설]
사권은 권리의 이전성(양도성)에 따라 일신전속권과 비전속권으로 구분된다. 절대권과 상대권은 권리의 효력 범위에 대한 분류이다.

146

권리와 구별되는 개념에 관한 설명으로 옳은 것은? 기출 15

❶ **의사무능력자는 권능의 주체가 될 수 있다.**
② 법규정에 의해 인정되는 반사적 이익은 권리가 될 수 있다.
③ 권원은 그 작용에 따라 지배권, 청구권, 형성권, 항변권으로 분류된다.
④ 권한은 일정한 법률적 또는 사실적 행위를 정당화시키는 법률상의 원인을 말한다.

[해설]
의사능력은 법률행위의 의미나 결과를 합리적으로 판단할 수 있는 정신적 능력 내지 지능을 말한다. 따라서 의사무능력자의 법률행위는 무효이나, 의사무능력자도 권리나 권능을 갖는 주체가 될 수는 있다. ★

[핵심만콕]
- 권리는 반사적 이익과 구별되는 개념으로 특별한 법익을 누리기 위하여 법이 허용하는 힘이다.
- 권리는 그 작용에 따라 지배권, 청구권, 형성권, 항변권으로 분류된다.
- 권원은 일정한 법률적 또는 사실적 행위를 정당화시키는 법률상의 원인을 말한다. ★

147

다음 각 용어에 관한 설명으로 옳은 것은? 기출 14

☑ ① 권능이란 권리의 내용을 이루는 각개의 법률상의 작용을 말한다.
② 권원이란 일정한 법률상 또는 사실상 행위의 결과로 나타나는 효과를 말한다.
③ 반사적 이익이란 특정인이 법률규정에 따라 일정한 행위를 하였을 때 그 법률상 이익을 직접 누릴 수 있는 권리를 말한다.
④ 법인의 대표이사가 정관 규정에 의하여 일정한 행위를 할 수 있는 힘을 권리라 한다.

해설

용어에 대한 설명으로 옳은 것은 ①이다. 권원은 행위를 할 수 있는 근거를 의미하며, 반사적 이익이란 법규의 직접 상대방으로 누리는 이익이 아니라 간접적으로 누리는 이익을 의미한다. 또한 대표나 대리는 권한의 문제이다.

148

권리와 구별되는 개념들에 관한 설명으로 옳지 않은 것은? 기출 12

① 대리인의 대리권은 권한에 해당한다.
☑ ② 다른 사람을 위하여 법률행위를 할 수 있는 법률상의 자격을 권능이라고 한다.
③ 일정한 법률상 또는 사실상의 행위를 정당화시키는 법률상의 원인을 권원이라고 한다.
④ 법이 일정한 사람에게 일정한 행위를 명하거나 금지함에 따라 다른 사람이 반사적으로 누리는 이익을 반사적 이익이라고 한다.

해설

②는 권한에 대한 설명이다.

149

법규정의 결과로 각 사람이 저절로 받는 이익으로서 적극적으로 어떤 힘이 부여되어 있는 것이 아니기 때문에 타인이 그 이익의 향유를 방해하더라도, 그것의 보호를 청구하지 못하는 것은? 기출문제

① 권 능
② 권 한
③ **반사적 이익** ✓
④ 권 리

해설

반사적 이익은 법이 일정한 사실을 명하거나 금하고 있는 결과로써 어떠한 자가 저절로 받게 되는 이익으로, 그 이익을 누리는 자에게 법적인 힘이 부여된 것은 아니므로, 타인이 그 이익의 향유를 방해하더라도 그 보호를 청구하지 못한다.

핵심만콕

- 권능 : 권리에서 파생되는 개개의 법률상의 작용
- 권한 : 타인(본인 또는 권리자)을 위하여 법률행위를 할 수 있는 법률상의 자격
- 권리 : 특별한 법익을 누리기 위하여 법이 허용하는 힘

150

권리와 의무에 관한 설명으로 옳은 것은? 기출 23

① 권리의 침해에 대한 자력구제는 항상 허용된다.
② 모든 채권자는 채권의 행사 여부와 관계없이 동일한 순위로 채무자에게 변제받을 수 있다.
③ 권리는 권리의 객체가 될 수 없다.
④ **법률관계에서 의무만 있고 이에 대응하는 권리가 없는 경우도 있다.** ✓

해설

④ (○) 권리와 의무는 서로 대응하는 것이 보통이나, 민법 제755조의 책임무능력자에 대한 감독의무와 같이 의무만 있고 이에 대응하는 권리가 없는 경우도 있고, 취소권, 추인권, 해제권과 같이 권리만 있고 그에 대응하는 의무는 없는 경우도 있다.
① (×) 근대의 법치국가에 있어서의 권리의 보호는 국가구제가 원칙이고, 자력구제는 예외적으로 부득이한 경우에 한하여 인정된다. 우리 민법은 자력구제에 대한 일반규정을 두고 있지 않으며, 다만 점유침탈에 관하여서만 자력구제를 인정하는 규정(민법 제209조)을 두고 있을 뿐이다.
② (×) 채권은 성립의 선후에 따른 우선순위에 차이가 없다. 즉, 채권자평등의 원칙에 의하여 모든 채권자는 같은 순위로 변제를 받는 것이 원칙이다. 단, 채권을 먼저 행사한 자는 그 이익을 보유할 수 있다(선행주의).
③ (×) 권리의 객체는 권리의 대상을 의미하며, 이에 따라 권리가 다른 권리의 객체가 될 수도 있다[권리질권(민법 제345조), 지상권・전세권을 목적으로 하는 저당권(민법 제371조)].

151

권리에 관한 설명으로 옳지 않은 것은? 기출 20

① 친권은 권리이면서 의무적 성질을 가진다.
② 인격권은 상속이나 양도를 할 수 없는 것이 원칙이다.
❸ 청구권적 기본권으로는 청원권, 재판청구권, 환경권 등이 있다.
④ 물건에 대한 소유권은 권리이고, 그 사용권은 권능에 해당한다.

해설

③ (×) 환경권은 청구권적 기본권이 아니라 사회적(생존권적) 기본권에 해당한다.
① (○) 친권은 권리이면서 동시에 의무적 성질을 갖는다.
② (○) 인격권은 권리자 자신을 객체로 하는 것으로서 권리자와 분리할 수 없는 권리이므로 상속이나 양도를 할 수 없는 것이 원칙이다.
④ (○) 권리는 특별한 법익을 누리기 위하여 법이 허용하는 힘을 말하며, 권능은 권리에서 파생되는 개개의 법률상의 작용을 말한다. 소유권은 권리이고, 그 사용권은 권능에 해당한다.

152

권리와 의무에 관한 설명으로 옳지 않은 것은? 기출 19

① 공권(公權)은 공법관계에서 인정되는 권리이다.
② 권리에서 파생되는 개개의 법률상의 작용을 권능이라고 한다.
③ 헌법상 납세의 의무는 의무만 있고 권리를 수반하지 않는 경우에 해당한다.
❹ 어떤 행위를 하지 않아야 하는 의무를 작위의무라 하고, 어떤 행위를 하여야 하는 의무를 부작위의무라 한다.

해설

④ (×) 어떤 행위를 하지 않아야 하는 의무가 부작위의무이고, 어떤 행위를 하여야 하는 의무를 작위의무라 한다.
① (○) 공권은 공법관계에서 인정되는 권리이다. 이에는 국가, 공공단체 또는 국가로부터 수권된 자가 지배권자로서 국민에 대하여 가지는 권리(국가적 공권)와 국민이 지배권자에 대하여 갖는 권리(개인적 공권)가 있다.
② (○) 권능은 권리에서 파생되는 개개의 내용(예 소유권 - 사용·수익·처분의 권능)을 말한다.
③ (○) 헌법 제38조

153

다음 중 권리에 대한 설명으로 타당하지 않은 것은? 기출 04

① 재산적 이익을 내용으로 하는 권리를 재산권이라 한다.
❷ 권리는 타인을 위하여 그 자에 대하여 일정한 법률효과를 발생케 하는 행위를 할 수 있는 법률상의 자격이다.
③ 권리는 일정한 이익을 향수케 하기 위하여 법이 부여한 힘이다.
④ 형성권이란 권리자의 일방적 의사표시에 의하여 법률관계를 변동시킬 수 있는 권리이다.

[해설]
②는 권한에 관한 설명이다.

154

권리와 의무에 관한 설명으로 틀린 것은?

① 일정한 물건을 직접 배타적으로 지배하여 재산적 이익을 향수하는 권리를 물권이라 한다.
② 권리는 일정한 이익을 누리는 법적인 힘 혹은 자격이라고 정의되므로 일정한 이익을 누릴 수 있도록 법의 보호를 받는 지위가 바로 권리이다.
③ 공법관계에 의해서 발생하는 권리를 공권, 사법관계에 의해서 발생하는 권리를 사권이라 한다.
❹ 의무는 책임을 수반하는 것이므로 의무 없이는 책임이 없고, 책임 없이는 의무도 없다.

[해설]
의무의 본질에 관하여 현재의 통설은 법적 구속력설이며, 이에 의하면 의무와 책임이 항상 병존한다고 볼 수는 없다.

155

국가적 공권에 해당하는 것은? 기출 23

① 자유권
② 평등권
③ 참정권
❹ 조직권

해설

국가적 공권에 해당하는 것은 ④ 조직권이며, ①~③은 개인적 공권에 해당한다.

핵심만콕 공권의 의의 및 종류

의 의			공권은 공법관계에 있어서 권리주체가 직접 자기를 위하여 일정한 이익을 주장할 수 있는 법률상의 힘으로 국가적 공권과 개인적 공권 등으로 나눌 수 있다.
국가적 공권	의 의		국가적 공권이란 행정법관계에서 국가 등 행정주체가 사인에 대해 갖는 권리를 말한다.
	분 류	국가의 3권을 기준으로	입법권・사법권・행정권
		권리의 목적을 기준으로	조직권・군정권・경찰권・재정권・형벌권 등
		권리의 내용을 기준으로	명령권・강제권・형성권 등
개인적 공권	의 의		개인적 공권이란 행정법관계에서 행정객체가 자신의 이익을 추구하기 위하여 행정주체에 대해 일정한 행위를 요구할 수 있는 권리를 말한다.
	분 류		인간의 존엄과 가치, 평등권, 자유권, 참정권, 청구권, 생존권, 수익권 등이 개인적 공권으로 분류된다.

156

CHECK ○△×

개인적(주관적) 공권에 해당하는 것은? 기출 20

① **참정권**
② 입법권
③ 사법권
④ 사원(社員)권

해설

참정권은 행정 주체의 의사형성에 참여하는 권리로서, 국민이 선거를 통하여 또는 직접 공무원에 취임하여 국가정치에 참여할 수 있는 권리로 개인적 공권에 해당한다.

핵심만콕 공권과 공의무

공 권	개인적 공권	자유권, 수익권, 참정권, 행정개입청구권 등
	국가적 공권	국가의 3권을 기준으로 입법권, 행정권, 사법권
		권리의 목적을 기준으로 과세권, 형벌권, 경찰권 등
		권리의 내용을 기준으로 명령권・강제권・형성권 등
공의무	개인적 공의무	국방의무, 납세의무, 근로의무, 교육의무
	국가적 공의무	국가배상지급의무, 손실보상지급의무, 봉급지급의무

157

국가적 공권에 관한 설명이 잘못된 것은?

① 국가적 공권은 내용을 기준으로 하명권·형성권·강제권으로 분류할 수 있다.
② 국가적 공권은 목적을 기준으로 조직권·형벌권·경찰권 등으로 분류할 수 있다.
③ 국가적 공권은 국가의 3권을 기준으로 입법권·사법권·행정권으로 분류할 수 있다.
④ 국가적 공권은 조직을 기준으로 군정권·재정권·외교권 등으로 분류할 수 있다.

해설
④는 목적을 기준으로 한 분류이다.

158

사법(私法)상의 권리에 해당하지 않는 것은? 기출 24

① 임차권
② 입법권
③ 상속권
④ 전세권

해설
공권(公權)은 사법(私法)상 권리에 대응하는 개념으로 공법상 관계에서 발생되는 권리이며, 개인적 공권과 국가적 공권으로 구분된다. 국가적 공권은 국가의 3권을 기준으로 입법권, 사법권, 행정권으로 나눌 수 있는데, 입법권은 법률을 제정할 수 있는 권리로서 헌법 제40조는 "입법권은 국회에 속한다"고 규정하고 있다. 입법권은 국가적 공권으로 볼 수도 있지만, 헌법 제40조는 입법권을 국회의 권한으로 선언하고 있는 규정으로 입법권은 권리가 아니라 권한이라고 하는 것이 더 정확한 설명이라고 할 수 있다. 국회의 입법권, 재정권, 국정통제권, 헌법기관 구성권 등은 모두 국민의 대표기관으로서의 대표권한 또는 대리권한에 해당한다고 할 것이다.

159

권리와 의무에 관한 설명으로 옳지 않은 것은? 기출 22

① 권리는 자연인만이 행사할 수 있는 것이 아니다.
❷ 사권(私權)을 권리의 작용에 따라 분류할 경우 해제권은 청구권에 해당한다.
③ 소유권은 사용, 수익, 처분권능으로 구성된다.
④ 권리 없이 의무만 있는 경우가 있다.

해설

② (×) 사권을 권리의 작용(효력)에 따라 분류할 경우 해제권은 형성권에 해당한다.
① (○) 자연인뿐만 아니라 법인도 권리의 주체가 될 수 있다.
③ (○) 권리에서 파생되는 개개의 법률상의 작용을 권능이라 하는데, 소유권자에게는 소유권에서 파생되는 사용, 수익, 처분권능이 있다.
④ (○) 권리와 의무는 상호대응이 원칙이나, 권리만 있는 경우(취소권, 해제권, 해지권 등), 의무만 있는 경우(납세의무, 국방의무 등)가 있다.

160

신분권에 관한 설명으로 옳지 않은 것은? 기출 21

① 일신전속적 권리에 속한다.
② 거래의 객체가 될 수 없다.
③ 동거청구권, 부양청구권 등이 이에 속한다.
❹ 사단법인에 소속된 구성원으로서의 지위에 기하여 발생하는 권리이다.

해설

④ (×) 사단법인에 소속된 구성원으로서의 지위에 기하여 발생하는 권리는 사원권이다.
① (○) 신분권은 특정한 주체만이 향유할 수 있는 일신전속적 권리에 속한다.
② (○) 신분권은 일정한 신분적 지위에 부착된 것이므로 양도할 수 없고 거래의 대상이 될 수도 없다.
③ (○) 신분권에는 친권, 부부간의 동거청구권, 협력부조권, 친족 간 부양청구권 등이 있다.

161

권리의 작용(효력)에 따른 분류에 속하지 않는 것은? 기출 17

① 항변권
✓ ② 인격권
③ 형성권
④ 청구권

해설
권리의 작용(효력)에 따라 지배권, 청구권, 형성권, 항변권으로 구분할 수 있고, 내용에 따라 인격권, 재산권, 가족(신분)권, 사원권으로 구분할 수 있다.

162

권리의 작용에 따른 분류로서 형성권에 해당하는 것은? 기출 24

✓ ① 취소권
② 소유권
③ 부양청구권
④ 동시이행항변권

해설
권리는 작용(효력)에 의해 (1) 권리의 객체를 직접적·배타적으로 지배할 수 있는 지배권(물권, 무체재산권, 친권 등), (2) 타인에 대하여 일정한 급부 또는 행위를 적극적으로 요구할 수 있는 청구권(채권, 물권적 청구권, 부양청구권 등), (3) 권리자의 일방적인 의사표시에 의하여 일정한 법률관계를 발생·변경·소멸시키는 형성권(취소권, 해제권, 추인권, 해지권 등), (4) 청구권의 행사에 대하여 급부를 거절할 수 있는 항변권(보증인의 최고 및 검색의 항변권, 동시이행의 항변권 등)으로 분류할 수 있다.

163

권리자의 일방적 의사표시에 의하여 법률관계를 변동시킬 수 있는 권리는? 기출 19

✓ ① 형성권
② 청구권
③ 항변권
④ 지배권

해설
권리자의 일방적인 의사표시에 의하여 일정한 법률관계를 발생·변경·소멸시키는 권리가 형성권이다.

164

상대방의 권리를 승인하지만 그 효력발생을 연기하거나 영구적으로 저지하는 효과를 발생시키는 권리는? 기출 20

① 형성권
❷ 항변권
③ 지배권
④ 상대권

해설

설문은 항변권에 대한 내용이다. 항변권은 상대방의 청구권 행사에 대하여 급부를 거절할 수 있는 권리로서 연기적 항변권과 영구적 항변권이 있다.

핵심만콕 권리의 작용(효력)에 따른 분류

지배권(支配權)	권리의 객체를 직접·배타적으로 지배할 수 있는 권리이다(예 물권, 무체재산권, 친권 등).
청구권(請求權)	타인에 대하여 일정한 급부 또는 행위(작위·부작위)를 적극적으로 요구하는 권리이다(예 채권, 부양청구권 등).
형성권(形成權)	권리자의 일방적인 의사표시에 의하여 일정한 법률관계를 발생·변경·소멸시키는 권리이다(예 취소권, 해제권, 추인권, 해지권 등).
항변권(抗辯權)	상대방의 청구권 행사에 대하여 급부를 거절할 수 있는 권리로, 타인의 공격을 막는 방어적 수단으로 사용되며 상대방에게 청구권이 있음을 부인하는 것이 아니라 그것을 전제하고, 다만 그 행사를 배척할 수 있는 권리이다(예 연기적 항변권 → 보증인의 최고 및 검색의 항변권, 동시이행의 항변권 / 영구적 항변권 → 상속인의 한정승인 등).

165

다음 중 지배권이 아닌 것은? 기출 16

❶ 채 권
② 소유권
③ 저당권
④ 저작권

해설

채권은 그 권리의 주체가 특정 채무자에 대하여서만 급부를 청구할 수 있는 상대적 권리로 물건이나 재산을 직접 지배함으로써 획득되는 강한 배타적 성격을 지니는 물권과는 다른 개념이다.

166

다음 중 형성권에 해당하는 것은? 기출문제

☑ ① 무능력자 상대방의 최고권
② 부양청구권
③ 대리권
④ 후견권

해설

형성권에 해당하는 것은 ①이다.

> **핵심만콕** 　 **형성권의 종류**
>
> 권리자의 일방적인 의사표시에 의하여 법률관계의 발생·변경·소멸을 일어나게 하는 권리가 형성권이다. 형성권의 종류에는 다음과 같은 것이 있다.
> - 권리자의 의사표시만으로서 효과를 발생하게 하는 것 : 무능력자의 상대방의 최고권 및 철회권, 거절권, 법률행위의 동의권, 취소권, 추인권, 계약해제권, 해지권, 상계권, 매매의 일방예약완결권, 약혼해제권, 상속포기권 등
> - 법원의 판결에 의하여 비로소 효과를 발생하는 것 : 채권자취소권, 친생부인권, 입양취소권, 재판상 파양권 등

167

권리와 의무에 관한 설명으로 옳은 것은? 기출 16

① 권리와 의무는 사법(私法)관계에서만 표리관계를 이룬다.
② 계약해제권은 청구권으로서 그에 대응하는 의무가 있다.
③ 형성권은 청구권자의 이행청구에 대하여 이를 거절하는 형식으로 행사된다.
☑ ④ 자연인과 법인은 권리와 의무의 주체가 된다.

해설

④ (○) 자연인과 법인은 권리와 의무의 주체이다.
① (×) 사법관계에 한정되지 않는다. 일반적으로 권리와 의무는 모든 법률관계에서 표리관계를 이루며 서로 대응한다. 그러나 권리만 존재하는 경우가 있는가 하면, 권리를 수반하지 않는 예외적인 경우 또한 존재한다.
② (×) 해제권은 형성권이다.
③ (×) 형성권은 권리자의 일방적 의사표시에 의해 법률관계를 변동시킬 수 있는 권리이다.

168

권리에 관한 설명으로 옳지 않은 것은? 기출 15

① 인격권은 권리자 자신을 객체로 하는 권리이다.
② 사원권은 단체의 구성원이 그 구성원의 지위에서 단체에 대하여 가지는 권리이다.
③ 형성권은 권리자의 일방적 의사표시에 의해 권리변동의 효과가 발생하는 권리이다.
④ **지배권은 배타적 지배를 하면서 타인의 청구를 거절할 수 있는 권리이다.**

[해설]
지배권은 배타적 지배를 할 수 있는 권리이고, 항변권은 청구를 거절할 수 있는 권리이다.

169

권리의 주체와 분리하여 양도할 수 없는 권리는? 기출 15

① 실용신안권
② **초상권**
③ 법정지상권
④ 분묘기지권

[해설]
초상권은 일신전속적인 권리로, 타인에게 양도할 수 없다.

170

사권(私權)에 관한 설명으로 옳지 않은 것은? 기출 14

① 사원권이란 단체구성원이 그 구성원의 자격으로 단체에 대하여 가지는 권리를 말한다.
② 타인의 작위·부작위 또는 인용을 적극적으로 요구할 수 있는 권리를 청구권이라 한다.
③ **취소권·해제권·추인권은 항변권이다.**
④ 형성권은 권리자의 일방적 의사표시로 권리변동의 효과를 발생시키는 권리이다.

[해설]
취소권·해제권·추인권은 형성권에 속하므로 당사자 일방의 의사표시로 법률관계가 변동된다.

171

사권(私權)에 관한 설명으로 옳지 않은 것은? 기출 13

① **물권적 청구권은 지배권이다.**
② 위자료청구권은 재산권이다.
③ 저당권은 원칙적으로 양도할 수 있다.
④ 무권대리행위에 대한 본인의 추인권은 형성권이다.

해설
물권적 청구권이란 물권의 지배권으로서의 실효성을 확보하기 위하여 인정되는 것으로서, 물권의 내용의 실현이 어떤 사정으로 말미암아 방해당하고 있거나 방해당할 염려가 있는 경우에 물권자가 방해자에 대하여 그 방해의 제거 또는 예방에 필요한 일정한 행위를 청구할 수 있는 청구권을 말한다.

172

권리에 속하지 않는 것은? 기출 13

① 임차인의 임차권
② 자(子)의 부(父)에 대한 부양청구권
③ **토지소유자의 토지에 대한 처분권**
④ 건물 매도인의 대금지급청구권

해설
토지소유자의 토지에 대한 소유권은 권리이지만, 그 내용을 이루는 사용권, 수익권, 처분권 등은 권능에 속한다. 즉, 권능이란 권리의 내용을 이루는 개개의 법률상의 힘을 말한다.

173

양도 또는 상속으로 타인에게 이전할 수 없는 권리인 것은? 기출 08

① 물권
② **인격권**
③ 저작권
④ 손해배상청구권

해설
①·③·④는 비전속권으로 양도 또는 상속으로 타인에게 이전할 수 있는 권리에 해당하고, ②는 일신전속권으로 양도 또는 상속으로 타인에게 이전할 수 없는 권리에 해당한다.

174

권리의 양도성 유무에 따른 분류는?

① 지배권, 청구권, 형성권, 항변권
② 절대권, 상대권
③ 종된 권리, 주된 권리
❹ 일신전속권, 비전속권

해설

④ (○) 일신전속권, 비전속권이 권리의 양도성 유무에 따른 구분에 해당한다.
① (×) 권리의 작용(효력)에 따른 분류
② (×) 권리의 대외적 효력범위에 따른 분류
③ (×) 권리의 독립성 여부에 따른 분류

175

현행법상 권리와 의무에 관한 설명으로 옳은 것은? 기출 10

① 실효의 원칙은 권리남용금지의 원칙으로부터 파생된 것이다.
② 평등권, 자유권, 참정권 등은 국가적 공권이다.
❸ 유체물은 물론이고 전기 기타 관리할 수 있는 자연력도 사권의 객체가 될 수 있다.
④ 금전급부의무는 소극적 의무이고, 경업피지의무는 적극적 의무이다.

해설

본법에서 물건이라 함은 유체물 및 전기 기타 관리할 수 있는 자연력을 말한다(민법 제98조). 물건은 민법 등 사권의 객체가 된다.

핵심만콕

- 신의성실의 원칙(고려의 원칙)의 파생원칙으로 사정변경의 원칙, 실효의 원칙, 금반언의 원칙이 있다.★
- 국가적 공권은 국가 또는 공공단체나 그로부터 수권을 받은 자가 우월한 행정권의 주체로서 국민에 대하여 가지는 공법상의 권리이고, 개인적 공권은 국민이 국가에 대하여 가지는 공법상의 권리이다. 국가적 공권에는 형벌권, 경찰권, 하명권 등이 있으며 개인적 공권에는 자유권, 평등권, 참정권 등이 있다.★
- 어떤 행위를 하지 말아야 할 의무가 소극적 의무이고, 어떤 행위를 하여야 할 의무가 적극적 의무이다. 경업피지의무는 경쟁업을 하지 말아야 하는 소극적 의무이고, 급부를 하여야 할 금전급부의무는 적극적 의무이다.★

176

사회공동생활에 있어서 권리의 행사와 의무의 이행은 상대방의 신뢰를 저버리지 않도록 성심껏 행하여야 한다는 원칙은? 기출문제

① **신의성실의 원칙** ✓
② 탈법행위금지의 원칙
③ 실효의 원칙
④ 공공복리적합의 원칙

해설
신의성실의 원칙은 권리의 행사와 의무의 이행은 신의에 좇아 성실히 하여야 한다는 원칙이다(민법 제2조 제1항). 따라서 신의성실에 반하는 권리의 행사는 권리남용이 되고, 의무이행도 신의성실의 원칙에 반할 때에는 의무불이행으로 간주된다.

177

다음 중 신의칙에 해당하지 않는 것은 어느 것인가?

① **사적자치의 원칙** ✓
② 사정변경의 원칙
③ 실효의 원리
④ 금반언의 원칙

해설
사적자치의 원칙이란 신분과 재산에 관한 법률관계를 개인의 의사에 따라 자유로이 규율하는 것, 즉 계약의 내용 및 형식에 있어서 국가 또는 타인의 간섭을 배제하는 원칙으로, 현대민법의 법원리 중 하나인 신의칙과는 관련이 없다.

178

권리만 있고 그에 대응하는 의무는 존재하지 않는 권리에 해당하지 않는 것은?

① 취소권
② 추인권
③ **항변권** ✓
④ 해제권

해설
권리만 있고 그에 대응하는 의무는 존재하지 않는 권리를 형성권이라고 하는데, 취소권·추인권·해제권 등이 이에 속한다.

179

의무에 관한 설명으로 옳지 않은 것은? 기출 23

① 경비업자가 경비원을 허가받은 경비업무 외에 종사하게 하여서는 아니 되는 의무는 작위의무이다.
② 계약상 의무에는 부수적 의무도 포함된다.
③ 의무불이행에 대해 손해배상이나 강제집행을 할 수 없는 의무를 간접의무라 한다.
④ 납세의 의무는 공법상의 의무이다.

해설

① (×) 부작위의무에 관한 설명이다.
② (○) 계약상의 의무는 급부의무(주된 급부의무와 종된 급부의무), 부수적 주의의무 및 보호의무로 구분할 수 있는데, 판례는 이 중 종된 급부의무와 부수적 주의의무를 거의 동일시한다.
③ (○) 간접의무(책무)란 일정한 사항을 준수하지 않은 경우 법이 정한 일정한 불이익을 받을 뿐 상대방이 그 이행을 강제하거나 손해배상을 청구할 수 없는 경우를 말하며, 청약자의 승낙연착에 대한 통지의무(민법 제528조)가 대표적인 예이다.
④ (○) 납세의 의무는 국방의무, 근로의무, 교육의무 등과 더불어 개인의 공의무에 해당한다.

180

부작위의무에 해당하는 것은? 기출 22

① 음식물을 배달해야 하는 의무
② 빌린 노트북을 반환해야 하는 의무
③ 임대인이 임대목적물을 수선하는 것에 대하여 임차인이 방해하지 않아야 하는 의무
④ 노래를 불러주어야 하는 의무

해설

부작위의무는 어떤 행위를 하지 않아야 하는 의무를 말하는데, ③이 이에 해당한다. ①, ②, ④는 작위의무에 해당한다.

181

타인이 일정한 행위를 하는 것을 참고 받아들여야 할 의무는? 기출 18

① 작위의무
☑ **수인의무**
③ 간접의무
④ 권리반사

해설

다른 사람이 하는 일정한 행위를 승인해야 할 의무는 수인의무이다.

핵심만콕

- 작위의무 : 적극적으로 일정한 행위를 하여야 할 의무이다.
- 간접의무 : 통상의 의무와 달리 그 불이행의 경우에도 일정한 불이익을 받기는 하지만, 다른 법률상의 제재가 따르지 않는 것으로 보험계약에서의 통지의무가 그 대표적인 예이다.
- 권리반사 또는 반사적 효과(이익) : 법이 일정한 사실을 금지하거나 명하고 있는 결과, 어떤 사람이 저절로 받게 되는 이익으로서 그 이익을 누리는 사람에게 법적인 힘이 부여된 것은 아니기 때문에 타인이 그 이익의 향유를 방해하더라도 그것의 법적보호를 청구하지 못함을 특징으로 한다.

182

권리 · 의무에 관한 설명으로 옳지 않은 것은? 기출 17

☑ **물권과 채권이 병존하는 경우 채권이 우선하는 것이 원칙이다.**
② 납세의무는 공법상 의무이다.
③ 사람은 생존한 동안 권리와 의무의 주체가 된다.
④ 계약해제권은 형성권으로서 그에 대응하는 의무가 없다.

해설

물권과 채권이 병존하는 경우, 성립시기를 불문하고 물권이 채권보다 우선하는 것이 원칙이다.

183

권리와 의무에 관한 설명으로 옳지 않은 것은? 기출 09

☑ **권리·의무의 주체는 자연인뿐이다.**
② 법률관계의 내용 중에는 권리만 있고 의무가 없는 경우도 있다.
③ 사권(私權)은 작용에 따라 지배권, 청구권, 형성권, 항변권으로 분류할 수 있다.
④ 법력설에 따르면 권리는 법에 의하여 권리주체에게 주어진 힘이라 한다.

[해설]
자연인뿐만 아니라 법인도 관청의 허가를 얻고 등기를 하면 권리·의무의 주체가 된다.

184

다음 중 공법상 의무가 아닌 것은? 기출 14

① 납세의무
☑ **부양의무**
③ 교육의무
④ 국방의무

[해설]
①·③·④ 외에도 헌법에는 공법상 의무로 근로의 의무가 명시되어 있다. ②는 공법상 의무가 아니다.

185

권리의 원시취득(原始取得) 사유에 해당하지 않는 것은? 기출 24

① 선의취득
② 무주물선점
❸ 상속에 의한 저당권의 취득
④ 건물의 신축에 의한 소유권의 취득

[해설]

상속은 권리의 승계취득에 해당한다. 따라서 상속에 의한 저당권의 취득은 원시취득이 아닌 승계취득 사유에 해당한다.

핵심만콕 민법상 권리의 취득 ★

구 분	원시취득(권리의 절대적 발생)	승계취득(권리의 상대적 발생)
의 의	존재하지 않던 권리가 특정인에게 새로이 발생하는 것으로, 타인의 권리가 이전되는 것이 아니라 없던 권리가 새로이 발생되는 것을 말한다.	타인에게 이미 속하고 있던 권리가 다른 특정인에게 이전되는 것으로, 이러한 승계취득은 이전적 승계와 설정적 승계로 나누어진다.
유 형	• 신축한 건물의 소유권 취득 • 취득시효(민법 제245조) • 선의취득(민법 제249조) • 무주물 선점(민법 제252조) • 유실물 습득(민법 제253조) • 매장물 발견(민법 제254조) • 부합(민법 제256조, 제257조) • 첨부(민법 제260조) • 매매계약에 기한 채권의 취득	(1) 이전적 승계 : 구권리자의 권리가 그 동일성을 유지하면서 신권리자에게 이전되는 것이다. • 특정승계 – 개개의 권리가 개개의 취득원인에 의하여 취득되는 경우 – 매매, 임대차, 증여, 사인증여, 교환에 의한 소유권 취득 • 포괄승계 – 여러 개의 권리가 하나의 취득원인에 의하여 일괄적으로 한꺼번에 권리가 취득되는 경우 – 상속, 포괄유증, 회사의 합병 등 (2) 설정적 승계 • 구권리자의 권리는 존속하면서 신권리자가 그 권리의 일부를 취득(즉, 타인의 권리가 소멸되지 아니하고 그대로 존속하면서 그 권능 중의 일부를 취득)하는 것을 말한다. • 소유권에 지상권, 전세권 등의 제한물권을 설정하는 경우 또는 임차권을 설정하는 경우 등이다.

186

권리의 충돌에 관한 설명으로 옳은 것은? 기출 19

① **채권 상호 간에는 원칙적으로 성립의 선후에 따른 우선순위의 차이가 없다.**
② 물권과 채권이 충돌할 경우에는 원칙적으로 채권이 우선한다.
③ 소유권과 이를 제한하는 제한물권 사이에서는 원칙적으로 소유권이 우선한다.
④ 동일물에 성립한 전세권과 저당권은 그 성립시기에 상관없이 저당권이 우선한다.

해설

① (○) 채권자평등의 원칙에 따라, 동일채무자에 대한 여러 개의 채권은 그의 발생원인·발생시기의 선후·채권액의 다소를 묻지 않고서 평등하게 다루어진다.
② (×) 하나의 물건에 대하여 물권과 채권이 병존하는 경우에는 그 성립시기를 불문하고 원칙적으로 물권이 우선한다. 예외적으로 대항요건을 갖춘 부동산의 임차권은 나중에 성립한 전세권에 우선한다.
③ (×) 소유권과 제한물권 사이에서는 제한물권이 언제나 소유권에 우선한다.
④ (×) 서로 종류를 달리하는 물권일 때에는 일정한 원칙이 없고, 법률의 규정에 의하여 순위가 정하여진다.

187

민법상 권리의 충돌에 관한 설명으로 옳지 않은 것은? 기출 10

① **채권이 충돌하는 경우, 먼저 성립한 채권이 나중에 성립한 채권에 우선한다.**
② 채권자가 파산한 경우, 채권자평등의 원칙이 적용된다.
③ 제한물권은 소유권에 우선한다.
④ 대항요건을 갖춘 부동산의 임차권은 나중에 성립한 전세권에 우선한다.

해설

채권은 성립의 선후에 따른 우선순위의 차이가 없다. 즉, 채권자평등의 원칙에 의하여 모든 채권자는 같은 순위로 변제를 받는 것이 원칙이다. 반면 물권은 먼저 성립한 물권의 효력이 나중에 성립한 물권보다 우선한다.

188

권리의 충돌과 순위와 관련한 설명으로 옳지 않은 것은?

① 제한물권은 소유권에 우선한다.
② 종류를 달리하는 제한물권 상호 간에는 일정한 원칙은 없고, 법률의 규정에 의하여 순위가 정하여진다.
③ 하나의 물권에 대하여 물권과 채권이 병존하는 경우에는 그 성립시기를 불문하고 원칙적으로 물권이 우선한다.
❹ 대항요건을 갖춘 부동산 임차권이라도 나중에 성립한 전세권이 우선한다.

해설
대항요건을 갖춘 부동산 임차권은 나중에 성립한 전세권에 우선한다.

189

다음 중 권리보호에 관한 설명으로 옳지 않은 것은?

❶ 사력구제는 절대적으로 허용되지 않는다.
② 근대의 법치국가에 있어서 권리보호는 국가구제가 원칙이다.
③ 국가구제의 제도로서 화해, 조정 및 중재 등이 인정된다.
④ 우리 민법은 자력구제에 관한 일반규정을 두고 있지 않다.

해설
과거에는 권리자가 자기의 힘으로 권리를 보호·구제하는 이른바 사력구제(私力救濟)가 인정되었으나, 근대 법치국가에서의 권리의 보호는 국가구제가 원칙이고, 사력구제는 예외적으로 부득이한 경우에 한하여 인정된다.

190

다음 중 권리보호에 관한 설명으로 옳지 않은 것은?

① 국가구제의 제도로서 재판제도와 재판 외 분쟁해결제도가 있다.
② 재판 외 분쟁해결제도에는 화해, 조정 및 중재 등이 있다.
③ 민법상 정당방위와 긴급피난이 사력구제로서 인정된다.
❹ 우리 민법은 자력구제에 대한 일반규정을 두고 있다.

해설

우리 민법은 자력구제에 대한 일반규정을 두고 있지 않다. 다만 점유침탈에 관하여 자력구제를 인정하는 규정(민법 제209조)을 두고 있을 뿐이다.

관계법령

정당방위, 긴급피난(민법 제761조)
① 타인의 불법행위에 대하여 자기 또는 제3자의 이익을 방위하기 위하여 부득이 타인에게 손해를 가한 자는 배상할 책임이 없다. 그러나 피해자는 불법행위에 대하여 손해의 배상을 청구할 수 있다.
② 전항의 규정은 급박한 위난을 피하기 위하여 부득이 타인에게 손해를 가한 경우에 준용한다.

자력구제(민법 제209조)
① 점유자는 그 점유를 부정히 침탈 또는 방해하는 행위에 대하여 자력으로써 이를 방위할 수 있다.
② 점유물이 침탈되었을 경우에 부동산일 때에는 점유자는 침탈 후 직시 가해자를 배제하여 이를 탈환할 수 있고 동산일 때에는 점유자는 현장에서 또는 추적하여 가해자로부터 이를 탈환할 수 있다.

1 헌법 총설
2 대한민국 헌법
3 기본권
4 통치구조

CHAPTER 02

헌법

CHAPTER 02 헌법

1 헌법 총설

01
헌법 분류 중 우리나라 헌법이 해당하지 않는 것은? 기출 22

① 성문헌법
② 민정헌법
❸ **연성헌법**
④ 모방적 헌법

해설
우리나라 헌법은 성문헌법(존재형식에 따른 분류), 민정헌법(제정주체에 따른 분류), 모방적 헌법(독창성 여부에 따른 분류)에 해당한다. 그리고 연성헌법이 아닌 경성헌법(개정절차의 난이도에 따른 분류)에 해당한다.

02
다음 중 군주 단독의 의사에 의하여 제정되는 헌법은? 기출문제

① 국약헌법
② 민정헌법
❸ **흠정헌법**
④ 명목적 헌법

해설
흠정헌법(군주헌법)에 관한 설명이다.

03

다음 중 헌법의 전통적 분류방법에 해당되지 않는 것은?

① 제정주체 - 흠정헌법·민정헌법·협약헌법·국약헌법
② 개정절차의 난이도 - 경성헌법·연성헌법
✓ ③ 존재론적 - 규범적 헌법·명목적 헌법·장식적 헌법
④ 존재형식 - 성문헌법·불문헌법

해설
③은 헌법규범과 헌법현실의 일치 여부에 따른 분류방법으로 K. Lowenstein이 제시하였다.

04

신대통령제 국가나 전체주의적 독재국가의 헌법과 관계가 깊은 헌법은?

① 독창적 헌법
② 명목적 헌법
✓ ③ 가식적 헌법
④ 규범적 헌법

해설
가식적 헌법은 장식적 헌법이라고도 하며, 헌법이 권력장악자의 지배를 안정시키고, 영구화하는데 이용되는 수단이나 도구에 지나지 않는 것으로, 구소련 등의 공산주의 국가의 헌법을 말한다.

05

다음 기술 중 근대 입헌주의적 의미의 헌법에 해당하는 것은?

✓ ① 권력분립과 기본권 보장이 없는 국가는 헌법이 없다.
② 영국을 제외하고 모든 나라는 헌법을 가지고 있다.
③ 국가라고 하는 법적 단체가 있는 곳에는 헌법이 있다.
④ 공산주의 국가에도 헌법은 있다.

해설
근대 입헌주의 헌법은 국법과 왕법을 구별하는 근본법(국법) 사상에 근거를 두고 국가권력의 조직과 작용에 대한 사항을 정하고 동시에 국가권력의 행사를 제한하여 국민의 자유와 권리보장을 이념으로 하고 있다.★

06

다음 중 법치주의의 내용과 가장 거리가 먼 것은? 기출문제

① 기본적 공권과 자유권의 보장
② 법생활에서의 예측가능성
③ 권력분립주의
④ **실질적 법치주의보다 형식적 법치주의가 강조된다.** ✓

해설
법치주의에서는 형식적 법치주의(합법성 중시)보다 실질적 법치주의(합법성과 정당성 중시)가 강조된다.

07

다음 중 현대 복지국가 헌법의 특징으로만 묶인 것을 고르면?

> ㄱ. 실질적 법치주의
> ㄴ. 국제평화주의
> ㄷ. 형식적 법치주의
> ㄹ. 자유권 중심의 기본권 보장
> ㅁ. 사회적기본권 보장의 실질화

① ㄱ, ㄴ, ㄷ
② ㄴ, ㄹ, ㅁ
③ ㄱ, ㄴ, ㅁ ✓
④ ㄴ, ㄷ, ㅁ

해설
형식적 법치주의(ㄷ)와 자유권 중심의 기본권 보장(ㄹ)은 근대 입헌주의 헌법의 특징이다.

08

헌법제정권력에 관한 기술로서 옳지 못한 것은?

① 민주국가에서는 국민이 그 주체가 된다.
❷ 이는 제도적 권리이므로 자연법상의 원리에 의한 제약은 받지 않는다.
③ 헌법제정권력은 시원적이며, 자율성을 갖는다.
④ 헌법개정권력에 우선한다.

해설
헌법제정권력은 무제한적 성격을 갖는 것이 아니고 불변의 근본규범이나 초국가적 인권과 같은 자연법상의 원리 또는 모든 성문법에 선행하는 초실정법적 법원칙에 의하여 제약을 받는다.★★

09

헌법제정권력의 특징으로 옳지 않은 것은?

① 시원성
② 창조성
❸ 가분성
④ 항구성

해설
헌법제정권력이란 국민이 정치적 존재에 관한 근본 결단을 내리는 정치적 의사이며 법적 권한으로 시원적 창조성과 자유성, 항구성, 단일불가분성, 불가양성 등의 본질을 가진다.

10

헌법을 결단주의에 입각하여 국가의 근본상황에 관하여 헌법 제정권자가 내린 근본적 결단이라고 한 사람은?

① 오펜하이머(Oppenheimer)
❷ 슈미트(C. Schmitt)
③ 안슈츠(Anschut)
④ 시에예스(Sieyes)

해설
칼 슈미트는 헌법은 헌법제정권력의 행위에 의한 정치생활의 종류와 형태에 관한 근본적 결단이라 하였고, 시에예스는 헌법제정권력을 시원적이고 창조적인 권력으로 보았다.

11

헌법개정에 관한 설명으로 옳지 못한 것은?

① 헌법에 규정된 개정절차에 따라야 한다.
❷ 헌법의 기본적 동일성이 변경되는 것이다.
③ 헌법의 형식이나 내용에 변경을 가하는 것이다.
④ 헌법의 파괴는 개정이 아니다.

[해설]
헌법의 개정은 헌법의 동일성을 유지하면서 의식적으로 헌법전의 내용을 수정·삭제·추가하는 것을 말한다. ★

12

헌법개정절차에 관한 설명으로 옳지 않은 것은? 기출 16

① 헌법개정은 국회재적의원 과반수 또는 대통령의 발의로 제안된다.
❷ 헌법개정안은 발의된 날부터 30일 이내에 국회 재적의원의 3분의 2 이상이 찬성해야 의결된다.
③ 대통령의 임기연장을 위한 헌법개정은 그 제안 당시의 대통령에 대하여는 효력이 없다.
④ 헌법개정안은 국회가 의결한 후 30일 이내에 국민투표에 붙여야 한다.

[해설]
② (×) 헌법개정안은 공고된 날부터 60일 이내에 국회 재적의원의 3분의 2 이상이 찬성해야 의결된다(헌법 제130조 제1항). 기명투표로 표결해야 하며(국회법 제112조 제4항), 수정의결은 불가하다. ★★
① (○) 헌법 제128조 제1항
③ (○) 헌법 제128조 제2항
④ (○) 헌법 제130조 제2항

13

헌법상 헌법개정안이 국회에서 의결된 경우, 그 이후의 절차로 옳은 것은? 기출 12

① 대통령은 20일 이상의 기간 동안 이를 공고하여야 한다.
② 대통령이 거부권을 행사할 수 있다.
③ 대통령이 공포하지 않고 15일이 경과하면 효력이 발생한다.
❹ **대통령이 30일 이내에 국민투표에 부쳐야 한다.**

해설
국회 의결을 거친 헌법개정안은 30일 이내에 국민투표에 부쳐 국회의원 선거권자 과반수의 투표와 투표자 과반수의 찬성으로 확정되며, 대통령은 이를 즉시 공포하여야 한다.

핵심만콕 헌법의 개정절차★★★
- 제안 : 대통령이나 국회 재적의원 과반수의 발의로써 제안
- 공고 : 대통령이 20일 이상의 기간 동안 공고
- 의결 : 공고일로부터 60일 이내에 국회 재적의원 2/3 이상의 찬성으로 의결
- 국민투표 : 국회 의결 후 30일 이내에 국회의원 선거권자 과반수의 투표와 투표자 과반수의 찬성으로 확정
- 공포 : 대통령이 즉시 공포

14

헌법의 조문은 그대로 있으면서 그 의미나 내용이 실질적으로 변화하는 것을 무엇이라 하는가?

① 헌법의 파괴
❷ **헌법의 변천**
③ 헌법의 정지
④ 헌법의 폐지

해설
헌법의 변천은 헌법해석에 의한 변천, 헌법관행에 의한 변천, 헌법의 흠결을 보완하기 위한 변천이 있으며, 미연방대법원의 위헌법률심사권이나 간접선거임에도 직접선거처럼 운용하는 미국 대통령선거 등이 그 예이다.

15

헌법상 비상적 헌법보호수단에 해당하는 것은? 기출 24

☑ 계엄선포권
② 국정감사권
③ 헌법소원
④ 위헌법률심판

해설

국가긴급권[대통령의 계엄선포권(헌법 제77조 제1항), 긴급명령권(헌법 제76조 제2항), 긴급재정경제처분·명령권(헌법 제76조 제1항)], 저항권(저항권이란 헌법질서 또는 기본권을 침해하는 공권력에 대하여 주권자로서의 국민이 헌법질서를 유지·회복하고 기본권을 수호하기 위하여 공권력에 저항할 수 있는 비상수단적 권리인 동시에 헌법수호제도에 해당한다. 우리 헌법상 저항권에 관한 직접적인 규정이 없어, 저항권을 인정할 수 있을지 문제되는데, 대법원은 부정하나 헌법재판소는 긍정하는 입장이다)이 헌법상 비상적 헌법보호수단에 해당한다.

핵심만콕 평상적·비상적 헌법수호에 따른 분류

평상적 헌법수호	사전예방적 헌법수호	헌법의 최고규범성의 선언(헌법 제107조, 제111조 제1항), 헌법수호의무의 선서(헌법 제69조), 국가권력의 분립(헌법 제40조, 제66조 제4항, 제101조 제1항), 경성헌법성(헌법 제128조 내지 제130조), 방어적 민주주의 채택(헌법 제8조 제4항), 공무원 및 군의 정치적 중립성의 보장(헌법 제7조 제2항, 제5조 제2항)
	사후교정적 헌법수호	위헌법령·처분심사제도(헌법 제107조 제1항·제2항), 탄핵제도(헌법 제65조 제1항, 제111조 제1항 제2호), 헌법소원제도(제111조 제1항 제5호), 위헌정당해산제도(헌법 제8조 제4항, 제111조 제1항 제3호), 국무총리 및 국무위원 해임건의제도(헌법 제63조 제1항), 국정감사 및 조사제도(헌법 제61조 제1항), 긴급명령 등의 승인제도 및 계엄해제요구제도(헌법 제76조 제3항, 제77조 제5항), 공무원의 책임제도(헌법 제29조 제1항) 등
비상적 헌법수호		국가긴급권[대통령의 계엄선포권(헌법 제77조 제1항), 긴급명령권(헌법 제76조 제2항), 긴급재정경제처분·명령권(헌법 제76조 제1항)], 저항권

16

헌법상 명문 규정이 없는 헌법보호수단은? 기출 20

① ✓ 저항권
② 계엄선포권
③ 위헌법률심판제도
④ 정당해산심판제도

해설

① (×) 저항권이란 헌법질서 또는 기본권을 침해하는 공권력에 대하여 주권자로서의 국민이 헌법질서를 유지·회복하고 기본권을 수호하기 위하여 공권력에 저항할 수 있는 비상수단적 권리인 동시에 헌법수호제도에 해당한다. 우리 헌법상 저항권에 관한 직접적인 규정이 없어, 저항권을 인정할 수 있을지 문제되는데, 대법원은 부정하는 입장이나 헌법재판소는 긍정하는 입장이다.
② (○) 헌법 제77조 제1항
③ (○) 헌법 제107조 제1항, 헌법 제111조 제1항 제1호
④ (○) 헌법 제111조 제1항 제3호

17

헌법의 수호에 관한 설명으로 옳지 않은 것은?

① 대법원의 판례가 명시적으로 저항권을 인정한 바는 없다.
② 헌법의 수호는 헌법의 최고규범성에서 나오는 당연한 결과이다.
③ ✓ 위헌정당해산제도는 사전예방적 헌법수호수단에 해당한다.
④ 국가긴급권과 저항권은 비상적 헌법수호수단에 해당한다.

해설

위헌정당해산제도는 사후교정적 헌법수호수단에 해당한다.

2 대한민국 헌법

18
헌법 조문의 일부이다. ( )에 들어갈 올바른 용어는? 기출 22

- 대한민국은 (ㄱ)공화국이다.
- 외국인은 국제법과 (ㄴ)이 정하는 바에 의하여 그 지위가 보장된다.

☑ ① ㄱ : 민주, ㄴ : 조약
② ㄱ : 민주, ㄴ : 헌법
③ ㄱ : 자유, ㄴ : 조약
④ ㄱ : 자유, ㄴ : 헌법

[해설]
제시문의 ( )에 들어갈 올바른 용어는 ㄱ : 민주, ㄴ : 조약이다.
- 대한민국은 민주공화국이다(헌법 제1조 제1항).
- 외국인은 국제법과 조약이 정하는 바에 의하여 그 지위가 보장된다(헌법 제6조 제2항).

19
국가의 전통적 구성요소가 아닌 것은? 기출 14

① 국민
② 영토
③ 주권
☑ ④ 헌법재판소

[해설]
④ (×) 헌법재판소는 국가의 헌법기관일 뿐이다.
일반적으로 국가는 국민, 주권, 영토(넓은 의미)를 그 구성요소로 한다(Jellinek의 국가 3요소설).★

20

대한민국 헌법전문에서 언급하고 있는 내용이 아닌 것은? 기출 19

① 3·1운동
② 4·19민주이념
❸ 5·18민주화운동
④ 정의·인도와 동포애

해설
5·18민주화운동은 헌법전문에서 언급하고 있는 내용이 아니다.

핵심만콕

현행 헌법전문에 명문으로 규정되어 있는 것	• 국민주권주의 • 대한민국의 건국이념(3·1운동, 대한민국임시정부의 법통과 4·19이념의 계승) • 조국의 민주개혁과 평화적 통일의 사명 • 정의·인도와 동포애로써 민족의 단결을 공고히 함 • 모든 사회적 폐습과 불의를 타파 • 자유민주적 기본질서의 확립 • 모든 영역에서 각인의 기회 균등 • 국민생활의 균등한 향상 • 국제평화주의
현행 헌법전문에 명문으로 규정되어 있지 않은 것	• 권력분립 • 민주공화국, 국가형태(제1조) • 5·16군사정변(제4공화국 헌법) • 침략전쟁의 부인(제5조 제1항) • 자유민주적 기본질서에 입각한 평화적 통일정책(제4조) • 국가의 전통문화계승발전과 민족문화창달의무(제9조) • 대한민국 영토(제3조) • 개인과 기업의 경제상의 자유와 창의(제119조 제1항) • 인간의 존엄과 가치, 행복추구권(제10조)

21

우리나라 헌법의 전문에서 규정하고 있는 내용으로 옳지 않은 것은? 기출 06

① 대한민국임시정부의 법통과 4·19이념의 계승
② 각인의 기회균등
③ **권력의 분립** ✓
④ 조국의 평화적 통일

해설
권력분립은 헌법전문에 명문으로 규정하고 있지 않다.

22

헌법전문에 관한 설명 중 틀린 것은?

① 전문에 선언된 헌법의 기본원리는 헌법해석의 기준이 된다.
② 우리 헌법전문은 헌법제정권력의 소재를 밝힌 전체적 결단으로서 헌법의 본질적 부분을 내포하고 있다.
③ **헌법전의 일부를 구성하며 당연히 본문과 같은 법적 성질을 내포한다.** ✓
④ 헌법전문은 전면 개정을 할 수 없으며 일정한 한계를 갖는다.

해설
헌법전문의 법적 효력에 대해서는 학설대립으로 논란의 여지가 있으므로 전문이 본문과 같은 법적 성질을 '당연히' 내포한다고 단정할 수 없다.

23

헌법상 명시적 규정이 없는 것은? 기출 23

① **지방자치단체 주민이 제기하는 주민소송**
② 대통령의 취임선서
③ 국민경제자문회의의 설치
④ 정당사무에 관한 중앙선거관리위원회의 규칙제정권

해설

① (×) 지방자치단체 주민이 제기하는 주민소송은 지방자치법 제22조에서 규정하고 있다.
② (○) 헌법 제69조
③ (○) 국민경제의 발전을 위한 중요정책의 수립에 관하여 대통령의 자문에 응하기 위하여 국민경제자문회의를 둘 수 있다(헌법 제93조 제1항).
④ (○) 중앙선거관리위원회는 법령의 범위 안에서 선거관리·국민투표관리 또는 정당사무에 관한 규칙을 제정할 수 있으며, 법률에 저촉되지 아니하는 범위 안에서 내부규율에 관한 규칙을 제정할 수 있다(헌법 제114조 제6항).

24

현행 헌법에 규정되어 있는 내용이 아닌 것은? 기출문제

① 국정감사권
② **국민소환권**
③ 헌법소원
④ 긴급명령권

해설

② (×) 현행 헌법에는 국민소환권이 없다.
① (○) 헌법 제61조 제1항
③ (○) 헌법 제111조 제1항 제5호
④ (○) 헌법 제76조 제2항

25

우리나라 헌법은 1948년 이후 몇 차례의 개정이 있었는가?

① 5차
② 7차
③ 8차
✅ 9차

[해설]
1948년 7월 12일 제정되고 8차에 걸쳐 개정된 헌법은 1987년 10월 29일에 제9차로 개정되었다.

26

다음 중 우리 헌법의 기본원리로만 묶인 것을 고르면?

> ㄱ. 문화국가의 원리
> ㄴ. 권력집중주의
> ㄷ. 사유재산절대의 원칙
> ㄹ. 국민주권주의
> ㅁ. 법치주의의 원리

① ㄱ, ㄴ, ㄷ
② ㄴ, ㄷ, ㄹ
✅ ㄱ, ㄹ, ㅁ
④ ㄷ, ㄹ, ㅁ

[해설]
우리 헌법의 기본원리는 국민주권주의, 기본권존중주의, 권력분립주의, 평화통일주의, 세계평화주의, 문화국가주의, 복지국가주의, 사회국가의 원리 등이 있다.

27

우리나라 헌법의 기본질서에 해당하지 않는 것은? 기출 15

☑ ① 사법국가적 기본질서
② 자유민주적 기본질서
③ 사회적 시장경제질서
④ 평화주의적 국제질서

해설

사법국가적 기본질서는 우리나라 헌법의 기본질서에 해당하지 않는다.

28

우리나라 헌법의 기본원리로 옳지 않은 것은? 기출 13

☑ ① 자주통일주의
② 복지국가주의
③ 국민주권주의
④ 기본권존중주의

해설

헌법의 기본원리로 자주통일주의가 아닌 평화통일주의를 택하고 있다.

핵심만콕	헌법의 기본원리★
• 국민주권주의	
• 기본권존중주의	
• 권력분립주의	
• 평화통일주의	
• 자유민주주의	
• 문화국가주의	
• 복지국가주의	
• 법치주의 등	

29

다음 중 민주적 기본질서의 원리와 거리가 먼 것은? 기출문제

① 법치주의
② 권력분립주의
③ 의회민주주의
☑ 포괄 위임입법주의

해설

헌법재판소는 포괄적 위임입법금지의 원칙을 법규범의 위헌여부를 판단하는 심사기준의 하나로서 적용하고 있다.

핵심만콕

위임입법은 첫째, 모법에 근거가 있어야 하며(근거성), 둘째, 위임입법에 의한 규정은 명확하여야 하며(명확성), 셋째, 그 내용이 예측 가능하여야 하며(예측 가능성), 넷째, 특히 처벌법규의 경우에는 이러한 요소 외에도 엄격하여야(엄격성)만 허용되는 것이다. 헌법재판소는 위임입법의 위헌 여부를 다투게 되는 경우에 있어서 이러한 네 가지의 단계의 순서에 따라서 위헌 여부를 심사하고, 각각의 단계의 요소에 비추어 단 한 가지의 요소라도 그 요건을 충족하지 못하는 경우에는 그것은 곧 포괄적 위임입법금지의 원칙에 위배되어 위헌으로 결정을 하게 된다.

30

자유민주적 기본질서와 가장 관계가 깊은 것은?

☑ 기본권 보장
② 직업공무원제도
③ 지방자치제도
④ 양대정당제도

해설

인간의 존엄과 인격의 존중을 바탕으로 하는 기본권 보장은 자유민주주의 중에서도 가장 기본적인 내용이다.

31

우리 헌법상 국제질서의 내용이 될 수 없는 것은?

① 외국인의 법적지위 보장
② 국제질서존중주의
❷ **모든 전쟁의 부인**
④ 국제법규의 국내법적 효력 인정

해설
우리 헌법은 제5조 제1항에서 침략적 전쟁을 부인하고 있을 뿐 모든 전쟁을 부인하는 것은 아니다.

32

헌법상 국회의원 선거에서 보장하고 있는 선거원칙이 아닌 것을 모두 고른 것은? 기출 19

> ㄱ. 제한선거
> ㄴ. 직접선거
> ㄷ. 공개선거

① ㄱ
❷ **ㄱ, ㄷ**
③ ㄴ, ㄷ
④ ㄱ, ㄴ, ㄷ

해설
우리나라의 선거제도는 보통·평등·직접·비밀·자유선거의 원칙을 따르므로, 제한선거와 공개선거는 보장되지 않는다.

핵심만콕 선거제도의 원칙

보통선거제	제한선거제에 반대되는 것으로 사회적 신분·재산·납세·교육·신앙·인종·성별 등에 차별을 두지 않고 원칙적으로 모든 성년자에게 선거권을 부여하는 제도이다.
평등선거제	차등선거제에 반대되는 것으로 선거인의 투표가치가 평등하게 취급되는 제도이다.
직접선거제	간접선거제에 반대되는 것으로 선거인이 직접 선거하는 제도이다.
비밀선거제	공개선거제에 반대되는 것으로 선거인이 누구에게 투표했는가를 제3자가 알 수 없게 하는 제도이다.
임의선거제 (자유선거제)	강제선거제에 반대되는 것으로 투표를 선거인의 자유에 맡기고 기권에 대해서도 하등의 제재를 과하지 않는 제도이다.

33

현행 헌법상 정당설립과 활동의 자유에 관한 설명으로 옳지 않은 것은? 기출 18

① 정당의 설립은 자유이며, 복수정당제는 보장된다.
② 정당은 그 목적, 조직과 활동이 민주적이어야 한다.
❸ 정당의 목적과 활동이 민주적 기본질서에 위배될 때에는 국회는 헌법재판소에 그 해산을 제소할 수 있다.
④ 국가는 법률이 정하는 바에 의하여 정당의 운영에 필요한 자금을 보조할 수 있다.

해설

③ (×) 정당의 목적이나 활동이 민주적 기본질서에 위배될 때 정부는 헌법재판소에 그 해산을 제소할 수 있고, 정당은 헌법재판소의 심판에 의하여 해산된다(헌법 제8조 제4항).
① (○) 헌법 제8조 제1항
② (○) 헌법 제8조 제2항 전단
④ (○) 헌법 제8조 제3항 후단

34

복수정당제가 보장된다고 하는 의미에 관한 설명으로 옳지 않은 것은?

① 정권의 평화적 교체의 전제가 된다.
② 복수정당이란 다수의 정당의 존재가 허용된다는 의미이다.
❸ 원칙상 군소정당의 설립은 허용되지 않는다.
④ 특히 야당의 보호에 큰 뜻이 있다.

해설

헌법 제8조 제1항에서 "정당의 설립은 자유이며, 복수정당제는 보장된다"라고 규정하고 있다. 이러한 보장은 일당독재를 부정하는 것뿐만 아니라 상이한 사회적 조건, 정치적 견해를 가진 여러 정당의 존재를 인정함으로써 다원적 정당제의 성립을 보장하는 것으로 여당과 야당, 대정당과 소정당을 막론하고 모든 정당에게 평등한 보호와 기회균등이 보장되어야 한다는 것이다.

35

우리 헌법 제8조에 따르면 정당의 목적이나 활동이 민주적 기본질서에 위배될 때에는 정부는 헌법재판소에 그 해산을 제소할 수 있다. 이는 헌법상의 어느 원리가 구체화된 것인가?

① 자유민주주의
② 국민주권의 원리
✓ ③ 방어적 민주주의
④ 사회적 시장경제주의

해설
민주주의의 적에게는 자유를 인정할 수 없다는 방어적 민주주의가 구체화된 것이다.

36

비례대표제에 관한 다음 설명 중 틀린 것은? 기출문제

① 사표를 방지하여 소수자의 대표를 보장한다.
✓ ② 군소정당의 난립이 방지되어 정국의 안정을 가져온다.
③ 득표수와 정당별 당선의원의 비례관계를 합리화시킨다.
④ 그 국가의 정당사정을 고려하여 채택하여야 한다.

해설
비례대표제는 각 정당에게 그 득표수에 비례하여 의석을 배분하는 대표제로 군소정당의 난립을 가져와 정국의 불안을 가져온다는 것이 일반적 견해이다. ★

37

다음 ㄱ, ㄴ에 들어갈 내용이 알맞게 연결된 것은?

> (ㄱ)선거제 : (ㄴ)선거제에 반대되는 것으로 사회적 신분·재산·납세·교육·신앙·인종·성별 등에 차별을 두지 않고 원칙적으로 모든 성년자에게 선거권을 부여하는 제도이다.

① ㄱ : 평등, ㄴ : 제한
② ㄱ : 보통, ㄴ : 비밀
③ **ㄱ : 보통, ㄴ : 제한**
④ ㄱ : 평등, ㄴ : 비밀

해설
순서대로 ㄱ에는 보통, ㄴ에는 제한이 들어간다.

38

소선거구제에 관한 것 중 틀린 것은?

① 소선거구제하에서는 게리맨더링이 일어날 수 있다.
② **소선거구제하에서는 군소정당이 난립할 가능성이 있다.**
③ 소선거구제하에서는 지연·혈연이 작용할 수 있다.
④ 소선거구제하에서는 비례대표의 목적이 손상될 우려가 있다.

해설
대선거구제와 비례대표제는 군소정당이 난립하여 정국이 불안정을 가져온다는 단점이 있다. 그에 비해 소선거구제는 양대 정당이 육성되어 정국이 안정된다는 장점이 있다.★

39

현행 공무원제도에 관한 서술로서 틀린 것은? 기출문제

☑ ① 우리나라는 엽관제를 채택하고 있다.
② 비밀엄수의무가 있다.
③ 정치적으로 중립성을 가져야 한다.
④ 국민 전체에 대한 봉사자이다.

해설

엽관제란 선거에서 이긴 정당이 공직을 독차지하는 제도로서 우리나라의 공무원제도는 엽관제(장차관 등의 정무직)와 직업공무원제를 병행하고 있다.★

40

직업공무원제도와 거리가 먼 것은? 기출문제

☑ ① 대통령에 대하여 책임을 진다.
② 공무원의 신분보장
③ 국민 전체에 대한 봉사자
④ 공무원의 정치적 중립

해설

직업공무원제도는 공무원이 국민 전체의 이익을 위해 직무를 수행할 수 있도록 하기 위해 공무원의 정치적 중립과 신분을 보장하는 것으로, 정치적 중립과 성적주의(능력실증), 정치활동과 근로3권의 제한을 내용으로 한다.★

41

공무원의 헌법상 지위에 관한 설명 중 타당한 것은?

① 공무원은 국민대표기관인 국회에 대하여 책임을 진다.
② 공무원에 대하여 근로자의 권리를 제한하는 것은 위헌이다.
③ ✓ 국민 전체에 대한 봉사자라는 뜻은 국민주권의 원리에 입각하여 국민에 대한 책임을 진다는 것을 말한다.
④ 공무원은 특정 정당에 대한 봉사자가 될 수 있다.

해설

공무원은 국민 전체에 대한 봉사자로서 국민에 대해서 책임을 진다. 따라서, 특정 정당에 대한 봉사자여서는 안 되고, 근로3권도 제약된다. ★

42

지방자치에 관한 헌법 제117조 제1항 규정이다. ( )에 들어갈 내용은? 기출 23

> 지방자치단체는 주민의 (ㄱ)에 관한 사무를 처리하고 재산을 관리하며, (ㄴ)의 범위 안에서 자치에 관한 규정을 제정할 수 있다.

① ㄱ : 복 리,　ㄴ : 조 례
② ✓ ㄱ : 복 리,　ㄴ : 법 령
③ ㄱ : 권 익,　ㄴ : 조 례
④ ㄱ : 권 익,　ㄴ : 법 령

해설

제시된 내용의 ( )에 들어갈 내용은 ㄱ : 복리, ㄴ : 법령이다.

관계법령 　**헌법 제117조**

① 지방자치단체는 주민의 복리에 관한 사무를 처리하고 재산을 관리하며, 법령의 범위 안에서 자치에 관한 규정을 제정할 수 있다.
② 지방자치단체의 종류는 법률로 정한다.

43

지방자치단체장의 권한에 해당하지 않는 것은? 기출 09

① 소속직원에 대한 임면권
② 규칙제정권
❸ **행정사무 감사ㆍ조사권**
④ 주민투표부의권

해설

③ (×) 행정사무 감사권ㆍ조사권은 지방의회의 권한이다(지방자치법 제49조 제1항). ★
① (○) 지방자치법 제118조
② (○) 지방자치법 제29조
④ (○) 지방자치법 제18조 제1항

44

다음 괄호 안의 ㉠ㆍ㉡에 들어갈 용어가 바르게 연결된 것은?

- (㉠) - 지방의회가 법령의 범위 내에서 제정하는 자치법규
- (㉡) - 지방자치단체의 장이 법령과 조례의 범위 내에서 그 권한에 속하는 사무에 관하여 단독으로 제정하는 자치법규

① ㉠ : 준 칙, ㉡ : 위임명령
② ㉠ : 조 리, ㉡ : 조 례
❸ **㉠ : 조 례, ㉡ : 규 칙**
④ ㉠ : 조 리, ㉡ : 사무지침

해설

지방의회가 제정한 자치법규는 조례이고, 지방자치단체의 장이 제정한 자치법규는 규칙이다. ★

3 기본권

45
다음 인권선언과 관계된 사건들을 오래된 시간 순서대로 바르게 나열한 것은?

① 권리청원 → 마그나 카르타 → 미국의 독립선언 → 프랑스의 인권선언
② 마그나 카르타 → 프랑스의 인권선언 → 연방헌법 → 영국의 권리장전
③ 버지니아 권리장전 → 마그나 카르타 → 프랑스의 인권선언 → 영국의 인신보호법
④ ✓ 마그나 카르타 → 영국의 권리장전 → 미국의 독립선언 → 프랑스의 인권선언

해설

마그나 카르타(1215년) → 영국의 권리장전(1689년) → 미국의 독립선언(1776년) → 프랑스의 인권선언(1789년) ★

46
자유권적 기본권을 최초로 규정한 헌법이라고 볼 수 있는 것은? 기출문제

① ✓ 버지니아헌법
② 바이마르헌법
③ 프랑크푸르트헌법
④ 독일기본법

해설

자유권적 기본권을 최초로 규정한 헌법은 1776년 제정된 미국의 버지니아헌법이고, 생존권적 기본권을 최초로 규정한 헌법은 1919년 바이마르헌법이다. ★

47

다음 중 기본권에 관한 주장으로 가장 타당한 것은? 기출문제

① 甲 – 상습절도범에게 징역형 이외에 보호감호처분을 하는 것은 이중처벌금지의 원칙에 위배되는 것이다.
② 乙 – 18세 미만의 자에게 노래방 출입을 금하고 있는 것은 노래방주인의 영업의 자유를 침해하는 것이다.
③ 丙 – 판례에 따르면 사형제도는 인간의 존엄과 가치를 침해하는 제도로 위헌이다.
❹ 丁 – 확정된 자신의 형사사건 수사기록의 복사신청을 거절한 행위는 알권리를 침해한 것으로 위헌이다.

해설

확정된 자신의 형사사건 수사기록의 복사신청을 거절한 행위는 알권리를 침해한 것에 해당하므로 위헌이다.

> **핵심만콕**
> - 보호감호와 형벌은 비록 다 같이 신체의 자유를 박탈하는 수용처분이라는 점에서 집행상 뚜렷한 구분이 되지 않는다고 하더라도 그 본질, 추구하는 목적과 기능이 전혀 다른 별개의 제도이므로 형벌과 보호감호를 서로 병과하여 선고한다 하여 헌법 제13조 제1항에 정한 이중처벌금지의 원칙에 위반되는 것은 아니라 할 것이다(헌재결[전] 1989.7.14. 88헌가5·8, 89헌가44).
> - 청소년의 건전한 성장과 발달이라는 보호법익 내지 청소년의 권리는 헌법적 요청이며, 특히 초등학교 주변에 절대정화구역을 설치하여 청소년에게 유해한 시설을 차단하는 것은 청소년의 보호라는 헌법적 가치를 보장한다는 점에서 18세 미만의 자에게 노래방 출입을 금하고 있는 것은 노래방 주인의 영업의 자유를 침해하는 것이 아니다.
> - 헌법 제12조 제1항에 의하면 형사처벌에 관한 규정이 법률에 위임되어 있을 뿐 그 종류를 제한하지 않고 있으며, 현재 우리나라의 실정과 국민의 도덕적 감정 등을 고려하여 국가의 형사정책으로 질서유지와 공공복리를 위하여 형법 등에 사형이라는 처벌의 종류를 규정하였다 하더라도 이것이 헌법에 위반된다고는 할 수 없다.

48

기본권에 대한 다음 내용 중 옳지 않은 것은?

① 헌법이 보장하는 기본권은 이중적 성격 내지 양면성을 가지고 있으며 보편성·고유성·항구성·불가침성이 그 특질이다.
② 국가 자체의 존립의 기초가 되는 객관적 제도를 헌법에 규정하여 당해 제도의 본질을 헌법이 보장하는 것을 제도적 보장이라 하며 Wolff가 창안, Schmitt가 체계화하였다.
③ 제도적 보장의 대상은 역사적·전통적으로 형성된 기존의 제도이며, 특정한 제도의 본질에 대한 최소한의 보장을 하기만 하면 된다.
❹ 제도 보장이 침해되면 개인은 헌법소원을 제기할 수 있다.

해설

국가 자체의 존립의 기초가 되는 객관적 제도를 헌법에 규정하는 제도적 보장은 기본권 보장(최대한의 보장)과 달리 최소한의 보장으로 충분하며, 개인은 제도 보장의 침해를 이유로 헌법소원을 제기할 수 없다.

49

기본권존중주의에 관한 설명 중 옳지 않은 것은?

① 자유와 권리의 본질적 내용은 결코 침해되어서는 아니 된다.
❷ 법률의 형식에 의하기만 한다면 얼마든지 기본권을 제한할 수 있다.
③ 표현의 자유에 대한 사전검열제는 금지되어야 한다.
④ 사회적 국가원리도 기본권 존중주의의 기초가 된다.

해설

기본권 보장은 국가권력의 남용으로부터 국민의 기본권을 보호하려는 것이기 때문에 국가의 입법에 의한 제한에도 불구하고 그 본질적인 내용의 침해는 금지된다. 우리 헌법은 본질적 내용의 침해를 금지하는 규정을 제37조 제2항에 명시하고 있다.

50

기본권의 주체에 관한 설명으로 옳은 것을 모두 고른 것은? 기출 16

> ㄱ. 외국인은 대한민국에 입국할 자유를 보장받는다.
> ㄴ. 태아는 제한적으로 기본권의 주체가 될 수 있다.
> ㄷ. 사법인(私法人)은 언론·출판의 자유, 재산권의 주체가 된다.

① ㄱ, ㄴ
② ㄱ, ㄷ
❸ ㄴ, ㄷ
④ ㄱ, ㄴ, ㄷ

해설

제시된 내용 중 옳은 것은 ㄴ과 ㄷ이다.
ㄱ. (×) 외국인이 입국할 때에는 유효한 여권과 법무부장관이 발급한 사증(査證)을 가지고 있어야 한다(출입국관리법 제7조 제1항).★

51

기본권에 대한 다음 설명 중 잘못된 것은?

① 기본권의 주체에는 미성년자나 정신병자, 수형자 등도 포함된다.
② 성질상 법인이 누릴 수 없는 기본권이 있다.
❸ 외국인에게는 자유권적 기본권의 대부분이 제한된다.
④ 외국인에게는 사회적 기본권은 원칙적으로 보장되지 않는다.

해설

외국인에게 인정 불가능한 것은 참정권, 생존권 등이고, 제한되는 것은 평등권, 재산권, 직업선택의 자유, 거주·이전의 자유(출입국의 자유), 국가배상청구권(국가배상법 제7조의 상호보증주의) 등이다. 외국인에게도 내국인과 같이 인정되는 것은 형사보상청구권, 인간의 존엄과 가치, 신체의 자유, 양심의 자유, 종교의 자유 등이다.

52

헌법상 기본권에 관한 규정 내용으로 옳지 않은 것은? 기출 23

① 모든 국민은 법률이 정하는 바에 의하여 국가기관에 문서로 청원할 권리를 가진다.
② 모든 국민은 소급입법에 의하여 참정권의 제한을 받거나 재산권을 박탈당하지 아니한다.
❸ 공공필요에 의한 재산권의 수용·사용 또는 제한은 법률로써 하되, 상당한 보상을 지급하여야 한다.
④ 국민의 자유와 권리는 헌법에 열거되지 아니한 이유로 경시되지 아니한다.

해설

③ (×) 공공필요에 의한 재산권의 수용·사용 또는 제한 및 그에 대한 보상은 법률로써 하되, 정당한 보상을 지급하여야 한다(헌법 제23조 제3항).
① (○) 헌법 제26조 제1항
② (○) 헌법 제13조 제2항
④ (○) 헌법 제37조 제1항

53

현행 헌법에서 명문으로 규정하고 있는 기본권은? 기출 18

① 생명권
☑ ② 인간다운 생활을 할 권리
③ 주민투표권
④ 흡연권

해설
헌법 제34조 제1항은 인간다운 생활을 할 권리를 규정하고 있다.

54

헌법상 명시되어 있는 권리가 아닌 것은? 기출 22

① 청원권
☑ ② 알권리
③ 단체행동권
④ 신속한 재판을 받을 권리

해설
② (×) 알권리에 관한 명문의 규정이 없음에도 불구하고 학설과 판례는 알권리를 헌법상의 권리로서 인정하고 있다. 구체적으로 헌법재판소는 알권리를 헌법 제21조의 표현의 자유에서 도출될 수 있다고 하였다(헌재결[전] 1989.9.4. 88헌마22, 1991.5.13. 90헌마133 등).
① (○) 모든 국민은 법률이 정하는 바에 의하여 국가기관에 문서로 청원할 권리를 가진다(헌법 제26조 제1항).
③ (○) 헌법 제33조
④ (○) 모든 국민은 신속한 재판을 받을 권리를 가진다(헌법 제27조 제3항 전문).

55

우리 헌법상 인정되지 않는 것은?

☑ ① 국민발안
② 헌법개정안에 대한 국민표결권
③ 공무담임권
④ 청원권

해설
직접 참정권의 내용으로는 국민표결・국민발안・국민소환의 3종이 있는데 우리 헌법에서는 국민표결만이 인정된다. ★

56

CHECK ○△×

헌법상 법인이 누릴 수 있는 권리에 해당하지 않는 것은? 기출 15

① 결사의 자유
② 거주이전의 자유
☑ 프라이버시권
④ 재판을 받을 권리

해설

헌법 제17조에 따른 프라이버시권(사생활의 비밀과 자유)은 개인의 사생활을 보호하기 위한 권리이고, 법인에 적용되는 권리가 아니다.

57

CHECK ○△×

우리 헌법재판소가 목적의 정당성, 방법의 적절성, 피해의 최소성, 법익의 균형성 등으로 기본권의 침해 여부를 심사하는 위헌판단원칙은? 기출 18

☑ 과잉금지원칙
② 헌법유보원칙
③ 의회유보원칙
④ 포괄위임입법금지원칙

해설

①은 국가의 권력은 무제한적으로 행사되어서는 안 되고, 국민의 기본권을 제한하는 법률은 목적의 정당성·방법의 적절성·침해의 최소성·법익의 균형성을 갖추어야 한다는 원칙이다. 대한민국 헌법 제37조 제2항은 과잉금지의 원칙을 '필요한 경우에 한하여' 법률로써 기본권을 제한할 수 있다고 표현하고 있다.

> **핵심만콕**
>
> - 헌법유보원칙 : 헌법에서 직접 기본권 제한에 관한 내용을 규정하는 것으로 헌법은 정당의 목적과 활동(헌법 제8조 제4항), 언론·출판의 자유(헌법 제21조 제4항), 군인·공무원·경찰공무원 등의 국가배상청구권(헌법 제29조 제2항), 공무원의 근로3권(헌법 제33조 제2항) 등에 대하여 규정하고 있다.
> - 의회유보원칙 : 이른바 법률유보의 원칙이라고 하며, 일정한 행정권의 발동은 법률에 근거하여 이루어져야 한다는 원칙이다. 헌법은 국가안전보장·질서유지·공공복리를 위하여 필요한 경우에 '법률'로써 제한할 수 있다고 규정하고 있다(헌법 제37조 제2항).
> - 포괄위임입법금지원칙 : 법률에서 구체적으로 범위를 정하지 않고 일반적·포괄적으로 위임하는 것을 금지하는 원칙이다.

58

헌법 제37조 제2항의 규정이다. (   )에 들어갈 것은? 기출 21

> 국민의 모든 자유와 권리는 국가안전보장·질서유지 또는 공공복리를 위하여 필요한 경우에 한하여 (   )(으)로써 제한할 수 있으며, 제한하는 경우에도 자유와 권리의 본질적인 내용을 침해할 수 없다.

① 헌 법
☑ **법 률**
③ 대통령령
④ 부 령

해설
국민의 모든 자유와 권리는 국가안전보장·질서유지 또는 공공복리를 위하여 필요한 경우에 한하여 <u>법률로써</u> 제한할 수 있으며, 제한하는 경우에도 자유와 권리의 본질적인 내용을 침해할 수 없다(헌법 제37조 제2항).

59

헌법 제37조 제2항의 규정이다. (   )에 들어갈 용어가 순서대로 옳은 것은? 기출 19

> 국민의 모든 자유와 권리는 (   )·(   ) 또는 (   )를 위하여 필요한 경우에 한하여 법률로써 제한할 수 있으며, 제한하는 경우에도 자유와 권리의 본질적인 내용을 침해할 수 없다.

☑ **국가안전보장, 질서유지, 공공복리**
② 국가안전보장, 질서유지, 환경보호
③ 국가안전보장, 환경보호, 공공복리
④ 환경보호, 질서유지, 공공복리

해설
(   ) 안에 들어갈 용어는 순서대로 국가안전보장, 질서유지, 공공복리이다.

60

헌법 제37조 제2항에 의한 기본권의 제한에 대한 설명으로 틀린 것은?

① 원칙적으로 국회의 형식적 법률에 의해서만 제한할 수 있다.
② 처분적 법률에 의한 제한은 원칙적으로 금지된다.
❸ 국가의 안전보장과 질서유지를 위해서만 제한할 수 있다.
④ 기본권의 본질적 내용은 침해할 수 없다.

[해설]
기본권은 국가안전보장, 질서유지 또는 공공복리라고 하는 세 가지 목적을 위하여 필요한 경우에 한하여 그 제한이 가능하며 제한하는 경우에도 자유와 권리의 본질적인 내용은 침해할 수 없다(헌법 제37조 제2항).

61

다음 중 행정기관에 의하여 기본권이 침해된 경우의 구제수단으로서 부적당한 것은?

① 행정소송
❷ 형사재판청구권
③ 국가배상청구권
④ 이의신청과 행정심판청구

[해설]
행정기관에 의해 기본권이 침해된 경우에는 행정쟁송(이의신청과 행정심판청구, 행정소송)을 제기하거나 국가배상·손실보상을 청구할 수 있다.

62

헌법소원제도에 대한 설명으로 틀린 것은?

① **사인으로부터 받은 기본권 침해행위도 헌법소원의 대상이 된다.**
② 법원의 재판은 원칙적으로 헌법소원의 대상이 되지 않는다.
③ 제3자에 대한 기본권 침해행위에 대한 헌법소원은 인정되지 않는다.
④ 헌법재판소의 위헌결정으로 효력을 상실한 법률을 적용함으로써 기본권을 침해하는 법원의 재판에 대한 헌법소원은 인정된다.

[해설]
헌법소원제도는 공권력의 행사·불행사로 인한 기본권 침해를 구제받기 위한 제도로서 사인에 의한 기본권 침해행위는 헌법소원의 대상이 되지 않는다.

63

기본권의 효력에 관한 다음 설명 중 틀린 것은?

① 기본권의 효력은 대국가적 효력을 갖는 것이 원칙이다.
② 기본권의 제3자적 효력에서 평등권은 간접적용과 관련된 논의로 볼 수 있다.
③ 기본권의 사인(私人) 간의 직접적 효력을 헌법이 명문으로 규정한 예로 근로3권과 언론·출판에 의한 명예 또는 권리침해 금지가 있다.
④ **기본권의 사인 간의 효력은 헌법이 직접적 효력을 규정함이 원칙이나 예외적으로 간접적 효력을 갖는 경우도 있다.**

[해설]
기본권의 제3자적 효력에 관하여 간접적용설(공서양속설)은 기본권 보장에 관한 헌법 조항을 사인관계에 직접 적용하지 않고, 사법의 일반규정의 해석을 통하여 간접적으로 적용하자는 설로 오늘날의 지배적 학설이다. ★

64

헌법상 기본권 보장의 대전제가 되는 최고의 원리는? 기출 15

① 생명권의 보호
② 근로3권의 보장
③ 사유재산권의 보호
❹ **인간의 존엄과 가치**

[해설]
헌법 제10조에서는 인간의 존엄과 가치의 존중, 행복추구권을 규정하여 기본권 존중의 대전제로 삼고, 이하에서 각종의 개별적 기본권을 보장하고 있다.

65

다음 중 포괄적 기본권은 몇 개인가?

ㄱ. 인간의 존엄과 가치
ㄴ. 근로3권
ㄷ. 평등권
ㄹ. 환경권
ㅁ. 청원권
ㅂ. 행복추구권
---

① 1개
② 2개
❸ **3개**
④ 4개

[해설]
포괄적 기본권에 해당하는 권리는 인간의 존엄과 가치(ㄱ), 평등권(ㄷ), 행복추구권(ㅂ)이다.

66

인간의 존엄과 가치에 관한 설명 중 틀린 것은?

① 인간으로서의 존엄과 가치를 규정한 헌법 제10조는 대한민국헌법에 있어서 최고의 객관적 규범을 의미하는 헌법 구성원리이다.
② 헌법 제10조는 개인 대 국가의 대립관계에 있어서 국가는 개인을 위해서 존재한다는 반 전체주의적 경향을 내용으로 한다.
❸ 헌법 제10조는 우리 헌법질서에 있어서 최고규범을 의미하기 때문에 그것은 오직 헌법에 규정된 개정절차에 의해서만 폐지될 수 있다.
④ 인간의 존엄과 가치에 관한 원칙규정은 1962년 헌법(제5차 개헌)에 비로소 명문으로 신설되었다.

[해설]

헌법 제10조의 법적 성격은 전국가적·초국가적 자연법원리이므로 헌법의 개정절차에 의해서도 폐지될 수 없는 헌법개정의 한계요인의 성격을 띤다. ★

67

평등권에 대한 설명으로 옳지 않은 것은?

① 입법·사법·행정기관까지도 구속하는 기본권이다.
② 모든 법 앞에서의 평등과 법 내용의 평등까지도 포함한다.
❸ 평등권은 절대적 기본권으로 헌법에 의한 제한만이 가능하다.
④ 정치영역에서는 절대적 평등을, 사회·경제영역에서는 상대적 평등을 추구한다.

[해설]

평등권은 제한이 불가능한 절대적 기본권이 아니며, 국가공무원법, 형의 집행 및 수용자의 처우에 관한 법률, 공직선거법, 출입국관리법 등에서도 제한이 가능하다.

68

헌법상 신체의 자유에 관한 내용으로 옳지 않은 것은? 기출 24

① 누구든지 체포 또는 구속을 당한 때에는 즉시 변호인의 조력을 받을 권리를 가진다.
② 모든 국민은 형사상 자기에게 불리한 진술을 강요당하지 아니한다.
③ 누구든지 체포 또는 구속을 당한 때에는 적부의 심사를 법원에 청구할 권리를 가진다.
❹ 체포·구속·압수 또는 수색을 할 때에는 적법한 절차에 따라 검사가 발부한 영장을 제시하여야 한다.

해설

④ (×) 체포·구속·압수 또는 수색을 할 때에는 적법한 절차에 따라 검사의 신청에 의하여 법관이 발부한 영장을 제시하여야 한다(헌법 제12조 제3항 본문).
① (○) 헌법 제12조 제4항 본문
② (○) 헌법 제12조 제2항
③ (○) 헌법 제12조 제6항

69

다음 중 그 내용을 제한할 수 없는 절대적 기본권은? 기출 13

① 교수내용의 자유
❷ 양심형성의 자유
③ 예술표현의 자유
④ 종교적 양심에 따른 집총거부의 자유

해설

양심형성의 자유와 양심적 결정의 자유는 내심에 머무르는 한 절대적 자유라고 할 수 있지만, 양심실현의 자유는 타인의 기본권이나 다른 헌법적 질서와 저촉되는 경우 헌법 제37조 제2항에 따라 국가안전보장·질서유지 또는 공공복리를 위해 법률에 의해 제한될 수 있는 상대적 자유이다(헌재결[전] 1998.7.16. 96헌바35).

70

영장주의에 관한 헌법 제12조 제3항 규정이다. ( )에 들어갈 숫자는? 기출 23

> 체포·구속·압수 또는 수색을 할 때에는 적법한 절차에 따라 검사의 신청에 의하여 법관이 발부한 영장을 제시하여야 한다. 다만, 현행범인인 경우와 장기 ( )년 이상의 형에 해당하는 죄를 범하고 도피 또는 증거인멸의 염려가 있을 때에는 사후에 영장을 청구할 수 있다.

① 1
☑ 3
③ 5
④ 7

[해설]
제시된 내용의 ( )에 들어갈 숫자는 3이다.

관계법령 헌법 제12조

③ 체포·구속·압수 또는 수색을 할 때에는 적법한 절차에 따라 검사의 신청에 의하여 법관이 발부한 영장을 제시하여야 한다. 다만, 현행범인인 경우와 <u>장기 3년 이상의 형에 해당하는 죄를 범하고 도피 또는 증거인멸의 염려가 있을 때에는 사후에 영장을 청구할 수 있다.</u>

71

헌법상 신체의 자유에 관한 설명으로 옳지 않은 것은? 기출 20

① 모든 국민은 고문을 받지 아니할 권리가 있다.
② 모든 국민은 형사상 자기에게 불리한 진술을 강요당하지 아니한다.
☑ **누구든지 체포 또는 구속을 당한 때에는 즉시 국선변호인의 조력을 받을 권리를 가진다.**
④ 누구든지 체포 또는 구속을 당한 때에는 적부의 심사를 법원에 청구할 권리를 가진다.

[해설]
③ (×) 누구든지 체포 또는 구속을 당한 때에는 즉시 변호인의 조력을 받을 권리를 가진다. <u>다만, 형사피고인이 스스로 변호인을 구할 수 없을 때에는 법률이 정하는 바에 의하여 국가가 변호인을 붙인다</u>(헌법 제12조 제4항).
① (○) 헌법 제12조 제2항 전단
② (○) 헌법 제12조 제2항 후단
④ (○) 헌법 제12조 제6항

72

다음 중 자유권적 기본권에 해당하지 않는 것은? 기출문제

① 사생활의 비밀의 자유
② 양심의 자유
✓ ③ 인간다운 생활권
④ 학문과 예술의 자유

해설
③은 사회적(생존권적) 기본권에 해당한다. 자유권적 기본권의 내용 중 ①은 사생활의 자유권, ②·④는 정신적 자유권에 해당한다.

73

다음 중 자유권적 기본권이 아닌 것은?

① 신체의 자유
② 종교의 자유
③ 직업선택의 자유
✓ ④ 청원권

해설
청원권은 청구권적 기본권에 해당한다.

74

신체의 자유의 보장과 거리가 먼 것은?

① 영장제도
② 죄형법정주의
✓ ③ 손실보상청구권
④ 일사부재리의 원칙

해설
손실보상청구권은 청구권적 기본권으로, 신체의 자유와는 거리가 멀다.

75

현행 헌법상의 신체의 자유에 관한 설명 중 맞는 것은?

☑ ① 법률과 적법한 절차에 의하지 아니하고는 강제노역을 당하지 아니한다.
② 누구든지 체포·구금을 받을 때에는 그 적부의 심사를 법원에 청구할 수 없다.
③ 체포, 구속, 수색, 압수, 심문에는 검사의 신청에 의하여 법관이 발부한 영장이 제시되어야 한다.
④ 법관에 대한 영장신청은 검사 또는 사법경찰관이 한다.

해설

① (○) 헌법 제12조 제1항 후문
② (×) 누구든지 체포 또는 구속을 당한 때에는 적부의 심사를 법원에 청구할 권리를 가진다(헌법 제12조 제6항).
③ (×) 심문은 영장주의의 적용대상이 아니다(헌법 제12조 제3항 본문).
④ (×) 법관에 대한 영장신청은 검사에 한한다(헌법 제12조 제3항 본문).

76

기본권에 대한 설명으로 옳지 않은 것은?

① 자유권적 기본권은 자신의 자유영역에 관하여 국가로부터 침해를 받지 않을 권리이다.
② 평등권은 국가에 대하여 평등한 취급을 받을 권리, 즉 법 앞의 평등으로 법의 정립, 집행 및 적용에 있어서의 평등을 뜻하며 입법·사법·행정기관까지도 구속하는 기본권이다.
☑ ③ 사생활의 자유권에 따라 국내 거주·이전의 자유, 국외 거주·이전의 자유, 해외여행, 국적이탈의 자유와 무국적의 자유가 인정된다.
④ 양심의 자유 중 양심형성의 자유는 내용을 제한할 수 없는 절대적 기본권이다.

해설

거주·이전의 자유에는 국내 거주·이전의 자유, 국외 거주·이전의 자유, 해외여행, 국적이탈의 자유가 포함되나 무국적의 자유는 인정되지 않는다.

77

다음 주거의 불가침에 관한 설명 중 타당하지 않은 것은?

① 숙박자의 승낙 없이 여관방을 수사상 필요로 검색할 수 없다.
② 학교 구내에 피의자가 있다고 하더라도 학교장의 승인을 얻어 출입하여야 한다.
③ 보건소 직원이 호텔 위생시설을 조사하기 위하여 들어갈 때는 영장을 제시하고 출입하여야 한다.
④ 범인이 은닉해 있는 가택을 수색하기 위해서는 사전영장을 제시하고 출입하여야 한다.

[해설]

긴급체포, 현행범체포, 구속영장의 집행 및 단순한 행정상 목적의 경우 영장주의의 예외가 인정되므로, 보건소 직원이 호텔 위생시설을 조사하기 위하여 들어갈 때는 영장을 제시할 필요가 없다.★

78

직업선택의 자유에 관한 설명으로 잘못된 것은?

① 경제적 자유로서의 성격이 강하다.
② 바이마르헌법에서 최초로 규정되었으며 법인에게도 인정된다.
③ 헌법상 근로의 의무가 있으므로 무직업의 자유는 인정되지 않는다.
④ 그 내용으로는 직업결정의 자유, 직업수행의 자유, 영업의 자유가 포함된다.

[해설]

현행 헌법상 근로의 의무가 있다고 하여도 직업을 가지지 않을 자유가 부인되는 것은 아니다.★

79

재산권에 대한 다음 설명 중 잘못된 것은? 기출 04

① 재산권은 물권과 채권으로 대별된다.
② 채무의 강제이행 시 수인의 채권자가 있다면 모든 채권자들은 채권성립의 선후와 관계없이 평등하게 다루어진다.
③ 소유권은 물건을 사용, 수익, 처분할 수 있는 권리로서 우리 헌법은 재산권을 절대적으로 보장하고 있다.
④ 법률과 관습법이 인정하는 물권 이외에는 당사자들이 마음대로 새로운 물권을 창설할 수 없다.

[해설]

헌법 제23조 제1항에서 "모든 국민의 재산권은 보장된다." 그러나 "재산권의 내용과 한계는 법률로 정한다."라고 하여 사유재산제의 한계에 관한 법정주의(法定主義)를 규정하고 있다. 또 헌법 제23조 제2항은 "재산권의 행사는 공공복리에 적합하도록 하여야 한다."라고 하여 공공복리적합성을 규정하고 있다.

80

다음 중 재산권에 관한 내용으로 틀린 것은? 기출문제

① 재산권 수용은 공공복리에 적합하여야 한다.
② 재산권의 핵심적인 내용은 침해할 수 없다.
❸ 공공복리를 위하여 재산권 수용시 보상을 지급하지 않을 수 있다.
④ 재산권의 수용과 사용은 법률의 규정에 의한다.

해설
공공필요에 의한 재산권의 수용·사용 또는 제한 및 그에 대한 보상은 법률로 하되, 정당한 보상을 지급하여야 한다(헌법 제23조 제3항).

81

재산권의 자유를 규정한 헌법 제23조의 재산권의 개념으로서 타당한 것은?

① 소유권뿐만 아니라 물권, 채권 등 사법상 경제적 가치가 있는 모든 권리
② 사법이나 공법상 소유권과 채권
❸ 사법이나 공법상 경제적 가치가 있는 모든 권리
④ 공법상 경제적 가치가 있는 모든 권리

해설
우리 헌법상 보호되는 재산권의 개념으로서는 공·사법을 불문한 경제적 가치가 있는 모든 권리를 말하며 법률이 정하는 바에 의하여 보장된다.★

82

헌법이 규정하고 있는 사회적 기본권은? 기출 24

① 신체의 자유
② 사생활의 자유
③ 국가배상청구권
✅ **인간다운 생활을 할 권리**

해설

헌법이 규정하고 있는 사회적(생존권적) 기본권에는 인간다운 생활을 할 권리, 교육을 받을 권리, 근로의 권리, 근로3권, 환경권, 혼인·가족·모성 보호에 관한 권리가 있다. 신체의 자유와 사생활의 자유는 자유권적 기본권에 해당하고, 국가배상청구권은 청구권적 기본권에 해당한다.

83

다음 중 사회적 기본권에 해당하는 것은? 기출 14

① 사유재산권
✅ **교육을 받을 권리**
③ 국가배상청구권
④ 직업선택의 자유

해설

헌법상 사회권적 기본권에는 인간다운 생활을 할 권리, 교육을 받을 권리, 근로의 권리, 근로3권, 환경권 등이 있다.

84

사회적 기본권에 관한 설명 중 틀린 것은?

① 1919년 바이마르헌법에서 처음 규정되었다.
② 헌법정책상의 이유로 헌법에 의하여 비로소 창설된 실정법상의 권리이고 국민의 권리이다.
③ '국가에 의한 자유'를 의미하는 적극적·주관적인 공권이다.
✅ **헌법의 규정을 근거로 하여 국민이 직접 국가에 대하여 청구할 수 있는 구체적 권리이다.**

해설

부분적으로는 구체적 권리로서의 성격도 있지만 추상적 권리로 봄이 타당하고, 국가에 대해 국민이 직접 청구할 수 있는 것은 청구권적 기본권이다.

85

국민의 근로와 관련하여 헌법에 명시되어 있지 않은 것은? 기출 21

☑ ① 연소자는 우선적으로 근로의 기회를 부여받는다.
② 국가는 법률이 정하는 바에 의하여 최저임금제를 시행하여야 한다.
③ 공무원인 근로자는 법률이 정하는 자에 한하여 단결권·단체교섭권 및 단체행동권을 가진다.
④ 법률이 정하는 주요방위산업체에 종사하는 근로자의 단체행동권은 법률이 정하는 바에 의하여 이를 제한하거나 인정하지 아니할 수 있다.

해설

① (×) 연소자는 근로를 함에 있어 특별한 보호를 받을 뿐, 우선적으로 근로의 기회를 부여받는 것은 아니다(헌법 제32조 제5항·제6항 참고).
② (○) 헌법 제32조 제1항 후문
③ (○) 헌법 제33조 제2항
④ (○) 헌법 제33조 제3항

관계법령

헌법 제32조
① 모든 국민은 근로의 권리를 가진다. 국가는 사회적·경제적 방법으로 근로자의 고용의 증진과 적정임금의 보장에 노력하여야 하며, 법률이 정하는 바에 의하여 최저임금제를 시행하여야 한다.
② 모든 국민은 근로의 의무를 진다. 국가는 근로의 의무의 내용과 조건을 민주주의원칙에 따라 법률로 정한다.
③ 근로조건의 기준은 인간의 존엄성을 보장하도록 법률로 정한다.
④ 여자의 근로는 특별한 보호를 받으며, 고용·임금 및 근로조건에 있어서 부당한 차별을 받지 아니한다.
⑤ 연소자의 근로는 특별한 보호를 받는다.
⑥ 국가유공자·상이군경 및 전몰군경의 유가족은 법률이 정하는 바에 의하여 우선적으로 근로의 기회를 부여받는다.

헌법 제33조
① 근로자는 근로조건의 향상을 위하여 자주적인 단결권·단체교섭권 및 단체행동권을 가진다.
② 공무원인 근로자는 법률이 정하는 자에 한하여 단결권·단체교섭권 및 단체행동권을 가진다.
③ 법률이 정하는 주요방위산업체에 종사하는 근로자의 단체행동권은 법률이 정하는 바에 의하여 이를 제한하거나 인정하지 아니할 수 있다.

86

헌법상 기본권에 관한 설명으로 옳지 않은 것은? 기출 12

① 모든 국민은 능력에 따라 균등하게 교육을 받을 권리를 가진다.
② 모든 국민은 근로의 권리를 가지며, 국가는 법률이 정하는 바에 의하여 최저임금제를 시행하여야 한다.
③ 국가유공자·상이군경 및 전몰군경의 유가족은 법률이 정하는 바에 의하여 우선적으로 근로의 기회를 부여받는다.
❹ 법률이 정하는 주요방위산업체에 종사하는 근로자의 단결권·단체교섭권은 법률이 정하는 바에 의하여 이를 제한하거나 인정하지 아니할 수 있다.

[해설]
법률이 정하는 주요방위산업체에 종사하는 근로자의 단체행동권은 법률이 정하는 바에 의하여 이를 제한하거나 인정하지 아니할 수 있다(헌법 제33조 제3항).★

87

근로3권에 관한 다음 기술 중 적절하지 않은 것은?

① 노동자의 개념은 노동조합 및 노동관계조정법에 규정된 바와 같은 것으로 본다.
② 사용자가 정당한 이유 없이 단체교섭을 거부하면 부당노동행위가 된다.
❸ 모든 공무원인 노동자는 근로3권을 가질 수 있다.
④ 주요방위산업체 종사자의 단체행동권은 법률이 정하는 바에 의하여 제한될 수 있다.

[해설]
헌법은 공무원인 근로자는 법률이 정하는 자에 한하여 단결권·단체교섭권 및 단체행동권을 가진다고 규정하면서(헌법 제33조 제2항), 공무원인 근로자의 근로3권에 대하여는 법률유보사항으로 하고 있다.

88

인간다운 생활을 할 권리에 관한 설명 중 잘못된 것은?

① 다른 모든 사회적 기본권의 근본이 되는 권리이며 자유권적 기본권의 실현을 위한 수단이 된다.
② 질병, 기타의 사유로 생활능력이 없는 국민은 국가에 대하여 생활보호를 받을 구체적 권리를 갖는다.
❸ 개인주의적·자유주의적 세계관의 표현이며 재판규범의 성격이 약하다.
④ 인간의 존엄성에 상응하는 최저한도의 물질적 생활을 할 권리라고 볼 수도 있다.

해설
자유권적 기본권이 개인주의적·자유주의적 세계관의 표현이고, 사회권적 기본권인 인간다운 생활을 할 권리는 단체주의적·사회정의적 세계관의 표현이다. ★

89

다음 중 생존권적(사회권적) 기본권에 속하지 않는 권리는 무엇인가?

① 교육을 받을 권리
② 근로의 권리
❸ 생명권
④ 혼인의 자유와 모성의 보호를 받을 권리

해설
생명권은 자유권적 기본권 중 인신의 자유권에 속한다.

90

문화국가·복지국가의 이념과 가장 밀접한 관계가 있는 기본권은?

① 재산권의 보장
❷ 교육을 받을 권리
③ 재판청구권
④ 노동의 권리

해설
교육을 받을 권리는 문화국가를 실현하기 위한 것이다.

91

헌법의 규정과 관련 법률의 연결이 옳지 않은 것은? 기출 10

☑ ① 국가는 법률이 정하는 바에 의하여 최저임금제를 시행하여야 한다. - 사회보장기본법
② 연소자의 근로는 특별한 보호를 받는다. - 근로기준법
③ 국가유공자의 유가족은 우선적으로 근로의 기회를 부여받는다. - 국가유공자 등 예우 및 지원에 관한 법률
④ 근로자는 근로조건의 향상을 위하여 자주적인 근로3권을 갖는다. - 노동조합 및 노동관계조정법

해설

모든 국민은 근로의 권리를 가진다. 국가는 사회적·경제적 방법으로 근로자의 고용의 증진과 적정임금의 보장에 노력하여야 하며, 법률(최저임금법)이 정하는 바에 따라 최저임금제를 시행하여야 한다(헌법 제32조 제1항). ★

92

다음 기본권 중 의무의 성격을 동시에 갖지 않는 것은? 기출 17

① 환경권
② 근로의 권리
☑ ③ 근로자의 단체행동권
④ 교육을 받을 권리

해설

③ (×) 의무의 성격을 갖지 않는 기본권은 근로자의 단체행동권이다.
① (○) 모든 국민은 건강하고 쾌적한 환경에서 생활할 권리를 가지며, 국가와 국민은 환경보전을 위하여 노력하여야 한다(헌법 제35조 제1항).
② (○) 모든 국민은 근로의 의무를 진다(헌법 제32조 제2항 전문).
④ (○) 모든 국민은 그 보호하는 자녀에게 적어도 초등교육과 법률이 정하는 교육을 받게 할 의무를 진다(헌법 제31조 제2항).

93

헌법상 재판청구권에 관한 설명으로 옳은 것을 모두 고른 것은? 기출 20

> ㄱ. 형사피고인은 상당한 이유가 없는 한 지체 없이 공개재판을 받을 권리를 가진다.
> ㄴ. 모든 국민은 신속한 재판을 받을 권리를 가진다.
> ㄷ. 모든 국민은 헌법과 법률이 정한 법관에 의하여 법률에 의한 재판을 받을 권리를 가진다.

① ㄱ, ㄴ
② ㄱ, ㄷ
③ ㄴ, ㄷ
❹ ㄱ, ㄴ, ㄷ

해설
제시문은 모두 헌법상 재판청구권에 대한 설명으로 옳은 내용이다.
ㄱ. (O) 형사피고인은 상당한 이유가 없는 한 지체 없이 공개재판을 받을 권리를 가진다(헌법 제27조 제3항 후문).
ㄴ. (O) 모든 국민은 신속한 재판을 받을 권리를 가진다(헌법 제27조 제3항 전문).
ㄷ. (O) 모든 국민은 헌법과 법률이 정한 법관에 의하여 법률에 의한 재판을 받을 권리를 가진다(헌법 제27조 제1항).

94

청구권적 기본권에 관한 설명으로 옳지 않은 것은? 기출 17

❶ 청원은 구두로도 할 수 있다.
② 재판청구권에는 신속한 재판을 받을 권리도 포함된다.
③ 형사보상제도는 국가의 무과실책임을 규정한 것이다.
④ 헌법은 범죄행위로 인한 피해구조에 관해 규정하고 있다.

해설
모든 국민은 법률이 정하는 바에 의하여 국가기관에 문서로 청원할 권리를 가진다(헌법 제26조 제1항). 청원은 청원서에 청원인의 성명(법인인 경우에는 명칭 및 대표자의 성명을 말한다)과 주소 또는 거소를 적고 서명한 문서(「전자문서 및 전자거래 기본법」에 의한 전자문서를 포함한다)로 하여야 한다(청원법 제9조 제1항). ★

95

청구권적 기본권에 관한 설명으로 옳지 않은 것은?

① 국민이 국가기관에 청원할 때에는 법률이 정하는 바에 따라 문서로 해야 한다.
❷ 형사피고인과 달리 형사피의자에게는 형사보상청구권이 없다.
③ 군인이 훈련 중에 받은 손해에 대하여는 법률이 정하는 보상 외에는 이중배상이 금지된다.
④ 재판청구권에는 공정하고 신속한 공개재판을 받을 권리뿐만 아니라 재판절차에서 진술할 권리도 포함된다.

해설
형사피의자 또는 형사피고인으로서 구금되었던 자가 법률이 정하는 불기소처분을 받거나 무죄판결을 받은 때에는 법률이 정한 바에 의하여 국가에 정당한 보상을 청구할 수 있다(헌법 제28조).★

96

청구권적 기본권에 속하지 않는 것은?

❶ 참정권
② 청원권
③ 재판청구권
④ 국가배상청구권

해설
청구권적 기본권이란 기본권으로 보호되는 법익에 대한 침해가 있거나 침해가 우려될 경우 국가에 대해 일정한 행위를 청구할 수 있는 권리로서, 청원권·재판청구권·국가배상청구권·손실보상청구권·범죄피해자구조청구권·형사보상청구권이 이에 속한다.

97

다음 중 재판의 공개주의에 대한 예외에 해당되는 경우는?

① 정치범을 재판할 때
② 검사가 요구하고 피고인이 동의한 때
❸ 국가의 안전보장 또는 안녕질서를 방해하거나 선량한 풍속을 해할 염려가 있을 때
④ 부녀자를 재판할 때

해설
재판의 심리는 국가의 안전보장 또는 안녕질서를 방해하거나 선량한 풍속을 해할 염려가 있을 때에는 법원의 결정으로 공개하지 아니할 수 있다(헌법 제109조 단서).★

98

다음 중 참정권에 속하지 않는 것은?

① 공무담임권
② 국민표결권
③ 선거권
✅ ④ 청원권

해설

참정권은 개인이 국가정치에 참여할 수 있는 권리를 말하며 선거권, 공무담임권, 국민투표(표결)권이 이에 해당한다. 청원권은 청구권적 기본권이다.

99

헌법상 국민의 권리·의무에 관한 설명으로 옳지 않은 것은? 기출 22

① 의무교육은 무상으로 한다.
② 연소자의 근로는 특별한 보호를 받는다.
✅ ③ 모든 국민은 병역의 의무를 진다.
④ 모든 국민은 보건에 관하여 국가의 보호를 받는다.

해설

③ (×) 모든 국민은 법률이 정하는 바에 의하여 국방의 의무를 진다(헌법 제39조 제1항).
① (○) 헌법 제31조 제3항
② (○) 헌법 제32조 제5항
④ (○) 헌법 제36조 제3항

100

헌법에 규정되어 있는 의무가 아닌 것은? 기출 21

☑ ① 타인의 권리 존중의무
② 근로의 의무
③ 재산권 행사의 공공복리적합의무
④ 환경보전의무

해설

① (×) 타인의 권리 존중의무는 헌법에 규정되어 있지 아니하나, 언론·출판은 타인의 명예나 권리 또는 공중도덕이나 사회윤리를 침해하여서는 아니 된다고 규정되어 있다(헌법 제21조 제4항 전문).
② (○) 헌법 제32조 제2항 전문
③ (○) 헌법 제23조 제2항
④ (○) 헌법 제35조 제1항 후단

101

국민의 의무에 관한 다음 기술 중 타당한 것은?

① 헌법이 규정하고 있는 의무 이외에 법률로 다른 의무를 과할 수 없다.
② 국민은 통치권에 의한 무제한적인 지배를 받으므로 어떠한 의무를 지는가는 법률이 정한다.
③ 국민의 의무는 헌법규정 외에 개인이 승인하는 경우에 한하여 기타의 의무도 과할 수 있다.
☑ ④ 국민의 기본권을 침해하지 않는 범위 안에서는 법률로써 의무를 과할 수 있다.

해설

국민의 국가에 대한 의무는 국법에 의한 국민의 의무이며, 헌법 이외의 법률에 의해 의무를 부과할 경우에도 질서유지나 공공복리를 위하여 필요한 경우에만 인정된다.★

4 통치구조

102
다음 중 몽테스키외의 3권분립론의 가장 중심된 사상은? 기출문제

① 국민주권주의
② 직접민주주의
③ 의회제도의 확립
✅ **국민의 자유권 보장**

해설
3권분립론은 입법권, 집행권, 사법권간의 견제와 균형을 통하여 궁극적으로는 국민의 인권과 자유권을 보장하기 위한 이론이다. ★

핵심만콕 몽테스키외의 권력분립론(3권분립론) ★
- 로크의 이론을 프랑스의 정치상황에 적용하여 체계화하였으며 국민의 자유권 보장이 주된 요소이다.
- 법의 정신에서 국가권력을 입법권, 국제법에 속하는 사항의 집행권, 시민법에 속하는 사항의 집행권으로 분류하여 설명하였다.
- 몽테스키외가 말하는 3권이란 오늘날의 입법권, 집행권, 사법권이다.

103
권력분립론에 관한 설명으로 잘못된 것은?

① Locke는 최고권력은 국민에게 있고, 그 아래에 입법권, 입법권 아래에 집행권과 동맹권이 있어야 한다고 주장하였다.
② Montesquieu의 권력분립론은 자의적인 권력 혹은 권력의 남용으로부터 개인의 자유와 권리를 보장하는데 그 목적이 있다.
✅ **Montesquieu는 사법권에 대해 법의 적용 작용이며 정치적 작용이라면서 사법권의 권력통제기능을 중시하였다.**
④ Lowenstein은 권력분립에 대한 비판에서 국가작용을 정책결정, 정책집행, 정책통제로 구분하였다.

해설
Montesquieu는 입법권과 집행권의 균형과 견제를 중시하면서 사법권은 비정치적 권력이므로 사법권의 적극적 권력통제기능을 무시하였다. ★

104

다음 중 정부형태의 전통적 분류에 속하지 않는 것은? 기출문제

① **입헌군주제**
② 대통령제
③ 의회정부제
④ 의원내각제

해설
입헌군주제는 정부형태에 관한 칼 뢰벤슈타인의 분류방법으로 전통적 분류에 해당하지 않는다.

105

대통령제의 제도적 내용이 아닌 것은?

① **행정부의 이원성**
② 의회와 정부의 성립상의 독립
③ 의회와 정부의 존속상의 독립
④ 정부성립의 국민에의 의존

해설
대통령은 국가원수와 집행부 수반의 지위를 가지므로 집행부(행정부)는 일원적 구조라고 본다.

106

통치구조의 형태에 관한 대통령제와 의원내각제에 대한 설명으로 잘못된 것은?

① 대통령제는 의원의 정부각료 겸직이 불허된다.
② 의원내각제는 부서제도를 채택하고 있다.
③ 의회가 정부불신임권을 보유하고, 정부가 의회 해산권을 보유하는 통치구조의 형태는 의원내각제이다.
④ **대통령제는 정부의 법률안제출권이 인정된다.**

해설
정부의 법률안제출권은 의원내각제적 요소이나, 법률안거부권은 대통령제적 요소이다.

107

현행 헌법은 대통령제를 취하고 있지만, 엄밀히 말하면 의원내각제적 요소도 포함하고 있다. 다음 중 의원내각제적 요소로 볼 수 있는 것은? 기출문제

① 대통령은 국가원수이자 정부의 수반이다(헌법 제66조).
② 대통령은 국민의 보통, 평등, 직접, 비밀선거에 의해 선출된다(헌법 제67조 제1항).
③ 대통령은 법률안거부권을 가진다(헌법 제53조).
④ **정부는 법률안을 제출할 수 있다(헌법 제52조).**

해설
법률안을 제출하는 것은 원칙상 의원내각제의 요소에 해당한다.

핵심만콕	의원내각제적 요소 ★
• 국무총리 및 국무회의제	
• (행)정부의 법률안제출권	
• 국회의 국무총리 임명동의권	
• 국회의원과 국무위원의 겸직 가능	
• 대통령의 임시국회 소집요구권	
• 국회의 국무총리 및 국무위원에 대한 해임건의권	

108

국회의 단원제의 장단점에 관한 설명 중 타당하지 않은 것은?

① 책임소재를 분명히 할 수 있다.
② 비교적 국고를 절약할 수 있다.
③ 국회의 결정이 경솔하게 되기 쉽다.
④ **국회와 정부의 충돌 시 해결이 용이하다.**

해설
단원제의 경우 국회와 정부가 상호 간에 충돌이 발생할 경우 중간 완충 역할을 할 요소가 없기 때문에 갈등의 해결이 곤란하다는 단점이 있다.

109

오늘날 의회에 관하여 일반적으로 가장 강조되고 있는 것은?

① 입법기능
☑ **행정부 통제기능**
③ 국민대표적 성격
④ 정책결정기관으로서의 성격

해설
현대 국가의 성격이 점차 행정국가화됨에 따라 국회의 입법기관으로서의 지위는 낮아지고, 행정부를 감시·비판하고 견제하는 정책통제기관으로서의 지위가 중대한 기능으로 등장하였다.

110

다음 중 헌법에 명시되어 있는 국회의원의 선거방법으로 옳지 않은 것은?

① 평등선거
☑ **자유선거**
③ 비밀선거
④ 보통선거

해설
자유선거도 국회의원의 선거방법 중 하나이나, 헌법에 명시되어 있는 것은 보통·평등·직접·비밀선거이다(헌법 제41조 제1항).

111

다음 중 헌법에 직접 규정되어 있지 않은 것은?

① 의사공개의 원칙
② 회기계속의 원칙
③ 일반의결정족수
☑ **일반의사정족수**

해설
의사공개의 원칙(헌법 제50조 제1항 본문), 회기계속의 원칙(헌법 제51조 본문), 일반의결정족수(헌법 제49조)는 헌법에서 직접 규정하고 있으나 일반의사정족수는 국회법(국회법 제73조)에서 규정하고 있다.

112

헌법개정안 의결을 위한 국회의 특별의결정족수는?

① **재적의원 2/3 이상 찬성**
② 재적의원 과반수의 찬성
③ 재적의원 1/3 이상 찬성
④ 재적의원 과반수의 출석과 출석의원 2/3 이상 찬성

해설

헌법개정안 의결(헌법 제130조 제1항), 의원 제명(헌법 제64조 제3항), 대통령에 대한 탄핵소추 의결(헌법 제65조 제2항 단서)은 재적의원 2/3 이상의 찬성을 요한다.

113

국회의 권한에 해당하지 않는 것은? 기출 23

① **대통령의 특별사면에 대한 동의권**
② 국회의원 징계권
③ 감사위원에 대한 탄핵소추권
④ 중앙선거관리위원회 위원 3인의 선출권

해설

① (×) 국회의 권한은 일반사면에 대한 동의권이다(헌법 제79조 제2항). 특별사면은 대통령의 고유 권한이다.
② (○) 국회는 의원의 자격을 심사하며, 의원을 징계할 수 있다(헌법 제64조 제2항).
③ (○) 대통령・국무총리・국무위원・행정각부의 장・헌법재판소 재판관・법관・중앙선거관리위원회 위원・감사원장・감사위원 기타 법률이 정한 공무원이 그 직무집행에 있어서 헌법이나 법률을 위배한 때에는 국회는 탄핵의 소추를 의결할 수 있다(헌법 제65조 제1항).
④ (○) 중앙선거관리위원회는 대통령이 임명하는 3인, 국회에서 선출하는 3인과 대법원장이 지명하는 3인의 위원으로 구성한다. 위원장은 위원 중에서 호선한다(헌법 제114조 제1항).

114

국회의 권한이 아닌 것은? 기출 17

① 국무총리 해임권
② 국군 외국파견 동의권
③ 국가 예산안 심의·확정권
④ 국회의원 제명권

해설
국회는 국정의 통제기관으로서 국무총리에 대한 해임건의권이 있으나(헌법 제63조 제1항), 직접 해임할 권리를 갖는 것은 아니다.

115

헌법상 국회의 권한에 관한 설명으로 옳지 않은 것은? 기출 20

① 국회는 국가의 예산안을 심의·확정한다.
② 국회는 국무총리의 해임을 대통령에게 건의할 수 있다.
③ 국회는 특정한 국정사안에 대하여 조사할 수 있다.
④ 국회는 정부의 동의 없이 정부가 제출한 지출예산 각항의 금액을 증가할 수 있다.

해설
④ (×) 국회는 정부의 동의 없이 정부가 제출한 지출예산 각항의 금액을 증가하거나 새 비목을 설치할 수 없다(헌법 제57조).
① (○) 헌법 제54조 제1항
② (○) 헌법 제63조 제1항
③ (○) 헌법 제61조 제1항 전단

116

헌법상 국회의원에 관한 설명으로 옳지 않은 것은? 기출 24

① 국회의원을 제명하려면 국회재적의원 3분의 2 이상의 찬성이 있어야 한다.
② **국회의원의 직무집행이 헌법과 법률에 위배된 경우에 국회의원은 탄핵소추의 대상이 된다.**
③ 국회의원은 국회에서 직무상 행한 발언과 표결에 관하여 국회 외에서 책임을 지지 아니한다.
④ 국회의원은 현행범인인 경우를 제외하고는 회기 중 국회의 동의 없이 체포 또는 구금되지 아니한다.

해설

② (×) 대통령·국무총리·국무위원·행정각부의 장·헌법재판소 재판관·법관·중앙선거관리위원회 위원·감사원장·감사위원 기타 법률이 정한 공무원이 그 직무집행에 있어서 헌법이나 법률을 위배한 때에는 국회는 탄핵의 소추를 의결할 수 있다(헌법 제65조 제1항). 따라서 국회의원은 헌법상 탄핵소추 대상에 해당하지 않는다.
① (○) 헌법 제64조 제3항
③ (○) 헌법 제45조
④ (○) 헌법 제44조 제1항

117

헌법상 국회의원에 관한 설명으로 옳지 않은 것은? 기출 19

① 국회의원의 수는 법률로 정하되, 200인 이상으로 한다.
② 국회의원은 현행범인인 경우를 제외하고는 회기 중 국회의 동의 없이 체포 또는 구금되지 아니한다.
③ 국회의원이 회기 전에 체포 또는 구금된 때에는 현행범인이 아닌 한 국회의 요구가 있으면 회기 중 석방된다.
④ **국회의원은 국회에서 직무상 행한 발언과 표결에 관하여 국회 내·외에서 책임을 지지 아니한다.**

해설

④ (×) 국회의원은 국회에서 직무상 행한 발언과 표결에 관하여 국회 외에서 책임을 지지 아니한다(헌법 제45조).
① (○) 헌법 제41조 제2항
② (○) 헌법 제44조 제1항
③ (○) 헌법 제44조 제2항

118

헌법상 국회의원의 권리와 의무에 관한 설명으로 옳지 않은 것은? 기출 15

① 법률이 정하는 직을 겸할 수 없다.
② 국가이익을 우선하여 양심에 따라 직무를 행한다.
③ **현행범인이라도 회기 중에는 국회의 동의 없이 체포 또는 구금되지 아니한다.**
④ 국회에서 직무상 행한 발언과 표결에 관하여 국회 외에서 책임을 지지 아니한다.

해설

국회의원은 현행범인인 경우를 제외하고는 회기 중 국회의 동의 없이 체포 또는 구금되지 아니한다(헌법 제44조 제1항). ★

핵심만콕 국회의원의 특권

• 불체포특권
  - 국회의원은 현행범인인 경우를 제외하고는 회기 중 국회의 동의 없이 체포 또는 구금되지 아니한다(헌법 제44조 제1항).
  - 국회의원이 회기 전에 체포 또는 구금된 때에는 현행범인이 아닌 한 국회의 요구가 있으면 회기 중 석방된다(헌법 제44조 제2항).
• 면책특권 : 국회의원은 국회에서 직무상 행한 발언과 표결에 관하여 국회 외에서 책임을 지지 아니한다(헌법 제45조).

119

탄핵소추에 관한 설명으로 옳지 않은 것은? 기출 16

① 대통령이 그 직무집행에 있어서 헌법이나 법률을 위배한 때에는 탄핵소추의 대상이 된다.
② 대통령에 대한 탄핵소추는 국회 재적의원 3분의 2 이상의 찬성이 있어야 의결된다.
③ 대통령이 탄핵소추의 의결을 받은 때에는 국무총리, 법률이 정한 국무위원의 순서로 그 권한을 대행한다.
④ **탄핵결정으로 공직으로부터 파면되면 민사상의 책임은 져야 하나, 형사상의 책임은 면제된다.**

해설

④ (×) 탄핵결정은 공직으로부터 파면함에 그친다. 그러나 이에 의하여 민사상이나 형사상의 책임이 면제되지는 아니한다(헌법 제65조 제4항).
① (○) 헌법 제65조 제1항
② (○) 헌법 제65조 제2항 단서
③ (○) 헌법 제71조

120

국회의 권한으로 옳은 것은? 기출 14

① 탄핵심판권
② 권한쟁의심판권
③ ✓ 긴급명령에 대한 승인권
④ 명령·규칙에 대한 최종심사권

해설
③은 국회의 권한에 해당한다.
①·②는 헌법재판소의 권한이고, ④는 대법원의 권한이다.

121

국회에 관한 설명으로 옳지 않은 것은? 기출 13

① ✓ 국회의원이 회기 전에 현행범으로 체포되어 구금된 경우라도 국회의 요구가 있으면 회기 중에 석방하여야 한다.
② 재적의원 과반수의 출석과 출석의원 과반수의 찬성으로 의결하는 경우에 가부동수이면 부결된 것으로 본다.
③ 출석의원 과반수의 찬성이 있으면 국회의 회의를 공개하지 않을 수 있다.
④ 국회는 선전포고에 대한 동의권을 가진다.

해설
국회의원이 회기 전에 체포 또는 구금된 때에는 현행범인이 아닌 한 국회의 요구가 있으면 회기 중 석방된다(헌법 제44조 제2항).★

122

다음 중 국회의 권한으로 옳은 것은? 기출문제

☑ ① 선전포고에 대한 동의
② 예비비 지출에 대한 동의
③ 국무총리에 대한 해임동의
④ 헌법개정안의 확정동의

해설

① (○) 국회는 선전포고, 국군의 외국에의 파견 또는 외국 군대의 대한민국 영역 안에서의 주류에 대한 동의권을 가진다(헌법 제60조 제2항).
② (×) 예비비 설치에 대한 동의 및 지출에 대한 승인권을 갖는다(헌법 제55조 제2항).
③ (×) 국무총리 임명에 대한 동의권을 갖는다(헌법 제86조 제1항).
④ (×) 헌법개정안은 국민투표(국회의원 선거권자 과반수의 투표와 투표자 과반수의 찬성)에 의해 확정된다(헌법 제130조 제3항).

123

다음 중 국정감사 및 조사에 관하여 옳은 설명은?

① 국정감사는 공개가 원칙이고, 국정조사는 비공개가 원칙이다.
② 재판절차의 신속성에 하자가 있는 경우 국정조사의 대상이 될 수 없다.
③ 개인의 사생활에 관계되는 것은 예외적으로도 국정조사의 대상이 될 수 없다.
☑ ④ 국정감사는 정기적이며 국정조사는 수시로 할 수 있다.

해설

국정감사권이란 국회가 매년 정기적으로 국정 전반에 관하여 감사할 수 있는 권한을 말하고, 국정조사권이란 국회가 그 권한을 유효적절하게 행사하기 위하여 특정한 국정사안에 대하여 수시로 조사할 수 있는 권한을 말한다.

핵심만콕

- 감사 및 조사는 공개를 원칙으로 한다(국정감사 및 조사에 관한 법률 제12조 본문).★
- 사법권의 고유영역이라고 할 수 있는 법관의 재판 그 자체와 직접적인 관련이 없는 법원규칙의 제정 및 개정과 같은 사법입법이나 법원의 예산운용, 재판의 신속성 문제 등 사법행정에 대한 국정감·조사의 경우에는 국정감사 및 조사의 대상이 될 수 있다.★
- 국정감사 및 조사에 관한 법률에서도 국정감사 및 조사의 한계로 개인의 사생활을 침해할 수 없도록 하고 있다(국정감사 및 조사에 관한 법률 제8조). 다만, 사생활 또는 사적 사항과 공공생활 또는 공적 사항을 명백히 구분하는 일이 용이치 않을 것이므로 사생활이라 하여 무조건 배제되는 획일적 공식을 적용할 수는 없으며, 사익과 공익, 사생활보호와 국민의 알 권리 충족 등 상반되는 제요소를 비교 형량하여 사안별로 판단할 수밖에 없다.★

124

법률제정절차에 관한 설명 중 틀린 것은? 기출문제

① 헌법 제40조에 의하여 입법권은 국회에 속한다.
② 법률제정은 법률안 제출, 의결 및 공포의 3단계를 거친다.
③ 법률안 제출은 입법기관인 국회의원과 정부에 의해 이루어진다.
✔ 국회에서 의결된 법률안이 정부로 이송되면 대통령은 이를 거부할 수 없다.

해설
법률안에 이의가 있을 때에는 대통령은 15일 이내에 이의서를 붙여 국회로 환부하고, 그 재의를 요구할 수 있다. 국회의 폐회 중에도 또한 같다(헌법 제53조 제2항).

125

국회와 행정부 간의 관계를 설명한 것으로 옳지 않은 것은? 기출 18

① 국회는 국무총리 또는 국무위원의 해임을 대통령에게 건의할 수 있다.
② 대통령은 국회에 출석하여 발언하거나 서한으로 의견을 표시할 수 있다.
③ 국회는 국정을 감사하거나 특정한 국정사안에 대하여 조사할 수 있다.
✔ 대통령은 국회에서 의결된 법률안의 일부에 대하여 재의를 요구할 수 있다.

해설
④ (×) 대통령은 법률안의 일부에 대하여 또는 법률안을 수정하여 재의를 요구할 수 없다(헌법 제53조 제3항). ★
① (○) 헌법 제63조 제1항
② (○) 헌법 제81조
③ (○) 헌법 제61조 제1항 전단

126

다음 중 국회의 임명동의권과 관계가 없는 것은? 기출문제

① 국무총리
✔ 중앙선거관리위원장
③ 대법원장
④ 헌법재판소장

해설
중앙선거관리위원회의 위원장은 위원 중에서 호선한다(헌법 제114조 제2항).

127

외국과의 조약·체결의 동의권의 권한을 갖는 기관이라고 볼 수 있는 것은? 기출문제

① 헌법재판소의 권한
☑ **국회의 권한**
③ 선거관리위원회의 권한
④ 감사원의 권한

해설
외국과의 조약·체결의 동의권 등의 권한은 국회의 권한 중 국정통제에 관한 권한에 속한다.

128

헌법상 대통령의 헌법기관 구성 권한에 관한 설명으로 옳지 않은 것은? 기출 24

① 대법원장은 국회의 동의를 얻어 대통령이 임명한다.
② 대법관은 대법원장의 제청으로 국회의 동의를 얻어 대통령이 임명한다.
③ 헌법재판소의 장은 국회의 동의를 얻어 재판관 중에서 대통령이 임명한다.
☑ **헌법재판소 재판관은 헌법재판소장의 제청으로 국회의 동의를 얻어 대통령이 임명한다.**

해설
④ (×) 헌법재판소는 법관의 자격을 가진 9인의 재판관으로 구성하며, 재판관은 대통령이 임명한다(헌법 제111조 제2항). 재판관 중 3인은 국회에서 선출하는 자를, 3인은 대법원장이 지명하는 자를 임명한다(헌법 제111조 제3항).
① (○) 헌법 제104조 제1항
② (○) 헌법 제104조 제2항
③ (○) 헌법 제111조 제4항

129

헌법상 '국가안전보장회의'의 주재자는? 기출 21

- ✓ ① 대통령
- ② 국방부장관
- ③ 국가정보원장
- ④ 행정안전부장관

해설

국가안전보장회의는 대통령이 주재한다(헌법 제91조 제2항).

> **관계법령** **헌법 제91조**
> ① 국가안전보장에 관련되는 대외정책·군사정책과 국내정책의 수립에 관하여 국무회의의 심의에 앞서 대통령의 자문에 응하기 위하여 국가안전보장회의를 둔다.
> ② 국가안전보장회의는 대통령이 주재한다.
> ③ 국가안전보장회의의 조직·직무범위 기타 필요한 사항은 법률로 정한다.

130

대통령의 권한에 속하지 않는 것은? 기출 13

- ① 헌법개정제안권
- ② 긴급재정경제처분권
- ③ 임시국회소집요구권
- ✓ ④ 위헌법률심판제청권

해설

위헌법률심판제청권이란 법률이 헌법에 위반되는지의 여부가 재판의 전제가 된 경우에 법원이 직권 또는 당사자의 신청에 의한 결정으로 헌법재판소에 위헌법률심판을 제청하는 것을 말한다(헌법 제107조). 따라서 위헌법률심판제청권은 법원의 권한에 속한다.

131

대통령의 긴급명령권에 관한 설명으로 타당하지 않은 것은?

① 긴급명령권은 국가의 안위에 관계되는 중대한 교전상태에 있어서 국가를 보위하기 위하여 발동하는 권한이다.
② 국회의 집회가 불가능한 때에 한한다.
③ 대통령의 긴급명령권의 발동에 따라 부당하게 권리침해를 받은 자는 법원에 제소하여 구제를 받을 수 있다.
❹ **긴급명령권은 국가의 위기가 발생할 우려가 있을 때 또는 발생하였을 때에 발동하는 권한이다.**

해설
긴급명령권은 위기가 발생한 경우에 하는 사후적 긴급권이다(헌법 제76조 제2항).★

132

다음은 대통령의 헌법상 지위에 관한 내용이다. ㄱ, ㄴ, ㄷ에 들어갈 내용으로 옳은 것은?

- 대통령은 (ㄱ)와 더불어 국민의 대표기관이다.
- 대통령은 (ㄴ)(으)로서 대외적으로 국가를 대표하는 지위, 국가 및 헌법의 수호자로서의 지위, 국정의 통합조정자로서의 지위, 헌법기관 구성권자로서의 지위를 갖는다.
- 대통령은 (ㄷ)를 조직·통할하는 집행에 관한 최고책임자로서의 지위가 있다. 법률집행권, 국무회의 소집권, 예산안 제출권, 대통령령 제정권, 일반공무원 임명권 등이 있다.

① ㄱ : 국 회,   ㄴ : 행정부의 수반,   ㄷ : 행정부
② ㄱ : 행정부,   ㄴ : 행정부의 수반,   ㄷ : 국 회
❸ **ㄱ : 국 회,   ㄴ : 국가원수,   ㄷ : 행정부**
④ ㄱ : 행정부,   ㄴ : 국가원수,   ㄷ : 국 회

해설
순서대로 ㄱ, ㄴ, ㄷ에는 국회, 국가원수, 행정부가 들어간다.

133

다음 중 대통령의 권한이 아닌 것은?

① 선전포고권
② 조약의 체결·비준권
③ 감사원장 임명권
④ **국가원로자문회의 의장**

해설

국가원로자문회의의 의장은 전직 대통령 중 전임대통령이 되며 직전의 전임대통령이 없을 때에는 대통령이 지명하게 된다(헌법 제90조 제2항).

핵심만콕	대통령의 권한

- 국가원수로서의 권한
  - 국가대표자로서의 권한 : 조약체결비준권, 선전포고 및 강화권, 외교권 등
  - 국가수호자로서의 권한 : 위헌정당해산제소권, 긴급재정·경제처분 및 명령권, 긴급명령권, 계엄선포권 등
  - 국정조정자로서의 권한 : 사면권, 영전수여권, 헌법개정의 공고·공포권, 헌법기관구성권 등
- 행정부수반으로서의 권한 : 법률집행권, 국무회의 소집권, 예산안 제출권, 대통령령 제정권, 일반공무원 임면권 등

134

헌법상 대통령의 권한으로 틀린 것은? 기출 08

① 사면(赦免)권
② 공무원임면(任免)권
③ 영전(榮典)수여권
④ **부서(副署)권**

해설

부서권은 국무총리 및 관계국무위원의 권한에 해당한다(헌법 제82조). ★

135

국무총리의 지위에 관한 다음 기술 중 타당하지 않은 것은? 기출문제

① **국무회의 의장**
② 국무위원의 임명제청
③ 국회의 동의를 얻어 대통령이 임명
④ 대통령의 명을 받아 행정각부통할

해설
국무회의의 의장은 대통령이 되며, 국무총리는 국무회의의 부의장이 된다(헌법 제88조 제3항).

136

다음 중 국무회의에 관한 설명으로 타당하지 않은 것은?

① 국무회의는 국무총리가 부의장이 된다.
② 국무회의는 심의기관이다.
③ **국무회의는 의사결정기관이다.**
④ 대통령은 국무회의의 심의에 구속되지 않는다.

해설
국무회의는 의사결정기관이 아니라 정부의 권한에 속하는 중요한 정책을 심의하는 심의기관이다(헌법 제88조 제1항).

137

헌법상 국무회의의 심의사항이 아닌 것은? 기출 22

① 사 면
② 영전수여
③ **정당해산결정** ✓
④ 국립대학교총장의 임명

[해설]

정당해산결정은 법률의 위헌 결정, 탄핵의 결정, 헌법소원에 관한 인용결정과 더불어 헌법재판관 6인 이상의 찬성이 요구되는 헌법재판소의 권한에 해당한다(헌법 제113조 제1항). 정당해산의 제소가 국무회의의 심의사항에 해당한다(헌법 제89조 제14호).

관계법령 헌법 제89조

다음 사항은 국무회의의 심의를 거쳐야 한다.
1. 국정의 기본계획과 정부의 일반정책
2. 선전·강화 기타 중요한 대외정책
3. 헌법개정안·국민투표안·조약안·법률안 및 대통령령안
4. 예산안·결산·국유재산처분의 기본계획·국가의 부담이 될 계약 기타 재정에 관한 중요사항
5. 대통령의 긴급명령·긴급재정경제처분 및 명령 또는 계엄과 그 해제
6. 군사에 관한 중요사항
7. 국회의 임시회 집회의 요구
8. 영전수여
9. 사면·감형과 복권
10. 행정각부 간의 권한의 획정
11. 정부 안의 권한의 위임 또는 배정에 관한 기본계획
12. 국정처리상황의 평가·분석
13. 행정각부의 중요한 정책의 수립과 조정
14. 정당해산의 제소
15. 정부에 제출 또는 회부된 정부의 정책에 관계되는 청원의 심사
16. 검찰총장·합동참모의장·각군참모총장·국립대학교총장·대사 기타 법률이 정한 공무원과 국영기업체관리자의 임명
17. 기타 대통령·국무총리 또는 국무위원이 제출한 사항

138

감사원에 관한 설명으로 옳지 않은 것은? 기출문제

① 감사원은 원장을 포함한 5인 이상 11인 이하의 감사위원으로 구성한다.
② **감사위원은 국회의 동의를 얻어 대통령이 임명한다.**
③ 감사원장과 감사위원의 임기는 4년으로 하며, 1차에 한하여 중임할 수 있다.
④ 감사원은 대통령 소속하에 둔다.

해설

② (×) 감사위원은 감사원장의 제청으로 대통령이 임명한다(헌법 제98조 제3항). 감사위원은 국회의 동의를 요하지 않는다.
① (○) 헌법 제98조 제1항
③ (○) 헌법 제98조 제2항·제3항
④ (○) 헌법 제97조

139

감사원에 관한 설명 중 잘못된 것은?

① 감사위원은 원장을 포함하여 7인이며, 임기는 4년으로 1차에 한하여 중임할 수 있다.
② **대통령의 직속기관으로 직무상 대통령의 지휘·감독을 받는다.**
③ 행정기관과 공무원의 직무에 대한 직무감찰권이 있다.
④ 감사원장 유고시에는 최장기간 재직한 감사위원 순으로 직무를 대행한다.

해설

② (×) 감사원은 대통령의 직속기관이나 직무상으로는 독립되어 있다.★
① (○) 헌법 제98조 제1항·제2항, 감사원법 제3조
③ (○) 감사원법 제24조 제1항 제1호
④ (○) 감사원법 제4조 제3항 본문

140

헌법의 내용에 관한 설명으로 옳은 것은? 기출 17

① 국회 외의 국가기관이 법규를 제정하는 것은 위헌이다.
② 국회는 정부의 동의 없이 정부가 제출한 지출예산 각항의 금액을 증가할 수 있다.
③ 국방부장관은 현역군인의 신분을 유지할 수 있다.
❹ **대법원장과 대법관의 임명권자는 대통령이다.**

해설

④ (○) 대법원장은 국회의 동의를 얻어 대통령이 임명하며, 임기는 6년이고 중임할 수 없다. 대법관은 대법원장의 제청으로 국회의 동의를 얻어 대통령이 임명하며, 임기는 6년이고 연임할 수 있다(헌법 제104조 제1항·제2항, 헌법 제105조 제1항·제2항).
① (×) 명령과 규칙 등을 보면 국회 외의 국가기관이 법규를 제정할 수 있음을 알 수 있다.
② (×) 국회는 정부의 동의 없이 정부가 제출한 지출예산 각항의 금액을 증가하거나 새 비목을 설치할 수 없다(헌법 제57조).
③ (×) 군인은 현역을 면한 후가 아니면 국무위원으로 임명될 수 없다(헌법 제87조 제4항).

141

헌법상 통치기구에 관한 설명으로 옳지 않은 것은? 기출 12

① 입법권은 국회에 속하고, 국회의원의 임기는 4년으로 한다.
② 대통령은 국가의 원수이며, 행정권은 대통령을 수반으로 하는 정부에 속한다.
③ 헌법재판소는 법관의 자격을 가진 9인의 재판관으로 구성하며, 재판관은 대통령이 임명한다.
❹ **법원은 명령규칙심사권, 위헌법률심판권, 탄핵심판권 등의 권한을 갖는다.**

해설

④ (×) 위헌법률심판권, 탄핵심판권은 헌법재판소의 권한이다(헌법 제111조 제1항).
① (○) 헌법 제40조, 제42조
② (○) 헌법 제66조 제1항·제4항
③ (○) 헌법 제111조 제2항

142

헌법상 통치구조에 관한 다음 기술 중 옳지 않은 것은? 기출 04

☑ 법원의 재판에 이의가 있는 자는 헌법재판소에 헌법소원심판을 청구할 수 있다.
② 헌법재판소는 지방자치단체 상호 간의 권한의 범위에 관한 분쟁에 대하여 심판한다.
③ 행정법원은 행정소송사건을 담당하기 위하여 설치된 것으로서 3심제로 운영된다.
④ 법원의 재판에서 판결선고는 항상 공개하여야 하지만 심리는 공개하지 않을 수 있다.

해설

① (×) 원칙적으로 법원의 재판에 대해서는 헌법재판소에 헌법소원심판을 청구할 수 없다. 다만 예외적으로 우선 법원의 재판의 근거가 된 법률에 대하여 위헌법률심판을 청구해서, 그 근거조항이 위헌이 확인되면 그 법률에 근거한 판결에 대해서 재심을 청구할 수 있다(헌법재판소법 제47조).★ 따라서 적용 당시는 합헌이었지만 이후 위헌확인이 된 법률을 적용한 재판은 위헌확인 이후에 재심을 받아서 다른 판결을 받을 수 있다.
② (○) 헌법 제111조 제1항 제4호
③ (○) 행정재판은 3심제를 채택하고 있다.
④ (○) 헌법 제109조

143

다음 법원에 관한 기술 중 가장 타당하지 않은 것은?

① 정부와 의회가 정치적 권력이라면 법원은 중립적인 제3의 권력이라 할 수 있다.
② 대법원도 규칙제정권을 가진다.
☑ 사법적 성격의 모든 권한은 예외 없이 배타적으로 법원에 의해서만 행사된다.
④ 법원은 법관으로 구성되고 사법적 기능을 담당하는 국가기관이다.

해설

사법에 관한 권한은 원칙적으로 법원이 행사하나 위헌법률심사, 탄핵심사, 위헌정당해산결정은 헌법재판소에서, 국회의원에 대한 징계처분이나 자격심사는 국회의 자율권으로, 행정소송에 있어서 행정심판은 행정기관의 권한으로 하고 있으며, 대통령에게는 사면권을 인정하고 있다.

144

법원(法院)에 대한 설명으로 옳지 않은 것은?

① 대법원장은 국회의 동의를 얻어 대통령이 임명한다.
② 대법관은 대법원장의 제청으로 국회의 동의를 얻어 대통령이 임명한다.
❸ 대법원장과 대법관이 아닌 법관은 대법관회의의 동의를 얻어 대통령이 임명한다.
④ 법률이 헌법에 위반되는지 여부가 재판의 전제가 된 경우, 당해 사건을 담당하는 법원이 헌법재판소에 위헌법률심판을 제기한다.

해설

대법원장과 대법관이 아닌 법관은 대법관회의의 동의를 얻어 대법원장이 임명한다(헌법 제104조 제3항).

145

헌법상 법원 및 법관에 관한 규정의 내용으로 옳은 것은? 기출 21

① 법률의 위헌 여부는 대법원이 이를 최종적으로 심사할 권한을 가진다.
② 법원은 명령·규칙의 위헌 여부에 대하여 헌법재판소에 제청하고 그 심판에 의하여 재판한다.
③ 대법원장과 대법관이 아닌 법관은 국회의 동의를 얻어 대통령이 임명한다.
❹ 법관은 탄핵 또는 금고 이상의 형의 선고에 의하지 아니하고는 파면되지 아니한다.

해설

④ (○) 법관은 탄핵 또는 금고 이상의 형의 선고에 의하지 아니하고는 파면되지 아니하며, 징계처분에 의하지 아니하고는 정직·감봉 기타 불리한 처분을 받지 아니한다(헌법 제106조 제1항).
① (×) 법원의 제청에 의한 법률의 위헌여부심판은 헌법재판소가 관장한다(헌법 제111조 제1항 제1호, 헌법재판소법 제2조 제1호).
② (×) 명령·규칙 또는 처분이 헌법이나 법률에 위반되는 여부가 재판의 전제가 된 경우에는 대법원은 이를 최종적으로 심사할 권한을 가진다(헌법 제107조 제2항).
③ (×) 대법원장과 대법관이 아닌 법관은 대법관회의의 동의를 얻어 대법원장이 임명한다(헌법 제104조 제3항).

146

다음 설명 중 사법권의 독립과 가장 관계가 먼 것은?

① 법관의 정년제
② 법관의 임기제
❸ 법원의 위헌법률심사
④ 법관의 자격제

해설

법원의 위헌법률심사권은 사법부의 업무이지 사법권의 독립과는 직접적으로 관련이 없다. 사법권의 독립은 법원의 자율을 위한 법원의 독립과 재판의 독립을 위한 법관의 독립을 그 내용으로 한다.

147

헌법상 헌법재판소와 법원에 관한 설명으로 옳은 것은? 기출 22

❶ 대법원에 부를 둘 수 있다.
② 대법관은 연임할 수 없다.
③ 군사법원의 상고심은 헌법재판소에서 관할한다.
④ 대법원장의 임기는 10년이다.

해설

① (○) 헌법 제102조 제1항
② (×) 대법관의 임기는 6년으로 하며, 법률이 정하는 바에 의하여 연임할 수 있다(헌법 제105조 제2항).
③ (×) 군사법원의 상고심은 대법원에서 관할한다(헌법 제110조 제2항).
④ (×) 대법원장의 임기는 6년으로 하며, 10년은 대법원장과 대법관이 아닌 법관의 임기에 해당한다(헌법 제105조 제1항·제3항 참조).

148

헌법 제113조 제1항의 규정이다. (   )에 들어갈 숫자는? 기출 19

> 헌법재판소에서 법률의 위헌결정, 탄핵의 결정, 정당해산의 결정 또는 헌법소원에 관한 인용결정을 할 때에는 재판관 (   )인 이상의 찬성이 있어야 한다.

① 5
❷ 6
③ 7
④ 8

해설
(   ) 안에 들어갈 숫자는 6이다.

149

우리 헌법재판소의 관장사항이 아닌 것은? 기출 18

① 법원의 제청에 의한 법률의 위헌여부 심판
② 지방자치단체 상호 간의 권한쟁의심판
❸ 국회의원에 대한 탄핵심판
④ 법률에 대한 헌법소원심판

해설
③ (×) 헌법은 대통령·국무총리·국무위원·행정각부의 장·헌법재판소 재판관·법관·중앙선거관리위원회 위원·감사원장·감사위원 기타 법률이 정한 공무원이 그 직무집행에 있어서 헌법이나 법률을 위배한 때에는 국회는 탄핵의 소추를 의결할 수 있다(헌법 제65조 제1항)고 규정하고 있으므로 국회의원은 탄핵심판의 대상이 아니다.★
① (○)·② (○)·④ (○) 헌법 제111조 제1항 제1호·제4호·제5호

150

헌법재판에 관한 설명으로 옳은 것은? 기출 17

① 헌법은 헌법재판소장의 임기를 5년으로 규정한다.
② 헌법재판의 전심절차로서 행정심판을 거쳐야 한다.
❸ **헌법재판소는 지방자치단체 상호 간의 권한쟁의심판을 관장한다.**
④ 탄핵 인용결정을 할 때에는 재판관 5인 이상의 찬성이 있어야 한다.

해설

③ (○) 헌법 제111조 제1항 제4호
① (×) 헌법재판소 재판관의 임기는 6년으로 하며, 법률이 정하는 바에 의하여 연임할 수 있다(헌법 제112조 제1항).★
② (×) 헌법 제107조 제3항 본문은 "재판의 전심절차로서 행정심판을 할 수 있다"고 하여 법원의 재판의 임의적 전심절차로서 행정심판에 대한 규정을 두고 있으나, 헌법과 헌법재판소법에는 헌법재판의 전심절차로서 행정심판을 거쳐야 한다는 규정을 두고 있지 않다.★
④ (×) 헌법재판소에서 법률의 위헌결정, 탄핵의 결정, 정당해산의 결정 또는 헌법소원에 관한 인용결정을 할 때에는 재판관 6인 이상의 찬성이 있어야 한다(헌법 제113조 제1항).★

151

헌법 규정상 헌법재판소가 관장하는 사항으로 옳은 것은? 기출 16

① 위헌·위법명령 심사권
② 선거와 관련된 선거소송과 당선소송
❸ **지방자치단체 상호 간의 권한쟁의심판**
④ 재판에 대한 헌법소원심판

해설

③ (○) 지방자치단체 상호 간의 권한쟁의심판은 헌법재판소 관장사항이다(헌법 제111조 제1항 제4호).
① (×) 명령·규칙 또는 처분이 헌법이나 법률에 위반되는 여부가 재판의 전제가 된 경우에는 대법원은 이를 최종적으로 심사할 권한을 가진다(헌법 제107조 제2항).★
② (×) 선거소송 및 당선소송은 대법원에 제기하는 소송이다(공직선거법 제222조, 제223조 참고).
④ (×) 공권력의 행사 또는 불행사로 인하여 헌법상 보장된 기본권을 침해받은 자는 법원의 재판을 제외하고는 헌법재판소에 헌법소원심판을 청구할 수 있다(헌법재판소법 제68조 제1항 본문).★

관계법령 헌법 제111조

① 헌법재판소는 다음의 사항을 관장한다.
  1. 법원의 제청에 의한 법률의 위헌여부 심판
  2. 탄핵의 심판
  3. 정당의 해산 심판
  4. 국가기관 상호 간, 국가기관과 지방자치단체 간 및 지방자치단체 상호 간의 권한쟁의에 관한 심판
  5. 법률이 정하는 헌법소원에 관한 심판

152

헌법재판소에 관한 설명으로 옳지 않은 것은? 기출 15

① **포괄적인 재판권과 사법권을 가진다.**
② 헌법규정에 대하여는 위헌심판을 할 수 없다.
③ 공권력의 행사 또는 불행사로 기본권을 침해받은 자는 헌법소원심판을 청구할 수 있다.
④ 법률이 헌법에 위반되는가의 여부가 재판의 전제가 되었을 때 법원은 직권 또는 당사자의 신청에 의해서 위헌법률심판을 제청한다.

해설

헌법재판소의 권한으로는 위헌법률심판권, 탄핵심판권, 위헌정당해산심판권, 권한쟁의심판권, 헌법소원심판권(헌법 제111조 제1항), 헌법재판소 규칙제정권(헌법 제113조 제2항)이 있으며, 사법권은 법관으로 구성된 법원에 속한다(헌법 제101조 제1항). 즉, 우리 헌법은 대법원에 대해서는 포괄적인 사법권, 재판권을 부여하는 반면에 헌법재판소에 대하여는 한정된 권한만을 부여하고 있다.★

153

다음 중 헌법재판소의 권한 중 틀린 것은?

① 위헌법률심판
② 헌법소원심사
③ 정당해산심판
④ **선거소송재판**

해설

대통령, 국회의원, 시·도지사 선거에 관한 소송 또는 당선의 효력에 관한 소송은 대법원에서 관할한다.★

핵심만콕 헌법재판소의 권한

심판권 (헌법 제111조 제1항)	• 법원의 제청에 의한 법률의 위헌 여부 심판 • 탄핵의 심판 • 정당의 해산 심판 • 국가기관 상호 간, 국가기관과 지방자치단체 간 및 지방자치단체 상호 간의 권한쟁송에 관한 심판 • 법률이 정하는 헌법소원에 관한 심판
규칙제정권 (헌법 제113조 제2항)	법률에 저촉되지 아니하는 범위 안에서 심판에 관한 절차, 내부규율과 사무처리에 관한 규칙을 제정

154

헌법재판소에 관한 설명으로 옳지 않은 것은? 기출 10

① 헌법재판소는 위헌정당해산심판권, 탄핵심판권, 권한쟁의심판권 등을 갖는다.
② 위헌법률심판은 법원의 제청을 전제로 한다.
③ 헌법재판소의 장은 국회의 동의를 얻어 대통령이 임명한다.
❹ **헌법재판소의 재판관은 벌금 이상의 형의 선고에 의하지 아니하고는 파면되지 아니한다.**

[해설]

④ (×) 헌법재판소 재판관은 탄핵 또는 금고 이상의 형의 선고에 의하지 아니하고는 파면되지 아니한다(헌법 제112조 제3항). ★
① (○) 헌법 제111조 제1항
② (○) 헌법 제111조 제1항 제1호
③ (○) 헌법 제111조 제4항

155

헌법재판소에 관한 설명으로 옳지 않은 것은? 기출 09

① 헌법재판소는 대통령이 임명하는 9인의 재판관으로 구성된다.
❷ **헌법재판소 재판관의 임기는 5년이며, 연임이 불가능하다.**
③ 헌법재판소 재판관은 정당에 가입할 수 없다.
④ 탄핵심판은 구두변론에 의한다.

[해설]

② (×) 헌법재판소 재판관의 임기는 6년이며, 연임이 가능하다(헌법재판소법 제7조 제1항).
① (○) 헌법 제111조 제2항, 헌법재판소법 제3조
③ (○) 헌법 제112조 제2항, 헌법재판소법 제9조
④ (○) 헌법재판소법 제30조 제1항

156

다음 중 헌법재판소의 권한에 해당하지 않는 것은?

① **탄핵소추의 결정** ✓
② 기관 상호 간의 권한 쟁의에 관한 심판
③ 위헌법률에 대한 심판
④ 법률이 정하는 헌법소원에 관한 심판

해설

탄핵소추의 결정은 국회의 의결로써 하고, 탄핵의 결정은 헌법재판소가 한다(헌법 제111조 제1항 제2호). ★

157

헌법상 탄핵 대상이 아닌 자는? 기출 20

① 국무위원
② **국회의원** ✓
③ 헌법재판소 재판관
④ 중앙선거관리위원회 위원

해설

대통령・국무총리・국무위원・행정각부의 장・헌법재판소 재판관・법관・중앙선거관리위원회 위원・감사원장・감사위원 기타 법률이 정한 공무원이 그 직무집행에 있어서 헌법이나 법률을 위배한 때에는 국회는 탄핵의 소추를 의결할 수 있다(헌법 제65조 제1항). 따라서 국회의원은 헌법상 탄핵소추 대상에 해당하지 않는다.

158

선거관리위원회에 관한 설명으로 틀린 것은?

① 헌법상 필수기관이며 합의제 행정관청이다.
② 9인의 위원으로 구성되며, 위원장은 위원 중에서 호선하고 임기는 6년이다.
③ 선거와 국민투표, 정당에 관한 사무를 처리한다.
④ **재적위원 3분의 2 이상의 출석으로 개의하고 출석위원 과반수의 찬성으로 의결한다.** ✓

해설

각급 선거관리위원회는 재적위원 과반수 출석으로 개의하며 출석위원 과반수의 찬성으로 의결한다(선거관리위원회법 제10조 제1항).

159

중앙선거관리위원회의 사무에 해당되지 않는 것은?

☑ ① 선거소송에 관한 심판
② 정당에 관한 사무
③ 국민투표에 관한 사무
④ 선거에 관한 사무

해설

중앙선거관리위원회는 선거관리권을 가지나, 선거소송에 관한 심판은 법원의 관할이다(공직선거법 제222조). ★

> **관계법령** 위원회의 직무(선거관리위원회법 제3조)
> ① 선거관리위원회는 법령이 정하는 바에 의하여 다음 각호의 사무를 행한다.
>   1. 국가 및 지방자치단체의 선거에 관한 사무
>   2. 국민투표에 관한 사무
>   3. 정당에 관한 사무
>   4. 「공공단체등 위탁선거에 관한 법률」에 따른 위탁선거(이하 "위탁선거"라 한다)에 관한 사무
>   5. 기타 법령으로 정하는 사무
> ② 선거관리위원회는 법령을 성실히 준수함으로써 선거 및 국민투표의 관리와 정당에 관한 사무의 처리에 공정을 기하여야 한다.
> ③ 중앙선거관리위원회는 제1항의 사무를 통할·관리하며, 각급선거관리위원회는 제1항의 사무를 수행함에 있어 하급선거관리위원회를 지휘·감독한다.
> ④ 삭제 〈2014.6.11.〉
> ⑤ 삭제 〈2014.6.11.〉

160

헌법기관의 구성원의 임기가 다른 것은? 기출 12

☑ ① 감사위원
② 헌법재판소 재판관
③ 중앙선거관리위원회 위원
④ 대법관

해설

①만 4년이고, ②·③·④는 모두 6년이다.

1 민 법

2 경비업무와 손해배상

3 민사소송법 일반

CHAPTER 03

민사법

CHAPTER 03 민사법

1 민법

01
다음 민법에 대한 기술 중 옳지 못한 것은? 기출문제

① 민법은 실체법이다.
② 민법은 재산·신분에 관한 법이다.
③ 민법은 민간 상호 간에 관한 법이다.
❹ 민법은 특별사법이다.

해설
민법은 일반사법이다.

02
민법의 법원에 관한 다음 설명 중 틀린 것은? 기출문제

① 성문법주의는 법의 통일정비가 용이하고 법적 안정성이 보장된다.
② 불문법주의는 사회의 변천에 적절한 적응성을 가진다.
③ 민사에 관하여는 민법, 관습법, 조리의 순으로 적용된다.
❹ 건전가정의례준칙의 규정과 배치되는 관습법도 그 효력이 인정된다.

해설
건전가정의례준칙은 대통령령으로 제정된 법령이므로 관습법은 이에 대해서 보충적 효력을 가질 뿐이다.

03

다음의 민법의 법원에 관한 설명 중 옳지 않은 것은?

① 민법 제1조의 '법률'에는 민법전, 민사특별법, 조약, 명령, 규칙, 자치법규, 조례 등이 포함된다.
❷ 조리란 사물의 본질적 법칙, 도리를 의미하며 다수설과 판례는 조리의 법원성을 부정한다.
③ 판례상 인정된 관습법에는 분묘기지권, 관습법상의 법정지상권, 동산의 양도담보 등이 있다.
④ 판례와 다수설은 관습법은 성문법이 없는 경우에 한하여 성문법을 보충하는 효력만을 가진다고 한다.

해설
우리나라 민법은 성문법주의를 취함과 동시에 관습법과 조리의 법원성도 인정하고 있다.

04

사유재산의 존중과 가장 깊은 관계를 갖고 있는 것은? 기출문제

① 계약내용결정의 자유
❷ 물권적 청구권
③ 신의성실의 원칙
④ 유류분제도

해설
물권적 청구권이라 함은 물권내용의 완전한 실현이 어떤 사정으로 방해되었거나 또는 방해될 염려가 있는 경우에 그 방해사실을 제거 또는 예방하여 물권내용의 완전한 실현을 가능케 하는 데 필요한 행위를 청구할 수 있는 권리로서 이는 사권의 보호를 위한 한 수단이다.

05

다음 중 소유권절대의 원칙과 가장 깊은 관계를 갖는 것은?

① 계약체결의 자유
❷ 물권적 청구권
③ 자기책임주의
④ 권리남용의 금지

해설
'물권적 청구권'이라 함은 물권내용의 완전한 실현이 어떤 사정으로 방해되었거나 또는 방해될 염려가 있는 경우에 그 방해사실을 제거 또는 예방하여 물권내용의 완전한 실현을 가능케 하는 데 필요한 행위를 청구할 수 있는 권리로서 이는 사권의 보호를 위한 한 수단으로서 소유권절대의 원칙과 가장 관련이 깊다.

06

다음 중 계약자유의 원칙에 포함되는 것은? 기출문제

☑ ① 상대방 선택의 자유
② 의사표시해석의 자유
③ 법관 선택의 자유
④ 소멸시효 결정의 자유

해설

계약자유의 원칙에는 계약체결 여부의 자유, 계약상대방 선택의 자유, 계약내용 결정의 자유, 계약방식의 자유 등이 있다.

07

다음 민법상의 원칙들 중 공공복리의 원리와 거리가 가장 먼 것은? 기출 04

☑ ① 계약자유의 원칙
② 신의성실의 원칙
③ 반사회질서행위금지의 원칙
④ 권리남용금지의 원칙

해설

근대민법의 3대 원칙이 개인의 자유와 평등을 실현하기 위한 원리였다면, 이에 대한 부작용을 반성하고 공공복리를 바탕으로 등장한 것이 현대민법의 구성원리이다. ①은 근대민법의 원칙이고, ②·③·④는 현대민법의 구성원리와 관련이 있다.

핵심만콕 현대민법의 구성원리 ★

소유권공공의 원칙 (소유권절대의 원칙의 수정)	소유권은 오늘에 와서는 소유자를 위한 절대적인 것이 아니라, 사회 전체의 이익을 위하여 제한을 받아야 하며, 따라서 권리자는 그 권리를 남용해서는 안 된다는 원칙이다. 우리 헌법 제23조의 제1항 전반에서 "모든 국민의 재산권은 보장된다"고 하면서도 제2항에서 "재산권의 행사는 공공복리에 적합하도록 하여야 한다"고 규정한 것이나, 민법 제2조 제2항에 "권리는 남용하지 못한다"고 규정한 것은 모두 무제한의 자유에 대한 수정의 원리를 표명한 것이다.
계약공정의 원칙 (계약자유의 원칙의 수정)	사회질서에 반하는 계약뿐만 아니라 심히 공정성을 잃은 계약은 보호받을 수 없다는 원칙이다. 공서양속에 반하는 법률행위를 무효로 한 것이나, 민법 제104조에서 "불공정한 법률행위는 무효로 한다"는 것이나, 동법 제2조에서 "권리의 행사와 의무의 이행은 신의에 좇아 성실히 하여야 한다"고 규정한 것 등은 계약자유의 원칙에 대한 제한이라 하겠다.
무과실책임의 원칙 (과실책임의 원칙의 수정)	손해의 발생에 관하여 고의·과실이 없더라도 그 배상책임을 진다는 원칙이다. 근로기준법에서는 노동자의 업무상의 재해에 관하여 사용자의 무과실책임을 인정하고 있지만 민법에서는 아직 일반원칙으로서 규정하지는 않고 있다.

08

근대민법의 기본원리는 오늘날 수정 · 변모되고 있다. 다음 중 현대민법에 대한 설명과 거리가 먼 것은? 기출문제

① 무과실책임이론의 발달
② 권리의 공공성 · 사회성의 강조
③ 재산권행사의 공공복리 적합의무
❹ 추상적 인격의 자유 · 평등

해설
근대민법은 추상적 인격의 형식적 평등을 보장하려 했으나, 현대민법은 구체적 인격의 실질적 평등을 보장하려 하고 있다. ★

09

목욕탕에서 甲이라는 손님이 사물함에 귀중품을 넣어 두었는데 목욕을 하고 나와 보니 귀중품을 잃어버렸다. 이때의 목욕탕의 주인인 乙은 어떠한 책임을 지는가? 기출문제

① 과실의 경우에만 책임을 진다.
② 고의인 경우에만 책임을 진다.
❸ 고의와 과실이 없는 한 책임이 없다.
④ 아무런 책임이 없다.

해설
손님이 목욕탕 주인에게 귀중품을 맡기지 않고 목욕 중 귀중품을 잃어버렸다면 주인은 분실에 대한 고의와 과실이 없는 한 책임이 없다.

10

다음 민법에서 사용하는 법률용어의 설명 중 바르지 않은 것은? 기출문제

① 제3자는 원칙적으로 당사자 이외의 모든 자를 가리키나 때로는 그 범위가 제한될 수도 있다.
② 선의라 함은 어떤 사정을 알지 못하는 것이고, 악의는 이를 알고 있는 것이다.
③ 대항하지 못한다는 뜻은 법률행위의 당사자가 제3자에 대하여 법률행위의 효력을 주장하지는 못하나 제3자가 그 효력을 인정하는 것은 무관하다는 것이다.
❹ 간주는 반대의 증거가 제출되면 규정의 적용을 면할 수 있는 것이며 민법은 간주조항을 '…으로 본다'고 표현한다.

해설
간주는 법규에 의한 의제를 말하고, 반증을 들어서 번복하지 못한다는 의미에서 추정과 구별된다.

11

민법상 능력에 관한 설명으로 옳지 않은 것은?

❶ 권리능력은 권리를 갖고 의무를 부담할 수 있는 자격으로, 법인은 그 주체가 될 수 없다.
② 의사능력은 행위의 의미·결과를 변별 및 판단할 수 있는 능력으로, 의사무능력자의 행위는 무효이다.
③ 행위능력은 단독으로 완전하고 유효한 법률행위를 할 수 있는 지위 또는 자격으로, 행위무능력자의 법률행위는 취소할 수 있다.
④ 책임능력은 불법행위책임을 변식할 수 있는 판단능력으로, 의사능력을 기초로 한다.

해설

권리능력의 주체는 자연인과 법인이다.

> **관계법령**
>
> **권리능력의 존속기간(민법 제3조)**
> 사람은 생존한 동안 권리와 의무의 주체가 된다.
>
> **법인의 권리능력(민법 제34조)**
> 법인은 법률의 규정에 좇아 정관으로 정한 목적의 범위 내에서 권리와 의무의 주체가 된다.

12

다음 중 권리의 주체에 대한 설명으로 틀린 것은? 기출 04

❶ 행위능력은 모든 자연인에게 인정되고 있다.
② 자연인은 생존한 동안 권리와 의무의 주체가 된다.
③ 실종선고를 받은 자는 실종기간이 만료하면 사망한 것으로 본다.
④ 민법은 원칙적으로 권리능력자로서 자연인과 법인만을 인정하고 있다.

해설

모든 자연인은 권리능력의 주체가 될 수 있다. 그러나 건전한 판단력을 갖지 못한 자의 행위는 유효하지 못하다. 단독으로 유효한 법률행위를 할 수 있는 자를 행위능력자라고 부르고 이러한 능력이 없는 자를 제한능력자라 한다. 우리 민법은 자연인 중 미성년자, 피성년후견인, 피한정후견인을 제한능력자로 규정하고 있다.

13

권리의 주체와 권리능력에 관한 설명으로 맞지 않는 것은? 기출문제

① 법인이 아닌 사단도 권리의 주체이다.
② 모든 자연인은 평등한 권리능력을 가진다.
③ 태아도 예외적으로 특정의 권리에 관해서는 권리능력이 있는 것과 마찬가지로 취급된다.
④ 외국인도 법령 또는 조약에 의하여 특히 금지되어 있지 않는 한 내국인과 같은 권리능력을 가진다.

해설

자연인과 법인이 아니면 원칙적으로 권리의무의 주체가 될 수 없다. 즉, 설립 중인 법인, 법인격 없는 사단 등은 권리능력이 없다.★★

14

민법상 권리능력에 관한 설명으로 옳은 것은? 기출 08

① 권리능력에 관한 규정은 임의규정이다.
② 설립등기는 법인의 성립요건이다.
③ 실종선고는 실종자의 권리능력을 박탈하는 제도이다.
④ 태아는 채무불이행에 기한 손해배상청구권을 갖는다.

해설

② (○) 법인은 그 주된 사무소의 소재지에서 설립등기를 함으로써 성립한다(민법 제33조).
① (×) 권리능력에 관한 규정은 인간평등정신의 구현이며 또한 법질서 전체에 미치는 영향이 크기 때문에 강행규정이다.
③ (×) 실종선고는 실종자의 권리능력을 소멸하게 하는 것이 아니고, 실종된 장소를 중심으로 하는 법률관계에서 사망을 의제하는 것에 불과하다.
④ (×) 우리 민법은 ㉠ 불법행위에 기한 손해배상청구권, ㉡ 상속, ㉢ 유증 등의 경우에 한하여 태아를 이미 출생한 것으로 보아 예외적으로 권리능력을 인정한다. 다만, 이러한 경우에도 이들 권리는 태아가 최소한 살아서 출생하는 것을 전제로 한다.

15

자연인의 권리능력에 관한 설명으로 바르지 않은 것은?

① 자연인의 권리능력은 사망에 의해서만 소멸된다.
② 권리능력은 제한능력자에게도 차등이 없다.
③ **실종선고를 받으면 권리능력을 종국적으로 잃는다.** ✓
④ 우리 민법은 태아에 대해 개별적 보호주의를 취하고 있다.

해설

실종선고는 실종자의 권리능력을 종국적으로 박탈하는 제도가 아니며, 사망으로 인정되는 범위는 실종자의 종전의 주소 또는 거소(居所)를 중심으로 하는 사법적 법률관계에 한한다. 사법적 법률관계인 이상 재산관계나 가족관계 모두에 그 효과가 미치지만, 실종자의 새로운 주소에서의 법률관계나 돌아온 후의 법률관계, 공법적 법률관계에는 그 효과가 미치지 않는다.

16

다음 중 권리능력에 관한 설명으로 타당한 것은?

① 행위능력은 모든 자연인에게 인정된다.
② 민사상 미성년자는 19세 이하인 자를 의미한다.
③ 미성년자가 법정대리인의 동의 없이 행한 법률행위의 경우에 미성년자는 취소할 수 없다.
④ **대표자 또는 관리인이 있는 비법인사단은 권리능력이 없지만 민사소송법상 당사자능력이 인정된다.** ✓

해설

④ (○) 민사소송법 제52조 ★
① (×) 자연인 중 미성년자, 피성년후견인, 피한정후견인은 제한능력자이다. ★
② (×) 민사상 미성년자는 19세 미만인 자이다(민법 제4조 참고). ★
③ (×) 미성년자가 법정대리인의 동의 없이 행한 법률행위는 취소할 수 있다(민법 제5조 참고).

17

다음 중 권리능력이 없는 것은? 기출문제

① 합명회사
② 주식회사
③ **민법상의 조합** ✓
④ 특별법에 의하여 성립된 조합

해설

대법원은「한국원호복지공단법(1984.8.2. 법률 제3742호로 한국보훈복지공단법으로 개정됨) 부칙 제8조 제2항에 의하여 설립된 원호대상자광주목공조합은 민법상의 조합의 실체를 가지고 있으므로 소송상 당사자능력이 없다(대판 1991.6.25. 88다카6358)」고 판시하였다.

18
민법상 태아의 권리능력이 인정되지 않는 경우는? 기출 09

① 상 속
② 불법행위에 대한 손해배상청구권
③ 유 증
✓ ④ 계 약

해설
민법은 태아에 관해 구체적 사례에서 개별적으로 보호하자는 개별보호주의에 입각하고 있다. 계약의 경우에는 권리능력이 인정되지 않는다. ★

19
민법상의 제한능력자가 아닌 자는?

✓ ① 상습도박자
② 19세 미만인 자
③ 노령으로 인한 정신적 제약으로 사무를 처리할 능력이 부족한 사람으로서 가정법원에 의해 한정후견개시의 심판을 받은 사람
④ 정신병자로서 성년후견이 개시된 자

해설
피성년후견인과 피한정후견인의 요건으로 가장 중요한 것이 법원의 선고를 받아야 한다는 점이다. 상습도박이나 낭비벽으로 자기나 가족의 생활을 궁박하게 할 염려가 있는 자라 하더라도 법원의 한정후견의 심판이 없다면 피한정후견인에 해당되지 않는다.

핵심만콕 제한능력자

구 분	미성년자	피한정후견인	피성년후견인
요 건	19세 미만자	질병, 장애, 노령, 그 밖의 사유로 인한 정신적 제약으로 사무를 처리할 능력이 부족한 사람	질병, 장애, 노령, 그 밖의 사유로 인한 정신적 제약으로 사무를 처리할 능력이 지속적으로 결여된 사람
행 위	법정대리인이 대리하여 하거나 법정대리인의 동의를 얻어서 함	한정후견인의 동의가 필요한 법률행위를 동의 없이 하였을 때에는 취소할 수 있다. 다만, 일용품의 구입 등 일상생활에 필요하고 그 대가가 과도하지 아니한 법률행위에 대하여는 그러하지 아니하다.	피성년후견인의 법률행위는 취소할 수 있다. 단, 일용품의 구입 등 일상생활에 필요하고 그 대가가 과도하지 아니한 법률행위는 성년후견인이 취소할 수 없다.
해 소	19세가 되거나 혼인	한정후견종료의 심판	성년후견종료의 심판

20

제한능력자의 법률행위에 관한 설명으로 옳지 않은 것은? 기출 15

① 피성년후견인이 법정대리인의 동의를 얻어서 한 재산상 법률행위는 유효하다.
② 법정대리인이 대리한 피한정후견인의 재산상 법률행위는 유효하다.
③ 법정대리인이 범위를 정하여 처분을 허락한 재산은 미성년자가 임의로 처분할 수 있다.
④ 제한능력자가 속임수로써 자기를 능력자로 믿게 한 경우 그 법률행위를 취소할 수 없다.

해설

① (×) 성년후견인은 피성년후견인의 재산상 법률행위에 대하여 대리권과 취소권을 갖지만, 동의권은 인정되지 않는다. 따라서 피성년후견인이 법정대리인의 동의를 얻어서 한 재산상 법률행위는 무효이다(민법 제17조 제2항 반대해석).
② (○) 한정후견인은 대리권, 취소권, 동의권을 가지므로 옳은 설명이다.
③ (○) 민법 제6조
④ (○) 민법 제17조 제1항

핵심만콕 제한능력자제도에서 법정대리인과 그 권한★

개정 전 민법 무능력자제도	현행 민법 제한능력자제도	법정대리인	법정대리인의 권한
미성년자	미성년자	부모, 미성년후견인	대리권, 취소권, 동의권
한정치산자	피한정후견인	한정후견인	대리권, 취소권, 동의권
금치산자	피성년후견인	성년후견인	대리권, 취소권

21

다음 중 미성년자가 법정대리인의 동의 없이 유효한 법률행위를 할 수 있는 경우가 아닌 것은? 기출문제

① 혼인과 같은 신분행위
② 권리만을 얻거나 의무만을 면하는 행위
③ 범위를 정하여 처분을 허락한 재산의 처분
④ 영업이 허락된 미성년자가 그 영업에 관하여 하는 행위

해설

미성년자가 혼인을 하는 경우에는 부모의 동의를 받아야 한다(민법 제808조 제1항).

22

미성년자가 단독으로 유효하게 할 수 없는 행위는? 기출문제

① 부담 없는 증여를 받는 것
☑ **채무의 변제를 받는 것**
③ 근로계약과 임금청구
④ 허락된 재산의 처분행위

해설

미성년자가 단순히 채무의 면제를 받는 행위는 법정대리인의 동의를 요하지 않는다. 그러나 채무의 변제를 받는 것은 이익을 얻는 동시에 채권을 상실하므로, 민법 제5조 제1항 단서에 해당하지 않은 것으로 통설은 해석한다. 따라서 미성년자에 대한 변제는 그의 법정대리인의 동의가 없는 한 그 효력이 없다.

핵심만콕 미성년자의 행위능력

원칙	법정대리인의 동의를 요하고 이를 위반한 행위는 취소할 수 있다.
예외 (단독으로 할 수 있는 행위)	🔖 단·처·영·근·대·유 • **단**순히 권리만을 얻거나 또는 의무만을 면하는 행위 • **처**분이 허락된 재산의 처분행위 • 허락된 **영**업에 관한 미성년자의 행위 • 혼인을 한 미성년자의 행위(성년의제) • **대**리행위 • **유**언행위 • 법정대리인의 허락을 얻어 회사의 무한책임사원이 된 미성년자가 사원자격에 기해서 한 행위(상법 제7조) • **근**로계약과 임금의 청구(근로기준법 제67조·제68조)

23

제한능력자제도에 관한 설명이다. 타당하지 않은 것은?

① 19세에 이르면 성년이 된다.
☑ **제한능력자가 법정대리인의 동의 없이 한 법률행위는 무효이다.**
③ 미성년자라도 혼인을 하면 성년이 된 것으로 본다.
④ 성년후견인은 일상생활에 필요하고 그 대가가 과도하지 않은 행위는 독자적으로 가능하다.

해설

제한능력자가 법정대리인의 동의 없이 한 법률행위는 무효가 아니라 취소할 수 있는 행위이다(민법 제5조 제2항·제10조 제1항·제13조 제4항).

24

다음 중 제한능력자의 상대방 보호를 위한 제도가 아닌 것은?

① ✓ 후견인
② 법정추인
③ 상대방의 최고권
④ 취소권의 단기소멸

해설

후견인제도는 제한능력자를 보호하기 위한 제도이다. 제한능력자의 상대방보호를 위한 제도는 ②·③·④ 외에 상대방의 철회권과 거절권, 취소권의 배제가 있다.★ 🔑 최·철·거·단·배·추인

25

다음 중 주소에 대한 설명으로 옳지 않은 것은?

① 생활의 근거가 되는 곳을 주소로 한다.
② ✓ 주소는 동시에 두 곳 이상 있을 수 없다.
③ 주소를 알 수 없으면 거소를 주소로 본다.
④ 국내에 주소 없는 자에 대하여는 국내에 있는 거소를 주소로 본다.

해설

② (×) 주소는 동시에 두 곳 이상 있을 수 있다(민법 제18조 제2항).
① (○) 민법 제18조 제1항
③ (○) 민법 제19조
④ (○) 민법 제20조

26

CHECK ○△×

다음 중 부재자의 재산관리를 법원에 청구할 수 있는 이해관계인이 아닌 자는? 기출문제

☑ ① 검 사
② 상속인
③ 배우자
④ 보증인

해설

이해관계인은 법률상 이해관계에 있는 자를 말하므로 상속인·배우자·채권자·보증인 등이 포함되나, 사실상 이해관계가 있는 자는 포함되지 않는다. <u>주의할 점은 청구권자에는 검사도 포함되나, 이해관계인은 아니라는 점이다</u>(민법 제22조 제1항). ★

27

CHECK ○△×

민법상 실종선고에 관한 설명으로 옳지 않은 것은? 기출 11

☑ ① 특별실종기간은 3년이다.
② 실종선고를 하기 위해서는 이해관계인이나 검사의 청구가 있어야 한다.
③ 전쟁실종의 경우 실종기간의 기산점은 전쟁이 종지한 때이다.
④ 실종선고를 받은 자는 실종기간이 만료한 때에 사망한 것으로 본다.

해설

① (×) 특별실종기간은 1년이다(민법 제27조 제2항).
② (○) 민법 제27조 제1항
③ (○) 민법 제27조 제2항
④ (○) 민법 제28조

관계법령

실종의 선고(민법 제27조)
① 부재자의 생사가 <u>5년간 분명하지 아니한 때에는</u> <u>법원은 이해관계인이나 검사의 청구에 의하여 실종선고를 하여야 한다</u>(보통실종).
② 전지에 임한 자, 침몰한 선박 중에 있던 자, 추락한 항공기 중에 있던 자 기타 사망의 원인이 될 위난을 당한 자의 생사가 전쟁종지 후 또는 선박의 침몰, 항공기의 추락 기타 위난이 종료한 후 <u>1년간 분명하지 아니한 때에도 제1항과 같다</u>(특별실종).

실종선고의 효과(민법 제28조)
실종선고를 받은 자는 <u>전조의 기간이 만료한 때에</u> <u>사망한 것으로 본다</u>.

28

우리의 민법이 인정하는 특별실종제도에 해당되지 않는 것은? 기출문제

☑ ① 화재실종
② 선박실종
③ 전쟁실종
④ 항공기실종

해설
우리 민법은 특별실종으로 ②·③·④ 외에 위난실종을 인정하고 있다(민법 제27조 제2항).

29

실종선고에 관한 설명으로 옳지 않은 것은?

① 부재자의 생사가 불분명하고 그 생사불명이 일정기간 계속되어야 한다.
☑ ② 보통실종의 실종기간은 1년이고, 특별실종의 실종기간은 5년이다.
③ 이해관계인은 직접적인 법률상의 이해관계인에 한하며, 사실상의 이해관계를 가진 자는 이에 해당하지 않는다.
④ 실종선고를 받은 자는 실종기간이 만료한 때 사망한 것으로 본다.

해설
보통실종의 실종기간은 5년이고, 특별실종의 실종기간은 1년이다(민법 제27조).

30

민법상 법인의 설립요건이 아닌 것은? 기출문제

① 정관작성
② 주무관청의 허가
☑ ③ 설립신고
④ 영리 아닌 사업을 목적으로 할 것

해설
법인은 그 주된 사무소의 소재지에서 설립신고가 아니라 설립등기를 함으로써 설립한다. 민법상 법인은 모두 비영리법인으로, 비영리법인의 설립에 관하여는 우리 민법은 허가주의를 취하여 법인의 설립요건에 주무관청의 허가를 얻어 설립등기를 함으로써 성립한다고 본다(민법 제33조). ★

31

민법상 법인에 관한 설명으로 옳지 않은 것은? 기출 21

① 법인은 법률의 규정에 의함이 아니면 성립하지 못한다.
② 영리 아닌 사업을 목적으로 하는 사단은 주무관청의 허가를 얻어 이를 법인으로 할 수 있다.
③ 법인은 그 주된 사무소의 소재지에서 설립등기를 함으로써 성립한다.
☑ 법인의 대표자가 그 직무에 관하여 타인에게 가한 손해에 대해 법인은 배상할 책임이 없다.

해설

④ (×) 법인은 이사 기타 대표자가 그 직무에 관하여 타인에게 가한 손해를 배상할 책임이 있다(민법 제35조 제1항 전문). 이를 법인의 불법행위책임이라고 한다.
① (○) 법인은 법률의 규정에 의함이 아니면 성립하지 못하는데(민법 제31조), 이를 준칙주의라고 한다.
② (○) 학술, 종교, 자선, 기예, 사교 기타 영리 아닌 사업을 목적으로 하는 사단 또는 재단은 주무관청의 허가를 얻어 이를 법인으로 할 수 있다(민법 제32조).
③ (○) 민법 제33조

32

법인에 관한 설명으로 옳지 않은 것은?

☑ 재단법인에는 영리·비영리 법인이 있으며, 영리법인은 사단법인의 형태로만 존재한다.
② 사단법인은 일정한 목적을 위해 결합된 사람의 단체이고, 재단법인은 일정한 목적에 바쳐진 재산의 단체이다.
③ 법인의 소멸은 해산만으로는 소멸하지 않으며, 청산이 사실상 종료됨으로써 소멸한다.
④ 법인은 그 주된 사무소의 소재지에서 설립등기를 함으로써 성립한다.

해설

재단법인에는 비영리법인만이 있으며, 영리법인은 사단법인의 형태로만 존재한다. ★

33

민법상 법인(法人)에 관한 설명으로 옳은 것은?

① 법인은 그 주된 사무소의 소재지에서 설립등기신청을 함으로써 성립한다.
② 법인의 사무는 법원이 검사·감독한다.
③ **법인은 법률의 규정에 쫓아 정관으로 정한 목적의 범위 내에서 권리와 의무의 주체가 된다.**
④ 법인의 대표에 관하여는 대리에 관한 규정을 준용하지 않는다.

해설

③ (○) 민법 제34조
① (×) 법인은 주된 사무소의 소재지에서 설립등기를 함으로써 성립한다(민법 제33조).
② (×) 법인의 사무는 주무관청이 검사, 감독한다(민법 제37조).
④ (×) 법인이 대표에 관하여는 대리에 관한 규정을 준용한다(민법 제59조 제2항).

34

민법상 법인에 관한 설명으로 옳은 것은? 기출 08

① **모든 사단법인과 재단법인에는 이사를 두어야 한다.**
② 수인의 이사는 법인의 사무에 관하여 연대하여 법인을 대표한다.
③ 법인의 대표에 관하여는 대리에 관한 규정을 준용하지 않는다.
④ 정관에 기재되지 아니한 이사의 대표권 제한은 유효하다.

해설

① (○) 민법 제57조 참고
② (×) 수인의 이사는 법인의 사무에 관하여 각자 법인을 대표한다(민법 제59조 제1항 본문).
③ (×) 법인의 대표에 관하여는 대리에 관한 규정을 준용한다(민법 제59조 제2항).
④ (×) 이사의 대표권에 대한 제한은 이를 정관에 기재하지 아니하면 그 효력이 없다(민법 제41조).★

35

법인에 관한 설명 중 틀린 것은? 기출문제

① 사단법인의 정관의 필요적 기재사항으로는 목적, 명칭, 사무소 소재지, 자산에 관한 규정, 이사의 임면, 사원의 자격 등이 있다.
② 법인의 이사가 수인인 경우에 사무집행은 정관의 규정에 따른다.
③ 재단법인은 법률, 정관, 목적, 성질, 그 외에 주무관청의 감독, 허가조건 등에 의하여 권리능력이 제한된다.
❹ 사원총회는 법인사무 전반에 관하여 결의권을 가진다.

[해설]
사원총회는 정관으로 이사 또는 기타 임원에게 위임한 사항 외의 법인사무 전반에 관하여 결의한다(민법 제68조).

36

민법상 법인의 기관에 관한 설명으로 옳지 않은 것은? 기출 19

① 법인은 이사를 두어야 한다.
② 이사는 선량한 관리자의 주의로 그 직무를 행하여야 한다.
❸ 법인은 2인 이상의 감사를 두어야 한다.
④ 사단법인의 이사는 매년 1회 이상 통상총회를 소집하여야 한다.

[해설]
③ (×) 비영리법인에서의 감사는 필수기관은 아니며 임의기관에 해당한다(민법 제66조).
① (○) 이사는 사단법인과 재단법인 모두의 필수적 기관이다(민법 제57조 참고).
② (○) 법인과 이사와의 임면 관계는 민법상 위임에 관한 규정을 준용한다. 따라서 이사는 선량한 관리자의 주의로 그 직무를 수행하여야 한다.
④ (○) 민법 제69조

37

민법상 법인과 이사의 이익이 상반하는 사항이 있는 경우, 이해관계인 또는 검사의 청구에 의하여 법원이 선임하여야 할 기관은? 기출 09

① 감 사
② 임시이사
③ 청산인
✅ **특별대리인**

해설
법인과 이사의 이익이 상반하는 사항에 관하여 이사는 대표권이 없다. 이 경우에는 특별대리인을 선임하여야 한다(민법 제64조).

38

법인이 아닌 사단의 사원이 집합체로서 물건을 소유할 때의 소유 형태는? 기출 18

① 단독소유
② 공 유
③ 합 유
✅ **총 유**

해설
비법인사단은 사단으로서 실질을 갖추고 있으나 법인등기를 하지 아니하여 법인격을 취득하지 못한 사단을 말한다. 대표적인 예로 종중, 교회, 채권자로 이루어진 청산위원회, 주택조합, 아파트부녀회 등이 있으며, 재산의 귀속형태는 사원의 총유 또는 준총유이다.

39

다음 중 ㄱ, ㄴ에 들어갈 내용으로 알맞은 것은?

> 사원총회 결의와 관하여 정관에 다른 규정이 없으면 정관변경에 관한 사항은 총사원의 (ㄱ), 임의해산은 (ㄴ) 이상의 찬성이 있어야 한다.

① ㄱ : 과반수, ㄴ : 2/3
② ㄱ : 2/3,   ㄴ : 3/4
③ ㄱ : 1/3,   ㄴ : 과반수
④ ㄱ : 과반수, ㄴ : 3/4

[해설]
보기 내용은 민법상 사원총회 의결 정족수에 관한 설문으로, ㄱ에는 2/3가, ㄴ에는 3/4이 각각 들어가야 한다.

40

사단법인과 재단법인에 공통한 해산이유가 아닌 것은? [기출문제]

① 총회의 결의
② 파 산
③ 설립허가의 취소
④ 법인의 목적달성불능

[해설]
총회의 결의는 사단법인에만 있는 해산사유에 해당한다.

41

민법상 물건에 관한 설명으로 옳지 않은 것은? 기출 18

① **건물 임대료는 천연과실이다.**
② 관리할 수 있는 자연력은 동산이다.
③ 건물은 토지로부터 독립한 부동산으로 다루어질 수 있다.
④ 토지 및 그 정착물은 부동산이다.

해설

집세나 이자 등은 원물을 타인에게 사용시킨 대가로 얻는 과실로 법정과실이다(민법 제101조 제2항). ★

핵심만콕

- 유체물 및 전기 기타 관리할 수 있는 자연력은 물건인데(민법 제98조), 부동산(토지 및 그 정착물) 이외의 물건은 동산이므로(민법 제99조) 관리할 수 있는 자연력은 동산이다.
- 토지 및 그 정착물은 부동산이므로 건물은 토지로부터 독립한 부동산으로 다루어질 수 있다(민법 제99조 제1항).

42

주물과 종물에 관한 설명으로 옳지 않은 것은?

① 주물과 종물은 원칙적으로 소유자가 동일한 사람이어야 한다.
② 종물은 하나의 독립한 물건이어야 한다.
③ **주물·종물은 동산에 한한다.**
④ 종물은 주물의 처분에 따른다는 규정은 강행규정이 아니고 당사자의 의사에 따라 달리 정할 수 있는 임의규정이다.

해설

주물·종물은 동산이든 부동산이든 상관없다.

43

甲이라는 사람은 자신의 집에 월세를 놓아서 乙이라는 사람에게 매월 500,000원을 받는다. 이러한 것을 무엇이라 하는가? 기출문제

① 천연과실
② **법정과실** ✓
③ 과 실
④ 담보의 제공

해설

설문의 집세는 원물을 타인에게 사용시킨 대가로서 얻는 과실로 법정과실에 해당한다.

44

다음 중 당사자 일방의 의사표시로 성립하는 법률행위인 '단독행위'에 속하지 않는 것은?

① 재단법인의 설립행위
② 추 인
③ 계약의 해제
④ **현상광고** ✓

해설

현상광고는 단독행위가 아니라 민법상 전형계약에 해당한다.

핵심만콕	단독행위의 종류★★
상대방이 있는 단독행위	취소, 추인, 채무면제, 해제, 해지, 상계, 법정대리인의 동의
상대방이 없는 단독행위	유언, 재단법인의 설립행위, 소유권의 포기, 상속의 포기, 공탁소에 대한 채권자의 공탁승인

45

유언은 다음 중 어디에 해당하는가?

☑ ① 단독행위
② 합동행위
③ 쌍방행위
④ 계 약

해설
유언은 상대방이 없는 단독행위에 해당한다.

46

법률행위에 관한 설명으로 옳지 않은 것은?

① 단독행위는 상대방의 이익을 위하여 조건이나 기한 등의 부관을 붙일 수 없다.
② 재단법인의 설립행위는 상대방 없는 단독행위이나, 사단법인의 설립행위에는 합동행위이다.
☑ ③ 목적을 확정할 수 없는 법률행위는 취소할 수 있다.
④ 법률행위는 그 실현이 가능하여야 한다. 가능 여부의 판단은 그 당시의 사회관념에 의해 결정된다.

해설
목적을 확정할 수 없는 법률행위는 무효이다.

47

다음 중 법률행위의 효력발생요건이 아닌 것은? 기출 04

① 당사자가 의사능력·행위능력을 가지고 있을 것
② 법률행위의 목적이 확정·가능·적법·사회적 타당성이 있을 것
③ 의사와 표시가 일치하고 하자가 없을 것
❹ 당사자가 존재할 것

해설

당사자의 존재는 효력발생요건이 아니라 성립요건에 해당한다.

| 핵심만콕 | 법률행위의 효력발생요건★ |

- 당사자가 능력(권리능력, 의사능력, 행위능력)을 갖출 것
- 법률행위의 목적이 확정·가능·적법·사회적 타당성이 있을 것
- 의사표시에 있어 의사와 표시가 일치하고 의사표시에 하자가 없을 것

48

다음 ㄱ, ㄴ, ㄷ에 들어갈 내용이 알맞게 연결된 것은?

- 목적을 확정할 수 없는 법률행위는 (ㄱ)이다.
- 법률행위의 목적이 개개의 강행법규에 위반하지는 않더라도 '선량한 풍속 기타 사회질서'에 위반하는 경우에는 그 법률행위는 (ㄴ)가 된다.
- 사회질서에 반하는 법률행위는 (ㄷ)로서 이행을 하기 전이면 이행할 필요가 없고, 이미 이행하였으면 반환을 청구하지 못한다.

❶ ㄱ : 무효, ㄴ : 무효, ㄷ : 무효
② ㄱ : 무효, ㄴ : 취소, ㄷ : 무효
③ ㄱ : 취소, ㄴ : 취소, ㄷ : 취소
④ ㄱ : 취소, ㄴ : 무효, ㄷ : 취소

해설

ㄱ, ㄴ, ㄷ에는 모두 무효가 들어간다.

49

우리 민법이 의사표시의 효력발생시기에 대하여 채택하고 있는 원칙적인 입장은? 기출문제

① 발신주의(發信主義)
② 도달주의(到達主義) ✓
③ 요지주의(了知主義)
④ 공시주의(公示主義)

해설

의사표시의 효력발생시기에 관하여 우리 민법은 도달주의를 원칙으로 하고(민법 제111조 제1항), 격지자 간의 계약의 승낙 등 특별한 경우에 한하여 발신주의를 예외적으로 취하고 있다(민법 제531조).

50

의사표시에 관한 다음 기술 중 옳지 않은 것은?

① 진의가 아닌 의사표시는 당사자 사이에는 원칙적으로 유효이다.
② 착오로 인한 의사표시는 원칙적으로 무효이다. ✓
③ 허위표시는 당사자 간에는 언제나 무효이다.
④ 사기에 의한 의사표시는 취소할 수 있다.

해설

② (×) 착오로 인한 의사표시는 법률행위의 내용의 중요부분에 착오가 있는 때에는 취소할 수 있다. 그러나 그 착오가 표의자의 중대한 과실로 인한 때에는 취소하지 못한다(민법 제109조 제1항). ★
① (○) 민법 제107조 제1항 본문
③ (○) 민법 제108조 제1항
④ (○) 민법 제110조 제1항

51

의사표시의 효력발생에 관한 설명 중 틀린 것은? 기출문제

① 격지자 간의 계약은 승낙의 통지를 발한 때에 성립한다.
② 우리 민법은 도달주의를 원칙으로 하고 예외적으로 발신주의를 택하고 있다.
③ 의사표시의 부도착(不到着)의 불이익은 표의자가 입는다.
④ ✓ 표의자가 그 통지를 발한 후 도달하기 전에 사망하면 그 의사표시는 무효이다.

해설

④ (×) 발신 후 도달 전에 표의자가 사망하거나 행위능력을 상실해도 의사표시의 효력에는 영향이 없다(민법 제111조 제2항).
① (○) 민법 제531조
② (○) 민법 제111조 제1항(도달주의), 제531조(발신주의) 등
③ (○) 도달주의를 취하는 결과, 의사표시의 불착·연착은 모두 표의자의 불이익으로 돌아간다.

52

A가 B에게 농담으로 시계를 선물하겠다고 약속하였다. 이것은 다음 중 어디에 해당하는가? 기출문제

① 통정허위표시
② ✓ 비진의 의사표시
③ 착 오
④ 강행규정 위반

해설

상대방과 통정하지 않고 의사와 표시가 불일치함을 알면서 의사표시를 한 경우이므로 비진의 의사표시에 해당된다.

핵심만콕 의사와 표시의 불일치 ★

비진의표시 (심리유보)	표의자인 본인이 내심의 의사와 표시상의 의사가 일치하지 않음을 알면서 행한 경우로서 표시한 대로의 효과가 발생한다(민법 제107조 제1항 본문).
허위표시 (통정)	상대방과 통정한 허위의 의사표시는 무효로 한다. 이 경우 선의의 제3자에게 그 무효를 주장하지는 못한다(민법 제108조).
착 오	내심의 의사와 표시상의 의사가 일치하지 않음을 표의자가 모르는 경우로서 그 착오가 법률행위의 중요한 부분에 관한 것이고 표의자 본인이 그러한 착오를 하는 데 중대한 과실이 없으면 취소할 수 있다. 그러나 그것을 알지 못하는 제3자에 대해서는 취소의 효과를 주장할 수가 없다(민법 제109조).

53

다음 중 원칙적으로 의사표시에 관한 민법의 규정이 적용되지 않는 것을 모두 고른 것은?

> ㄱ. 가족법상의 행위
> ㄴ. 공법행위
> ㄷ. 소송행위
> ㄹ. 단체법상의 행위
> ㅁ. 주식인수의 청약·어음행위

① ㄱ, ㄴ
② ㄱ, ㄴ, ㄷ
③ ㄱ, ㄴ, ㄷ, ㄹ
④ ㄱ, ㄴ, ㄷ, ㄹ, ㅁ ✓

해설

의사표시에 관한 민법의 규정은 원칙적으로 가족법상의 행위, 공법행위, 소송행위, 단체법상의 행위, 주식인수의 청약·어음행위에는 적용되지 않는다.

54

타인이 본인의 이름으로 법률행위를 하거나 또는 의사표시를 수령함으로써 그 법률효과가 직접 본인에게 발생하게 하는 제도는?

① 대리 ✓
② 간접대리
③ 사자
④ 대표

해설

대리에 대한 설명이며, ②·③·④는 대리와 구별되어야 하는 내용이다.

55

甲은 乙에게 경비계약의 체결에 관한 대리권을 수여하였다. 대리권이 소멸하는 경우는 모두 몇 개인가? 기출 23

- 甲의 사망
- 乙의 사망
- 乙의 파산
- 甲에 대한 성년후견의 개시

① 1개
② 2개
✓ ③ 3개
④ 4개

해설

제시된 내용 중 대리권의 소멸사유에 해당하는 것은 모두 3개이다. 성년후견의 개시는 본인(甲)이 아닌 대리인(乙)에 대한 대리권 소멸사유이다.

관계법령 대리권의 소멸사유(민법 제127조)

대리권은 다음 각호의 어느 하나에 해당하는 사유가 있으면 소멸된다.
1. 본인의 사망
2. 대리인의 사망, 성년후견의 개시 또는 파산

56

대리권의 소멸사유로 볼 수 없는 것은? 기출문제

① 본인의 사망
✓ ② 본인의 성년후견의 개시
③ 대리인의 파산
④ 대리인의 성년후견의 개시

해설

법정대리의 소멸원인에는 본인의 사망, 대리인의 사망, 대리인의 성년후견의 개시 또는 파산 등이 있다. 임의대리에 특유한 소멸원인에는 기초적 법률관계의 종료, 수권행위의 철회 등이 있다.

57

다음 중 대리가 허용될 수 있는 행위는 어느 것인가? 기출문제

① 사실행위
② 유 언
③ 불법행위
☑ **매매계약**

[해설]
신분법상 행위, 쌍방대리, 불법행위, 유언, 사실행위 등에는 대리가 허용되지 않는다. ★

58

대리에 관한 설명 중 틀린 것은? 기출문제

☑ **대리인은 반드시 행위능력이 있어야 한다.**
② 복대리인은 본인의 대리인이다.
③ 준법률행위에는 대리가 인정되지 않는다.
④ 법정대리인의 발생원인은 법률규정의 경우, 지정권자의 지정행위 또는 법원의 선임행위에 의한 경우이다.

[해설]
① (×) 대리인은 의사능력만 있으면 족하고, 행위능력자임을 요하지 아니한다(민법 제117조). ★
② (○) 민법 제123조 제1항
③ (○) 준법률행위에는 대리가 인정되지 않으나, 통지에는 대리에 관한 규정을 유추적용한다(통설). ★
④ (○) 법정대리권의 발생원인은 법률의 규정, 지정권자의 지정행위, 법원의 선임행위이다.

59

대리에 관한 다음 설명 중 옳지 않은 것은? 기출수정

☑ 제한능력자는 대리인이 될 수 없다.
② 본인이 사망하면 대리권은 소멸한다.
③ 대리행위의 하자는 대리인을 표준으로 하여 결정한다.
④ 대리인이 수인이더라도 각자가 본인을 대리한다.

[해설]
① (×) 대리인은 행위의 효과가 귀속되는 자가 아니므로 행위능력자임을 요하지 않는다(민법 제117조).★
② (○) 민법 제127조 제1호
③ (○) 민법 제116조 제1항
④ (○) 민법 제119조 본문

60

민법상 대리에 관한 설명으로 옳지 않은 것은? 기출 19

① 대리인은 행위능력자임을 요하지 아니한다.
☑ 복대리인은 그 권한 내에서 대리인을 대리한다.
③ 임의대리인은 본인의 승낙이 있거나 부득이한 사유가 있는 경우, 복대리인을 선임할 수 있다.
④ 대리인이 그 권한 내에서 본인을 위한 것임을 표시한 의사표시는 직접 본인에게 대하여 효력이 생긴다.

[해설]
② (×) 복대리인은 대리인이 선임한 본인의 대리인이다(민법 제123조 제1항 참고).
① (○) 민법 제117조
③ (○) 민법 제120조 반대해석
④ (○) 민법 제114조 제1항

61

다음은 대리에 관한 기술이다. 옳지 않은 것은? 기출문제

① **대리행위의 하자는 본인을 표준으로 결정하여야 한다.**
② 자기계약이나 쌍방대리도 본인의 허락이 있으면 할 수 있다.
③ 대리인이 행한 의사표시의 효과는 직접 본인에게 귀속한다.
④ 대리인의 행위가 대리행위로서 성립하려면 본인을 위한 것임을 표시하여야 한다.

해설

본인을 위한 것임을 표시하는 것을 현명주의라 하며, 민법 제116조 제1항에서 "의사표시의 효력이 의사의 흠결, 사기, 강박 또는 어떤 사정을 알았거나 과실로 알지 못한 것으로 인하여 영향을 받을 경우에 그 사실의 유무는 대리인을 표준으로 결정한다"고 규정하고 있다.

62

다음 중 대리에 관하여 틀린 것은? 기출문제

① **불법행위책임도 본인이 부담한다.**
② 무권대리에 대한 본인의 추인은 소급효가 있다.
③ 대리제도는 근대사회의 소산이다.
④ 복대리인은 대리인이 대리인 자신의 이름으로 선임한 본인의 대리인이다.

해설

① (×) 불법행위책임은 대리인이 부담한다.
② (○) 민법 제133조 본문
③ (○) 대리제도(특히 임의대리)는 근대법의 소산이다.
④ (○) 민법 제123조 제1항 참고

63

대리권이 존재하지만 그 범위를 정하지 않은 경우에 대리인이 할 수 없는 것은? 기출 06

① 보존행위
② 이용행위
③ 개량행위
✅ **처분행위**

해설
권한을 정하지 아니한 대리인은 보존행위나 대리의 목적인 물건이나 권리의 성질을 변하지 아니하는 범위에서 그 이용 또는 개량하는 행위만 할 수 있고(민법 제118조), 처분행위(處分行爲)는 할 수 없다.

64

복대리에 관한 설명 중 틀린 것은? 기출문제

① 복대리인은 그 권한 내에서 본인을 대리한다.
② 대리인은 자기 이름으로 복대리인을 선임한다.
③ 법정대리인은 그 책임으로 복대리인을 선임할 수 있다.
✅ **복대리인을 선임한 뒤에는 대리인의 대리권은 소멸된다.**

해설
복대리인은 대리인의 대리권에 기하여 선임된 본인의 대리인으로 대리인의 감독을 받을 뿐만 아니라 그 대리권의 존재 및 범위에 의존하여 대리인과 동일한 권리·의무를 가지므로 복대리인을 선임한 뒤에도 대리인은 여전히 대리권을 가진다. 대리인의 대리권이 소멸하면 복대리인의 지위도 소멸한다.

65

본인과 무권대리인 사이에 실제로는 대리권이 없음에도 불구하고 대리권의 존재를 추측할 수 있을 만한 사정이 있는 경우에는 무권대리 행위의 상대방이 기대하는 대로 대리의 효력을 발생하게 하는 제도는? 기출 06

① **표현대리**
② 복대리
③ 쌍방대리
④ 법정대리

해설
설문은 표현대리에 대한 내용이다.

핵심만콕
- 복대리 : 대리인이 자기의 이름으로 선임한 자에게 자기가 가지는 권한 내에서 대리행위를 시키는 관계를 말한다.
- 쌍방대리 : 동일한 법률행위에 관하여 계약당사자 쌍방의 대리인이 되어 계약을 체결하는 경우와 같은 대리를 말한다.
- 법정대리 : 법률에 의해 대리권이 발생하고 대리인의 자격 및 대리권의 범위도 법률의 규정에 의해 정해진다.

66

표현대리에 대한 설명 중 옳지 않은 것은?

① **표현대리가 성립되면 무권대리의 성질이 유권대리로 전환된다.**
② 강행법규에 위반되는 행위에 대하여 표현대리의 법리가 적용될 여지가 없다.
③ 대리권 수여 표시에 의한 표현대리의 경우 임의대리에만 적용된다는 것이 통설이다.
④ 대리권 소멸 후의 표현대리에서 제3자는 거래행위의 상대방만을 지칭한다.

해설
표현대리가 성립된다고 하여 무권대리의 성질이 유권대리로 전환되는 것은 아니다(대판[전합] 1983.12.13. 83다카1489).

67

권한을 넘은 표현대리에 관한 다음 기술 중 틀린 것은? 기출문제

① 권한을 넘은 표현대리규정에서 제3자라 함은 대리행위의 상대방만을 의미한다.
② 본인은 대리인의 행위에 대하여 책임을 져야 한다.
③ 본조의 일정한 행위에 대하여 대리권이 있어야 한다.
❹ 대리권이 없는 자가 위임장을 위조하여 대리행위를 한 경우에도 본조의 적용을 받는다.

해설
민법 제126조는 대리권이 전혀 없는 자의 행위에 관하여는 그 적용이 없다. ★

68

민법상 선량한 풍속 기타 사회질서에 위반한 법률행위의 효력은? 기출 12

① 취 소
❷ 무 효
③ 추 인
④ 유 효

해설
선량한 풍속 기타 사회질서에 위반한 사항을 내용으로 하는 법률행위는 무효로 한다(민법 제103조).

69

다음 중 법률효과가 처음부터 발생하지 않는 것은 어느 것인가? 기출문제

① 착 오
② 취 소
❸ 무 효
④ 사 기

해설
무효란 그 행위가 성립하던 당초부터 당연히 법률효과가 발생하지 못하는 것이며 민법 제107조 제1항 단서의 비진의표시(심리유보), 통정허위표시, 강행법규에 반하는 법률행위 등이 그 예이다.

70

다음 중에서 무효행위의 추인이 가능한 것은 어느 것인가? 기출문제

☑ ① 가장매매행위
② 생존의 기초가 되는 재산의 처분행위
③ 사회질서에 반하는 행위
④ 상대방의 경솔을 이용하여 한 불공정한 행위

해설

① (○) 가장매매는 당사자가 추인을 하면 그때부터 유효한 매매로 된다. ★
② (×), ③ (×) 선량한 풍속 기타 사회질서에 위반한 사항을 내용으로 하는 법률행위는 절대적 무효(민법 제103조)이므로 추인이 허용되지 않는다.
④ (×) 당사자의 궁박, 경솔 또는 무경험으로 인하여 현저하게 공정을 잃은 법률행위는 절대적 무효(민법 제104조)이므로 추인이 허용되지 않는다.

71

다음 중 법률행위의 취소가 되는 의사표시는? 기출문제

☑ ① 사기에 의한 표시
② 통정한 허위의 의사표시
③ 진의 아닌 의사표시
④ 불공정한 의사표시

해설

사기에 의한 의사표시는 취소할 수 있다(민법 제110조 제1항).

72

법률행위의 취소에 관한 설명으로 틀린 것은?

① 취소의 효과는 선의의 제3자에게 대항할 수 없는 것이 원칙이다.
❷ 취소할 수 있는 법률행위는 취소의 원인이 종료되기 전에 추인을 할 수 있는 것이 원칙이다.
③ 취소된 법률행위는 처음부터 무효인 것으로 보는 것이 원칙이다.
④ 취소할 수 있는 의사표시를 한 자의 대리인도 그 행위를 취소할 수 있다.

해설

② (×) 법률행위의 취소에 대한 추인은 취소의 원인이 종료한 후에 하여야 한다(민법 제144조 제1항).★★
① (○) 민법 제109조 제2항, 제110조 제3항
③ (○) 취소의 소급효(민법 제141조 본문)
④ (○) 민법 제140조

73

민법상 착오에 의한 법률행위의 취소에 관한 설명으로 틀린 것은? 기출 08

① 표의자에게 고의 또는 중대한 과실이 없어야 한다.
② 법률행위의 내용의 중요부분에 착오가 있는 때에는 취소할 수 있다.
❸ 화해계약은 화해의 목적인 분쟁 이외의 사항에 착오가 있으면 취소할 수 없다.
④ 표의자의 고의 또는 중대한 과실에 대한 입증책임은 상대방에게 있다.

해설

화해계약은 착오를 이유로 하여 취소하지 못한다. 그러나 화해당사자의 자격 또는 화해의 목적인 분쟁 이외의 사항에 착오가 있는 때에는 그러하지 아니하다(민법 제733조).★

74

무효와 취소에 관한 설명 중 틀린 것은? 기출문제

① 일단 성립한 법률행위는 취소가 있기 전까지 유효하다는 점에서 무효와 다르다.
② 취소의 의사표시는 취소권을 가진 자만이 행사할 수 있다는 점에서 무효와 다르다.
❸ 취소를 하면 법률행위는 취소한 때로부터 효력을 상실한다.
④ 취소할 수 있는 법률행위를 추인하면 그 법률행위는 확정적으로 유효가 된다.

해설

취소된 법률행위는 처음부터 무효인 것으로 보는 것이 원칙이다[취소의 소급효(민법 제141조 본문)].

75

법률행위의 취소와 추인에 관한 설명이다. 가장 옳지 않은 것은? 기출문제

① 취소할 수 있는 법률행위는 제한능력자, 착오로 인하거나 사기ㆍ강박에 의하여 의사표시를 한 자, 그의 대리인 또는 승계인만이 취소할 수 있다.
② 취소할 수 있는 법률행위의 추인은 무권대리행위의 추인과는 달리 추인의 소급효는 문제되지 않는다.
③ 추인은 취소의 원인이 종료한 후에 하여야 효력이 있는데, 다만 법정대리인이 추인하는 경우에는 그렇지 않다.
❹ 취소권자가 전부나 일부의 이행, 이행의 청구, 담보의 제공 등을 한 경우에는 취소의 원인이 종료되기 전에 한 것이라도 추인한 것으로 보아야 한다.

[해설]
④ (×) 법정추인사유는 취소의 원인이 종료한 후에 발생하여야 한다(민법 제144조 제1항). ★★
① (○) 민법 제140조
② (○) 무권대리의 추인은 소급효가 있다(민법 제133조 본문). 그러나 취소할 수 있는 법률행위의 추인은 소급효 자체가 무의미하다. 이미 유효이기 때문이다. 즉, 추인은 확정적 유효의 의사표시이다. ★★
③ (○) 민법 제144조 ★

76

민법상 취소할 수 있는 법률행위에 관한 취소권자의 행위 중 '법정추인' 사유에 해당하지 않는 것은?
기출 24

① 경 개
② 담보의 제공
❸ **철회권의 행사**
④ 전부나 일부의 이행

[해설]
철회권의 행사는 제한능력자의 상대방(민법 제16조), 무권대리인의 상대방(민법 제134조) 보호제도로서 제한능력자와 계약하거나 무권대리인과 계약한 선의의 상대방은 철회권 행사를 통해 계약을 무효로 할 수 있다. 이는 민법 제145조에서 규정하는 법정추인 사유에는 해당하지 않는다.

관계법령	법정추인(민법 제145조)
취소할 수 있는 법률행위에 관하여 전조의 규정에 의하여 추인할 수 있는 후에 다음 각호의 사유가 있으면 추인한 것으로 본다. 그러나 이의를 보류한 때에는 그러하지 아니하다. 1. 전부나 일부의 이행 2. 이행의 청구 3. 경 개 4. 담보의 제공 5. 취소할 수 있는 행위로 취득한 권리의 전부나 일부의 양도 6. 강제집행	

77

민법상 조건과 기한에 관한 설명으로 옳은 것은? 기출 22

① 해제조건 있는 법률행위는 조건이 성취한 때로부터 그 효력이 생긴다.
❷ 조건이 법률행위의 당시에 이미 성취할 수 없는 것인 경우에는 그 조건이 해제조건이면 조건 없는 법률행위로 한다.
③ 시기 있는 법률행위는 기한이 도래한 때로부터 그 효력을 잃는다.
④ 기한은 채권자의 이익을 위한 것으로 추정한다.

해설

② (○) 조건이 법률행위의 당시에 이미 성취할 수 없는 것인 경우에는 그 조건이 해제조건이면 조건 없는 법률행위로 하고 정지조건이면 그 법률행위는 무효로 한다(민법 제151조 제3항).
① (×) 해제조건 있는 법률행위는 조건이 성취한 때로부터 그 효력을 잃는다(민법 제147조 제2항).
③ (×) 시기 있는 법률행위는 기한이 도래한 때로부터 그 효력이 생긴다(민법 제152조 제1항).
④ (×) 기한은 채무자의 이익을 위한 것으로 추정한다(민법 제153조 제1항).

78

법률행위의 조건에 관한 설명이다. 틀린 것은? 기출문제

❶ 해제조건부 법률행위는 그 조건이 성취한 때로부터 그 효력이 생긴다.
② 조건이 사회질서에 반하는 것인 때에는 그 법률행위는 무효로 한다.
③ 조건의 성취가 아직 정하여지지 아니한 권리도 상속될 수 있다.
④ "내일 비가 오면 이 반지를 주겠다"는 약속은 정지조건부 법률행위이다.

해설

조건의 성취가 있으면 이미 발생된 법률행위의 효력을 소멸시키는 조건은 해제조건이다. 불법조건이 붙은 법률행위는 무효이고, 불능조건이 해제조건이면 조건 없는 법률행위로 된다.

79

민법상 조건과 기한에 관한 설명으로 옳지 않은 것은? 기출 12

① 정지조건 있는 법률행위는 조건이 성취한 때로부터 그 효력이 생긴다.
② 조건 있는 법률행위의 당사자는 조건의 성부가 미정한 동안에 조건의 성취로 인하여 생길 상대방의 이익을 해하지 못한다.
❸ 조건의 성취가 미정한 권리의무는 일반규정에 의하여 처분, 상속, 보존 또는 담보로 할 수 없다.
④ 기한의 이익은 포기할 수 있으나 상대방의 이익을 해하지 못한다.

해설

③ (×) 조건의 성취가 미정한 권리의무는 일반규정에 의하여 처분, 상속, 보존 또는 담보로 할 수 있다(민법 제149조).
① (○) 민법 제147조 제1항
② (○) 민법 제148조
④ (○) 민법 제153조 제2항

80

조건과 기한을 비교한 것이다. 틀린 것은? 기출문제

① 양자 모두 법률행위의 부관이다.
② 조건이 되는 사실이나 기한이 되는 사실이나 모두 장래의 사실이다.
③ 기한은 도래함이 확실하고, 조건은 그 성부가 불확실하다.
❹ 어음(수표)행위는 조건에는 친하나 기한에는 친하지 않다.

해설

어음(수표)행위는 기한에는 친하나 조건은 붙이지 못한다.★

핵심만콕	조건과 기한
조건이라 함은 법률행위의 효력의 발생 또는 소멸이 장래의 불확정한 사실의 성부에 달려 있는 부관을 말하며, 기한은 법률행위의 발생·소멸 또는 채무의 이행을 장래 도래할 것이 확실한 사실의 발생에 의존시키는 부관을 말한다.	

81

다음 기한에 관한 설명으로 틀린 것은?

① 기한의 이익을 갖는 자는 그 이익을 포기할 수 있다.
② 기한은 채무자의 이익을 위한 것으로 추정된다.
③ 종기있는 법률행위는 기한이 도래한 때로부터 그 효력을 잃는다.
❹ 기한은 당사자의 특약이 있는 경우에도 소급효가 인정된다.

[해설]

기한에 소급효를 인정하는 것은 기한을 붙이는 것과 모순되기 때문에 기한의 효력에는 소급효가 인정되지 않는다.

82

다음 중 채무자가 기한의 이익을 상실하지 않는 경우는?

① 채무자가 담보제공의 의무를 이행하지 않은 때
② 채무자가 담보를 감소 또는 멸실한 때
③ 채무자가 담보를 손상한 때
❹ 채무자가 무자력이 된 때 또는 제한능력자가 된 때

[해설]

④는 민법상 또는 채무자회생법상 기한의 이익의 상실사유에 해당하지 않는다.

관계법령

기한의 이익의 상실(민법 제388조)
채무자는 다음 각호의 경우에는 기한의 이익을 주장하지 못한다.
  1. 채무자가 담보를 손상, 감소 또는 멸실하게 한 때
  2. 채무자가 담보제공의 의무를 이행하지 아니한 때

기한부채권의 변제기도래(채무자회생법 제425조)
기한부채권은 파산선고 시에 변제기에 이른 것으로 본다.

83

민법상 기한의 이익에 관한 설명으로 옳은 것은? 기출 21

① 무상임치의 경우 채무자만이 기한의 이익을 가진다.
② 기한의 이익을 가지는 자는 그 이익을 포기할 수 없다.
❸ 채무자가 담보제공의 의무를 이행하지 아니하는 때에는 기한의 이익을 상실한다.
④ 당사자 사이에 체결한 기한이익의 상실에 관한 특약은 효력이 없다.

해설

③ (○) 채무자는 담보를 손상, 감소 또는 멸실하게 한 때, 담보제공의 의무를 이행하지 아니한 때에는 기한의 이익을 주장하지 못한다(민법 제388조).
① (×) 무상임치란 당사자 일방이 무상으로 상대방에게 물건의 보관을 위탁하고 상대방이 이를 승낙함으로써 효력이 발생하는 전형계약으로, 기한의 이익은 오직 채권자(임치인)에게만 있다.
② (×) 기한의 이익은 이를 포기할 수 있다. 그러나 상대방의 이익을 해하지 못한다(민법 제153조 제2항). 즉, 제한이 있을 뿐 그 포기는 가능하다.
④ (×) 대법원은 기한이익 상실의 특약은 그 내용에 의하여 일정한 사유가 발생하면 채권자의 청구 등을 요함이 없이 당연히 기한의 이익이 상실되어 이행기가 도래하는 것으로 하는 정지조건부 기한이익 상실의 특약과 일정한 사유가 발생한 후 채권자의 통지나 청구 등 채권자의 의사행위를 기다려 비로소 이행기가 도래하는 것으로 하는 형성권적 기한이익 상실의 특약의 두 가지로 대별할 수 있고, 기한이익 상실의 특약이 위의 양자 중 어느 것에 해당하느냐는 당사자의 의사해석의 문제이지만 일반적으로 기한이익 상실의 특약이 채권자를 위하여 둔 것인 점에 비추어 명백히 정지조건부 기한이익 상실의 특약이라고 볼만한 특별한 사정이 없는 이상 형성권적 기한이익 상실의 특약으로 추정하는 것이 타당하다(대판 2002.9.4. 2002다28340)고 판시하여 기한이익의 상실에 관한 특약의 유효성을 인정하고 있다.

84

기간에 대한 설명 중 옳은 것은?

① 기간을 시, 분, 초로 정한 때에는 익일부터 기산한다.
② 기간을 일, 주, 월 또는 연으로 정한 때에는 기간의 초일을 산입한다.
❸ 기간을 일, 주, 월 또는 연으로 정한 때에는 기간 말일의 종료로 만료한다.
④ 1959년 7월 27일 출생한 자가 60세 정년인 경우, 2019년 7월 27일 24시에 정년에 도달한다.

해설

③ (○) 민법 제159조
① (×) 기간을 시, 분, 초로 정한 때에는 즉시로부터 기산한다(민법 제156조).
② (×) 기간을 일, 주, 월 또는 연으로 정한 때에는 기간의 초일은 산입하지 아니한다. 그러나 그 기간이 오전 영시로부터 시작하는 때에는 산입한다(민법 제157조).
④ (×) 1959년 7월 27일 출생한 자의 60세 정년은 2019년 7월 26일 24시(또는 7월 27일 00시)에 정년에 도달한다.

85

다음 중 시효제도의 존재이유에 대하여 틀린 것은? 기출문제

① 증거보전 곤란 구제
② 권리 위에 잠자는 자는 보호하지 않는다.
③ 연속한 사실상태의 존중
❹ **진정한 권리자의 보호**

해설

진정한 권리자를 오히려 불이익하게 할 수 있다.

86

민법상 소멸시효제도에 관한 설명으로 옳은 것은? 기출 20

❶ **지상권은 소멸시효의 대상이 된다.**
② 소멸시효의 이익은 미리 포기할 수 있다.
③ 소멸시효 완성의 효력은 소급되지 않는다.
④ 소멸시효는 법률행위에 의하여 이를 연장할 수 있다.

해설

① (○) 지상권은 일반적으로 20년간 행사하지 않으면 소멸시효가 완성된다(민법 제162조 제2항).
② (×) 소멸시효의 이익은 미리 포기하지 못한다(민법 제184조 제1항).
③ (×) 소멸시효는 그 기산일에 소급하여 효력이 생긴다(민법 제167조).
④ (×) 소멸시효는 법률행위에 의하여 이를 배제, 연장 또는 가중할 수 없으나 이를 단축 또는 경감할 수 있다(민법 제184조 제2항).

87

다음 중 소멸시효의 요건에 대한 설명으로 틀린 것은?

❶ **소멸하는 권리는 채권뿐만 아니라 그 밖의 모든 재산권도 포함된다.**
② 권리자가 법률상 그의 권리를 행사할 수 있음에도 불구하고 행사하지 않아야 한다.
③ 권리불행사의 상태는 일정기간 계속되어야 한다.
④ 소멸시효의 목적이 되는 권리는 입법 예에 따라 반드시 같지는 않다.

해설

채권은 원칙적으로 소멸시효에 걸리나(민법 제162조 제1항), 소유권은 절대성과 항구성에 의해, 점유권은 점유 성질상, 담보물권은 피담보채권이 존속하는 한 독립하여 각각 소멸시효에 걸리지 아니한다.

88

소멸시효에 대한 설명으로 옳지 않은 것은?

① 소멸시효의 이익은 시효완성 후에 포기할 수 있다.
② 소멸시효에는 소급효가 있다.
❸ 소멸하는 권리는 채권뿐만 아니라 그 밖의 모든 재산권도 포함된다.
④ 포기의 대상이 주된 권리인 때에는 그 포기의 효력은 종된 권리에도 미친다.

해설

③ (×) 소유권, 점유권, 담보물권 등은 원칙적으로 소멸시효의 대상이 아니나 채권은 원칙적으로 소멸시효의 대상에 해당된다(민법 제162조 제1항).
① (○) 민법 제184조 제1항 반대해석
② (○) 민법 제167조
④ (○) 민법 제183조

89

소멸시효의 기산점으로 옳지 않은 것은?

① 확정기한부 채권 : 기한이 도래한 때
② 불확정기한부 채권 : 기한이 객관적으로 도래한 때
③ 기한을 정하지 않은 채권 : 채권 성립 시
❹ 선택채권 : 채권 이행기

해설

선택채권의 소멸시효 기산점은 선택권을 행사할 수 있는 때이다.

90

다음 중 소멸시효의 중단사유가 아닌 것은? 기출문제

① 청구
② 압류
③ **취소** ✓
④ 승인

해설

소멸시효의 중단사유로는 청구, 압류 또는 가압류·가처분, 승인이 있다(민법 제168조). ★

91

민법상 소멸시효기간이 3년인 것은? 기출 16

① 의복의 사용료 채권
② 여관의 숙박료 채권
③ 연예인의 임금 채권
④ **도급받은 자의 공사에 관한 채권** ✓

해설

④만 단기소멸시효 3년에 해당하고, 나머지는 1년의 소멸시효에 해당한다.

관계법령

3년의 단기소멸시효(민법 제163조)
다음 각호의 채권은 3년간 행사하지 아니하면 소멸시효가 완성한다.
1. 이자, 부양료, 급료, 사용료 기타 1년 이내의 기간으로 정한 금전 또는 물건의 지급을 목적으로 한 채권
2. 의사, 조산사, 간호사 및 약사의 치료, 근로 및 조제에 관한 채권
3. 도급받은 자, 기사 기타 공사의 설계 또는 감독에 종사하는 자의 공사에 관한 채권
4. 변호사, 변리사, 공증인, 공인회계사 및 법무사에 대한 직무상 보관한 서류의 반환을 청구하는 채권
5. 변호사, 변리사, 공증인, 공인회계사 및 법무사의 직무에 관한 채권
6. 생산자 및 상인이 판매한 생산물 및 상품의 대가
7. 수공업자 및 제조자의 업무에 관한 채권

1년의 단기소멸시효(민법 제164조)
다음 각호의 채권은 1년간 행사하지 아니하면 소멸시효가 완성한다.
1. 여관, 음식점, 대석, 오락장의 숙박료, 음식료, 대석료, 입장료, 소비물의 대가 및 체당금의 채권
2. 의복, 침구, 장구 기타 동산의 사용료의 채권
3. 노역인, 연예인의 임금 및 그에 공급한 물건의 대금채권
4. 학생 및 수업자의 교육, 의식 및 유숙에 관한 교주, 숙주, 교사의 채권

92

다음 중 소멸시효에 대한 내용으로 옳지 않은 것은?

① 부당이득반환청구권의 소멸시효 기산점은 채권의 성립 시이다.
② 상법상 채권의 소멸시효기간은 5년이다.
③ 소멸시효의 중단사유로는 청구, 압류·가압류·가처분, 승인 등이 있다.
❹ 천재지변은 소멸시효의 중단사유이다.

[해설]
④ (×) 천재지변은 소멸시효의 정지사유에 해당한다.
① (○) 부당이득반환청구권의 소멸시효 기산점은 채권을 행사할 수 있는 채권의 성립 시이다.
② (○) 상법 제64조 본문
③ (○) 민법 제168조

93

다음 소멸시효의 효력에 대한 내용 중 옳지 않은 것은?

① 소멸시효는 그 기산일에 소급하여 효력이 생긴다.
② 소멸시효의 이익의 포기는 시효완성 후에만 가능하므로, 완성 전에는 포기할 수 없다.
③ 시효이익의 포기는 상대방 있는 단독행위이며 처분권능·처분권한이 있어야 한다.
❹ 시효이익의 포기는 상대적 효력을 가지기에 주채무자의 시효이익의 포기는 보증인에게도 그 효력이 미친다.

[해설]
시효이익의 포기는 상대적 효력을 가지기에 주채무자의 시효이익의 포기는 보증인에게는 효력이 미치지 아니한다(민법 제169조).★

94

다음 물권의 특성에 대한 설명 중 옳은 것은?

① 물권은 객체를 직접 지배하는 성질이 없다.
② 물권은 객체를 배타적으로 지배하는 성질이 없다.
③ 물권의 효력은 누구에게나 주장할 수는 없다.
❹ 물권은 강한 양도성이 있는 권리이다.

[해설]
물권의 특성에는 지배권, 배타적 권리, 절대권, 양도성, 강행규정성이 있다.

95

다음 물권변동에 대한 설명 중 옳지 않은 것은?

① 인도에 의해 동산 물권변동의 효력이 생긴다.
② 평온·공연하게 동산을 양수한 자가 선의이며 과실 없이 그 동산을 점유한 경우에는 양도인이 정당한 소유자가 아닌 때에도 즉시 그 동산의 소유권을 취득한다.
③ 법률행위에 의한 부동산 물권변동은 등기하여야 그 효력이 생긴다.
❹ 상속, 공용징수, 판결, 경매 기타 법률의 규정에 의한 부동산 물권취득은 등기를 요한다. 또한 등기를 하지 아니하면 이를 처분하지 못한다.

해설

상속, 공용징수, 판결, 경매 기타 법률의 규정에 의한 부동산 물권취득은 등기를 요하지 아니한다. 그러나 등기를 하지 아니하면 이를 처분하지 못한다(민법 제187조).

96

물권변동에 대한 설명 중 옳지 않은 것은?

❶ 부동산에 관한 법률행위로 인한 물권의 득실변경은 등기를 요하지 아니한다.
② 동산에 관한 물권의 양도는 그 동산을 인도하여야 효력이 생긴다.
③ 간이인도의 경우, 양수인이 이미 그 동산을 점유한 때에는 당사자의 의사표시만으로 그 효력이 생긴다.
④ 시간적으로 먼저 성립한 물권은 뒤에 성립한 물권에 우선한다.

해설

부동산에 관한 법률행위로 인한 물권의 득실변경은 등기하여야 그 효력이 생긴다.

97

민법상 물권에 관한 설명으로 옳은 것은? 기출 14

① 점유권은 소유권이 있어야만 인정되는 물권이다.
② 하나의 물건 위에 둘 이상의 소유권을 인정할 수 있다.
③ 용익물권은 물건의 교환가치를 파악하여 특정한 물건을 채권의 담보로 제공하는 것을 목적으로 한다.
☑ **유치권은 법정담보물권이다.**

해설
④ (○) 유치권은 법정질권, 법정저당권과 더불어 법정담보물권에 해당한다.
① (×) 점유권은 사실상의 권리란 점에서 관념적 권리인 소유권과 차이가 있다.
② (×) 일물일권주의 원칙상 불가능하다.
③ (×) 담보물권에 대한 설명이다. ★

98

공유에 관한 설명으로 옳지 않은 것은?

① 물건이 지분에 의하여 수인의 소유로 된 때에는 공유로 한다.
② 공유자의 지분은 균등한 것으로 추정한다.
☑ **공유자는 다른 공유자의 동의 없이 공유물을 처분할 수 있다.**
④ 공유자는 그 지분을 처분할 수 있고, 공유물 전부를 지분의 비율로 사용, 수익할 수 있다.

해설
③ (×) 공유자는 다른 공유자의 동의 없이 공유물을 처분하거나 변경하지 못한다(민법 제264조).
① (○) 민법 제262조 제1항
② (○) 민법 제262조 제2항
④ (○) 민법 제263조

99

민법상 합유에 관한 설명으로 옳은 것은? 기출 20

① 합유는 조합계약에 의하여만 성립한다.
② 합유물의 보존행위는 합유자 각자가 할 수 없다.
❸ 합유자 전원의 동의 없이 합유물에 대한 지분을 처분하지 못한다.
④ 합유가 종료하기 전이라도 합유물의 분할을 청구할 수 있다.

해설

③ (○) 민법 제273조 제1항
① (×) 합유가 성립하기 위해서는 그 전제로서 조합체의 존재가 필요하며, 조합체의 성립원인에는 계약과 법률규정이 있다(민법 제271조 제1항 전문).
② (×) 합유물의 보존행위는 각자가 할 수 있다(민법 제272조 단서).
④ (×) 합유자는 조합이 존속하고 있는 한 합유물의 분할을 청구할 수 없다(민법 제273조 제2항).

핵심만콕 공동소유

내용	공유 (예 공동상속)	합유 (예 조합)	총유 (예 권리능력 없는 사단)
지분의 유무	有	有	無
지분 처분	자유	전원의 동의로 가능 (민법 제273조 제1항 반대해석)	지분이 없으므로 불가
분할청구	자유	존속하는 동안 분할청구 불가(민법 제273조 제2항), 해산 시 가능	불가
보존행위	각자 단독으로 가능	각자 단독으로 가능 (민법 제272조 단서)	총회결의를 얻어야 가능
관리행위	지분의 과반수로 가능 (민법 제265조 본문)	조합원의 과반수로 가능 (민법 제265조 본문 유추적용)	총회결의로 가능
처분·변경	전원 동의로 가능	전원 동의로 가능	총회결의로 가능
사용·수익	지분비율로 전부 사용 가능	지분비율로 전부 사용 가능 단, 조합계약으로 달리 정할 수 있다.	정관 기타 규약에 좇아 각자 사용·수익 가능
등기	공유자 전원 명의	합유자 전원 명의	비법인사단 명의
종료사유	공유물 양도, 공유물 분할	합유물 양도, 조합해산	총유물 양도, 사원지위 상실

〈출처〉 박기현·김종원, 「핵심정리 민법」, 메티스, 2014, P. 677

100

민법상 소유에 관한 설명으로 옳은 것은? 기출 23

① 합유자는 합유물의 분할을 청구할 수 있다.
② 공유자는 특약이 있어야 공유물의 분할을 청구할 수 있다.
③ 합유물을 분할하는 경우 총유물의 분할에 관한 규정을 적용한다.
❹ 총유물은 정관 기타의 규약에 좇아 각 사원이 사용할 수 있다.

[해설]

④ (○) 각 사원은 정관 기타의 규약에 좇아 총유물을 사용, 수익할 수 있다(민법 제276조 제2항).
①(×), ③ (×) 합유자는 합유물의 분할을 청구하지 못한다(민법 제273조 제2항).
② (×) 공유자는 공유물의 분할을 청구할 수 있다. 그러나 5년 내의 기간으로 분할하지 아니할 것을 약정할 수 있다(민법 제268조 제1항).

101

甲이 과수가 식재된 乙소유의 토지 위에 권원 없이 건물을 신축하고 있는 경우에 乙이 甲을 상대로 행사할 수 있는 권리가 아닌 것은? 기출 13

❶ 토지매수청구권
② 공사중지청구권
③ 손해배상청구권
④ 소유권에 기한 방해제거청구권

[해설]

甲이 권원 없이 乙소유의 토지를 불법점유하고 있는 경우에 해당하므로, 乙은 그 소유권에 기하여 물권적 청구권으로서 방해제거청구권 및 공사중지청구권을 행사할 수 있다. 또한 손해가 있을 경우에는 불법행위에 기한 손해배상청구권도 행사할 수 있다(민법 제214조, 제750조).

102

민법상 동산과 부동산 모두에 성립할 수 있는 물권은? 기출 16

① 질권
✔ ② 유치권
③ 지역권
④ 지상권

해설
질권은 동산 또는 양도할 수 있는 권리에, 지역권과 지상권은 타인의 토지, 즉 부동산에 성립한다.

103

민법상 부동산의 사용, 수익을 목적으로 하는 권리를 객체로 하여 설정할 수 없는 담보물권은? 기출 24

✔ ① 질권
② 지역권
③ 저당권
④ 지상권

해설
물건의 교환가치를 파악하여 특정한 물건을 채권의 담보로 제공하는 것을 목적으로 하는 물권을 담보물권이라 하는데, 민법상 유치권, 질권, 저당권이 이에 해당한다. 질권은 채권자가 채권을 담보하기 위하여 채무의 변제가 있을 때까지 채무자 또는 제3자(물상보증인)로부터 인도받은 물건(동산) 또는 재산권을 유치하고, 변제가 없을 때에 그 목적물로부터 우선적으로 변제를 받을 수 있는 권리이다(민법 제329조, 제345조). 재산권을 목적으로 하는 것을 권리질권이라 하는데, 권리질권의 목적은 채권, 무체재산권 등을 말하고 부동산의 사용, 수익을 목적으로 하는 권리는 목적(객체)으로 할 수 없다(민법 제345조 단서).

104

민법상 담보물권이 아닌 것은? 기출 21

☑ ① 지상권
② 유치권
③ 질 권
④ 저당권

해설

담보물권이란 일정한 물건을 채권의 담보로 제공하는 것을 목적으로 하는 물권으로 유치권, 질권, 저당권 등이 있다. 지상권은 타인의 토지에 건물이나 수목 등을 설치하고, 그것을 소유하기 위하여 타인의 토지를 사용하는 물권으로서 지역권, 전세권과 더불어 용익물권에 해당한다.

핵심만콕 민법상 물권의 종류

구 분		의 의
점유권		물건을 사실상 지배함으로써 성립하는 권리
소유권		물건을 사용·수익·처분할 수 있는 권리
용익물권	지상권	타인의 토지에 건물이나 수목 등을 설치하고 그것을 소유하기 위하여 타인의 토지를 사용하는 물권
	지역권	타인의 토지를 자기 토지의 편익을 위하여 사용하는 물권
	전세권	전세금을 지급하고 타인의 토지 또는 건물을 사용·수익하는 물권
담보물권	유치권	타인의 물건(민법상 동산 및 부동산)이나 유가증권을 점유한 자가 그 물건이나 유가증권에 관하여 생긴 채권이 있는 경우에 변제받을 때까지 그 물건이나 유가증권을 유치할 수 있는 담보물권 예 甲이 전파상에 고장 난 라디오의 수리를 의뢰한 경우, 전파상 주인은 수리대금을 받을 때까지 甲에게 라디오의 반환을 거부할 수 있다.
	질권 (동산·권리질권)	채권자가 자신의 채권을 담보하기 위하여 채무의 변제까지 채무자로부터 인도받은 동산을 점유·유치하기로 채무자와 약정하고, 채무의 변제가 없는 경우에는 그 동산의 매각대금으로부터 우선변제를 받을 수 있는 담보물권(동산질권) 예 甲이 乙에게 10만원을 빌리면서 금반지를 담보로 맡긴 경우, 乙은 빌려간 돈을 갚을 때까지 그 반지를 가지고 있을 수 있고, 만약 甲이 갚지 않을 경우에는 그 반지를 처분하여 우선변제받을 수 있다.
	저당권	채권자가 채무자 또는 제3자(물상보증인)로부터 점유를 옮기지 아니하고, 그 채권의 담보로 제공된 목적물(부동산)에 대하여 우선변제받을 수 있는 담보물권

105

민법상 타인의 토지에 건물 기타 공작물이나 수목을 소유하기 위하여 그 토지를 사용할 수 있는 물권은? 기출 19

① 지역권
☑ **지상권**
③ 유치권
④ 저당권

해설

② (○) 타인의 토지에 건물 기타 공작물이나 수목을 소유하기 위하여 그 토지를 사용할 수 있는 권리는 지상권이다(민법 제279조).
① (×) 지역권 : 지역권자가 일정한 목적을 위하여 타인의 토지를 자기토지의 편익에 이용할 수 있는 권리이다(민법 제291조).
③ (×) 유치권 : 타인의 물건 또는 유가증권을 점유한 자가 그 물건이나 유가증권에 관하여 생긴 채권이 변제기에 있는 경우에 변제를 받을 때까지 그 물건 또는 유가증권을 유치할 수 있는 권리이다(민법 제320조 제1항).
④ (×) 저당권 : 저당권자는 채무자 또는 제3자가 점유를 이전하지 아니하고 채무의 담보를 제공한 부동산에 대하여 다른 채권자보다 자기채권의 우선변제를 받을 수 있는 권리이다(민법 제356조).

106

다음 중 물권설정대상에 대한 내용으로 옳지 않은 것은?

① 저당권은 전세권에 설정할 수 있다.
② 지상권은 토지에 설정할 수 있다.
☑ **질권은 토지와 같은 부동산에 설정할 수 있다.**
④ 유치권은 건물에 행사할 수 있다.

해설

토지와 같은 부동산에는 질권을 설정할 수 없다. 질권은 동산이나 양도할 수 있는 권리에 설정할 수 있다.

107

다음 중 용익물권에 속하는 것이 아닌 것은? 기출 13

① 지역권
☑ ② 임차권
③ 구분지상권
④ 분묘기지권

[해설]
용익물권이란 타인의 물건을 일정한 목적을 위하여 사용·수익할 수 있는 물권을 말한다. 민법상의 용익물권에는 지상권·지역권·전세권이 있으며, 분묘기지권은 관습법상 인정되는 지상권의 일종이라고 볼 수 있다. 반면, 임차권은 임대차계약에 의하여 임차인이 임차물을 사용·수익할 수 있는 권리로서 채권에 해당한다.

108

유치권에 관한 설명으로 옳지 않은 것은? 기출 17

☑ ① 유치권의 행사는 채권의 소멸시효의 진행에 영향을 미친다.
② 유치권자는 채권의 변제를 받기 위하여 유치물을 경매할 수 있다.
③ 유치권자는 채권 전부의 변제를 받을 때까지 유치물 전부에 대하여 그 권리를 행사할 수 있다.
④ 유치권은 점유의 상실로 인하여 소멸한다.

[해설]
① (×) 유치권의 행사는 채권의 소멸시효의 진행에 영향을 미치지 아니한다(민법 제326조). ★
② (○) 민법 제322조 제1항
③ (○) 민법 제321조(유치권의 불가분성)
④ (○) 민법 제328조(점유상실과 유치권 소멸)

109

채권자가 그의 채권을 담보하기 위하여 채무의 변제기까지 채무자로부터 인도받은 동산을 점유·유치하기로 채무자와 약정하고, 채무의 변제가 없는 경우에 그 동산의 매각대금으로부터 우선변제 받을 수 있는 담보물권은? 기출 13

☑ ① 질 권
② 유치권
③ 저당권
④ 양도담보권

해설

질권에 대한 설명이다(보다 정확하게는 동산질권에 대한 내용이다).

> **핵심만콕 양도담보권**
>
> 채권담보의 목적으로 물건의 소유권을 채권자에게 이전하고 채무자가 이행하지 아니한 경우에는 채권자가 그 목적물로부터 우선변제를 받게 되지만, 채무자가 이행을 하는 경우에는 목적물을 다시 원소유자에게 반환하는 비전형담보물권이다. ★

110

甲이 전파상에 고장 난 라디오를 수리 의뢰한 경우, 전파상 주인이 수리대금을 받을 때까지 甲에게 라디오의 반환을 거부할 수 있는 권리는 무엇인가? 기출 06

① 저당권
② 질 권
③ 지역권
☑ ④ 유치권

해설

설문은 유치권에 대한 내용에 해당한다. 유치권이란 타인의 물건이나 유가증권을 점유한 자가 그 물건이나 유가증권에 관하여 생긴 채권이 있는 경우에 변제받을 때까지 그 물건이나 유가증권을 유치할 수 있는 담보물권을 말한다(민법 제320조 제1항).

111

보증채무에 관한 설명으로 옳지 않은 것은? 기출 15

① 주채무가 소멸하면 보증채무도 소멸한다.
② 보증채무는 주채무가 이행되지 않을 때 비로소 이행하게 된다.
❸ 채무를 변제한 보증인은 선의의 주채무자에 대해서는 구상권을 행사하지 못한다.
④ 채권자가 보증인에 대하여 이행을 청구하였을 때, 보증인은 주채무자에게 먼저 청구할 것을 요구할 수 있다.

해설

보증인이 변제나 그 밖의 출재로 주채무를 소멸하게 한 때에는 주채무자 또는 다른 연대채무자에 대하여 구상권을 행사할 수 있다(민법 제441조·제442조·제444조·제447조).

112

연대채무에 관한 설명으로 옳은 것은? 기출 17

① 어느 연대채무자에 대한 법률행위의 무효나 취소의 원인은 다른 연대채무자의 채무에 영향을 미친다.
❷ 어느 연대채무자에 대한 이행청구는 다른 연대채무자에게도 효력이 있다.
③ 어느 연대채무자에 대한 채권자의 지체는 다른 연대채무자에게는 효력이 없다.
④ 어느 연대채무자와 채권자간에 채무의 경개가 있는 때에도 채권은 소멸하지 않는다.

해설

② (○) 민법 제416조
① (×) 어느 연대채무자에 대한 법률행위의 무효나 취소의 원인은 다른 연대채무자의 채무에 영향을 미치지 아니한다(민법 제415조).
③ (×) 어느 연대채무자에 대한 채권자의 지체는 다른 연대채무자에게도 효력이 있다(민법 제422조).
④ (×) 어느 연대채무자와 채권자간에 채무의 경개가 있는 때에는 채권은 모든 연대채무자의 이익을 위하여 소멸한다(민법 제417조).

113

민법상 연대채무자 1인에게 생긴 사유 중 절대적 효력이 인정되는 경우가 아닌 것은? 기출 16

① 상 계
② 면 제
③ 혼 동
✅ **시효중단**

해설

시효중단은 상대적 효력이 인정된다. 민법상 연대채무자에 관해 절대적 효력이 인정되는 경우는 이행청구(제416조), 경개(제417조), 상계(제418조), 면제(제419조), 혼동(제420조), 소멸시효(제421조), 채권자지체(제422조) 등이 있다.

114

여러 채무자가 같은 내용의 급부에 관하여 각각 독립해서 전부의 급부를 하여야 할 채무를 부담하고 그중 한 채무자가 전부의 급부를 하면 모든 채무자의 채무가 소멸하게 되는 다수 당사자의 채무관계는? 기출 04

① 분할채권관계
✅ **연대채무**
③ 보증채무
④ 양도담보

해설

설문은 연대채무에 대한 내용이다. 연대채무란 수인의 채무자가 채무 전부를 각자 이행할 의무가 있고 채무자 1인의 이행으로 다른 채무자도 그 의무를 면하게 되는 다수 당사자 채무관계이다(민법 제413조).

> **핵심만콕**
>
> - **분할채권** : 같은 채권에 2인 이상의 채권자 또는 채무자가 있을 때 분할할 수 있는 채권을 말한다. 이런 채권을 가분채권(분할채권)이라고도 한다. 예 甲·乙·丙 세 사람이 丁에 대하여 3만원의 채권을 가지고 있을 때, 각각 1만원씩의 채권으로 분할할 수 있는 경우에 그 3만원의 채권은 분할채권이 된다(丁의 입장을 기본으로 한다면 가분채무 또는 분할채무가 된다). 민법에는 채권자 또는 채무자가 수인인 경우에 특별한 의사표시가 없으면 각 채권자 또는 채무자는 균등한 비율로 권리가 있고 의무가 있다고 규정하여 분할채권관계를 원칙으로 하고 있다(민법 제408조).★
> - **보증채무** : 채권자와 보증인 사이에 체결된 보증계약에 의하여 성립하는 채무로서, 주채무자가 그 채무를 이행하지 않는 경우에 보증인이 이를 보충적으로 이행하여야 하는 채무를 말한다. 예 매수인이 매도인과 매매계약을 체결하고 매수인이 매도인에게 매매대금을 선급하였는데 매도인이 이행기일이 되어도 목적물을 인도하지 않을 때 목적물 인도채무에 관해 보증인이 있었다면 보증인은 보증채무를 지게 되는 것이다.
> - **양도담보** : 채권담보의 목적으로 일정한 재산을 양도하고, 채무자가 채무를 이행하지 않는 경우에 채권자는 목적물로부터 우선변제를 받게 되나, 채무자가 이행을 하는 경우에는 목적물을 채무자에게 반환하는 방법에 의한 담보를 말한다.

115

채무불이행에 대한 다음의 설명 중 옳은 것은? 기출문제

① 채무자가 채무의 내용에 따른 이행을 하지 않는 경우에는 채권자는 강제이행을 청구할 수 있고, 채무자가 그러한 강제이행을 거절하는 경우에 한하여 손해배상을 청구할 수 있다.
② 채무불이행은 채무자의 고의 또는 과실에 의하여 발생한 것이므로, 채권자에게 과실이 있는 경우라도 채권자의 과실은 참작되지 않는다.
❸ 채권자가 채무자의 이행을 받을 수 없거나 받지 아니한 때에는 채권자의 수령의무위반에 대한 책임을 묻는 경우도 있다.
④ 채무불이행에 대하여 채권자가 계약을 해제하게 되면, 손해배상은 청구할 수 없다.

해설

③ (○) 채권자가 채무자의 이행을 받을 수 없거나 받지 아니한 때에는 이행의 제공이 있는 때부터 채권자지체책임을 질 수가 있다(민법 제400조).
① (×) 채무자가 임의로 채무를 이행하지 아니한 때에는 채권자는 그 강제이행을 법원에 청구할 수 있고, 이와는 별개로 손해배상도 아울러 청구할 수 있다(민법 제389조).★
② (×) 채무불이행에 있어서 채권자에게 과실이 있는 경우에는 채권자의 과실도 참작된다(민법 제396조).★
④ (×) 채권자는 채무불이행을 이유로 계약해제와 아울러 손해배상을 청구할 수 있으며, 이 경우 그 계약이행으로 인하여 채권자가 얻을 이익, 즉 이행이익의 배상을 구하는 것이 원칙이지만, 그에 갈음하여 그 계약이 이행되리라고 믿고 채권자가 지출한 비용, 즉 신뢰이익의 배상을 구할 수도 있다(민법 제393조 참고).★

116

민법상 이행지체에 따른 효과가 아닌 것은? 기출 20

① 계약해제권
❷ 대상(代償)청구권
③ 손해배상청구권
④ 강제이행청구권

해설

이행지체가 발생한 경우 여전히 이행이 가능하므로 채권자는 본래의 급부를 청구할 수 있다. 만일 채무자가 이에 불응하면 강제이행을 법원에 청구할 수 있으며(민법 제389조), 이행지체에 의하여 손해가 발생한 경우라면 원칙적으로 지연배상을 청구할 수도 있다(민법 제390조). 그리고 민법 제544조, 제545조 소정의 요건을 충족한 경우 계약을 해제할 수도 있다. 대상청구권은 이행불능의 경우에 한하여 인정된다는 점에서 이행지체의 효과로 볼 수 없다.

117

채권자대위권에 대한 설명 중 옳지 않은 것은?

① 기한이 도래하기 전에는 법원의 허가 없이는 채권자대위권을 행사할 수 없다. 단, 보전행위는 가능하다.
② 채권자대위권 행사의 상대방은 제3채무자이다.
❸ 채권자대위권의 행사는 반드시 재판상으로 행사하여야 한다.
④ 대위소송의 기판력은 소송사실을 인지한 채무자에게 미친다.

해설
채권자대위권은 채권자취소권과는 달리 재판상 및 재판 외 행사가 가능하다.

118

민법상 권리에 관한 설명으로 옳지 않은 것은? 기출 10

① 권리능력에 관한 규정은 당사자의 합의로 그 적용을 배제할 수 없다.
❷ 채권자취소권은 소의 제기 없이 권리행사가 가능하다.
③ 비영리사단법인에서 사원의 결의권은 출자액과 무관하게 평등하다.
④ 상품권, 입장권 등은 무기명채권이다.

해설
채권자취소권은 소의 제기로만 가능하다. 민법 제406조는 채무자가 채권자를 해함을 알고 재산권을 목적으로 한 법률행위를 한 때에는 채권자는 그 취소 및 원상회복을 법원에 청구할 수 있다고 규정한다.

119

민법상 계약의 성립에 관한 설명으로 옳지 않은 것은? 기출 22

❶ 격지자 간의 계약은 승낙의 통지가 도달한 때에 성립한다.
② 승낙자가 청약에 대하여 변경을 가하여 승낙한 때에는 그 청약의 거절과 동시에 새로 청약한 것으로 본다.
③ 교환계약은 당사자 쌍방이 금전 이외의 재산권을 상호이전할 것을 약정함으로써 성립한다.
④ 당사자 간에 동일한 내용의 청약이 상호교차된 경우에는 양청약이 상대방에게 도달한 때에 계약이 성립한다.

해설
① (×) 격지자 간의 계약은 승낙의 통지를 발송한 때에 성립한다(민법 제531조).
② (○) 민법 제534조
③ (○) 민법 제596조
④ (○) 민법 제533조

120

A는 자신의 소유인 甲건물을 B에게 2억원에 매도하는 계약을 체결하였다. 그런데 이웃 건물에 화재가 나서 甲건물이 전소(全燒)되었다. 다음 설명 중 옳은 것은? 기출문제

① A는 전소된 甲건물을 인도하고, 매매대금 중 일부만을 청구할 수 있다.
② A는 甲건물을 인도할 의무는 없지만, B에게 손해배상을 해주어야 한다.
❸ A는 甲건물을 인도할 의무가 없으며, B에게 매매대금을 청구할 수 없다.
④ A는 전소된 甲건물을 인도하고, B에게 매매대금 전액을 청구할 수 있다.

해설

甲건물을 매수하기로 하고 계약을 체결하였으나 그 건물을 명도받기 전에 이웃에서 불이 나서 그 집이 불타버려 없어진 경우처럼 A나 B의 책임 없는 사유로 매매의 목적물이 없어져서 인도할 수 없게 되었을 때는 A는 B에게 잔금을 청구할 수 없고 동시에 B에게 집을 명도해 줄 의무도 없어진다. 그러므로 A는 B에게 나머지 매매대금을 달라고 할 수 없고, 반대로 B는 A에 대하여 이미 지급한 계약금의 반환을 청구할 수 있다(채무자위험부담주의 ; 민법 제537조).

121

민법상 계약에 관한 설명으로 옳지 않은 것은? 기출 09

❶ 계약에 관한 법률내용은 강행법규의 성격을 가진다.
② 계약은 사적자치의 원리가 통용된다.
③ 매매는 쌍무계약에 속한다.
④ 계약은 원칙상 청약과 승낙으로 이루어진다.

해설

계약자유의 원칙에는 체결의 자유, 상대방 선택의 자유, 내용결정의 자유, 방식의 자유가 있다. 따라서 내용 또한 당사자가 자유로이 형성할 수 있으므로 계약에 관한 법률내용은 임의법규의 성격을 가진다.

122

민법상 전형계약에 관한 설명으로 옳지 않은 것은? 기출 23

① 임대차는 유상계약이다.
② 여행계약은 쌍무계약이다.
③ 사용대차는 무상계약이다.
④ **조합은 요식계약이다.**

해설
④ (×) 민법상 전형계약 중 요식(요물)계약은 현상광고뿐이고, 나머지는 모두 낙성계약이다.
① (○) 임대차는 쌍무·유상계약이다.
② (○) 여행계약은 쌍무·유상계약이다.
③ (○) 사용대차는 편무·무상계약이다.

123

민법상 전형계약이 아닌 것은? 기출 15

① 화 해
② **경 개**
③ 현상광고
④ 종신정기금

해설
민법상 규정된 15가지 전형계약은 증여, 매매, 교환, 소비대차, 사용대차, 임대차, 고용, 도급, 여행계약, 현상광고, 위임, 임치, 조합, 종신정기금, 화해이며 전형계약과는 별개의 무명계약으로 경개, 공탁, 대물변제 등이 있다.

124

민법상 전형계약이 아닌 것은? 기출 14

① 증여계약
② 교환계약
③ 임치계약
④ **중개계약**

해설
민법상 전형계약의 종류 : 증여, 매매, 교환, 소비대차, 사용대차, 임대차, 고용, 도급, 여행계약, 현상광고, 위임, 임치, 조합, 종신정기금, 화해

125

민법상 전형계약에 관한 설명으로 옳지 않은 것은? 기출 13

☑ 현상광고는 쌍무계약이다.
② 위임은 무상계약이 원칙이다.
③ 임치는 무상·편무계약이 원칙이다.
④ 이자부 소비대차계약은 쌍무계약이다.

> 해설

현상광고란 광고자가 어떤 행위를 한 자에게 일정한 보수를 지급할 의사표시를 하고 응모자가 그 광고에 정한 행위를 함으로써 완료·성립하는 계약으로서, 요물·유상·편무계약이다. ★

126

민법상 계약에 관한 설명으로 옳지 않은 것은? 기출 10

① 도급계약은 전형계약에 해당한다.
② 매매계약은 전형적인 유상·쌍무계약이다.
③ 계약에 관한 규정은 임의규정적 성격이 강하다.
☑ 전형계약은 비전형계약에 대하여 우선적 효력이 있다.

> 해설

전형계약이 비전형계약에 대해 우선적 효력을 갖는 것은 아니다.

> 핵심만콕

민법전에 규정되어 있는 계약을 전형계약 내지 유명계약이라고 한다. 증여계약이라든가 매매계약과 같이 계약에 명칭이 붙여진 데서 강학상(講學上) 15종류의 계약을 전형계약이라고 부른다. 반면 민법전에 규정되어 있지 않은 그 밖의 계약을 비전형계약(非典型契約) 또는 무명계약(無名契約)이라고 한다. 이러한 전형계약이나 비전형계약은 민법전에 수록된 계약의 형식인가에 따른 분류 방법일 뿐이고 전형계약이 비전형계약에 대해 우선적 효력을 갖는 것은 아니다.

127

다음 중 매매계약상 매도인의 의무라고 할 수 없는 것은? 기출 06

☑ ① 계약금을 교부할 의무
② 매수인에게 매매목적물을 인도할 의무
③ 매수인에게 매매의 목적이 된 권리를 이전할 의무
④ 특정물매매에서 목적물을 매수인에게 인도하기까지 선량한 관리자의 주의로 보관할 의무

해설

계약금을 교부할 의무는 매수인의 의무라고 볼 수 있다.

핵심만콕 매도인의 의무와 매수인의 의무

매도인의 의무	매수인의 의무
• 소유권이전의무 • 목적물인도의무 • 선량한 관리자의 주의의무(특정물 매매)	• 대금지급의무 • 목적물수령의무 • 계약금의 지급의무

※ 매매계약의 비용부담 : 당사자 쌍방이 균분하여 부담한다(민법 제566조).

128

민법상 당사자 일방이 상대방에게 무상으로 사용, 수익하게 하기 위하여 목적물을 인도할 것을 약정하고 상대방은 이를 사용, 수익한 후 그 물건을 반환할 것을 약정함으로써 효력이 생기는 전형계약은? 기출 24

① 임대차
☑ ② 사용대차
③ 소비임치
④ 소비대차

해설

② (○) 민법 제609조
① (×) 임대차는 당사자 일방이 상대방에게 목적물을 사용, 수익하게 할 것을 약정하고 상대방이 이에 대하여 차임을 지급할 것을 약정함으로써 그 효력이 생긴다(민법 제618조).
③ (×) 임치는 당사자 일방이 상대방에 대하여 금전이나 유가증권 기타 물건의 보관을 위탁하고 상대방이 이를 승낙함으로써 효력이 생긴다(민법 제693조). 수치인이 계약에 의하여 임치물을 소비할 수 있는 경우에는 소비대차에 관한 규정을 준용한다. 그러나 반환시기의 약정이 없는 때에는 임치인은 언제든지 그 반환을 청구할 수 있다(민법 제702조). 소비임치는 목적물이 금전과 같은 대체물로서 소비물인 경우에 수치인이 그 물건을 소비하고 그것과 동종·동질·동량의 물건을 반환하면 된다고 하는 특수한 임치이다.
④ (×) 소비대차는 당사자 일방이 금전 기타 대체물의 소유권을 상대방에게 이전할 것을 약정하고 상대방은 그와 같은 종류, 품질 및 수량으로 반환할 것을 약정함으로써 그 효력이 생긴다(민법 제598조).

129

민법상 당사자 일방이 금전 기타 대체물의 소유권을 상대방에게 이전할 것을 약정하고 상대방은 그와 같은 종류, 품질 및 수량으로 반환할 것을 약정함으로써 그 효력이 생기는 전형계약은? 기출 19

① ✓ 소비대차
② 사용대차
③ 임대차
④ 위 임

해설

① (○) 설문은 민법 제598조 내지 제608조의 소비대차계약에 대한 설명이다.
② (×) 사용대차 : 당사자 일방이 상대방에게 무상으로 사용, 수익하게 하기 위하여 목적물을 인도할 것을 약정하고 상대방은 이를 사용, 수익한 후 그 물건을 반환할 것을 약정함으로써 효력이 발생하는 계약이다(민법 제609조 내지 제617조).
③ (×) 임대차 : 당사자 일방이 상대방에게 목적물을 사용, 수익하게 할 것을 약정하고 상대방이 이에 대하여 차임을 지급할 것을 약정함으로써 효력이 발생하는 계약이다(민법 제618조 내지 제654조).
④ (×) 위임 : 당사자 일방이 상대방에 대하여 사무의 처리를 위탁하고 상대방이 이를 승낙함으로써 효력이 발생하는 계약이다(민법 제680조 내지 제692조).

130

민법상 전형계약에 관한 설명으로 옳지 않은 것은?

① 현상광고는 요물계약이다.
② 위임은 무상계약이 원칙이다.
③ 무상소비대차, 무상위임, 증여는 편무계약이다.
④ ✓ 이자부 소비대차계약은 유상계약이나 편무계약이다.

해설

이자부 소비대차계약은 유상·쌍무계약이다.

131

다음 중 도급의 효력에 대한 설명으로 옳은 것은?

① 당사자 일방이 재산권을 상대방에게 이전할 것을 약정하고 상대방이 그 대금을 지급할 것을 약정함으로써 효력 발생
② 당사자 쌍방이 금전 이외의 재산권을 상호이전할 것을 약정함으로써 효력 발생
③ 당사자 일방이 상대방에 대하여 노무를 제공할 것을 약정하고 상대방이 이에 대하여 보수를 지급할 것을 약정함으로서 효력 발생
❹ 당사자 일방이 어느 일을 완성할 것을 약정하고 상대방이 그 일의 효과에 대하여 보수를 지급할 것을 약정함으로써 효력 발생

[해설]
제시된 지문 중 도급의 효력에 대한 설명으로 옳은 것은 ④이다. ①은 매매, ②는 교환, ③은 고용에 대한 설명이다.

132

다음 중 민법상 부당이득의 요건이 아닌 것은? 기출 06

① 타인의 재산 또는 노무로 인하여 이익을 얻을 것
❷ 수익은 법률행위에 의하여 얻은 것일 것
③ 그 이익이 법률상의 원인이 없는 것일 때
④ 타인에게 손해를 가할 것

[해설]
민법상 부당이득의 경우 수익은 법률행위에 의하여 얻은 것에 국한되지 않으며, 사실행위를 통하여 얻은 것도 인정된다.★

133

법률상의 원인 없이 타인의 재산 또는 노무로 이익을 얻고 이로 인하여 타인에게 손해를 가하는 것을 무엇이라 하는가? 기출문제

① 계 약
② 사무관리
❸ **부당이득**
④ 불법행위

해설

법률상 원인 없이 타인의 재산 또는 노무로 인하여 이익을 얻고 그로 인하여 타인에게 손해를 가한 자에게 그 이득의 반환을 요구하는 것은 부당이득이다.

134

甲과 乙은 丙의 귀금속 상점에 침입하여 재물을 절도하였다. 이에 관한 설명으로 옳지 않은 것은? 기출 21

① 甲과 乙은 丙의 손해에 대해 연대하여 배상할 책임이 있다.
② 甲과 乙은 丙의 손해에 대해 공동불법행위자로서의 책임을 진다.
③ 甲과 乙의 손해배상 범위는 원칙적으로 상당인과관계에 있는 모든 손해이다.
❹ **甲과 乙의 절도행위를 丁이 교사(敎唆)한 경우에 丁은 甲·乙과 연대책임을 지지 않는다.**

해설

④ (×) 교사자인 丁도 공동불법행위자로 간주되므로(민법 제760조 제3항), 丁은 甲·乙과 연대책임을 지게 된다.
① (○)·② (○) 민법 제760조 제1항
③ (○) 민법 제763조, 제393조

관계법령

손해배상의 범위(민법 제393조)
① 채무불이행으로 인한 손해배상은 통상의 손해를 그 한도로 한다.
② 특별한 사정으로 인한 손해는 채무자가 그 사정을 알았거나 알 수 있었을 때에 한하여 배상의 책임이 있다.

공동불법행위자의 책임(민법 제760조)
① 수인이 공동의 불법행위로 타인에게 손해를 가한 때에는 연대하여 그 손해를 배상할 책임이 있다.
② 공동 아닌 수인의 행위 중 어느 자의 행위가 그 손해를 가한 것인지를 알 수 없는 때에도 전항과 같다.
③ 교사자나 방조자는 공동행위자로 본다.

준용규정(민법 제763조)
제393조(손해배상의 범위), 제394조(손해배상의 방법), 제396조(과실상계), 제399조(손해배상자의 대위)의 규정은 불법행위로 인한 손해배상에 준용한다.

135

민법상 불법행위로 인한 손해배상을 설명한 것으로 옳은 것은? 기출 14

☑ 태아는 불법행위에 대한 손해배상청구에 있어서는 이미 출생한 것으로 본다.
② 피해자가 수인의 공동불법행위로 인하여 손해를 입을 경우 가해자 각자의 기여도에 대해서만 그 손해의 배상을 청구할 수 있다.
③ 고의 또는 과실로 심신상실을 초래하였더라도 심신상실의 상태에서 행해진 것이라면, 배상책임이 인정되지 않는다.
④ 미성년자가 타인에게 손해를 가한 경우에 그 행위의 책임을 변식할 지능이 없는 경우에도 배상책임이 있다.

해설

① (○) 민법 제762조
② (×) 공동불법행위의 경우에는 부진정연대채무를 부담한다(민법 제760조 제1항).
③ (×) 고의 또는 과실로 심신상실을 초래하였으므로 배상책임이 인정된다(민법 제754조 단서).
④ (×) 책임능력이 없는 미성년자의 경우 배상책임이 없고, 그의 감독자 책임만이 문제된다(민법 제755조).

136

다음 중 무과실책임에 해당하는 것을 모두 고른 것은? 기출 10

> ㉠ 사용자책임
> ㉡ 의료사고에 대한 책임
> ㉢ 변호인의 불법행위책임
> ㉣ 금전채무불이행에 대한 책임

① ㉠, ㉢
☑ ㉠, ㉣
③ ㉡, ㉢
④ ㉡, ㉣

해설

민법상 무과실책임으로는 금전채무불이행에 대한 책임(민법 제397조 제2항), 매도인의 하자담보책임(민법 제569조 내지 제584조 등)이 있다. 사용자책임의 경우 제756조 제1항에 따르면 사용자면책조항도 규정되어 있으나 판례상 사용자의 면책사유를 거의 인정하지 않기 때문에 실제상 무과실책임으로 운영되고 있다. 그 외에 의료사고에 대한 책임이나 변호인의 불법행위책임은 모두 과실책임에 해당한다.

137

손해배상에 관한 설명으로 옳지 않은 것은? 기출 09

① 민법상의 손해배상은 금전배상을 원칙으로 한다.
② 불법행위로 인한 손해배상채무는 불법행위가 있었던 때부터 발생한다.
❸ 불법행위로 인하여 피해자가 손해를 입음과 동시에 이익을 얻은 경우에는 배상액에 그 이익을 공제하여야 하며 이를 과실상계라 한다.
④ 여러 명이 공동으로 불법행위를 한 때에는 각자가 연대하여 손해배상책임을 진다.

해설
③은 손익상계에 대한 설명이다. 불법행위의 성립 또는 손해발생의 확대에 피해자의 유책행위가 존재하는 경우에 손해배상책임의 유무 또는 그 범위를 결정하는데 그것을 참작하는 제도를 과실상계라고 한다(민법 제396조).

138

불법행위로 인한 손해배상책임의 성립요건으로 타당하지 않은 것은? 기출 04

① 고의 또는 과실에 의한 행위일 것
② 위법행위
❸ 중대한 과실에 의한 행위일 것
④ 손해의 발생

해설
민법상 불법행위의 성립요건은 ㉠ 행위자의 고의·과실, ㉡ 행위자의 책임능력, ㉢ 행위의 위법성, ㉣ 가해행위에 의한 손해발생으로, 중대한 과실을 요건으로 하지 않는다.

139

혼인과 약혼에 대한 설명으로 옳지 않은 것은?

① 18세가 된 사람은 부모나 미성년후견인의 동의를 받아 약혼할 수 있다.
② 약혼은 강제이행을 청구하지 못한다.
③ 피성년후견인은 부모나 성년후견인의 동의를 받아 약혼할 수 있다.
❹ 미성년자가 약혼을 한 때에는 성년자로 본다.

해설
미성년자가 혼인을 한 때에는 성년자로 본다(성년의제, 민법 제826조의2).

140

민법상 약혼의 해제사유에 해당하지 않는 것은?

① 약혼 후 자격정지 이상의 형을 선고받은 경우
② 성병, 불치의 정신병, 그 밖의 불치의 병질이 있는 경우
❸ 약혼 후 6개월간 생사(生死)가 불명한 경우
④ 약혼 후 성년후견개시나 한정후견개시의 심판을 받은 경우

해설
약혼 후 1년 이상 생사(生死)가 불명한 경우가 약혼의 해제사유이다(민법 제804조 제6호).

141

민법상 친족에 관한 설명으로 옳지 않은 것은? 기출 12

① 자기의 직계존속과 직계비속을 직계혈족이라 한다.
② 자기의 형제자매와 형제자매의 직계비속, 직계존속의 형제자매 및 그 형제자매의 직계비속을 방계혈족이라 한다.
③ 혈족의 배우자, 배우자의 혈족, 배우자의 혈족의 배우자를 인척으로 한다.
❹ 입양으로 인한 친족관계는 입양의 취소나 파양이 있어도 종료되지 않는다.

해설
④ (×) 입양으로 인한 친족관계는 입양의 취소 또는 파양으로 인하여 종료한다(민법 제776조).
① (○), ② (○) 민법 제768조
③ (○) 민법 제769조

142

민법상 재판상 이혼원인에 해당하지 않는 것은? 기출 12

❶ 배우자의 생사가 1년간 분명하지 아니한 때
② 배우자가 악의로 다른 일방을 유기한 때
③ 배우자로부터 심히 부당한 대우를 받았을 때
④ 자기의 직계존속이 배우자로부터 심히 부당한 대우를 받았을 때

해설
배우자의 생사가 3년 이상 분명하지 아니한 때가 재판상 이혼원인에 해당한다(민법 제840조 제5호).

143

상속과 유언에 대한 설명 중 옳지 않은 것은?

① 단순승인은 적극재산·소극재산의 구분이 없이 모든 권리와 의무를 상속인이 포괄적으로 승계받는 것을 말한다.
② 유류분 제도는 피상속인의 유언과 상관없이 상속인에게 보장되는 상속비율로, 유언의 효력을 제한하는 성격을 지닌다.
③ 한정승인은 적극재산의 범위 내에서 소극재산을 책임지는 것으로서, 적극재산이 소극재산보다 클 경우, 일단 적극재산으로 소극재산을 변제하고 남은 것을 상속받는 것이다.
❹ 상속인은 상속개시 있음을 안 날로부터 1개월 이내에 단순승인이나 한정승인 또는 포기를 할 수 있다.

해설

상속인은 상속개시 있음을 안 날로부터 3개월 이내(가정법원에 신고)에 단순승인이나 한정승인 또는 포기를 할 수 있다(민법 제1019조 제1항 본문).

144

유언에 대한 설명 중 옳은 것은?

① 18세에 달하지 못한 자는 유언을 하지 못한다.
② 피성년후견인은 유언을 하지 못한다.
③ 녹음에 의한 유언은 증인이 필요 없다.
❹ 자필증서에 의한 유언은 유언자가 그 전문과 연월일, 주소, 성명을 자서하고 날인하여야 한다.

해설

④ (○) 민법 제1066조 제1항
① (×) 17세에 달하지 못한 자는 유언을 하지 못한다(민법 제1061조).
② (×) 피성년후견인은 의사능력이 회복된 때에만 유언을 할 수 있다(민법 제1063조 제1항).
③ (×) 녹음에 의한 유언은 유언자가 유언의 취지, 그 성명과 연월일을 구술하고 이에 참여한 증인이 유언의 정확함과 그 성명을 구술하여야 한다(민법 제1067조).

145

부모 A, B를 모시고 있는 C는 D와 혼인하여 아들 E와 딸 F를 두었는데, 어느 날 교통사고로 C가 사망하였다. 그 후 A가 3억 5천만원의 재산을 남겨두고 사망한 경우, 상속인들에게 귀속되는 법정상속분으로 옳은 것은? 기출 08

❶ B : 2억 1천만원
② D : 1억 4천만원
③ E : 8천만원
④ F : 6천만원

> 해설

상속인이 될 직계비속인 C(피대습자)가 피상속인 A보다 먼저 사망한 경우 C의 배우자인 D와 직계비속인 E와 F가 대습상속을 하게 되며(민법 제1001조, 제1003조 제2항), D, E 및 F의 상속분은 사망한 C의 상속분에 의한다. 이 경우 C(피대습자)의 배우자인 D의 상속분은 직계비속인 E와 F의 상속분에 5할을 가산하게 되고(민법 제1010조), E와 F는 동순위 상속인으로 그 상속분은 균분으로 된다(민법 제1009조 제1항). 또한 피상속인의 배우자(B)의 상속분은 직계비속과 공동으로 상속하는 때에는 직계비속의 상속분의 5할을 가산한다(민법 제1009조 제2항).

상속인들에게 귀속되는 구체적인 법정상속분은

B : 2억 1천만원(3억 5천 × $\frac{3}{5}$), D : 6천만원(1억 4천 × $\frac{3}{7}$), E와 F : 각 4천만원(1억 4천 × $\frac{2}{7}$)이다.

관계법령

상속의 순위(민법 제1000조)
① 상속에 있어서는 다음 순위로 상속인이 된다.
  1. 피상속인의 직계비속
  2. 피상속인의 직계존속
  3. 피상속인의 형제자매
  4. 피상속인의 4촌 이내의 방계혈족
② 전항의 경우에 동순위의 상속인이 수인인 때에는 최근친을 선순위로 하고 동친등의 상속인이 수인인 때에는 공동상속인이 된다.
③ 태아는 상속순위에 관하여는 이미 출생한 것으로 본다.

대습상속(민법 제1001조)
전조 제1항 제1호와 제3호의 규정에 의하여 상속인이 될 직계비속 또는 형제자매가 상속개시 전에 사망하거나 결격자가 된 경우에 그 직계비속이 있는 때에는 그 직계비속이 사망하거나 결격된 자의 순위에 갈음하여 상속인이 된다.

배우자의 상속순위(민법 제1003조)
① 피상속인의 배우자는 제1000조 제1항 제1호와 제2호의 규정에 의한 상속인이 있는 경우에는 그 상속인과 동순위로 공동상속인이 되고 그 상속인이 없는 때에는 단독상속인이 된다.
② 제1001조의 경우에 상속개시 전에 사망 또는 결격된 자의 배우자는 동조의 규정에 의한 상속인과 동순위로 공동상속인이 되고 그 상속인이 없는 때에는 단독상속인이 된다.

법정상속분(민법 제1009조)
① 동순위의 상속인이 수인인 때에는 그 상속분은 균분으로 한다.
② 피상속인의 배우자의 상속분은 직계비속과 공동으로 상속하는 때에는 직계비속의 상속분의 5할을 가산하고, 직계존속과 공동으로 상속하는 때에는 직계존속의 상속분의 5할을 가산한다.

대습상속분(민법 제1010조)
① 제1001조의 규정에 의하여 사망 또는 결격된 자에 갈음하여 상속인이 된 자의 상속분은 사망 또는 결격된 자의 상속분에 의한다.
② 전항의 경우에 사망 또는 결격된 자의 직계비속이 수인인 때에는 그 상속분은 사망 또는 결격된 자의 상속분의 한도에서 제1009조의 규정에 의하여 이를 정한다. 제1003조 제2항의 경우에도 또한 같다.

2 경비업무와 손해배상

146

甲이 경비업자 乙과 도급계약의 형식으로 경비계약을 체결하였다. 이에 관한 설명으로 옳지 않은 것은? 기출 24

① 甲과 乙 사이의 경비계약은 유상계약이다.
② 乙은 경비계약상 채무를 선량한 관리자의 주의로 이행하여야 한다.
③ **甲이 파산하더라도 乙은 더 이상 경비계약을 해제할 수 없다.**
④ 甲은 乙이 경비업무를 완성하기 전이라면 乙의 손해를 배상하고 乙과의 경비계약을 해제할 수 있다.

해설

③ (×) 도급인이 파산선고를 받은 때에는 수급인 또는 파산관재인은 계약을 해제할 수 있다(민법 제674조 제1항 전문). <u>도급인 甲이 파산한 경우 수급인 乙은 경비계약을 해제할 수 있다.</u>
① (○) 유상계약이란 계약 당사자 쌍방 간에 대가적인 의의를 갖는 출연(경제적 손실)을 하는 계약을 의미한다. 당사자 쌍방이 서로 채무를 부담하는 쌍무계약에서는 재산상의 출연의 상호의존관계가 필연적이므로 모든 쌍무계약은 유상계약에 해당한다. 甲과 乙이 체결한 도급계약 형식의 경비계약은 수급인 乙이 경비업무를 완성하기로 하고 도급인 甲이 그에 대하여 보수를 지급할 것을 약정한 것이므로 쌍무·유상계약에 해당한다.
② (○) 甲과 乙은 도급계약 형식으로 유상의 경비계약을 체결하였으므로 수급인인 경비업자 乙은 경비계약상의 채무를 선량한 관리자의 주의로 이행하여야 한다.
④ (○) 수급인이 일을 완성하기 전에는 도급인은 손해를 배상하고 계약을 해제할 수 있다(민법 제673조). 도급인 甲은 수급인 乙이 경비업무를 완성하기 전이라면 乙의 손해를 배상하고 계약을 해제할 수 있다.

147

경비계약에 관한 설명으로 옳은 것은? 기출 23

① **경비업자가 경비업무를 이행하지 않는 경우 계약상대방은 법원에 직접강제를 청구할 수 없다.**
② 경비업자는 경비대상물에 대하여 자기재산과 동일한 주의의무를 부담한다.
③ 경비계약은 일종의 임치계약으로 유상계약이다.
④ 경비계약은 서면으로 작성하여야 계약의 효력이 발생한다.

해설

① (○) <u>계약상대방은 경비업자가 경비업무를 이행하지 않는 경우 강제이행의 방법 중 직접강제(주는 채무에 대해서만 허용)를 청구할 수는 없다. 다만, 대체집행을 청구할 수는 있으며, 이 경우 간접강제(하는 채무 중 부대체적 작위의무에 적용)는 허용되지 않는다.</u>
② (×) 경비업자는 경비대상물에 대하여 <u>선량한 관리자 주의의무</u>를 부담한다.
③ (×) <u>경비계약은 일종의 도급계약으로 유상계약이다.</u>
④ (×) <u>경비계약은 당사자 간의 합의에 의해 성립하는 낙성계약이며, 권리장애사실(계약의 효력발생에 대한 장애사유)이 존재하지 않는 한 계약의 효력이 발생한다.</u>

148

경비업자의 채무불이행의 유형에 해당하지 않는 것은? 기출 24

① 이행지체
② 이행불능
③ 불완전이행
④ **권리의 하자** ✓

해설

경비계약은 도급계약의 일종이다. 도급에 관한 민법 규정 중 수급인의 담보책임(민법 제667조)의 경우 책임의 성질에 관하여 통설·판례는 법정책임으로 보지만 채무불이행책임으로 보더라도 민법 제667조의 담보책임은 일의 목적물에 하자가 있는 경우이지 권리의 하자가 있는 경우가 아니므로 <u>권리의 하자는 경비업자의 채무불이행의 유형에 해당하지 않는다</u>.

149

甲은 경비업자 乙과 경비계약을 체결하였으나, 乙이 고용한 경비원 丙의 경비업무 수행 중 과실로 甲의 아들 丁이 사망하는 손해가 발생하였다. 이에 관한 설명으로 옳지 않은 것은? 기출 24

① 甲은 乙에게 사용자책임을 물을 수 있다.
② 甲은 乙에게 丁의 사망을 이유로 한 정신적 손해의 배상을 청구할 수 있다.
③ 丁의 위자료청구권과 甲의 위자료청구권은 별개의 권리이다.
④ **乙이 甲에게 손해를 배상하더라도 乙은 원칙적으로 丙에게 구상권을 행사할 수 없다.** ✓

해설

④ (×) 사용자 또는 감독자가 피용자의 불법행위로 인한 손해를 배상한 경우에는 피용자에 대하여 구상권을 행사할 수 있다(민법 제756조 제3항). 따라서 乙이 甲에게 손해를 배상한 경우에는 <u>乙은 丙에게 구상권을 행사할 수 있다</u>.
① (○) 타인을 사용하여 어느 사무에 종사하게 한 자는 피용자가 그 사무집행에 관하여 제3자에게 가한 손해를 배상할 책임이 있다. 그러나 사용자가 피용자의 선임 및 그 사무감독에 상당한 주의를 한 때 또는 상당한 주의를 하여도 손해가 있을 경우에는 그러하지 아니하다(민법 제756조 제1항). 사용자책임 요건을 충족할 경우 甲은 乙에게 손해배상을 청구할 수 있다.
② (○) 타인의 생명을 해한 자는 피해자의 직계존속, 직계비속 및 배우자에 대하여는 재산상의 손해 없는 경우에도 손해배상의 책임이 있다(민법 제752조). 사용자책임의 요건을 충족할 경우 甲은 乙에게 丁의 사망을 이유로 한 정신적 손해의 배상을 청구할 수 있다.
③ (○) 피해자 본인인 丁의 위자료청구권은 민법 제750조에 근거한 것이고, 피해자의 직계존속인 甲의 위자료청구권은 민법 제752조에 근거한 것으로 양자는 별개의 권리이다.

150

호텔을 운영하는 甲은 경비업자 乙과 경비계약을 체결하였다. 경비업자 乙의 경비원 丙의 근무태만으로 투숙객 丁의 그림을 도난당했다. 이에 관한 설명으로 옳지 않은 것은? 기출 23

① 甲은 丁에게 숙박계약상의 채무불이행책임을 부담한다.
② 乙은 丁에게 경비계약상의 채무불이행책임을 직접 부담한다.
③ 乙은 甲에게 경비계약상의 불완전이행책임을 부담한다.
④ 丙은 甲에게 경비계약상의 채무불이행책임을 부담하지 않는다.

해설

② (×) 경비계약은 호텔을 운영하는 甲과 경비업자 乙 간에 체결되었으므로, 경비업자 乙은 투숙객 丁에게 경비계약상의 채무불이행책임을 직접 부담하지 않는다.
① (○) 호텔을 운영하는 甲은 투숙객 丁에게 숙박계약상의 불완전이행으로 인한 채무불이행책임을 부담한다.
③ (○) 경비계약은 호텔을 운영하는 甲과 경비업자 乙 간에 체결되었으므로, 경비업자 乙은 호텔을 운영하는 甲에게 불완전이행으로 인한 채무불이행책임을 부담한다.
④ (○) 경비원 丙과 호텔을 운영하는 甲 사이에 경비계약이 체결되지 않았으므로, 丙은 甲에게 채무불이행책임을 부담하지 않는다.

151

경비회사 甲의 자동차 키(key) 관리 부실로 인해 경비원 乙이 경비회사의 차량으로 점심식사를 하러 가던 중, 교통사고로 丙에게 손해를 가한 경우 이에 관한 설명으로 옳은 것은? 기출 23

① 乙의 차량 사용은 외형적으로는 직무범위에 속하나 실질적으로 직무범위에 속하는 것이 아니므로 甲의 사용자책임은 발생하지 않는다.
② 甲과 乙의 관계가 법률적 관계가 아니라 사실적·일시적 관계인 경우에도 사용자책임이 인정된다.
③ 甲은 乙에 대한 선임·감독에 대해 무과실책임을 부담한다.
④ 甲과 乙은 丙에게 진정연대책임을 부담한다.

해설

② (○) 민법 제756조의 사용자와 피용자의 관계는 반드시 유효한 고용관계가 있는 경우에 한하는 것이 아니고, 사실상 어떤 사람이 다른 사람을 위하여 그 지휘·감독 아래 그 의사에 따라 사업을 집행하는 관계에 있을 때에도 그 두 사람 사이에 사용자, 피용자의 관계가 있다(대판 1996.10.11. 96다30182).
① (×) 乙의 차량 사용은 외형적으로는 직무범위에 속하므로, 비록 실질적으로 직무범위에 속하는 것이 아니더라도 甲은 사용자책임을 부담한다.
③ (×) 경비회사 甲은 경비원 乙에 대한 선임 및 그 사무감독에 상당한 주의를 한 때 또는 상당한 주의를 하여도 손해가 있을 경우에는 배상책임을 면한다(민법 제756조 제1항 단서). 즉, 무과실책임을 부담하는 것은 아니다.
④ (×) 경비회사 甲의 사용자책임과 경비원 乙의 불법행위책임은 부진정연대채무관계에 있으므로, 甲과 乙은 丙에게 부진정연대책임을 부담한다.

152

경비업자 X의 피용자 甲과 乙이 통상적인 경비업무를 수행하다가 부주의로 행인 丙에게 부상을 입힌 경우의 민법상 책임에 관한 설명으로 옳지 않은 것은? 기출 22

① 甲과 乙은 丙에 대하여 일반 불법행위책임을 진다.
② X가 甲과 乙의 선임 및 그 사무감독에 상당한 주의를 하지 않았다면 丙에 대하여 손해배상책임이 있다.
③ 丙은 X에 대하여 채무불이행책임을 물을 수 없다.
❹ 甲과 乙은 자신의 과실비율에 따라 손해의 일부만을 丙에 대하여 직접 배상해야 하는 것이 원칙이다.

해설

④ (×) 甲과 乙이 관련공동성 없는 부주의로 인한 가해행위(중첩적 경합)로 공히 행인 丙에게 부상을 입힌 경우 甲과 乙은 피해자 丙에 대하여 민법 제760조 제1항을 유추하여 부진정연대책임으로 각자 손해 전부를 丙에게 배상하여야 한다.

〈출처〉 지원림, 민법강의, 홍문사, 2022, P. 1801

① (○) 甲과 乙이 통상적인 경비업무를 수행하다가 부주의(과실)로 행인 丙에게 부상을 입힌 경우, 甲과 乙은 丙에 대하여 원칙적으로 각자 일반 불법행위책임을 진다(민법 제750조).
② (○) 경비업자 X가 甲과 乙의 선임 및 그 사무감독에 상당한 주의를 하지 않았다면 丙에 대하여 사용자의 배상책임으로서 손해배상책임이 있다(민법 제756조 제1항).
③ (○) 채무불이행책임은 계약상 채권·채무관계가 성립한 경우 해당 채무를 이행하지 않은 경우에 발생하는 책임으로, 행인 丙은 계약상 채권·채무관계가 없는 경비업자 甲에게 채무불이행책임을 물을 수 없다.

153

경비업자가 경비계약상의 의무를 부주의로 위반하여 계약 상대방에게 손해를 가한 경우의 책임은? 기출 22

① 하자담보책임
❷ 채무불이행책임
③ 부당이득반환책임
④ 사무관리에 기한 비용상환책임

해설

경비업자(채무자)가 경비계약상의 의무를 부주의로 위반하여 계약 상대방에게 손해를 가한 경우에는 채무의 내용에 좇은 이행을 하지 아니한 것이므로 경비업자(채무자)는 채무불이행책임을 지게 된다(민법 제390조).

154

건물의 소유자 甲이 경비업자 乙과 경비계약을 체결한 경우, 민법상 계약의 효력에 관한 설명으로 옳지 않은 것은? 기출 22

① 선량한 풍속 기타 사회질서에 위반한 사항을 내용으로 하는 甲과 乙의 경비계약은 무효이다.
② 甲이 乙과 통정하여 허위의 의사표시로 체결한 경비계약은 무효이다.
❸ 甲이 경비계약을 내용상 착오에 기하여 체결한 경우, 甲에게 중대한 과실이 있더라도 甲은 그 계약을 취소할 수 있다.
④ 甲이 乙의 사기에 의하여 경비계약을 체결한 경우, 甲은 그 계약을 취소할 수 있다.

해설

③ (×) 의사표시는 법률행위의 내용의 중요부분에 착오가 있는 때에는 취소할 수 있으나 그 착오가 표의자의 중대한 과실로 인한 때에는 취소하지 못하므로(민법 제109조 제1항), 건물의 소유자 甲에게 중대한 과실이 있는 경우에는 경비계약을 취소할 수 없다.
① (○) 민법 제103조
② (○) 민법 제108조 제1항
④ (○) 민법 제110조 제1항

155

甲은 경비업자 乙과 경비계약을 체결하였다. 그런데 그 경비계약의 내용을 乙이 제대로 이행하지 않아 甲에게 손해가 발생하였다면, 乙에 대한 甲의 손해배상청구권이 발생하기 위한 요건에 해당하지 않는 것은? 기출 21

① 乙의 작위 또는 부작위
② 甲의 손해
③ 乙의 행위와 甲의 손해 사이의 인과관계
❹ 甲의 책임능력

해설

설문의 경우 경비업자 乙은 甲에게 채무불이행책임을 지게 되며, 甲에게 발생한 손해와 乙의 채무불이행 사이에 인과관계가 인정되는 경우 甲은 乙에게 손해배상을 청구할 수 있다. 이 경우 경비업자 乙은 책임능력이 있어야 한다.

핵심만콕

甲과 경비업자 乙 사이의 경비계약은 도급계약(경비업법 제2조 제1호)이므로, 경비계약의 내용을 乙이 제대로 이행하지 아니하여 甲에게 손해가 발생하였다면, 경비업자 乙은 甲에게 채무불이행책임(민법 제390조)을 지게 된다. 채무불이행책임이 성립하기 위해서는 객관적 요건으로서 채무불이행(이행지체·이행불능·불완전이행), 주관적 요건으로서의 채무자 또는 이행보조자의 귀책사유(고의·과실) 및 위법성[행위 자체에 대한 객관적 판단(위법성의 채무불이행의 성립요건에 해당하는지 여부와 관련하여 異說이 있다)]이 있어야 하는데, 통설은 이와 더불어 채무자의 책임능력 또한 요구하고 있다. 나아가 채무불이행책임으로 인한 손해배상청구권의 특유요건으로서 현실적인 손해가 발생하여야 하고(금전채무불이행의 경우, 특칙이 존재하므로 예외이다), 채무불이행과 손해 사이에 인과관계가 있어야 한다.

156

경비업자 甲이 고용한 경비원 乙이 근무 중 과실로 타인에게 손해를 끼쳤다. 이때 甲이 지는 책임에 관한 설명으로 옳지 않은 것은? 기출 21

① 乙이 업무집행에 관하여 타인에게 손해를 끼친 경우 甲은 피해자에게 손해배상의무를 진다.
② 甲에게 배상책임을 지게 하는 취지는 피용자의 자력부족 때문에 피해자가 충분한 구제를 받을 수 없게 되는 상황을 방지하기 위함이다.
③ 甲과 乙사이에 유효한 고용계약이 체결되지 않았더라도 실질적으로 사용관계가 있으면 甲은 배상책임을 진다.
❹ 만약 乙이 일시적으로만 업무를 수행하였다면 甲은 배상책임을 지지 아니한다.

해설

④ (×) 민법 제756조가 규정하고 있는 사용자책임의 요건으로서의 사용자의 사무라 함은 법률적, 계속적인 것에 한하지 않고 사실적, 일시적 사무라도 무방한 것이므로(대판 1989.10.10. 89다카2278) 비록 乙이 일시적으로만 업무를 수행하였더라도 甲은 사용자책임을 지게 된다.
① (○) 타인을 사용하여 어느 사무에 종사하게 한 자는 피용자가 그 사무집행에 관하여 제3자에게 가한 손해를 배상할 책임이 있으므로(민법 제756조 제1항 본문), 경비업자(甲)는 경비원(乙)이 업무수행 중 고의 또는 과실로 제3자에게 손해를 입힌 경우에는 이를 배상하여야 한다(경비업법 제26조 제2항).
② (○) 민법 제756조 사용자책임의 이론적 근거에 관해서는 많은 논란이 있으나, 통설과 판례는 이른바 '보상책임의 원리'에 입각한 것으로 보고 있다. 즉, 민법이 불법행위로 인한 손해배상으로서 특히 사용자의 책임을 규정한 것은 많은 사람을 고용하여 스스로의 활동영역을 확장하고 그에 상응하는 많은 이익을 추구하는 사람은 많은 사람을 하나의 조직으로 형성하고 각 피용자로 하여금 그 조직 내에서 자기의 담당하는 직무를 그 조직의 내부적 규율에 따라 집행하게 하는 것이나, 그 많은 피용자의 행위가 타인에게 손해를 가하게 하는 경우도 상대적으로 많아질 것이므로 이러한 손해를 이익귀속자인 사용자로 하여금 부담케 하는 것이 공평의 이상에 합치된다는 보상책임의 원리에 입각한 것이므로(대판 1985.8.13. 84다카979), 사용자책임의 목적은 피해자의 피용자에 대한 손해배상청구권을 보장하여 주는 데 있다고 할 것이다.
③ (○) 민법 제756조의 사용자와 피용자의 관계는 반드시 유효한 고용관계가 있는 경우에 한하는 것이 아니고, 사실상 어떤 사람이 다른 사람을 위하여 그 지휘·감독 아래 그 의사에 따라 사업을 집행하는 관계에 있을 때에도 그 두 사람 사이에 사용자, 피용자의 관계가 있다(대판 1996.10.11. 96다30182).

157

경비업무를 도급하는 내용으로 경비계약을 체결하는 경우 그 계약의 법적 성질로 옳지 않은 것은?

기출 21

① 낙성계약
② 쌍무계약
❸ **무상계약**
④ 불요식계약

해설

경비업법령상의 계약은 낙성·불요식·쌍무·유상계약에 해당한다.

핵심만콕 민법상 계약의 종류

- 쌍무계약과 편무계약 : 계약의 쌍방당사자가 서로 대가적 채무를 부담하는지 여부에 따른 계약의 분류이다.

구 분	종 류
쌍무계약	매매, 교환, 유상소비대차, 임대차, 고용, 도급, 여행계약, 유상위임, 유상임치, 조합, 화해
편무계약	증여, 무상소비대차, 사용대차, 현상광고, 무상위임, 무상임치

- 유상계약과 무상계약 : 계약의 쌍방당사자가 서로 대가적 의미를 가지는 출연 내지 출재를 하는지 여부에 따른 구분이다.

구 분	종 류
유상계약	매매, 교환, 유상소비대차, 임대차, 고용, 도급, 여행계약, 현상광고, 유상위임, 유상임치, 조합, 유상종신정기금, 화해
무상계약	증여, 무상소비대차, 사용대차, 무상임치, 무상위임, 무상종신정기금

- 낙성계약과 요물계약 : 계약의 쌍방당사자의 합의만으로 성립하는 계약을 낙성계약, 그 합의 이외에 일방이 물건의 인도 등 일정한 급부를 하여야만 성립하는 계약을 요물계약이라고 한다.

구 분	종 류
낙성계약	현상광고를 제외한 14개 전형계약
요물계약	현상광고

158

경비업체 甲과 상가 건물의 건물주 乙이 경비계약을 체결하였다. 이 계약의 법적 성질로 옳은 것은?

기출 20

① 매매계약성
② 편무계약성
③ 요물계약성
✅ **낙성계약성**

해설

④ (○) 경비업법령상의 계약은 낙성·불요식·쌍무·유상계약에 해당한다.
① (×) 경비업법령상의 계약은 도급계약이다.
② (×) 경비업법령상의 계약은 쌍무계약이다. 당사자 쌍방이 대가적 채무를 부담하는 계약을 쌍무계약이라고 하고, 그렇지 않은 계약을 편무계약이라고 한다.
③ (×) 경비업법령상의 계약은 불요식계약이다. 요물계약은 계약의 성립에 당사자 간의 합의 이외에 일방이 일정한 급부를 하여야 하는 계약을 말한다.

159

경비업자 甲은 경비업무 중 취득한 고객 乙의 개인적인 비밀을 부주의로 누설하여 손해를 입혔다. 이에 관한 설명으로 옳지 않은 것은? 기출 20

① 甲은 채무불이행에 의한 손해배상책임을 질 수 있다.
② 甲은 乙의 재산적 손해에 대하여 배상책임을 진다.
✅ **乙에게 정신적 손해가 발생하였더라도 甲은 이에 대하여 배상책임을 지지 않는다.**
④ 甲에게 불법행위책임을 묻는 경우, 행위와 결과에 대한 인과관계의 증명책임은 乙이 부담한다.

해설

③ (×) 채무불이행으로 인한 정신적 손해에 대한 배상청구권, 즉 위자료청구권이 인정되는지 문제된 사안에서 판례는 일반적으로 임대차계약에 있어서 임대인의 채무불이행으로 인하여 임차인이 임차의 목적을 달할 수 없게 되어 손해가 발생한 경우, 이로 인하여 임차인이 받은 정신적 고통은 그 재산적 손해에 대한 배상이 이루어짐으로써 회복된다고 보아야 할 것이므로, 임차인이 재산적 손해의 배상만으로는 회복될 수 없는 정신적 고통을 입었다는 특별한 사정이 있고, 임대인이 이와 같은 사정을 알았거나 알 수 있었을 경우에 한하여 정신적 고통에 대한 위자료를 인정할 수 있다(대판 1994.12.13. 93다59779)고 하여 특별손해로 파악하여 제한적으로 인정하고 있다.
① (○) 채무불이행이란 채무자의 책임 있는 사유로 계약에서 약정된 내용대로 급부를 이행하지 아니하는 경우에 성립한다. 따라서 경비업자 甲은 경비업무 중 취득한 고객 乙의 개인적인 비밀을 부주의로 누설하여 손해를 입힌 경우 채무불이행으로 인한 손해배상책임을 질 수 있다(민법 제390조).
② (○) 채무자의 채무불이행이 있으면 채권자는 채무자에게 손해배상을 청구할 수 있으며(민법 제390조), 이때의 손해는 일반적으로 재산적 손해 이외 비재산적 손해도 당연히 포함된다고 본다.
④ (○) 고객 乙이 채무자인 甲에게 불법행위책임을 묻는 경우, 행위와 결과에 대한 인과관계의 증명책임은 원칙적으로 피해자인 고객 乙에게 있다.

160

경비업자 甲에게 소속된 경비원 乙의 업무 중 불법행위로 인하여 제3자 丙이 손해를 입었다. 이에 관한 설명으로 옳은 것은? 기출 20

① 丙은 甲에게 직접 손해배상을 청구할 수 없다.
☑ 乙은 丙에 대하여 일반 불법행위책임을 진다.
③ 甲에 갈음하여 그 사무를 감독하는 자는 손해배상책임을 부담하지 않는다.
④ 甲이 丙에게 손해를 배상한 경우, 乙의 귀책사유가 없더라도 배상한 손해 전부에 대하여 乙에게 구상권을 행사할 수 있다.

해설
② (○) 경비원 乙은 불법행위자로서 제3자 丙에게 손해를 배상할 책임이 있다(민법 제750조).
① (×) 제3자 丙은 경비업자 甲에게 경비업법 제26조 제2항 또는 민법 제756조 제1항에 근거하여 손해배상을 청구할 수 있다.
③ (×) 사용자에 갈음하여 그 사무를 감독하는 자도 피용자가 그 사무집행에 관하여 제3자에게 가한 손해를 배상할 책임이 있다(민법 제756조 제2항). 따라서 경비업자 甲에 갈음하여 그 사무를 관리하는 자는 손해배상책임을 부담하게 된다.
④ (×) <u>사용자가 피용자의 업무집행으로 행해진 불법행위로 인하여 직접 손해를 입었거나 또는 사용자로서의 손해배상책임을 부담한 결과로 손해를 입게 된 경우에는 사용자는</u> 그 사업의 성격과 규모, 사업시설의 상황, 피용자의 업무내용, 근로조건이나 근무태도, 가해행위의 상황, 가해행위의 예방이나 손실의 분산에 관한 사용자의 배려정도 등의 <u>제반사정에 비추어 손해의 공평한 분담이라는 견지에서 신의칙상 상당하다고 인정되는 한도 내에서만 피용자에 대하여 위와 같은 손해의 배상이나 구상권을 행사할 수 있다</u>(대판 1987.9.8. 86다카1045). 따라서 피용자 乙에게 귀책사유가 없다면 경비업자 甲은 제3자 丙에게 배상한 손해 전부에 대해서 피용자 乙에게 구상권을 행사할 수는 없다.

161

경비업자 甲과 경비계약을 체결한 乙은 甲의 과실로 인한 채무불이행으로 손해를 입었다. 이에 관한 설명으로 옳지 않은 것은? 기출 19

① 다른 의사표시가 없으면 甲은 乙의 손해를 금전으로 배상하여야 한다.
② 채무불이행에 관하여 손해배상액을 예정한 경우, 그 금액이 부당히 과다하면 법원은 적당히 감액할 수 있다.
③ 甲의 채무불이행에 관하여 乙에게도 과실이 있다면 법원은 손해배상의 책임 및 그 금액을 정함에 이를 참작하여야 한다.
☑ 만약, 甲의 채무불이행에 고의나 과실이 없었더라도 乙은 甲에게 손해배상을 청구할 수 있다.

해설
④ (×) 채무자가 채무의 내용에 좇은 이행을 하지 아니한 때에는 채권자는 손해배상을 청구할 수 있다. 그러나 채무자의 고의나 과실 없이 이행할 수 없게 된 때에는 그러하지 아니하다(민법 제390조).
① (○) 민법 제394조
② (○) 민법 제398조 제2항
③ (○) 민법 제396조

162

경비업자 甲은 乙의 귀중품을 경비하던 중, 이를 절취하려는 丙의 손목시계를 정당방위로 부득이 파손하였다. 이에 관한 설명으로 옳은 것을 모두 고른 것은? 기출 19

> ㄱ. 甲과 乙은 丙에게 정신적 손해를 배상할 책임이 없다.
> ㄴ. 甲은 丙에게 손목시계에 대한 재산적 손해를 배상할 책임이 있다.
> ㄷ. 乙은 丙에게 손목시계에 대한 재산적 손해를 배상할 책임이 없다.

① ㄱ, ㄴ
✓ ② ㄱ, ㄷ
③ ㄴ, ㄷ
④ ㄱ, ㄴ, ㄷ

해설

경비업자 甲은 정당방위의 효과로서 丙의 손목시계를 부득이하게 파손한 경우에도 손괴죄의 위법성이 조각되어, 이에 대한 형법상, 민법상 손해배상책임이 발생하지 않는다. 또한 경비업법상 경비업은 도급의 형태이므로 乙은 원칙적으로 하자담보책임을 지지 않는다. 따라서 乙은 丙에게 손목시계 파손에 대하여 재산적 손해를 배상할 책임이 없으며, 또한 정신적 손해를 배상할 책임도 없다.

163

경비회사 甲이 乙과 경비계약을 체결하기 위하여 제안서를 교부하였을 때, 다음 중 옳은 것은? 기출 18

✓ ① 甲이 의사표시가 진의가 아님을 乙이 알았다면 甲의 의사표시는 무효이다.
② 甲의 의사표시가 乙의 사기로 인한 것이라면 甲의 의사표시는 무효이다.
③ 甲의 의사표시가 乙의 강박으로 인한 것이라면 甲의 의사표시는 무효이다.
④ 甲과 乙이 서로 통정한 허위의 의사표시라면 甲의 의사표시는 취소할 수 있다.

해설

① (○) 의사표시는 표의자가 진의 아님을 알고 한 것이라도 그 효력이 있다. 그러나 상대방이 표의자의 진의 아님을 알았거나 이를 알 수 있었을 경우에는 무효로 한다(민법 제107조 제1항). 따라서 경비회사 甲의 의사표시가 진의가 아님을 乙이 알았다면 민법 제107조 제1항 단서에 따라 甲의 의사표시는 무효이다.
② (×), ③ (×) 사기나 강박에 의한 의사표시는 취소할 수 있다(민법 제110조 제1항).
④ (×) 상대방과 통정한 허위의 의사표시는 무효로 한다(민법 제108조 제1항).

164

경비업자 甲의 불법행위와 관련한 민법 제766조 제1항의 규정이다. (   )에 들어갈 숫자는? 기출 19

> 불법행위로 인한 손해배상의 청구권은 피해자나 그 법정대리인이 그 손해 및 가해자를 안 날로부터 (   )년간 이를 행사하지 아니하면 시효로 인하여 소멸한다.

① 1
❷ 3
③ 5
④ 10

해설

(   ) 안에 들어갈 숫자는 3이다.

관계법령 　**손해배상청구권의 소멸시효(민법 제766조)**
① 불법행위로 인한 손해배상의 청구권은 피해자나 그 법정대리인이 그 손해 및 가해자를 안 날로부터 3년간 이를 행사하지 아니하면 시효로 인하여 소멸한다.
② 불법행위를 한 날로부터 10년을 경과한 때에도 전항과 같다.
③ 미성년자가 성폭력, 성추행, 성희롱, 그 밖의 성적(性的) 침해를 당한 경우에 이로 인한 손해배상청구권의 소멸시효는 그가 성년이 될 때까지는 진행되지 아니한다.
[단순위헌, 2014헌바148, 2018.8.30. 민법(1958.2.22. 법률 제471호로 제정된 것) 제766조 제2항 중 '진실·화해를 위한 과거사정리 기본법' 제2조 제1항 제3호, 제4호에 규정된 사건에 적용되는 부분은 헌법에 위반된다.]

165

경비업무 중 근무태만으로 도난사고가 발생하여 고객이 재산상의 손해를 입은 경우 경비업자의 책임은? 기출 17

① 하자담보
② 사무관리
❸ 채무불이행
④ 부당이득

해설

근무태만으로 도난사고가 발생한 것은 채무의 내용에 좇은 이행을 하지 아니한 것이므로 경비업자는 채무불이행책임을 지게 된다(민법 제390조).

166

경비견을 보관하는 경비원의 책임에 관한 설명으로 옳지 않은 것은? 기출 17

☑ ① 경비원의 과실로 경비견이 고객의 애완동물을 죽인 경우, 형사상 재물손괴죄의 책임을 진다.
② 경비견이 지나가는 행인을 물어 사망케 한 경우, 형사상 과실치사죄의 책임을 질 수 있다.
③ 경비견이 지나가는 행인을 물어 손해를 가한 경우, 민사상 손해배상책임이 있다.
④ 경비견의 보관에 상당한 주의의무를 다한 것을 입증한 경우, 민사상 손해배상책임을 지지 않는다.

해설
① (×) 형사상 재물손괴죄는 과실로 인한 손괴의 경우에는 성립하지 않기 때문에 민법상 손해배상은 청구할 수 있으나 형사상의 책임은 발생하지 않는다. ★
② (○) 형법 제267조
③ (○) 민법 제759조 제1항 본문·제2항
④ (○) 민법 제759조 제1항 단서·제2항

167

경호업체 甲의 경비원 A가 회사의 업무수행을 위하여 회사소유의 자동차를 운전하다가 교통사고를 일으켜 B에게 상해를 입힌 사건에 관한 설명으로 옳지 않은 것은? 기출 17

① 甲은 A의 사용자로서 B에 대하여 손해배상책임을 부담한다.
② 甲이 A의 선임 및 그 사무 감독에 상당한 주의를 했다면 B에 대하여 손해배상책임이 없다.
③ 甲을 갈음하여 그 사무를 감독하는 자도 손해배상책임을 부담할 수 있다.
☑ ④ A가 회사의 업무수행 중에 사고가 발생했으므로 B는 A에 대해서는 손해배상을 청구할 수 없다.

해설
④ (×) A 역시 일반불법행위의 책임이 있으므로 B는 A에 대해서 손해배상을 청구할 수 있다(민법 제750조).
① (○) 민법 제756조 제1항 본문
② (○) 민법 제756조 제1항 단서
③ (○) 민법 제756조 제2항

168

경비계약이 무효가 아닌 것은? 기출 17

① 상대방과 통정하여 허위의 청약의사표시를 한 경우
② 강박에 의해 승낙의 의사표시를 한 경우
③ 무경험으로 인하여 계약내용이 현저하게 공정을 잃은 경우
④ 진의가 아닌 청약임을 알고서 승낙한 경우

해설

② (×) 사기나 강박에 의한 의사표시는 <u>취소</u>할 수 있다(민법 제110조 제1항). 나머지는 모두 무효사유에 해당한다.
① (O) 민법 제108조 제1항
③ (O) 민법 제104조
④ (O) 민법 제107조 제1항 단서

169

경비원이 근무 중 과실로 행인을 다치게 한 경우, 경비업자가 행인에 대하여 지는 책임은? 기출 16

① 사용자의 책임
② 채무불이행의 책임
③ 도급인의 책임
④ 공작물 점유자의 책임

해설

타인을 사용하여 어느 사무에 종사하게 한 자는 피용자가 그 사무집행에 관하여 제3자에게 가한 손해를 배상할 책임이 있다(민법 제756조). 여기서 경비업자는 사용자, 경비원은 피용자에 해당한다.

170

경비계약이 무효로 되는 경우는? 기출 16

① 사기에 의해 청약의 의사표시를 한 경우
❷ **진의가 아닌 청약임을 알고서 승낙한 경우**
③ 동기의 착오로 승낙의 의사표시를 한 경우
④ 계약내용의 중요부분에 착오가 있는 경우

해설

② (○) 의사표시는 표의자가 진의 아님을 알고 한 것이라도 그 효력이 있다. 그러나 상대방이 표의자의 진의 아님을 알았거나 이를 알 수 있었을 경우에는 무효로 한다(민법 제107조 제1항). 따라서 상대방이 진의가 아닌 청약임을 알았으므로 무효가 된다.
① (×) 사기에 의해 청약의 의사표시를 한 경우 이를 취소할 수 있다(민법 제110조 제1항).
③ (×) 판례는 동기의 착오를 이유로 취소할 수 없지만, 동기가 계약의 내용이 된 경우에는 일정한 요건(동기가 중요부분의 착오에 해당하고, 그에 대해 중대한 과실이 없을 것)을 충족하면 취소할 수 있다고 하였다.
④ (×) 의사표시는 법률행위의 내용의 중요부문에 착오가 있는 때에는 취소할 수 있다(민법 제109조 제1항 본문).

171

경비업자 甲이 乙과 체결한 경비계약상의 채무를 이행하지 않은 경우, 甲의 乙에 대한 손해배상책임에 관한 설명으로 옳지 않은 것은? 기출 16

① 甲의 채무불이행으로 인한 손해배상은 통상의 손해를 그 한도로 한다.
② 甲과 乙이 행한 채무불이행에 관한 손해배상액의 예정은 이행의 청구나 계약의 해제에 영향을 미치지 않는다.
❸ **특별한 사정으로 인한 손해는 甲이 그 사정을 알았을 때에 한하여 배상의 책임이 있다.**
④ 乙에게도 과실이 있는 때에는 법원은 甲의 주장이 없더라도 손해배상의 책임 및 그 액을 정함에 이를 참작해야 한다.

해설

③ (×) 특별한 사정으로 인한 손해는 채무자가 그 사정을 알았거나 알 수 있었을 때에 한하여 배상의 책임이 있다(민법 제393조 제2항).
① (○) 민법 제393조 제1항
② (○) 민법 제398조 제3항
④ (○) 민법 제396조

172

경비계약에 관한 설명으로 옳지 않은 것은? 기출 15

① 경비업자가 경비계약을 체결하는 상대방은 경비대상 시설의 소유자 또는 관리자이다.
② 경비업자는 경비계약상 채무를 선량한 관리자의 주의로 이행하여야 한다.
③ 보수는 시기의 약정이 없으면 관습에 의하고, 관습이 없으면 경비업무를 종료한 후 지체 없이 지급하여야 한다.
❹ 경비업무 도급인이 파산하면 경비업자는 경비계약을 해제하고 경비업무 도급인에게 손해배상을 청구할 수 있다.

해설

도급인이 파산선고를 받은 때에는 수급인 또는 파산관재인은 계약을 해제할 수 있다. 이 경우 각 당사자는 상대방에 대하여 계약해제로 인한 손해의 배상을 청구하지 못한다(민법 제674조). ★★

173

아파트 경비원이 근무 중 인근의 상가 건물에 화재가 난 것을 보고 달려가서 화재를 진압한 행위에 관한 설명으로 옳지 않은 것은? 기출 15

① 경비업무의 범위를 벗어난 행위이기 때문에 경비원에게 화재를 진압할 법적 의무가 없다.
② 경비원은 상가 건물주에게 이익이 되는 방법으로 화재를 진압해야 한다.
❸ 상가 건물주의 이익에 반하지만 공공의 이익을 위해 화재를 진압하다가 손해를 끼친 경우, 경비원은 과실이 없더라도 손해를 배상할 책임이 있다.
④ 경비원이 상가 건물 임차인의 생명을 구하기 위해 화재를 진압하다가 발생한 손해는 고의나 중과실이 없으면 배상할 책임이 없다.

해설

③ (×) 관리자가 전2항의 규정에 위반하여 사무를 관리한 경우에는 과실 없는 때에도 이로 인한 손해를 배상할 책임이 있다. 그러나 그 관리행위가 공공의 이익에 적합한 때에는 중대한 과실이 없으면 배상할 책임이 없다(민법 제734조 제3항). 아파트 경비원이 공공의 이익을 위해 화재를 진압하다가 손해를 끼친 경우에는 중과실이 없는 한 손해배상책임을 부담하지 않는다.
① (○) 아파트 경비원은 인근 상가 건물주와의 계약관계가 존재하지 않으므로 화재를 진압할 법적 의무는 없다.
② (○) 의무 없이 타인을 위하여 사무를 관리하는 자는 그 사무의 성질에 좇아 가장 본인에게 이익 되는 방법으로 이를 관리하여야 한다(민법 제734조 제1항).
④ (○) 관리자가 타인의 생명, 신체, 명예 또는 재산에 대한 급박한 위해를 면하게 하기 위하여 그 사무를 관리한 때에는 고의나 중대한 과실이 없으면 이로 인한 손해를 배상할 책임이 없다(긴급사무관리 ; 민법 제735조).

174

경비업체 甲과 상가 건물의 건물주 乙이 경비계약을 체결한 경우, 경비원 A가 오토바이를 타고 순찰을 하던 중 부주의로 행인 B를 치어 상해를 입혔고 넘어진 오토바이로 인해 상가 건물의 화단이 훼손되었다. 甲과 A의 책임에 관한 설명으로 옳지 않은 것은? 기출 15

① A는 乙에게 채무불이행에 기한 손해배상책임을 부담한다.
② B는 甲에게 사용자책임을 물어 직접 손해배상을 청구할 수 있다.
③ B는 A에게 불법행위에 기한 손해배상을 청구할 수 있다.
④ 甲은 A의 화단 훼손행위에 의한 손해를 乙에게 배상하여야 한다.

[해설]
A는 화단 훼손행위에 대하여 乙에게 불법행위에 따른 손해배상책임을 진다. 채무불이행에 따른 손해배상책임은 계약상 채권·채무관계가 성립한 경우 해당 채무를 이행하지 않은 경우에 발생하는 책임이다.

175

경비업자의 채무불이행책임이 발생하는 경우가 아닌 것은? 기출 15

① 경비원의 부주의로 경비대상 시설이 파손된 경우
② 경비원이 업무수행과정에서 과실로 제3자에게 부상을 입힌 경우
③ 경비원이 업무수행과정에서 근무태만으로 인하여 도난사고가 발생한 경우
④ 경비원이 업무수행과정에서 취득한 고객의 비밀을 누설하여 손해를 끼친 경우

[해설]
경비업자는 경비원이 업무수행과정에서 고의 또는 과실로 인하여 제3자의 권리나 이익을 불법으로 침해하여 손해를 끼친 경우에는 불법행위책임을 진다(경비업법 제26조 제2항, 민법 제756조 제1항 본문 참고).

176

경비원이 업무수행 중 과실로 제3자에게 손해를 입힌 경우에 경비업자가 그 제3자에게 지는 책임은?

기출 14

① 채무불이행책임
☑ **사용자배상책임**
③ 부당이득책임
④ 진정연대책임

해설

설문은 사용자배상책임에 대한 내용이다. 즉, 사용자가 타인을 사용하여 어느 사무에 종사하게 한 경우에는 피용자가 그 사무집행에 관하여 제3자에게 가한 손해를 배상할 책임이 있다(민법 제756조 제1항).

177

경비업자 등의 손해배상책임에 관한 설명으로 옳은 것은? 기출 14

① 경비원이 경비업무 중 고의로 제3자에게 입힌 손해를 경비업자가 배상한 경우, 경비업자는 경비원에게 구상권을 행사할 수 없다.
② 경비업자는 경비원이 업무수행 중 고의로 제3자에게 손해를 입힌 경우에만 이를 배상할 책임이 있다.
③ 경비업무 도급인은 도급 또는 지시에 중대한 과실이 있는 경우에도 경비업자의 경비업무 수행으로 인하여 제3자에게 입힌 손해를 배상할 책임이 없다.
☑ **수인(數人)의 경비원이 업무수행 중 고의 또는 과실로 경비대상에 손해를 발생시킨 경우에는 연대하여 그 손해를 배상하여야 한다.**

해설

④ (○) 수인이 공동의 불법행위로 타인에게 손해를 가한 때에는 연대하여 그 손해를 배상할 책임이 있다(공동불법행위자의 책임 ; 민법 제760조).
① (×) 사용자책임에서 사용자가 배상한 경우처럼, 피용자에 해당하는 경비원에게 구상할 수 있다(민법 제756조 제3항 참고).
② (×) 고의 외에 과실에 대한 책임도 있다(경비업법 제26조 제2항, 민법 제756조·제750조).
③ (×) 도급인은 수급인이 그 일에 관하여 제3자에게 가한 손해를 배상할 책임이 없다. 그러나 도급 또는 지시에 관하여 도급인에게 중대한 과실이 있는 때에는 그러하지 아니하다(민법 제757조).

178

경비업자와 체결하는 경비계약에 관한 설명으로 옳지 않은 것은? 기출 14

① 경비계약은 유상계약의 성질을 갖는다.
② 경비계약은 일종의 도급계약의 성질을 갖는다.
③ 민간경비계약의 당사자는 경비업자와 고객이다.
✅ 경비계약은 합의 후 경비계약서를 인가받은 때에 성립한다.

해설
경비계약은 낙성계약이므로 의사의 합치가 있을 때 성립한다.★

179

A 주식회사는 B 경비회사와 경비업무에 관한 도급계약을 체결하였다. 이후 B 경비회사의 경비원 甲이 C 보험회사에 가입된 경비차량을 주차시키던 중 동료 경비원 乙을 다치게 한 경우, 乙이 손해배상을 청구할 수 있는 대상이 아닌 것은? 기출 10

✅ A 주식회사
② B 경비회사
③ 경비원 甲
④ C 보험회사

해설
乙은 A 주식회사에게는 손해배상을 청구할 수 없다.

핵심만콕
사례에서 乙은 우선 직접적인 불법행위자인 甲에 대해 민법 제750조에 근거하여 불법행위로 인한 손해배상청구를 할 수 있다. 또한 乙은 甲의 사용자인 B 경비회사에게 사용자책임을 물을 수 있다(민법 제756조 제1항 본문). 마지막으로 乙은 C 보험회사를 상대로 손해배상을 청구할 수 있는데 이는 甲이 C 보험회사에 가입된 차량으로 乙을 다치게 했기 때문에 자동차 보험회사가 보험자로서 책임을 부담하게 되는 것이다. 그러나 A 주식회사는 도급인으로서 원칙적으로 수급인이 해당 일에 관하여 제3자에게 가한 손해를 배상할 책임이 없다. 다만, 도급 또는 지시에 관하여 도급인에게 중대한 과실이 있는 때에는 그러하지 아니하다(민법 제757조).

180

민법상 경비계약에 관한 설명으로 옳은 것은? 기출 08

① 경비계약은 위임계약의 일종이다.
② 경비업자는 계약상 채무를 자기재산과 동일한 주의로 이행하여야 한다.
③ 고객은 경비계약상의 채무가 이행되지 않는 경우 강제이행을 청구할 수 없다.
❹ 경비원이 경비업무를 하면서 타인에게 손해를 가한 때에는 경비업자는 책임을 져야 한다.

해설

경비업자는 경비원이 업무수행 중 고의 또는 과실로 경비대상에 손해가 발생하는 것을 방지하지 못한 때 또는 제3자에게 손해를 입힌 경우에는 그 손해를 배상하여야 한다(경비업법 제26조).

핵심만콕
- 경비계약은 '도급'형식의 유상계약이다(경비업법 제2조 제1호).
- 경비업자는 계약상 채무를 선량한 관리자의 주의로 이행하여야 한다. ★
- 고객은 경비계약상의 채무가 이행되지 않는 경우 강제이행을 청구할 수 있다(민법 제389조 제1항 본문). ★

181

민법상 경비계약의 위반에 관한 설명으로 옳은 것을 모두 고르면? 기출 08

㉠ 경비원이 예정대로 모집되지 않아 경비개시 시간에 개시를 하지 않은 경우는 이행지체에 해당한다.
㉡ 경비계약체결 후 경비개시 전에 경비업체가 도산한 경우는 이행불능에 해당한다.
㉢ 경비계약에서 정한 인원수보다 적은 수의 경비원을 파견하여 경비한 경우에는 불완전이행에 해당한다.
㉣ 경비원이 경비 중 고객의 금고에서 현금을 절취한 경우에는 적극적 채권침해에 해당한다.

① ㉠, ㉡
❷ ㉠, ㉡, ㉢
③ ㉡, ㉢
④ ㉡, ㉢, ㉣

해설

적극적 채권침해는 채무의 불완전이행의 경우에 발생하는 것이며, 경비원이 고객의 금고에서 현금을 절취하는 것은 채무의 이행과 관련 없는 불법행위에 해당하는 것이다. ★★

182

A 상가의 경비책임자인 乙의 부주의로 인해 甲점포에 도둑이 들었다. 이 경우 경비책임자인 乙의 민사상 손해배상책임과 관련한 다음 설명 중 옳지 않은 것은? 기출 04

① 불법행위로 인한 손해배상에 있어서는 정신적 손해가 포함될 수 없다.
② 乙은 甲에 대해 계약상의 손해배상책임을 부담할 수도 있다.
③ 甲이 乙에게 불법행위에 기한 손해배상을 청구하기 위해서는 乙에게 고의 또는 과실이 인정되어야 한다.
④ 乙의 불법행위책임이 인정되려면 乙의 부주의한 행위와 甲의 손해 사이에 인과관계가 인정되어야 한다.

해설

불법행위란 불법으로 타인의 권리 혹은 이익을 침해하여 손해를 입히는 것을 말하며, 손해를 입은 자에게 불법행위자 혹은 그와 긴밀한 관계에 있는 자가 지는 배상책임으로 재산상의 손해는 물론 정신적 피해도 포함될 수 있다(민법 제752조, 제751조 제1항).

183

계약기간 중 경비하지 않은 날이 있거나, 심야에 경비계약대로 순회하지 않고 경비계약에 정한 인원수보다 적은 수의 경비원을 파견했다. 이 사례에 대한 설명 중 옳지 않은 것은?

① 위 사례는 경비업무에서의 불법행위 사례이다.
② 채권자는 본인이 입은 손해로 지연배상이나 전보배상을 청구할 수 있다.
③ 위 사례의 결과로 이행지체 또는 이행불능이 생긴 때에는 계약을 해제할 수 있다.
④ 이행되더라도 채무의 내용에 하자가 있으면 재차 채무의 내용의 이행을 요구할 수 있다.

해설

경비업무의 불완전이행 사례이다. 불완전이행이란 채무의 이행이 있기는 하지만 본래의 약정된 내용과 같은 완전한 급부를 이행하지 않은 경우이다(민법 제390조).

3 민사소송법 일반

184

"권리보호를 지연함은 권리보호를 부정한 것이나 다름없다"라는 설명과 관계있는 민사소송 제도의 이상은 다음 중 어느 것인가? 기출문제

① 적정이상
☑ **신속이상**
③ 공평이상
④ 경제이상

해설
신속이상이란 적정하고 공평한 재판을 한다고 하더라도 권리의 실현이 늦어지면 실효성이 떨어져 결국 그 권리를 부정한 것이나 다름없는 결과로 된다는 것을 말한다.

185

민사소송제도의 이상 중 적정이상을 구현하기 위한 제도가 아닌 것은?

① 재심제도
② 법관의 신분보장제도
③ 전속관할제도
☑ **소액사건심판제도**

해설
적정이상을 구현하기 위한 제도에는 변호사대리의 원칙, 심급제도 및 재심제도, 직권증거조사, 전속관할제도, 법관의 자격과 신분보장제도 등이 있다.★

186

민사소송절차 중 특별소송절차에 해당하는 것은? 기출 23

① ✔ 소액사건심판절차
② 증거보전절차
③ 강제집행절차
④ 가압류

해설

① (○) 소액사건심판절차는 독촉절차, 파산절차, 개인회생절차, 공탁절차와 더불어 특별소송절차에 해당한다.
② (×) 민사소송법상 증거보전절차는 부수절차에 해당한다.
③ (×) 민사집행법상 강제집행절차는 보통소송절차에 해당한다.
④ (×) 가압류는 가처분과 더불어 민사집행법상 집행보전절차로써 부수절차에 해당한다.

187

경비업자 甲은 경비계약 위반을 이유로 고객 乙에게 손해배상청구소송을 제기하여 승소하였다. 이후 乙이 판결내용에 따른 이행을 하지 않는 경우, 甲이 국가기관의 강제력에 의하여 판결내용을 실현하기 위한 절차는? 기출 20

① 독촉절차
② ✔ 강제집행절차
③ 집행보전절차
④ 소액사건심판절차

해설

② (○) 민사집행법상의 강제집행절차는 판결절차에 의하여 확정된 사법상의 청구권에 기하여 강제집행절차를 전개하는 것으로 채권자의 신청에 의하여 국가의 집행기관이 채무자에 대하여 강제력을 행사함으로써 채무명의에 표시된 이행청구권의 실행을 도모하는 절차이다.
① (×) 독촉절차는 정식의 일반소송절차를 경유할 수 있음을 조건으로 하여 일반 민사소송원칙의 일부를 생략한 것이다. 금전, 기타 대체물 또는 유가증권의 일정한 수량의 지급을 목적으로 하는 청구권에 관하여 인정되는 절차이다.
③ (×) 민사집행법상의 집행보전절차는 현상을 방치하면 장래의 강제집행이 불가능하거나 현저히 곤란하게 될 염려가 있는 경우에 그 현상의 변경을 금하는 절차로 이에는 가압류와 가처분이 있다.
④ (×) 소액사건심판절차는 소송물 가액이 3,000만원을 초과하지 아니하는 제1심의 민사사건에 관하여 소송의 신속하고 경제적인 해결을 도모하기 위해서 간이절차에 따라 재판이 진행될 수 있도록 특례를 인정한 절차이다.

188

금전채권이나 금전으로 환수할 수 있는 채권에 대하여 후일 동산 또는 부동산에 대한 강제집행을 보전하는 절차는? 기출문제

☑ ① 가압류
② 가처분
③ 소액사건심판
④ 파산절차

해설
가압류는 금전채권이나 금전으로 환산할 수 있는 채권에 대하여 후일 동산 또는 부동산에 대한 강제집행을 보전하는 절차이다. 가처분은 금전채권 이외의 특정한 이행을 목적으로 하는 청구권을 보전하기 위하거나, 쟁의 있는 권리관계에 관하여 임시의 지위를 정함을 목적으로 하는 재판이다. ★

189

고객 乙이 경비회사 甲을 상대로 손해배상을 원인으로 민사소송을 제기하였을 때, 다음 중 옳지 않은 것은? 기출 18

① 乙은 강제집행을 보전하기 위하여 가압류 절차를 밟을 수 있다.
☑ ② 이 소송목적의 값이 5,000만원 이하라면 소액사건심판법의 절차에 의한다.
③ 항소는 판결서가 송달된 날부터 2주 이내에 하여야 하나, 판결서 송달 전에도 할 수 있다.
④ 乙이 미성년자라도 독립하여 법률행위를 할 수 있는 경우에는 소송을 제기할 수 있다.

해설
3,000만원을 초과하지 아니하는 소액사건은 소액사건심판법의 절차에 의한다(소액사건심판규칙 제1조의2 본문). 즉, 3,000만원 이하의 소액사건은 소액사건심판법의 절차에 의하나, 3,001만원 이상의 소액사건은 소액사건심판법의 절차에 의할 수 없다. ★

190

채무자의 자력이 불충분하여 총채권자에게 채권의 만족을 주지 못할 상태에 이른 경우에 채권자들의 개별적인 소송이나 강제집행을 배제하고 강제적으로 채무자의 전 재산을 관리·환가하여 총채권자의 채권비율에 따라 공평한 금전적 배당을 할 것을 목적으로 행하는 재판상의 절차는?

① 소액사건심판절차
② 독촉절차
③ **파산절차** ✓
④ 개인회생절차

해설

파산절차에 대한 설명이다.

191

형성의 소에 해당될 수 있는 것은? 기출 22

① 금전의 지급을 구하는 경우
② 물건의 인도를 구하는 경우
③ 대여금채권의 부존재 확인을 구하는 경우
④ **부부가 이혼을 구하는 경우** ✓

해설

형성의 소는 법률상태의 변동을 목적으로 하는 소송으로, 부부가 이혼을 구하는 경우가 이에 해당한다. ①과 ②는 이행의 소에 해당하고, ③은 확인의 소에 해당한다.

192

다음 중 당사자 간 다툼 있는 법률관계를 관념적으로 확정하여 법률적 불안을 제거하려는 목적으로 제기되는 소는 어느 것인가? 기출문제

☑ ① 확인의 소
② 이행의 소
③ 존재의 소
④ 형성의 소

해설
확인의 소란 권리 또는 법률관계의 존부나 법률관계를 증명하는 서면의 진부확인을 요구하는 소를 말한다.

193

새로운 법률관계를 발생시키거나 기존 법률관계를 변경·소멸하게 하는 소송의 종류는?

☑ ① 형성의 소
② 이행의 소
③ 확인의 소
④ 재심의 소

해설
형성의 소는 법률상태의 변동을 목적으로 하는 소송이므로 형성판결에 의하여 형성요건의 존재를 확정하는 동시에 새로운 법률관계를 발생하게 하거나 기존 법률관계를 변경 또는 소멸하게 하는 창설적 효과를 가지며 명문의 규정으로 허용되는 경우에만 인정하는 것이 원칙이다.

194

민사소송에 관한 다음 내용 중 옳지 않은 것은?

① 이행의 소는 국가의 공권력을 빌어 강제집행을 가능하게 하는 이행판결을 목적으로 하는 소송형태이다.
② 법률의 근거가 없는 형성의 소는 인정하지 아니한다.
❸ 권리관계의 부존재의 확정을 목적으로 하는 것을 적극적 확인의 소, 권리관계의 존부를 확정하기 위한 것을 소극적 확인의 소라고 한다.
④ 확인의 소가 제기되어 원고승소의 확정판결이 내려지면, 원고가 주장한 법률관계의 존부가 확정되지만, 집행력은 발생하지 않는다.

해설
권리관계의 존부를 확정하기 위한 것을 적극적 확인의 소, 부존재의 확정을 목적으로 하는 것을 소극적 확인의 소라고 한다.

195

민사소송의 주체가 될 수 있는 일반적 능력으로서 민법상 권리능력에 대응하는 것은? 기출 24

❶ 당사자능력
② 책임능력
③ 변론능력
④ 소송능력

해설
① (O) 당사자능력이란 소송의 주체(원·피고)가 될 수 있는 능력으로서 <u>소송법상의 권리능력</u>이라고 할 수 있다.
② (×) 책임능력이란 위법행위로 인한 자신의 행위에 대해 책임을 질 수 있는 인식능력을 말하여 불법행위능력이라고도 한다. 법률행위 영역에서 의사능력이 담당하는 기능을 불법행위 영역에서는 책임능력이 담당하게 된다.
③ (×) 변론능력이란 법정에서 유효하게 소송행위를 하기 위하여 사실을 진술하거나 법률적 의견을 진술할 수 있는 능력을 말한다.
④ (×) 소송능력이란 법정대리인의 동의 없이 유효하게 스스로 소송행위를 하거나 소송행위를 받을 수 있는 능력으로 소송법상 행위능력이라 할 수 있다.

196

민사소송에 있어서 다음 중 법관의 제척사유에 해당하는 것은?

① 법관의 배우자가 당해 사건의 당사자 일방을 대리하는 경우
② 법관의 배우자가 당해 사건에 대하여 증언을 하는 경우
❸ 법관의 배우자이었던 자가 당해 사건의 당사자인 경우
④ 법관의 약혼자가 당해 사건의 당사자인 경우

해설

③ (○) 법관의 제척사유에 해당한다.
① (×) 사건당사자의 대리인이었거나 대리인이 된 때의 제척사유는 법관만이 가능하고, 법관의 배우자는 제척사유에 해당되지 않는다.
② (×) 사건에 관하여 증언이나 감정을 하였을 때의 제척사유는 법관만이 가능하고, 법관의 배우자는 제척사유에 해당되지 않는다.
④ (×) 사건의 당사자가 된 때의 제척사유는 법관 또는 그 배우자나 배우자이었던 사람이므로, 이혼한 전 배우자는 제척사유가 될 수 있으나, 약혼자는 제척사유가 될 수 없다.

관계법령 제척의 이유(민사소송법 제41조)★

법관은 다음 각호 가운데 어느 하나에 해당하면 직무집행에서 제척(除斥)된다.
1. 법관 또는 그 배우자나 배우자이었던 사람이 사건의 당사자가 되거나, 사건의 당사자와 공동권리자·공동의무자 또는 상환의무자의 관계에 있는 때
2. 법관이 당사자와 친족의 관계에 있거나 그러한 관계에 있었을 때
3. 법관이 사건에 관하여 증언이나 감정을 하였을 때
4. 법관이 사건당사자의 대리인이었거나 대리인이 된 때
5. 법관이 불복사건의 이전 심급의 재판에 관여하였을 때. 다만, 다른 법원의 촉탁에 따라 그 직무를 수행한 경우에는 그러하지 아니하다.

197

민사소송의 주체에 관한 다음 설명 중 옳은 것은? 기출 04

① 보통재판적은 원칙적으로 원고의 주소지이므로, 일단 원고의 주소지의 관할 지방법원에 소를 제기하면 토지관할을 갖추게 된다.
② 민사소송을 제기할 수 있는 자격 또는 지위를 당사자능력이라고 하며, 이는 민법상 권리능력과 동일하다.
③ 소송대리인은 변호사가 아니라도 원칙적으로 무방하다.
❹ **미성년자는 소송능력이 없으므로 그 법정대리인이 소송행위를 대리한다.**

[해설]
④ (○) 미성년자 또는 피성년후견인은 법정대리인에 의해서만 소송행위를 할 수 있다(민사소송법 제55조 제1항 본문). 미성년자는 독립하여 법률행위를 할 수 있는 경우 외에는 소송능력이 없으므로 그 법정대리인이 소송행위를 대리한다.
① (×) 소(訴)는 피고의 보통재판적이 있는 곳의 법원이 관할한다(민사소송법 제2조).
② (×) 민사소송법상 당사자능력이란 원고·피고 또는 참가인으로서 자기의 명의로 소송을 하고 소송상의 법률효과를 받을 수 있는 자격, 즉 소송법상의 권리능력이다. 당사자능력은 민법상의 이른바 권리능력에 대응하는 개념이며, 권리능력을 가진 자는 당사자능력을 가지지만, 당사자능력을 가진 자가 반드시 권리능력이 있는 것은 아니다.★
③ (×) 소송위임에 기한 소송대리인은 특정의 사건에 관하여 소송의 수행을 위임받아 이를 위한 대리권을 부여받은 대리인으로 원칙상 변호사이어야 하나(민사소송법 제87조), 법원의 허가가 있으면 변호사가 아니라도 될 수 있다(민사소송법 제88조).

198

민사소송에 관한 설명으로 옳은 것은? 기출 10

① 영업정지처분에 대한 분쟁은 민사소송의 대상이 된다.
❷ **화해는 당사자 간의 상호양보를 통하여 분쟁을 해결하는 절차이다.**
③ 중재는 법관의 판단에 복종하기로 합의하여 분쟁을 해결하는 절차이다.
④ 원고와 피고의 대립관계가 존재하지 않아도 민사소송이 성립될 수 있다.

[해설]
② (○) 대체적분쟁해결제도(ADR)로서 민사소송법은 화해, 조정, 중재를 규정하고 있다. 화해계약은 당사자가 상호 양보하여 당사자 간의 분쟁을 종지할 것을 약정함으로써 그 효력이 생긴다(민법 제731조).
① (×) 영업정지처분에 대한 분쟁은 행정소송의 대상이다.
③ (×) 중재는 분쟁 당사자의 합의에 따라 분쟁에 관한 판단을 법원이 아닌 제3자(중재인 또는 중재기관)에게 맡겨 그 판단에 복종함으로써 분쟁을 해결하는 방법을 말한다.★
④ (×) 민사소송에서 원고와 피고의 대립이 없으면 소가 성립될 수 없다.★

199

민사소송법상 심리의 원칙이 아닌 것은? 기출 13

① 변론주의
② 당사자주의
③ 처분권주의
☑ 동시제출주의

해설

동시제출주의가 아닌 적시제출주의를 택하고 있다.

핵심만콕	민사소송법상 심리에 관한 제 원칙★★
• 공개심리주의 • 쌍방심리주의 • 구술심리주의 • 직접심리주의 • 처분권주의 • 변론주의 • 적시제출주의 • 집중심리주의 • 직권진행주의 • 당사자주의	

200

민사소송법의 기본원리에 관한 설명으로 옳지 않은 것은? 기출 10

☑ 민사소송을 지배하고 있는 원리는 실체적 진실주의이다.
② 당사자가 신청한 범위 내에서만 판결하는 처분권주의가 원칙이다.
③ 민사소송은 공개심리주의가 원칙이다.
④ 소송진행 중이라도 청구의 포기나 인락을 통해 소송을 종료할 수 있다.

해설

형사소송이 실체적 진실주의를 이념으로 삼고 있는데 반하여 민사소송은 4대 이념으로 적정, 공평, 신속, 경제를 들고 있다. 즉, 민사소송에서는 실체적 진실의 발견보다는 재판의 신속, 경제 등을 그 이념으로 삼고 있는 까닭에 형식적 진실주의의 원리가 적용된다. ★★

201

A가 B를 상대로 대여금반환청구의 소를 서울지방법원에 제기한 뒤 이 소송의 계속 중 동일한 소를 부산지방법원에 제기한 경우 저촉되는 민사소송법상의 원리는? 기출 08

① 변론주의
② 당사자주의
③ 재소의 금지
❹ 중복제소의 금지

해설

이미 법원에 사건이 계속되어 있는 경우에는 그와 동일한 사건에 대하여 당사자는 다시 소를 제기하지 못한다(민사소송법 제259조). 이를 중복된 소제기의 금지 또는 이중소송의 금지원칙이라고 한다. 그 취지는 동일한 사건에 대하여 다시 소제기를 허용하는 것은 소송제도의 남용으로서, 법원이나 당사자에게 시간, 노력, 비용을 이중으로 낭비하게 하는 것이어서 소송경제상 좋지 않고, 판결이 서로 모순 및 저촉될 우려가 있기 때문이다.

202

다음 중 판결의 기초가 되는 소송자료의 수집과 제출의 책임을 당사자에게 맡기고 그 소송자료만을 재판의 기초로 삼는다는 원칙을 무엇이라 하는가? 기출문제

❶ 변론주의
② 직권주의
③ 공개심리주의
④ 직접심리주의

해설

변론주의는 소송자료의 수집·제출 책임을 당사자에게 일임하고 법원은 그것에 의거하여 재판하는 민사소송법상의 원칙을 말한다.

203

공익성을 갖는 특정사항에 관하여 당사자의 변론에 구속되지 아니하고 소송자료의 수집책임과 증거조사를 법원에 일임하는 입장으로 변론주의에 반대되는 원칙을 무엇이라 하는가?

① 직권진행주의
② 직권주의
③ ✓ 직권탐지주의
④ 직권조사주의

해설

직권탐지주의는 특정사항에 관하여 당사자의 변론에 구속되지 아니하고 소송자료의 수집책임과 증거조사를 법원에 일임하는 입장으로 변론주의에 반대되는 입장이다. ★

204

원고가 3명의 피고에 대하여 각각 100만원씩 지급하라고 청구한 경우 법원이 300만원에 관하여 연대하여 지급하라는 판결을 할 수 없다는 소송법상의 원칙은 무엇인가?

① 변론주의
② ✓ 처분권주의
③ 불이익변경의 원칙
④ 사적자치의 원칙

해설

처분권주의는 당사자의 소송물에 대한 처분의 자유를 규정한 것이다.

205

다음 중 의미가 다른 하나는?

① 쌍방심리주의
② 당사자대등의 원칙
③ ✓ 서면심리주의
④ 무기평등의 원칙

해설

서면심리주의는 변론 및 증거조사가 서면에 의한 자료만을 토대로 시행되는 주의를 말한다. 우리 민사소송법은 구술주의를 원칙으로 하고 있다.

206

당사자의 변론 및 증거조사를 수소법원의 면전에서 직접 실시하는 것을 내용으로 하는 주의는?

① 변론심리주의
② 집중심리주의
❸ 직접심리주의
④ 공개심리주의

해설

직접심리주의에 대한 설명이다. 직접심리주의는 수명법관이나 수탁판사의 면전에서 당사자의 변론 및 증거조사를 시행하고 그 심리결과를 수소법원이 재판의 기초로 채용하는 간접심리주의와 대립되는 주의이다.

207

직접심리주의에 대한 내용으로 옳지 않은 것은?

① 민사소송법에서 판결은 그 기본이 되는 변론에 관여한 법관이 하도록 하여 직접주의를 원칙으로 하고 있다.
❷ 변론에 관여한 법관이 바뀐 경우에는 다시 처음부터 심리를 하여야 한다.
③ 합의부의 법관의 반수 이상이 바뀐 경우에 종전에 신문한 증인에 대하여 당사자가 다시 신문을 신청한 때에는 법원은 그 신문을 하여야 한다.
④ 원격지나 외국에서의 증거조사는 수명법관 또는 수탁판사에게 촉탁하여 실시하게 한다.

해설

변론에 관여한 법관이 바뀐 경우에 처음부터 심리를 되풀이하는 것은 소송경제에 반하기 때문에 당사자가 새로 심리에 관여한 법관의 면전에서 종전의 변론결과를 진술하는 것으로 충분하다고 규정하고 있다(민사소송법 제204조 제2항).

208

다음 공개심리주의에 대한 내용 중 옳지 않은 것은?

① 재판의 심리와 판결선고를 일반인이 방청할 수 있는 상태에서 행해야 한다는 절차원리이다.
② 재판의 심리와 판결은 공개하여야 하며, 변론의 공개 여부는 변론조서의 필요적 기재사항이다.
❸ 변론이 국가의 안전보장 또는 안녕질서를 방해하거나 선량한 풍속을 해할 염려가 있을 때는 법원의 결정으로 이를 공개하지 아니할 수 있다.
④ 재판의 합의, 준비절차, 비송 또는 중재, 조정, 그리고 변론 없이 결정으로 완결하는 절차에는 공개주의가 적용되지 아니한다.

해설

심리가 국가의 안전보장 또는 안녕질서를 방해하거나 선량한 풍속을 해할 염려가 있을 때는 법원의 결정으로 이를 공개하지 아니할 수 있다(헌법 제109조 단서).

209

소송의 심리에 있어서 당사자 양쪽에 평등하게 진술할 기회를 주는 주의를 무엇이라 하는가?

① 공개심리주의
❷ 쌍방심리주의
③ 일방심리주의
④ 구술주의

해설

② (○) 사건심리에 있어서 당사자 쌍방을 평등하게 대우하여 진술할 기회를 부여하는 입장을 쌍방심리주의 또는 당사자 대등의 원칙이라고 한다.
① (×) 소송당사자가 아닌 자에게 변론, 증거조사, 재판선고 등의 방청을 허용하는 것을 의미하며 소송관여자 이외에는 공개하지 아니하는 밀행주의와 구별된다.
③ (×) 당사자 중 한쪽에게만 절차상의 기회를 주는 주의이다.
④ (×) 당사자의 소송행위, 특히 변론과 증거조사를 모두 구술로 시행하고 구술에 의한 자료만을 판결의 기초로 고려하는 입장이다.

210

다음은 판결의 종류를 설명한 것이다. 그 설명이 틀린 것은? 기출 04

① 원고의 청구권을 인정하고 피고에게 의무이행을 명하는 것을 내용으로 하는 판결을 이행판결이라 한다.
② 권리・법률관계의 존재나 부존재를 확정하는 것을 내용으로 하는 판결을 확인판결이라 한다.
③ 종국판결은 소송사건의 심리가 다 끝난 뒤에 선고하여 그 심급을 종결시키는 판결로서, 일반적으로 판결이라 하면 이를 말한다.
④ 원고의 청구가 이유 없다고 배척하는 판결, 즉 원고를 패소시키는 판결을 각하판결이라 한다.

해설

④는 기각판결에 대한 내용으로 소송요건에 대한 판결인 소송판결에 대응한다.

> **핵심만콕**
>
> 법원은 소(訴)의 제기가 있으면 먼저 소송요건을 판단하여 소송판결을 한다. 소가 소송요건을 갖추지 못한 경우에는 각하판결을 하며, 소송요건을 갖춘 경우에는 본안에 관하여 심리를 하여 본안판결을 한다. 본안판결에는 청구 또는 주장이 정당하다고 인정하는 인용판결, 정당하지 않다고(이유 없다고) 인정하는 기각판결, 인용판결과 기각판결이 결합된 일부승소판결 등이 있다. 인용판결은 소의 형태에 따라 확인판결, 형성판결, 이행판결로 나누어지며, 기각판결은 언제나 확인판결의 성질을 가진다. 소송요건의 흠결을 간과한 본안판결은 위법하다고 본다.

211

민사소송법상 항소에 관한 설명으로 옳지 않은 것은? 기출 12

① 항소장의 부본은 피항소인에게 송달하여야 한다.
② 항소는 판결서 송달 전에는 할 수 없고, 판결서가 송달된 날로부터 2주 후에 할 수 있다.
③ 항소는 항소심의 종국판결이 있기 전에 취하할 수 있다.
④ 소송비용 및 가집행에 관한 재판에 대하여는 독립하여 항소를 하지 못한다.

해설

② (×) 항소는 판결서가 송달된 날부터 2주 이내에 하여야 한다. 다만, 판결서 송달 전에도 할 수 있다(민사소송법 제396조 제1항).★
① (○) 민사소송법 제401조
③ (○) 민사소송법 제393조 제1항★
④ (○) 민사소송법 제391조★

1 형 법

2 형사소송법 일반

CHAPTER 04

형사법

CHAPTER 04 형사법

1 형 법

01
형법의 의의에 관한 기술 중 옳지 않은 것은? 기출문제

① 형법은 공법이고 사법법이며, 형사법이고 실체법이다.
② 실질적 의미의 형법이란 범죄와 형벌을 정한 모든 법규를 말한다.
③ 형식적 의미의 형법이란 '형법'이란 명칭을 가진 것만을 말한다.
❹ 형식적 의미의 형법에는 실질적 의미의 형법인 것만 규정되어 있다.

해설
형식적 의미의 형법은 1953년에 제정된 형법전 그 자체를 말하는데, 형법전에는 실질적 의미의 형법에 속하지 않는 사항도 있다. 친고죄에 있어서의 고소, 형의 실효 제도 등은 실질적 의미의 형법에 해당하지 않는다.

02
"사람을 살해한 자는 사형·무기 또는 5년 이상의 징역에 처한다"는 형법의 규정이 지니는 규범적 성격이 아닌 것은? 기출 13

❶ 조직규범
② 행위규범
③ 강제규범
④ 재판규범

해설
법규범의 제정·적용·집행을 담당하는 기관의 조직과 이 조직을 구성하는 기관에 일정한 권한을 부여하는 조직규범은 형법의 성격에 해당하지 않는다. 형법은 가설적 규범이자 평가규범, 결정규범, 행위규범, 재판규범, 강제규범의 성질을 갖는다. ★

03

형법에 관한 설명 중 틀린 것은? 기출문제

① 현대에는 형사정책이 중요시되고, 법관의 자유재량 범위가 넓어지고 있다.
② 형벌제도는 복수시대 - 위하시대 - 박애시대 - 과학시대 순으로 변천되어 왔다.
③ 형법의 기능으로는 보장적 기능, 보호적 기능, 규율적 기능이 있다.
❹ 자유민주주의 사회에서 특히 강조되는 형법의 기능은 보호적 기능이다.

해설

자유민주주의 사회의 핵심적인 이념은 국민의 자유와 권리의 보장이다. 형법전의 범죄 외에는 어떠한 행위에 대해서도 벌할 수 없도록 함으로써 국민의 자유를 최대한 보장하려는 자유민주주의사상에 적합한 기능은 보장적 기능이다. 보장적 기능은 국가권력의 자의와 남용을 통제하여 국민의 자유와 권리를 보장하는 데 있다. 보장적 기능은 죄형법정주의를 통해 구체화된다.

04

형벌수단을 통하여 범죄행위를 방지함으로써 범죄자로부터 사회공동질서를 유지·보호하는 것과 관계되는 것은?

① 보장적 기능
② 보호적 기능
③ 강제적 기능
❹ 사회보전적 기능

해설

④ (○) 형법은 형벌과 보안처분이라는 수단을 통하여 범죄행위를 방지함으로써 범죄자로부터 사회공동질서를 유지·보호하는 기능을 갖는다.
① (×) 형법은 국가형벌권의 발동한계를 명확히 하여 국가형벌권의 자의적인 행사로부터 국민의 자유와 권리를 보장하는 기능을 한다.
② (×) 사회질서의 근본적 가치, 즉 법익과 사회윤리적 행위가치를 보호하는 형법의 기능을 말한다.
③ (×) 형법은 행위규범 내지 재판규범으로서 일반국민과 사법관계자들을 규제하는 기능을 갖는다.

05

다음 중 신파의 형법이론과 가장 관계가 없는 것은? 기출문제

☑ ① 도의적 책임론
② 행위자주의
③ 형벌과 보안처분의 일원론
④ 사회적 책임론

해설
도의적 책임론, 객관주의, 의사자유주의, 개인주의, 응보형주의, 일반예방주의 등은 구파의 형법이론이다.

06

죄형법정주의에 대한 설명으로 옳은 것은?

① 관습법은 형법해석의 자료로 사용될 수 없다.
☑ ② 소급효금지의 원칙은 피고인에게 유리한 경우 적용되지 않는다.
③ 유추해석은 절대적으로 금지된다.
④ 상대적 부정기형은 명확성의 원칙에 반한다.

해설
소급효금지의 원칙은 피고인에게 불리한 사후입법의 소급금지를 의미하므로, 사후입법이 피고인에게 유리한 경우에는 소급효금지의 원칙이 배제된다.

> **핵심만콕**
> - 관습형법금지의 원칙은 관습법은 직접 형법의 법원으로 할 수 없다는 의미일 뿐이고 관습법이 성문의 법률법규에 내재하는 의미를 해석하는 경우에는 그 자료로 사용될 수 있다.★
> - 유추해석금지의 원칙은 법관에 의한 법창조를 방지하여 법관의 자의로부터 개인을 보호하기 위한 것이기 때문에 피고인에게 불리한 유추해석은 금지되나 유리한 유추해석은 허용된다.★
> - 절대적 부정기형은 명확성의 원칙에 위배되어 허용되지 않는다. 단, 상대적 부정기형은 인정된다(소년법 제60조 제1항).★

07

죄형법정주의의 내용이 아닌 것은? 기출 16

① 소급효금지의 원칙
② 관습형법금지의 원칙
③ 유추해석금지의 원칙
❹ 상대적 부정기형 금지의 원칙

[해설]
죄형법정주의의 파생원칙인 명확성의 원칙과 관련하여 절대적 부정기형은 허용되지 않으나, 상대적 부정기형은 허용된다.

08

형법상 범죄의 성립과 처벌에 관한 설명으로 옳지 않은 것은?

① 범죄의 성립과 처벌은 행위 시의 법률에 의한다.
② 범죄 후 법률이 변경되어 그 행위가 범죄를 구성하지 아니하게 되거나 형이 구법(舊法)보다 가벼워진 경우에는 신법(新法)에 따른다.
③ 재판이 확정된 후 법률이 변경되어 그 행위가 범죄를 구성하지 아니하게 된 경우에는 형의 집행을 면제한다.
❹ 대한민국 영역 외에서 '우표와 인지에 관한 죄'를 범한 외국인에게는 우리나라 형법을 적용할 수 없다.

[해설]
대한민국 영역 외에서 '우표와 인지에 관한 죄'를 범한 외국인에게는 우리나라 형법을 적용한다(형법 제5조 제5호).

관계법령

범죄의 성립과 처벌(형법 제1조)
① 범죄의 성립과 처벌은 행위 시의 법률에 따른다.
② 범죄 후 법률이 변경되어 그 행위가 범죄를 구성하지 아니하게 되거나 형이 구법(舊法)보다 가벼워진 경우에는 신법(新法)에 따른다.
③ 재판이 확정된 후 법률이 변경되어 그 행위가 범죄를 구성하지 아니하게 된 경우에는 형의 집행을 면제한다.

외국인의 국외범(형법 제5조)
본법은 대한민국 영역 외에서 다음에 기재한 죄를 범한 외국인에게 적용한다.
1. 내란의 죄
2. 외환의 죄
3. 국기에 관한 죄
4. 통화에 관한 죄
5. 유가증권, 우표와 인지에 관한 죄
6. 문서에 관한 죄 중 공문서 관련 죄(제225조 내지 제230조)
7. 인장에 관한 죄 중 공인 등의 위조, 부정사용(제238조)

09

형법전에 규정되어 있지 않으나 사회적 위험부담이 큰 행위에 대한 조치로 바른 것은? 기출문제

① 고의의 경우에만 벌한다.
② 벌하지 아니한다.
❸ **특별법의 제정으로 해결한다.**
④ 가장 근사한 조문에 의한다.

해설
죄형법정주의의 유추해석금지의 원칙상 법률에 규정이 없는 사항에 대하여는 제한적인 범위에서만 인정되는 특별법의 제정을 통해 해결하는 것이 가장 바람직하다.

10

다음 ㄱ, ㄴ, ㄷ에 들어갈 내용이 알맞게 연결된 것은?

> • 범죄 후 법률이 변경되어 그 행위가 범죄를 구성하지 아니하게 되거나 형이 (ㄱ)보다 가벼워진 경우에는 (ㄴ)에 따른다.
> • 재판이 확정된 후 법률이 변경되어 그 행위가 범죄를 구성하지 아니하게 된 경우에는 형의 집행을 (ㄷ)한다.

① ㄱ : 구법, ㄴ : 신법, ㄷ : 취소
② ㄱ : 신법, ㄴ : 구법, ㄷ : 취소
❸ **ㄱ : 구법, ㄴ : 신법, ㄷ : 면제**
④ ㄱ : 신법, ㄴ : 구법, ㄷ : 면제

해설
( ) 안에 들어갈 내용은 순서대로 ㄱ - 구법, ㄴ - 신법, ㄷ - 면제이다(형법 제1조 제2항, 제3항).

11
CHECK ⃞O ⃞△ ⃞X

( )에 들어갈 것으로 옳은 것은? 기출 21

> 한 국가의 법은 국적을 묻지 않고 그 영토 내에 있는 모든 사람에게 적용된다는 주의를 ( )라고 한다.

☑ 속지주의
② 보호주의
③ 세계주의
④ 속인주의

해설

속지주의는 자국 영토 내의 범죄에 대해 자국의 형법을 적용하는 주의이다.

핵심만콕 형법의 장소적 적용범위★

- 속지주의(제2조) : 본법은 대한민국영역 내에서 죄를 범한 내국인과 외국인에게 적용한다.
- 속인주의(제3조) : 본법은 대한민국영역 외에서 죄를 범한 내국인에게 적용한다.
- 기국주의(제4조) : 본법은 대한민국영역 외에 있는 대한민국의 선박 또는 항공기 내에서 죄를 범한 외국인에게 적용한다.
- 보호주의(제5조) : 본법은 대한민국영역 외에서 다음에 기재한 죄를 범한 외국인에게 적용한다.
  - 내란의 죄
  - 외환의 죄
  - 국기에 관한 죄
  - 통화에 관한 죄
  - 유가증권, 우표와 인지에 관한 죄
  - 문서에 관한 죄 중 공문서관련 죄
  - 인장에 관한 죄 중 공인 등의 위조, 부정사용
- 보호주의(제6조) : 본법은 대한민국영역 외에서 대한민국 또는 대한민국국민에 대하여 전조에 기재한 이외의 죄를 범한 외국인에게 적용한다. 단, 행위자의 법률에 의하여 범죄를 구성하지 아니하거나 소추 또는 형의 집행을 면제할 경우에는 예외로 한다.
- 세계주의 : 총칙에는 이에 대한 규정이 없으나, 각칙에서는 세계주의를 인정하고 있다(제296조의2).

12

미국 항구에 정박 중이던 우리나라 선박에서 선적작업을 하던 일본인 선원이 미국인을 살해한 경우에 다음 중 맞는 것은? 기출 04

① 세계주의 원칙에 따라 우리 형법으로 처벌이 가능하다.
② 일본인이 범한 범죄이므로 우리 형법으로 처벌이 불가능하다.
✔ **속지주의 원칙에 따라 우리 형법으로 처벌이 가능하다.**
④ 미국 내에서 범한 범죄이므로 미국형법으로만 처벌이 가능하다.

해설

③ (○)・② (×) 우리나라 선박에서 일본인이 미국인을 살해한 경우 속지주의(기국주의는 속지주의의 연장) 원칙에 따라 우리 형법으로 처벌할 수 있다.
① (×) 살인죄는 세계주의가 적용되는 형법상 범죄가 아니다.
④ (×) 미국 항구에 정박 중이던 우리나라 선박에서 발생한 살인사건의 경우 속지주의 원칙에 따라 우리나라 형법의 적용이 가능하다.

13

대한민국영역 외에서 외국인이 범하여도 우리 형법이 적용되는 범죄가 아닌 것은?

① 통화에 관한 죄
✔ **소요죄**
③ 국기에 관한 죄
④ 내란의 죄

해설

소요죄는 "공안을 해하는 죄"로 형법 제5조에 해당되지 않는다.

관계법령	외국인의 국외범(형법 제5조)★

본법은 대한민국영역 외에서 다음에 기재한 죄를 범한 외국인에게 적용한다.
  1. 내란의 죄
  2. 외환의 죄
  3. 국기에 관한 죄
  4. 통화에 관한 죄
  5. 유가증권, 우표와 인지에 관한 죄
  6. 문서에 관한 죄 중 공문서 관련 죄(제225조 내지 제230조)
  7. 인장에 관한 죄 중 공인 등의 위조, 부정사용(제238조)

14

형법상 범죄의 성립요건이 아닌 것은? 기출 14

① 구성요건해당성
② 위법성
③ 책임성
❹ 객관적 처벌조건

해설
범죄의 성립요건에는 구성요건해당성, 위법성, 책임성이 있다.

> **핵심만콕 | 범죄의 성립요건**
> - 형법상 범죄가 성립되기 위해서는 구성요건에 해당하는 위법한 행위를 한 자에게 책임이 있어야 한다. 구성요건해당성·위법성·책임성(유책성)을 범죄의 성립요건이라고 한다.
> - 만일에 이들 3요소 중 어느 하나라도 결여되면 범죄는 성립하지 않게 된다. 구성요건에 해당하고 위법한 행위일지라도 책임능력이 없는 자의 행위는 범죄가 되지 아니하므로 위법행위가 모두 범죄인 것은 아니다.

15

범죄의 성립요건에 관한 다음 설명 중 옳지 않은 것은? 기출 04

① 당해 행위를 한 주체인 행위자에 대한 비난가능성, 즉 책임능력자의 고의 또는 과실이 있어야 한다.
② 행위자가 자신의 행위에 대한 사실의 인식과 위법성의 인식이 있어야 한다.
③ 법률이 정하는 구성요건에 해당하는 행위를 하여야 한다.
❹ 한 개의 행위가 원칙적으로 법률이 규정한 수개의 죄에 해당하는 경우여야 한다.

해설
④는 죄수론의 상상적 경합에 대한 설명이다. 성립요건에서는 한 개의 행위가 한 개의 죄이냐 수개의 죄이냐는 문제가 되지 않는다.

16

형법상 소추조건이 다른 범죄는? 기출 23

① 과실치상죄
② 폭행죄
✓ ③ 모욕죄
④ 협박죄

해설

형법이 규정하는 소추조건에는 친고죄와 반의사불벌죄가 있으며, ①·②·④는 반의사불벌죄에 해당하나, ③은 친고죄에 해당한다.

핵심만콕 형법상 범죄의 소추조건

구 분	친고죄	반의사불벌죄
의 의	공소제기를 위하여 피해자 기타 고소권자의 고소가 있을 것을 요하는 범죄	피해자의 의사에 관계없이 공소를 제기할 수 있으나, 피해자의 명시한 의사에 반하여 처벌할 수 없는 범죄
종 류	• 절대적 친고죄★ - 사자명예훼손죄(제308조) - 모욕죄(제311조) - 비밀침해죄(제316조) - 업무상비밀누설죄(제317조) • 상대적 친고죄(친족상도례규정) : 절도, 사기, 공갈, 횡령, 배임, 장물, 권리행사방해죄의 일부(제328조)	• 외국원수 및 외국사절에 대한 폭행, 협박, 모욕죄 (제107조 및 제108조) • 외국국기, 국장모독죄(제109조) • 폭행, 존속폭행죄(제260조) • 협박, 존속협박죄(제283조) • 명예훼손죄(제307조)★ • 출판물 등에 의한 명예훼손죄(제309조)★ • 과실치상죄(제266조)★

17

형법상 친고죄에 해당하지 않는 것은? 기출문제

① 업무상비밀누설죄
② 모욕죄
✓ ③ 명예훼손죄
④ 사자명예훼손죄

해설

명예훼손죄는 반의사불벌죄이다. 즉, 피해자가 가해자의 처벌을 원하지 않는다는 의사를 표시하면 처벌할 수 없는 범죄이다.

18

친고죄에 관한 설명으로 옳은 것은? 기출 06

① 피해자의 법정대리인은 고소할 수 있다.
② 고소는 구술로 할 수 없다.
③ 고소는 취소한 자도 다시 고소할 수 있다.
④ 친고죄에 대하여는 범인을 알게 된 날로부터 1년을 경과하면 고소하지 못한다.

해설

① (○) 친고죄의 경우 공소를 제기하기 위해서는 피해자(법정대리인 포함)의 고소가 있어야 한다(형사소송법 제223조, 제225조 제1항).
② (×) 고소는 서면 또는 구술로 할 수 있다(형사소송법 제237조 제1항). ★
③ (×) 고소를 취소한 자는 다시 고소할 수 없다(형사소송법 제232조 제2항).
④ (×) 친고죄에 대하여는 범인을 알게 된 날로부터 6월을 경과하면 고소하지 못한다(형사소송법 제230조 제1항 본문). ★

19

친고죄와 반의사불벌죄에 관한 설명으로 옳지 않은 것은? 기출수정

① 모욕죄는 친고죄에 해당한다.
② 폭행죄, 협박죄, 명예훼손죄는 반의사불벌죄에 해당한다.
③ 고소는 수사기관에 대하여 서면 또는 구두로 할 수 있다.
④ 고소권자는 대법원 판결선고 전까지 고소를 취소할 수 있다.

해설

고소는 제1심 판결선고 전까지 취소할 수 있다(형사소송법 제232조 제1항). ★

20

다음 중 범죄의 구분에 따른 설명으로 틀린 것은? 기출문제

① 범죄행위의 시간계속을 기준으로 즉시범, 상태범, 계속범으로 구분할 수 있다.
② 즉시범이란 결과의 발생과 동시에 곧 범죄가 기수에 이르고 종료하는 범죄를 말하며, 살인죄·폭행죄 등이 있다.
③ 상태범이란 법익침해상태가 범죄종료 후에도 존속되는 경우를 말하며 체포감금죄, 주거침입죄 등이 있다.
④ 계속범의 경우는 기수에 이르렀어도 범죄가 종료할 때까지는 시효가 개시되지 않는다.

해설

계속범에는 체포감금죄, 주거침입죄 등이 있으며, 범죄가 기수로 된 이후에도 행위가 계속되는 동안 공범이 성립할 수 있다. ★

21

다음 중 계속범을 모두 고르면?

> ㄱ. 살인죄
> ㄴ. 상해죄
> ㄷ. 체포감금죄
> ㄹ. 주거침입죄

① ㄱ, ㄴ
② ㄱ, ㄷ
③ ㄴ, ㄷ
④ ㄷ, ㄹ

해설

계속범이란 범죄의 완성 후에도 위법상태가 계속되는 범죄를 말하며 체포감금죄와 주거침입죄 등이 있다. 살인죄와 상해죄는 즉시범에 해당한다.

22

다음 ㄱ, ㄴ, ㄷ, ㄹ에 들어갈 내용으로 옳지 않은 것은?

- (ㄱ) : 결과의 발생을 구성요건의 내용으로 하는 범죄
- (ㄴ) : 결과의 발생과 동시에 범죄도 완성되는 범죄
- (ㄷ) : 범죄의 완성 후에도 위법상태가 계속되는 범죄
- (ㄹ) : 행위자 자신이 직접 실행해야 범할 수 있는 범죄

① ㄱ : 실질범
② ㄴ : 즉시범
③ ㄷ : 계속범
④ ㄹ : **목적범**

해설
자수범은 행위자 자신이 직접 실행해야 범할 수 있는 범죄로 위증죄, 업무상비밀누설죄 등이 있다. 목적범은 구성요건의 객관적 요소의 범위를 초과하는 일정한 주관적 목적이 구성요건상 전제로 되어 있는 범죄를 말한다.

23

다음 중 부작위범에 해당하는 것은?

① **퇴거불응죄**
② 주거침입죄
③ 살인죄
④ 유기죄

해설
부작위범은 기대되거나 요구되는 행위를 소극적으로 하지 않는 경우로 진정부작위범과 부진정부작위범이 있다. ①은 진정부작위범에 해당된다.

24

다음 중 옳은 것은 모두 몇 개인가?

> ㄱ. 작위범은 작위를 구성요건의 내용으로 규정한 범죄이다.
> ㄴ. 부작위범은 법규범이 요구하는 의무 있는 행위를 이행하지 않음으로써 성립한다.
> ㄷ. 부진정부작위범이란 형법규정에서 부작위에 의해 범할 것을 내용으로 하는 범죄를 말한다.

① 없음
② 1개
❸ 2개
④ 3개

해설

제시된 내용 중 옳은 것은 ㄱ과 ㄴ이다.
ㄷ. (×) 진정부작위범이란 형법의 구성요건이 부작위에 의하여만 실현될 수 있도록 규정되어 있는 범죄(다중불해산죄, 퇴거불응죄 등)이고, 부진정부작위범이란 부작위에 의하여 작위범의 구성요건을 실현하는 범죄를 말한다.

25

형법에 규정된 범죄가 아닌 것은? 기출 16

① 컴퓨터등 사용사기죄
❷ 과실손괴죄
③ 직권남용죄
④ 인신매매죄

해설

형법 제2편 각칙 제42장 손괴의 죄(제366조부터 제372조까지)에는 과실범을 처벌하는 규정을 두고 있지 않다.

26

다음 설명 중 틀린 것은? 기출문제

① 형법상의 형벌을 가할 수 있는 행위가 형식적 의의의 범죄이다.
② 범죄의 성립요건으로 구성요건해당성, 위법성, 책임성이 있다.
☑ **범죄행위의 객체에는 생명·명예·정조 등이 있다.**
④ 범죄 후 법률이 변경된 경우에는 원칙적으로 행위시법에 의하나 행위자에게 유리하게 변경된 경우에는 재판시의 법률에 따른다.

해설

생명·명예·정조 등은 범죄행위의 객체가 아니라 보호법익에 해당한다. ★

27

형법의 내용에 관한 설명으로 옳지 않은 것은? 기출 10

① 형법상으로는 사람이지만, 민법상으로는 사람에 해당되지 않는 경우가 있다.
☑ **구성요건에 해당하지 않는 행위라도 위법하고 책임이 있는 때에는 범죄로 되는 경우가 있다.**
③ 고의범을 원칙적으로 처벌하며, 과실범은 형법에 특별히 규정되어 있는 경우에만 처벌한다.
④ 범죄의 성립요건을 갖춘 행위에는 형벌이 가해지는 것이 원칙이다.

해설

형법상 범죄가 성립하기 위해서는 구성요건에 해당하고 위법하며 책임이 인정되어야 한다. 구성요건에 해당하지 않는 행위는 위법 여부를 판단할 필요 없이 형법적 규율의 적용제외 대상이 된다. 따라서 구성요건에 해당하지 않는 행위의 경우에는 위법성과 책임의 판단 대상에서 제외된다.

28

형법상 형을 감경해야 하는 자의 행위에 해당하는 것은? 기출 24

① 14세가 되지 아니한 자의 행위
❷ 듣거나 말하는 데 모두 장애가 있는 사람의 행위
③ 심신장애로 인하여 의사를 결정할 능력이 없는 자의 행위
④ 심신장애로 인하여 사물을 변별할 능력이 없는 자의 행위

해설
② (○) 듣거나 말하는 데 모두 장애가 있는 사람의 행위에 대해서는 형을 감경한다(형법 제11조).
① (×) 14세가 되지 아니한 자의 행위는 벌하지 아니한다(형법 제9조).
③ (×), ④ (×) 심신장애로 인하여 사물을 변별할 능력이 없거나 의사를 결정할 능력이 없는 자의 행위는 벌하지 아니한다(형법 제10조 제1항).

29

인과관계에 관한 설명으로 옳지 않은 것은?

① 인과관계는 실질범(결과범)에서만 문제된다.
② 인과관계의 유무 및 범위에 관하여 크게 조건설, 원인설 및 상당인과관계설로 대별된다.
❸ 인과적 행위론으로도 부작위범을 설명할 수 있다.
④ 통설과 판례는 상당인과관계설을 취하고 있다.

해설
부작위에 있어서는 의사에 의하여 수행되고 일정한 결과를 발생하게 하는 신체적 동작이 인과적 행위론의 의미에서는 존재한다고 볼 수 없기 때문에 인과적 행위론은 부작위범에 대하여 설명할 수 없다.★

30

산에서 사슴을 쏘려고 총을 겨누었을 때 부근에 사람이 있는 것을 알고도 '설마 맞지 않겠지.'하고 발사하여 사람이 맞은 경우, 결과의 발생 그 자체는 불명확하나 행위자가 결과발생의 가능성을 인식하는 고의를 무엇이라고 하는가? 기출문제

① **미필적 고의** ✓
② 택일적 고의
③ 선택적 고의
④ 확정적 고의

해설

결과의 발생 그 자체는 불명확하나 행위자가 결과발생의 가능성을 인식하고 이를 용인 내지 감수하는 고의는 미필적 고의이다.

31

甲·乙 양인을 향해 발포하여 그들 중 누구에 대해서 명중될지 불확실한 경우는? 기출문제

① **택일적 고의** ✓
② 개괄적 고의
③ 미필적 고의
④ 사후 고의

해설

택일적 고의란 결과의 발생은 확실하나 객체(결과발생의 대상)가 불확정한 경우를 의미한다. 개괄적 고의란 행위자가 행위객체를 오인하지 않았지만 결과를 오인한 경우를 의미한다.

32

과실의 요건이 아닌 것은?

① 부주의(주의 태만)
② 결과의 발생
③ 범죄사실의 불인식
④ **위법성 인식의 가능성** ✓

해설

과실이란 부주의로 인하여 범죄사실을 인식하지 못한 경우를 말한다. 즉, 과실의 성립요건은 범죄사실의 불인식과 부주의이다.
→ 위법성 인식의 가능성과는 거리가 멀다. ★

33

범죄사실의 발생가능성은 인식하였으나 상당한 주의를 결하여 결과의 발생을 부정하고 행한 경우는?

① 미필적 고의
② 사후 고의
③ **인식 있는 과실** ✓
④ 개괄적 고의

해설

인식 있는 과실이란 행위자가 구성요건의 실현가능성을 인식했으나 그 위험의 정도를 과소평가하거나 자신의 능력을 과대평가하거나 또는 단순히 행운을 바라는 희망 속에서 법적 구성요건이 실현되지 않을 것을 의무위반적으로 신뢰한 경우를 말한다.

34

다음 중 인과관계를 거론할 필요가 없는 범죄는?

① **형식범** ✓
② 결과적가중범
③ 결과범
④ 실질범

해설

결과범(실질범)에 있어서는 그 행위와 결과 사이에 인과관계가 있어야 한다(형법 제17조). 즉, 인과관계는 결과범에서만 논의되는 것이다. 거동범(형식범)은 행위만이 구성요건의 내용으로 규정된 범죄이므로 결과와 관련이 없어 인과관계를 거론할 필요가 없다.

핵심만콕 결과 발생의 필요에 따른 구분

- 실질범 : 결과의 발생을 구성요건의 내용으로 하는 범죄로 살인죄, 강도죄 등이 있다.
- 형식범 : 행위만이 구성요건의 내용으로 규정된 범죄로 주거침입죄, 위증죄 등이 있다.

35

다음 중 A는 B를 C로 오인하고 C를 살해할 의사로써 B를 칼로 찔러 B가 사망한 경우 A에 해당되는 죄는 다음 중 어느 것인가?(판례에 의함)

① 무 죄
② B에 대한 과실살인죄
③ C에 대한 살인미수죄
☑ **B에 대한 살인죄**

해설
설문은 구체적 사실의 착오 중 객체의 착오로 통설·판례(법정적 부합설)에 의하면 발생한 사실에 대한 고의·기수, 즉 B에 대한 살인죄가 성립된다.

36

형법상 '상당한 이유'를 요건으로 하고 있지 않은 위법성조각사유는? 기출 22

☑ **피해자의 승낙**
② 긴급피난
③ 자구행위
④ 정당방위

해설
① (○) 피해자 승낙의 경우 형법은 처분할 수 있는 자의 승낙에 의하여 그 법익을 훼손한 행위는 법률에 특별한 규정이 없는 한 벌하지 아니한다(형법 제24조)고 규정하여 '상당한 이유'를 요건으로 하고 있지 않다.
② (×) 긴급피난 : 자기 또는 타인의 법익에 대한 현재의 위난을 피하기 위한 행위는 상당한 이유가 있는 때에는 벌하지 아니한다(형법 제22조 제1항).
③ (×) 자구행위 : 법률에서 정한 절차에 따라서는 청구권을 보전(保全)할 수 없는 경우에 그 청구권의 실행이 불가능해지거나 현저히 곤란해지는 상황을 피하기 위하여 한 행위는 상당한 이유가 있는 때에는 벌하지 아니한다(형법 제23조 제1항).
④ (×) 정당방위 : 현재의 부당한 침해로부터 자기 또는 타인의 법익(法益)을 방위하기 위하여 한 행위는 상당한 이유가 있는 경우에는 벌하지 아니한다(형법 제21조 제1항).

37

형법상 甲의 행위는? 기출 21

> 甲은 어두운 골목길을 지나다가 강도를 만나 그를 피해 乙의 집에 무단으로 침입하였다.

① 정당방위
② 자구행위
☑ ③ 긴급피난
④ 정당행위

[해설]
甲이 부득이하게 乙의 집에 무단으로 침입한 것은, 자기의 법익에 대한 현재의 위난(강도)을 피하기 위한 행위이므로, 형법 제22조 제1항의 긴급피난에 해당하여 처벌받지 아니한다.

관계법령

정당행위(형법 제20조)
법령에 의한 행위 또는 업무로 인한 행위 기타 사회상규에 위배되지 아니하는 행위는 벌하지 아니한다.

정당방위(형법 제21조)
① 현재의 부당한 침해로부터 자기 또는 타인의 법익(法益)을 방위하기 위하여 한 행위는 상당한 이유가 있는 경우에는 벌하지 아니한다.
② 방위행위가 그 정도를 초과한 경우에는 정황(情況)에 따라 그 형을 감경하거나 면제할 수 있다.
③ 제2항의 경우에 야간이나 그 밖의 불안한 상태에서 공포를 느끼거나 경악(驚愕)하거나 흥분하거나 당황하였기 때문에 그 행위를 하였을 때에는 벌하지 아니한다.

긴급피난(형법 제22조)
① 자기 또는 타인의 법익에 대한 현재의 위난을 피하기 위한 행위는 상당한 이유가 있는 때에는 벌하지 아니한다.
② 위난을 피하지 못할 책임이 있는 자에 대하여는 전항의 규정을 적용하지 아니한다.
③ 전조 제2항과 제3항의 규정은 본조에 준용한다.

자구행위(형법 제23조)
① 법률에서 정한 절차에 따라서는 청구권을 보전(保全)할 수 없는 경우에 그 청구권의 실행이 불가능해지거나 현저히 곤란해지는 상황을 피하기 위하여 한 행위는 상당한 이유가 있는 때에는 벌하지 아니한다.
② 제1항의 행위가 그 정도를 초과한 경우에는 정황에 따라 그 형을 감경하거나 면제할 수 있다.

38

형법상 위법성조각사유에 관한 설명으로 옳지 않은 것은? 기출 18

① 자구행위는 사후적 긴급행위이다.
☑ **정당방위에 대해 정당방위를 할 수 있다.**
③ 긴급피난에 대해 긴급피난을 할 수 있다.
④ 정당행위는 위법성이 조각된다.

해설
정당방위는 위법한 침해에 대한 방어행위이므로 상대방은 이에 대해 정당방위를 할 수는 없으나 긴급피난은 가능하다.

핵심만콕
- 자구행위는 이미 침해된 청구권을 보전하기 위한 사후적 긴급행위이다.
- 긴급피난은 위법한 침해일 것을 요하지 않으므로 긴급피난에 대해서는 긴급피난을 할 수 있다.
- 정당행위는 위법성이 조각된다(형법 제20조).

39

물건을 배달하러 온 택배기사를 강도로 착각하여 폭행을 가한 경비원의 행위에 해당하는 것은?

기출 15

① 정당방위
② 우연방위
☑ **오상방위**
④ 과잉방위

해설
경비원은 정당방위의 요건이 되는 사실, 즉 자기나 타인의 법익에 대한 현재의 부당한 침해가 없는데도 그것이 있다고 잘못 생각하여 방위행위를 한 것으로, 이를 오상방위라 한다.

40

다음 괄호 안에 알맞은 것은? 기출 06

> 형법상 법령에 의한 행위 또는 업무로 인한 행위 기타 사회상규에 위배되지 아니하는 행위는 벌하지 아니한다. 여기서 법령에 의한 행위 또는 업무로 인한 행위 기타 사회상규에 위배되지 아니하는 행위를 ( )라 부른다.

☑ **정당행위**
② 정당방위행위
③ 긴급피난행위
④ 자구행위

해설
형법 제20조에 규정된 정당행위의 내용이다.

41

다음 중 자구행위에 해당하는 것은? 기출문제

① 다가오는 차를 피하려다 옆에 있던 사람이 들고 있던 꽃병을 깨뜨렸다.
② 강도가 칼을 들고 위협하므로 몽둥이로써 격퇴하던 중 상해를 입었다.
☑ **도망가는 절도범을 추격하여 탈취당한 재물을 탈환하였다.**
④ 군인이 전투 중 적병을 살해했다.

해설
①은 긴급피난, ②는 정당방위, ④는 정당행위이다.

42

다음에서 위법성을 조각하는 사유가 아닌 것은? 기출 04

☑ **본인의 자유로운 처분이 불가능한 법익에 대한 피해자의 승낙행위**
② 타인의 법익에 대한 부당한 침해를 방위하기 위하여 상당한 이유가 있는 행위
③ 타인의 법익에 대한 현재의 위난을 피하기 위하여 상당한 이유가 있는 행위
④ 법령에 의한 행위 또는 업무로 인한 행위

해설
피해자의 승낙이란 처분할 수 있는 자의 승낙에 의하여 그 법익을 훼손한 행위는 특별한 규정이 없는 한 처벌하지 아니한다. 그러나 살인죄 등의 경우에는 승낙행위가 있어도 위법성이 조각되지 않고 처벌된다.

43

다음 중 위법성이 조각되는 사유가 아닌 것은?

① 정당행위
② 긴급피난
✅ ③ 친족 간의 범인은닉죄
④ 피해자의 승낙

해설

친족 간의 범인은닉죄는 책임조각사유이다. 형법상 위법성 조각사유로는 정당행위, 정당방위, 긴급피난, 자구행위, 피해자의 승낙이 있다(형법 제20조 내지 제24조).

44

의사가 환자를 치료하기 위해서 환자의 배를 절개하는 행위를 무엇이라고 하는가? 기출문제

✅ ① 업무상 정당행위
② 피해자의 승낙
③ 자구행위
④ 법령상 정당행위

해설

설문은 위법성조각사유 중 하나인 정당행위 중 업무상 정당행위에 대한 내용이다.

핵심만콕 정당행위

사회상규에 위배되지 아니하여 국가적·사회적으로 정당시되는 행위로 법령에 의한 행위 또는 업무로 인한 행위 기타 사회상규에 위배되지 아니하는 행위는 벌하지 아니한다.
- 법령에 의한 행위 : 공무원의 직무집행행위, 징계행위, 사인의 현행범 체포행위, 노동쟁의행위 등
- 업무로 인한 행위 : 의사의 치료행위, 안락사, 변호사·성직자의 직무수행행위 등
- 사회상규에 위배되지 아니하는 행위 : 소극적 저항행위, 징계권 없는 자의 징계행위, 권리실행행위 등

45

피해자의 승낙에 있어서 바르지 않은 것은? 기출문제

① 승낙에 의한 행위가 모두 위법성을 조각하는 것은 아닌바 살인죄, 낙태죄가 그 예이다.
② 법익의 처분권능을 가진 자가 자유로운 의사에 기한 것이어야 한다.
③ 승낙은 승낙의 의미를 인식할 수 있는 자의 승낙이어야 한다.
❹ 승낙은 모두 명시적인 의사표시임을 요한다.

해설

승낙이 모두 명시적이어야 하는 것은 아니고 특정한 사항에서는 추정적 승낙도 피해자의 승낙으로 볼 수 있다(형법 제24조). 또한, 피해자의 승낙이 외부에 인식될 수 있는 한 그 방법은 명시적이든 묵시적이든 불문한다는 절충설이 통설이다.

46

정당방위에 관한 설명 중 잘못된 것은?

① 현재의 부당한 침해로부터 자기 또는 타인의 법익(法益)을 방위하기 위한 상당한 이유가 있는 행위를 정당방위라 한다.
❷ 과거의 침해에 대한 정당방위는 불가하며, 부작위로 인한 소극적 침해에 대해서도 정당방위는 불가하다.
③ 방위행위가 상당한 정도를 초과하면 과잉방위가 되며, 그때에는 정황에 따라 그 형을 감경 또는 면제할 수 있다.
④ 행위자에게 방위의사가 없으면 정당방위는 성립하지 않는다.

해설

② (×) 부작위로 인한 침해에 대해서도 정당방위는 가능하다. ★
① (○) 형법 제21조 제1항
③ (○) 형법 제21조 제2항
④ (○) 정당방위가 성립하려면 방위행위자에게 정당방위상황에 대한 인식과 방어행위를 실현한다는 의사가 있어야 한다.

핵심만콕

- **오상방위** : 정당방위의 요건이 되는 사실, 즉 자기나 타인의 법익에 대한 현재의 부당한 침해가 없는데도 그것이 있다고 잘못 생각하여 행한 방위행위로, 위법성이 조각되지 않아 과실범으로 처벌이 가능하다(법효과제한적 책임설).
- **정당방위** : 현재의 부당한 침해로부터 자기 또는 타인의 법익(法益)을 방위하기 위하여 한 행위는 상당한 이유가 있는 경우에는 벌하지 아니한다(형법 제21조 제1항).
- **과잉방위** : 방위행위가 그 정도를 초과한 경우에는 정황(情況)에 따라 그 형을 감경하거나 면제할 수 있다. 야간이나 그 밖의 불안한 상태에서 공포를 느끼거나 경악(驚愕)하거나 흥분하거나 당황하였기 때문에 그(과잉방위) 행위를 하였을 때에는 벌하지 아니한다(형법 제21조 제2항ㆍ제3항).

47

달려오는 광견을 피하기 위하여 남의 집에 뛰어들어 값비싼 도자기를 망가뜨린 경우는 다음 중 어디에 해당하는가?

① 정당방위
☑ 긴급피난
③ 정당행위
④ 자구행위

해설
해당 내용은 긴급피난에 해당한다.

핵심만콕

- 긴급피난 : 자기 또는 타인의 법익에 대한 현재의 급박한 위난을 피하기 위하여 부득이하게 한 상당한 이유 있는 행위(형법 제22조 제1항)
- 정당방위 : 현재의 부당한 침해로부터 자기 또는 타인의 법익(法益)을 방위하기 위하여 한 상당한 이유 있는 행위(형법 제21조)
- 정당행위 : 법령에 의한 행위 또는 업무로 인한 행위 기타 사회상규에 위배되지 아니하는 행위(형법 제20조)
- 자구행위 : 법률에서 정한 절차에 따라서는 청구권을 보전(保全)할 수 없는 경우에 그 청구권의 실행이 불가능해지거나 현저히 곤란해지는 상황을 피하기 위하여 한 상당한 이유 있는 행위(형법 제23조)

48

다음 중 A 건물에서 대형화재가 난 후, B 건물로 그 불이 옮겨 붙고 다시 C 건물로 불이 옮겨 붙으려고 하여, C 건물 주인이 B 건물을 손괴하여 C 건물로 불이 옮겨 붙지 않게 했다면, 이때의 위법성 조각사유는 어느 것인가? 기출문제

① 자구행위
☑ 긴급피난
③ 정당방위
④ 과잉방위

해설
설문은 긴급피난에 해당한다. 즉, 현재의 위난에 처한 자가 그 위난을 피하기 위하여 부득이 정당한 제3자의 법익을 침해한 경우에는 긴급피난에 해당하여 벌하지 아니한다(형법 제22조 제1항).

49

행위자가 범행을 위하여 미리 술을 마시고 취한 상태에서 계획한 범죄를 실행한 경우에 적용되는 것은? 기출 12

① 추정적 승낙
② 구성요건적 착오
❸ 원인에 있어서 자유로운 행위
④ 과잉방위

해설

심신장애로 인하여 사물을 변별할 능력이나 의사를 결정할 능력이 미약한 자의 행위는 형을 감경하지만, 위험의 발생을 예견하고 자의로 심신장애를 야기한 자의 범죄행위(원인에 있어서 자유로운 행위)에는 그러하지 아니한다(형법 제10조 제3항 참고).

50

형법상 책임조각사유에 해당하는 것은? 기출 10

① 피해자의 승낙
❷ 강요된 행위
③ 정당방위
④ 자구행위

해설

정당방위, 정당행위, 긴급피난, 자구행위, 피해자의 승낙은 형법상 위법성조각사유에 해당한다.

핵심만콕	형법상 위법성조각사유와 책임조각사유 ★		
위법성 조각사유	정당행위(제20조)	법령에 의한 행위 또는 업무로 인한 행위 기타 사회상규에 위배되지 아니하는 행위	
	정당방위(제21조)	현재의 부당한 침해로부터 자기 또는 타인의 법익(法益)을 방위하기 위하여 한 상당한 이유 있는 행위	
	긴급피난(제22조)	자기 또는 타인의 법익에 대한 현재의 급박한 위난을 피하기 위하여 부득이 취한 행위	
	자구행위(제23조)	법률에서 정한 절차에 따라서는 청구권을 보전(保全)할 수 없는 경우에 그 청구권의 실행이 불가능해지거나 현저히 곤란해지는 상황을 피하기 위하여 한 상당한 이유 있는 행위	
	피해자의 승낙(제24조)	처분할 수 있는 자의 승낙에 의하여 그 법익을 훼손한 행위	
책임 조각사유	형사미성년자(제9조)	14세 되지 아니한 자의 행위	
	심신장애인(제10조 제1항)	심신장애로 인하여 사물을 변별할 능력이 없거나 의사를 결정할 능력이 없는 자(심신상실자)의 행위	
	강요된 행위(제12조)	저항할 수 없는 폭력이나 자기 또는 친족의 생명·신체에 대한 위해를 방어할 방법이 없는 협박에 의하여 강요된 행위	

51

다음 위법성의 인식에 대한 설명 중 옳지 않은 것은?

① 위법성의 인식이란 행위자의 행위가 공동사회의 질서에 반하고 법적으로 금지되어 있다는 것을 인식하는 것을 말한다.
② 위법성의 인식은 법적 인식이므로 반윤리성에 대한 인식과 다르다.
❸ 법정범의 경우에는 대부분 위법성의 인식이 추론된다.
④ 위법성의 인식은 자기의 행위가 현실적으로 실정법체계 내에서 허용되지 않음을 인식하면 족하다.

[해설]
법정범은 법률행위 자체에는 반도덕성이나 반사회성이 없으나 행정상의 필요에 따라 정해진 법규를 위반하는 범죄자로 위법성 인식이 추정되지는 않는다. 이와 달리 자연범의 경우에는 대부분 위법성의 인식이 추론된다.

52

행위자가 금지된 것을 인식하였으나 구체적인 경우에 위법성조각사유의 법적 한계를 오해하였거나 위법성조각사유가 존재하는 것으로 오인한 경우를 무엇이라 하는가?

① 효력의 착오
② 직접적 착오
③ 포섭의 착오
❹ 간접적 착오

[해설]
설문은 간접적 착오에 관한 내용으로 위법성조각사유의 법적 한계를 오해한 경우를 허용한계의 착오, 위법성조각사유가 존재하는 것으로 오인한 경우를 허용규범의 착오라고 한다.

53

범죄의 구성요건에 해당하는 위법한 행위가 책임을 질 수 있는 자에 의해 행하여졌을 때 범죄가 성립한다. 다음 중 우리 형법상 책임조각사유가 되는 경우는? 기출 04

① 밀항하기로 하고 선주에게 도항비를 주었으나, 그 후에 밀항을 포기한 경우
❷ 저항할 수 없는 폭력에 의하여 절도행위를 한 경우
③ 설탕을 먹여서 사람을 죽이려고 한 경우
④ 범인이 자의로 실행에 착수하였으나 스스로 행위를 중지한 경우

해설
②는 강요된 행위에 의한 절도행위로 책임조각사유에 해당한다.

54

다음 중 초법규적 책임조각사유에 해당하지 않은 것은?

① 면책적 긴급피난
② 면책적 의무충돌
③ 상관의 위법한 명령에 의한 행위
❹ 강요된 행위

해설
통설과 판례는 형법에 규정이 없는 일정한 경우에도 기대불가능성을 이유로 책임을 조각하고 있는데 이를 초법규적 책임조각사유라고 한다. 초법규적 책임조각사유로는 면책적 긴급피난, 면책적 의무충돌, 상관의 위법한 명령에 의한 행위가 있다. 강요된 행위는 형법 제12조에 의한 책임조각사유에 해당한다.

55

미수범에 관한 설명 중 틀린 것은? 기출문제

① 예비·음모는 실행의 착수 이전의 행위다.
② 미수는 범죄의 실행에 착수하였으나 그 범죄의 완성에 이르지 못한 경우이다.
③ 미수는 형법 각 본조에 처벌규정이 있을 때에만 처벌된다.
❹ 미수범을 처벌하는 것은 객관주의 입장이라고 할 수 있다.

해설

주관주의(신파)는 행위자의 반사회적 성격에 중점을 둔다. 따라서 미수의 처벌은 주관주의의 입장이라고 할 수 있으며, 다만 임의적 감경사유로 한 것은 객관주의의 색채가 가미된 것이라고 할 수 있다.★

56

형법상 미수범 등에 관한 설명으로 옳지 않은 것은? 기출 19

❶ 미수범의 형은 기수범보다 감경하여야 한다.
② 범인이 자의로 실행에 착수한 행위를 중지한 때에는 형을 감경 또는 면제한다.
③ 범죄의 음모가 실행의 착수에 이르지 아니한 때에는 법률에 특별한 규정이 있어야 처벌할 수 있다.
④ 실행 수단의 착오로 인하여 결과발생이 불가능하더라도 위험성이 있는 때에는 처벌하되, 형을 감경 또는 면제할 수 있다.

해설

① (×) 미수범은 형법 각조에 규정이 있을 때에만 처벌되며, 그 형도 기수범에 비해 가볍게 처벌할 수 있다(임의적 감경, 형법 제25조 제2항).
② (○) 범인이 실행에 착수한 행위를 자의로 중지하거나 그 행위로 인한 결과의 발생을 자의로 방지한 경우에는 형을 감경하거나 면제한다(형법 제26조).
③ (○) 형법 제28조 반대해석
④ (○) 형법 제27조(불능범)

57

甲이 타인의 창고에 침입하여 물건을 보자기에 싸던 중 경비원이 다가오는 소리에 놀라 그 범행을 중지한 경우는? 기출 09

① **장애미수** ✓
② 중지미수
③ 불능미수
④ 불능범

해설

실행은 했으나 외부의 사정으로 범행을 중지한 경우는 장애미수이다. 경비원이 다가오는 소리에 놀라 범행을 중지한 것은 중지미수의 자의성이 인정되지 않는다.

58

범죄의 형태에 관한 설명이다. 옳지 않은 것은? 기출 04

① 실행의 수단 또는 대상의 착오로 인하여 결과의 발생이 불가능하더라도 위험성이 있는 때에는 처벌한다.
② 두 사람 이상이 공동으로 범죄를 행한 경우 각자를 그 죄의 정범으로 처벌한다.
③ **미수범은 처벌하는 것이 원칙이다.** ✓
④ 장애미수범에 대하여는 기수범에 비하여 그 형을 감경할 수 있다.

해설

미수범은 범죄의 실행에 착수하였으나 그 행위를 종료하지 못하였거나 행위는 종료하였으나 결과가 발생하지 아니한 경우로 원칙적으로 처벌되지 않고 법률에 처벌 규정이 있는 경우에만 처벌된다.★

59

자의로 실행에 착수한 행위를 실행하지 않았거나 결과의 발생을 자의로 방지하는 경우를 무슨 미수라고 하는가?

① 착수미수
② 실행미수
③ 장애미수
✓ ④ 중지미수

해설

해당 내용은 중지미수에 해당한다.

> **핵심만콕**
> - 중지미수 : 범죄의 실행에 착수한 행위자가 스스로 범죄를 중지한 경우
> - 착수미수 : 범죄의 실행에는 착수하였으나, 행위를 종료하지 못한 경우
> - 실행미수 : 실행행위는 종료하였으나, 결과가 발생하지 아니한 경우
> - 장애미수 : 행위자의 의사에 반하여 범죄를 완성하지 못한 경우

60

甲과 乙은 각각 독립된 범죄의사로 동시에 丙에게 발포하였고, 丙은 이 중의 한 발을 맞고 사망하였다. 그러나 누가 쏜 탄환에 맞았는지 밝혀지지 않은 경우, 甲과 乙의 죄책은? **기출** 10

① 살인죄
✓ ② 살인미수죄
③ 상해치사죄
④ 상해죄

해설

甲과 乙은 각각 살인의 고의로 상호 간의 의사의 연락 없이 丙에게 발포하였다. 형법은 제19조에서 동시 또는 이시의 독립행위가 경합한 경우에 그 결과 발생의 원인된 행위가 판명되지 아니한 때에는 각 행위를 미수범으로 처벌한다고 규정하고 있다. 따라서 비록 丙의 사망이라는 결과가 발생하였으나 그 결과를 甲 또는 乙에게 귀속시킬 수 없기 때문에 甲, 乙은 살인미수의 죄책을 진다.★

61

불능범과 미수범이 특히 구별되는 것은 어느 것인가?

① 범죄구성요건을 충족시킬 가능의 여부
② 결과발생이 있느냐의 여부
❸ **위험성이 있느냐의 여부**
④ 고의가 있느냐의 여부

[해설]
형법 제27조는 "~ 위험성이 있는 때에는 처벌한다."고 규정하고 있으므로 미수범과 불능범의 구별표준은 위험성의 존재 여부이다.

62

다음 중 실행의 수단 또는 대상의 착오로 인하여 결과의 발생이 불가능하여 위험성이 없는 경우는?

[기출문제]

① 미수범
❷ **불능범**
③ 교사범
④ 종 범

[해설]
불능범에 관한 설명이다.

> **핵심만콕**
> - 불능범 : 실행의 수단 또는 대상의 착오로 결과의 발생이 불가능하여 위험성이 없는 범죄
> - 미수범 : 범죄의 실행에 착수하여 행위를 종료하지 못하였거나 결과가 발생하지 아니한 범죄(형법 제25조 제1항)
> - 교사범 : 범죄의사가 없는 타인에게 범죄를 결의하고 실행하게 하는 범죄(형법 제31조)
> - 종범 : 정범을 도와서 그 실행행위를 용이하게 하는 범죄(형법 제32조)

63

형법상 여럿이 함께 모여 거액의 도박을 한 경우는 다음 중 어디에 해당하는가? 기출 06

① 공동정범
② 간접정범
③ 공모공동정범
☑ **필요적 공범**

해설

필요적 공범은 구성요건의 실현에 반드시 2인 이상의 참가가 요구되는 범죄유형을 말한다. 필요적 공범은 집합범(내란죄, 소요죄, 도박죄 등)과 대향범(뇌물죄, 아동혹사죄 등)으로 나누어진다. 필요적 공범은 그 자체가 독립된 범죄인 까닭에 총칙상의 공범규정이 적용되지 않는다. ★

64

다음 중 필요적 공범만으로 된 항목은? 기출문제

① 상해죄, 절도죄
② 횡령죄, 배임죄
☑ **내란죄, 도박죄**
④ 살인죄, 주거침입죄

해설

①・②・④는 모두 혼자서도 범죄가 가능하지만, ③은 반드시 2인 이상이 필요하므로 필요적 공범이다.

65

수인이 공모하고 그중 1인의 실행행위가 있는 때에는 공모자 전원이 그 범죄의 공동정범으로서 책임을 지는 경우는?

☑ **공모공동정범**
② 편면적 공동정범
③ 승계적 공동정범
④ 우연적 공동정범

해설

수인이 범죄를 직접 모의하고 그 공모자 중 일부인으로 하여금 실행행위를 담당하게 한 경우 직접 실행행위에 가담하지 않은 자도 공동정범이 성립하여 공모공동정범으로 처벌된다.

66

의사 甲이 그 사정을 전혀 알지 못하는 간호사를 이용하여 환자 乙에게 치료약 대신 독극물을 복용하게 하여 乙이 사망에 이른 경우에 甲의 범죄 형태는? 기출 13

① 교사범
② 단독정범
③ 공동정범
❹ 간접정범

해설

14세 미만자, 정신이상자 등의 책임무능력자나 과실자, 범죄행위임을 모르는 자 등의 고의가 없는 자를 이용하여 범하는 범죄를 간접정범이라고 한다.

67

다음 중 간접정범이 성립되지 않는 경우는?

① 상관이 절대적 구속명령을 이용하여 부하로 하여금 살인하게 한 경우
② 甲이 절도의 의사로써 乙로 하여금 丙의 물건을 乙의 물건으로 오인케 하여 지참하게 한 경우
❸ 시비변별능력이 있는 13세의 소년을 이용하여 타인의 재물을 절취케 한 경우
④ 행사의 목적으로써 행사의 목적이 없는 자로 하여금 통화를 위조하게 한 경우

해설

피이용자가 유아 또는 심신상실자와 같은 책임무능력자인 때에는 행위지배가 인정되므로 이용자는 원칙적으로 간접정범이 된다. 그러나 피이용자가 형사미성년자, 정신이상자라도 시비의 변별능력이 있는 때에는 교사범이 성립한다. ★

68

타인에게 범죄적 의사를 결정하게 하여 범죄를 실행하게 하는 경우는 무엇인가?

① 종 범
❷ 교사범
③ 미수범
④ 공동정범

해설

교사범은 타인을 교사하여 범죄실행의 결의를 생기게 하고 이 결의에 의하여 범죄를 실행하게 하는 자를 말하며, 이 경우 죄를 실행한 자와 동일한 형으로 처벌한다(형법 제31조 제1항).

69

교사범에 관한 설명 중 틀린 것은? 기출문제

① 특정된 타인이 교사자의 지휘・감독을 받는 자인 경우에는 특수교사로 된다.
② 교사자에게 교사의 고의가 있고, 피교사자의 범죄결의가 있어야 한다.
③ 범죄를 교사했으나 실패한 교사범은 당해 범죄의 예비와 음모에 준하여 처벌한다.
❹ 절도를 교사받고 강도를 한 경우 교사자는 교사의 책임을 지지 않는다.

해설

④ (×) 교사한 범위 내에서 책임을 진다는 것이 학설・판례이다(법정적 부합설).
① (○) 자기의 지휘, 감독을 받는 자를 교사 또는 방조하여 전항의 결과를 발생하게 한 자는 교사인 때에는 정범에 정한 형의 장기 또는 다액에 그 2분의 1까지 가중하고 방조인 때에는 정범의 형으로 처벌한다(형법 제34조 제2항).
② (○) 교사범이 성립하려면 교사자에 관한 요건으로 ㉠ 교사행위와 ㉡ 교사자의 고의(정범에게 범죄의 결의를 가지게 하는 교사의 고의와 정범이 구성요건적 결과를 일으킬 것이라는 정범의 고의가 모두 있어야 함)가 있어야 하고, 피교사자에 관한 요건으로 피교사자의 ㉠ 범행결의와 ㉡ 실행행위가 있어야 한다.
③ (○) 교사를 받은 자가 범죄의 실행을 승낙하지 아니한 때에는 교사자를 음모 또는 예비에 준하여 처벌한다(실패한 교사 ; 형법 제31조 제3항).

70

우리 형법에 규정이 없는 것은? 기출문제

☑ ① 미수의 교사
② 교사의 미수
③ 효과 없는 교사
④ 기도된 교사

해설

미수의 교사란 애당초 미수에 그칠 것을 예견하면서 교사한 경우로 현행법상 미수의 교사에 관한 규정은 없다.★

핵심만콕

기도된 교사	협의의 교사의 미수(제31조 제1항)	• 피교사자가 실행에 착수했으나 미수에 그친 경우 • 미수범처벌 규정이 있으면 미수죄의 교사범으로 처벌
	실패한 교사(제31조 제3항)	• 피교사자가 응하지 않거나 교사 전에 이미 결의하고 있는 경우 • 교사자는 예비·음모에 준하여 처벌
	효과 없는 교사(제31조 제2항)	• 피교사자가 승낙하였으나 실행의 착수에 이르지 아니한 경우 • 교사자와 피교사자를 모두 예비·음모에 준하여 처벌

71

형법상 공범에 관한 설명 중 틀린 것은? 기출 04

① 어느 행위로 인하여 처벌되지 아니하는 자를 교사하여 범죄행위의 결과를 발생하게 한 자도 처벌한다.
② 교사를 받은 자가 범죄의 실행을 승낙하고 실행의 착수에 이르지 아니한 때에는 교사자와 피교사자를 음모 또는 예비에 준하여 처벌한다.
③ 2인 이상의 공동으로 죄를 범한 때에는 각자를 그 죄의 정범으로 처벌한다.
☑ ④ 종범은 정범과 동일한 형으로 처벌한다.

해설

④ (×) 종범의 형은 정범의 형보다 감경한다(형법 제32조 제2항). 즉, 종범은 필요적 감경사유이다. 그러나 여기서 감경하는 형은 법정형이므로 구체적인 선고형에 있어서는 종범의 형량이 정범보다 무거울 수도 있다.
① (○) 형법 제34조 제1항
② (○) 형법 제31조 제2항
③ (○) 형법 제30조

72

공범에 관한 설명으로 틀린 것은?

① 공동정범은 각자를 그 죄의 정범자로서 처벌한다.
② 교사범은 정범과 동일한 형으로 처벌한다.
③ 의사연락은 수인 간에 직접 공모함을 요하지 않고, 상호의사 연락이 없는 편면적 공동정범을 인정치 않는다.
❹ 합동범은 임의적 공범의 일종이다.

해설

④ (×) 합동범(특수도주, 특수절도, 특수강도)은 필요적 공범의 일종이다. ★
① (○) 형법 제30조
② (○) 형법 제31조 제1항
③ (○) 통설·판례는 편면적 공동정범을 인정하지 않는다. ★

73

공무집행을 방해할 의사로 공무집행 중인 공무원을 상해한 경우는 다음 중 어느 것에 해당하는가?

기출 13

① 법조경합
② 포괄적 일죄
❸ 상상적 경합
④ 실체적 경합

해설

공무집행방해죄의 행위가 단순히 폭행·협박에 그쳤을 경우에는 폭행죄·협박죄는 공무집행방해죄에 흡수되지만, 단순폭행의 정도를 넘어 체포·감금·살인·상해·준강도·강도치사상·소요 등의 죄를 범한 경우에는 공무집행방해죄와 상상적 경합이 된다.

74

건물에 폭발물을 설치한 다음, 원격조종으로 폭발케 하여 1인이 사망하고 다수인이 상해를 입고, 당해 건물이 전파한 경우는 다음 중 어느 것에 해당하는가?

① 법조경합
② 포괄 일죄
③ **상상적 경합** ✓
④ 실체적 경합

해설

설문은 상상적 경합에 대한 내용이다. 상상적 경합은 한 개의 행위가 원칙적으로 법률이 규정한 여러 개의 죄에 해당하는 경우(가장 무거운 죄에 정한 형으로 처벌)이다.

핵심만 콕

- 법조경합 : 한 개의 행위 또는 수개의 행위가 외형상으로는 수개의 구성요건(형벌법규)에 해당하는 것 같지만, 성질상 실제로는 한 구성요건이 다른 구성요건을 배척하여 한 개의 구성요건에만 해당되어 단순일죄로 되는 경우이다.
- 포괄 일죄 : '형법상 수개의 행위'가 각각 구성요건에 해당하나 각 행위가 일정한 관련성을 가지는 것으로 인해 포괄하여 한 개의 구성요건에 해당하는 것으로 1죄에 해당하는 경우이다.
- 실체적 경합 : 2개 이상의 행위로 2개 이상의 죄가 성립되는 경우이다.

75

甲은 살인죄를 범한 후 다시 6개월 뒤에 강도죄를 범하였다. 강도죄에 대해서 기소되어 금고 이상의 확정판결을 받은 경우 살인죄와 강도죄의 관계를 무엇이라고 하는가? 기출수정

① 누 범
② **경합범** ✓
③ 포괄적 일죄
④ 상상적 경합범

해설

경합범이란 판결이 확정되지 아니한 수 개의 죄(동시적 경합범) 또는 금고 이상의 형에 처한 판결이 확정된 죄와 그 판결확정 전에 범한 죄(사후적 경합범)를 말한다.

76

상상적 경합에 관하여 틀린 것은? 기출문제

① 한 개의 행위가 여러 개의 죄에 해당하는 경우로 고의범이건 과실범이건 불문한다.
② 1발의 탄환으로 수인을 살해한 경우를 동종류의 상상적 경합이라고 한다.
③ 한 개의 행위로 A를 살해하고 B의 물건을 손괴한 경우를 이종류의 상상적 경합이라고 한다.
❹ 상상적 경합은 사실상으로나 처분상으로나 일죄이다.

[해설]
한 개의 행위가 여러 개의 죄명에 해당하면서 처벌상 일죄로 취급되는 경우에 성립하는 범죄를 상상적 경합범이라고 한다. 이것은 여러 개의 범죄 중 가장 무거운 죄에 대하여 정한 형으로 처벌한다(형법 제40조). ★

77

형법상 형벌이 아닌 것은? 기출 12

① 징 역
② 자격정지
❸ 과태료
④ 과 료

[해설]
과태료는 행정법상 의무위반에 대한 제재로서 부과·징수되는 금전을 말하는 것으로 형벌과는 별개의 개념이다.

핵심만콕	형법상 형벌의 종류(형법 제41조 참고)
• 생명형 : 사형
• 자유형 : 징역, 금고, 구류
• 재산형 : 벌금, 과료, 몰수
• 명예형 : 자격상실, 자격정지

78

형법상 인정되지 않는 형벌은?

① 생명형
② 재산형
③ 명예형
✅ ④ 신체형

해설

신체형은 소위 태형을 말하는 것으로 오늘날에는 거의 그 예가 없다. 형벌의 종류로는 형법상 9종이 있는데, 크게 '생명형(사형), 자유형(징역·금고·구류), 명예형(자격상실·자격정지), 재산형(벌금·과료·몰수)'으로 구분할 수 있다(형법 제41조).

79

형법상 형벌의 내용으로 옳지 않은 것은? [기출] 09

✅ ① 유기징역에 대하여 형을 가중하는 때에는 30년까지로 할 수 있다.
② 범죄행위에 제공하려고 한 물건은 몰수할 수 있다.
③ 과료는 2천원 이상 5만원 미만으로 한다.
④ 구류는 1일 이상 30일 미만으로 한다.

해설

징역 또는 금고는 무기 또는 유기로 하고 유기는 1개월 이상 30년 이하로 한다. 단, 유기징역 또는 유기금고에 대하여 형을 가중하는 때에는 50년까지로 한다(형법 제42조).★

80

다음 중 임의적 감면사유에 해당하지 않는 것은 어느 것인가? [기출수정]

✅ ① 청각 및 언어 장애인의 행위
② 자 복
③ 과잉방위
④ 자 수

해설

임의적 감면사유에는 과잉방위, 과잉피난, 과잉자구행위, 불능미수, 자수, 자복이 있다. 청각 및 언어 장애인의 행위는 필요적 감경사유에 해당한다(형법 제11조).

81

형의 감면에 대한 다음 설명 중 옳지 않은 것은?

① 종범의 형은 정범의 형보다 감경한다.
☑ 장애미수범의 형은 기수범보다 감경한다.
③ 불능미수범은 형을 감경 또는 면제할 수 있다.
④ 중지미수범은 형을 감경 또는 면제한다.

해설

② (×) 장애미수범은 임의적으로 형을 감경할 수 있는 것이지 필요적 감경이 아니다(형법 제25조 제2항).
① (○) 형법 제32조 제2항
③ (○) 형법 제27조 단서
④ (○) 형법 제26조

82

형을 가중·감경할 사유가 경합된 때, 가중·감경의 순서로 옳은 것은?

① 각칙 조문에 따른 가중 → 제34조 제2항에 따른 가중 → 경합범 가중 → 법률상 감경 → 누범 가중 → 정상참작감경
☑ 각칙 조문에 따른 가중 → 제34조 제2항에 따른 가중 → 누범 가중 → 법률상 감경 → 경합범 가중 → 정상참작감경
③ 제34조 제2항에 따른 가중 → 각칙 조문에 따른 가중 → 경합범 가중 → 법률상 감경 → 누범 가중 → 정상참작감경
④ 제34조 제2항에 따른 가중 → 각칙 조문에 따른 가중 → 누범 가중 → 법률상 감경 → 경합범 가중 → 정상참작감경

해설

형을 가중·감경할 사유가 경합된 때에는 각칙 조문에 따른 가중 → 제34조 제2항에 따른 가중(특수한 교사, 방조에 대한 형의 가중) → 누범 가중 → 법률상 감경 → 경합범 가중 → 정상참작감경의 순서에 의한다(형법 제56조).
🔑 각·특·누·법·경·작

관계법령 가중·감경의 순서(형법 제56조)

형을 가중·감경할 사유가 경합하는 경우에는 다음 각호의 순서에 따른다.
1. 각칙 본조에 따른 가중
2. 제34조 제2항에 따른 가중(특수한 교사, 방조에 대한 형의 가중)
3. 누범 가중
4. 법률상 감경
5. 경합범 가중
6. 정상참작감경

83

형의 양형에서 양형의 조건이 아닌 것은?

① 범인의 연령
② 범인의 지능
③ **범인의 성별** ✓
④ 범인의 환경

해설

양형의 조건은 범인의 연령, 성행, 지능과 환경, 피해자에 대한 관계, 범행의 동기, 수단과 결과, 범행 후의 정황이다(형법 제51조).

84

형법상 선고유예의 규정 내용이 아닌 것은? 기출 17

① **선고유예기간 중 벌금형 이상의 판결이 확정된 때에는 유예한 형을 선고한다.** ✓
② 형을 병과할 경우에도 형의 전부 또는 일부에 대하여 선고를 유예할 수 있다.
③ 형의 선고를 유예하는 경우에 보호관찰을 명할 수 있다.
④ 형의 선고유예를 받은 날로부터 2년을 경과한 때에는 면소된 것으로 간주한다.

해설

형의 선고유예를 받은 자가 유예기간 중 자격정지 이상의 형에 처한 판결이 확정되거나 자격정지 이상의 형에 처한 전과가 발견된 때에는 유예한 형을 선고한다(형법 제61조 제1항). ★★

85

형의 선고유예에 관하여 옳지 않은 것은?

① 1년 이하의 징역, 금고, 자격정지 또는 벌금의 형을 대상으로 한다.
② 양형의 조건을 고려하여 뉘우치는 정상이 뚜렷하여야 한다.
③ 자격정지 이상의 형을 받은 전과가 없어야 한다.
❹ 선고유예를 받은 날로부터 1년을 무사히 경과하면 면소된 것으로 본다.

해설
형의 선고유예를 받은 날로부터 2년을 경과한 때에는 면소된 것으로 간주한다(형법 제60조).

86

선고유예에 관한 설명으로 옳지 않은 것은?

① 형의 선고 자체를 유예하는 제도이다.
② 형을 병과할 경우에도 형의 전부 또는 일부에 대하여 선고를 유예할 수 있다.
❸ 재범방지를 위하여 2년의 기간 동안 보호관찰을 받을 것을 명할 수 있다.
④ 형의 선고유예를 받은 날로부터 2년을 경과한 때에는 면소된 것으로 간주한다.

해설
재범방지를 위하여 지도 및 원호가 필요한 때에는 보호관찰을 받을 것을 명할 수 있으며, 그 기간은 1년으로 한다(형법 제59조의2).

87

다음 중 집행유예의 요건으로 틀린 것은? 기출수정

① **개전의 정이 있어야 한다.**
② 금고 이상의 형을 선고한 판결이 확정된 때부터 그 집행을 종료하거나 면제된 후 3년이 지난 범죄에 대하여 형을 선고하는 경우에 적용된다.
③ 집행유예기간은 1~5년이다.
④ 3년 이하의 징역이나 금고 또는 500만원 이하의 벌금의 형의 대상자에 한한다.

해설

개전의 정의 유무는 집행유예의 요건에 해당하지 않는다. ★

88

다음 중 집행유예의 요건으로 바르지 않은 것은?

① 3년 이하의 징역이나 금고 또는 500만원 이하의 벌금의 형을 선고할 경우라야 한다.
② 양형의 조건을 참작하여 그 정상에 참작할 만한 사유가 있어야 한다.
③ 형을 병과할 경우에는 그 형의 일부에 대하여 집행을 유예할 수 있다.
④ **집행유예의 선고를 받은 자가 유예기간 중 자격정지 이상의 형의 선고를 받아 그 판결이 확정된 때에는 집행유예의 선고는 효력을 잃는다.**

해설

집행유예의 선고를 받은 자가 유예기간 중 고의로 범한 죄로 금고 이상의 실형의 선고를 받아 그 판결이 확정된 때에는 집행유예의 선고는 효력을 잃는다(형법 제63조). 이 경우에는 유예된 형을 집행하여야 한다. ★

89

가석방에 관한 설명으로 옳지 않은 것은? 기출수정

① 수형자가 무기형인 경우 20년, 유기형인 경우에는 형기의 1/3을 경과해야 한다.
② 가석방 기간 중 고의로 지은 죄로 금고 이상의 형을 선고받아 그 판결이 확정된 경우에 가석방 처분은 효력을 잃는다.
③ 가석방의 처분을 받은 자가 감시에 관한 규칙에 위배된 때에는 가석방처분을 취소할 수 있다.
❹ 가석방은 법원의 판결에 의하여 그 효력이 발생한다.

[해설]
④ (×) 가석방은 법무부장관이 행하는 행정처분이다. ★
① (○) 형법 제72조 제1항
② (○) 형법 제74조
③ (○) 형법 제75조

90

형법상 형의 집행에 관한 설명으로 옳지 않은 것은? 기출수정

① 금고는 교정시설에 수용하여 집행한다.
❷ 과료는 판결확정일로부터 60일 내에 납입해야 한다.
③ 사형은 교정시설 안에서 교수하여 집행한다.
④ 벌금을 납입하지 아니한 자는 1일 이상 3년 이하의 기간 노역장에 유치하여 작업에 복무하게 한다.

[해설]
벌금과 과료는 판결확정일로부터 30일 내에 납입하여야 한다(형법 제69조 제1항 본문).

91

다음 빈 칸에 들어갈 내용으로 알맞은 것은?

> 형의 시효란, 형(사형은 제외한다)을 선고받은 자가 재판이 확정된 후, 그 형의 집행을 받지 않고 일정한 기간을 경과한 때 집행이 (   )되는 것을 말한다.

① 취 소
② 중 지
☑ ③ 면 제
④ 유 예

해설

형(사형은 제외한다)을 선고받은 자에 대해서는 시효가 완성되면 그 집행이 면제된다(형법 제77조).

92

시효의 기간에 대한 설명으로 옳지 않은 것은?

☑ ① 사형은 25년
② 무기의 징역 또는 금고는 20년
③ 10년 이상의 징역 또는 금고는 15년
④ 구류 또는 과료는 1년

해설

사형의 경우 시효의 기간과 관련하여 2023.8.8. 형법 개정 전에는 30년이었으나, 형법 개정 후에는 시효의 기간이 삭제되었다.

93

형의 소멸사유가 아닌 것은? 기출문제

① 형집행의 종료
② 형의 시효의 완성
③ 형집행의 면제
❹ 가석방처분

해설

가석방은 행정처분으로 형의 집행을 만기 전에 종료하여 사회로 귀속시키는 것이지 형을 소멸시키는 것은 아니다.

94

다음 중 몰수할 수 없는 것은? 기출문제

① 금제품
② 강도범이 소유한 단도
❸ 절도범이 절취한 타인의 물건
④ 도박죄에 있어서의 도금

해설

범죄에 이용되는 물건은 몰수하는 것이 원칙이다(형법 제48조 제1항). 그러나 절도, 강도, 사기, 공갈 등으로 범인이 취득한 물건은 피해자에게 환부해야 한다.

95

형법상 국가적 법익에 대한 죄가 아닌 것은? 기출 08

① 위증죄
② 범인은닉죄
③ 무고죄
④ **통화위조죄** ✓

해설
통화위조죄는 사회적 법익에 대한 죄이다.

96

다음 중 국가의 존립에 대한 죄를 모두 고른 것은?

> ㄱ. 범죄단체조직죄
> ㄴ. 내란죄
> ㄷ. 소요죄
> ㄹ. 외환유치죄

① ㄱ
② **ㄴ, ㄹ** ✓
③ ㄱ, ㄴ
④ ㄴ, ㄷ, ㄹ

해설
국가의 존립에 대한 죄에 해당하는 것은 내란죄와 외환유치죄이다. 범죄단체조직죄와 소요죄는 사회적 법익에 관한 죄 중 공안을 해하는 죄에 해당한다.

97

형법상 국가적 법익에 대한 죄가 아닌 것은? 기출 20

☑ ① 소요죄
② 도주죄
③ 위증죄
④ 직무유기죄

해설

소요죄는 사회적 법익에 대한 죄 중 공공의 안전과 평온에 대한 죄에 해당한다. 구체적으로는 공안을 해하는 죄에 해당한다. 도주죄, 위증죄, 직무유기죄는 국가적 법익에 대한 죄 중 국가의 기능에 대한 죄에 해당한다.

핵심만콕 법익에 따른 범죄의 분류 ★★

개인적 법익에 대한 죄	생명과 신체에 대한 죄	살인죄, 상해와 폭행의 죄, 과실치사상의 죄, 낙태의 죄, 유기·학대의 죄
	자유에 대한 죄	협박의 죄, 강요의 죄, 체포와 감금의 죄, 약취·유인 및 인신매매죄, 강간과 추행의 죄
	명예와 신용에 대한 죄	명예에 관한 죄, 신용·업무와 경매에 관한 죄
	사생활의 평온에 대한 죄	비밀침해의 죄, 주거침입의 죄
	재산에 대한 죄	절도의 죄, 강도의 죄, 사기의 죄, 공갈의 죄, 횡령의 죄, 배임의 죄, 장물의 죄, 손괴의 죄, 권리행사를 방해하는 죄
사회적 법익에 대한 죄	공공의 안전과 평온에 대한 죄	공안을 해하는 죄, 폭발물에 관한 죄, 방화와 실화의 죄, 일수와 수리에 관한 죄, 교통방해의 죄
	공공의 신용에 대한 죄	통화에 관한 죄, 유가증권·인지와 우표에 관한 죄, 문서에 관한 죄, 인장에 관한 죄
	공중의 건강에 대한 죄	먹는 물에 관한 죄, 아편에 관한 죄
	사회의 도덕에 대한 죄	성풍속에 관한 죄, 도박과 복표에 관한 죄, 신앙에 관한 죄
국가적 법익에 대한 죄	국가의 존립과 권위에 대한 죄	내란의 죄, 외환의 죄, 국기에 관한 죄, 국교(國交)에 관한 죄
	국가의 기능에 대한 죄	공무원의 직무에 관한 죄(뇌물관련범죄 등), 공무방해에 관한 죄, 도주와 범인은닉의 죄, 위증과 증거인멸의 죄, 무고의 죄

98

사회적 법익에 관한 죄에 해당하는 것은? 기출 06

① 사기죄
☑ **실화죄**
③ 절도죄
④ 범인은닉죄

해설
실화죄는 공공의 안전에 대한 죄에 해당하고 이는 사회적 법익에 관한 죄이다.

99

사회적 법익에 관한 죄 중에서 공공의 신용에 관한 죄는? 기출문제

① 공안을 해하는 죄
② 폭발물에 관한 죄
③ 실화죄
☑ **통화위조죄**

해설
공공의 신용에 관한 죄는 통화, 유가증권, 문서, 인장 등을 위조·변조하거나 위조·변조한 것을 행사하는 범죄 등이 있다.

100

다음 중 연결이 잘못된 것은? 기출문제

① 재물죄 – 절도죄, 횡령죄, 장물죄
☑ **증거인멸죄의 객체 – 자신의 징계사건에 관한 증거 또는 증인**
③ 비밀침해죄의 객체 – 유언서, 봉함된 원고 등
④ 통화에 관한 죄의 객체 – 대한민국에서 통용되는 대한민국의 화폐

해설
증거인멸죄의 객체는 타인의 형사사건 또는 징계사건에 관한 증거 또는 증인이다. 범인 자신의 형사 또는 징계사건이나 타인의 민사, 행정사건에 관한 증거는 본죄의 객체에 해당하지 않는다. ★★

101

다음 중 문서위조죄의 문서에 해당하지 않는 것은? 기출문제

① 의사의 진단서
② 주민등록증
③ 실재하지 않는 공무소 명의의 문서
❹ **명의인은 없으나 법률상 중요한 문서**

해설
문서는 의견표시이므로 작성명의인이 있어야 하며 명의인이 없는 문서는 문서에 관한 죄의 객체가 될 수 없다.★★

102

다음의 죄 중 성질이 다른 죄는?

① 명예에 관한 죄
② 절도의 죄
❸ **교통방해의 죄**
④ 주거침입의 죄

해설
교통방해의 죄는 사회적 법익에 관한 죄에 해당하나, 명예에 관한 죄, 절도의 죄, 주거침입의 죄는 개인적 법익에 관한 죄에 해당함.

103

형법상 개인적 법익에 대한 죄가 아닌 것은? 기출 18

① 절도죄
② 폭행죄
❸ **도박죄**
④ 공갈죄

해설
사회적 법익에 관한 죄 중 사회의 도덕에 대한 죄에 해당한다.

104

형법상 개인적 법익에 대한 죄가 아닌 것은?

☑ ① 범인은닉죄
② 협박죄
③ 명예훼손죄
④ 주거침입죄

[해설]
범인은닉죄는 국가적 법익에 대한 죄에 해당한다.

105

다음 설명 중 틀린 것은? [기출수정]

① 형법상 사람의 시기에 관해서 판례는 진통설을 취하고 있는데 형법에서 사람의 시기가 문제되는 것은 살인죄와 낙태죄의 구별, 과실치사와 과실낙태에 대한 범죄의 인정 여부에 있다.
② 형법에서는 살인죄의 유형으로 보통살인죄, 존속살해죄, 위계 등에 의한 촉탁살인죄를 규정하고 있다.
③ 살인죄의 객체는 생명 있는 자연인이며 임신 중인 태아는 그 객체가 될 수 없다.
☑ ④ 보통살인죄의 성격으로 일반범, 추상범, 침해범, 즉시범, 자수범을 들 수 있다.

[해설]
보통살인죄의 성격으로 일반범, 실질범, 침해범, 즉시범 등을 들 수 있다.

핵심만콕	보통살인죄의 성격★
• 보통살인죄는 모든 사람이 그 행위자로 될 수 있다(일반범).	
• 일정한 결과가 야기될 것을 전제로 한다(실질범).	
• 구성요건의 충족을 위하여 보호법익의 현실적 침해가 있어야 한다(침해범).	
• 결과의 발생과 동시에 범죄가 기수에 이르고 종료된다(즉시범).	

106

경비원이 현행범인을 체포한 후 즉시 경찰관서에 인도하지 않고 장기간 구속한 경우에 성립할 수 있는 범죄는? 기출 12

① 공갈죄
✅ ② 감금죄
③ 공무집행방해죄
④ 권리행사방해죄

해설

현행범은 누구든지 영장 없이 체포할 수 있으나(형사소송법 제212조), 검사 또는 사법경찰관리가 아닌 자가 현행범인을 체포한 때에는 즉시 검사 또는 사법경찰관리에게 인도하여야 하며(형사소송법 제213조 제1항), 체포 후 경찰관서에 인도하지 않고 장기간 구속 시에는 감금죄가 성립하게 된다(형법 제276조 제1항).

107

다음 중 형법상 자유에 대한 죄가 아닌 것은?

① 체포・감금죄
✅ ② 비밀침해죄
③ 협박과 강요죄
④ 정조에 관한 죄

해설

형법이 보호하고 있는 자유에 대한 죄에는 ①・③・④ 외에 약취와 유인죄 등이 있다. 비밀침해죄는 사생활의 평온에 대한 죄에 해당한다.

108

다음 중 경비원이 자기 근무지 안으로부터의 퇴거를 요구했을 경우 이에 불복하였을 때 해당하는 죄는?

① 상해죄
② 절도죄
✅ **퇴거불응죄**
④ 주거침입죄

[해설]
퇴거불응죄란 적법하게 또는 과실로 타인의 주거에 들어간 자가 퇴거 요구를 받고도 이에 불응하여 퇴거하지 않는 경우에 성립하는 진정부작위범이다(형법 제319조 제2항). ★

109

상해죄에 관한 설명 중 옳지 않은 것은? [기출문제]

① 상해죄의 미수범도 처벌된다.
② 침해죄(결과죄)이다.
✅ **자상행위도 상해죄가 된다.**
④ 과실치상죄는 반의사불벌죄이다.

[해설]
상해죄는 고의로 타인의 신체를 침해하는 범죄로 생리적 기능의 훼손, 신체의 외관에 현저한 장애를 일으키는 경우도 포함되나 자기의 신체를 상해하는 행위는 상해죄를 구성하지 아니한다.

110

체포 · 감금죄에 관한 기술 중 틀린 것은?

① 행동과 신체의 자유를 침해하는 범죄이다.
② 계속범이다.
③ **미수범은 처벌하지 않는다.** ✓
④ 상습범에 대하여 형을 가중한다.

해설

체포 · 감금죄는 개인의 행동의 자유를 침해하는 범죄이며, 체포 · 감금은 어느 정도 시간적으로 계속하여 행하여져야 하는 계속범이다. 상습범에 대해서는 형을 가중하며(형법 제279조) 미수범도 처벌한다(형법 제280조). ★

111

다음 중 범죄의 분류상 성질이 다른 죄는? 기출 04

① **협박죄** ✓
② 절도죄
③ 사기죄
④ 강도죄

해설

개인적 법익에 대한 죄 중 ①은 자유에 대한 죄이고, ② · ③ · ④는 재산에 대한 죄로 분류될 수 있다.

112

형법상 과실치상죄의 법정형이 아닌 것은? 기출 17

① **징 역** ✓
② 벌 금
③ 구 류
④ 과 료

해설

과실로 인하여 사람의 신체를 상해에 이르게 한 자는 500만원 이하의 벌금, 구류 또는 과료에 처한다(형법 제266조 제1항). ★

113

형법상 '죄를 범한 사람이 약취·유인한 자를 안전한 장소로 풀어 준 때에는 그 형을 감경할 수 있다'는 별도의 감경규정이 없는 범죄는? 기출 19

① 인질강요죄
☑ ② 인질강도죄
③ 인신매매죄
④ 미성년자 약취·유인죄

해설

② (×) 인질강도죄(형법 제336조)의 경우, "인질을 안전한 장소로 풀어준 때에는 그 형을 감경할 수 있다"는 별도의 감경규정이 없다.
① (○) 형법 제324조의6(형의 감경) - 형법 제324조의2(인질강요)
③ (○) 형법 제295조의2(형의 감경) - 형법 제289조(인신매매)
④ (○) 형법 제295조의2(형의 감경) - 형법 제287조(미성년자의 약취, 유인)

114

형법상 명예에 관한 죄에 대한 설명으로 옳지 않은 것은 모두 몇 개인가? 기출 23

- 모욕죄는 공연히 사실을 적시한 경우에 성립한다.
- 명예훼손죄는 적시한 사실이 허위인 경우에만 벌한다.
- 출판물 등에 의한 명예훼손죄는 명예훼손의 고의만으로도 성립하다.
- 사자명예훼손죄는 공연히 사실을 적시하여 사자의 명예를 훼손한 경우에 성립한다.

① 1개
② 2개
③ 3개
☑ ④ 4개

해설

제시된 내용 중 형법상 명예에 관한 죄에 대한 설명으로 옳지 않은 것은 모두 4개이다.
- (×) 모욕죄는 공연히 사람을 모욕한 경우에 성립한다(형법 제311조).
- (×) 명예훼손죄는 공연히 사실 또는 허위의 사실을 적시하여 사람의 명예를 훼손한 경우에 성립한다(형법 제307조).
- (×) 출판물 등에 의한 명예훼손죄는 사람을 비방할 목적으로 신문, 잡지 또는 라디오 기타 출판물에 의하여 사람의 명예를 훼손한 경우에 성립한다(형법 제309조).
- (×) 사자명예훼손죄는 공연히 허위의 사실을 적시하여 사자의 명예를 훼손한 경우에 성립한다(형법 제308조).

115

주거침입죄에 관한 설명으로 옳지 않은 것은? 기출 22

① 관리하는 건조물도 주거침입죄의 객체가 된다.
② 침입 당시에 주거자가 현존하지 않더라도 주거침입죄는 성립한다.
③ 빌딩 내의 사무실도 주거침입죄의 객체가 된다.
❹ 주거침입죄의 미수범은 처벌하지 않는다.

해설

④ (×) 주거침입죄의 미수범은 처벌한다(형법 제322조).
① (○) 주거침입죄의 객체는 사람의 주거, 관리하는 건조물, 선박이나 항공기 또는 점유하는 방실이다(형법 제319조 제1항).
② (○) 주거침입죄는 침입 당시에 주거에 사람이 현존할 것을 요하지 않는다.
③ (○) 건물 내에서 사실상 지배·관리하는 일 구획인 사무실, 연구실 등도 주거침입죄의 객체가 된다.

116

형법상 재물을 객체로 하는 범죄가 아닌 것은? 기출 24

① 절도죄
② 강도죄
❸ 배임죄
④ 횡령죄

해설

③ (×) 타인의 사무를 처리하는 자가 그 임무에 위배하는 행위로써 재산상의 이익을 취득하거나 제3자로 하여금 이를 취득하게 하여 본인에게 손해를 가한 때에도 전항의 형과 같다(형법 제355조 제2항). 배임죄의 객체는 재산상의 이익이다.
① (○) 타인의 재물을 절취한 자는 6년 이하의 징역 또는 1천만원 이하의 벌금에 처한다(형법 제329조). 절도죄의 객체는 타인소유, 타인점유의 재물이다.
② (○) 폭행 또는 협박으로 타인의 재물을 강취하거나 기타 재산상의 이익을 취득하거나 제3자로 하여금 이를 취득하게 한 자는 3년 이상의 유기징역에 처한다(형법 제333조). 강도죄의 객체는 타인소유, 타인점유의 재물과 재산상의 이익이다.
④ (○) 타인의 재물을 보관하는 자가 그 재물을 횡령하거나 그 반환을 거부한 때에는 5년 이하의 징역 또는 1천500만원 이하의 벌금에 처한다(형법 제355조 제1항). 횡령죄의 객체는 자기가 보관하는 타인의 재물이다.

117

재물만을 객체로 하는 재산범죄는? 기출 09

☑ ① 장물죄
② 사기죄
③ 강도죄
④ 공갈죄

해설

①은 재물만을 객체로 하는 재산범죄이고, ②·③·④는 재물, 재산상 이익을 객체로 한다.

핵심만콕	객체에 의한 재산죄의 분류★
• 재물죄 : 재물을 객체로 하는 범죄(절도죄, 횡령죄, 장물죄, 손괴죄)	
• 이득죄 : 재산상 이익을 객체로 하는 범죄(배임죄, 컴퓨터등 사용사기죄)	
• 재물죄 + 이득죄 : 재물 및 재산상 이익을 객체로 하는 범죄(강도죄, 사기죄, 공갈죄)	

118

형법상 재산에 대한 죄를 모두 고른 것은? 기출 15

ㄱ. 뇌물죄
ㄴ. 배임죄
ㄷ. 손괴죄
ㄹ. 신용훼손죄
ㅁ. 장물죄

① ㄱ, ㄴ, ㄷ
② ㄱ, ㄷ, ㄹ
☑ ③ ㄴ, ㄷ, ㅁ
④ ㄴ, ㄹ, ㅁ

해설

제시된 내용 중 형법상 재산에 대한 죄는 ㄴ, ㄷ, ㅁ이다.
ㄱ. (×) 뇌물죄 : 국가적 법익에 대한 죄 중 공무에 관한 죄
ㄹ. (×) 신용훼손죄 : 명예·신용 및 업무에 대한 죄 중 신용·업무와 경매에 관한 죄

119

다음 중 불가벌적 사후행위가 성립되는 범죄는? 기출문제

① **절도죄** ✓
② 상해죄
③ 주거침입죄
④ 살인죄

해설

불가벌적 사후행위란 범죄에 의하여 획득한 재물이나 이익을 사용·처분하는 사후행위가 별도의 구성요건에 해당하더라도 이미 주된 범죄에 의하여 완전히 평가되었기 때문에 별도의 범죄행위를 구성하지 않는 행위를 말한다. 절도죄가 대표적이다.

120

형법상 재산범죄에 관한 설명으로 옳지 않은 것은? 기출 21

① **친족상도례는 모든 재산범죄에 적용된다.** ✓
② 절도죄는 타인의 재물을 절취함으로써 성립한다.
③ 강도죄는 예비·음모한 자에 대한 처벌규정이 있다.
④ 준강도는 목적범이며, 행위주체는 절도범이다.

해설

① (×) 재산죄 중 강도죄와 손괴죄는 친족상도례가 적용되지 않는다.
② (○) 타인의 재물을 절취한 자는 6년 이하의 징역 또는 1천만원 이하의 벌금에 처한다(형법 제329조).
③ (○) 강도할 목적으로 예비 또는 음모한 자는 7년 이하의 징역에 처한다(형법 제343조).
④ (○) 절도가 재물의 탈환에 항거하거나 체포를 면탈하거나 범죄의 흔적을 인멸할 목적으로 폭행 또는 협박한 때에는 제333조(강도) 및 제334조(특수강도)의 예에 따른다(형법 제335조). 따라서 준강도죄의 행위주체는 절도범이며, 이는 목적범에 해당한다.

121

다음 중 개인적 법익에 대한 죄가 아닌 것은? 기출문제

☑ ① 공중위생에 대한 죄
② 재산에 대한 죄
③ 명예·신용 및 업무에 대한 죄
④ 사생활의 평온에 대한 죄

해설

개인적 법익에 대한 죄에는 ②·③·④ 외에 생명·신체에 대한 죄, 자유에 대한 죄의 5가지가 있다. ①은 사회적 법익에 대한 죄이다.

122

다음 중 배임죄의 성립에 해당하지 않는 것은? 기출문제

☑ ① 열차 차장이 운송 중인 석탄을 매각처분한 경우
② 재산관리인이 재산을 소비한 경우
③ 창고업자가 화물상환증 없이 보관품을 반환한 경우
④ 조합이사가 사적 목적을 위하여 조합채권을 양도한 경우

해설

배임죄는 타인의 사무를 처리하는 자가 그 임무에 위배하는 행위로서 재산상의 이익을 취득하거나 또는 제3자로 하여금 이를 취득하게 하여 본인에게 손해를 가함으로써 성립하는 범죄이다(형법 제355조 제2항). ①의 경우에는 횡령죄가 성립하며, 횡령죄는 타인의 재물을 보관하는 자가 그 재물을 횡령하거나 그 반환을 거부한 때 성립하는 범죄이다(형법 제355조 제1항).

2 형사소송법 일반

123

CHECK ○△×

형사소송의 지도이념이 아닌 것은? 기출 24

① 직권주의 원칙 ✓
② 적정절차의 원리
③ 신속한 재판의 원칙
④ 실체적 진실주의

해설

형사소송의 지도이념은 실체적 진실주의, 적정절차의 원리, 신속한 재판의 원칙이다. 당사자, 기타 소송관계인의 의사 여하를 불문하고 법원의 직권에 의하여 소송을 진행시키고 심판하는 직권주의 원칙은 형사소송의 기본구조(원리)에 해당한다. 우리나라 형사소송법은 당사자주의와 직권주의를 아울러 채택하는 절충주의적 태도를 보이고 있다.

124

CHECK ○△×

"열 사람의 범죄인을 놓치는 한이 있더라도 한 사람의 죄 없는 사람을 벌해서는 안 된다"는 형사소송법의 이념은? 기출 23

① 적극적 실체적 진실주의
② 적정절차의 원리
③ 소극적 실체적 진실주의 ✓
④ 신속한 재판의 원리

해설

③ (○) "열 사람의 범죄인을 놓치는 한이 있더라도 한 사람의 죄 없는 사람을 벌해서는 안 된다"는 것은 무죄추정의 원리를 강조하는 소극적 실체적 진실주의에 관한 설명이다.
① (×) 적극적 실체적 진실주의는 범죄사실을 명백히 하여 죄 있는 자를 빠짐없이 벌하도록 하는 주의이다.
② (×) 적정절차의 원리는 공정한 법정절차에 의하여 형사절차가 진행되어야 한다는 원리이다.
④ (×) 신속한 재판의 원리는 피고인의 이익을 보호하고 실체적 진실발견, 소송경제, 공공의 이익을 위하여 재판을 지연 없이 행하여야 한다는 것을 의미한다.

125

우리나라 형사소송법의 지도이념과 기본구조가 아닌 것은? 기출 22

① 실체적 진실주의
❷ 규문주의
③ 적정절차의 원리
④ 탄핵주의

해설
우리나라 형사소송법은 실체적 진실주의, 적법절차의 원칙, 신속한 재판의 원칙을 지도이념으로 하며, 탄핵주의 소송구조, 당사자주의와 직권주의 절충, 증거재판주의, 공판중심주의를 기본구조로 한다. <u>규문주의는 우리나라 형사소송법의 기본구조가 아니다.</u>

126

형사소송법상 공판절차의 기본원칙으로 옳지 않은 것은? 기출 23

① 공개주의
② 구두변론주의
③ 집중심리주의
❹ 간접주의

해설
<u>우리나라 형사소송법상 공판절차의 기본원칙은 공개주의, 구두변론주의, 직접주의, 집중심리주의이다.</u>

127

형사소송법상 신속한 재판을 위한 제도로 옳지 않은 것은? 기출 21

① 궐석재판
② 집중심리
③ 불필요한 변론의 제한
❹ 피고인의 진술거부권

해설
피고인의 진술거부권은 피고인 또는 피의자가 공판절차나 수사절차에서 법원 또는 수사기관의 신문에 대하여 형사상 자신에게 불리한 진술을 거부할 수 있는 권리로 묵비권이라고도 하는데(헌재결[전] 2001.11.29. 2001헌바41), 이는 <u>인권보장과 무기평등 원칙을 실현하기 위한 수단으로서 의미가 있다</u>(헌재결[전] 1997.3.27. 96헌가11).

128

형사소송법에 관한 설명으로 옳지 않은 것은? 기출 20

☑ ① 규문주의가 기본 소송구조이다.
② 국가소추주의를 규정하고 있다.
③ 형법을 적용·실현하기 위한 절차를 규정하는 법률이다.
④ 실체적 진실주의, 적법절차의 원칙, 신속한 재판의 원칙을 지도이념으로 한다.

해설

우리나라 형사소송법은 재판기관인 법원이 재판기관 이외의 자(검사)의 소추에 의하여 재판절차를 개시하는 탄핵주의를 채택하고 있다. 규문주의는 소추기관의 소추를 기다리지 않고 법원이 직권으로 심판을 개시할 수 있는 주의이다.

129

우리나라 형사소송법의 기본구조가 아닌 것은? 기출 18

① 기소독점주의
② 공개재판주의
③ 증거재판주의
☑ ④ 형식적 진실주의

해설

우리나라 형사소송법은 실질적 진실주의를 기본구조로 한다. 형식적 진실주의는 법원이 당사자의 사실상의 주장, 사실의 부인 또는 제출한 증거에 구속되어 이를 기초로 하여 사실의 진부를 인정하는 주의이다.

130

우리나라 형사소송법의 기본원리에 관한 설명으로 옳은 것은? 기출 16

① 규문주의를 취하고 있다.
② 탄핵주의를 배척하고 있다.
❸ 국가소추주의를 취하고 있다.
④ 당사자주의를 기본으로 하고 직권주의를 보충적으로 가미하고 있다.

해설

③ (○) 형사소송법 제246조
① (×), ② (×) 우리나라 형사소송법은 규문주의(소추기관의 소추를 기다리지 않고 법원이 직권으로 절차를 개시하여 심리·재판)가 아닌 탄핵주의(재판기관인 법원이 소추기관인 검사의 소추에 의하여 재판절차를 개시)를 채택하고 있다.
④ (×) 우리 형사소송법은 제정 당시에는 직권주의가 기본이었으나 현재는 소송절차 전반에 걸쳐 기본적으로 당사자주의 소송구조를 취하고 있다는 입장을 헌법재판소(헌재결[전] 1995.11.30. 92헌마44)가 보인 바가 있어 이론상 견해의 대립이 있을 수 있다. 해당 선택지가 틀린 지문임을 고려할 때 "우리 형사소송법은 당사자주의와 직권주의를 혼합·절충한 구조를 취하고 있다"는 기술이 합리적이라고 생각된다.

131

우리나라의 형사소송법에 관한 설명으로 옳은 것은? 기출 15

① 형법의 적용 및 실현을 목적으로 하는 실체법이다.
❷ 공판절차뿐만 아니라 수사절차도 규정하고 있다.
③ 순수한 직권주의를 기본구조로 하고 있다.
④ 형식적 진실발견, 적정절차의 원칙, 신속한 재판의 원칙을 지도이념으로 한다.

해설

② (○) 우리의 형사소송법은 공판절차뿐만 아니라 수사절차도 규정하고 있다.
① (×) 형사소송법은 형법의 적용 및 실현을 목적으로 하는 절차법이다.
③ (×) 우리나라 형사소송법은 당사자주의와 직권주의를 조화시킨 혼합형이다.
④ (×) 형식적 진실발견(×) → 실체적 진실주의(○)

132

형사소송법의 기본이념이 아닌 것은? 기출 14

① 실체적 진실발견의 원리
② 적정절차의 원리
❸ 재판 비공개의 원리
④ 신속한 재판의 원리

해설
재판 비공개의 원리가 아니라 재판 공개의 원리이다.

133

형사소송법상 직권주의적 요소가 아닌 것은? 기출 12

① 직권증거조사제도
② 법원의 증인신문제도
③ 법원의 공소장변경요구권
❹ 피고인의 증거신청권

해설
피고인의 증거신청권은 형사소송법상 당사자주의가 반영된 규정이다.

핵심만콕	직권주의와 당사자주의

- 직권주의 : 당사자 및 기타 소송관계인의 의사 여하를 불문하고 법원의 직권에 의하여 소송을 진행시키고 심판하는 방식
- 당사자주의 : 소송이 당사자의 공격·방어에 의하여 진행되는 방식

134

형사소송법에 관한 설명으로 옳지 않은 것은? 기출 12

① 형사소송법은 절차법이며 사법법(司法法)이다.
② 적정절차의 원리는 형사소송의 지도이념에 해당된다.
❸ **민사소송이 실체적 진실주의를 추구하는 반면, 형사소송은 형식적 진실주의를 추구한다.**
④ 형사소송법은 공판절차뿐만 아니라 수사절차, 형집행절차에 대해서도 규정하고 있다.

[해설]
민사소송은 당사자의 의사에 의하여 진실로서 주장하는 것(형식적 진실)을 재판의 기초로 하고 있는 반면, 형사소송은 실체적인 진실을 기초로 하여 공정한 재판을 내리는 것을 중요시한다. ★

135

우리나라 형사소송법의 기본구조에 관한 설명 중 틀린 것은? 기출문제

❶ **대륙법체계의 직권주의만을 취하고 있다.**
② 자유심증주의와 실체적 진실주의를 취하고 있다.
③ 직권주의와 당사자주의를 조화시킨 혼합형이다.
④ 형사소송의 기본적 성격은 법적 안정성의 유지에 있다.

[해설]
현행 형사소송법은 소송의 개시를 검사에게 맡기고(기소독점주의), 사실인정을 위한 입증자료의 제출을 당사자에게 맡기므로 당사자주의적 소송구조를 취하면서 법원의 피고인신문 인정, 증인신문시의 보충신문, 직권증거조사의 인정 등 직권주의적 요소를 가미하고 있다. 따라서 현행 형사소송법은 당사자주의와 직권주의를 혼합한 형태이다. ★

136

우리 형사소송법의 기본구조와 관련이 없는 것은?

① 불고불리의 원칙
☑ ❷ 규문주의
③ 구두변론주의
④ 당사자주의

해설

규문주의란 소추기관과 재판기관이 분리되지 않고 법관이 소추권과 재판권을 독점하는 주의(主義), 즉 법원이 검사의 소추를 전제로 하지 않고 법원이 직권으로 심리를 개시하여 재판하는 주의이다. 근세 초기 절대주의 시대의 형사절차로서 프랑스혁명을 계기로 자취를 감추었다. 우리나라 형사소송법은 불고불리의 원칙(탄핵주의)을 채택하고 있다.

> **핵심만콕** 우리나라 형사소송법의 기본구조 ★★
>
> - 불고불리의 원칙 : 검사가 공소를 제기하지 않으면 법원은 심판을 개시할 수 없으며, 검사가 공소장에 적시한 피고인과 범죄사실에 한해서만 심판할 수 있는 원칙(국가소추주의, 기소독점주의, 탄핵주의)
> - 당사자주의와 직권주의 절충 : 당사자주의를 기본적인 소송구조로 삼고 형벌권의 적정・신속을 위하여 직권주의도 아울러 채택하여 직권주의와 당사자주의를 혼합
> - 증거재판주의 : 공소범죄사실의 인정은 적법한 증거에 의하고, 증거에 대한 가치판단은 법관의 자유재량에 맡기는 자유심증주의를 채택 → 증거법정주의의 예외 인정
> - 공판중심주의 : 공개주의, 구두변론주의, 직접심리주의, 계속심리주의(집중심리주의)

137

피고인과 검사(당사자)에 의하여 소송이 진행되는 것은?

☑ ❶ 당사자주의
② 직권주의
③ 구술주의
④ 탄핵주의

해설

당사자에 의하여 소송이 진행되는 것을 당사자주의라고 한다.

> **핵심만콕**
>
> - 당사자주의 : 당사자인 검사와 피고인에게 소송의 주도권을 인정하여 당사자의 공격과 방어를 중심으로 심리가 진행되고, 법원은 제3자적 입장에서 당사자의 주장과 입증을 판단하는 소송구조이다.
> - 직권주의 : 법원에 소송의 주도적 지위를 인정하여 법원의 직권에 의하여 심리를 진행하는 소송구조이다.
> - 구술주의 : 소송에서 당사자 및 법원이 하는 소송행위는 구술로 해야 한다는 주의를 말한다.
> - 탄핵주의 : 재판기관과 소추기관을 분리하여 소추기관의 공소제기에 의하여 법원이 절차를 개시하는 주의를 말한다.

138

형사소송의 주체에 해당하는 것은? 기출 24

① 변호사
② 사법경찰관
③ 검 사 ✓
④ 피해자

[해설]
형사소송의 주체는 법원, 검사, 피고인을 말한다. 변호인은 소송주체에 해당하지는 않지만(형사소송 관계인), 피고인의 방어권을 보충하기 위하여 선임된 제3자인 보조자로서 형사소송상 피고인의 정당한 이익 옹호를 임무로 하는 자이다.

139

형사소송법상 소송주체가 아닌 것은? 기출 22·14·06

① 검 사
② 피고인
③ 변호인 ✓
④ 법 원

[해설]
소송의 주체란 검사, 법원, 피고인을 말하며 증인, 감정인, 수사기관(검사 제외), 피해자, 고소인, 고발인, 변호인 등은 소송관계인이라고 한다.★

140

형사소송에서 법관이 불공평한 재판을 할 염려가 있는 경우에 자발적으로 직무집행에서 탈퇴하는 것은? 기출 18

① 기 피
② 회 피 ✓
③ 제 척
④ 거 부

[해설]
법관 자신이 기피의 사유가 있다고 생각하여 스스로 직무집행을 피하는 제도는 회피이다.

141

법관이 불공평한 재판을 할 현저한 법정의 사유가 있을 때, 해당 법관을 그 재판에서 배제하는 제도는? 기출 15

✓ ① 제 척
② 기 피
③ 회 피
④ 포 기

해설

법관이 불공정한 재판을 할 현저한 법정의 이유가 있을 때 그 법관을 배제하는 제도는 제척이다.

142

형사소송법상 법관이 불공정한 재판을 할 염려가 있는 경우에 검사 또는 피고인의 신청에 의하여 그 법관을 직무에서 탈퇴하게 하는 제도는? 기출 20

① 제 척
✓ ② 기 피
③ 회 피
④ 진 정

해설

② (○) 설문이 설명하는 내용은 기피제도이다. 즉, 기피(忌避)란 제척사유가 있는 법관이 재판에 관여하거나, 기타 불공정한 재판을 할 우려가 있을 때 당사자의 신청에 의해 그 법관을 배제하는 제도이다.
① (×) 제척(除斥)이란 법관이 불공정한 재판을 할 현저한 법정의 이유가 있을 때 그 법관을 직무집행에서 배제하는 제도이다.
③ (×) 회피(回避)란 법관이 기피의 사유가 있다고 생각하여 스스로 직무집행에서 탈퇴하는 제도이다.
④ (×) 진정(陳情)이란 국가 또는 지방공공단체에 사정을 진술하고 어떤 조치를 희망하는 행위를 뜻한다.

143

다음 중 형사소송의 원고에 해당하는 자는 누구인가? 기출문제

① 피해자
② 피고인
✓ ③ 검 사
④ 사법경찰관

해설

형사소송법상 재판을 받는 주체인 검사와 피고인을 당사자라 하고 공소권의 주체인 검사를 원고라 한다.

144

형사소송에서 피고인에 관한 설명으로 옳지 않은 것은? 기출 18

① 피고인은 진술거부권을 가진다.
② 피고인은 당사자로서 검사와 대등한 지위를 가진다.
③ 검사에 의하여 공소가 제기된 자는 피고인이다.
✓ ④ 피고인은 소환, 구속, 압수, 수색 등의 강제처분의 주체가 된다.

해설

피고인은 소환(형사소송법 제68조), 구속(형사소송법 제69조), 압수(형사소송법 제106조 제1항), 수색(형사소송법 제109조 제1항) 등의 강제처분의 객체가 된다. 검사에 의하여 공소가 제기된 자가 피고인이며, 피고인은 진술거부권을 가지고(형사소송법 제283조의2 제1항), 당사자로서 검사와 대등한 지위를 가진다(형사소송법 제275조 제3항).

핵심만콕   피의자

죄를 범한 혐의로 수사기관의 수사대상이 되어 있는 자로서, 아직 공소가 제기되지 않은 자이다. 아직 공소가 제기되지 않았다는 점에서 피고인과 구별된다.

145

형사소송법상 피고인에 관한 설명으로 옳지 않은 것은? 기출 17

① 피고인은 공판정에서 진술을 거부할 수 있다.
❷ **피고인은 불공평한 재판을 할 염려가 있는 경우 법관의 제척을 신청할 수 있다.**
③ 피고인이 법인인 때에는 그 대표자가 소송행위를 대표한다.
④ 신체구속을 당한 피고인은 변호인과 접견할 수 있다.

[해설]
법관이 불공평한 재판을 할 염려가 있는 경우 검사 또는 피고인은 법관의 기피를 신청할 수 있다(형사소송법 제18조 제1항 제2호).

146

형사소송법상 형사피고인이 변호인이 없는 때에 법원이 직권으로 국선변호인을 선정해야 하는 경우가 아닌 것은? 기출수정

① 피고인이 구속된 때
② 피고인이 미성년자인 때
③ 피고인이 심신장애가 있는 것으로 의심되는 때
❹ **피고인이 단기 2년의 금고에 해당하는 사건으로 기소된 때**

[해설]
피고인이 사형, 무기 또는 단기 3년 이상의 징역이나 금고에 해당하는 사건으로 기소된 때가 변호인이 없을 때 법원이 직권으로 변호인을 선정하여야 하는 경우에 해당한다(형사소송법 제33조 제1항 제6호).

관계법령 국선변호인(형사소송법 제33조)

① 다음 각호의 어느 하나에 해당하는 경우에 변호인이 없는 때에는 법원은 직권으로 변호인을 선정하여야 한다.
  1. 피고인이 구속된 때
  2. 피고인이 미성년자인 때
  3. 피고인이 70세 이상인 때
  4. 피고인이 듣거나 말하는 데 모두 장애가 있는 사람인 때
  5. 피고인이 심신장애가 있는 것으로 의심되는 때
  6. 피고인이 사형, 무기 또는 단기 3년 이상의 징역이나 금고에 해당하는 사건으로 기소된 때
② 법원은 피고인이 빈곤이나 그 밖의 사유로 변호인을 선임할 수 없는 경우에 피고인이 청구하면 변호인을 선정하여야 한다.
③ 법원은 피고인의 나이·지능 및 교육 정도 등을 참작하여 권리보호를 위하여 필요하다고 인정하면 피고인의 명시적 의사에 반하지 아니하는 범위에서 변호인을 선정하여야 한다.

147

형사소송법상 변호인에 관한 설명으로 옳지 않은 것은? 기출 21

① 변호인은 원칙적으로 변호사 중에서 선임하여야 한다.
② 변호인 선임은 당해 심급에 한하여 효력이 있다.
③ 피고인 또는 피의자는 변호인을 선임할 수 있다.
❹ 공소제기 전에 선임된 변호인은 제1심의 변호인이 될 수 없다.

해설

④ (×) 공소제기 전의 변호인 선임은 제1심에도 그 효력이 있다(형사소송법 제32조 제2항). 따라서 공소제기 전에 선임된 변호인은 제1심의 변호인이 될 수 있다.
① (○) 변호인은 변호사 중에서 선임하여야 한다. 단, 대법원 이외의 법원은 특별한 사정이 있으면 변호사 아닌 자를 변호인으로 선임함을 허가할 수 있다(형사소송법 제31조).
② (○) 변호인의 선임은 심급마다 변호인과 연명날인한 서면으로 제출하여야 한다(형사소송법 제32조 제1항). 따라서 변호인 선임은 당해 심급에 한하여 효력이 있다.
③ (○) 피고인 또는 피의자는 변호인을 선임할 수 있다(형사소송법 제30조 제1항).

148

다음 중 피고인의 청구가 있어야 국선변호인을 선임하는 경우는? 기출수정

① 피고인이 미성년자일 때
② 피고인이 70세 이상인 때
③ 피고인이 듣거나 말하는 데 모두 장애가 있는 사람인 때
❹ 빈곤 그 밖의 사유로 변호사를 선임할 수 없는 때

해설

사선변호인이 선임되어 있지 않거나 선임되어 있더라도 출석하지 않은 경우, 피고인에게 ①·②·③의 사유가 있는 때에 법원은 직권으로 국선변호인을 선정하여야 한다. ④의 경우에는 예외적으로 피고인의 선임청구가 있을 때에 한하여 국선변호인을 선임하는 경우이다(형사소송법 제33조 제1항·제2항).

149

피고인의 권리가 아닌 것은?

① 구속적부심사청구권
② 증거보전청구권
③ 진술거부권
④ 법관기피신청권

해설
구속적부심사청구권은 피의자의 권리이고 피고인은 청구권이 없다(형사소송법 제214조의2 제1항). 다만, 보석에 대한 청구권이 있다. 피고인에게는 ②·③·④ 외에 변호인선임권, 접견교통권, 방어권, 소송절차참여권 등이 있다.★

150

( )에 들어갈 말로 옳은 것은? 기출 21

> 형사소송법상 고소권자와 범인 이외의 제3자가 수사기관에 범죄사실을 신고하여 범인의 소추를 구하는 의사표시를 ( )(이)라고 한다.

① 고 발
② 고 소
③ 자 수
④ 자 백

해설
① (○) 설문은 고발에 관한 설명이다.
② (×) 고소는 범죄의 피해자 또는 그와 일정한 관계가 있는 고소권자가 수사기관에 대하여 범죄사실을 신고하여 범인의 처벌을 구하는 의사표시이다.
③ (×) 자수는 범인이 스스로 수사책임이 있는 관서에 자기의 범행을 고하고 그 처분을 구하는 의사표시이다.
④ (×) 자백은 수사기관의 직무상 질문 또는 조사에 응하여 범죄사실을 인정하는 진술을 하는 것을 말한다.

151

형사소송법상 고소에 관한 설명으로 옳지 않은 것은? 기출 20

① **고소의 취소는 대리가 허용되지 않는다.**
② 고소는 제1심 판결선고 전까지 취소할 수 있다.
③ 고소를 취소한 자는 동일한 사건에 대하여 다시 고소할 수 없다.
④ 친고죄의 고소기간은 원칙적으로 범인을 알게 된 날로부터 6월이다.

해설

① (×) 고소의 취소는 대리인으로 하여금 하게 할 수 있다(형사소송법 제236조).
② (○) 형사소송법 제232조 제1항
③ (○) 형사소송법 제232조 제2항
④ (○) 친고죄에 대하여는 범인을 알게 된 날로부터 6월을 경과하면 고소하지 못한다(형사소송법 제230조 제1항 본문).

152

고소와 고발에 관한 설명으로 옳지 않은 것은? 기출 16

① **피해자가 아니면 고발할 수 없다.**
② 고소를 취소한 자는 다시 고소할 수 없다.
③ 고소의 취소는 대리인으로 하여금 하게 할 수 있다.
④ 고소와 고발은 서면 또는 구술로써 검사 또는 사법경찰관에게 해야 한다.

해설

① (×) 누구든지 범죄가 있다고 사료하는 때에는 고발할 수 있다(형사소송법 제234조 제1항).★
② (○) 형사소송법 제232조 제2항
③ (○) 형사소송법 제236조★
④ (○) 형사소송법 제237조 제1항★

153

형사소송법상 고소·고발에 관한 설명으로 옳은 것은? 기출 19

① 고소를 취소한 자는 다시 고소할 수 있다.
② 고소의 취소는 대법원 확정판결 전까지 가능하다.
③ 피해자의 법정대리인은 피해자의 동의 없이는 독립하여 고소할 수 없다.
☑ **친고죄의 공범 중 그 1인에 대한 고소는 다른 공범자에 대하여도 효력이 있다.**

해설

④ (○) 형사소송법 제233조(고소의 불가분)에 대한 설명으로 옳다.
① (×) 고소를 취소한 자는 다시 고소할 수 없다(형사소송법 제232조 제2항).
② (×) 고소는 제1심 판결선고 전까지 취소할 수 있다(형사소송법 제232조 제1항).
③ (×) 피해자의 법정대리인은 독립하여 고소할 수 있다(형사소송법 제225조 제1항).

154

고소와 고발에 대한 비교로서 틀린 것은? 기출문제

☑ **고소와 고발은 취소하면 다시 할 수 없다는 점에서 같다.**
② 현행법상 고소권자로는 피해자, 피해자의 법정대리인, 피해자의 배우자·친족, 지정고소권자가 있으나 고발권자는 제한이 없다.
③ 고소와 고발은 수사의 단서이면서 고소의 경우는 소송조건이 되기도 한다.
④ 자수는 범인이 하는 행위라는 점에서 고소·고발과 다르다.

해설

고소는 1심 판결선고 후에는 취소할 수 없고, 1심 판결선고 전에 취소하였더라도 다시 고소할 수 없다는 점(형사소송법 제232조 제2항)에서 고발과 다르다.

155

수사의 일반원칙이 아닌 것은? 기출 17

① 임의수사의 원칙
❷ 수사자유의 원칙
③ 영장주의 원칙
④ 강제수사 법정주의 원칙

해설
수사의 일반원칙으로 임의수사의 원칙, 영장주의 원칙, 강제수사 법정주의 원칙, 수사비례의 원칙, 수사 비공개의 원칙 등이 있다. ★

156

형사소송법상 임의수사에 해당하는 경우를 모두 고른 것은? 기출 15

> ㄱ. 검 증
> ㄴ. 피의자신문
> ㄷ. 사실조회
> ㄹ. 수 색

① ㄱ, ㄴ
② ㄱ, ㄷ
❸ ㄴ, ㄷ
④ ㄴ, ㄹ

해설
임의수사란 강제력을 행사하지 않고 당사자의 승낙을 얻어서 하는 수사를 말하며, 피의자신문, 사실조회, 출석요구, 참고인진술 청취 등의 방법이 있다. 검증, 공무소에의 조회, 증거보전 등은 강제수사에 해당한다. ★

157

임의수사의 방법이 아닌 것은? 기출 14

☑ ① 체포·구속
② 참고인진술 청취
③ 감정·통역 또는 번역의 위촉
④ 피의자 신문

[해설]
①은 강제수사에 속하여 원칙적으로 영장이 필요한 경우이다.

158

형사절차에 관한 설명으로 틀린 것은? 기출 08

① 수사기관은 피의자가 출석요구에 응하지 않으면 체포영장을 청구할 수 있다.
② 수사기관은 피의자의 죄질이 무겁고 도주의 우려가 있는 경우 구속영장을 청구할 수 있다.
③ 현행범은 누구든지 영장 없이 체포할 수 있다.
☑ ④ 수사기관은 24시간 이내에 구속영장을 청구하지 않은 경우 피의자를 즉시 석방해야 한다.

[해설]
수사기관이 피의자를 영장 없이 긴급체포한 경우 체포한 때로부터 48시간 이내에 관할 지방법원판사에게 구속영장을 청구하여야 하며, 구속영장을 청구하지 아니하거나 발부받지 못한 때에는 피의자를 즉시 석방하여야 한다(형사소송법 제200조의4 제1항·제2항).★

159

다음 중 사법경찰관의 법적 허용 구속기간은 얼마인가? 기출문제

① 15일
☑ ② 10일
③ 20일
④ 2개월

[해설]
형사소송법 제202조에 의하면 사법경찰관의 구속기간은 10일이다.

160

다음 중 형사소송법상의 구속적 요건으로 법원이 피고인을 구속할 수 있는 사유로 볼 수 없는 것은?

기출문제

☑ ① 사형, 무기, 단기 1년 이상의 징역에 처할 범죄를 범하였을 때
② 일정한 주거가 없는 때
③ 증거를 인멸할 염려가 있는 때
④ 도망하거나 도망할 염려가 있는 때

해설
법원의 구속의 사유에는 ②·③·④가 있다(형사소송법 제70조 제1항).

관계법령 구속의 사유(형사소송법 제70조)
① 법원은 피고인이 죄를 범하였다고 의심할 만한 상당한 이유가 있고 다음 각호의 1에 해당하는 사유가 있는 경우에는 피고인을 구속할 수 있다.
  1. 피고인이 일정한 주거가 없는 때
  2. 피고인이 증거를 인멸할 염려가 있는 때
  3. 피고인이 도망하거나 도망할 염려가 있는 때
② 법원은 제1항의 구속사유를 심사함에 있어서 범죄의 중대성, 재범의 위험성, 피해자 및 중요 참고인 등에 대한 위해우려 등을 고려하여야 한다.
③ 다액 50만원 이하의 벌금, 구류 또는 과료에 해당하는 사건에 관하여는 제1항 제1호의 경우를 제한 외에는 구속할 수 없다.

161

수사상 신체구속에 관한 설명으로 잘못된 것은? 기출문제

① 구속은 구인과 구금을 포함한다.
② 피고인 또는 피의자의 신체의 자유를 제한하는 대인적 강제처분이다.
③ 체포영장에 의한 체포, 긴급체포, 현행범체포, 구속영장에 의한 구속이 있다.
☑ ④ 긴급체포한 피의자에 대해서는 검사가 72시간 이내에 판사에게 구속영장을 청구하면 된다.

해설
검사는 체포한 때로부터 48시간 이내에 구속영장을 청구하여야 한다(형사소송법 제200조의4 제1항 후문).

162

형사소송법상 현행범인으로 보는 경우에 해당하는 사람을 모두 고른 것은? 기출 24

> ㄱ. 범인으로 불리며 추적되고 있을 때
> ㄴ. 신체나 의복류에 증거가 될 만한 뚜렷한 흔적이 있을 때
> ㄷ. 누구냐고 묻자 도망하려고 할 때

① ㄱ, ㄴ
② ㄱ, ㄷ
③ ㄴ, ㄷ
④ ㄱ, ㄴ, ㄷ ✓

해설

범죄를 실행하고 있거나 실행하고 난 직후의 사람을 현행범인이라 한다(형사소송법 제211조 제1항). 범인으로 불리며 추적되고 있을 때, 장물이나 범죄에 사용되었다고 인정하기에 충분한 흉기나 그 밖의 물건을 소지하고 있을 때, 신체나 의복류에 증거가 될 만한 뚜렷한 흔적이 있을 때, 누구냐고 묻자 도망하려고 할 때의 어느 하나에 해당하는 사람은 현행범인으로 본다(형사소송법 제211조 제2항).

163

형사소송법상 현행범인의 체포에 관한 설명으로 옳은 것은? 기출 22

① ✓ 사법경찰관리가 현행범인의 인도를 받은 때에는 체포자의 성명, 주거, 체포의 사유를 물어야 하고 필요한 때에는 체포자에 대하여 경찰관서에 동행함을 요구할 수 있다.
② 범죄를 실행하고 난 직후의 사람은 현행범인이 아니다.
③ 사법경찰관리는 현행범인을 영장 없이 체포할 수 없다.
④ 사법경찰관은 범행 직후의 범죄 장소에서 현행범인을 체포할 때 긴급을 요하더라도 영장 없이 수색할 수 없다.

해설

① (○) 형사소송법 제213조 제2항
② (×) 범죄를 실행하고 있거나 실행하고 난 직후의 사람을 현행범인이라 한다(형사소송법 제211조 제1항).
③ (×) 현행범인은 누구든지 영장 없이 체포할 수 있다(형사소송법 제212조). 따라서 사법경찰관리도 현행범인을 영장 없이 체포할 수 있다.
④ (×) 사법경찰관은 제212조의 규정(현행범인의 체포)에 의하여 피의자를 체포하는 경우에 필요한 때에는 영장 없이 체포현장에서의 수색을 할 수 있다(형사소송법 제216조 제1항 제2호).

164

형사소송법상 체포에 관한 설명으로 옳지 않은 것은? 기출 18

☑ 검사 또는 사법경찰관리가 아닌 자가 현행범인을 체포한 때에는 48시간 이내에 수사기관에 인도해야 한다.
② 현행범인은 누구든지 영장 없이 체포할 수 있다.
③ 검사 또는 사법경찰관은 피의자 체포 시 피의사실의 요지, 체포의 이유와 변호인을 선임할 수 있음을 말하고 변명할 기회를 주어야 한다.
④ 검사가 체포한 피의자를 구속하고자 할 때에는 체포한 때부터 48시간 이내에 구속영장을 청구하여야 한다.

[해설]
① (×) 검사 또는 사법경찰관리가 아닌 자가 현행범인을 체포한 때에는 즉시 검사 또는 사법경찰관리에게 인도하여야 한다(형사소송법 제213조 제1항).
② (○) 형사소송법 제212조
③ (○) 형사소송법 제200조의5
④ (○) 형사소송법 제200조의4 제1항 후문

165

다음 중 영장 없이 체포할 수 있는 경우는?

☑ 준현행범인
② 사형·무기징역·무기금고에 해당하는 피의자
③ 범인이 영장 없이 체포당하지 않겠다고 반항할 때
④ 법원이 멀어 영장을 받을 시간적 여유가 없고 범인을 놓아주면 도주할 것이 틀림없을 경우

[해설]
영장 없이 체포할 수 있는 전형적인 경우는 현행범인과 현행범인으로 추정되는 일정한 준현행범인이다. ★

166

다음 중 현행범인을 체포한 후 구속영장을 청구하지 아니하는 때 즉시 피의자를 석방하여야 하는 법정허용시간은 얼마인가?

☑ ① 48시간
② 56시간
③ 60시간
④ 72시간

해설

검사 또는 사법경찰관이 현행 범인을 긴급체포한 경우 피의자를 구속하고자 할 때에는 체포한 때로부터 48시간 이내에 검사는 관할지방법원판사에게 구속영장을 청구하여야 하고 사법경찰관은 검사에게 신청하여 검사의 청구로 관할지방법원판사에게 청구하여야 한다. 신청 후 구속영장을 발급받지 못하였을 때에는 피의자를 즉시 석방하여야 한다(형사소송법 제200조의4 제1항·제2항).

167

다음 (   )에 들어갈 숫자로 옳은 것은? 기출 16

> 형사소송법상 검사 또는 사법경찰관이 피의자를 긴급체포한 경우 피의자를 구속하고자 할 때에는 체포한 때부터 (   )시간 이내에 구속영장을 청구해야 한다.

① 12
② 24
☑ ③ 48
④ 72

해설

검사 또는 사법경찰관이 긴급체포 규정에 의하여 피의자를 체포한 경우 피의자를 구속하고자 할 때에는 지체 없이 검사는 관할 지방법원판사에게 구속영장을 청구하여야 하고, 사법경찰관은 검사에게 신청하여 검사의 청구로 관할 지방법원판사에게 구속영장을 청구하여야 한다. 이 경우 구속영장은 피의자를 체포한 때부터 48시간 이내에 청구하여야 하며, 긴급체포서를 첨부하여야 한다(형사소송법 제200조의4 제1항).

168

수사기관의 최장 구속기간은? 기출문제

① 10일
② 20일
✓ ③ 30일
④ 40일

해설

원칙적으로 수사기관의 구속기간은 사법경찰관은 10일(형사소송법 제202조), 검사는 10일(형사소송법 제203조)이나 검사의 신청에 한하여 1차에 한하여 10일의 한도에서 연장할 수 있다(형사소송법 제205조 제1항). 따라서 수사기관의 최장 구속기간은 30일이다.★

169

다음 중 구속적부심사의 청구권자가 아닌 것은?

① 구속된 피의자
② 변호인
✓ ③ 피의자의 친구
④ 피의자의 직계친족

해설

피의자의 친구는 법에서 정한 구속적부심사의 청구권자에 해당하지 않는다.

| 핵심만콕 | 구속적부심사의 청구권자 |

- 구속적부심사를 청구할 수 있는 자 : 체포되거나 구속된 피의자, 그 피의자의 변호인·법정대리인·배우자·직계친족·형제자매·가족·동거인·고용주이다(형사소송법 제214조의2 제1항).★
- 보석제도 : 피고인에게 인정되나, 피의자는 보석을 청구할 수 없으며 구속적부심사를 청구한 때에 법원의 직권으로 보석을 결정할 수 있다. 피고인의 경우에는 보석청구권이 인정된다(형사소송법 제94조).★

170

범죄의 혐의가 인정되고 소송조건이 구비되었으나, 범인의 연령, 성행, 범행동기 등을 참작하여 공소를 제기하지 아니하는 처분은? 기출 10

- ☑ ① 기소유예
- ② 기소중지
- ③ 집행유예
- ④ 선고유예

해설

기소유예란 피의사건에 대하여 범죄혐의가 인정되고 모든 소송조건이 구비되었으나, 범인의 연령·성행·지능과 환경·범행의 동기·수단과 결과·범행 후의 정황, 피해자에 대한 관계 등을 고려하여 공소제기를 하지 아니하는 경우를 말한다.

171

다음 ㄱ, ㄴ, ㄷ, ㄹ이 설명하는 불기소처분의 형태가 옳지 않은 것은?

> ㄱ. 피의자나 참고인의 행방을 알 수 없는 경우 등 실질적으로 수사를 종결할 수 없는 경우 일시적으로 수사를 중지하는 것
> ㄴ. 피의사실이 범죄구성요건에는 해당하지만 법률상 범죄의 성립을 조각하는 사유(위법성조각사유 또는 책임조각사유)가 있어 범죄를 구성하지 않는 경우
> ㄷ. 증거가 불충분하거나 범죄가 인정되지 않는 경우
> ㄹ. 고소·고발 사건에서 혐의 없음·죄가 안 됨·공소권 없음 사유가 있음이 명백한 경우 등

- ☑ ① ㄱ : 공소권 없음 처분
- ② ㄴ : 죄가 안 됨 처분
- ③ ㄷ : 혐의 없음 처분
- ④ ㄹ : 각 하

해설

ㄱ은 기소중지에 대한 내용이다. 공소권 없음 처분은 피의자의 사망·사면, 친고죄의 고소가 없는 경우, 반의사불벌죄에서 피해자가 처벌을 원하지 않는 경우 등 소추조건이 구비되지 않은 경우에 해당한다.

172

다음 기술 중 타당하지 않은 것은?

① 기소유예란 범죄는 성립되지만 검사의 재량으로 기소를 하지 않는 것이다.
② 형사소송법은 국가소추주의, 기소독점주의를 채택하고 있다.
❸ 수사는 범죄의 혐의를 발견한 경우에 개시하여, 공소제기로 종결된다.
④ 고소 또는 고발 사건에 관하여 검사가 불기소처분을 한 경우에 고소 또는 고발인은 그 당부에 관한 재정을 고등법원에 신청할 수 있다.

[해설]
수사종결은 무조건 공소제기로 끝나는 것이 아니라 불기소처분으로도 종결될 수 있기 때문에 항상 조심해야 한다. ★

173

수사와 공소에 관한 설명으로 옳은 것은? 기출 10

① 강제수사가 원칙이고, 예외적으로 임의수사가 허용된다.
② 공소제기 후에는 수사를 할 수 없다.
❸ 공소사실과 동일성이 인정되는 사실까지 공소제기의 효력이 미친다.
④ 공소장에는 피고인과 공소사실만 기재하면 족하다.

[해설]
③ (○) 공소제기의 효력은 공소사실과 동일성이 인정되는 사실까지 미친다.
① (×) 임의수사가 원칙이고 강제수사는 예외적으로 법의 규정이 있을 때 가능하다. 이를 임의수사의 원칙이라 한다(형사소송법 제199조 제1항).
② (×) 수사결과 검사가 충분한 혐의를 인정하고 공소를 제기하면 수사는 원칙적으로 종결되나 공소제기 후에도 검사가 공소유지를 위하여 수사를 계속할 필요가 있는 때에는 임의수사는 원칙적으로 허용된다. ★
④ (×) 공소장에는 필요적 기재사항과 임의적 기재사항을 기재해야 한다. 필요적 기재사항은 피고인의 성명 기타 특정사항·죄명·공소사실·적용법조이며(형사소송법 제254조 제3항), 피고인의 구속 여부도 기재해야 한다(형사소송규칙 제117조 제1항 제2호). ★

174

형사소송법상 공소에 관한 설명으로 옳은 것은? 기출 24

☑ ① 공소는 검사가 제기하여 수행한다.
② 범죄사실의 일부에 대한 공소의 효력은 범죄사실 일부에만 미친다.
③ 공소는 제2심판결의 선고 전까지 취소할 수 있다.
④ 공소취소는 공판정에서도 이유를 기재한 서면으로 하여야 한다.

해설

① (○) 형사소송법 제246조
② (×) 범죄사실의 일부에 대한 공소의 효력은 범죄사실 전부에 미친다(형사소송법 제248조 제2항).
③ (×) 공소는 제1심판결의 선고 전까지 취소할 수 있다(형사소송법 제255조 제1항).
④ (×) 공소취소는 이유를 기재한 서면으로 하여야 한다. 단, 공판정에서는 구술로써 할 수 있다(형사소송법 제255조 제2항).

175

형사소송법상 공소제기의 기본원칙이 아닌 것은? 기출 23

① 국가소추주의
☑ ② 기소법정주의
③ 기소편의주의
④ 기소독점주의

해설

형사소송법상 공소제기의 기본원칙은 국가소추주의·기소독점주의(형사소송법 제246조), 기소편의주의(형사소송법 제247조), 기소변경주의(형사소송법 제255조)이다.

176

검사가 재량에 의해 불기소처분을 할 수 있다는 원칙은? 기출 13

① 국가소추주의
② 기소독점주의
✓ ③ 기소편의주의
④ 기소변경주의

해설
③ (○) 설문은 기소편의주의에 대한 내용이다.
① (×) 국가소추주의란 공소제기의 권한을 국가기관에게 전담하게 하는 것을 말한다.
② (×) 기소독점주의는 공소를 제기할 수 있는 권한을 검사만이 가진다고 하는 주의이다.
④ (×) 기소 후에 검사가 공소를 취소할 수 있는 것을 기소변경주의라고 한다.

177

공소의 제기에 관한 다음 설명 중 틀린 것은?

① 공소제기가 없는 한 법원이 심판할 수 없다는 원칙을 불고불리의 원칙이라 한다.
✓ ② 범죄혐의가 있는 자라도 기소 여부는 검사의 재량으로 결정할 수 있다는 원칙을 기소독점주의라 한다.
③ 범죄혐의가 없거나, 혐의가 있더라도 처벌할 수 없는 경우에는 불기소처분을 한다.
④ 국가기관인 검사의 소추에 의하여 형사소송이 개시되는 원칙을 국가소추주의라 한다.

해설
검사의 기소·불기소에 관한 재량권을 인정하는 것은 기소독점주의가 아닌 기소편의주의에 관한 설명이다.

178

다음 중 연결이 잘못된 것은? 기출문제

① 보석의 청구권자 – 피고인, 변호인, 피고인의 법정대리인, 배우자, 직계친족, 형제자매, 가족, 동거인 또는 고용주
② 영장이 필요하지 않은 경우 – 법원의 검증, 심문, 현행범인의 체포
③ 형식적 소송요건 – 2중기소가 아닐 것, 사면이 없었을 것, 공소시효가 완료되지 않았을 것
④ 부당한 강제처분으로부터의 인권을 옹호하기 위한 제도 – 형사보상청구제도, 구속 등에 관한 재판에 대한 항고·준항고, 국가배상청구제도

[해설]
사면이 없었을 것, 공소시효가 완료되지 않았을 것 등의 요건은 실체적 소송의 조건이다. 형식적 소송의 조건으로는 2중기소가 아닐 것, 적법절차에 의한 공소의 제기가 있을 것 등이 있다. ★

179

형사소송법상 무기징역에 해당하는 범죄의 공소시효기간은? 기출 19

① 7년
② 10년
③ 15년
④ 20년

[해설]
무기징역 또는 무기금고에 해당하는 범죄의 공소시효는 15년이다(형사소송법 제249조 제1항 제2호).

관계법령 공소시효의 기간(형사소송법 제249조)

① 공소시효는 다음 기간의 경과로 완성한다.
  1. 사형에 해당하는 범죄에는 25년
  2. 무기징역 또는 무기금고에 해당하는 범죄에는 15년
  3. 장기 10년 이상의 징역 또는 금고에 해당하는 범죄에는 10년
  4. 장기 10년 미만의 징역 또는 금고에 해당하는 범죄에는 7년
  5. 장기 5년 미만의 징역 또는 금고, 장기 10년 이상의 자격정지 또는 벌금에 해당하는 범죄에는 5년
  6. 장기 5년 이상의 자격정지에 해당하는 범죄에는 3년
  7. 장기 5년 미만의 자격정지, 구류, 과료 또는 몰수에 해당하는 범죄에는 1년
② 공소가 제기된 범죄는 판결의 확정이 없이 공소를 제기한 때로부터 25년을 경과하면 공소시효가 완성한 것으로 간주한다.

180

고소인 또는 고발인이 검사의 불기소처분에 대하여 이의가 있을 때 다음 중 어느 방법에 의하여 소송을 법원에 제기할 수 있는가?

① 재 심
② 비상상고
✓ ③ 재정신청
④ 재항고

해설

재정신청이란 고소(대상범죄 제한 없음) 또는 고발(공무원의 직권남용죄)에 대한 불기소처분에 불복하는 고소·고발인의 법원에 대한 신청을 말한다(형사소송법 제260조 제1항).

181

다음 중 실체적 소송요건에 해당하지 않는 것은 어느 것인가? 기출문제

① 공소시효의 만료 전일 것
② 확정판결이 없었을 것
③ 사면이 없었을 것
✓ ④ 피고사건이 법원의 관할에 속할 것

해설

실체적 소송요건으로는 ①·②·③과 범죄 후 법령개폐로 형이 폐지되지 않았을 것 등이 있다. ④의 피고사건이 관할 법원에 속할 것, 공소기각의 판결·결정사유가 없을 것 등은 형식적 요건에 속한다.

182

다음 공판절차 중 가장 먼저 이루어지는 것은? 기출 14

① 인정신문
☑ ② 진술거부권의 고지
③ 피고인 신문
④ 판결의 선고

해설
공판절차는 모두절차(피고인의 진술거부권 고지, 인정신문, 검사의 모두진술, 피고인의 모두진술, 쟁점정리 순) → 사실심리절차(증거조사, 피고인 신문, 최후변론 순) → 판결선고절차 순으로 진행된다.

183

형사소송법상 증거에 관한 설명으로 옳지 않은 것은? 기출 21

① 공소범죄사실에 대한 거증책임은 원칙적으로 검사에게 있다.
☑ ② 피고인의 자백이 그 피고인에게 불이익한 유일의 증거인 경우 이를 유죄의 증거로 한다.
③ 증거란 사실인정의 근거가 되는 자료이다.
④ 적법절차에 따르지 아니하고 수집한 자료는 증거로 할 수 없다.

해설
② (×) 피고인의 자백이 그 피고인에게 불이익한 유일의 증거인 때에는 이를 유죄의 증거로 하지 못한다(형사소송법 제310조).
① (○) 거증책임과 관련하여 증명불능으로 인한 불이익을 누구에게 부담시킬 것인지가 문제되는데, 형사소송법의 기본원칙은 무죄추정이고, 의심스러울 때는 피고인의 이익으로 판단하여야 하므로, 거증책임은 원칙적으로 검사가 부담한다.
③ (○) 증거란 사실인정의 근거가 되는 자료로, 증거방법과 증거자료 2가지 의미를 포함한다. 증거방법은 사실인정의 근거가 되는 유형물 자체를 의미하고[증인·감정인·당사자(본인)·문서·검증물], 증거자료는 증거방법을 조사하는 과정에서 알게 된 내용을 의미한다(증언·감정결과·당사자신문결과·문서내용·검증의 결과).
④ (○) 적법한 절차에 따르지 아니하고 수집한 증거는 증거로 할 수 없는데(형사소송법 제308조의2), 이를 위법수집증거배제원칙이라 한다.

184

우리나라 소송에 관한 설명으로 옳지 않은 것은? 기출 20

① 사실의 인정은 증거에 의하여야 한다.
② 사실확정에 있어서 추정은 반증에 의해 그 효과가 부인될 수 있다.
❸ 증인신문은 원칙적으로 법원의 신문 후에 당사자에 의한 교호신문(交互訊問)의 형태로 진행된다.
④ 형사소송에서 피고인의 자백이 그 피고인에게 불이익한 유일한 증거인 때에는 이를 유죄의 증거로 하지 못한다.

해설

③ (×) 증인신문은 당사자에 의한 교호신문이 끝난 뒤에 재판장이 신문할 수 있다(형사소송법 제161조의2 제1항·제2항).
① (○) 형사소송법 제307조 제1항
② (○) 추정된 사실과 다른 주장을 하는 자는 반증을 들어 추정의 효과를 뒤집을 수 있다.
④ (○) 형사소송법 제310조

185

형사소송에서 '사실인정의 기초가 되는 경험적 사실을 경험자 자신이 직접 법원에 진술하지 않고, 타인의 진술 등의 방법으로 간접적으로 법원에 보고하는 형태의 증거는 원칙적으로 증거능력이 인정되지 않는다'는 원칙은? 기출 20

❶ 전문법칙
② 자백배제법칙
③ 자백의 보강법칙
④ 위법수집증거배제원칙

해설

① (○) 설문이 설명하는 내용은 전문법칙이다. 즉, 전문법칙이란 전문증거의 증거능력을 제한하는 원칙이다. 여기서 전문증거(傳聞證據, hearsay)는 원진술자가 공판기일 또는 심문기일에 행한 진술 이외의 진술로서 그 주장사실이 진실임을 입증하기 위하여 제출된 것으로, 전문진술과 진술서, 자술서, 진술녹취서 등 전문서류를 말하며, 형사소송법 제310조의2는 동법 제311조 내지 제316조에 규정한 것 이외에는 증거능력을 부정하고 있다.
② (×) 자백배제법칙이란 임의성이 의심되는 자백은 증거능력을 배제하는 원칙이다(형사소송법 제309조).
③ (×) 자백의 보강법칙이란 피고인이 임의로 한 증거능력이 있고, 신용성이 있는 자백에 의하여 법관이 유죄의 심증을 얻었다고 하더라도 그 자백에 대한 다른 보강증거가 없으면 유죄를 인정할 수 없다는 원칙이다(형사소송법 제310조).
④ (×) 위법수집증거배제원칙이란 적법한 절차에 따르지 아니하고 수집한 증거는 증거로 할 수 없다는 원칙이다(형사소송법 제308조의2).

186

형사소송법상 증거의 일반원칙에 관한 설명으로 옳지 않은 것은? 기출 13

① 사실의 인정은 증거에 의하여야 한다.
② 피고인의 자백이 그 피고인에게 불이익한 유일의 증거인 때에는 이를 유죄의 증거로 하지 못한다.
③ 피고인의 자백이 임의로 진술한 것이 아니라고 의심할 만한 이유가 있을 때에는 유죄의 증거로 할 수 없다.
✓ 피의자에 대하여 진술거부권을 고지하지 않은 상태에서 수집한 증거의 증거능력은 인정된다.

[해설]
형사소송법이 보장하는 피의자의 진술거부권은 헌법이 보장하는 형사상 자기에 불리한 진술을 강요당하지 않는 자기부죄거부의 권리에 터 잡은 것이므로 수사기관이 피의자를 신문함에 있어서 피의자에게 미리 진술거부권을 고지하지 않은 때에는 그 피의자의 진술은 위법하게 수집된 증거로서 진술의 임의성이 인정되는 경우라도 증거능력이 부인되어야 한다(대판 2011.11.10. 2010도8294). ★

187

자유심증주의란 무엇인가?

✓ 증거의 증명력은 법관의 자유로운 판단에 의한다.
② 증거의 증명력은 법률이 정하는 바에 따른다.
③ 증거의 수집은 법관의 자유로운 판단에 의한다.
④ 법정증거주의에 바탕을 둔 원칙이다.

[해설]
자유심증주의란 증거의 증명력을 법관의 자유로운 판단에 맡기는 주의를 말하며 법정증거주의에 대립되는 것이다.

188

다음은 형사재판에 있어서 거증책임과 관련된 내용이다. 타당하지 않은 것은? 기출 04

① 법관의 자유심증주의 원칙이 적용된다.
② 의심이 가는 피고인의 자백은 증거능력이 없다.
③ 피고인이 행한 행위의 사실인정은 증거에 의해야 한다.
✓ 형사재판에 있어서의 거증책임은 피고인에게 있다.

[해설]
거증책임의 원칙이란 증명불능으로 인한 불이익을 누구에게 부담시킬 것인가를 정하는 문제이다. 무죄추정은 형사소송법의 기본원칙이며, 의심스러울 때는 피고인의 이익으로 판단하여야 하므로 거증책임은 원칙적으로 검사가 부담한다.

189

다음 중 자백에 관한 설명으로 틀린 것은? 기출문제

① 고문에 의한 자백은 항상 증거로 할 수 없고 임의로 한 자백만이 증거능력이 있다.
☑ 일기장에 자기의 범죄를 인정하는 기재를 하는 것은 자백이 아니다.
③ 자백은 구술 또는 서면으로 할 수 있다.
④ 자백은 피고인·피의자 등 어떤 지위에서 행한 것이든 불문하고 사법절차 내에서뿐만 아니라 수사개시 전 사인에 대해 한 것도 포함된다.

[해설]
자백은 재판상 자백과 재판 외의 자백으로 분류할 수 있으며 재판 외의 자백에서는 자백의 상대방이 없는 경우(일기장의 기재) 등에도 자백으로 성립한다. 형사소송법상 자백은 법원을 구속하지 못하며 임의성 없는 자백은 증거능력이 없고 자백이 피고인에게 불리한 유일의 증거인 때에는 이를 이유로 유죄의 판결을 할 수 없다(형사소송법 제309조, 제310조). ★

190

다음 중 전문증거의 예가 아닌 것은? 기출문제

① 범죄현장을 목격한 사람이 그 사실을 기재한 자술서
② 범죄현장을 목격한 자로부터 들은 사실을 기재한 진술서
③ 범죄현장의 목격자로부터 들은 사실을 법원에 출두하여 한 진술
☑ 범죄현장의 목격자가 법원에 출두하여 한 진술

[해설]
전문증거는 사실인정의 기준이 되는 실험적 사실을 실험자 자신이 직접 법원에 대하여 진술하지 않고 다른 형태로 간접적으로 법원에 보고하는 경우이나 ④는 체험자가 직접 진술하는 것이므로 직접증거이지 전문증거가 아니다. ★

191

다음 중 약식명령을 청구할 수 있는 자는?

① 판 사
☑ 검 사
③ 관할경찰서장
④ 피해자

[해설]
약식명령의 청구권자는 검사이다(형사소송법 제448조 제1항). ★

192

피고인이 공판정에서 자백한 사건에 대하여 증거능력의 제한을 완화하는 등의 방법으로 심리를 신속하게 진행하기 위하여 인정되는 형사소송법상의 절차는? 기출 13

① 공판준비절차
☑ 간이공판절차
③ 증거개시절차
④ 국민참여재판절차

해설

설문은 간이공판절차에 대한 내용이다.

193

특별형사소송절차에 관한 설명으로 옳은 것을 모두 고른 것은? 기출 13

> ㄱ. 약식명령은 해당 사건의 관할 경찰서장이 청구할 수 있다.
> ㄴ. 약식명령이 확정되더라도 동일한 효력을 갖지 않으므로 같은 사건에 대하여 다시 공소를 제기할 수 있다.
> ㄷ. 즉결심판절차는 관할 경찰서장이 청구하며, 20만원 이하의 벌금・구류 또는 과료에 처할 경미한 범죄를 그 대상으로 한다.
> ㄹ. 즉결심판이 확정되면 확정판결과 동일한 효력이 있고, 그 형의 집행은 경찰서장이 한다.

① ㄱ, ㄴ
② ㄱ, ㄹ
③ ㄴ, ㄷ
☑ ㄷ, ㄹ

해설

제시된 내용 중 옳은 것은 ㄷ과 ㄹ이다.
ㄱ. (×) 약식명령은 검사가 지방법원에 청구할 수 있다(형사소송법 제448조 제1항).★
ㄴ. (×) 약식명령은 정식재판의 청구기간이 경과하거나 그 청구의 취하 또는 청구기각의 결정이 확정한 때에는 확정판결과 동일한 효력이 있다(형사소송법 제457조). 따라서 같은 사건에 관하여 다시 공소를 제기할 수 없다.★

194

검찰의 소관 사항이 아닌 것은? 기출 08

① 무혐의처분
② 약식기소
✔ 즉결심판의 청구
④ 선도조건부 기소유예

해설

즉결심판은 관할 경찰서장 또는 관할 해양경찰서장이 관할법원에 이를 청구한다(즉결심판법 제3조 제1항).★

195

국민의 형사재판 참여에 관한 법률의 내용으로 옳지 않은 것은? 기출 17

① 피고인이 국민참여재판을 원하지 않는 경우에는 국민참여재판을 할 수 없다.
② 국민참여재판은 필요적 변호사건이다.
✔ 배심원은 만 18세 이상의 대한민국 국민 중에서 선정된다.
④ 배심원의 평결결과와 다른 판결을 선고할 수 있다.

해설

③ (×) 배심원은 만 20세 이상의 대한민국 국민 중에서 이 법으로 정하는 바에 따라 선정된다(국민의 형사재판 참여에 관한 법률 제16조).★
① (○) 국민의 형사재판 참여에 관한 법률 제9조 제1항 제2호
② (○) 국민의 형사재판 참여에 관한 법률 제7조
④ (○) 국민의 형사재판 참여에 관한 법률 제48조 제4항, 제49조 제2항

196

형사소송법상 재판에 관한 설명으로 옳은 것은? 기출 22

① 공소사실이 모두 증명되었다면 책임조각사유가 존재하더라도 유죄판결을 해야 한다.
② 공소기각의 재판을 하는 경우에는 대리인의 출석이 허용되지 않는다.
③ 보통항고의 항고기간은 1개월이다.
❹ 형의 면제판결이 선고된 때에는 구속영장은 효력을 잃는다.

해설

④ (○) 무죄, 면소, 형의 면제, 형의 선고유예, 형의 집행유예, 공소기각 또는 벌금이나 과료를 과하는 판결이 선고된 때에는 구속영장은 효력을 잃는다(형사소송법 제331조).
① (×) 공소사실이 모두 증명되었더라도 피고사건이 범죄로 되지 아니한다면, 즉 구성요건해당성이 없거나 위법성조각사유나 책임조각사유가 있다면 판결로써 무죄를 선고하여야 한다(형사소송법 제325조 전단).
② (×) 공소기각의 재판(공소기각판결, 공소기각결정)을 할 것이 명백한 사건에 관하여는 피고인의 출석을 요하지 아니한다. 이 경우 피고인은 대리인을 출석하게 할 수 있다(형사소송법 제277조 제2호).
③ (×) 항고는 즉시항고 외에는 언제든지 할 수 있다. 단, 원심결정을 취소하여도 실익이 없게 된 때에는 예외로 한다(형사소송법 제404조).

197

형사소송법상 공소기각의 판결을 해야 하는 경우가 아닌 것은? 기출 17

① 피고인에 대하여 재판권이 없는 때
② 친고죄 사건에 대하여 고소의 취소가 있는 때
❸ 공소가 취소되었을 때
④ 공소제기의 절차가 법률의 규정에 위반하여 무효일 때

해설

'공소가 취소되었을 때'는 공소기각의 결정을 해야 하는 경우이다(형사소송법 제328조 제1항).

198

무죄의 판결을 해야 하는 경우로 옳은 것은?

① 공소의 시효가 완성된 경우
② 친고죄에 있어서 고소가 취소된 경우
③ 반의사불벌죄에서 처벌불원의 의사표시가 있는 경우
❹ 범죄사실의 증명이 없는 경우

해설

피고사건이 범죄로 되지 아니하거나 범죄사실의 증명이 없는 때에는 판결로써 무죄를 선고하여야 한다(형사소송법 제325조).

199

친고죄에 있어서 고소가 취소된 때, 법원이 행하는 재판의 종류는? 기출 16

① 무죄판결
② 면소판결
❸ 공소기각판결
④ 공소기각결정

해설

고소가 있어야 죄를 논할 사건에 대하여 고소의 취소가 있는 때에는 판결로써 공소기각의 선고를 하여야 한다(형사소송법 제327조 제5호).

200

공소제기 후 피고인이 사망하였을 때, 법원이 행하는 재판의 종류는? 기출 12

❶ 공소기각의 결정
② 공소기각의 판결
③ 면소의 판결
④ 무죄의 판결

해설

공소제기 후 피고인이 사망하였을 때, 법원이 행하는 재판의 종류는 공소기각의 결정이다.

201

형사소송법상 면소판결의 선고를 해야 하는 경우는? 기출 19

① 피고인에 대한 재판권이 없는 때
② 친고죄 사건에서 고소의 취소가 있는 때
❸ 공소의 시효가 완성되었을 때
④ 공소가 제기된 사건에 대하여 다시 공소가 제기되었을 때

해설

형사소송법 제326조 제3호의 면소판결 사유에 해당한다.

핵심만콕 종국재판의 종류 및 구체적 사유

유죄판결	사건의 실체에 관하여 피고인 범죄 사실의 증명이 있는 때
무죄판결 (형사소송법 제325조)	• 피고사건이 범죄로 되지 아니하는 때(구성요건해당성이 없거나 또는 위법성조각사유나 책임조각사유가 존재한다는 것이 밝혀진 경우를 말함) • 범죄사실의 증명이 없는 때
관할위반의 판결 (형사소송법 제319조)	피고사건이 법원의 관할에 속하지 아니하는 때
공소기각의 결정 (형사소송법 제328조 제1항)	📌 공·취·사·소 / 수·법·계·관·경 / 범·사·포·아 • 공소가 취소되었을 때(제1호) • 피고인이 사망하거나 또는 피고인인 법인이 존속하지 아니하게 되었을 때(소멸)(제2호) • 동일사건이 사물관할을 달리하는 수개의 법원에 계속되거나 관할이 경합하는 경우(제12조 또는 제13조)의 규정과 관련하여 재판할 수 없는 때(제3호) • 공소장에 범죄가 될 만한 사실이 포함되지 아니할 때(제4호)
공소기각의 판결 (형사소송법 제327조)	📌 재·절·무 / 위반 공소 / 친·반 • 피고인에 대하여 재판권이 없을 때(제1호) • 공소제기의 절차가 법률의 규정을 위반하여 무효일 때(제2호) • 공소가 제기된 사건에 대하여 다시 공소가 제기되었을 때(제3호) • 제329조(공소취소와 재기소)를 위반하여 공소가 제기되었을 때(제4호) • 고소가 있어야 공소를 제기할 수 있는 사건(친고죄)에서 고소가 취소되었을 때(제5호) • 피해자의 명시한 의사에 반하여 공소를 제기할 수 없는 사건(반의사불벌죄)에서 처벌을 원하지 아니하는 의사표시를 하거나 처벌을 원하는 의사표시를 철회하였을 때(제6호)
면소판결 (형사소송법 제326조)	📌 확·사·시·폐 • 확정판결이 있은 때(제1호) • 사면이 있은 때(제2호) • 공소시효가 완성되었을 때(제3호) • 범죄 후 법령개폐로 형이 폐지되었을 때(제4호)

202

형사소송법상 상소에 관한 설명으로 옳지 않은 것은? 기출 24

① 검사 또는 피고인은 상소를 할 수 있다.
② **상소는 재판의 일부에 대하여 할 수 없다.**
③ 상소의 제기기간은 재판을 선고 또는 고지한 날로부터 진행된다.
④ 항소를 함에는 항소장을 원심법원에 제출하여야 한다.

해설

② (×) 상소는 재판의 일부에 대하여 할 수 있다(형사소송법 제342조 제1항).
① (○) 형사소송법 제338조 제1항
③ (○) 형사소송법 제343조 제2항
④ (○) 형사소송법 제359조

203

형사소송법상 상소에 관한 설명으로 옳지 않은 것은? 기출 23

① 피고인의 법정대리인은 피고인을 위하여 상소할 수 있다.
② **항고는 법원의 판결에 대한 상소이다.**
③ 상고 제기기간은 7일이다.
④ 즉시항고 제기기간은 7일이다.

해설

② (×) 법원의 재판은 그 형식에 따라 판결, 결정, 명령으로 분류되며, 항고는 법원의 결정에 대한 상소이다.
① (○) 형사소송법 제340조
③ (○) 형사소송법 제374조
④ (○) 형사소송법 제405조

204

형사소송법상 제1심 판결에 불복하여 제2심 법원에 제기하는 상소는? 기출 21

① 항 고
② 상 고
❸ **항 소**
④ 재 심

해설

③ (○) 항소는 제1심 판결에 대한 상소를 말하는데, 단독판사의 제1심 판결은 지방법원 합의부에, 지방법원 합의부의 제1심 판결은 고등법원에 항소한다.
① (×) 항고는 법원의 결정·명령에 대한 간이한 상소를 말하는데, 법률이 정한 것 이외에는 항고할 수 없다.
② (×) 상고는 제2심 판결에 대한 상소를 말하는데, 예외적으로 제1심 판결에 대한 상고도 허용될 수 있다.
④ (×) 재심은 형사상 유죄의 확정판결에 중대한 사실오인이 있는 경우, 이를 이유로 한 당사자의 신청으로써 그 판결의 부당함을 시정하는 비상구제절차이다(형사소송법 제420조 내지 제440조).

205

형사소송법상 상소에 관한 설명으로 옳지 않은 것은? 기출 20

① 상소의 제기기간은 7일이다.
② 상소장은 원심법원에 제출하여야 한다.
❸ **법원의 결정에 대해 불복하는 상소는 상고이다.**
④ 검사는 피고인의 이익을 위하여 상소할 수 있다.

해설

③ (×) 법원의 결정에 불복하는 상소는 항고이다.
① (○) 형사소송법 제358조, 제374조, 제405조
② (○) 형사소송법 제359조, 제375조, 제406조
④ (○) 검사는 피고인과 대립하는 당사자이기도 하지만 공익의 대표자로서 법원에 대해 법령의 정당한 적용을 청구할 직무와 권한이 있으므로 피고인의 이익을 위한 상소도 할 수 있다는 입장이 일반적이다.

206

형사소송에서 상소에 관한 설명으로 옳지 않은 것은? 기출 18

① 검사 또는 피고인은 상소를 할 수 있다.
② 항소의 제기기간은 7일로 한다.
❸ 항소권자는 항소를 제기하려면 항소기간 내에 항소장을 항소법원에 제출하여야 한다.
④ 판결에 대한 상소에는 항소와 상고가 있다.

해설

③ (×) 항소를 함에는 항소장을 원심법원에 제출하여야 한다(형사소송법 제359조).★
① (○) 형사소송법 제338조 제1항
② (○) 형사소송법 제358조
④ (○) 상소는 미확정 재판에 대하여 상급법원에 구체적 재판을 구하는 불복신청제도로, 상소의 종류에는 항소·상고·항고(법원의 결정에 대한 상소)가 있다.

207

형사소송법상 상소에 관한 설명으로 옳지 않은 것은? 기출 16

① 상고심은 원칙적으로 법률심이다.
② 법원의 결정에 불복하는 상소는 '항고'이다.
③ 피고인을 위하여 항소한 사건에는 불이익변경금지의 원칙이 적용된다.
❹ 항소의 제기기간은 14일로 한다.

해설

항소의 제기기간은 7일로 한다(형사소송법 제358조). 반면 민사소송법상 항소는 판결서가 송달된 날부터 2주 이내에 하여야 한다. 다만, 판결서 송달 전에도 할 수 있다(민사소송법 제396조 제1항).★

208

단독사건의 심급제로서 맞는 것은? 기출문제

☑ 지방법원 단독판사 → 지방법원 본원 합의부 → 대법원
② 지방법원 → 고등법원 → 대법원
③ 지방법원 본원 합의부 → 고등법원 → 대법원
④ 지방법원 지원 → 지방법원 본원 합의부 → 대법원

해설

민·형사사건 중 단독사건은 지방법원(지원) 단독판사 → 지방법원 본원 합의부(항소부) → 대법원 순으로 진행된다.

핵심만콕 우리 재판제도의 3심제(심급제) 원칙★

- 민·형사사건 중 단독사건 : 지방법원(지원) 단독판사 → 지방법원 본원 합의부(항소부) → 대법원
- 합의사건 : 지방법원(지원) 합의부 → 고등법원 → 대법원
- 군사재판 : 보통군사법원 → 고등군사법원 → 대법원
- 행정소송 : 행정법원 → 고등법원 → 대법원

209

형사소송법상 즉시항고의 제기기간은? 기출 22

① 3일
② 5일
☑ 7일
④ 결정 즉시

해설

즉시항고의 제기기간은 7일로 한다(형사소송법 제405조).

210

형사소송법상 재심청구에 관한 설명으로 옳지 않은 것은? 기출 19

① 재심의 청구는 원판결의 법원이 관할한다.
② **재심의 청구로 형의 집행은 정지된다.** ✓
③ 재심의 청구가 청구권의 소멸 후인 것이 명백한 때에는 결정으로 기각하여야 한다.
④ 재심의 청구는 형의 집행을 받지 아니하게 된 때에도 할 수 있다.

해설

② (×) 재심의 청구는 형의 집행을 정지하는 효력이 없다(형사소송법 제428조 본문).
① (○) 형사소송법 제423조
③ (○) 형사소송법 제433조
④ (○) 형사소송법 제427조

211

형사상 유죄의 확정판결에 중대한 사실오인이 있는 경우 판결을 받은 자의 이익을 위하여 판결의 부당함을 시정하는 비상구제절차는? 기출 15

① 상 소
② **재 심** ✓
③ 항 고
④ 비상상고

해설

설문의 비상구제절차는 재심이다. 재심은 유죄의 확정판결에 대하여 주로 사실인정의 부당을 시정하기 위하여 인정되는 절차로 확정판결에 있어서의 사실인정의 과오를 시정함으로써 그 확정판결에 의해서 불이익을 받는 피고인을 구제할 수 있다(형사소송법 제420조 내지 제440조).

212

재심에 대한 다음 설명 중 옳지 않은 것은?

① 유죄의 확정판결에 대하여 주로 사실인정의 부당을 시정하기 위하여 인정되는 절차이다.
❷ 재심은 항소 또는 상고를 기각한 판결에 대해서는 인정되지 않는다.
③ 재심심판절차도 일반 공판절차에 관한 규정이 그대로 적용된다.
④ 재심에는 원판결의 형보다 무거운 형을 선고할 수 없다.

해설

재심은 원칙적으로 유죄의 확정판결에 대해서만 인정되지만 항소 또는 상고를 기각한 판결에 대해서도 인정된다(형사소송법 제421조 제1항).

213

형사소송법상 비상상고에 관한 설명으로 옳지 않은 것은? 기출 17

① 검찰총장은 판결이 확정한 후 그 사건의 심판이 법령에 위반한 것을 발견한 때에는 대법원에 비상상고를 할 수 있다.
② 공판기일에는 검사는 신청서에 의하여 진술하여야 한다.
③ 대법원은 신청서에 포함된 이유에 한하여 조사하여야 한다.
❹ 비상상고가 이유 없다고 인정한 때에는 결정으로써 이를 기각하여야 한다.

해설

④ (×) 비상상고가 이유 없다고 인정한 때에는 판결로써 이를 기각하여야 한다(형사소송법 제445조). ★
① (○) 형사소송법 제441조
② (○) 형사소송법 제443조
③ (○) 형사소송법 제444조 제1항

1. 상법총칙
2. 회사법
3. 보험법

CHAPTER 05

상법 일반

CHAPTER 05 상법 일반

1 상법총칙

01
CHECK ⃞O ⃞△ ⃞X

다음 중 상법의 특색(이념)과 거리가 먼 것은?

① 영리성
② 집단성
③ 통일성
✅ 개인책임의 가중과 경감

해설
상법의 특색(이념) : 영리성, 집단성·반복성, 획일성·정형성, 공시주의, 기업책임의 가중과 경감, 기업의 유지 강화, 기술성·진보성, 세계성·통일성★

02
CHECK ⃞O ⃞△ ⃞X

상사에 관한 법규범의 적용순서를 바르게 나열한 것은? 기출 15

① 상법 - 상사자치법 - 상관습법 - 민법
② 상법 - 민법 - 상관습법 - 상사자치법
③ 상사자치법 - 상법 - 민법 - 상관습법
✅ 상사자치법 - 상법 - 상관습법 - 민법

해설
법원의 적용순서 : 상사자치법 → 상사특별법 → 상법 → 상관습법 → 민법 → 조리(상법 제1조 참고)★

03

다음 빈칸에 알맞은 내용은?

> 상법 제1조는 "상사에 관하여 본법에 규정이 없으면 (　)에 의하고 (　)이 없으면 민법의 규정에 의한다."고 규정하여 상법과 (　)이 없는 경우 민법은 보충적으로 적용된다.

① 상사자치법
❷ **상관습법**
③ 상사특별법
④ 정 관

해설
상사에 관하여 본법에 규정이 없으면 상관습법에 의하고 상관습법이 없으면 민법의 규정에 의한다(상법 제1조).

04

상법상 상인에 관한 설명으로 옳지 않은 것은? 기출 12

① 자기명의로 상행위를 하는 자를 상인이라 한다.
❷ **회사는 상행위를 하지 않으면 상인으로 보지 않는다.**
③ 점포 기타 유사한 설비에 의하여 상인적 방법으로 영업을 하는 자는 상행위를 하지 아니하더라도 상인으로 본다.
④ 미성년자가 법정대리인의 허락을 얻어 영업을 하는 때에는 등기를 하여야 한다.

해설
② (×) 회사는 상행위를 하지 아니하더라도 상인으로 본다(상법 제5조 제2항).★
① (○) 상법 제4조
③ (○) 상법 제5조 제1항
④ (○) 상법 제6조★

05

다음 중 의제상인에 대한 설명으로 옳은 것은?

☑ ① 점포 기타 유사한 설비에 의하여 상인적 방법으로 영업을 하는 자와 회사는 상행위를 하지 아니하더라도 상인으로 본다.
② 기업활동에 있어서 권리의무가 귀속되는 기업의 주체로 상인의 행위는 영업을 위하여 하는 것으로 추정한다.
③ 자기명의로 상행위를 하는 자이다.
④ 소규모 상인으로서 자본금이 1,000만원 미만으로 회사가 아닌 자를 말한다.

해설

① (○) 상법 제5조
② (×) 보조적 상행위에 관한 설명이다(상법 제47조).
③ (×) 당연상인에 관한 설명이다(상법 제4조).
④ (×) 소상인에 관한 설명이다(상법 제9조, 동법 시행령 제2조).

06

상법상 상업사용인에 관한 설명으로 옳지 않은 것은? 기출 20

① 지배인의 선임과 그 대리권의 소멸에 관한 사항은 등기사항이다.
☑ ② 영업의 특정한 종류 또는 특정한 사항에 대한 위임을 받은 사용인에 관한 사항은 등기사항이다.
③ 영업의 특정한 종류 또는 특정한 사항에 대한 위임을 받은 사용인은 이에 관한 재판 외의 모든 행위를 할 수 있다.
④ 지배인은 영업주에 갈음하여 그 영업에 관한 재판상 또는 재판 외의 모든 행위를 할 수 있다.

해설

② (×) 영업의 특정한 종류 또는 특정한 사항에 대한 위임을 받은 사용인에 관한 사항은 등기사항이 아니라 대항요건에 해당한다(상법 제15조 제2항).
① (○) 상법 제13조 전문
③ (○) 상법 제15조 제1항
④ (○) 상법 제11조 제1항

07

상법상 지배인과 관련된 다음 내용 중 옳지 않은 것은?

① 지배인은 상인인 영업주에 갈음하여 그 영업에 관한 재판상 또는 재판 외의 모든 행위를 할 수 있는 경영보조자이다.
❷ 이사는 지배인이 될 수 없으나 감사는 가능하다.
③ 소상인·청산회사·파산회사는 지배인의 선임이 불가능하다.
④ 선임과 종임은 등기사항이며 총지배인은 영업소 단위로 등기한다.

해설
이사는 지배인이 될 수 있으나 감사는 불가능하다.

08

지배인에 대한 설명 중 옳지 않은 것은?

① 지배인이 아닌 사용인을 선임할 수 있다.
❷ 대리권의 제한은 명칭과 관계없이 선의의 제3자에게 대항할 수 있다.
③ 공동지배인의 경우 능동대리는 공동으로 한다.
④ 지배인의 개인적 행위는 표현지배인의 대상이 아니다.

해설
대리권의 제한은 명칭 여하에 불구하고 선의의 제3자에게 대항할 수 없다(상법 제11조 제3항).

09

회사의 종류에 따른 지배인의 선임방법으로 옳지 않은 것은? 기출문제

① 합명회사 – 총사원 과반수의 결의
② 합자회사 – 무한책임사원 과반수의 결의
❸ 주식회사 – 사원총회의 결의
④ 유한회사 – 이사 과반수 결의 또는 사원총회의 보통결의

해설
③ (×) 주식회사의 지배인은 이사회의 결의로 선임해야 한다(상법 제393조 제1항). ★
① (○) 상법 제203조
② (○) 상법 제274조
④ (○) 상법 제564조 제1항·제2항

10

다음 중 상업사용인의 의무에 대한 설명으로 옳지 않은 것은?

① 상업사용인은 영업주의 허락이 없이는 본인이 아닌 제3자의 계산으로라도 영업주의 영업부류에 속한 거래를 할 수 없다.
② 상업사용인은 영업주의 허락 없이 다른 상인의 사용인이 되지 못한다.
③ 의무를 위반한 상업사용인은 영업주에 대하여 손해를 배상할 책임이 있다.
❹ 의무를 위반하여 한 거래행위는 원칙적으로 무효이다.

해설

④ (×), ③ (○) 의무를 위반한 거래행위라도 상거래의 안정을 위하여 거래행위 자체는 유효한 것으로 본다. 단, 영업주는 손해배상청구권, 해임권, 개입권의 행사가 가능하다(상법 제17조 제2항·제3항). ★
① (○) 상법 제17조 제1항 전단
② (○) 상법 제17조 제1항 후단

11

상호에 관한 설명 중 옳지 않은 것은?

① 상인은 원칙적으로 상호를 선정하여 사용할 권리를 가진다.
② 회사의 상호에는 그 종류에 따라 합명회사, 합자회사, 주식회사 또는 유한회사의 문자를 사용하여야 한다.
③ 동일한 영업에는 단일상호를 사용하여야 한다.
❹ 지점의 상호에는 본점과의 종속관계를 표시할 필요는 없다.

해설

④ (×) 지점의 상호에는 본점과의 종속관계를 표시하여야 한다(상법 제21조 제2항).
① (○) 상법 제18조
② (○) 상법 제19조
③ (○) 상법 제21조 제1항

12

다음 중 상호의 양도에 관한 설명으로 옳지 않은 것은?

① 상호의 양도는 대항요건에 불과하여 등기하지 않으면 제3자에게 대항하지 못한다.
❷ 영업과 상호를 양수하였다고 하여 양도인의 채권·채무도 양수한 것으로 볼 수는 없다.
③ 영업과 함께 또는 영업을 폐지할 때 양도할 수 있다.
④ 상호는 재산적 가치가 인정되어 상속도 가능하다.

해설

② (×) 영업과 상호를 양수하면 양도인의 채권·채무도 양수한 것으로 보는 것이 원칙이다(대판 1989.12.26. 88다카10128).
① (○) 상법 제25조 제2항
③ (○) 상법 제25조 제1항
④ (○) 상호는 재산적 가치가 인정되어 양도 및 상속이 가능하다.

13

다음 중 상호에 관한 설명으로 옳지 않은 것은?

① 회사가 아니면 상호에 회사임을 표시하는 문자를 사용하지 못한다.
② 상호전용권은 타인이 부정한 목적으로 동일 또는 유사한 상호를 사용할 경우 그 사용을 배제하는 권리이다.
③ 상호는 영업을 폐지하거나 영업과 함께 하는 경우에 한하여 이를 양도할 수 있다.
❹ 상호를 등기한 자가 정당한 사유 없이 3년간 상호를 사용하지 아니하는 때에는 이를 폐지한 것으로 본다.

해설

④ (×) 상호를 등기한 자가 정당한 사유 없이 <u>2년간</u> 상호를 사용하지 아니하는 때에는 이를 폐지한 것으로 본다(상법 제26조).
① (○) 상법 제20조 전문
② (○) 상호전용권에 대한 설명으로 옳다.
③ (○) 상법 제25조 제1항

14

다음 중 상업장부에 관한 설명으로 옳지 않은 것은?

① 상법상의 의무로서 상인이 그 기업의 재산상태를 명백히 하기 위하여 작성하는 장부를 말한다.
② 상업장부에는 회계장부와 대차대조표(재무상태표)가 있다.
③ 상인은 10년간 상업장부와 영업에 관한 중요서류를 보존하여야 한다.
❹ 전표 또는 이와 유사한 서류는 2년간 이를 보존하여야 한다.

해설
상인은 10년간 상업장부와 영업에 관한 중요서류를 보존하여야 한다. 다만, 전표 또는 이와 유사한 서류는 5년간 이를 보존하여야 한다(상법 제33조 제1항). ★

15

상업등기에 관한 다음 설명 중 옳지 않은 것은?

① 상법의 규정에 의하여 영업에 관한 중요한 사항을 상업등기부에 등기하는 것을 말한다.
② 상업등기부에는 상호, 미성년자, 법정대리인, 지배인, 합자조합, 합명회사 등에 관한 11종이 있다.
❸ 선의의 제3자에게 대항 가능하다.
④ 증자 시 주식인수인의 인수 취소가 불가하다.

해설
등기·공고 전에는 선의의 제3자에게 대항하지 못하고, 등기·공고 후에는 (원칙적으로) 선의의 제3자에게도 대항 가능하다(상법 제37조 제1항 반대해석).

16

영업의 양도에 관한 다음 설명 중 옳지 않은 것은?

① 동일성이 유지되면 일부 양도도 가능하다.
② 낙성불요식 계약이다.
③ 대내적 효과는 기간의 무약정 시에는 10년, 약정 시에는 20년 내에서 유효하다.
❹ 영업양수인이 변제의 책임이 있는 경우에는 양도인의 제3자에 대한 채무는 영업양도 또는 광고 후 즉시 소멸한다.

[해설]
영업양수인이 변제의 책임이 있는 경우에는 양도인의 제3자에 대한 채무는 영업양도 또는 광고 후 2년이 경과하면 소멸한다(상법 제45조).

17

다음 중 상행위에 관한 설명으로 옳지 않은 것은?

① 실질적으로는 영리에 관한 행위이다.
❷ 상인이 영리를 목적으로 하는 영업행위를 기본적 상행위라 하며, 기본적 상행위 이외에 영업을 위하여 하는 행위를 영업적 상행위라고 한다.
③ 상인이 영리를 목적으로 하는 대부분의 영업행위를 기본적 상행위라고 한다.
④ 형식적인 상행위는 상법과 특별법에서 규정한 행위이다.

[해설]
상인이 영리를 목적으로 하는 대부분의 영업행위를 영업적 상행위 또는 기본적 상행위라고 하며, 기본적 상행위 이외에 영업을 위하여 하는 행위를 보조적 상행위 또는 부속적 상행위라고 한다.

18

다음 익명조합에 관한 설명 중에서 옳지 않은 것은?

① 경제적으로는 영업자의 단독기업이나 법적으로는 공동기업의 한 형태이다.
② 익명조합원은 출자의 의무와 이익배당의 권리가 있다.
③ 상인이 그 영업을 위하여 타인으로부터 재산의 출자를 받고 이에 대하여 영업이익을 분배할 것을 약속하는 계약관계이다.
④ 익명조합원은 제3자와는 아무런 법률관계가 없다.

해설

익명조합은 경제적으로는 공동기업의 한 형태이나 법적으로는 영업자의 단독기업이다.

19

상법상 자기명의로써 타인의 계산으로 물건 또는 유가증권의 매매를 영업으로 하는 자는? 기출 06

① 중개업자
② 위탁매매인
③ 대리상
④ 운송주선인

해설

② (○) 상법 제101조
① (×) 중개업자(중개인) : 타인간의 상행위의 중개를 영업으로 하는 자(상법 제93조)
③ (×) 대리상 : 일정한 상인을 위하여 상업사용인이 아니면서 상시 그 영업부류에 속하는 거래의 대리 또는 중개를 영업으로 하는 자(상법 제87조)
④ (×) 운송주선인 : 자기의 명의로 물건운송의 주선을 영업으로 하는 자(상법 제114조)

2 회사법

20

상법상 회사의 종류가 아닌 것은? 기출 21

① 유한회사
② 유한책임회사
③ 합자회사
✔ 조합회사

[해설]

상법상 인정되는 회사는 합명회사, 합자회사, 유한회사, 유한책임회사, 주식회사뿐이다(상법 제170조). 조합회사는 상법상 회사의 종류에 해당하지 아니한다.

핵심만콕 회사의 종류★★

구 분	유 형	내 용
인적 회사	합명회사	회사에 대한 출자의무와 회사채권자에 대한 **직접·연대·무한의 책임**을 지는 **2인 이상의 무한책임사원**만으로 구성된 회사
	합자회사	**무한책임사원**과 **직접·연대·유한의 책임을 지는 유한책임사원**으로 이루어진 회사로서 무한책임사원은 **회사의 경영**을, 유한책임사원은 **자본의 제공**을 담당하는데, 무한책임사원은 회사채권자와 직접 연대하여 무한책임을 지는 반면, 유한책임사원은 회사에 대해 일정한 출자의무를 부담할 뿐이므로, 그 출자가액에서 이미 이행한 부분을 공제한 가액의 한도 내에서 책임을 진다.
물적 회사	유한회사	**물적 회사에 인적 회사의 요소를 가미한 중간형태**로, 회사채권자에 대해 직접의 책임을 지지 않고, 자신의 출자금액을 한도로 **간접·유한의 책임**을 지는 1인 이상의 유한책임사원만으로 구성된 회사
	유한책임회사	회사채권자에 대해 출자금액을 한도로 **간접·유한의 책임**을 지는 1인 이상의 유한책임사원만으로 구성된 회사
	주식회사	회사채권자에 대해 직접의 책임을 지지 않고, 자신이 가진 주식의 인수가액을 한도로 **간접·유한의 책임**을 지는 1인 이상의 유한책임사원(주주)만으로 구성된 회사

21

다음 중에서 회사의 능력에 대한 설명으로 가장 옳은 것은? 기출문제

① 회사는 자연인과 완전히 동일한 권리능력을 갖는다.
② 회사는 다른 회사의 무한책임사원 또는 유한책임사원이 될 수 있다.
❸ 판례는 회사의 권리능력이 정관에서 정한 목적범위 내로 제한된다고 한다.
④ 회사도 독립된 법인격을 가지므로 형법상 범죄능력을 가진다는 것이 학설과 판례의 태도이다.

해설

③ (○) 회사의 권리능력은 회사의 설립 근거가 된 법률과 회사의 정관상의 목적에 의하여 제한된다(대판 1999.10.8. 98다2488).
① (×) 회사의 능력은 성질상·법령상 제한이 있다. 자연인의 특유한 권리의무인 신체·생명에 관한 권리 등은 가질 수 없다.
② (×) 다른 회사의 무한책임사원이 될 수 없다(상법 제173조).
④ (×) 회사는 형법상 범죄능력을 갖지 아니한다.

22

상법상 회사에 관한 설명으로 옳은 것은? 기출 23

① 상법은 회사의 종류로서 합명회사, 합자회사, 유한회사, 주식회사만을 인정하고 있다.
② 회사는 다른 회사의 무한책임사원이 될 수 있다.
❸ 합명회사의 재산으로 회사의 채무를 완제할 수 없는 때에는 각 사원은 연대하여 변제할 책임이 있다.
④ 회사는 지점소재지에서 설립등기를 함으로써 성립한다.

해설

③ (○) (합명)회사의 재산으로 회사의 채무를 완제할 수 없는 때에는 각 사원은 연대하여 변제할 책임이 있다(상법 제212조 제1항).
① (×) 회사는 합명회사, 합자회사, 유한책임회사, 주식회사와 유한회사의 5종으로 한다(상법 제170조).
② (×) 회사는 다른 회사의 무한책임사원이 되지 못한다(상법 제173조).
④ (×) 회사는 본점소재지에서 설립등기를 함으로써 성립한다(상법 제172조).

23

상법상 합명회사에 관한 규정이다. 다음 ( )에 들어간 숫자로 옳은 것은? 기출 16

> 회사의 설립의 무효는 그 사원에 한하여, 설립의 취소는 그 취소권 있는 자에 한하여 회사성립의 날로부터 ( )년 내에 소만으로 이를 주장할 수 있다.

① 1
☑ 2
③ 3
④ 4

해설

회사의 설립의 무효는 그 사원에 한하여, 설립의 취소는 그 취소권 있는 자에 한하여 회사성립의 날로부터 2년 내에 소만으로 이를 주장할 수 있다(상법 제184조 제1항).★

24

다음 중 회사에 대한 법규정 적용의 올바른 순서는?

☑ 정관 → 특별법 → 상법전 → 상관습법 → 민법
② 정관 → 상법전 → 민법 → 상관습법 → 특별법
③ 상법전 → 정관 → 민법 → 특별법 → 상관습법
④ 특별법 → 상관습법 → 상법전 → 민법 → 정관

해설

회사에 대한 법규정 적용의 올바른 순서 : 정관 → 특별법 → 상법전 → 상관습법 → 민법★

25

상법상 회사에 관한 설명으로 옳은 것은? 기출 24

☑ ① 유한회사는 사원의 지분에 관하여 지시식 또는 무기명식의 증권을 발행하지 못한다.
② 유한책임회사의 대표기관은 대표이사이다.
③ 주식회사 중 상장회사는 반드시 사외이사를 선임하여야 한다.
④ 회사의 사단성은 상법전에 명시되어 있다.

해설

① (○) 상법 제555조
② (×) 업무집행자는 유한책임회사를 대표한다(상법 제287조의19 제1항).
③ (×) 상장회사의 경우 사외이사 선임이 의무사항이나 비상장회사의 경우에는 의무사항이 아니다. 다만, 상장회사의 경우에도 자산총액 1천억원 미만 벤처기업(코스닥시장 또는 코넥스시장 상장법인에 한함) 및 「채무자회생 및 파산에 관한 법률」에 따른 회생절차가 개시되었거나 파산선고를 받은 상장회사 등은 예외가 인정되어 사외이사 선임의무가 없다(상법 제542조의8, 동법 시행령 제34조 제1항 참조).
④ (×) 회사는 사단이다. 사단이란 공동의 목적을 가진 복수인의 결합체를 의미한다. 2011.4.14. 개정 전 상법 제169조는 "본법에서 회사라 함은 상행위 기타 영리를 목적으로 하여 설립한 사단을 이른다."고 하여 회사의 사단성을 명시하였으나 현행 상법 제169조는 "이 법에서 '회사'란 상행위나 그 밖의 영리를 목적으로 하여 설립한 법인을 말한다."고 하여 사단성을 명시하고 있지 않다.

관계법령

사외이사의 선임(상법 제542조의8)

① 상장회사는 자산 규모 등을 고려하여 대통령령으로 정하는 경우를 제외하고는 이사 총수의 4분의 1 이상을 사외이사로 하여야 한다. 다만, 자산 규모 등을 고려하여 대통령령으로 정하는 상장회사의 사외이사는 3명 이상으로 하되, 이사 총수의 과반수가 되도록 하여야 한다.

상장회사의 사외이사 등(상법 시행령 제34조)

① 법 제542조의8 제1항 본문에서 "대통령령으로 정하는 경우"란 다음 각 호의 어느 하나에 해당하는 경우를 말한다.
1. 「벤처기업육성에 관한 특별법」에 따른 벤처기업 중 최근 사업연도 말 현재의 자산총액이 1천억원 미만으로서 코스닥시장(대통령령 제24697호 자본시장과 금융투자업에 관한 법률 시행령 일부개정령 부칙 제8조에 따른 코스닥시장을 말한다. 이하 같다) 또는 코넥스시장(「자본시장과 금융투자업에 관한 법률 시행령」 제11조 제2항에 따른 코넥스시장을 말한다. 이하 같다)에 상장된 주권을 발행한 벤처기업인 경우
2. 「채무자 회생 및 파산에 관한 법률」에 따른 회생절차가 개시되었거나 파산선고를 받은 상장회사인 경우
3. 유가증권시장(「자본시장과 금융투자업에 관한 법률 시행령」 제176조의9 제1항에 따른 유가증권시장을 말한다. 이하 같다), 코스닥시장 또는 코넥스시장에 주권을 신규로 상장한 상장회사(신규상장 후 최초로 소집되는 정기주주총회 전날까지만 해당한다)인 경우. 다만, 유가증권시장에 상장된 주권을 발행한 회사로서 사외이사를 선임하여야 하는 회사가 코스닥시장 또는 코넥스시장에 상장된 주권을 발행한 회사로 되는 경우 또는 코스닥시장 또는 코넥스시장에 상장된 주권을 발행한 회사로서 사외이사를 선임하여야 하는 회사가 유가증권시장에 상장된 주권을 발행한 회사로 되는 경우에는 그러하지 아니하다.
4. 「부동산투자회사법」에 따른 기업구조조정 부동산투자회사인 경우
5. 해산을 결의한 상장회사인 경우

26

상법상 회사 일반에 관한 설명으로 옳은 것은? 기출 22

① 모든 회사는 다른 회사의 무한책임사원이 될 수 있다.
② 해산 후의 회사와 존립 중인 회사가 합병하는 경우 해산 후의 회사가 존립 중인 회사를 흡수하여 합병할 수 있다.
❸ 법원은 회사의 설립목적이 불법한 것인 때 검사의 청구에 의하여 회사의 해산을 명할 수 있다.
④ 모든 회사의 설립 시 정관에 기명날인하는 사원은 2인 이상이어야 한다.

해설

③ (○) 상법 제176조 제1항 제1호
① (×) 회사는 다른 회사의 무한책임사원이 되지 못한다(상법 제173조).
② (×) 해산 후의 회사는 존립 중의 회사를 존속하는 회사로 하는 경우에 한하여 합병을 할 수 있다(상법 제174조 제3항).
④ (×) 상법상 회사 설립 시 2인 이상의 사원이 정관에 기명날인하여야 한다는 명문의 규정은 없다. 단, 합명회사의 설립의 경우 2인 이상의 사원이 공동으로 정관을 작성하여야 하며(상법 제178조), 정관에 총사원이 기명날인 또는 서명하여야 한다(상법 제179조)는 규정이 있을 뿐이다.

> **관계법령** 회사의 해산명령(상법 제176조)
> ① 법원은 다음의 사유가 있는 경우에는 이해관계인이나 검사의 청구에 의하여 또는 직권으로 회사의 해산을 명할 수 있다.
>   1. 회사의 설립목적이 불법한 것인 때
>   2. 회사가 정당한 사유 없이 설립 후 1년 내에 영업을 개시하지 아니하거나 1년 이상 영업을 휴지하는 때
>   3. 이사 또는 회사의 업무를 집행하는 사원이 법령 또는 정관에 위반하여 회사의 존속을 허용할 수 없는 행위를 한 때

27

합명회사에 관한 설명으로 옳은 것은? 기출 18

① 무한책임사원과 유한책임사원으로 조직한다.
❷ 2인 이상의 무한책임사원으로 조직한다.
③ 사원이 출자금액을 한도로 유한의 책임을 진다.
④ 사원은 주식의 인수가액을 한도로 하는 출자의무를 부담할 뿐이다.

해설

② (○) 합명회사의 설립에는 2인 이상의 사원이 공동으로 정관을 작성하여야 한다(상법 제178조). 무한책임사원이라 함은 회사에 대하여 출자의무와 회사채무에 대한 직접·연대·무한의 책임을 부담하는 사원을 말한다. ★
① (×) 합자회사는 무한책임사원과 유한책임사원으로 조직한다(상법 제268조).
③ (×) 유한회사의 사원의 책임은 본법에 다른 규정이 있는 경우 외에는 그 출자금액을 한도로 한다(상법 제553조).
④ (×) 주식회사의 사원인 주주의 책임은 그가 가진 주식의 인수가액을 한도로 한다(상법 제331조).

28

다음 중 2인 이상의 무한책임사원으로만 조직된 회사의 올바른 명칭은? 기출문제

- ✓ ① 합명회사
- ② 합자회사
- ③ 유한회사
- ④ 주식회사

해설

2인 이상의 무한책임사원으로만 조직된 회사는 합명회사를 말한다.

> **핵심만콕** 합명회사
> - 구성 : 2인 이상의 무한책임사원으로 조직된 회사이다.★
> - 책임 : 무한책임사원이라 함은 회사에 대하여 출자의무와 아울러 회사채무에 대한 직접·연대·무한의 책임을 부담하는 사원을 말한다(상법 제212조 제1항)(회사의 업무를 직접 집행하고 회사를 대표할 권한을 가짐 ; 상법 제207조).
> - 성격 : 인적 신뢰도가 두터운 조직으로 사원이 소수임이 보통이고 형식적으로는 사단이지만 실질적으로는 조합에 가까운 성격을 띠고 있다(상법에 특별한 규정이 없는 한, 민법상의 조합의 규정 준용 ; 상법 제195조).★
> - 사원의 출자 : 금전, 현물, 노무, 신용 어느 것으로도 출자할 수 있고, 사원의 수가 1인이 된 때 회사는 해산하나 다른 사원을 가입시켜 회사를 계속할 수 있다(상법 제227조 제3호, 제229조 제2항).★

29

회사의 구성원 중 무한책임사원이 있는 회사는? 기출 24

- ✓ ① 합자회사
- ② 유한회사
- ③ 주식회사
- ④ 유한책임회사

해설

① (○) 합자회사는 무한책임사원과 유한책임사원으로 조직된 이원적 회사이다(상법 제268조 참조).
② (×) 유한회사는 지분을 가진 사원으로 구성되는 사단법인이며 사원 전원이 회사에 대하여 원칙적으로 출자액을 한도로 유한책임을 지는 회사이다.
③ (×) 주식회사의 구성원인 사원을 주주라 하며 주주가 될 자는 회사에 대하여 출자를 하고 회사로부터 주권의 교부를 받는다. 주주는 그 주식의 인수가액을 한도로 하는 출자의무를 부담할 뿐이며 회사채무에 관하여는 아무런 책임을 부담하지 않는다.
④ (×) 유한책임회사란 출자자인 사원이 직접 경영에 참여할 수 있는 반면, 각 사원은 자신이 출자한 투자액을 한도로 법적인 책임을 부담하는 형태의 회사를 말한다. 유한책임회사는 내부적으로는 정관자치가 보장되는 조합의 실질을 갖추고 외부적으로는 투자액의 범위 내에서 유한책임을 부담하는 주식회사의 장점을 결합하여 만들어진 회사제도이다.

30

상법상 회사에 관한 설명으로 옳지 않은 것은? 기출 19

① 회사는 다른 회사의 무한책임사원이 될 수 있다. ✓
② 회사의 주소는 본점소재지에 있는 것으로 한다.
③ 회사는 본점소재지에서 설립등기를 함으로써 성립한다.
④ 회사는 합명회사, 합자회사, 유한책임회사, 주식회사와 유한회사로 분류된다.

해설

① (×) 회사는 다른 회사의 무한책임사원이 되지 못한다(상법 제173조).
② (○) 상법 제171조
③ (○) 상법 제172조
④ (○) 상법 제170조

31

상법상 주식회사에 관한 설명으로 옳은 것은? 기출 24

① 주식회사의 자본금은 5천만원 이상이어야 한다.
② 주식은 액면주식과 무액면주식을 혼합하여 발행할 수 있다.
③ 액면주식 1주의 금액은 100원 이상으로 하여야 한다. ✓
④ 액면주식의 금액은 주식 발행 시의 시장가에 따라 변할 수 있다.

해설

③ (○) 상법 제329조 제3항
① (×) 주식회사의 최저자본금은 종전에는 5천만원 이상이었으나, 상법(법률 제9746호, 2009.5.28. 시행) 개정으로 최저자본금제도를 폐지하여 누구라도 손쉽게 저렴한 비용으로 회사를 설립할 수 있도록 하였다.
② (×) 회사는 정관으로 정한 경우에는 주식의 전부를 무액면주식으로 발행할 수 있다. 다만, 무액면주식을 발행하는 경우에는 액면주식을 발행할 수 없다(상법 제329조 제1항).
④ (×) 액면주식의 금액은 균일하여야 한다(상법 제329조 제2항).

32

다음 중 주식회사의 특징만을 골라 묶은 것은? 기출문제

> ㉠ 인적 회사
> ㉡ 소유와 경영 분리
> ㉢ 무한책임사원
> ㉣ 대자본 조달 용이

① ㉠, ㉡
② ㉡, ㉢
✓③ ㉡, ㉣
④ ㉠, ㉣

해설
주식회사는 상법에 의하여 유한책임을 지는 다수의 주주가 출자하여 설립된 물적 회사이다.

33

상법상 주식회사에 허용될 수 없는 것은? 기출 22

✓① 주주의 제명
② 무액면주식
③ 자본금의 감소
④ 회사채의 발행

해설
① (×) 주주의 제명은 상법상 주식회사에서는 허용될 수 없다. 참고로 사원의 제명은 합명회사, 유한책임회사에서 인정된다.
② (○) 회사는 정관으로 정한 경우에는 주식의 전부를 무액면주식으로 발행할 수 있다. 다만, 무액면주식을 발행하는 경우에는 액면주식을 발행할 수 없다(상법 제329조 제1항).
③ (○) 자본금의 감소에는 제434조에 따른 결의(특별결의 : 출석한 주주의 의결권의 3분의 2 이상의 수와 발행주식총수의 3분의 1 이상의 수로써 하여야 한다)가 있어야 한다(상법 제438조 제1항).
④ (○) 회사는 이사회의 결의에 의하여 사채(社債)를 발행할 수 있다(상법 제469조 제1항).

34

상법상 주식회사에 관한 설명으로 옳지 않은 것은? 기출 17

① 회사가 공고를 하는 방법은 정관의 절대적 기재사항이다.
❷ 회사가 가진 자기주식에도 의결권이 있다.
③ 각 발기인은 서면에 의하여 주식을 인수하여야 한다.
④ 창립총회에서는 이사와 감사를 선임하여야 한다.

해설

② (×) 회사가 가진 자기주식은 의결권이 없다(상법 제369조 제2항).★
① (○) 상법 제289조 제1항 제7호★
③ (○) 상법 제293조★
④ (○) 상법 제312조

35

상법상 주식회사에 관한 설명으로 옳지 않은 것은? 기출 16

① 주식회사는 주주가 출자한 자본으로 구성되는 물적 회사이다.
② 주식은 자본을 이루는 최소의 구성단위이다.
❸ 주식회사의 자본은 5천만원 이상이어야 한다.
④ 발행주식의 총수는 주식회사 설립등기의 기재사항이다.

해설

과거 주식회사는 자본금이 5천만원 이상인 경우에만 설립할 수 있었으나, 현재는 최저자본금 제도가 폐지되었다.★

36

주식회사에 관한 설명으로 옳지 않은 것은? 기출 15

✔ 자본금은 특정 시점에서 회사가 보유하고 있는 재산의 현재가치로서 주식으로 균등하게 분할되어 있다.
② 무액면주식의 발행도 허용되며, 액면주식이 발행되는 경우 1주의 금액은 100원 이상 균일하여야 한다.
③ 주주는 주식의 인수가액을 한도로 출자의무를 부담할 뿐, 회사의 채무에 대하여 책임을 지지 않는다.
④ 주권 발행 이후 주주는 자신의 주식을 자유롭게 양도 및 처분을 할 수 있다.

[해설]
① (×) 회사의 자본금은 이 법에서 달리 규정한 경우 외에는 발행주식의 액면총액으로 한다(상법 제451조 제1항). ★
② (○) 상법 제329조 제1항 내지 제3항
③ (○) 상법 제331조 참고
④ (○) 상법 제335조 제1항 본문

37

상법상 주식회사 설립 시 정관의 절대적 기재사항이 아닌 것은? 기출 18

① 목 적
② 상 호
✔ 청산인
④ 본점의 소재지

[해설]
청산인은 주식회사 정관의 기재사항이 아니고, 법원에 대한 신고사항이다(상법 제532조). ★

38

주식회사 정관의 변태설립사항이 아닌 것은? 기출 15

✔ 발기인의 성명과 주소
② 현물출자를 하는 자의 성명
③ 회사성립 후에 양수할 것을 약정한 재산의 가격
④ 회사가 부담할 설립비용

[해설]
발기인의 성명과 주소는 변태설립 시 정관의 기재사항에 해당하지 않는다.

39

다음 중 설립등기의 기재사항으로 옳은 것을 골라 묶은 것은?

> ㉠ 목 적
> ㉡ 본점 및 지점의 소재지
> ㉢ 회사가 공고를 하는 방법
> ㉣ 회사가 발행할 주식의 총수

① ㉠, ㉡
② ㉡, ㉢
③ ㉡, ㉣
④ ㉠, ㉡, ㉢, ㉣

해설
㉠, ㉡, ㉢, ㉣ 모두 설립등기의 기재사항이다(상법 제317조 제2항).

40

회사 설립이 법적으로 완료되는 시기는? 기출문제

① 사단결성 시
② 정관작성 시
③ 주식인수 시
④ 설립등기 시

해설
상법상 회사는 행정 관청의 인가 등이 필요 없이 법이 정한 요건만 갖추면 설립된다. 이를 준칙주의라 한다.
그러므로 ① → ② → ③ → ④의 순서를 밟으면 회사가 설립된다. 다만, 사업의 종류에 따라 행정관청의 허가 등이 있어야 하는 경우도 있으나 이때도 허가가 없을 때 당해 사업을 하지 못할 뿐 회사 자체의 설립에는 영향이 없다.

41

다음 중 회사의 설립 시 우리나라 상법에서 채택하고 있는 것은? 유사 09

① 자유설립주의
☑ **준칙주의**
③ 특허주의
④ 면허주의

해설

우리나라의 경우 회사설립에는 준칙주의가 적용되어 주식회사를 설립할 때는 법률이 정한 요건을 갖추고 일정한 절차를 밟아 설립등기를 하여야 한다(민법 제33조, 상법 제172조 등).

> **핵심만콕** 회사 설립에 관한 입법주의★
>
> - 자유설립주의 : 민법에서는 배제하고 있다(민법 제31조).
> - 허가주의 : 법인의 설립행위 이외에 주무관청의 허가를 받음으로써 설립 → 비영리법인의 설립
> - 인가주의 : 법률이 정한 일정요건을 갖추면 반드시 인가하게 하는 입법주의 → 변호사회, 상공회의소, 의사회, 자동차운수조합, 수출조합 등 각종 조합법인의 설립
> - 준칙주의 : 법률이 미리 정한 일정요건을 갖춤으로써 당연히 설립되며 영리사단법인의 설립, 상사회사의 설립(우리나라)
> - 특허주의 : 역사적으로 군주의 명에 따라 법인이 설립되는 경우를 말하며 각종 특별법상의 법인 설립 → 석탄공사, 한국은행 등이 이에 해당된다.

42

주식회사의 설립에 관한 설명으로 맞는 것은?

① 설립 시에는 발기인에 한해서 현물출자를 할 수 있다.
☑ **주식회사는 설립등기가 종료한 때에 법인격을 취득한다.**
③ 발기인이 받은 특별이익은 양도에 관하여 주식과 분리하여 양도할 수 없다.
④ 모집설립 시에 발기인은 법원의 허가를 얻지 아니하고 납입 은행을 변경할 수 있다.

해설

② (○) 회사는 본점소재지에서 설립등기를 함으로써 성립한다(상법 제172조).
① (×) 설립 시에 현물출자는 발기인에 한정되지 않고 제3자도 가능하다.★
③ (×) 주식과 분리하여 양도할 수 있다.★
④ (×) 법원의 허가를 얻어야 납입 은행을 변경할 수 있다(상법 제306조).

43

다음 중 주식회사의 설립등기의 기재사항으로 옳은 것을 골라 묶은 것은?

> ㉠ 상 호
> ㉡ 회사가 공고를 하는 방법
> ㉢ 자본금의 액
> ㉣ 회사가 발행할 주식의 총수

① ㉠, ㉡
② ㉡, ㉢
③ ㉡, ㉣
☑ ④ ㉠, ㉡, ㉢, ㉣

해설

㉠, ㉡, ㉢, ㉣ 모두 설립등기의 기재사항이다(상법 제317조 제2항).

44

상법상 주식회사의 기관이 아닌 것은? 기출 21

① 주주총회
☑ ② 지배인
③ 대표이사
④ 이사회

해설

② (×) <u>지배인</u>은 상인인 영업주에 갈음하여 그 영업에 관한 재판상 또는 재판 외의 모든 행위를 할 수 있는 <u>영업보조자</u>(상법 제11조 제1항)로, <u>주식회사의 기관에 해당하지 아니한다</u>. <u>상법상 주식회사의 기관으로는 주주총회, 이사회, 대표이사 및 감사가 있다</u>.
① (○) 주주총회는 주식회사의 최고의사결정기관이다.
③ (○) 대표이사는 주식회사의 업무집행을 담당하고 회사를 대표한다.
④ (○) 이사회는 주식회사의 업무집행에 관한 의결기관이다.

45

상법상 주식회사의 최고의결기관은? 기출 20

① 대표이사
② 이사회
③ 감사위원회
④ **주주총회** ✓

해설

④ (○) 상법상 주식회사의 최고의사결정기관은 주주총회이다.
① (×) 대표이사는 업무집행을 담당하고 회사를 대표한다.
② (×) 이사회는 업무집행에 관한 의결기관이다.
③ (×) 감사위원회는 감사에 갈음하여 회사가 정관이 정하는 바에 따라 설치할 수 있는 위원회이다. 따라서 감사위원회를 설치하는 경우에는 감사를 둘 수 없다(상법 제415조의2 제1항).

46

상법상 주주총회의 결의에 관한 설명이다. ( )에 들어갈 내용은? 기출 23

> 주식회사 정관변경의 특별결의는 출석한 주주의 의결권의 (ㄱ) 이상의 수와 발행주식총수의 (ㄴ) 이상의 수로써 하여야 한다.

① ㄱ : 2분의 1,   ㄴ : 3분의 1
② ㄱ : 2분의 1,   ㄴ : 4분의 1
③ **ㄱ : 3분의 2,   ㄴ : 3분의 1** ✓
④ ㄱ : 3분의 2,   ㄴ : 4분의 1

해설

제시된 내용의 ( )에 들어갈 내용은 ㄱ : 3분의 2, ㄴ : 3분의 1이다.

관계법령 **정관변경의 특별결의(상법 제434조)**

제433조 제1항의 결의(정관의 변경을 위한 주주총회의 결의)는 <u>출석한 주주의 의결권의 3분의 2 이상의 수와 발행주식총수의 3분의 1 이상의 수로써</u> 하여야 한다.

47

상법상 주주총회의 특별결의사항에 해당하지 않는 것은? 기출 19

① 영업 전부의 양도
② 영업 전부의 임대
❸ 타인과 영업의 손익 일부를 같이 하는 계약
④ 회사의 영업에 중대한 영향을 미치는 다른 회사의 영업 일부의 양수

해설
타인과 영업의 손익 전부를 같이 하는 계약이 상법상 주주총회의 특별결의사항에 해당한다.

> **관계법령** 영업양도, 양수, 임대등(상법 제374조)
> ① 회사가 다음 각호의 어느 하나에 해당하는 행위를 할 때에는 제434조에 따른 결의가 있어야 한다.
>
> **정관변경의 특별결의(상법 제434조)**
> 제433조 제1항의 결의는 출석한 주주의 의결권의 3분의 2 이상의 수와 발행주식총수의 3분의 1 이상의 수로써 하여야 한다.
>
> 1. 영업의 전부 또는 중요한 일부의 양도
> 2. 영업 전부의 임대 또는 경영위임, 타인과 영업의 손익 전부를 같이 하는 계약, 그 밖에 이에 준하는 계약의 체결·변경 또는 해약
> 3. 회사의 영업에 중대한 영향을 미치는 다른 회사의 영업 전부 또는 일부의 양수

48

분할 또는 분할합병으로 회사분할의 효력이 발생하는 시기로 옳은 것은? 기출문제

① 주주총회의 승인 시
② 분할계획서 또는 분할합병계획서 작성 시
③ 분할재무상태표의 공시 시
❹ 분할 또는 분할합병 등기 시

해설
분할 또는 분할합병으로 회사분할의 효력이 발생하는 시기는 분할 또는 분할합병의 등기 시이다(상법 제234조 등).

49

상법상 회사의 종류와 그 해산사유의 연결이 옳지 않은 것은? 기출 10

① 합명회사 - 총사원의 동의
❷ 유한회사 - 사원이 1인으로 된 때
③ 합자회사 - 무한책임사원 전원의 퇴사
④ 주식회사 - 주주총회의 특별결의

해설

② (×) 상법상 회사의 공통된 해산사유 외에 유한회사의 개별적 해산사유는 사원총회의 특별결의이다(상법 제609조 제1항 제2호).
① (○) 상법 제227조 제2호
③ (○) 상법 제285조 제1항
④ (○) 상법 제517조 제2호

핵심만콕	상법상 회사의 해산사유	
공통된 해산사유		존립기간의 만료 기타 정관으로 정한 사유의 발생, 합병, 파산, 법원의 명령 또는 판결
각 회사의 개별 해산사유	합명회사	총사원의 동의, 사원이 1인으로 된 때(상법 제227조 제2호·제3호)
	합자회사	총사원의 동의, 사원이 1인으로 된 때, 무한책임사원 또는 유한책임사원 전원 퇴사(상법 제227조 제2호·제3호, 제269조, 제285조 제1항)
	유한회사	사원총회의 특별결의(상법 제609조 제1항 제2호)
	주식회사	주주총회의 특별결의 및 회사의 분할 또는 분할합병(상법 제517조 제1호의2·제2호)
	유한책임회사	총사원의 동의, 사원이 없게 된 경우(상법 제287조의38 제1호·제2호)

3 보험법

50

보험계약의 성질에 관한 설명으로 옳지 않은 것은? 기출 24

① 유상·쌍무계약이다.
② 사행계약이다.
❸ 서면으로 체결되어야 하는 요식계약이다.
④ 계약관계자에게 선의가 요구되는 선의계약이다.

해설

③ (×) 보험계약은 청약과 승낙이라는 당사자 쌍방의 의사표시의 합치만으로 성립하고 아무런 급여를 요하지 않으므로 낙성계약이며, 또 그 의사표시에는 특별한 방식이 없으므로 법률상 불요식계약이다(보험증권의 작성은 보험계약이 성립되기 위한 요건이 아니다). 다만, 상법은 보험자가 서면으로 질문한 사항은 중요한 사항으로 추정한다(상법 제651조의2)고 규정하고 있다.
① (○) 보험계약은 보험사고의 발생을 전제로 보험계약자의 보험료지급에 대하여 보험자는 일정한 보험금액, 기타의 급여를 지급할 것을 약정하므로 유상계약이고, 보험계약의 보험료지급채무와 보험자의 위험부담채무가 보험계약과 동시에 채무로서 이행되어야 하므로 대가관계에 있는 쌍무계약이다.
② (○) 보험계약은 우연한 사고의 발생으로 인하여 보험금액의 액수가 정해지므로 이른바 사행계약에 해당한다.
④ (○) 보험계약은 우연한 사고를 전제로 하는 사행계약적 성질을 가지므로 선의계약성을 요구하게 된다. 보험계약자에게 자신에게 불리한 사실까지 보험자에게 적극적으로 알려야 하는 고지의무 등 선의 또는 신의성실의 의무가 요구된다.

51

상법상 보험계약에 관한 설명으로 옳은 것은? 기출 22

① 보험자가 보험계약 체결 전 서면으로 질문한 사항은 중요한 사항으로 간주한다.
❷ 보험사고가 전쟁 기타의 변란으로 인하여 생긴 때에는 당사자 간에 다른 약정이 없으면 보험자는 보험금액을 지급할 책임이 없다.
③ 보험계약은 그 계약 전의 어느 시기를 보험기간의 시기(始期)로 할 수 없다.
④ 보험계약 당시에 보험계약자가 고의로 인하여 중요한 사항을 고지하지 아니한 경우 보험자가 계약 당시에 그 사실을 알았더라도 보험자는 계약을 해지할 수 있다.

해설

② (○) 상법 제660조
① (×) 보험자가 서면으로 질문한 사항은 중요한 사항으로 추정한다(상법 제651조의2).
③ (×) 보험계약은 그 계약 전의 어느 시기를 보험기간의 시기로 할 수 있다[상법 제643조(소급보험)].
④ (×) 보험계약 당시에 보험계약자가 고의로 인하여 중요한 사항을 고지하지 아니한 경우 보험자는 그 사실을 안 날로부터 1월 내에, 계약을 체결한 날로부터 3년 내에 한하여 계약을 해지할 수 있으나, 보험자가 계약 당시에 그 사실을 알았거나 중대한 과실로 인하여 알지 못한 때에는 보험자는 계약을 해지할 수 없다(상법 제651조).

52

보험계약에 관한 설명으로 옳지 않은 것은? 기출 18

① ✓ 사행계약(射倖契約)이 아니다.
② 유상(有償)·쌍무(雙務)계약이다.
③ 불요식(不要式)의 낙성계약(諾成契約)이다.
④ 계약관계자에게 선의 또는 신의성실이 요구되는 선의계약이다.

[해설]
사행계약이란 계약당사자가 이행하여야 할 급여의무 또는 급여내용의 전부 또는 일부가 계약성립의 처음부터 불확실성에 의존하여 있는 계약을 말한다. 보험계약은 우연한 사고의 발생으로 인하여 보험금액의 액수가 정해지므로 대표적인 사행계약에 해당한다.★

53

다음 중 보험계약의 특징에 해당하지 않는 것은? 기출문제

① 부합계약이다.
② 쌍무계약이다.
③ 사행계약이다.
④ ✓ 요식계약이다.

[해설]
보험계약의 특성 : 유상·쌍무·낙성·불요식·사행계약이며, 영업적 상행위이고, 부합계약인 점을 들 수 있다.

54

상법상 보험계약에 관한 설명으로 옳지 않은 것은? 기출 20

① 보험금의 지급자는 보험자이다.
② 보험수익자는 인보험에서만 존재한다.
③ ✓ 보험료 반환의무는 보험계약자가 부담한다.
④ 생명보험의 보험계약자는 보험수익자를 지정 또는 변경할 권리가 있다.

[해설]
보험료 반환의무를 지는 자는 보험료를 수령하는 보험자가 부담하는 것이고, 보험계약자는 보험료 지불의무가 있는 자이다.

55

인보험계약에서 보험회사로부터 보험금을 받을 자로 보험계약상 지정을 받은 자에 해당하는 것은?

기출 24

① 보험자
☑ **보험수익자**
③ 피보험자
④ 보험계약자

해설

보험수익자란 인보험에서 보험사고가 발생한 경우 또는 만기가 도래한 경우 보험금의 지급을 청구할 수 있는 보험금청구권자를 의미한다.

핵심만콕	보험계약의 관계자
보험자	보험사고가 발생하는 경우 보험금 지급의무를 지는 보험회사를 말한다. ★
보험계약자	자기명의로 보험자와 보험계약을 체결하고, 보험료 지급의무를 부담하는 자를 말한다.
피보험자	• 손해보험에서는 피보험이익의 주체로서 보험사고로 인한 재산상의 손해에 대한 보험금을 보험자에게 청구할 수 있는 보험금청구권자를 말한다. ★ • 인보험에서는 자기의 생명이나 신체를 보험에 붙인 보험사고의 객체를 의미한다. ★
보험수익자	인보험에서 보험사고가 발생한 경우 또는 만기가 도래한 경우 보험금의 지급을 청구할 수 있는 보험금청구권자를 의미한다. ★

〈출처〉 이재열 외 6인, 「법학개론」, 집현재, 2023, P. 321

56

보험계약의 직접 당사자로서 보험사고가 발생한 경우에 보험금을 지급할 의무를 지는 자는? 기출 19

☑ **보험자**
② 피보험자
③ 보험계약자
④ 보험수익자

해설

보험료를 받는 대신에 보험사고 발생 시 보험금 지급의무를 지는 보험회사를 보험자라고 한다.

57

( )에 들어갈 용어를 순서대로 나열한 것은? 기출 17

> 보험계약은 ( )가 약정한 보험료를 지급하고 재산 또는 생명이나 신체에 불확정한 사고가 발생할 경우에 ( )가 일정한 보험금이나 그 밖의 급여를 지급할 것을 약정함으로써 효력이 생긴다.

① 피보험자, 보험수익자
② 피보험자, 보험계약자
③ 보험계약자, 피보험자
☑ **보험계약자, 보험자**

해설
보험계약은 당사자 일방(보험계약자)이 약정한 보험료를 지급하고 재산 또는 생명이나 신체에 불확정한 사고가 발생할 경우에 상대방(보험자)이 일정한 보험금이나 그 밖의 급여를 지급할 것을 약정함으로써 효력이 생긴다(상법 제638조).

58

상법상 보험계약 체결 시 약관의 설명의무에 관한 내용이다. ( )에 들어갈 것을 순서대로 나열한 것은? 기출 21

> 설명의무 위반 시 ( )는 보험계약이 성립한 날부터 ( )개월 이내에 그 계약을 취소할 수 있다.

① 보험계약자, 1
☑ **보험계약자, 3**
③ 보험자, 1
④ 보험자, 3

해설
제시된 내용의 ( )에 들어갈 것은 순서대로 보험계약자, 3이다.

관계법령 보험약관의 교부·설명의무(상법 제638조의3)
① 보험자는 보험계약을 체결할 때에 보험계약자에게 보험약관을 교부하고 그 약관의 중요한 내용을 설명하여야 한다.
② 보험자가 제1항을 위반한 경우 보험계약자는 보험계약이 성립한 날부터 3개월 이내에 그 계약을 취소할 수 있다.

59

상법상 소멸시효에 관한 설명이다. ( )에 들어갈 숫자를 순서대로 나열한 것은? 기출 23

> 보험금청구권은 ( )년간, 보험료 또는 적립금의 반환청구권은 ( )년간, 보험료청구권은 ( )년간 행사하지 아니하면 시효의 완성으로 소멸한다.

① 2, 2, 3
② 2, 3, 2
③ 3, 2, 2
✔ ④ 3, 3, 2

해설
제시된 내용의 ( )에 들어갈 숫자는 순서대로 3, 3, 2이다(상법 제662조).

관계법령 **소멸시효(상법 제662조)**
보험금청구권은 3년간, 보험료 또는 적립금의 반환청구권은 3년간, 보험료청구권은 2년간 행사하지 아니하면 시효의 완성으로 소멸한다.

60

상법상 보험계약자의 의무가 아닌 것은? 기출 14

① 보험료지급의무
✔ ② 보험증권교부의무
③ 위험변경증가 통지의무
④ 중요사항에 관한 고지의무

해설
②는 보험자의 의무에 해당한다(상법 제640조 제1항).

61

상법상 손해보험에 관한 설명으로 옳지 않은 것은? 기출 22

① 금전으로 산정할 수 없는 이익도 보험계약의 목적으로 할 수 있다.
② 당사자 간에 보험가액을 정하지 아니한 때에는 사고 발생 시의 가액을 보험가액으로 한다.
③ 보험의 목적의 성질, 하자 또는 자연소모로 인한 손해는 원칙적으로 보험자가 이를 보상할 책임이 없다.
④ 피보험자가 보험의 목적을 양도한 때에는 양수인은 보험계약상의 권리와 의무를 승계한 것으로 추정한다.

해설

① (×) 손해보험에서 피보험이익이란 보험계약의 목적(경제적 이해관계)을 말하며, 보험사고가 발생하면 손해를 입게 될 염려가 있는 이익으로 적법하고 금전으로 산정할 수 있는 이익이어야 한다. 피보험이익의 주체를 피보험자라 하며, 피보험이익은 손해보험 특유의 개념으로 인보험(생명보험)에는 인정할 여지가 없는 개념이다.
② (○) 상법 제671조(미평가보험)
③ (○) 상법 제678조(보험자의 면책사유)
④ (○) 상법 제679조(보험목적의 양도) 제1항

62

상법상 보험에 관한 설명으로 옳은 것은? 기출 16

① 손해보험계약은 금전으로 산정할 수 있는 이익에 한하여 보험계약의 목적으로 할 수 있다.
② 보험계약은 그 계약 전의 어느 시기를 보험기간의 시기로 할 수 없다.
③ 보험금청구권의 소멸시효는 1년이다.
④ 보험자가 파산선고를 받은 때에도 보험계약자는 계약을 해지할 수 없다.

해설

① (○) 손해보험계약에서 피보험이익에 대한 내용으로 옳다.
② (×) 보험계약은 그 계약 전의 어느 시기를 보험기간의 시기로 할 수 있다(소급보험, 상법 제643조).★
③ (×) 보험금청구권은 3년간 행사하지 아니하면 시효의 완성으로 소멸한다(상법 제662조).★
④ (×) 보험자가 파산의 선고를 받은 때에는 보험계약자는 계약을 해지할 수 있다(상법 제654조 제1항).

63

계약 전의 어느 시기(時期)를 보험기간의 시기(時期)로 한 보험계약은? 기출 13

① **소급보험** ✓
② 일부보험
③ 단체보험
④ 중복보험

해설

① (○) 소급보험에 대한 설명이다(상법 제643조).
② (×) 일부보험이란 보험가액의 일부를 보험에 붙인 경우로 보험자는 보험금액의 보험가액에 대한 비율에 따라 보상할 책임을 진다(상법 제674조).
③ (×) 단체보험이란 일정한 단체에 소속되어 있는 사람 전체를 대상으로 보험계약을 맺고, 그 소속원이면 당연히 포괄적으로 피보험자가 되는 보험을 의미한다(상법 제735조의3).
④ (×) 중복보험이란 수인의 보험자가 동일한 피보험이익에 대하여 보험사고가 같고 보험기간을 공통으로 하는 복수의 손해보험을 각자 체결하는 경우를 말한다(상법 제672조).

64

상법상 피보험이익에 관한 설명으로 틀린 것은? 기출 08

① **인보험계약의 본질적인 요소이다.** ✓
② 적법하고 금전으로 산정할 수 있는 이익이어야 한다.
③ 보험계약의 동일성을 결정하는 기준이다.
④ 피보험이익의 주체를 피보험자라 한다.

해설

피보험이익이란 보험계약의 목적(경제적 이해관계)을 말하며, 보험사고가 발생하면 손해를 입게 될 염려가 있는 이익을 말한다. 피보험이익은 손해보험 특유의 개념으로 인보험(생명보험)에는 인정할 여지가 없는 개념이다.★

65

상법상 손해보험증권의 필요적 기재사항이 아닌 것은? 기출 17

① 보험의 목적
② 보험사고의 성질
③ **보험계약의 종류** ✓
④ 무효와 실권의 사유

해설

손해보험증권의 필요적 기재사항으로 보험계약의 종류는 포함되지 않는다. ★

66

상법상 손해보험의 종류가 아닌 것은? 기출 21

① **생명보험** ✓
② 보증보험
③ 해상보험
④ 책임보험

해설

생명보험은 상해보험·질병보험과 더불어 인보험의 종류에 해당한다.

핵심만콕

상법이 규정하는 손해보험의 종류	상법이 규정하는 인보험의 종류
• 화재보험(상법 제683조 내지 제687조) • 운송보험(상법 제688조 내지 제692조) • **해상보험**(상법 제693조 내지 제718조) • **책임보험**(상법 제719조 내지 제726조) • 자동차보험(상법 제726조의2 내지 제726조의4) • **보증보험**(상법 제726조의5 내지 제726조의7)	• **생명보험**(상법 제730조 내지 제736조) • 상해보험(상법 제737조 내지 제739조) • 질병보험(상법 제739조의2 내지 제739의3)

67

상법상 피보험자가 보험기간 중에 사고로 인하여 제3자에게 배상할 책임을 지는 경우에 이를 보상하는 보험은? 기출 19

① 보증보험
② 생명보험
③ 상해보험
❹ **책임보험**

해설

④ (○) 책임보험은 피보험자가 보험기간 중에 발생한 사고로 인하여 제3자에게 손해배상책임을 지는 경우에 보험자가 손해를 보상해 주는 보험이다(상법 제719조 내지 제726조).
① (×) 보증보험 : 보증보험계약의 보험자가 보험계약자인 피보험자에 대한 계약상의 채무불이행 또는 법령상의 의무불이행으로 인한 손해를 보상해주는 보험이다(상법 제726조의5).
② (×) 생명보험 : 생명보험은 당사자의 일방이 상대방 또는 제3자의 생사에 관하여 일정한 금액을 지급할 것을 약정하고 상대방이 이에 대하여 보수(보험료)를 지급하는 보험으로, 정액보험이다(상법 제730조 내지 제736조).
③ (×) 상해보험 : 상해보험은 보험자가 피보험자의 신체의 상해를 보험사고로 하여 보험금액, 기타의 급여를 지급할 것을 약정하고 보험계약자가 보험료를 지급하는 보험이다. 상해보험에는 상해의 종류에 따른 정액보험과 상해로 인한 치료의 실비를 부담하는 부정액보험이 있다(상법 제737조 내지 제739조).

68

상법상 손해보험에 해당하는 것은 모두 몇 개인가? 기출 15

㉠ 책임보험
㉡ 화재보험
㉢ 해상보험
㉣ 생명보험
㉤ 상해보험
㉥ 재보험

① 2개
② 3개
❸ **4개**
④ 5개

해설

㉣ 생명보험, ㉤ 상해보험은 인보험에 해당한다.

69

인보험에서 피보험자란? 기출 13

① 보험사고가 발생한 때에 보험금액의 지급을 받을 자를 말한다.
② 보험자의 상대방으로서 자기명의로 보험계약을 체결하는 자를 말한다.
❸ 자신의 생명이나 신체를 보험에 붙인 자연인을 말한다.
④ 보험사고가 발생한 때에 보험금액을 지급할 의무를 부담하는 자를 말한다.

해설

③ (○) 인보험에서 피보험자란 자신의 생명이나 신체를 보험에 붙인 자연인을 말한다.
① (×) 보험사고가 발생한 때에 보험금액의 지급을 받을 자는 보험수익자이다. ★
② (×) 보험자의 상대방으로서 자기명의로 보험계약을 체결하는 자는 보험계약자이다.
④ (×) 보험사고가 발생한 때에 보험금액을 지급할 의무를 부담하는 자는 보험자이다.

70

상법상 인보험에 해당하지 않는 것은? 기출 23

① 생명보험
② 상해보험
③ 질병보험
❹ 화재보험

해설

화재보험은 상법상 손해보험에 해당한다.

핵심만콕

상법이 규정하는 손해보험의 종류	상법이 규정하는 인보험의 종류
• 화재보험(상법 제683조 내지 제687조) • 운송보험(상법 제688조 내지 제692조) • 해상보험(상법 제693조 내지 제718조) • 책임보험(상법 제719조 내지 제726조) • 자동차보험(상법 제726조의2 내지 제726조의4) • 보증보험(상법 제726조의5 내지 제726조의7)	• **생명보험**(상법 제730조 내지 제736조) • **상해보험**(상법 제737조 내지 제739조) • **질병보험**(상법 제739조의2 내지 제739의3)

71

상법상 인보험에 해당하는 것을 모두 고른 것은? 기출 16

> ㉠ 해상보험
> ㉡ 생명보험
> ㉢ 운송보험
> ㉣ 상해보험

① ㉠, ㉡
② ㉠, ㉢
✓③ ㉡, ㉣
④ ㉢, ㉣

해설
인보험은 피보험자의 생명이나 신체에 관하여 보험사고가 발생한 경우에 보험계약으로 정하는 바에 따라 보험금이나 그 밖의 급여를 지급하는 것이다(상법 제727조 제1항). 따라서 생명보험과 상해보험 및 질병보험이 이에 해당한다.

72

일정한 시기에 있어서의 피보험자의 생존 및 그 시기까지의 피보험자의 사망의 쌍방을 보험사고로 하는 것은? 기출문제

① 사망보험
② 생존보험
✓③ **혼합보험**
④ 책임보험

해설
③ (○) 설문은 생명보험 중 혼합보험에 대한 내용이다.
① (×) 사망보험은 피보험자의 사망을 보험사고로 하는 생명보험이다.
② (×) 생존보험은 일정한 시기에 있어서의 피보험자의 생존을 보험사고로 하는 생명보험이다.
④ (×) 책임보험은 피보험자가 보험기간 중에 발생한 사고로 인하여 제3자에게 손해배상책임을 지는 경우에 보험자가 손해를 보상해 주는 보험이다.

73

상법상 유효하게 사망보험 계약을 체결할 수 있는 자는? 기출 20

① 15세 미만자
② 심신상실자
❸ 70세 이상인 자
④ 의사능력 없는 심신박약자

해설

상법은 15세 미만자, 심실상실자 또는 심신박약자의 사망을 보험사고로 한 보험계약은 무효로 한다고 규정하고 있을 뿐이므로(상법 제732조 본문), 70세 이상인 자는 특별한 제한 없이 사망을 보험사고로 한 보험계약을 체결할 수 있다.

74

다음 중 상법상 보험자의 면책사유에 해당하지 않는 것은? 기출수정

① 보험사고가 보험계약자의 고의로 발생한 경우
❷ 보험사고가 피보험자의 실수로 발생한 경우
③ 보험사고가 보험계약자의 중대한 과실로 발생한 경우
④ 보험사고가 전쟁 기타의 변란으로 인하여 발생한 경우 당사자 간에 다른 약정이 없는 경우

해설

보험사고가 보험계약자 또는 피보험자나 보험수익자의 고의 또는 중대한 과실로 인하여 생긴 때에는 보험자는 보험금액을 지급할 책임이 없다(상법 제659조 제1항). 보험사고가 전쟁 기타의 변란으로 인하여 생긴 때에는 당사자 간에 다른 약정이 없으면 보험자는 보험금액을 지급할 책임이 없다(상법 제660조). 즉, 면책된다. ★

우물쭈물하다가
내 이럴 줄 알았다.

-조지 버나드 쇼-

1 사회법의 이해와 노동법

2 사회보장법

CHAPTER 06
사회법 일반

CHAPTER 06 사회법 일반

1 사회법의 이해와 노동법

01
다음 중 독점기업의 폐해를 막기 위한 수정자본주의적 원리는? 기출문제

① 문화국가원리
② 법치국가원리
③ 야경국가원리
❹ 사회국가원리

해설
사회국가원리(복지국가원리)는 실질적 자유평등의 실현, 시민적 자유국가원리의 문제점 극복, 국가책임의 보충성 등을 내용으로 한다.

02
사회법의 출현과 가장 관계가 깊은 것은? 기출문제

① 산업자본주의국가
② 사회주의국가
③ 민주주의국가
❹ 복지국가

해설
근대 자본주의국가의 모순을 극복하기 위하여 국가는 사회공공의 복리와 국민경제의 정상적인 운영 및 실질적인 평등을 기하기 위해 사법적 질서에 대해 간섭을 하고 통제를 가할 수밖에 없었는데, 이를 위한 법이 사회법이며, 사회법은 수정자본주의적 법원리로서 노동법·경제법·사회보장법 등이 있다. 공·사법 어느 영역에도 속하지 않는 제3의 법영역이다.★

03

다음 중 사회법이 규율하는 올바른 대상에 해당하는 것은 어느 것인가? 기출문제

① 자본가만 해당한다.
② 노동자만 해당한다.
③ 자본가와 노동자만 해당된다.
☑ **자본가, 노동자, 국민 모두 해당된다.**

해설
사회법의 대상은 경제적 강자인 자본가를 규율하는 법인 동시에 경제적 약자인 노동자와 일반 국민 모두를 보호하는 법이다.

04

근대 사법이 공법화 경향을 나타내고 있는 이유로 옳지 않은 것은? 기출문제

☑ **계약자유의 범위의 확대**
② 공공복리의 실현
③ 사회보장제도의 확충
④ 사권(私權)의 의무화

해설
사회법은 근대 시민법의 수정을 의미하며, 초기의 독점자본주의가 가져온 여러 가지 사회·경제적 폐해를 합리적으로 해결하기 위해서 제정된 법으로 국가에 의한 통제, 경제적 약자의 보호, 공법과 사법의 교착 영역으로 사권의 의무화, 사법(私法)의 공법화 등 법의 사회화 현상을 특징으로 한다. 따라서 계약자유의 원칙은 그 범위가 축소되고 계약공정의 원칙으로 수정되었다.

05

개별적 근로관계법과 집단적 노사관계법이 순서대로 바르게 연결된 것은?

① 근로기준법 – 산업재해보상보험법
② 노동조합 및 노동관계조정법 – 직업안정법
❸ **근로기준법 – 근로자참여 및 협력증진에 관한 법률**
④ 노동조합 및 노동관계조정법 – 근로자참여 및 협력증진에 관한 법률

해설

개별적 근로관계법과 집단적 노사관계법이 순서대로 바르게 연결된 것은 ③이다.

06

다음 중 노동법의 법원(法源)은 모두 몇 개인가?

> ㄱ. 헌법에 따라 체결·공포된 조약 및 일반적으로 승인된 국제 법규
> ㄴ. 헌법, 노동관계법령
> ㄷ. 관습노동법(노동관행, 경영관행)
> ㄹ. 판례 및 행정해석(질의회신, 지침, 예규)

① 1개
② 2개
❸ 3개
④ 4개

해설

제시된 내용 중 노동법의 법원에 해당하는 것은 ㄱ, ㄴ, ㄷ이다.
ㄹ. (×) 판례, 노동부 등의 예규·질의회신, 지침 등 행정해석은 노동법의 법원으로 인정되지 않는다.

07

노동법의 법원(法源)의 적용순서로 옳은 것은??

☑ ① 헌법 → 법률 → 명령 → 단체협약 → 취업규칙과 조합규약 → 근로계약
② 헌법 → 법률 → 단체협약 → 명령 → 취업규칙과 조합규약 → 근로계약
③ 헌법 → 법률 → 명령 → 취업규칙과 조합규약 → 단체협약 → 근로계약
④ 헌법 → 법률 → 명령 → 근로계약 → 취업규칙과 조합규약 → 단체협약

해설
노동법의 법원은 헌법 → 법률 → 명령 → 단체협약 → 취업규칙과 조합규약 → 근로계약 순으로 적용된다.

08

헌법에 보장된 노동3권, 즉 근로자의 단결권, 단체교섭권, 단체행동권에 관하여 구체적으로 규정하고 있는 법률은? 기출문제

① 헌 법
② 근로기준법
☑ ③ 노동조합 및 노동관계조정법
④ 근로자참여 및 협력증진에 관한 법률

해설
노동조합 및 노동관계조정법은 노동조합의 조직과 단체교섭에 관하여 규정한 법이다. 노동 3권의 구체적 보장을 통해 근로자의 근로조건의 유지・개선과 근로자의 복지를 증진시키려는 목적을 가진다.

09

다음 중 ㄱ과 ㄴ에 들어갈 내용으로 알맞은 것은?

(ㄱ)이 정하는 주요방위산업체에 종사하는 근로자의 (ㄴ)은 법률이 정하는 바에 의하여 이를 제한하거나 인정하지 아니할 수 있다.

① ㄱ : 헌 법,   ㄴ : 단체교섭권
② ㄱ : 헌 법,   ㄴ : 단체행동권
③ ㄱ : 법 률,   ㄴ : 단체교섭권
④ **ㄱ : 법 률,   ㄴ : 단체행동권**

[해설]
ㄱ과 ㄴ에는 순서대로 법률과 단체행동권이 들어간다. 즉, 법률이 정하는 주요방위산업체에 종사하는 근로자의 단체행동권은 법률이 정하는 바에 의하여 이를 제한하거나 인정하지 아니할 수 있다(헌법 제33조 제3항).

10

근로자가 쟁의행위를 하는 것은 헌법상 어떤 권리를 근거로 하는가?

① 근로의 권리
② 단결권
③ 단체교섭권
④ **단체행동권**

[해설]
근로3권 중 쟁의행위를 할 수 있는 것은 단체행동권에 근거한다. 단, 헌법은 법률이 정하는 주요 방위산업체에 종사하는 근로자의 단체행동권은 법률이 정하는 바에 의하여 이를 제한하거나 인정하지 아니할 수 있다고 규정하고 있고(헌법 제33조 제3항), 공무원인 근로자는 법률이 정하는 자에 한하여 단결권·단체교섭권 및 단체행동권을 가진다고 규정하고 있다(헌법 제33조 제2항). ★

11

노동법에 관한 다음 설명 중 틀린 것은? 기출문제

☑ 노동기본권은 단결권, 단체교섭권, 단체행동권의 노동3권을 말한다.
② 집단적 노사관계법에는 노동조합 및 노동관계조정법 등이 있다.
③ 단결권은 근로자가 사용자와 대등한 교섭력을 갖기 위하여 단결해서 집단을 형성할 수 있는 권리이다.
④ 근로자가 할 수 있는 쟁의행위에 직장폐쇄는 포함되지 않는다.

해설
노동기본권은 근로의 권리(헌법 제32조에 보장)와 노동3권(헌법 제33조)을 말한다. ★

12

노동조합 및 노동관계조정법상 용어의 정의에 관한 설명으로 옳지 않은 것은?

① 근로자는 직업의 종류를 불문하고 임금·급료, 기타 이에 준하는 수입에 의하여 생활하는 자를 말한다.
② 사용자는 사업주, 사업의 경영담당자 또는 그 사업의 근로자에 관한 사항에 대하여 사업주를 위하여 행동하는 자를 말한다.
☑ 노동조합이 단체교섭·쟁의행위, 기타의 행위로서 노동조합의 목적을 달성하기 위하여 한 행위는 정당한 행위에 해당하며 이 과정에서 예외적으로 폭력이나 파괴행위가 수반되더라도 정당한 행위로 해석된다.
④ 노동쟁의는 노동조합과 사용자 또는 사용자단체 간에 임금·근로시간·복지·해고, 기타 대우 등 근로조건의 결정에 관한 주장의 불일치로 인하여 발생한 분쟁상태를 말한다.

해설
노동조합이 단체교섭·쟁의행위, 기타의 행위로서 노동조합의 목적을 달성하기 위하여 한 행위는 정당한 행위에 해당하나 어떠한 경우에도 폭력이나 파괴행위가 정당한 행위로 해석되어서는 아니 된다(노동조합법 제4조).

13

노동관계에 관하여 그 구성원인 사용자에 대하여 조정 또는 규제할 수 있는 권한을 가진 단체는?

☑ 사용자단체
② 노동조합
③ 교섭단체
④ 대의원회

해설
사용자단체란 노동관계에 관하여 그 구성원인 사용자에 대하여 조정 또는 규제할 수 있는 권한을 가진 사용자의 단체를 말한다(노동조합법 제2조 제3호).

14

다음 중 노동조합 및 노동관계조정법상 "노동조합"에 대한 정의로 맞는 것은? 기출 06

☑ ① 근로자가 근로조건의 유지·개선, 기타 근로자의 경제적·사회적 지위의 향상을 도모할 목적으로 조직하는 단체
② 근로자가 주체가 되어 자주적으로 조직한 단체로서 경비의 주된 부분을 사용자로부터 원조 받는 단체
③ 공제·수양 기타 복리사업만을 목적으로 근로자가 자주적으로 조직한 단체
④ 근로자가 주체가 되는 주로 정치운동을 목적으로 하는 단체

해설

노동조합은 근로자가 주체가 되어 자주적으로 단결하여 근로조건의 유지·개선, 기타 근로자의 경제적·사회적 지위의 향상을 도모함을 목적으로 조직하는 단체 또는 그 연합단체를 말한다(노동조합법 제2조 제4호 본문).

15

현행법상 노동조합에 관한 설명으로 옳지 않은 것은? 기출 10

① 노동조합의 파업에 대한 사용자의 직장폐쇄도 쟁의행위에 해당된다.
② 공무원의 노동조합설립은 인정된다.
☑ ③ 현재 실업 중인 자는 노동조합에 가입할 수 없다.
④ 노조전임자는 전임기간 동안 사용자로부터 어떠한 급여도 받을 수 없다.

해설

현재 실업 중인 자도 노동조합에 가입할 수 있는 경우가 있다.★

> **핵심만콕**
>
> - 노동조합 및 노동관계조정법 제2조 제1호에서 말하는 '임금·급료 기타 이에 준하는 수입에 의하여 생활하는 자'에는 특정한 사용자에게 고용되어 현실적으로 취업하고 있는 자뿐만 아니라, 일시적으로 실업상태에 있는 자나 구직 중인 자도 노동3권을 보장할 필요성이 있는 한 그 범위에 포함된다고 할 것이다(서울행정법원 2001.1.16. 2000구30925).
> - '근로자'에는 특정한 사용자에게 고용되어 현실적으로 취업하고 있는 자뿐만 아니라, 일시적으로 실업상태에 있는 자나 구직 중인 자도 노동3권을 보장할 필요성이 있는 한 그 범위에 포함된다(대판 2004.2.27. 2001두8568).★

16

단체교섭 및 단체협약에 대한 다음 내용 중 옳지 않은 것은?

① 노동조합의 대표자는 그 노동조합 또는 조합원을 위하여 사용자나 사용자단체와 교섭하고 단체협약을 체결할 권한을 가진다.
❷ 단체협약의 유효기간은 노사가 합의하여 3년을 초과하는 유효기간을 정할 수 있다.
③ 단체협약에 그 유효기간을 정하지 아니한 경우에 그 유효기간은 3년으로 한다.
④ 단체협약에 정한 근로조건, 기타 근로자의 대우에 관한 기준에 위반하는 취업규칙 또는 근로계약의 부분은 무효로 한다.

해설

단체협약의 유효기간은 3년을 초과하지 않는 범위에서 노사가 합의하여 정할 수 있으며(노동조합법 제32조 제1항), 단체협약에 그 유효기간을 정하지 아니한 경우 또는 제1항의 기간을 초과하는 유효기간을 정한 경우에 그 유효기간은 3년으로 한다(노동조합법 제32조 제2항).

17

쟁의행위 참가자들이 당해 쟁의행위로 인하여 중단된 업무를 수행하려고 하는 자들에게 업무수행을 하지 말 것을 평화적으로 설득하거나 권고하는 것은?

❶ 피케팅(Picketing)
② 직장폐쇄
③ 직장점거
④ 보이콧(Boycott)

해설

쟁의행위의 종류 중 피케팅에 관한 설명이다.

18

쟁의행위의 제한과 금지 등에 관한 다음 내용 중 옳지 않은 것은?

① 노동조합의 쟁의행위는 그 조합원(제29조의2에 따라 교섭대표노동조합이 결정된 경우에는 그 절차에 참여한 노동조합의 전체 조합원)의 직접·비밀·무기명투표에 의한 조합원 과반수의 찬성으로 결정하지 아니하면 이를 행할 수 없다.
❷ 생산, 기타 주요업무에 관련되는 시설에 대하여 정상적인 유지·운영을 정지·폐지 또는 방해하는 행위는 쟁의행위로서 이를 행할 수 없다.
③ 사용자는 쟁의행위기간 중 그 쟁의행위로 중단된 업무의 수행을 위하여 당해 사업과 관계없는 자를 채용 또는 대체할 수 없다.
④ 사용자는 쟁의행위기간 중 그 쟁의행위로 중단된 업무를 도급 또는 하도급 줄 수 없다.

해설

② (×) 사업장의 안전보호시설에 대하여 정상적인 유지·운영을 정지·폐지 또는 방해하는 행위는 쟁의행위로서 이를 행할 수 없다(노동조합법 제42조 제2항).
① (○) 노동조합법 제41조 제1항 전문
③ (○) 노동조합법 제43조 제1항
④ (○) 노동조합법 제43조 제2항

19

다음 중 사용자의 부당노동행위가 아닌 것은? 기출문제

① 노동조합의 조직행위를 이유로 근로자를 해고하는 행위
② 노동조합의 탈퇴를 고용조건으로 하는 행위
③ 노동조합 대표자에 대한 단체교섭 거부 행위
❹ 쟁의기간 동안의 임금을 지급하지 않는 행위

해설

노동법(노동조합법 제44조 제1항)과 판례(대판[전합] 1995.12.21. 94다26721 등 다수판결)는 무노동 무임금원칙이므로, 사용자가 쟁의기간 동안의 임금을 지급하지 않는 행위는 부당노동행위에 해당하지 않는다. ★

20

부당노동행위의 구제절차에 관한 설명으로 옳지 않은 것은? 기출 17

① 부당노동행위로 인하여 그 권리를 침해당한 근로자는 노동위원회에 그 구제를 신청할 수 있다.
✅ **노동위원회에 대한 구제의 신청은 부당노동행위를 안 날로부터 6월 이내에 하여야 한다.**
③ 노동위원회는 부당노동행위가 성립한다고 판정한 때에는 사용자에게 구제명령을 발하여야 한다.
④ 노동위원회의 구제명령은 행정소송의 제기에 의하여 그 효력이 정지되지 아니한다.

해설
② (×) 부당노동행위구제의 신청은 부당노동행위가 있은 날(계속하는 행위는 그 종료일)부터 3월 이내에 이를 행하여야 한다(노동조합법 제82조 제2항).
① (○) 노동조합법 제82조 제1항
③ (○) 노동조합법 제84조 제1항 전단
④ (○) 노동조합법 제86조

21

근로기준법상 용어의 정의로 옳은 것은?

① "근로자"란 직업의 종류와 관계없이 임금·급료, 기타 이에 준하는 수입에 의하여 생활하는 자를 말한다.
✅ **"근로"란 정신노동과 육체노동을 말한다.**
③ "단시간근로자"란 1주 동안의 소정근로시간이 다른 사업장에서 같은 종류의 업무에 종사하는 통상 근로자의 1주 동안의 소정근로시간에 비하여 짧은 근로자를 말한다.
④ "임금"이란 사용자가 근로의 대가로 근로자에게 임금, 봉급의 명칭으로 지급하는 금전만을 말한다.

해설
② (○) 근로란 정신노동과 육체노동을 말한다(근로기준법 제2조 제1항 제3호).
① (×) 근로자란 직업의 종류와 관계없이 임금을 목적으로 사업이나 사업장에 근로를 제공하는 사람을 말한다(근로기준법 제2조 제1항 제1호). 지문의 내용은 노동조합법상 근로자의 정의이다.
③ (×) 단시간근로자란 1주 동안의 소정근로시간이 그 사업장에서 같은 종류의 업무에 종사하는 통상 근로자의 1주 동안의 소정근로시간에 비하여 짧은 근로자를 말한다(근로기준법 제2조 제1항 제9호).
④ (×) 임금이란 사용자가 근로의 대가로 근로자에게 임금, 봉급, 그 밖에 어떠한 명칭으로든지 지급하는 모든 금품을 말한다(근로기준법 제2조 제1항 제5호).

22

근로기준법에 관한 설명으로 옳지 않은 것은? 기출 24

① 근로기준법에서 정하는 근로조건은 최저기준이다.
② 근로조건은 근로자와 사용자가 동등한 지위에서 자유의사에 따라 결정하여야 한다.
③ 근로기준법에서 정하는 기준에 미치지 못하는 근로조건을 정한 근로계약은 그 부분에 한정하여 무효로 한다.
❹ **상시 5명 이하의 근로자를 사용하는 사업 또는 사업장에 대하여는 근로기준법이 적용되지 않는다.**

해설

④ (×) 이 법은 상시 5명 이상의 근로자를 사용하는 모든 사업 또는 사업장에 적용한다(근로기준법 제11조 제1항 본문). 상시 4명 이하의 근로자를 사용하는 사업 또는 사업장에 대하여는 대통령령으로 정하는 바에 따라 이 법의 일부 규정을 적용할 수 있다(근로기준법 제11조 제2항).
① (○) 이 법에서 정하는 근로조건은 최저기준이므로 근로 관계 당사자는 이 기준을 이유로 근로조건을 낮출 수 없다(근로기준법 제3조).
② (○) 근로기준법 제4조
③ (○) 근로기준법 제15조 제1항

23

근로기준법의 규정 내용으로 옳지 않은 것은? 기출 23

❶ **사용자는 근로계약 불이행에 대한 위약금 또는 손해배상액을 예정하는 계약을 체결할 수 있다.**
② 사용자는 근로자 명부와 대통령령으로 정하는 근로계약에 관한 중요한 서류를 3년간 보존하여야 한다.
③ 사용자는 사고의 발생이나 그 밖의 어떠한 이유로도 근로자에게 폭행을 하지 못한다.
④ 사용자는 근로계약에 덧붙여 강제 저축 또는 저축금의 관리를 규정하는 계약을 체결하지 못한다.

해설

① (×) 사용자는 근로계약 불이행에 대한 위약금 또는 손해배상액을 예정하는 계약을 체결하지 못한다(근로기준법 제20조).
② (○) 근로기준법 제42조
③ (○) 근로기준법 제8조
④ (○) 근로기준법 제22조 제1항

24

근로기준법상 근로계약에 관한 설명으로 옳지 않은 것은? 기출 22

① 근로기준법에 따라 사용자가 명시한 근로조건이 사실과 다를 경우에 근로자는 근로조건 위반을 이유로 손해의 배상을 청구할 수 있으며 즉시 근로계약을 해제할 수 있다.
❷ **근로계약 내용의 일부가 근로기준법에서 정하는 기준을 충족하지 못하는 경우 그 근로계약 전부를 무효로 한다.**
③ 사용자는 근로계약 불이행에 대한 위약금을 예정하는 계약을 체결하지 못한다.
④ 사용자는 근로계약에 덧붙여 강제 저축을 규정하는 계약을 체결하지 못한다.

해설

② (×) 근로기준법에서 정하는 기준에 미치지 못하는 근로조건을 정한 근로계약은 그 부분에 한정하여 무효로 한다(근로기준법 제15조 제1항).
① (○) 근로기준법 제19조 제1항
③ (○) 사용자는 근로계약 불이행에 대한 위약금 또는 손해배상액을 예정하는 계약을 체결하지 못한다(근로기준법 제20조).
④ (○) 사용자는 근로계약에 덧붙여 강제 저축 또는 저축금의 관리를 규정하는 계약을 체결하지 못한다(근로기준법 제22조 제1항).

25

근로기준법에 대한 내용이다. 옳지 않은 것은?

① 근로조건은 최저기준이므로 근로관계 당사자는 이 기준을 이유로 근로조건을 낮출 수 없다.
② 사용자는 사고의 발생이나 그 밖의 어떠한 이유로도 근로자에게 폭행을 하지 못한다.
③ 누구든지 법률에 의하지 아니하고는 영리로 타인의 취업에 개입하거나 중간인으로서 이익을 취득하지 못한다.
❹ **상시 4인 이상의 근로자를 사용하는 모든 사업 또는 사업장에 적용한다. 다만, 동거의 친족만을 사용하는 사업 또는 사업장과 가사사용인에 대해서는 적용하지 아니한다.**

해설

④ (×) 상시 5인 이상의 근로자를 사용하는 모든 사업 또는 사업장에 적용한다. 다만, 동거의 친족만을 사용하는 사업 또는 사업장과 가사사용인에 대해서는 적용하지 아니한다(근로기준법 제11조 제1항).
① (○) 근로기준법 제3조
② (○) 근로기준법 제8조
③ (○) 근로기준법 제9조

26

근로기준법의 내용으로 옳지 않은 것은? 기출 16

① 사용자는 근로자를 해고하려면 해고사유와 해고시기를 서면으로 통지해야 한다.
② 사용자는 근로계약 불이행에 대한 위약금 또는 손해배상액을 예정하는 계약을 체결하지 못한다.
③ 사용자로부터 부당해고를 당한 근로자는 노동위원회에 구제를 신청할 수 있다.
❹ 사용자가 지방노동위원회의 구제명령에 불복하여 중앙노동위원회에 재심신청을 한 경우 그 구제명령의 효력은 정지된다.

[해설]
④ (×) 노동위원회의 구제명령, 기각결정 또는 재심판정은 중앙노동위원회에 대한 재심신청이나 행정소송 제기에 의하여 그 효력이 정지되지 아니한다(근로기준법 제32조).★
① (○) 근로기준법 제27조 제1항
② (○) 근로기준법 제20조
③ (○) 근로기준법 제28조 제1항

27

근로기준법에 관한 설명으로 옳지 않은 것은? 기출 14

① 근로조건은 근로자와 사용자가 동등한 지위에서 자유의사에 의하여 결정되어야 한다.
② 근로자와 사용자는 각자가 단체협약, 취업규칙과 근로계약을 지키고 성실하게 이행할 의무가 있다.
❸ 사용자는 중대한 사고발생을 방지하거나 국가안전보장을 위해 긴급한 필요가 있는 경우에 근로자를 폭행할 수 있다.
④ 사용자는 근로자가 근로시간 중에 선거권을 행사하기 위하여 필요한 시간을 청구하면 거부하지 못하지만 그 선거권을 행사하는 데에 지장이 없으면 청구한 시간을 변경할 수 있다.

[해설]
③ (×) 사용자가 근로자를 폭행할 수 있는 경우는 없다(근로기준법 제8조). 폭행 시에는 형법상 폭행죄 등으로 처벌될 수 있다.
① (○) 근로기준법 제4조
② (○) 근로기준법 제5조
④ (○) 근로기준법 제10조

28

다음 설명 중 옳지 않은 것은? 기출 13

① 동거하는 친족만을 사용하는 사업장은 근로기준법의 적용을 받지 않는다.
② 단체협약에 특별한 규정이 있는 경우에는 임금의 일부를 공제할 수 있다.
❸ 사용자와 근로자의 합의에 의하여 1주간에 15시간을 한도로 법정근로시간을 연장할 수 있다.
④ 사용자는 1년간 80퍼센트 이상 출근한 근로자에게 15일의 유급휴가를 주어야 한다.

해설

③ (×) 당사자 간에 합의하면 1주간에 12시간을 한도로 근로시간을 연장할 수 있다(근로기준법 제53조 제1항).★
① (O) 근로기준법 제11조 제1항 단서
② (O) 근로기준법 제43조 제1항 단서
④ (O) 근로기준법 제60조 제1항

29

근로계약에 관한 설명 중 틀린 것은? 기출문제

❶ 근로계약은 서면으로 작성되어야 효력이 있다.
② 단시간 근로자의 경우 근로계약서 작성이 의무화되어 있다.
③ 근로계약 체결 시 임금, 근로시간, 기타의 근로조건을 명시하여야 한다.
④ 임금의 구성항목, 계산방법 및 지불방법에 관한 사항은 서면으로 명시하여야 한다.

해설

① (×) 근로계약은 근로자가 사용자에게 근로를 제공하고 사용자는 이에 대하여 임금을 지급함을 목적으로 체결된 계약으로서 (근로기준법 제2조 제1항 제4호), 계약형식이나 명칭을 불문하고 명시 및 묵시의 계약체결도 가능하므로 반드시 서면으로 해야 할 필요는 없다(쌍무・유상・낙성계약). 따라서 서면으로 근로계약을 체결하지 않더라고 근로계약 자체는 유효하다.★
② (O) 근로기준법 제17조・제18조 해석상
③ (O) 근로기준법 제17조 제1항
④ (O) 근로기준법 제17조 제2항 본문

관계법령 근로조건의 명시(근로기준법 제17조)

① 사용자는 근로계약을 체결할 때에 근로자에게 다음 각호의 사항을 명시하여야 한다. 근로계약 체결 후 다음 각호의 사항을 변경하는 경우에도 또한 같다.
  1. 임금
  2. 소정근로시간
  3. 제55조에 따른 휴일
  4. 제60조에 따른 연차유급휴가
  5. 그 밖에 대통령령으로 정하는 근로조건
② 사용자는 제1항 제1호와 관련한 임금의 구성항목・계산방법・지급방법 및 제2호부터 제4호까지의 사항이 명시된 서면(「전자문서 및 전자거래 기본법」 제2조 제1호에 따른 전자문서를 포함한다)을 근로자에게 교부하여야 한다. 다만, 본문에 따른 사항이 단체협약 또는 취업규칙의 변경 등 대통령령으로 정하는 사유로 인하여 변경되는 경우에는 근로자의 요구가 있으면 그 근로자에게 교부하여야 한다.

30

근로기준법상 근로계약에 관한 설명으로 옳은 것은? 기출 18

① 미성년자의 임금청구는 친권자가 대리하여야 한다.
☑ ② 사용자는 긴박한 경영상의 필요가 있으면 근로자를 해고할 수 있다.
③ 사용자는 근로계약 불이행에 대한 위약금 예정 계약을 체결할 수 있다.
④ 근로자에 대한 해고는 반드시 서면으로 할 필요는 없다.

해설

② (○) 근로기준법 제24조 제1항 전문
① (×) 미성년자는 독자적으로 임금을 청구할 수 있다(근로기준법 제68조). 따라서 친권자가 미성년자의 임금청구를 대리할 필요가 없다.★
③ (×) 사용자는 근로계약 불이행에 대한 위약금 또는 손해배상액을 예정하는 계약을 체결하지 못한다(근로기준법 제20조).★
④ (×) 사용자가 근로자를 해고하려면 해고사유와 해고시기를 서면으로 통지하여야 한다(근로기준법 제27조 제1항).★

31

근로기준법 제24조 제1항의 규정이다. (   )에 각각 들어갈 용어로 옳지 않은 것은? 기출 19

> 사용자가 경영상 이유에 의해 근로자를 해고하려면 긴박한 경영상의 필요가 있어야 한다. 이 경우 경영 악화를 방지하기 위한 사업의 (   )·(   )·(   )은/는 긴박한 경영상의 필요가 있는 것으로 본다.

① 양 도
☑ ② 위 탁
③ 인 수
④ 합 병

해설

(   ) 안에 들어갈 용어는 양도·인수·합병이다.

관계법령 경영상 이유에 의한 해고의 제한(근로기준법 제24조)

① 사용자가 경영상 이유에 의하여 근로자를 해고하려면 긴박한 경영상의 필요가 있어야 한다. 이 경우 경영 악화를 방지하기 위한 사업의 양도·인수·합병은 긴박한 경영상의 필요가 있는 것으로 본다.
② 제1항의 경우에 사용자는 해고를 피하기 위한 노력을 다하여야 하며, 합리적이고 공정한 해고의 기준을 정하고 이에 따라 그 대상자를 선정하여야 한다. 이 경우 남녀의 성을 이유로 차별하여서는 아니 된다.
③ 사용자는 제2항에 따른 해고를 피하기 위한 방법과 해고의 기준 등에 관하여 그 사업 또는 사업장에 근로자의 과반수로 조직된 노동조합이 있는 경우에는 그 노동조합(근로자의 과반수로 조직된 노동조합이 없는 경우에는 근로자의 과반수를 대표하는 자를 말한다. 이하 "근로자대표"라 한다)에 해고를 하려는 날의 50일 전까지 통보하고 성실하게 협의하여야 한다.
④ 사용자는 제1항에 따라 대통령령으로 정하는 일정한 규모 이상의 인원을 해고하려면 대통령령으로 정하는 바에 따라 고용노동부장관에게 신고하여야 한다.
⑤ 사용자가 제1항부터 제3항까지의 규정에 따른 요건을 갖추어 근로자를 해고한 경우에는 제23조 제1항에 따른 정당한 이유가 있는 해고를 한 것으로 본다.

32

사용자가 근로자를 해고시키기 위해서는 '정당한 사유'가 있어야 하는바, 다음 중 정리해고의 정당성을 위한 요건이 아닌 것은? 기출 04

① 해고를 하지 않으면 기업경영이 위태로울 정도의 급박한 경영상의 필요성이 존재할 것(급박한 경영상의 필요성)
② 경영방침이나 작업상식의 합리화, 신규채용의 금지, 일시휴직 및 희망퇴직의 활용 등 해고회피를 위한 노력을 다하였어야 할 것(해고회피의 노력)
③ 합리적이고 공정한 기준을 설정하여 이에 따라 해고대상자를 선별할 것(해고대상자 선별의 합리성·공정성)
❹ **해고대상자의 신속한 재취업 및 조속한 사회복귀와 정서적 불안감의 해소를 고려하여 해고사유 지득 당일 해고를 통보할 것(신속한 해고절차 유지)**

[해설]
사용자는 근로자를 해고(경영상 이유에 의한 해고를 포함)하려면 적어도 30일 전에 그 예고를 하여야 하고, 30일 전에 예고를 하지 아니하였을 때에는 30일분 이상의 통상 임금을 지급하여야 한다. 다만, 근로자가 계속 근로한 기간이 3개월 미만인 경우, 천재·사변, 기타 부득이한 사유로 사업계속이 불가능한 경우 또는 근로자가 고의로 사업에 막대한 지장을 초래하거나 재산상 손해를 끼친 경우로서 고용노동부령이 정하는 사유에 해당하는 경우에는 그러하지 아니하다(근로기준법 제26조).

33

근로기준법상 예고해고의 적용 예외사유가 아닌 것은?

① 근로자가 계속 근로한 기간이 3개월 미만인 경우
② 천재·사변의 사유로 사업을 계속하는 것이 불가능한 경우
③ 근로자가 고의로 사업에 막대한 지장을 초래하거나 재산상 손해를 끼친 경우로서 고용노동부령이 정하는 사유에 해당하는 경우
❹ **계절적 업무에 6개월 이내의 기간을 정하여 사용된 자**

[해설]
①·②·③은 예고해고의 적용 예외사유에 해당하나(근로기준법 제26조 단서 제1호~제3호), ④는 2019년 1월 15일 삭제된 구 근로기준법 제35조 제4호의 내용이다.

34

근로기준법상 해고에 관한 내용이다. ( )에 공통적으로 들어갈 숫자는? 기출 21

- 사용자가 근로자를 해고하려고 하는 경우, 근로자가 계속 근로한 기간이 ( )개월 미만인 경우에는 해고의 예고를 하지 않을 수 있다.
- 사용자가 근로자에게 부당해고 등을 하면 근로자는 부당해고 등이 있었던 날로부터 ( )개월 이내에 노동위원회에 구제신청을 할 수 있다.

① 1
② 2
✓ ③ 3
④ 4

해설

제시된 내용의 ( )에 공통적으로 들어갈 숫자는 3이다.

관계법령

해고의 예고(근로기준법 제26조)

사용자는 근로자를 해고(경영상 이유에 의한 해고를 포함한다)하려면 적어도 30일 전에 예고를 하여야 하고, 30일 전에 예고를 하지 아니하였을 때에는 30일분 이상의 통상임금을 지급하여야 한다. 다만, 다음 각호의 어느 하나에 해당하는 경우에는 그러하지 아니하다.
1. 근로자가 계속 근로한 기간이 3개월 미만인 경우
2. 천재·사변, 그 밖의 부득이한 사유로 사업을 계속하는 것이 불가능한 경우
3. 근로자가 고의로 사업에 막대한 지장을 초래하거나 재산상 손해를 끼친 경우로서 고용노동부령으로 정하는 사유에 해당하는 경우

부당해고 등의 구제신청(근로기준법 제28조)

① 사용자가 근로자에게 부당해고 등을 하면 근로자는 노동위원회에 구제를 신청할 수 있다.
② 제1항에 따른 구제신청은 부당해고 등이 있었던 날부터 3개월 이내에 하여야 한다.

35

통상임금에 관한 설명으로 옳지 않은 것은? 기출 15

① 근로자에게 정기적, 일률적으로 소정 근로 또는 총근로에 대하여 지급하기로 정한 금액을 말한다.
② 근로자가 실제로 연장·야근·휴일근로를 제공하기 전에 미리 확정되어 있어야 한다.
❸ 해고예고수당, 법정수당, 연차유급휴가수당 및 평균임금의 최고한도 보장의 산정 기초가 된다.
④ 임금의 명칭이나 지급주기의 장단 등 형식적인 기준이 아니라 임금의 객관적 성질이 통상임금의 법적 요건을 충족하여야 한다.

[해설]
통상임금은 평균임금의 최저한도 보장(근로기준법 제2조 제2항), 해고예고수당(근로기준법 제26조), 연장·야간·휴일근로수당(근로기준법 제56조), 연차유급휴가수당(근로기준법 제60조 제5항) 및 출산전후휴가급여(고용보험법 제75조) 등을 산정하는데 기초가 된다.★★

36

다음 중 근로기준법상 임금에 대한 설명으로 틀린 것은?

① 종속노동관계에서 근로의 대가로 지급되는 것인가의 여부가 중요한 기준이 된다.
② 법령, 단체협약, 취업규칙, 근로계약, 관행 등에 의해 사용자에게 지급의무가 지워져 있는 것을 말한다.
③ 은혜적·호의적으로 지급되는 금품은 임금에 포함되지 않는다.
❹ 일체의 금품을 말하므로 출장소요경비의 지급도 임금에 포함된다.

[해설]
임금이란 사용자가 근로의 대가로 근로자에게 임금, 봉급, 그 밖에 어떠한 명칭으로든지 지급하는 일체의 금품을 말한다(근로기준법 제2조 제1항 제5호).

핵심만콕 임금의 범위

'근로의 대가'뿐만 아니라 근로자로 하여금 근로의 제공을 원활히 하게 하거나, 근로의욕을 고취시키기 위한 것도 포함하지만, 의례적·임의적, 호의적·은혜적, 복지후생을 위한 시설이나 비용, 기업설비에 갈음하여 실비변상조로 지급되는 금품(출장소요경비 등)은 제외된다.★

37

근로기준법상 임금의 지급방법과 관련하여 다음 기술 중 타당하지 않은 것은? 기출문제

① 근로자가 제3자에게 임금수령을 위임 또는 대리하게 하는 법률행위는 원칙적으로 무효이다.
② 임금의 일부공제는 법령 또는 단체협약에 특별한 규정이 있는 경우에 한하여 인정된다.
❸ 임금은 매월 1회 이상 지급하면 되고 원칙적으로 일정한 기일을 지정하여 지급하지 않아도 무방하다.
④ 임금이 체불된 경우에는 별단의 합의가 없는 한, 근로자는 법정지연이자분의 지급을 요구할 수 있다.

해설

임금은 매월 1회 이상 지급하되 원칙적으로 일정한 기일을 지정하여 지급하여야 한다(근로기준법 제43조 제2항 본문).★

38

근로기준법상 근로시간에 관한 내용 중 옳지 않은 것은?

① 사용자는 근로자에게 1주일에 평균 1회 이상의 유급휴일을 주어야 한다.
❷ 사용자는 1년간 85% 이상 출근한 근로자에게 15일의 유급휴가를 주어야 한다.
③ 사용자는 연장근로와 야간근로에 대하여는 통상임금의 100분의 50 이상을 가산하여 지급하여야 한다.
④ 당사자 간의 합의로 1주간에 12시간을 한도로 근로시간을 연장할 수 있다.

해설

② (×) 사용자는 1년간 80% 이상 출근한 근로자에게 15일의 유급휴가를 주어야 한다(근로기준법 제60조 제1항).
① (○) 근로기준법 제55조 제1항
③ (○) 근로기준법 제56조 제1항·제3항
④ (○) 근로기준법 제53조 제1항

39

근로기준법상 2주 또는 3개월 이내의 일정한 단위기간을 평균하여 법정근로시간을 초과하지 않는 범위 내에서 특정한 날이나 특정한 주의 근로시간을 초과하여 근무할 수 있도록 운영하는 제도는?

기출수정

① 선택적 근로시간제
② **3개월 이내의 탄력적 근로시간제**
③ 연장근로제
④ 유급휴가대체제도

해설

3개월 이내의 탄력적 근로시간제에 관한 설명이다(근로기준법 제51조). 참고로 2021.1.5.에 3개월을 초과하는 탄력적 근로시간제(근로기준법 제51조의2)가 신설되었다.

핵심만콕

- 연장근로제 : 법률로 정한 한도 내지 기준 시간(법정근로시간)을 넘어서 근로하는 제도
- 유급휴가대체제도 : 사용자가 근로자대표와의 서면합의에 따라 연차유급휴가일에 갈음하여 특정한 근로일에 근로자를 휴무시킬 수 있는 제도(근로기준법 제62조)

40

근로기준법상 미성년자의 근로에 관한 설명으로 옳은 것을 모두 고른 것은? 기출 20

ㄱ. 미성년자는 독자적으로 임금을 청구할 수 있다.
ㄴ. 친권자는 미성년자의 근로계약을 대리할 수 없다.
ㄷ. 고용노동부장관은 근로계약이 미성년자에게 불리하다고 인정하는 경우에는 이를 해지할 수 있다.

① ㄱ, ㄴ
② ㄱ, ㄷ
③ ㄴ, ㄷ
④ **ㄱ, ㄴ, ㄷ**

해설

제시된 내용은 모두 근로기준법상 미성년자의 근로에 관한 설명으로 옳다.
ㄱ. (○) 미성년자는 독자적으로 임금을 청구할 수 있다(근로기준법 제68조).
ㄴ. (○) 친권자나 후견인은 미성년자의 근로계약을 대리할 수 없다(근로기준법 제67조 제1항).
ㄷ. (○) 친권자, 후견인 또는 고용노동부장관은 근로계약이 미성년자에게 불리하다고 인정하는 경우에는 이를 해지할 수 있다(근로기준법 제67조 제2항).

41

취업규칙에 대한 다음 설명 중 옳지 않은 것은?

☑ 상시 5인 이상의 근로자를 사용하는 사용자는 취업규칙을 작성하여 고용노동부장관에게 신고하여야 한다. 이를 변경하는 경우에 있어서도 또한 같다.
② 사용자는 취업규칙의 작성 또는 변경에 관하여 당해 사업 또는 사업장에 근로자의 과반수로 조직된 노동조합이 없는 경우에는 근로자의 과반수의 의견을 들어야 한다.
③ 취업규칙에 정한 기준에 미달하는 근로조건을 정한 근로계약은 그 부분에 관하여는 무효로 한다.
④ 취업규칙을 근로자에게 불리하게 변경하는 경우에는 근로자의 과반수로 조직된 노동조합 또는 근로자의 과반수의 동의를 얻어야 한다.

[해설]
① (×) 상시 10인 이상의 근로자를 사용하는 사용자는 취업규칙을 작성하여 고용노동부장관에게 신고하여야 한다. 이를 변경하는 경우에 있어서도 또한 같다(근로기준법 제93조).
② (○) 근로기준법 제94조 제1항 본문
③ (○) 근로기준법 제97조 전문
④ (○) 근로기준법 제94조 제1항 단서

42

노동위원회법에 대한 설명 중 옳지 않은 것은?

① 노동위원회는 그 권한에 속하는 업무를 독립적으로 수행한다.
② 노동위원회는 근로자위원과 사용자위원 및 공익위원으로 구성한다.
☑ 중앙노동위원회 위원장은 중앙노동위원회 및 지방노동위원회의 예산·인사·교육훈련·그 밖의 행정사무를 총괄하지만 소속공무원을 지휘·감독할 권한은 없다.
④ 중앙노동위원회 위원장은 행정사무의 지휘·감독권의 일부를 대통령령으로 정하는 바에 따라 지방노동위원회 위원장에게 위임할 수 있다.

[해설]
③ (×) 중앙노동위원회 위원장은 중앙노동위원회 및 지방노동위원회의 예산·인사·교육훈련·그 밖의 행정사무를 총괄하며, 소속공무원을 지휘·감독한다(노동위원회법 제4조 제2항).
① (○) 노동위원회법 제4조 제1항
② (○) 노동위원회법 제6조 제1항
④ (○) 노동위원회법 제4조 제3항

2 사회보장법

43
CHECK ○△×

사회보장의 근거를 나타내는 헌법상의 규정은? 기출문제

① 모든 국민의 사생활은 보호된다.
☑ 모든 국민은 인간다운 생활을 할 권리가 있다.
③ 모든 국민은 행복을 추구할 권리를 가진다.
④ 모든 국민은 법률이 정하는 바에 의하여 국가기관에 문서로 청원할 권리가 있다.

해설

우리 헌법은 모든 국민의 인간다운 생활을 할 권리(헌법 제34조 제1항), 국가의 사회보장·사회복지의 증진에 노력할 의무(헌법 제34조 제2항), 생활능력이 없는 국민이 법률이 정하는 바에 의하여 국가의 보호를 받을 권리(헌법 제34조 제5항)를 정하고 있어 사회보장제도의 기초를 마련하고 있다.

44
CHECK ○△×

사회보장기본법상 생애주기에 걸쳐 보편적으로 충족되어야 하는 기본욕구와 특정한 사회위험에 의하여 발생하는 특수욕구를 동시에 고려하여 소득·서비스를 보장하는 맞춤형 사회보장제도는? 기출 19

① 사회보험
② 공공부조
③ 사회서비스
☑ 평생사회안전망

해설

설문은 평생사회안전망에 대한 내용이다(사회보장기본법 제3조 제5호).

핵심만콕	사회보장기본법상의 용어의 정리(사회보장기본법 제3조)
사회보장	출산, 양육, 실업, 노령, 장애, 질병, 빈곤 및 사망 등의 사회적 위험으로부터 모든 국민을 보호하고 국민 삶의 질을 향상시키는데 필요한 소득·서비스를 보장하는 사회보험, 공공부조, 사회서비스를 말한다(제1호).
사회보험	국민에게 발생하는 사회적 위험을 보험의 방식으로 대처함으로써 국민의 건강과 소득을 보장하는 제도를 말한다(제2호).
공공부조 (公共扶助)	국가와 지방자치단체의 책임하에 생활유지능력이 없거나 생활이 어려운 국민의 최저생활을 보장하고 자립을 지원하는 제도를 말한다(제3호).
사회서비스	국가·지방자치단체 및 민간부문의 도움이 필요한 모든 국민에게 복지, 보건의료, 교육, 고용, 주거, 문화, 환경 등의 분야에서 인간다운 생활을 보장하고 상담, 재활, 돌봄, 정보의 제공, 관련 시설의 이용, 역량 개발, 사회참여 지원 등을 통하여 국민의 삶의 질이 향상되도록 지원하는 제도를 말한다(제4호).
평생사회 안전망	생애주기에 걸쳐 보편적으로 충족되어야 하는 기본욕구와 특정한 사회위험에 의하여 발생하는 특수욕구를 동시에 고려하여 소득·서비스를 보장하는 맞춤형 사회보장제도를 말한다(제5호).
사회보장 행정데이터	국가, 지방자치단체, 공공기관 및 법인이 법령에 따라 생성 또는 취득하여 관리하고 있는 자료 또는 정보로서 사회보장 정책 수행에 필요한 자료 또는 정보를 말한다(제6호).

45

사회보장에 대한 다음 설명 중 옳지 않은 것은?

❶ 사회보험의 보험납부비용은 국가와 당사자에게만 일정비율로 분산시킨다.
② 일정한 조건에 해당하는 사람은 사회보험제도에 반드시 가입해야 한다.
③ 근대 최초의 사회보장법은 1601년 영국의 엘리자베스구빈법(공공부조법)이다.
④ 임금 재분배를 통해 사회적으로 국민의 최저생활을 보장하기 위한 제도이다.

해설

사회보험의 보험납부비용은 당사자뿐만 아니라, 사회적 위험에 동일한 확률로 처해 있는 모든 해당 국민 개개인을 공동체로서로 결합시킨 후 그 부담을 국가, 사업주, 당사자에게 일정비율로 분산시킨다.

46

다음 중 사회보장기본법상의 운영원칙에 어긋나는 것은?

① 국가와 지방자치단체가 사회보장제도를 운영할 때에는 이 제도를 필요로 하는 모든 국민에게 적용하여야 한다.
② 국가와 지방자치단체는 사회보장제도의 급여 수준과 비용 부담 등에서 형평성을 유지하여야 한다.
❸ 국가와 지방자치단체는 사회보장제도의 정책 결정 및 시행 과정에 이해관계인 등을 배제시켜 공정성을 확보하여야 한다.
④ 국가와 지방자치단체가 사회보장제도를 운영할 때에는 국민의 다양한 복지 욕구를 효율적으로 충족시키기 위하여 연계성과 전문성을 높여야 한다.

해설

국가와 지방자치단체는 사회보장제도의 정책 결정 및 시행 과정에 공익의 대표자 및 이해관계인 등을 참여시켜 이를 민주적으로 결정하고 시행하여야 한다(사회보장기본법 제25조 제3항). ★

관계법령 **운영원칙(사회보장기본법 제25조)**

① 국가와 지방자치단체가 사회보장제도를 운영할 때에는 이 제도를 필요로 하는 모든 국민에게 적용하여야 한다.
② 국가와 지방자치단체는 사회보장제도의 급여 수준과 비용 부담 등에서 형평성을 유지하여야 한다.
③ 국가와 지방자치단체는 사회보장제도의 정책 결정 및 시행 과정에 공익의 대표자 및 이해관계인 등을 참여시켜 이를 민주적으로 결정하고 시행하여야 한다.
④ 국가와 지방자치단체가 사회보장제도를 운영할 때에는 국민의 다양한 복지 욕구를 효율적으로 충족시키기 위하여 연계성과 전문성을 높여야 한다.
⑤ 사회보험은 국가의 책임으로 시행하고, 공공부조와 사회서비스는 국가와 지방자치단체의 책임으로 시행하는 것을 원칙으로 한다. 다만, 국가와 지방자치단체의 재정 형편 등을 고려하여 이를 협의·조정할 수 있다.

47

사회보장기본법에서 사회보장의 대상으로 명시하고 있는 사회적 위험에 해당되지 않는 것은?

① 질 병
② 장 애
③ 노 령
④ ✔ 도 산

해설

사회보장이란 출산, 양육, 실업, 노령, 장애, 질병, 빈곤 및 사망 등의 사회적 위험으로부터 모든 국민을 보호하고 국민 삶의 질을 향상시키는 데 필요한 소득·서비스를 보장하는 사회보험, 공공부조, 사회서비스를 말한다(사회보장기본법 제3조 제1호).

48

사회보장기본법상 국가·지방자치단체 및 민간부문의 도움이 필요한 모든 국민에게 복지, 보건의료, 교육, 고용, 주거, 문화, 환경 등의 분야에서 인간다운 생활을 보장하고 상담, 재활, 돌봄, 정보의 제공, 관련 시설의 이용, 역량 개발, 사회참여 지원 등을 통하여 국민의 삶의 질이 향상되도록 지원하는 제도는? 기출 24

① 공공부조
② 사회보험
③ ✔ 사회서비스
④ 평생사회안전망

해설

③ (○) 사회보장기본법 제3조 제4호
① (×) "공공부조"(公共扶助)란 국가와 지방자치단체의 책임하에 생활 유지 능력이 없거나 생활이 어려운 국민의 최저생활을 보장하고 자립을 지원하는 제도를 말한다(사회보장기본법 제3조 제3호).
② (×) "사회보험"이란 국민에게 발생하는 사회적 위험을 보험의 방식으로 대처함으로써 국민의 건강과 소득을 보장하는 제도를 말한다(사회보장기본법 제3조 제2호).
④ (×) "평생사회안전망"이란 생애주기에 걸쳐 보편적으로 충족되어야 하는 기본욕구와 특정한 사회위험에 의하여 발생하는 특수욕구를 동시에 고려하여 소득·서비스를 보장하는 맞춤형 사회보장제도를 말한다(사회보장기본법 제3조 제5호).

49

( )에 들어갈 내용은? 기출 18

> 사회보장은 모든 국민이 다양한 사회적 위험으로부터 벗어나 행복한 복지사회를 실현하는 것을 기본 이념으로 한다. ( )는(은) 국가와 지방자치단체의 책임하에 생활유지능력이 없거나 생활이 어려운 국민의 최저생활을 보장하고 자립을 지원하는 제도를 말한다.

① 사회보험
❷ 공공부조
③ 사회서비스
④ 평생사회안전망

해설

공공부조란 국가와 지방자치단체의 책임하에 생활유지능력이 없거나 생활이 어려운 국민의 최저생활을 보장하고 자립을 지원하는 제도를 말한다(사회보장기본법 제3조 제3호). 현재 공공부조와 관련해서는 '국민기초생활보장제도'가 실시되고 있다.

50

국가·지방자치단체 및 민간부문의 도움이 필요한 모든 국민에게 복지, 보건의료, 교육, 고용, 주거, 문화, 환경 등의 분야에서 인간다운 생활을 보장하고 상담, 재활, 돌봄, 정보의 제공, 관련 시설의 이용, 역량 개발, 사회참여 지원 등을 통하여 국민의 삶의 질이 향상되도록 지원하는 제도를 무엇이라 하는가?

① 사회보험
② 공공부조
❸ 사회서비스
④ 평생사회안전망

해설

사회서비스(사회복지사업)에 대한 설명이다.

51

다음 중 베버리지보고서에서 말하는 사회보험의 기본원칙이 아닌 것은? 기출문제

① 균일액의 최저생활비의 급여
② 행정책임의 통일
③ **완전고용** ✓
④ 피보험자의 분류

해설

완전고용의 유지는 사회보험의 기본원칙이 아니라 사회보장이 기능하기 위해 필요한 것으로 보고 있다. ★

핵심만콕 베버리지보고서의 주요내용 ★★

- 5가지 사회악(빈곤・질병・무지・불결・실업)을 동시에 퇴치하여야 한다고 주장
- 빈곤의 원인 : 실업, 재해, 노령, 사망 등에 의한 가득능력의 상실 및 감소, 지출비의 증가

빈곤 대처에 필요한 것	1. 기본적인 요구를 충족하기 위한 사회보험 2. 특별한 긴급적 요구를 충족하기 위한 국민부조 3. 기본적인 조치에 부가되는 임의보험
사회보장이 기능하기 위해 필요한 것	1. 완전고용의 유지 2. 포괄적인 보건의료제도의 확립 3. 아동수당제도의 확립
사회보장의 중핵인 사회보험의 6가지 기본원칙	1. 균일액의 최저생활비의 급여 2. 균일액의 보험료 갹출 3. 행정책임의 통일 4. 적정한 급여액 5. 포괄성 6. 피보험자의 분류

52

사회보험에 해당되지 않은 것은? 기출 23

① 국민연금
② 고용보험
③ 산업재해보상보험
④ **자동차보험** ✓

해설

자동차보험은 사회보험에 해당하지 않는다. 사회보험에는 국민연금, 국민건강보험, 산업재해보상보험, 고용보험 등이 있다.

53

사회보험과 관계가 없는 법률은? 기출 22

① 국민연금법
② 국민건강보험법
③ 고용보험법
✅ ④ 국가배상법

해설
사회보험법은 국민연금법, 국민건강보험법, 산업재해보상보험법, 고용보험법 등과 관계가 있으나, 국가배상법과는 관계가 없다.

54

사회보험 분야에 해당하는 법률이 아닌 것은? 기출 16

① 고용보험법
② 국민연금법
③ 국민건강보험법
✅ ④ 국민기초생활보장법

해설
사회보험은 국가가 사회정책을 수행하기 위해서 보험의 원리와 방식을 도입하여 만든 사회경제제도로, 산업재해보상보험, 건강보험 또는 질병보험, 연금보험, 고용보험제도가 있다. 국민기초생활보장법은 공공부조와 사회서비스에 관련된 법이다. ★

55

사회보장법의 분야에 해당하는 법률은? 기출 13

① 근로기준법
✅ ② 아동복지법
③ 소비자기본법
④ 독점규제 및 공정거래에 관한 법률

해설
국민기초생활보장법, 국민건강보험법, 아동복지법, 사회복지사업법 등이 사회보장법에 속한다. 근로기준법, 노동조합 및 노동관계조정법은 노동법 분야이고, 독점규제 및 공정거래에 관한 법률, 소비자기본법 등은 경제법의 분야이다. ★

56

사회보험에 관한 설명으로 옳은 것은? 기출 21

① 사회보험에 따른 비용은 국가가 그 전부를 부담하는 것이 원칙이다.
② 사회보험 및 사보험은 임의가입이 원칙이다.
③ 우리나라는 특수직역 종사자를 모두 포괄한 국민 단일연금체계로 운영하여 사회통합에 기여하고 있다.
❹ 「국민연금법」상 수급권은 이를 압류하거나 담보로 제공할 수 없다.

[해설]
④ (○) 수급권은 양도·압류하거나 담보로 제공할 수 없다(국민연금법 제58조 제1항).
① (×) 사회보험료는 사회적 위험(질병, 장애, 실업, 노령 등)에 공통적으로 노출되어 있는 모든 국민 개개인을 공동체로 결합시킨 후 그 부담을 국가·사용자·근로자에게 일정 비율로 분산시켜 책정한다.
② (×) 사회보험은 강제가입, 사보험은 임의가입이 원칙이다.
③ (×) 국민 단일연금체계로 운영하여 사회통합에 기여하는 것은 국민연금법상의 국민연금의 특성에 해당한다.

57

사회보험에 대한 내용으로 옳지 않은 것은?

① 기여자는 피고용인, 고용주, 정부의 보조이다.
② 기여금은 개인의 소득에 따라 정도가 정해진다.
❸ 급여는 개인의 자산과 기여금 정도에 따라 정해진다.
④ 사회보험은 주로 사회적 공평성을 강조하며, 연금보험·의료보험·산업재해보상보험·고용보험 등이 해당된다.

[해설]
사회보험의 급여는 개인의 욕구와 자산에 관계없이 주어지며, 각 개인의 기여금 정도에 따라 정해진다.

58

사회보험의 특성이 아닌 것은?

① 사회성
② 부양성
③ 보험성
④ **임의성** ✓

해설
사회보험은 임의성이 아닌 강제성을 가진다.

59

다음 중 사회보험과 사보험과의 올바른 차이가 아닌 것은 어느 것인가? 기출문제

① **사회보험의 보험납부비용은 모두 당사자가 부담한다.** ✓
② 사회보험은 그 가입이 강제적이다.
③ 사회보험의 계약의 체결 및 해약 등에는 조건이 수반된다.
④ 사회보험의 수급자격과 보험료율 및 급부내용 등의 보험계약 내용은 법으로 정해져 있다.

해설
사회보험의 보험납부비용은 당사자뿐만 아니라, 사회적 위험에 동일한 확률로 처해 있는 모든 해당 국민 개개인을 공동체로 서로 결합시킨 후 그 부담을 국가, 사업주, 당사자에게 일정비율로 분산시킨다. ★

60

다음 중 우리나라에서 사회보장의 주된 방법이 되는 것은? 기출문제

① 의료보험과 생활보호
② **사회보험과 공공부조** ✓
③ 국민연금과 근로보호
④ 실업보험과 사회복지

해설
우리나라의 사회보장제도의 가장 주된 방법은 사회보험과 공공부조이다. ★

61

생활이 어려운 사람에게 필요한 급여를 실시하여 이들의 최저생활을 보장하고 자활을 돕는 것을 목적으로 하는 법률은? 기출 20

① 국민연금법
② 최저임금법
✓ ③ 국민기초생활보장법
④ 산업재해보상보험법

해설

③ (○) 국민기초생활보장법은 생활이 어려운 사람에게 필요한 급여를 실시하여 이들의 최저생활을 보장하고 자활을 돕는 것을 목적으로 한다(국민기초생활보장법 제1조).
① (×) 국민연금법은 국민의 노령, 장애 또는 사망에 대하여 연금급여를 실시함으로써 국민의 생활 안정과 복지 증진에 이바지하는 것을 목적으로 한다(국민연금법 제1조).
② (×) 최저임금법은 근로자에 대하여 임금의 최저수준을 보장하여 근로자의 생활안정과 노동력의 질적 향상을 꾀함으로써 국민경제의 건전한 발전에 이바지하는 것을 목적으로 한다(최저임금법 제1조).
④ (×) 산업재해보상보험법은 산업재해보상보험 사업을 시행하여 근로자의 업무상의 재해를 신속하고 공정하게 보상하며, 재해근로자의 재활 및 사회 복귀를 촉진하기 위하여 이에 필요한 보험시설을 설치·운영하고, 재해 예방과 그 밖에 근로자의 복지 증진을 위한 사업을 시행하여 근로자 보호에 이바지하는 것을 목적으로 한다(산업재해보상보험법 제1조).

62

공공부조에 대한 내용으로 옳지 않은 것은?

① 재원은 일반 조세이다.
② 공공부조의 핵심은 빈곤을 해결하기 위한 것이다.
③ 우리나라의 공공부조는 국가 또는 지방단체의 책임하에 생활유지능력이 없거나 생활이 어려운 국민의 최저생활을 보장하는 복지제도이다.
✓ ④ 국민기초생활보장법, 의료급여법, 한부모가족지원법 등이 해당된다.

해설

사회보장제도에는 사회보험과 공공부조, 사회서비스(사회복지사업)가 있다. 공공부조에는 국민기초생활보장법, 의료급여법 등이 해당되며 한부모가족지원법은 사회서비스에 해당한다.

63

공공부조법의 고유한 특색이라고 볼 수 없는 것은?

① 보충성의 원리
② 최저생활보장
③ 국가책임의 원리
❹ 차별적 평등의 원칙

해설
공공부조제도를 뒷받침하는 기본원리로는 국가책임의 원리, 최저생활보장의 원리, 보충성의 원리, 자립조장(자활조성)의 원리, 무차별 평등의 원리, 국가부담의 원리, 인간다운 생활보장의 원리, 보장청구권의 원리가 있다.

64

사회복지사업에 대한 내용으로 옳지 않은 것은?

① 사회적인 장애를 가진 사람에 대하여 개별적으로 급부를 하거나 서비스를 제공한다.
❷ 입법적 측면, 제도운영적 측면에서 사회보험과 밀접하다.
③ 금전적인 급부를 그 본래의 목적으로 하지 않는다는 점이 특징이다.
④ 영유아보육법, 아동복지법, 한부모가족지원법, 장애인복지법, 노인복지법 등이 해당된다.

해설
사회서비스는 입법적 측면, 제도운영적 측면에서 공공부조와 밀접하다.

65

사회보장기본법에 관한 설명으로 옳지 않은 것은? 기출 23

① 사회보장수급권은 타인에게 양도하거나 담보로 제공할 수는 있지만, 이를 압류할 수는 없다.
② 사회보장수급권의 포기는 취소할 수 있다.
③ 국가는 관계법령에서 정하는 바에 따라 최저보장수준과 최저임금을 매년 공표하여야 한다.
④ 사회보장에 관한 주요 시책을 심의·조정하기 위하여 국무총리 소속으로 사회보장위원회를 둔다.

해설

① (×) 사회보장수급권은 관계법령에서 정하는 바에 따라 다른 사람에게 양도하거나 담보로 제공할 수 없으며, 이를 압류할 수 없다(사회보장기본법 제12조).
② (○) 사회보장기본법 제14조 제2항
③ (○) 사회보장기본법 제10조 제2항
④ (○) 사회보장기본법 제20조 제1항

66

사회보장기본법에 관한 설명으로 옳지 않은 것은? 기출 22

① 국가와 지방자치단체는 가정이 건전하게 유지되고 그 기능이 향상되도록 노력하여야 한다.
② 사회보장에 관한 다른 법률을 제정하거나 개정하는 경우에는 사회보장기본법에 부합되도록 하여야 한다.
③ 국내에 거주하는 외국인에게 사회보장제도를 적용할 때에는 상호주의의 원칙에 따르되, 관계법령에서 정하는 바에 따른다.
④ 고용노동부장관은 사회보장에 관한 기본계획을 매년 수립하여야 한다.

해설

④ (×) 보건복지부장관은 관계 중앙행정기관의 장과 협의하여 사회보장 증진을 위하여 사회보장에 관한 기본계획을 5년마다 수립하여야 한다(사회보장기본법 제16조 제1항).
① (○) 사회보장기본법 제6조 제1항
② (○) 사회보장기본법 제4조
③ (○) 사회보장기본법 제8조

67

사회보장기본법상 사회보장수급권에 관한 설명으로 옳지 않은 것은? 기출 21

① 사회보장수급권은 관계법령에서 정하는 바에 따라 사회보장급여를 받을 권리를 의미한다.
❷ **사회보장수급권은 포기할 수 없다.**
③ 사회보장수급권은 관계법령에서 정하는 바에 따라 다른 사람에게 양도할 수 없다.
④ 사회보장수급권이 제한되거나 정지되는 경우에는 제한 또는 정지하는 목적에 필요한 최소한의 범위에 그쳐야 한다.

해설

② (×) 사회보장수급권은 정당한 권한이 있는 기관에 서면으로 통지하여 포기할 수 있다(사회보장기본법 제14조 제1항).
① (○) 사회보장기본법 제9조
③ (○) 사회보장기본법 제12조
④ (○) 사회보장기본법 제13조 제2항

68

사회보장기본법에 관한 설명으로 옳지 않은 것은? 기출 18

① 모든 국민은 사회보장 관계법령에서 정하는 바에 따라 사회보장급여를 받을 권리를 가진다.
② 사회보장에 관한 주요 시책을 심의・조정하기 위하여 국무총리 소속으로 사회보장위원회를 둔다.
③ 국가와 지방자치단체는 모든 국민의 인간다운 생활을 유지・증진하는 책임을 가진다.
❹ **사회보장수급권은 포기할 수 있으나, 그 포기는 취소할 수 없다.**

해설

④ (×) 사회보장수급권은 정당한 권한이 있는 기관에 서면으로 통지하여 포기할 수 있고(사회보장기본법 제14조 제1항), 사회보장수급권의 포기는 취소할 수 있다(사회보장기본법 제14조 제2항).★
① (○) 사회보장기본법 제9조
② (○) 사회보장기본법 제20조 제1항★
③ (○) 사회보장기본법 제5조 제1항

69

사회보장기본법에 관한 내용으로 옳지 않은 것은? 기출 16

① 국가와 지방자치단체는 사회보장에 관한 책임과 역할을 합리적으로 분담해야 한다.
❷ 국내에 거주하는 외국인은 국적을 불문하고 우리나라의 사회보장제도의 혜택을 받을 수 없다.
③ 사회보장수급권은 관계법령에서 정하는 바에 따라 다른 사람에게 양도할 수 없다.
④ 사회보장수급권은 정당한 권한이 있는 기관에 서면으로 통지하여 포기할 수 있다.

[해설]
② (×) 국내에 거주하는 외국인에게 사회보장제도를 적용할 때에는 상호주의의 원칙에 따르되, 관계법령에서 정하는 바에 따른다(사회보장기본법 제8조). ★
① (○) 사회보장기본법 제5조 제2항
③ (○) 사회보장기본법 제12조 ★
④ (○) 사회보장기본법 제14조 제1항

70

사회보장기본법에 대한 내용으로 옳지 않은 것은?

① 사회보장수급권은 다른 사람에게 양도하거나 담보로 제공할 수 없으며, 이를 압류할 수 없다.
② 모든 국민은 사회보장급여에 필요한 비용의 부담, 정보의 제공 등 국가의 사회보장정책에 협력하여야 한다.
❸ 사회보장수급권은 정당한 권한이 있는 기관에 구두 또는 서면으로 통지하여 포기할 수 있다.
④ 국가와 지방자치단체는 사회보장제도를 확립하고 매년 이에 필요한 재원을 조달하여야 한다.

[해설]
③ (×) 사회보장수급권은 정당한 권한이 있는 기관에 서면으로 통지하여 포기할 수 있다(사회보장기본법 제14조 제1항).
① (○) 사회보장기본법 제12조
② (○) 사회보장기본법 제7조 제3항
④ (○) 사회보장기본법 제5조 제3항

71

다음 사회보험에 대한 내용 중 옳지 않은 것은?

① 취약계층 등 사회적인 장애를 가진 사람만을 대상으로 한다.
② 보험가입을 법으로 강제하여 사회적 위험에 대비하는 제도이다.
③ 질병·장애·노령·실업·사망 등으로 인한 활동능력상실 및 감소가 발생하였을 때 보험방식에 의해 그것을 보상하는 제도이다.
④ 연금보험, 국민건강보험, 산업재해보상보험, 고용보험 등이 있다.

해설
사회보험은 전 국민을 대상으로 하며, 국민에게 보험가입을 법으로 강제하여 사회적 위험에 대비한다.

72

다음 고용보험법상의 정의에 대한 내용 중 옳지 않은 것은?

① 실업이란 피보험자와 사업주 사이의 고용관계가 끝나게 되는 것을 말한다.
② 피보험자란 보험에 가입되거나 가입된 것으로 보는 근로자, 예술인 또는 노무제공자, 고용보험에 가입하거나 가입된 것으로 보는 자영업자를 말한다.
③ 휴직이나 그 밖에 이와 비슷한 상태에 있는 기간 중에 사업주 외의 자로부터 지급받는 금품 중 고용노동부장관이 정하여 고시하는 금품은 보수로 본다.
④ 일용근로자란 1개월 미만 동안 고용되는 자를 말한다.

해설
이직(離職)이란 피보험자와 사업주 사이의 고용관계가 끝나게 되는 것(제77조의2 제1항에 따른 예술인 및 제77조의6 제1항에 따른 노무제공자의 경우에는 문화예술용역 관련 계약 또는 노무제공계약이 끝나는 것을 말한다)을 말한다(고용보험법 제2조 제2호). 실업이란 근로의 의사와 능력이 있음에도 불구하고 취업하지 못한 상태에 있는 것을 말한다(고용보험법 제2조 제3호).

73

고용보험법상 고용보험사업으로 명시되지 않은 것은? 기출 14

① 실업급여
② 육아휴직 급여
③ 직업능력개발 사업
✅ **저소득층 생계비지원**

해설

보험은 고용보험법상 목적을 이루기 위하여 고용보험사업으로 고용안정·직업능력개발 사업, 실업급여, 육아휴직 급여 및 출산전후휴가 급여 등을 실시한다(고용보험법 제4조 제1항). ★

74

고용보험법에서 규정하는 급여가 아닌 것은? 기출 17

① 육아휴직 급여
✅ **요양급여**
③ 구직급여
④ 출산전후휴가 급여

해설

② (×) 요양급여는 산업재해보상보험법에서 규정하는 급여이다(산업재해보상보험법 제36조 제1항 제1호).
① (○) 고용보험법 제70조
③ (○) 고용보험법 제40조
④ (○) 고용보험법 제75조

75

국민연금법상 국민연금의 특성으로 옳지 않은 것은? 기출 15

① 사회보험
② 공적연금
③ 단일연금체계
✅ **전부적립방식**

해설

우리나라의 경우 미래 예상 급여액의 일정 부분만을 적립하고, 그 나머지는 급여로 지출하는 부분적립방식을 따르고 있다.

76

국민연금법상 급여에 해당하지 않는 것은? 기출 24

① 노령연금
② 장애연금
③ 유족연금
✔ 직업재활급여

해설

직업재활급여는 산업재해보상보험법상 보험급여에 해당한다(산업재해보상보험법 제36조 제1항 제8호).

관계법령	급여의 종류(국민연금법 제49조)

이 법에 따른 급여의 종류는 다음과 같다.
  1. 노령연금
  2. 장애연금
  3. 유족연금
  4. 반환일시금

77

국민연금법에 관한 설명으로 옳은 것은? 기출 20

① 국민연금 수급권은 담보로 제공할 수 있다.
② 국민연금공단 이사장은 보건복지부장관이 임명한다.
③ 「국민연금법」에 따른 급여는 연금급여와 실업급여로 구분된다.
✔ 국민연금 가입자는 사업장가입자, 지역가입자, 임의가입자 및 임의계속가입자로 구분한다.

해설

④ (○) 국민연금 가입자는 사업장가입자, 지역가입자, 임의가입자 및 임의계속가입자로 구분한다(국민연금법 제7조).
① (×) 수급권은 양도·압류하거나 담보로 제공할 수 없다(국민연금법 제58조 제1항).
② (×) 이사장은 보건복지부장관의 제청으로 대통령이 임면(任免)하고, 상임이사·이사(당연직 이사는 제외한다) 및 감사는 이사장의 제청으로 보건복지부장관이 임면한다(국민연금법 제30조 제2항).
③ (×) 국민연금법에 따른 급여의 종류는 노령연금, 장애연금, 유족연금, 반환일시금이 있다(국민연금법 제49조).

78

국민연금법상 국민연금가입자의 종류에 해당하는 것을 모두 고른 것은?

ㄱ. 지역가입자
ㄴ. 사업장가입자
ㄷ. 임의가입자
ㄹ. 임의계속가입자

① ㄱ, ㄷ
② ㄱ, ㄴ, ㄹ
③ ㄴ, ㄷ, ㄹ
✅ ㄱ, ㄴ, ㄷ, ㄹ

해설

제시된 내용은 모두 국민연금법상 국민연금가입자의 종류에 해당한다.

핵심만콕 국민연금가입자의 종류(국민연금법 제7조, 제3조)

사업장가입자	사업장에 고용된 근로자 및 사용자로서 국민연금법 제8조에 따라 국민연금에 가입된 자를 말한다.
지역가입자	사업장가입자가 아닌 자로서 국민연금법 제9조에 따라 국민연금에 가입된 자를 말한다.
임의가입자	사업장가입자 및 지역가입자 외의 자로서 국민연금법 제10조에 따라 국민연금에 가입된 자를 말한다.
임의계속가입자	국민연금 가입자 또는 가입자였던 자가 국민연금법 제13조 제1항에 따라 가입자로 된 자를 말한다.

79

국민연금법에 관한 설명으로 옳은 것은?

① 20세 이상 70세 미만의 국내 거주 국민은 국민연금 가입대상이 된다.
② 부담금이란 사업장가입자의 근로자가 부담하는 금액을 말한다.
✅ **기여금이란 사업장가입자가 부담하는 금액을 말한다.**
④ 이 법을 적용할 때 배우자, 남편 또는 아내에는 사실상의 혼인관계에 있는 자는 제외된다.

해설

③ (○) 국민연금법 제3조 제1항 제12호
① (×) 국내에 거주하는 국민으로서 18세 이상 60세 미만인 자는 국민연금 가입대상이 된다(국민연금법 제6조 본문). ★
② (×) "부담금"이란 사업장가입자의 사용자가 부담하는 금액을 말한다(국민연금법 제3조 제1항 제11호).
④ (×) 이 법을 적용할 때 배우자, 남편 또는 아내에는 사실상의 혼인관계에 있는 자를 포함한다(국민연금법 제3조 제2항). ★

80

국민연금법에 규정된 내용으로 옳은 것은? 기출 14

✔ ① 급여의 종류에는 노령연금, 장애연금, 유족연금, 반환일시금이 있다.
② 국민연금 가입자는 직장가입자와 임의가입자로 이분(二分)된다.
③ 기여금이란 직장가입자의 사용자가 부담하는 금액을 말한다.
④ 국내에 거주하는 국민으로서 15세 이상 70세 미만인 자는 국민연금 가입대상이 된다.

해설

① (○) 국민연금법 제49조
② (×) 가입자는 사업장가입자, 지역가입자, 임의가입자 및 임의계속가입자로 구분한다(국민연금법 제7조). ★
③ (×) "기여금"이란 사업장가입자가 부담하는 금액을 말한다(국민연금법 제3조 제1항 제12호).
④ (×) 국내에 거주하는 국민으로서 18세 이상 60세 미만인 자는 국민연금 가입대상이 된다(국민연금법 제6조 본문).

81

근로자의 업무상 재해보상과 재해근로자의 재활 및 사회복귀를 촉진하고 이에 필요한 보험시설을 설치·운영하며 재해 예방과 그 밖에 근로자의 복지증진을 위한 법률은? 기출 18

① 근로복지기본법
② 근로자퇴직급여보장법
✔ ③ 산업재해보상보험법
④ 임금채권보장법

해설

산업재해보상보험법에 대한 내용이다.

핵심만콕

- 근로복지기본법은 근로복지정책의 수립 및 복지사업의 수행에 필요한 사항을 규정함으로써 근로자의 삶의 질을 향상시키고 국민경제의 균형 있는 발전에 이바지함을 목적으로 한다(근로복지기본법 제1조).
- 근로자퇴직급여보장법은 근로자 퇴직급여제도의 설정 및 운영에 필요한 사항을 정함으로써 근로자의 안정적인 노후생활 보장에 이바지함을 목적으로 한다(근로자퇴직급여보장법 제1조).
- 경기 변동과 산업구조 변화 등으로 사업을 계속하는 것이 불가능하거나 기업의 경영이 불안정하여, 임금 등을 지급받지 못하고 퇴직한 근로자 등에게 그 지급을 보장하는 조치를 마련함으로써 근로자의 생활안정에 이바지하는 것을 목적으로 한다(임금채권보장법 제1조).

82

산업재해보상보험법상 다음 설명에 해당하는 용어는?

> 부상 또는 질병이 치유되었으나 정신적 또는 육체적 훼손으로 인하여 노동능력이 상실되거나 감소된 상태를 말한다.

① 진 폐
② 중증요양상태
❸ 장 해
④ 장 애

해설

제시된 내용은 장해에 대한 설명이다.

핵심만콕

치 유	부상 또는 질병이 완치되거나 치료의 효과를 더 이상 기대할 수 없고 그 증상이 고정된 상태에 이르게 된 것
진 폐	분진을 흡입하여 폐에 생기는 섬유증식성 변화를 주된 증상으로 하는 질병
중증요양상태	업무상의 부상 또는 질병에 따른 정신적 또는 육체적 훼손으로 노동능력이 상실되거나 감소된 상태로서 그 부상 또는 질병이 치유되지 아니한 상태
장 해	부상 또는 질병이 치유되었으나 정신적 또는 육체적 훼손으로 인하여 노동능력이 상실되거나 감소된 상태

83

산업재해보상보험법상 다음 설명에 해당하는 용어는? 기출 16

> 업무상의 부상 또는 질병에 따른 정신적 또는 육체적 훼손으로 노동능력이 상실되거나 감소된 상태로서 그 부상 또는 질병이 치유되지 아니한 상태를 말한다.

① 진 폐
❷ 중증요양상태
③ 장 해
④ 장 애

해설

제시문은 중증요양상태에 관한 설명이다.

84

산업재해보상보험법상 보험급여의 종류가 아닌 것은? 기출 21

① 요양급여
② 휴업급여
☑ ❸ 생계급여
④ 직업재활급여

해설

생계급여는 주거급여·의료급여·교육급여·해산급여·장제급여·자활급여와 더불어 국민기초생활보장법상 급여의 종류에 해당한다(국민기초생활보장법 제7조 제1항).

핵심만콕	산업재해보상보험법상 보험급여의 종류(산업재해보상보험법 제36조 제1항)

- 보험급여 : <u>요양급여</u>, 휴업급여, 장해급여, <u>간병급여</u>, 유족급여, 상병보상연금, <u>장례비, 직업재활급여</u>
- 진폐보험급여 : <u>요양급여, 간병급여</u>, 장례비, 직업재활급여, 진폐보상연금, 진폐유족연금
- 건강손상자녀에 대한 보험급여 : 요양급여, 장해급여, 간병급여, 장례비, 직업재활급여

85

산업재해보상보험법에 관한 설명으로 옳지 않은 것은? 기출 24

① 근로자의 보험급여를 받을 권리는 퇴직하여도 소멸되지 아니한다.
☑ ❷ 보험급여의 수급권자가 사망한 경우 아직 지급되지 아니한 보험급여는 그 수급권자의 유족의 청구가 있어도 지급하지 아니한다.
③ 보험급여를 받을 권리는 양도할 수 없다.
④ 보험급여로서 지급된 금품에 대하여는 국가나 지방자치단체의 공과금을 부과하지 아니한다.

해설

② (×) 보험급여의 수급권자가 사망한 경우에 그 수급권자에게 지급하여야 할 보험급여로서 아직 지급되지 아니한 보험급여가 있으면 그 <u>수급권자의 유족(유족급여의 경우에는 그 유족급여를 받을 수 있는 다른 유족)의 청구에 따라 그 보험급여를 지급한다</u>(산업재해보상보험법 제81조 제1항).
① (○) 산업재해보상보험법 제88조 제1항
③ (○) 보험급여를 받을 권리는 양도 또는 압류하거나 담보로 제공할 수 없다(산업재해보상보험법 제88조 제2항).
④ (○) 산업재해보상보험법 제91조

86

산업재해보상보험법의 내용에 관한 설명으로 옳은 것은? 기출 23

☑ 산업재해보상보험법에 따른 보험 관계의 성립과 소멸에 대하여는 보험료징수법으로 정하는 바에 따른다.
② 보험급여의 결정과 지급은 근로복지공단의 사업 범위에 해당하지 않는다.
③ 산업재해보상보험법에 따른 산업재해보상보험 사업은 금융위원회 위원장이 관장한다.
④ 근로복지공단은 조합으로 한다.

해설

① (○) 산업재해보상보험법에 따른 보험 관계의 성립과 소멸에 대하여는 보험료징수법으로 정하는 바에 따른다(산업재해보상보험법 제7조).
② (×) 보험급여의 결정과 지급은 근로복지공단의 사업 범위에 해당한다(산업재해보상보험법 제11조 제1항 제3호).
③ (×) 산업재해보상보험법에 따른 산업재해보상보험 사업은 고용노동부장관이 관장한다(산업재해보상보험법 제2조 제1항).
④ (×) 근로복지공단은 법인으로 한다(산업재해보상보험법 제12조).

87

산업재해보상보험법상 업무상 재해 및 보험급여에 관한 설명으로 옳지 않은 것은? 기출 22

☑ 근로자의 자해행위가 원인이 되어 발생한 사망은 정상적인 인식능력 등이 뚜렷하게 낮아진 상태에서 발생한 경우라도 업무상의 재해로 인정될 수 있는 경우는 절대 없다.
② 업무상 재해의 인정 시 업무와 재해 사이에 상당인과관계(相當因果關係)가 요구된다.
③ 유족급여는 근로자가 업무상의 사유로 사망한 경우에 유족에게 지급한다.
④ 보험급여를 받을 권리는 양도 또는 압류하거나 담보로 제공할 수 없다.

해설

① (×) 근로자의 고의·자해행위나 범죄행위 또는 그것이 원인이 되어 발생한 부상·질병·장해 또는 사망은 업무상의 재해로 보지 아니한다. 다만, 그 부상·질병·장해 또는 사망이 정상적인 인식능력 등이 뚜렷하게 낮아진 상태에서 한 행위로 발생한 경우로서 대통령령으로 정하는 사유가 있으면 업무상의 재해로 본다(산업재해보상보험법 제37조 제2항).
② (○) 산업재해보상보험법 제37조 제1항 단서 해석상
③ (○) 산업재해보상보험법 제62조 제1항
④ (○) 산업재해보상보험법 제88조 제2항

88

산업재해보상보험법에 관한 설명으로 옳은 것은? 기출 20

☑ 「산업재해보상보험법」은 가구 내 고용활동에는 적용되지 않는다.
② 「산업재해보상보험법」에 따른 산업재해보상보험 사업은 보건복지부장관이 관장한다.
③ 근로자의 업무와 상당인과관계가 없는 재해도 업무상 재해로 인정된다.
④ 사망한 자의 사실혼 관계에 있는 배우자는 유족급여 대상이 아니다.

해설

① (○) 「산업재해보상보험법」은 가구 내 고용활동에는 적용되지 않는다(산업재해보상보험법 제6조, 동법 시행령 제2조 제1항 제4호).
② (×) 산업재해보상보험법에 따른 산업재해보상보험 사업은 고용노동부장관이 관장한다(산업재해보상보험법 제2조 제1항).
③ (×) 근로자의 업무와 상당인과관계가 없는 재해는 업무상 재해로 인정되지 않는다(산업재해보상보험법 제37조 제1항 단서).
④ (×) 산업재해보상보험법 제64조 제1항 제2호의 반대해석상 사망한 자의 사실혼 관계에 있는 배우자는 재혼을 하지 않은 경우 유족보상연금 수급자격이 있으므로, 동법 제62조에 따라 유족급여의 대상이 된다.

89

업무상 재해에 대한 다음 설명 중 옳지 않은 것은?

① 업무와 재해 사이에 상당인과관계가 없는 경우에는 업무상의 재해로 볼 수 없다.
② 사업주가 제공한 시설물 등을 이용하던 중 그 시설물 등의 결함이나 관리소홀로 발생한 사고는 업무상 사고에 해당한다.
☑ 사업주가 제공한 교통수단이나 그에 준하는 교통수단을 이용하는 등 사업주의 지배관리하에서 출퇴근하는 중 발생한 사고는 업무상 사고에 해당한다.
④ 업무상 부상이 원인이 되어 발생한 질병은 업무상 질병에 해당한다.

해설

③ (×) 사업주가 제공한 교통수단이나 그에 준하는 교통수단을 이용하는 등 사업주의 지배관리하에서 출퇴근하는 중 발생한 사고는 출퇴근 재해이다(산업재해보상보험법 제37조 제1항 제3호 가목).
① (○) 산업재해보상보험법 제37조 제1항 단서
② (○) 산업재해보상보험법 제37조 제1항 제1호 나목
④ (○) 산업재해보상보험법 제37조 제1항 제2호 나목

90

산업재해보상보험법상 진폐에 따른 보험급여의 종류에 해당하지 않는 것은? 기출수정

① ✓ 장해급여
② 요양급여
③ 간병급여
④ 장례비

해설

진폐에 따른 보험급여의 종류에는 요양급여, 간병급여, 장례비, 직업재활급여, 진폐보상연금(제91조의3) 및 진폐유족연금(제91조의4)이 있다(산업재해보상보험법 제36조 제1항 단서 전단). 장해급여는 산업재해보상보험법상 보험급여에는 해당하지만, 진폐에 따른 보험급여에는 해당하지 않는다.

91

산업재해보상보험법상 요양급여를 받으려면 부상 또는 질병이 며칠 이상 치료를 요하는 경우여야 하는가?

① 2일
② 3일
③ ✓ 4일
④ 5일

해설

부상 또는 질병이 3일 이내의 요양으로 치유될 수 있으면 요양급여를 지급하지 아니한다(산업재해보상보험법 제40조 제3항). 따라서 3일 이내 치유될 수 있으면 요양급여 지급이 안 되므로, 4일 이상 치료를 요해야 한다. ★

92
다음의 목적을 갖는 법은 무엇인가?

> 국민의 질병·부상에 대한 예방·진단·치료·재활과 출산·사망 및 건강증진에 대하여 보험급여를 실시함으로써 국민보건 향상과 사회보장 증진에 이바지함을 목적으로 한다.

① 건강가정기본법
☑ **국민건강보험법**
③ 국민건강증진법
④ 보험업법

[해설]
제시된 내용은 국민건강보험법의 목적이다.

> **핵심만콕**
> - 건강가정기본법 : 이 법은 건강한 가정생활의 영위와 가족의 유지 및 발전을 위한 국민의 권리·의무와 국가 및 지방자치단체 등의 책임을 명백히 하고, 가정문제의 적절한 해결방안을 강구하며 가족구성원의 복지증진에 이바지할 수 있는 지원정책을 강화함으로써 건강가정 구현에 기여하는 것을 목적으로 한다(건강가정기본법 제1조).
> - 국민건강증진법 : 이 법은 국민에게 건강에 대한 가치와 책임의식을 함양하도록 건강에 관한 바른 지식을 보급하고 스스로 건강생활을 실천할 수 있는 여건을 조성함으로써 국민의 건강을 증진함을 목적으로 한다(국민건강증진법 제1조).
> - 보험업법 : 이 법은 보험업을 경영하는 자의 건전한 경영을 도모하고 보험계약자, 피보험자, 그 밖의 이해관계인의 권익을 보호함으로써 보험업의 건전한 육성과 국민경제의 균형 있는 발전에 기여함을 목적으로 한다(보험업법 제1조).

93
국민건강보험법상의 요양급여가 아닌 것은?

① 입 원
☑ **상병수당**
③ 약제·치료재료의 지급
④ 진찰·검사

[해설]
상병수당은 요양급여가 아니라 국민건강보험법 제50조에 의한 부가급여에 해당한다.

> **관계법령** 부가급여(국민건강보험법 제50조)
> 공단은 이 법에서 정한 요양급여 외에 대통령령으로 정하는 바에 따라 임신·출산 진료비, 장제비, 상병수당, 그 밖의 급여를 실시할 수 있다.

94

CHECK ○△×

국민건강보험법상 직장가입자가 아닌 사람은?

① 사용자
☑ **현역군인**
③ 사립학교 교직원
④ 2인 사업장 근로자

해설

모든 사업장의 근로자 및 사용자와 공무원 및 교직원은 직장가입자가 된다(국민건강보험법 제6조 제2항 본문). 직장가입자에서 제외되는 사람에는 1개월 미만 일용근로자, 선거취임공무원, 현역병, 전환복무된 사람 및 군간부후보생 등이다(국민건강보험법 제6조 제2항 단서). ★

> **관계법령** 　**가입자의 종류(국민건강보험법 제6조)**
>
> ① 가입자는 직장가입자와 지역가입자로 구분한다.
> ② 모든 사업장의 근로자 및 사용자와 공무원 및 교직원은 직장가입자가 된다. 다만, 다음 각호의 어느 하나에 해당하는 사람은 제외한다.
>   1. 고용 기간이 1개월 미만인 일용근로자
>   2. 「병역법」에 따른 현역병(지원에 의하지 아니하고 임용된 하사를 포함한다), 전환복무된 사람 및 군간부후보생
>   3. 선거에 당선되어 취임하는 공무원으로서 매월 보수 또는 보수에 준하는 급료를 받지 아니하는 사람
>   4. 그 밖에 사업장의 특성, 고용 형태 및 사업의 종류 등을 고려하여 대통령령으로 정하는 사업장의 근로자 및 사용자와 공무원 및 교직원
> ③ 지역가입자는 직장가입자와 그 피부양자를 제외한 가입자를 말한다.
> ④ 삭제 〈2018.12.11.〉

1 행정법의 개요
2 행정조직법
3 행정작용법
4 행정구제법

CHAPTER 07

행정법 일반

CHAPTER 07 행정법 일반

1 행정법의 개요

01

CHECK ☐ △ ☒

어떤 행정목적을 달성하기 위한 수단은 그 목적달성에 유효·적절하고 또한 가능한 한 최소침해를 가져오는 것이어야 하며 아울러 그 수단의 도입으로 인한 침해가 의도하는 공익을 능가하여서는 아니 된다는 헌법상의 원칙은? 기출 24

① 평등의 원칙
❷ 비례의 원칙
③ 부당결부금지의 원칙
④ 신뢰보호의 원칙

해설

② (○) 행정기본법 제10조
① (×) 행정청은 합리적 이유 없이 국민을 차별하여서는 아니 된다(행정기본법 제9조).
③ (×) 행정청은 행정작용을 할 때 상대방에게 해당 행정작용과 실질적인 관련이 없는 의무를 부과해서는 아니 된다(행정기본법 제13조).
④ (×) 행정청은 공익 또는 제3자의 이익을 현저히 해칠 우려가 있는 경우를 제외하고는 행정에 대한 국민의 정당하고 합리적인 신뢰를 보호하여야 하고, 권한 행사의 기회가 있음에도 불구하고 장기간 권한을 행사하지 아니하여 국민이 그 권한이 행사되지 아니할 것으로 믿을 만한 정당한 사유가 있는 경우에는 그 권한을 행사해서는 아니 된다(행정기본법 제12조).

02

CHECK ○△✕

다음 설명에 해당하는 행정의 법 원칙은? 기출 23

> 행정작용은 법률에 위반되어서는 아니 되며, 국민의 권리를 제한하거나 의무를 부과하는 경우와 그 밖에 국민생활에 중요한 영향을 미치는 경우에는 법률에 근거하여야 한다.

① 비례의 원칙
② 부당결부금지의 원칙
✓ ③ 법치행정의 원칙
④ 신뢰보호의 원칙

해설

③ (○) 제시문은 법률우위의 원칙과 법률유보의 원칙을 그 내용으로 하는 법치행정의 원칙에 관한 설명에 해당한다(행정기본법 제8조).
① (✕) 비례의 원칙은 행정작용에 있어서 행정목적과 행정수단 사이에는 합리적인 비례관계가 있어야 한다는 원칙을 의미한다(행정기본법 제10조).
② (✕) 부당결부금지의 원칙은 행정기관이 행정권을 행사함에 있어서 그것과 실질적인 관련이 없는 반대급부를 결부시켜서는 안 된다는 원칙을 의미한다(행정기본법 제13조).
④ (✕) 신뢰보호의 원칙은 행정기관의 어떠한 언동(言動)에 대해 국민이 신뢰를 갖게 된 경우 그 신뢰가 보호가치가 있는 경우 보호해 주어야 한다는 원칙을 의미한다(행정기본법 제12조).

03

CHECK ○△✕

행정청은 행정작용을 할 때 상대방에게 해당 행정작용과 실질적인 관련이 없는 의무를 부과해서는 안 된다는 행정법상 원칙은? 기출 22

① 권한남용금지의 원칙
✓ ② 부당결부금지의 원칙
③ 신뢰보호의 원칙
④ 법치행정의 원칙

해설

② (○) 부당결부금지의 원칙에 관한 설명이다.
① (✕) 권한남용금지의 원칙은 행정권한 행사 시 법령을 통해 규정된 공익목적에 반하여 행정권한을 행사하는 것을 금지한다는 원칙이다(행정기본법 제11조 제2항). 대법원은 권한남용금지의 원칙을 법치국가원리 또는 법치주의에 기초한 것으로 보면서, 행정법상 권한남용금지의 원칙을 민법상 권리남용금지의 원칙과 구별하여 행정법의 고유한 법 원칙으로 선언하였다(대판 2016.12.15. 2016두47659).
③ (✕) 신뢰보호의 원칙은 행정청의 어떠한 선행조치에 대해 사인이 그 존속성, 정당성 등을 신뢰하여 행위를 하였을 때 사인의 신뢰가 보호가치 있는 경우에는 그 신뢰를 보호해 주어야 한다는 원칙을 말한다(행정기본법 제12조).
④ (✕) 법치행정의 원칙은 행정작용은 법률에 위반되어서는 아니 되며, 국민의 권리를 제한하거나 의무를 부과하는 경우와 그 밖에 국민생활에 중요한 영향을 미치는 경우에는 법률에 근거하여야 한다는 원칙을 말한다(행정기본법 제8조).

04

형식적 법치주의의 내용에 해당하지 않는 것은?

① 법규창조력
✅ ② 법의 지배원리
③ 법률의 우위
④ 법률의 유보

[해설]
형식적 법치주의는 법률의 법규창조력, 법률의 우위, 법률의 유보 등 3개 원칙을 그 내용으로 한다. 법의 지배원리는 실질적 법치주의에 대한 내용이다.

05

행정법관계에 대한 설명 중 옳지 않은 것은?

① 행정법관계란 행정상의 법률관계 가운데 특히 행정법이 규율하는 법률관계를 말한다.
② 국가·지방단체와 같은 행정주체가 당사자로 되어 있는 모든 법률관계를 말한다.
✅ ③ 행정조직법적 관계와 행정작용법적 관계에서의 행정법관계는 포함되지만 국고관계는 제외한다.
④ 행정법관계도 본질적으로는 사법관계에서와 같은 권리·의무의 관계에 불과하나, 다만 행정법이 가지는 사법에 대한 특수성에 따라 사법관계에서와는 다른 법원리가 지배한다.

[해설]
행정법관계란 행정조직법적 관계와 행정작용법적 관계에서의 행정법관계만이 아니라 국고관계도 모두 포함된다.

06

행정법관계의 특수성에 대한 내용 중 옳지 않은 것은?

① 국가의사의 공정력
✅ ② 국가의사의 불확정력
③ 국가의사의 강제력
④ 국가의사의 불가쟁력

[해설]
행정주체의 행위는 설혹 다툴 수 있는 것이라도 그 공공성으로 인한 법적 안정을 위하여 일정한 기간이 경과한 후에는 그에 대하여 법적 분쟁을 할 수 없다는 국가의사의 확정력이 있다.

07

행정법관계 중 권력관계에 대한 설명으로 옳은 것은 모두 몇 개인가?

> ㄱ. 행정권의 주체에 대하여 우월한 지위를 인정한다.
> ㄴ. 반대의 취지를 명백하게 규정하고 있지 않으면, 명문규정의 유무에 관계없이 원칙적으로 공법원리가 적용된다.
> ㄷ. 그에 대한 법적인 분쟁은 민사소송사항이며, 이를 전래적 공법관계라고도 한다.

① 0개
② 1개
☑ ③ 2개
④ 3개

[해설]
ㄷ은 관리관계에 대한 내용이다. 권력관계는 반대의 취지를 명백하게 규정하고 있지 않으면, 명문규정의 유무에 관계없이 원칙적으로 공법원리가 적용되며, 그에 대한 법적인 분쟁은 행정쟁송사항이 된다(본래적 공법관계).

08

행정행위의 성립에 하자가 있는 경우에도 그것이 중대·명백하여 무효로 인정되는 경우를 제외하고는, 권한 있는 기관에 의하여 취소되기까지 유효한 것으로 통용되는 힘을 무엇이라 하는가?

☑ ① 공정력
② 불가변력
③ 불가쟁력
④ 강제력

[해설]
공정력이란 행정주체의 행위는 당연무효인 경우를 제외하고는 설혹 하자가 있는 경우라도 일단은 효력을 발생하며, 취소권이 있는 기관이 취소할 때까지는 아무도 그 효력을 부정할 수 없다는 것을 말한다.

09

행정법관계의 특수성에 대한 다음 내용 중 옳지 않은 것은?

① 행정주체의 행위는 설혹 다툴 수 있는 것이라도 일정한 기간이 경과된 후에는 그에 대하여 법적 분쟁을 할 수 없다.
❷ 행정청에 의한 제재는 행정상 의무의 위배에 대한 대집행이나 강제징수 등의 방법에 의한다.
③ 행정주체의 의사에 위배되는 행위에 대하여는 법원을 거치지 않고 당해 행정청에 의한 강제집행이 허용된다.
④ 행정주체의 행위는 당연무효인 경우를 제외하고는 설혹 하자가 있는 경우라도 일단은 효력을 발생한다.

해설
행정청에 의한 제재는 행정상 의무의 위배에 대한 행정형벌 또는 질서벌(과태료)을 의미한다. 의무불이행에 대한 강제집행은 대집행이나 강제징수 등의 방법에 의한다.

10

다음은 행정법관계의 특수성에 대한 설명이다. 빈칸에 들어갈 내용으로 알맞은 것은?

> 행정행위가 발해진 이후 그 행정행위가 위법하거나 공익에 적합하지 않을 때에는 행정청은 직권에 의하여 이를 취소하거나 철회할 수 있는 것이 원칙이다. 그러나 일정한 경우 행정청 자신도 직권으로 자유로이 이를 취소·변경·철회할 수 없는바, 이를 (　　) 또는 실질적 존속력이라고 한다.

① 공정력
❷ 불가변력
③ 불가쟁력
④ 확정력

해설
지문은 행정행위의 불가변력에 대한 내용이다.

11

행정주체에 해당하는 것은? 기출 22

① 대통령
② 법원행정처장
✓ **공무수탁사인**
④ 세종특별자치시의회 의장

해설

③ (○) 공무수탁사인은 국가, 지방자치단체, 공법상 법인(공사단, 공재단, 영조물법인)과 더불어 행정주체에 해당한다.
① (×) 행정청개념에 대통령이 포섭되는지 다툼이 있으나, 통설은 행정조직법상 행정청을 행정주체의 의사를 외부에 대하여 자신의 이름으로 표시할 수 있는 행정기관으로 이해, 행정청의 개념을 좁게 설정하여 대통령을 행정소송법상 행정청으로 포섭할 수 없다는 난점이 존재한다. 반면에 대법원은 「국무회의에서 건국훈장 독립장이 수여된 망인에 대한 서훈취소를 의결하고 대통령이 결재함으로써 서훈취소가 결정된 후 국가보훈처장이 망인의 유족 甲에게 '독립유공자 서훈취소결정 통보'를 하자 甲이 국가보훈처장을 상대로 서훈취소결정의 무효 확인 등의 소를 제기한 사안」에서, 甲이 서훈취소 처분을 행한 행정청(대통령)이 아니라 국가보훈처장을 상대로 제기한 위 소는 피고를 잘못 지정한 경우에 해당하므로, 법원으로서는 석명권을 행사하여 정당한 피고로 경정하게 하여 소송을 진행해야 함에도 국가보훈처장이 서훈취소 처분을 한 것을 전제로 처분의 적법 여부를 판단한 원심판결에 법리오해 등의 잘못이 있다고 판단하여(대판 2014.9.26. 2013두2518) 서훈취소 처분의 경우 대통령을 행정청으로 판단한 듯하다.
② (×) 대법원장이 한 처분에 대한 행정소송의 피고는 법원행정처장이므로(법원조직법 제70조) 법원행정처장은 행정소송법상 행정청에 해당한다.
④ (×) 세종특별자치시는 행정주체이고, 세종특별자치시장은 행정청으로서 행정기관이며, 세종특별자치시의회는 의결기관으로서 행정기관에 해당한다. 반면에 세종특별자치시의회 의장은 행정청에도 의결기관에도 해당하지 않는다.

12

행정주체에 해당하지 않는 것은? 기출 19

① 한국은행
② 부산광역시
③ 세종특별자치시
✓ **행정안전부장관**

해설

행정안전부장관은 행정주체가 아닌, 행정기관에 해당한다. 행정기관(行政機關)이란 행정주체가 현실적으로 행정작용을 수행하기 위하여 두는 기관을 말한다. 행정기관의 행위의 법적 효과는 행정주체에 귀속된다.

13

행정법상 행정주체가 아닌 것은? 기출 20

① 영조물법인
② 공공조합
③ 지방자치단체
✔ **행정각부의 장관**

해설

행정각부의 장관은 행정작용법상 독임제 행정청에 해당한다. 행정청은 행정주체가 아니라 행정주체의 기관 중 가장 중요한 행정기관에 해당할 뿐이다.

핵심만콕

행정주체의 의의

행정법관계에서 행정권을 행사하고 그 법적 효과가 궁극적으로 귀속되는 당사자를 말한다.

행정주체의 종류

	국 가	고유의 행정주체
공공단체	지방자치단체	일정한 구역을 기초로 그 구역 내의 모든 주민에 대해 지배권을 행사하는 공공단체로, 보통지방자치단체(특별시, 광역시, 특별자치시, 도 및 특별자치도와 기초자치단체인 시·군·자치구)와 특별지방자치단체(지방자치단체조합)가 있다.
	공공조합 (공사단)	특정한 국가목적을 위하여 설립된 인적 결합체에 법인격이 부여된 것으로, 농업협동조합, 산림조합, 상공회의소, 변호사회 등이 있다.
	공재단	국가나 지방자치단체가 공공 목적을 위하여 출연한 재산을 관리하기 위하여 설립된 공법상의 재단법인으로, 한국학중앙연구원 등이 있다.
	영조물법인	행정주체에 의하여 특정한 국가목적에 계속적으로 봉사하도록 정하여진 인적·물적 결합체로, 각종의 공사, 국책은행, 서울대학교병원, 적십자병원, 한국과학기술원 등이 있다.
공무수탁사인		국가나 지방자치단체로부터 공권(공행정사무)을 위탁받아 자신의 이름으로 공권력을 행사하는 사인이나 사법인으로, 사인인 사업시행자, 학위를 수여하는 사립대학 총장, 선박항해 중인 선장, 별정우체국장 등이 있다.

14

CHECK ☐△✕

행정법상 행정주체에 해당하지 않는 것은? 기출 15

① 국 가
❷ 지방자치단체장
③ 영조물법인
④ 공무수탁사인

해설

지방자치단체장은 행정주체가 아닌, 행정기관에 해당한다.

핵심만콕	행정주체의 종류★

- 국 가
- 공공단체
  - 지방자치단체 : 서울특별시 서초구, 수원시, 청양군 등(읍·면·동, 행정구는 지방자치단체가 아님)
  - 공공조합 : 농업협동조합, 산림조합, 변호사회 등
  - 영조물법인 : 한국방송공사, 한국도로공사, 서울대학교병원, 과학기술원 등
  - 공법상 재단 : 한국학중앙연구원 등
- 공무수탁사인 : 선장, 기장, 별정우체국장 등

15

CHECK ☐△✕

다음 중 행정주체와 국민과의 관계를 가장 잘 나타낸 것은?

① 권력관계이다.
② 공법관계뿐이다.
③ 사법관계이다.
❹ 사법관계일 때도 있고 공법관계일 때도 있다.

해설

행정주체와 국민과의 관계는 행정주체인 국가의 물품공급계약관계, 공사도급계약관계, 국가의 회사주식매입관계, 국채모집관계 등과 같이 상호 대등한 당사자로서 사법관계일 때도 있고, 법률상 지배자와 종속관계의 위치로 인·허가 및 그 취소, 토지의 수용 등과 같이 행정주체가 국민에게 일방적으로 명령·강제할 수 있는 공법관계일 때도 있다.

2 행정조직법

16
우리나라 행정조직법의 특색이라고 할 수 없는 것은? 기출문제

① 책임행정의 원칙
② 민주적 공무원제
✔ ③ 중앙집권주의
④ 행정기관법률주의

해설
행정조직법의 기본 원리로는 ①·②·④ 이외에 능률행정주의도 있다.

17
국가행정조직법에 대한 다음 설명 중 옳지 않은 것은?

✔ ① 국가행정기관은 국무총리를 정점으로 행정각부 및 그의 소속기관과 감사원 등으로 이루어져 있다.
② 법률상의 지위, 권한, 주관사무의 종류와 내용 등을 표준으로 행정관청, 보조기관, 자문기관, 의결기관, 감사기관, 기업 및 공공시설기관으로 구분된다.
③ 광의의 국가행정기관은 국가행정을 담당하는 모든 기관을 말하며, 협의의 국가행정기관이란 행정관청만을 말한다.
④ 지역적 범위에 따라 중앙행정기관과 지방행정기관으로 구분된다.

해설
국가행정기관은 대통령을 정점으로 국무총리, 행정각부 및 그의 소속기관과 감사원 등으로 이루어져 있다.

18

정부조직법에 관한 설명으로 옳지 않은 것은? 기출수정

① 대통령은 정부의 수반으로서 법령에 따라 모든 중앙행정기관의 장을 지휘·감독한다.
② 국가유공자 및 그 유족에 대한 보훈, 제대군인의 보상·보호 및 보훈선양에 관한 사무를 관장하기 위하여 대통령 소속으로 국가보훈처를 둔다.
③ 국가안전보장에 관련되는 정보 및 보안에 관한 사무를 담당하기 위하여 대통령 소속으로 국가정보원을 둔다.
④ 중앙행정기관의 설치와 직무범위는 법률로 정한다.

해설
국가보훈부는 대통령의 통할하에 있는 행정각부이다(정부조직법 제26조 제1항 제9호).

19

정부조직법상 국무총리 소속의 중앙행정기관이 아닌 것은? 기출수정 22

① 법제처
② 질병관리청
③ 국가보훈부
④ 식품의약품안전처

해설
출제 당시에는 질병관리청만 보건복지부장관 소속으로 국무총리 소속의 중앙행정기관이 아니었으나, 2023.3.21. 정부조직법의 개정으로 국가보훈처도 국가보훈부로 개편되어 국무총리 소속이 아닌 대통령 통할하에 있는 행정각부가 되었다.

20

( )에 들어갈 것으로 옳은 것은? 기출 21

> 행정청이 자기에게 주어진 권한의 일부를 법에 근거하여 타자에게 이전하여 그 자의 이름과 권한과 책임으로 특정의 사무를 처리하게 하는 것을 ( )(이)라고 한다.

① 대 결
② 위임전결
③ 권한의 대리
✅ **권한의 위임**

해설
④ (○) 권한의 위임이란 행정청이 법적 근거에 의하여 자신의 권한 일부를 다른 행정기관에 이전하면, 수임기관은 이전받은 권한을 자신의 권한으로서 행사하는 것을 말한다.
① (×) 대결이란 행정청이나 기타 결재권자의 부재 또는 급박한 사고발생 시 그 직무를 대리하는 자가 대신 결재하고, 사후에 결재권자에게 보고하게 하는 것을 말한다.
② (×) 위임전결(내부위임)이란 행정청이 보조기관 등에게 비교적 경미한 사무의 처리권한을 위임하여 보조기관 등이 행정청의 이름으로 그 권한을 행사하는 것을 말한다.
③ (×) 권한의 대리란 행정청의 권한 전부나 일부를 다른 행정기관이 대리기관으로서 대신 행사하고, 그 법적 효과는 피대리청(행정청)의 행위로서 발생하는 것을 말한다.

21

행정기관에 관한 설명이다. ( )에 들어갈 올바른 용어는? 기출 24

> ( )이라 함은 국가의사를 결정하여 이를 자기의 이름으로 외부에 표시하는 권한을 가진 행정기관을 말한다.

✅ **행정관청**
② 보좌기관
③ 보조기관
④ 집행기관

해설
① (○) 행정청은 광의로 행정관청과 행정청을 통칭하는 용어이다. 행정관청(Verwaltungsbehörde)이란 행정에 관한 국가의 의사를 결정하여 이를 외부에 표시하는 권한을 가진 행정기관을 말한다. 이러한 행정관청에 대하여 지방자치단체의 의사 또는 판단을 결정·표시하는 기관을 행정청이라 한다.
② (×) "보좌기관"이라 함은 행정기관이 그 기능을 원활하게 수행할 수 있도록 그 기관장이나 보조기관을 보좌함으로써 행정기관의 목적달성에 공헌하는 기관을 말한다(행정기관의 조직과 정원에 관한 통칙 제2조 제7호).
③ (×) "보조기관"이라 함은 행정기관의 의사 또는 판단의 결정이나 표시를 보조함으로써 행정기관의 목적달성에 공헌하는 기관을 말한다(행정기관의 조직과 정원에 관한 통칙 제2조 제6호).
④ (×) 집행기관이란 실력을 행사하여 행정청의 의사결정을 실질적으로 수행하는 기관을 말한다(경찰, 소방, 세무공무원 등).

22

행정주체의 의사를 결정할 수는 있지만 이를 대외적으로 표시할 권한이 없는 행정기관은? 기출 20

① 행정청
☑ ② 의결기관
③ 집행기관
④ 자문기관

해설

② (○) 행정주체의 의사를 결정할 권한은 있지만 이를 외부에 표시할 권한이 없는 행정기관은 의결기관이다. 이점이 행정주체의 의사를 외부에 표시할 권한을 가지는 행정청과 다르다.
① (×) 행정청은 국가뿐만 아니라 지방자치단체의 의사를 결정하여 자신의 이름으로 외부에 표시할 수 있는 권한을 가진 행정기관을 말하며, 행정관청이란 국가의사를 결정하여 이를 자기의 이름으로 외부에 표시하는 권한을 가진 행정기관을 말한다.

〈출처〉 박균성, 「행정법 강의」, 박영사, 2019, P. 922

③ (×) 집행기관은 실력을 행사하여 행정청의 의사를 집행하는 기관을 말한다. 대표적인 예로 경찰공무원, 소방공무원, 세무공무원 등이 이에 해당한다.
④ (×) 자문기관은 행정청의 자문에 응하여 행정청에 전문적인 의견(자문)을 제시하는 것을 임무로 하는 기관을 말한다. 자문기관은 합의제인 것이 보통이나 독임제인 것도 있다. 행정청은 자문기관의 의견에 구속되지 않는다.

23

행정기관에 관한 설명으로 옳은 것은? 기출 15

① 행정청의 자문기관은 합의제이며, 그 구성원은 공무원으로 한정된다.
② 보좌기관은 행정조직의 내부기관으로서 행정청의 권한 행사를 보조하는 것을 임무로 하는 행정기관이다.
③ 국무조정실, 각 부의 차관보·실장·국장 등은 행정조직의 보조기관이다.
☑ ④ 행정청은 행정주체의 의사를 결정하여 외부에 표시하는 권한을 가진 기관이다.

해설

④ (○) 행정청은 행정주체의 의사를 결정하여 이를 자기의 이름으로 외부에 표시하는 권한을 가진 행정기관을 말한다.
① (×) 행정청의 자문기관은 합의제가 많으나 그 구성원이 공무원으로 한정되지는 않는다.
② (×) 보좌기관은 행정기관이 그 기능을 원활하게 수행할 수 있도록 그 기관장이나 보조기관을 보좌함으로써 행정기관의 목적달성에 공헌하는 기관을 말하고(행정기관의 조직과 정원에 관한 통칙 제2조 제7호), 보조기관은 행정기관의 의사 또는 판단의 결정이나 표시를 보조함으로써 행정기관의 목적달성에 공헌하는 기관을 말한다(행정기관의 조직과 정원에 관한 통칙 제2조 제6호).
③ (×) 국무조정실, 각 부의 차관보·실장·국장 등은 행정조직의 보좌기관에 해당한다.

24

행정기관에 관한 설명으로 옳은 것은? 기출 14

① 다수 구성원으로 이루어진 합의제 행정청이 대표적인 행정청의 형태이며 지방자치단체의 경우 지방의회가 행정청이다.
☑ 감사기관은 다른 행정기관의 사무나 회계처리를 검사하고 그 적부에 관해 감사하는 기관이다.
③ 자문기관은 행정청의 내부 실·국의 기관으로 행정청의 권한 행사를 보좌한다.
④ 의결기관은 행정청의 의사결정에 참여하는 권한을 가진 기관이지만 행정청의 의사를 법적으로 구속하지는 못한다.

[해설]

② (○) 감사기관은 행정기관의 회계처리 및 사무집행을 감시하고 검사하는 권한을 가진 기관을 말한다.
① (×) 행정청은 구성원이 1인인 독임제 행정청(장관, 처장, 청장 및 지방자치단체의 장, 권한을 위임받은 행정기관)과 다수인인 합의제 행정청(선거관리위원회, 토지수용위원회, 도시계획위원회 등 각종 위원회)으로 구분할 수 있다.★
③ (×) 자문기관은 부속기관 중 행정기관의 자문에 응하여 행정기관에 전문적인 의견을 제공하거나, 자문을 구하는 사항에 관하여 심의·조정·협의하는 등 행정기관의 의사결정에 도움을 주는 행정기관을 말한다(행정기관의 조직과 정원에 관한 통칙 제2조 제4호).★
④ (×) 의결기관은 행정청을 구속한다는 점에서 단순한 자문적 의사의 제공에 그치는 자문기관과 다르다.

25

행정기관의 종류 중 전문성을 바탕으로 내부적으로 의사결정만을 할 수 있는 기관은?

① 행정관청
② 보조기관
③ 보좌기관
☑ 의결기관

[해설]

설문은 행정주체의 의사를 결정하는 권한만을 가지고 이를 외부에 표시할 권한은 없는 의결기관에 대한 내용이다.

26

국가행정조직법에 대한 설명 중 옳지 않은 것은?

① 국가행정조직이란 국가의 행정을 담당하기 위해 설치한 국가의 고유한 행정기관 조직을 말한다.
❷ 국가행정기관은 국무총리를 정점으로 행정각부 및 그의 소속기관과 감사원 등으로 이루어져 있다.
③ 지역적 범위에 따라 중앙행정기관과 지방행정기관으로 구분한다.
④ 법률상의 지위, 권한, 주관사무소의 종류와 내용 등을 표준으로 행정관청, 보조기관, 자문기관, 의결기관, 감사기관, 기업 및 공공시설기관으로 구분한다.

[해설]
국가행정기관은 대통령을 정점으로 국무총리, 행정각부 및 그의 소속기관과 감사원 등으로 이루어져 있다.

27

행정조직에 관한 설명으로 맞는 것은? 기출 06

① 자문기관이 제공하는 의견은 행정청을 구속한다.
② 지방자치단체의 권한에는 자치조직권, 자치입법권, 자치행정권, 자치사법권이 있다.
③ 서울특별시는 지방자치단체 중 특별지방자치단체에 해당한다.
❹ 특정 행정목적을 계속 수행하기 위해 인적, 물적 시설의 종합체에 독립된 인격이 부여된 공공단체를 영조물법인이라 한다.

[해설]
영조물이란 국가 및 공공단체 또는 그로부터 특허를 받은 자가 특정한 공공목적을 위하여 계속적으로 봉사하도록 정해진 인적·물적 시설을 말하며, 영조물이 독립된 법인격을 취득한 공공단체로 공익적인 사업을 목적으로 하는 것을 영조물법인이라 한다.

> **핵심만콕**
> - 자문기관은 행정청의 자문에 응하거나 또는 자발적으로 행정청의 의사결정에 참고 될 의견을 제공하는 기관으로 행정청을 구속하지 않는다.
> - 지방자치단체의 권한에는 자치입법권, 자치행정권, 자치조직권, 자치재정권이 있지만, 자치사법권은 없다.★
> - 지방자치단체는 보통지방자치단체로 광역자치단체(특별시·광역시·특별자치시·도·특별자치도)와 기초자치단체(시·군·자치구)가 있고, 특별지방자치단체로 지방자치단체조합이 있다(지방자치법 제2조 참고).★

28

자치행정조직법에 대한 설명 중 옳지 않은 것은?

① 우리나라는 지방자치를 헌법적으로 보장하고 있다.
② 지방자치단체의 주민은 당해 자치단체의 구역 내에 주소가 있는 대한민국 국민으로 한정한다.
③ 국가가 행정을 그 스스로 행하는 외에 일정한 독립된 법인, 즉 공공단체로 하여금 공공의 행정을 행하게 하는 경우를 자치행정이라고 한다.
④ 국가로부터 그 존립의 목적이 부여된 공법상의 법인을 공공단체라 한다.

해설
당해 자치단체의 구역 내에 주소만 있으면 인종·국적·성·행위능력의 유무를 불문한다(지방자치법 제16조 참고).

29

지방자치단체의 조직에 관한 설명으로 옳지 않은 것은? 기출 18

① 지방자치단체에 주민의 대의기관인 의회를 둔다.
② 지방자치단체의 장은 주민이 보통·평등·직접·비밀선거에 따라 선출한다.
③ 지방자치단체의 장은 법령의 범위 안에서 자치에 관한 조례를 제정할 수 있다.
④ 지방자치단체의 종류는 법률로 정한다.

해설
③ (×) 지방자치단체는 법령의 범위 안에서 그 사무에 관하여 조례를 제정할 수 있다(지방자치법 제28조 제1항 본문). ★
① (○) 지방자치법 제37조
② (○) 지방자치법 제107조
④ (○) 헌법 제117조 제2항

30

지방자치단체의 권한이 아닌 것은?

① **자치사법권** ✓
② 자치조직권
③ 자치행정권
④ 자치재정권

[해설]
자치사법권이 아닌 자치입법권을 갖는다.

31

지방의회의 권한이 아닌 것은?

① 의결권
② 청원심사처리권
③ 선거권
④ **규칙제정권** ✓

[해설]
규칙제정권(지방자치법 제20조 제1항)은 지방자치단체장의 권한이다.

32

공무원의 재산상 권리인 것은? 기출 13

① 신분보유권
② 직위보유권
③ 직무집행권
④ **보수청구권** ✓

[해설]
공무원의 재산상의 권리에는 봉급·연금·공무재해보상·실비변상 등을 받을 권리가 있다.

33

국가공무원법에 명시된 공무원의 복무의무가 아닌 것은? 기출 14

❶ 범죄고발의 의무
② 친절·공정의 의무
③ 비밀엄수의 의무
④ 정치운동의 금지

해설
① (×) 공무원의 범죄고발의 의무는 형사소송법상의 의무이다(형사소송법 제234조 제2항).
② (○) 국가공무원법 제59조
③ (○) 국가공무원법 제60조
④ (○) 국가공무원법 제65조

34

직무상 명령에 관하여 틀린 설명은?

❶ 당연무효의 직무상 명령은 복종하여야 한다.
② 상관의 권한에 속하는 명령이어야 한다.
③ 대외적인 일반적 구속력은 없다.
④ 직무명령은 불요식 행위이다.

해설
① (×) 직무명령이 중대하고 명백한 법령위반으로 절대무효라고 판단되는 경우 외에는, 즉 단순히 법령해석상의 차이에 불과한 경우나 직무명령이 다소 부당하다고 인정되어도 그에 기속되어야 한다.
② (○) 직무상 명령은 상관의 권한 범위에 속하는 명령이어야 한다.
③ (○) 직무상 명령은 법규가 아니므로, 대외적인 일반적 구속력은 없다.
④ (○) 직무명령은 불요식 행위이다.

35

공무원의 결격사유로 옳지 않은 것은?

① 파산선고를 받고 복권되지 아니한 자
② 금고 이상의 형의 선고유예를 받은 경우에 그 선고유예 기간 중에 있는 자
❸ 징계로 파면처분을 받은 때부터 3년이 지나지 아니한 자
④ 징계로 해임처분을 받은 때부터 3년이 지나지 아니한 자

해설
징계로 파면처분을 받은 때부터 5년이 지나지 아니한 자가 공무원의 결격사유이다(국가공무원법 제33조 제7호).

36

국가공무원법상 공무원에 대한 징계에 해당하지 않는 것은? 기출 12

❶ 직위해제
② 감 봉
③ 견 책
④ 강 등

해설
국가공무원법상의 징계의 종류는 파면, 해임, 강등, 정직, 감봉, 견책으로 나뉜다(국가공무원법 제79조).

37

다음 중 공무원의 징계사유가 아닌 것은?

① 직무의 내외를 불문하고 그 체면 또는 위신을 손상하는 행위를 한 때
❷ 금고 이상의 형의 집행유예를 선고받고 그 유예기간이 끝난 날부터 2년이 지나지 아니한 자
③ 국가공무원법 및 국가공무원법에 따른 명령을 위반한 경우
④ 직무상의 의무(다른 법령에서 공무원의 신분으로 인하여 부과된 의무를 포함한다)를 위반하거나 직무를 태만히 한 때

해설
공무원의 결격사유에 해당한다(국가공무원법 제33조 제4호).

3 행정작용법

38
CHECK ○△×

행정조직 내부에서 그 조직과 활동 등 행정의 사무처리 기준을 규율하는 일반·추상적 명령으로서 법규적 성질을 갖지 않는 것은? 기출 23

① ✓ 행정규칙
② 법규명령
③ 행정지도
④ 행정상 사실행위

해설

① (○) 설문의 내용은 행정규칙에 관한 설명이다.
② (×) 법규명령은 행정기관이 국민의 권리·의무에 관한 사항을 규정하는 것으로 대국민적 구속력을 갖는다.
③ (×) 행정지도는 행정주체가 지도·조언·권고 등의 방법으로 국민이나 기타 관계자의 행동을 유도하여 그 의도하는 바를 실현하기 위하여 행하는 비권력적 사실행위이다(예 물가의 억제를 위한 지도, 장학지도, 중소기업의 기술지도 등).
④ (×) 행정상 사실행위는 일정한 법률효과의 발생을 목적으로 하는 것이 아니라 직접적으로는 일정한 사실상의 결과만을 발생하게 하는 행정주체의 일체의 행위형식이다(예 행정지도, 공물·영조물의 설치·관리행위, 행정조사, 즉시강제, 대집행 실행행위, 쓰레기 수거, 학교 수업 등).

39
CHECK ○△×

행정규칙 중 상급기관이 하급기관에 대하여 장기간에 걸쳐 일반적인 권한행사에 관하여 지시하기 위하여 발하는 명령에 해당하는 것은?

① ✓ 훈 령
② 지 시
③ 예 규
④ 일일명령

해설

① (○) 설문은 훈령에 대한 내용이다.
② (×) 지시 : 상급기관이 직권 또는 하급기관의 문의에 의하여 하급기관에 개별적·구체적으로 발하는 명령
③ (×) 예규 : 행정사무의 통일을 기하기 위해 반복적 행정사무의 처리기준을 제시하는 것
④ (×) 일일명령 : 당직, 출장 등 일일업무에 관한 명령

40

상급기관이 직권 또는 하급기관의 문의에 의하여 하급기관에 개별적·구체적으로 발하는 명령을 무엇이라 하는가?

① 예 규
② 지 시 ✓
③ 일일명령
④ 훈 령

해설

② (○) 지시에 관한 설명이다.
① (×) 예규 : 행정사무의 통일을 기하기 위해 반복적인 행정사무의 처리기준을 제시하는 것
③ (×) 일일명령 : 당직, 출장 등 일일업무에 관한 명령
④ (×) 훈령 : 행정규칙 중 상급기관이 하급기관에 대하여 장기간에 걸쳐 일반적인 권한행사에 관하여 지시하기 위하여 발하는 명령

41

행정입법에 대한 다음 설명 중 옳지 않은 것은?

① 행정입법이란 국가 또는 자치단체와 같은 행정주체가 일반적·추상적인 규범을 정립하는 작용을 말한다.
② 자치입법은 제정주체에 따라 조례, 규칙, 교육규칙으로 나뉜다.
③ 행정규칙이란 행정권이 정립하는 명령으로서 법규의 성질을 가지는 것이다. ✓
④ 행정규칙에는 조직규칙, 근무규칙, 영조물규칙 등이 있다.

해설

법규명령이란 행정권이 정립하는 명령으로서 법규의 성질을 가지는 것을 말한다. 행정규칙은 원칙적으로 법규적 성질을 갖지 않는다.

42

행정주체가 국민에 대하여 명령·강제하고, 권리나 이익(利益)을 부여하는 등 법을 집행하는 행위를 무엇이라고 하는가? 기출문제

① 행정조직
✓ ② 행정처분
③ 행정구제
④ 행정강제

해설
행정행위는 학문상의 용어이고, 실제로는 행정처분이라는 말을 사용한다.

43

행정행위 중 의사표시를 구성요소로 하고 그 의사의 내용에 따라 법률적 효과가 발생하는 행위를 무엇이라 하는가?

① 기속행위
② 준법률주의적 행정행위
✓ ③ 법률행위적 행정행위
④ 복효적 행정행위

해설
설문은 법률행위적 행정행위에 대한 내용이다.

44

행정행위를 상대방에 대한 효과에 따라 분류한 것으로 옳지 않은 것은?

① 수익적 행정행위
② 침익적 행정행위
③ 복효적 행정행위
❹ 기속행위

해설

행정행위는 상대방에 대한 효과에 따라 수익적·침익적·복효적 행정행위로 분류한다. 기속행위는 법규가 행정주체에 대하여 어떠한 재량의 여지를 주지 아니하고 오직 그 법규를 집행하도록 하는 경우를 말하는 것으로, 법규의 구속 정도에 따른 분류에 해당한다.

45

甲에게 수익적이지만 동시에 乙에게는 침익적인 결과를 발생시키는 행정행위는? 기출 19

① 대인적 행정행위
② 혼합적 행정행위
❸ 복효적 행정행위
④ 대물적 행정행위

해설

③ (○) 상대방에 대해서는 수익적이나, 제3자에 대해서는 침익적으로 작용하거나 또는 그 역으로 작용하는 행위를 복효적 행정행위라고 한다(이를 제3자효적 행정행위라고도 한다).
① (×) 대인적 행정행위 : 순전히 사람의 학식, 기술, 경험과 같은 주관적 사정에 착안하여 행하여지는 행정행위를 지칭한다(의사면허, 운전면허, 인간문화재지정 등).
② (×) 혼합적 행정행위 : 인적·주관적 사정과 물적·객관적 사정을 모두 고려하여 행하여지는 행정행위를 말한다(중개업허가, 가스·석유 사업허가, 화학류 영업허가, 약국 영업허가 등).
④ (×) 대물적 행정행위 : 물건의 객관적 사정에 착안하여 행하여지는 행정행위를 말한다(자동차검사증교부, 건물준공검사, 자연공원지정, 물적 문화재지정, 목욕탕 영업허가 등).

46

행정행위에 관한 설명으로 옳지 않은 것은? 기출 24

① 하명과 허가는 명령적 행위에 해당한다.
② 특허와 인가는 형성적 행위에 해당한다.
❸ 면제와 공법상 대리는 명령적 행위에 해당한다.
④ 확인과 공증은 준법률행위적 행정행위에 해당한다.

해설

③ (×) 면제는 명령적 행정행위에 해당하나, 공법상 대리는 형성적 행정행위에 해당한다.
① (○) 명령적 행정행위는 국민에게 특정한 의무를 명하여 자연적 자유를 제한하거나 부과된 의무를 해제하여 자연적 자유를 회복시키는 행위로서 하명, 허가, 면제가 이에 해당한다.
② (○) 형성적 행정행위는 행정객체에게 특정한 권리나 능력 등의 법률상 힘이나 포괄적 법률관계, 기타 법률상 힘을 형성시키는 행위로서 특허, 인가, 대리(공법상 대리)가 이에 해당한다.
④ (○) 준법률행위적 행정행위는 의사표시 이외의 정신작용(인식·관념 등) 등의 표시를 요소로 하고 그 법률적 효과는 행위자의 의사 여하를 불문하고 직접 법규가 정하는 바에 따라 발생하는 행위로서 확인, 공증, 통지, 수리가 이에 해당한다.

47

법률행위적 행정행위에 해당하지 않는 것은? 기출 23

① 허가
② 특허
❸ 통지
④ 인가

해설

통지는 준법률행위적 행정행위에 해당한다. 허가는 명령적 행정행위로, 특허와 인가는 형성적 행정행위로 법률행위적 행정행위에 해당한다.

핵심만콕 행정행위의 구분

법률행위적 행정행위	명령적 행위	하명, 허가, 면제
	형성적 행위	특허, 인가, 대리
준법률행위적 행정행위		확인, 공증, 통지, 수리

48

행정청이 행정목적을 달성하기 위하여 부과한 일반적·상대적 금지를 일정한 요건을 갖춘 경우에 해제하여 일정한 행위를 적법하게 할 수 있게 하는 행정행위는? 기출 20

① 인 가
② 특 허
③ 확 인
☑ ④ 허 가

해설

④ (○) 설문이 설명하는 행정행위는 허가이다. 즉, 허가는 법령에 의하여 일반적·상대적으로 금지되어 있는 행위를 일정한 요건을 갖춘 경우에 해제하여 적법하게 할 수 있게 하는 행정행위를 말한다.
① (×) 인가는 타인의 법률적 행위를 보충하여 그 법률적 효력을 완성시켜주는 행정행위를 말한다.
② (×) 특허는 특정인에 대하여 일정한 법률적 권리나 능력, 포괄적 법률관계를 설정하는 설권적·형성적 행정행위이다.
③ (×) 확인은 준법률행위적 행정행위로 특정한 사실 또는 법률관계의 존부에 관하여 의문이 있거나 다툼이 있는 경우에 행정청이 이를 공적으로 판단하는 행위를 말한다.

49

사인(私人)이 행정청에 대하여 어떠한 사실을 알리는 공법상의 행위는? 기출 19

☑ ① 신 고
② 확 인
③ 하 명
④ 수 리

해설

신고는 사인이 공법적 효과의 발생을 목적으로 행정청에 대하여 일정한 사항을 알리는 행위를 말한다.

핵심만콕 행정행위의 구분

법률행위적 행정행위	명령적 행위	하명, 허가, 면제
	형성적 행위	특허, 인가, 대리
준법률행위적 행정행위		확인, 공증, 통지, 수리

50

행정작용에 관한 설명으로 옳지 않은 것을 모두 고른 것은? 기출 17

> ㄱ. 하명은 명령적 행정행위이다.
> ㄴ. 인가는 형성적 행정행위이다.
> ㄷ. 공증은 법률행위적 행정행위이다.
> ㄹ. 공법상 계약은 권력적 사실행위이다.

① ㄱ, ㄴ
② ㄱ, ㄷ
③ ㄴ, ㄹ
④ ㄷ, ㄹ ✓

해설

공증은 확인·통지·수리와 함께 준법률행위적 행정행위에 속하며, 공법상 계약은 비권력적 공법행위이다.

51

다음 중 명령적 행정행위에 해당하는 것을 모두 고른 것은?

> ㄱ. 하 명   ㄴ. 허 가
> ㄷ. 인 가   ㄹ. 특 허
> ㅁ. 확 인   ㅂ. 공 증
> ㅅ. 통 지   ㅇ. 수 리

① ㄱ, ㄴ ✓
② ㄱ, ㄴ, ㄹ
③ ㄷ, ㄹ
④ ㅁ, ㅂ, ㅅ, ㅇ

해설

명령적 행정행위는 국민에게 특정한 의무를 명하여 자연적 자유를 제한하거나, 부과된 의무를 해제하여 자연적 자유를 회복시키는 행위를 말한다. 이에는 하명, 허가, 면제가 해당한다.

52

법령에 의하여 부여된 작위의무, 수인의무, 급부의무를 특정한 경우에 해제하여 주는 행정행위는?

기출 13

① 허 가
② 특 허
❸ 면 제
④ 인 가

해설

③ (○) 설문은 면제에 대한 내용이다.
① (×) 법령에 의하여 일반적으로 금지되어 있는 행위를 특정의 경우에 특정인에 대하여 해제하는 행정처분을 허가라고 한다.
② (×) 특정인에 대하여 일정한 법률적 권리나 능력, 포괄적 법률관계를 설정하는 설권적·형성적 행정행위를 특허라고 한다.
④ (×) 제3자의 법률행위를 보충하여 그 법률상 효력을 완성시켜주는 행정행위를 인가라고 한다.

53

행정법상 행정작용에 관한 설명으로 옳지 않은 것은? 기출 18

① 기속행위는 행정주체에 대하여 재량의 여지를 주지 않고 그 법규를 집행하도록 하는 행정행위를 말한다.
② 특정인에게 새로운 권리나 포괄적 법률관계를 설정해주는 특허는 형성적 행정행위이다.
③ 의사표시 이외의 정신작용 등의 표시를 요소로 하는 행위는 준법률행위적 행정행위이다.
❹ 개인에게 일정한 작위의무를 부과하는 하명은 형성적 행정행위이다.

해설

하명은 명령적 행정행위이다.

54

행정청이 타인의 법률행위를 보충하여 그 행위의 효력을 완성시켜주는 행정행위의 강학상의 용어는?

기출 16

☑ ① 인 가
② 면 제
③ 허 가
④ 특 허

해설

① (○) 설문은 인가에 대한 내용이다.
② (×) 법령 또는 법령에 따른 행정행위에 의해 과해진 작위·수인·급부의무를 해제하는 행정행위
③ (×) 일반적 금지(부작위의무)를 특정한 경우에 해제하여 적법하게 일정한 사실행위 또는 법률행위를 할 수 있도록 하는 행정행위
④ (×) 특정인을 위하여 새로운 법률상의 힘을 부여하는 행위

55

행정행위에 관한 설명으로 옳지 않은 것은? 기출 14

① 내용이 명확하고 실현가능하여야 한다.
☑ ② 법률상 절차와 형식을 갖출 필요는 없다.
③ 법률의 규정에 위배되지 않아야 한다.
④ 정당한 권한을 가진 자의 행위라야 한다.

해설

행정행위는 법률에 근거를 두어야 하고(법률유보), 법령에 반하지 않아야 한다(법률우위). 따라서, 법률상의 절차와 형식을 갖추어야 한다.

56

다음은 행정처분에 관한 설명이다. 타당하지 않은 것은? 기출 04

① 행정처분은 행정청이 행하는 공권력 작용이다.
❷ 행정처분에는 조건을 부가할 수 없다.
③ 경미한 하자 있는 행정처분에는 공정력이 인정된다.
④ 행정처분에 대해서만 항고소송을 제기할 수 있다.

해설
조건은 부관의 일종이다. 그리고 부관이란 행정행위의 일반적인 효과를 제한하기 위하여 주된 의사표시에 붙여진 종된 의사표시로, 행정처분에 대하여 부가할 수 있다.

57

다음 중 준법률행위적 행정행위에 해당하는 것은? 기출문제

① 하 명
② 특 허
③ 승 인
❹ 공 증

해설
준법률행위적 행정행위에는 공증, 수리, 통지, 확인 등이 있고, 법률행위적 행정행위에는 명령적 행정행위(하명, 허가, 면제)와 형성적 행정행위(특허, 인가, 공법상 대리)가 있다.

58

행정처분의 부관에 해당하지 않는 것은? 기출 22

① 부 담
② 기 한
❸ 의 제
④ 철회권의 유보

해설
행정행위의 부관의 종류에는 조건, 기한, 부담, 철회권의 유보가 있다. 의제는 부관에 해당하지 않는다.

59

행정청이 영업허가를 하면서 "허가기간은 2021년 12월 31일까지"라고 부관을 붙인 경우, 그 부관의 종류는? 기출 21

① 시 기
☑ **종 기**
③ 부 담
④ 정지조건

해설

종기는 행정행위의 효력소멸에 관한 기한으로, 기한이 도래하면 행정행위의 효력이 당연히 소멸한다. "허가기간은 2021년 12월 31일까지"라는 부관에 따라 그 기한 이후에는 영업허가의 효력이 소멸되므로, 이는 종기에 해당한다.

핵심만콕 부관의 종류

조 건	행정행위의 효력발생 또는 소멸을 발생이 불확실한 장래의 사실에 의존하게 하는 행정청의 의사표시로서, 조건 성취에 의하여 당연히 효력을 발생하게 하는 정지조건과 당연히 그 효력을 상실케 하는 해제조건이 있다.
기 한	행정행위의 효력발생 또는 소멸을 발생이 장래에 도래할 것이 확실한 사실에 의존케 하는 행정청의 의사표시로, 기한이 도래하면 당연히 효력이 발생하는 시기와 당연히 효력을 상실하는 종기가 있다.
부 담	행정행위의 주된 의사표시에 부가하여 그 상대방에게 작위·부작위·급부·수인의무를 명하는 행정청의 의사표시로, 보통 특허·허가 등의 수익적 행정행위에 붙여진다.
철회권의 유보	행정행위의 주된 의사표시에 부수하여, 장래 일정한 사유가 있는 경우에 그 행정행위를 철회할 수 있는 권리를 유보하는 행정청의 의사표시이다(예) 숙박업 허가를 하면서 성매매행위를 하면 허가를 취소한다는 경우 등).

60

행정행위의 부관에 해당하지 않는 것은? 기출 19

① 조 건
☑ **철 회**
③ 부 담
④ 기 한

해설

부관은 행정행위의 일반적인 효과를 제한하기 위하여 주된 의사표시에 붙여진 종된 의사표시인데, 철회는 주된 의사표시이다.

61

행정행위의 효력의 발생 또는 소멸을 장래의 발생이 확실한 사실에 의존시키는 부관을 무엇이라 하는가?

✅ ① 기 한
② 조 건
③ 부 담
④ 철회권의 유보

해설

부관 중 기한에 대한 설명이며, 기한에는 기한의 도래로 행정행위가 당연히 효력을 발생하는 시기와 당연히 효력을 상실하는 종기가 있다.

62

공서양속에 반한 행정행위에 대한 설명으로 올바른 것은?

✅ ① 내용상 하자로 취소할 수 있다.
② 절차상 하자로 취소할 수 있다.
③ 내용상 하자로 무효이다.
④ 공서양속 위반은 하자 없는 행정행위이다.

해설

민법상 공서양속 위반행위는 무효에 해당하는 하자이나, 공법상 공서양속 위반행위는 내용상 하자에 해당하여 취소사유에 해당한다(통설).

63

아무런 흠이 없이 유효·적법하게 성립한 행정행위를 그 효력을 장래에 존속시킬 수 없는 새로운 사유의 발생을 이유로 소멸시키는 것을 무엇이라고 하는가?

① 행정행위의 무효
✅ ② 행정행위의 철회
③ 행정행위의 취소
④ 행정행위의 소멸

해설

철회에 대한 설명이다. 취소와 철회는 행정행위의 성립에 흠의 유무에 따라 구별된다.

64

하자 있는 행정행위가 다른 행정행위의 적법요건을 갖춘 경우, 다른 행정행위의 효력발생을 인정하는 것은? 기출 17

① 하자의 승계
② 행정행위의 철회
③ 행정행위의 직권취소
④ **하자 있는 행정행위의 전환**

해설

④ (○) 설문은 하자 있는 행정행위의 전환에 대한 내용이다.
① (×) 2 이상의 행정행위가 연속적으로 행하여진 경우, 선행 행정행위에 하자가 있으면 후행 행정행위에 하자가 없더라도 선행 행정행위를 이유로 하여 이를 다툴 수 있는지의 문제이다.
② (×) 하자 없이 유효하게 성립된 행정행위에 대해 공익상 그 효력을 존속시킬 수 없는 새로운 사유가 발생했을 때, 장래를 향해 그 효력을 잃게 하는 것이 행정행위의 철회이다.
③ (×) 행정행위가 일응 유효하게 성립된 후, 행정청이 그 행정행위의 성립 당시에 하자가 있음을 이유로, 원칙적으로 원래의 행위 시에 소급하여 효력을 소멸시키는 독립된 별개의 행정행위가 행정행위의 직권취소이다.

65

행정행위의 취소에 대한 설명 중 옳지 않은 것은?

① **쟁송취소의 경우, 그에 관한 규정이 없는 것이 보통이다.**
② 직권취소는 정당한 권한을 가진 처분청과 감독청이 한다.
③ 쟁송취소는 행정청 외의 법원과 예외적으로 소청심사위원회 등 제3기관이 있다.
④ 직권취소는 그 소급 여부가 구체적인 이익형량에 따라 다르며 확정력이 발생하지 아니한다.

해설

직권취소의 경우, 그에 관한 규정이 없는 것이 보통이나, 쟁송취소의 경우에는 행정심판법(재결)·행정소송법(판결) 등의 형식에 의한다.

66

행정상 사실행위에 해당하는 것은? 기출 21

① 건축허가
☑ **도로포장**
③ 운전면허
④ 허가취소

해설
도로포장은 행정상 사실행위, 건축허가・운전면허・허가취소는 행정행위(행정처분)에 해당한다.

핵심만콕

행정상 사실행위의 의의
행정상 사실행위란 행정행위, 공법상 계약, 확약 등의 법적 행위와 같이 일정한 법적 효과의 발생을 의도하는 행위가 아니라 단순히 사실상의 결과실현(예 도로청소, 불법건축물의 철거, 불법감시 등)을 목적으로 하는 일체의 행위형식을 의미한다.

행정상 사실행위의 종류

내부적 사실행위와 외부적 사실행위	내부적 사실행위는 행정조직 내부에서 행정사무의 처리에 관한 사실행위를 말하나(예 문서작성, 장부정리 등), 외부적 사실행위는 대외적으로 국민과의 관계에서 행정목적의 실현을 구현하기 위한 구체적 행정활동과 관련하여 행하여지는 사실행위를 의미한다(예 폐기물수거, 행정지도, 공공시설의 설치・관리 등).
정신적 사실행위와 물리적 사실행위	정신적 사실행위는 인간의식의 표시가 수반되어 행하여지는 사실행위를 말하나(예 상담, 안내, 행정지도 등), 물리적 사실행위는 인간의식의 표시가 수반되지 아니하고 단순히 물리적 행위로만 행하여지는 사실행위를 말한다(예 공공시설의 설치・관리 등).
집행적 사실행위와 독립적 사실행위	집행적 사실행위는 법적 행위를 집행하기 위하여 행하여지는 사실행위를 말하나(예 무허가건물의 강제철거, 전염병환자의 강제격리 등), 독립적 사실행위는 법적 행위의 집행과는 무관한 사실행위를 말한다(예 행정지도, 도로의 보수공사 등).
권력적 사실행위와 비권력적 사실행위	권력적 사실행위는 공권력의 행사로써 특정 법적 행위를 집행하기 위한 사실행위를 말하나(집행적 사실행위), 비권력적 사실행위는 공권력의 행사와는 무관한 사실행위를 말한다(정신적 사실행위・물리적 사실행위).
공법적 사실행위와 사법적 사실행위	공법적 사실행위와 사법적 사실행위는 행정상 사실행위가 공・사법 중 어느 것의 규율을 받는가에 따른 분류로, 이러한 분류는 권리구제방법에 있어서 실익이 있다. 즉, 공법적 사실행위로 인하여 손해를 입은 자는 국가배상법에 의한 손해배상을 청구할 수 있으나, 사법적 사실행위로 인하여 손해를 입은 자는 민법에 의한 손해배상을 청구하여야 한다.

〈참고〉정하중,「행정법개론」, 법문사, 2020, P. 330~331

67

행정작용 중 원칙적으로 비권력적 사실행위에 해당하는 것은? 기출 16

① 공법상 계약
② 행정상 즉시강제
③ 행정처분
✅ **행정지도**

해설
행정지도는 비권력적 사실행위에 해당되기 때문에 원칙적으로 처분성이 부정된다. 다만, 행정지도에 불응한 것에 대해 불이익한 처분을 받은 경우에는 그 처분에 대해 행정쟁송이 가능하다. ★

68

행정기관이 그 소관 사무의 범위에서 일정한 행정목적을 실현하기 위하여 특정인에게 일정한 행위를 하거나 하지 아니하도록 지도, 권고, 조언 등을 하는 행정작용은? 기출 14

① 행정예고
② 행정계획
✅ **행정지도**
④ 의견제출

해설
행정기관이 그 소관 사무의 범위에서 일정한 행정목적을 실현하기 위하여 특정인에게 일정한 행위를 하거나 하지 아니하도록 지도, 권고, 조언 등을 하는 행정작용은 행정지도이다. 지도, 권고, 조언에서 행정지도임을 유추할 수 있다.

69

다음 행정행위의 효력에 속하지 않는 것을 모두 고른 것은?

ㄱ. 가변력
ㄴ. 불가쟁력
ㄷ. 자력집행력
ㄹ. 공정력

① ㄱ ✓
② ㄴ, ㄷ
③ ㄴ, ㄷ, ㄹ
④ ㄱ, ㄴ, ㄷ, ㄹ

해설

행정행위의 효력에는 내용상 구속력, 공정력, 구성요건적 효력, 확정력(불가쟁력, 불가변력), 강제력(제재력, 자력집행력) 등이 있다.

70

행정행위에 취소사유가 있다고 하더라도 당연무효가 아닌 한 권한 있는 기관에 의해 취소되기 전에는 유효한 것으로 통용되는 것은 행정행위의 어떠한 효력 때문인가?

① 강제력
② **공정력** ✓
③ 불가변력
④ 형식적 확정력

해설

비록 행정행위에 하자가 있는 경우라도 그 하자가 중대하고 명백하여 당연무효인 경우를 제외하고는 권한 있는 기관에 의해 취소되기까지 유효한 것으로 보는 것은 행정행위의 효력 중 공정력 때문이다.

71

법무부장관이 외국인 A에게 귀화를 허가한 경우, 선거관리위원장은 귀화 허가가 무효가 아닌 한 귀화 허가에 하자가 있더라도 A가 한국인이 아니라는 이유로 선거권을 거부할 수 없고, 법무부장관의 귀화 허가에 구속되는 행정행위의 효력은? 기출 15

① 공정력
② 구속력
③ 형식적 존속력
✔ ④ 구성요건적 효력

해설

구성요건적 효력이란 유효한 행정행위가 존재하는 이상 모든 국가기관은 그 존재를 존중하고 스스로의 판단에 대한 기초로 삼아야 한다는 효력을 말한다(국가기관에 대한 효력). ★

72

행정기관이 사인으로부터 행정상 필요한 자료나 정보를 수집하기 위하여 행하는 일체의 행정작용은? 기출 24

① 행정지도
✔ ② 행정조사
③ 대집행
④ 행정상 즉시강제

해설

② (○) "행정조사"란 행정기관이 정책을 결정하거나 직무를 수행하는 데 필요한 정보나 자료를 수집하기 위하여 현장조사·문서열람·시료채취 등을 하거나 조사대상자에게 보고요구·자료제출요구 및 출석·진술요구를 행하는 활동을 말한다(행정조사기본법 제2조 제1호).
① (×) "행정지도"란 행정기관이 그 소관 사무의 범위에서 일정한 행정목적을 실현하기 위하여 특정인에게 일정한 행위를 하거나 하지 아니하도록 지도, 권고, 조언 등을 하는 행정작용을 말한다(행정절차법 제2조 제3호).
③ (×) 법률(법률의 위임에 의한 명령, 지방자치단체의 조례를 포함한다)에 의하여 직접 명령되었거나 또는 법률에 의거한 행정청의 명령에 의한 행위로서 타인이 대신하여 행할 수 있는 행위를 의무자가 이행하지 아니하는 경우 다른 수단으로써 그 이행을 확보하기 곤란하고 또한 그 불이행을 방치함이 심히 공익을 해할 것으로 인정될 때에는 당해 행정청은 스스로 의무자가 하여야 할 행위를 하거나 또는 제3자로 하여금 이를 하게 하여 그 비용을 의무자로부터 징수할 수 있는데(행정대집행법 제2조), 이를 행정대집행이라 한다.
④ (×) 행정상 즉시강제는 급박한 행정상의 장애를 제거할 필요가 있는 경우에 미리 의무를 명할 시간적 여유가 없거나 성질상 의무를 명해서는 행정 목적 달성이 곤란할 경우에 행정청이 곧바로 국민의 신체 또는 재산에 실력을 행사하여 행정목적을 달성하는 것을 말한다(행정기본법 제30조 제1항 제5호).

73

행정청이 어떠한 처분을 하기 전에 당사자 등의 의견을 직접 듣고 증거를 조사하는 절차는?

☑ ① 청 문
② 사전통지
③ 의견제출
④ 행정조사

해설

① (○) "청문"이란 행정청이 어떠한 처분을 하기 전에 당사자등의 의견을 직접 듣고 증거를 조사하는 절차를 말한다(행정절차법 제2조 제5호).
② (×) "사전통지"란 행정청이 당사자에게 의무를 부과하거나 권익을 제한하는 처분을 하는 경우에 미리 일정한 사항을 당사자 등에게 통지하는 것을 말한다(행정절차법 제21조).
③ (×) "의견제출"이란 행정청이 어떠한 행정작용을 하기 전에 당사자등이 의견을 제시하는 절차로서 청문이나 공청회에 해당하지 아니하는 절차를 말한다(행정절차법 제2조 제7호).
④ (×) "행정조사"란 행정기관이 정책을 결정하거나 직무를 수행하는 데 필요한 정보나 자료를 수집하기 위하여 현장조사·문서열람·시료채취 등을 하거나 조사대상자에게 보고요구·자료제출요구 및 출석·진술요구를 행하는 활동을 말한다(행정조사기본법 제2조 제1호).

74

공공기관의 정보공개에 관한 법률에 대한 다음 내용 중 가장 옳지 않은 것은?

① 공공기관이 보유·관리하는 정보는 국민의 알권리 보장 등을 위하여 적극적으로 공개하여야 한다.
② 공공기관이 보유·관리하는 정보는 공개를 원칙으로 한다.
☑ ③ 공공기관은 정보공개청구를 받은 날부터 15일 이내에 공개여부를 결정하여야 한다.
④ 국가안전보장·국방·통일·외교관계 등에 관한 사항으로서 공개될 경우 국가의 중대한 이익을 현저히 해칠 우려가 있다고 인정되는 정보 등은 공개하지 아니할 수 있다.

해설

③ (×) 공공기관은 정보공개청구를 받은 날부터 10일 이내에 공개여부를 결정하여야 하고, 제3자와 관련이 있는 공개대상 정보는 그 사실을 제3자에게 지체 없이 통지하여 의견을 청취할 수 있도록 한다(정보공개법 제11조 제1항·제3항).
① (○) 정보공개법 제3조
② (○) 정보공개법 제9조 제1항 본문
④ (○) 정보공개법 제9조 제1항 단서 제2호

75

특별행정작용법에 대한 다음 내용 중 옳지 않은 것은?

① 국가 또는 지방자치단체 등의 행정주체가 행정목적을 달성하기 위하여 하는 일체의 행정활동에 관한 법이다.
❷ 구체적인 내용은 시대와 국가에 따른 차이가 없다.
③ 현대 복지국가의 행정작용은 근대 야경국가적 시민국가의 소극적인 질서유지작용에서 탈피하여 적극적으로 국민의 복리증진을 위해 개입하고 급부·조정하는 등 그 범위가 확대되고 있다.
④ 특별행정작용법 각론은 크게 질서행정(경찰행정), 복리행정, 재무행정, 군사행정으로 나눌 수 있다.

[해설]
특별행정작용법이란 국가 또는 지방자치단체 등의 행정주체가 행정목적을 달성하기 위하여 하는 일체의 행정활동에 관한 법으로, 구체적인 내용은 시대와 국가에 따라 차이가 있다.

76

다음 중 복리행정에 속하지 않는 것은?

① 급부행정
② 규제행정
❸ 재무행정
④ 공용부담행정

[해설]
복리행정에는 급부행정, 규제행정, 공용부담행정이 있다.

77

특별행정작용법에 대한 다음 설명 중 옳지 않은 것은?

① 행정작용은 사회목적적 작용과 국가목적적 작용으로 구분한다.
❷ 질서행정은 국가목적적 작용이다.
③ 규제행정은 사회·경제규율을 의미하며 환경규제와 경제규제가 있다.
④ 재무행정은 국가목적적 작용이다.

[해설]
국가목적적 작용에는 재무행정과 군사행정이 있으며, 사회목적적 작용은 질서행정과 복리행정으로 나눌 수 있다.

78

다음 중 행정상 강제집행의 수단을 모두 고르면?

> ㄱ. 직접강제
> ㄴ. 집행벌
> ㄷ. 과태료
> ㄹ. 대집행

① ㄱ, ㄴ
② ㄴ, ㄹ
③ ㄱ, ㄴ, ㄷ
④ ㄱ, ㄴ, ㄹ ✓

해설
행정상 강제집행의 수단으로는 직접강제, 집행벌, 대집행, 행정상 강제징수가 있다. 과태료는 행정벌 중 행정질서벌에 해당한다.

79

의무자가 행정상 의무 중 금전급부의무를 이행하지 아니하는 경우 행정청이 의무자의 재산에 실력을 행사하여 그 행정상 의무가 실현된 것과 같은 상태를 실현하는 행정상 강제 수단은? 기출 23

① 과징금
② 강제징수 ✓
③ 과태료
④ 이행강제금

해설
② (○) 설문은 행정상 강제집행 중 강제징수에 관한 설명이다. 미납된 세금의 강제징수를 그 예로 들 수 있다.
① (×) 행정상의 제재 수단으로써 과징금은 행정벌(행정형벌, 행정질서벌) 이외의 금전상의 제재이다.
③ (×) 과태료는 행정벌 중 행정질서벌에 해당하는 행정상의 제재 수단이다.
④ (×) 이행강제금(집행벌)은 행정상 강제집행에 해당하는 행정강제이다.

80

행정청이 건물의 철거 등 대체적 작위의무의 이행과 관련하여 의무자가 행할 작위를 스스로 행하거나 또는 제3자로 하여금 이를 행하게 하고 그 비용을 의무자로부터 징수하는 행정상의 강제집행 수단은?

기출 18

- ✅ 행정대집행
- ② 행정벌
- ③ 직접강제
- ④ 행정상 즉시강제

해설

행정상 강제집행 수단 중 대체적 작위의무의 불이행에 대하여 행정청이 의무자가 행할 작위를 스스로 행하거나 제3자로 하여금 이를 행하게 하고 그 비용을 의무자로부터 징수하는 것은 행정대집행이다.

81

행정상 강제집행이 아닌 것은? 기출 17

- ✅ 즉시강제
- ② 강제징수
- ③ 직접강제
- ④ 이행강제금

해설

행정상 강제집행에는 대집행, 집행벌(이행강제금), 직접강제, 강제징수가 있다. 즉시강제는 행정상 장해가 존재하거나 장해의 발생이 목전에 급박한 경우에 성질상 개인에게 의무를 명해서는 공행정 목적을 달성할 수 없거나 또는 미리 의무를 명할 시간적 여유가 없는 경우에 개인에게 의무를 명함이 없이 행정기관이 직접 개인의 신체나 재산에 실력을 가해 행정상 필요한 상태의 실현을 목적으로 하는 작용을 말한다.

82

행정상 강제집행이 아닌 것은?

① 행정벌
② 직접강제
③ 행정상 강제징수
④ 대집행

해설

행정상 강제집행에는 대집행, 집행벌(이행강제금), 직접강제, 강제징수가 있다. 행정벌은 행정상의 제재이다.

83

행정상 강제집행 중 대집행의 순서로 옳은 것은?

① 계고 → 통지 → 실행 → 비용징수
② 계고 → 실행 → 통지 → 비용징수
③ 통지 → 계고 → 실행 → 비용징수
④ 통지 → 실행 → 계고 → 비용징수

해설

대집행은 계고 → 대집행영장 통지 → 대집행의 실행 → 비용징수의 순서로 이루어진다. 계고는 의무의 이행을 최고 및 불이행 시 대집행을 한다는 것을 알리는 것이며, 통지는 의무이행이 이루어지지 않은 경우 대집행에 관한 사항을 의무자에게 통지하는 것이다.

84

경찰관이 목전에 급박한 장해를 제거할 필요가 있거나 그 성질상 미리 의무를 명할 시간적 여유가 없을 때, 자신이 근무하는 국가중요시설에 무단으로 침입한 자의 신체에 직접 무기를 사용하여 저지하는 행위는? 기출 15

① 행정대집행
✅ **행정상 즉시강제**
③ 행정상 강제집행
④ 집행벌

해설

행정상 즉시강제란 행정상 장해가 존재하거나 장해의 발생이 목전에 급박한 경우에 성질상 개인에게 의무를 명해서는 공행정 목적을 달성할 수 없거나, 또는 미리 의무를 명할 시간적 여유가 없는 경우에 개인에게 의무를 명함이 없이 행정기관이 직접 개인의 신체나 재산에 실력을 가해 행정상 필요한 상태의 실현을 목적으로 하는 작용을 의미한다(예 마약중독자의 강제수용, 감염병 환자의 강제입원, 위험의 방지를 위한 출입 등).

85

행정행위로 볼 수 없는 것은? 기출 13

① 광업허가
② 영업정지처분
③ 운전면허의 취소
✅ **행정상 즉시강제**

해설

행정상 즉시강제란 행정법상의 의무의 부과 및 그의 불이행을 전제함이 없이 급박한 행정상의 장해를 제거하기 위하여 필요한 경우 또는 그 성질상 미리 의무를 명함에 의해서는 목적을 달성할 수 없는 경우에 직접 개인의 신체 또는 재산에 실력을 가함으로써 행정상 필요한 상태를 실현시키는 행정작용으로서, <u>권력적 사실행위에 해당한다</u>.★

86

행정벌에 관한 설명으로 옳은 것은? 기출 16

① 행정벌은 장래의 의무이행을 촉구하기 위한 행정상 강제집행을 말한다.
② 행정벌은 행정형벌, 행정질서벌, 행정상 직접강제로 구분된다.
❸ **행정질서벌은 행정법규 위반에 대하여 과태료를 부과하는 행정벌이다.**
④ 행정질서벌의 부과·징수는 형사소송법에 따른다.

해설

③ (○) 행정질서벌에 관한 설명으로 옳다. 행정질서벌은 일반사회의 법익에 직접 영향을 미치지는 않으나 행정상의 질서에 장해를 야기할 우려가 있는 의무 위반에 대해 과태료가 가해지는 제재를 말한다.
① (×) 행정벌은 과거의 의무위반에 대한 제재를 목적으로 하는 행정상 제재이다. ★
② (×) 행정벌은 행정형벌과 행정질서벌(과태료)로 구분된다. 행정상 직접강제는 행정상 강제집행에 속한다. ★
④ (×) 행정질서벌은 질서위반행위규제법에 따라 부과 및 징수하며, 형법 총칙이 적용되지 아니한다. ★

87

행정벌에 관한 설명 중 옳지 않은 것은?

① 죄형법정주의 원칙상 법률의 근거를 요하며 소급입법은 허용되지 않는다.
❷ **행정질서벌은 형법총칙이 적용된다.**
③ 행정형벌은 형법에 규정되어 있는 벌이 가해지는 행정벌을 의미한다.
④ 행정질서벌은 일반사회의 법익에 직접 영향을 미치지는 않으나 행정상의 질서에 장해를 야기할 우려가 있는 의무위반에 대해 과태료가 가해지는 제재를 말한다.

해설

② (×) 행정질서벌은 일반사회의 법익에 직접 영향을 미치지는 않으나 행정상의 질서에 장해를 야기할 우려가 있는 의무위반에 대해 과태료가 가해지는 제재로써 형법총칙이 적용되지 않는다.
① (○) 헌법 제13조 제1항
③ (○) 행정형벌은 형법에 규정되어 있는 형명의 벌이 가해지는 행정벌을 의미한다.
④ (○) 행정벌에는 행정형벌과 행정질서벌로 구분되는데 행정질서벌은 과태료가 가해지는 제재를 말한다.

4 행정구제법

88
CHECK ○△✕

국가배상에 관한 다음 설명 중 맞는 것은? 기출 06

① 도로건설을 위해 자신의 토지를 수용당한 개인은 국가배상청구권을 가진다.
② 공무원이 직무수행 중에 적법하게 타인에게 손해를 입힌 경우 국가가 배상책임을 진다.
❸ **도로・하천 등의 설치 또는 관리에 하자가 있어 손해를 받은 개인은 국가배상을 청구할 수 있다.**
④ 공무원은 어떤 경우에도 국가배상청구권을 행사할 수 없다.

해설
③ (○) 도로・하천 등의 설치 또는 관리의 하자로 인한 손해에 대하여는 국가 또는 지방자치단체는 국가배상법 제5조의 영조물책임을 진다.★
① (✕) 도로건설을 위해 토지를 수용당한 경우에는 위법한 국가작용이 아니라 적법한 국가작용이므로 개인은 손실보상청구권을 갖는다.★
② (✕) 공무원이 직무수행 중에 적법하게 타인에게 손해를 입힌 경우 국가는 배상책임이 없다.★
④ (✕) 공무원도 국가배상법 제2조나 동법 제5조상의 요건을 갖추면 국가배상청구권을 행사할 수 있다. 다만, 군인・군무원・경찰공무원 또는 예비군대원의 경우에는 일정한 제한이 있다.★

89
CHECK ○△✕

공무원의 위법한 직무행위로 인한 손해의 배상에 대한 다음 설명 중 옳지 않은 것은?

① 공무원이 직무를 집행하면서 고의 또는 과실로 법령에 위반하여 타인에게 손해를 가하였을 때에는 국가나 지방자치단체는 그 손해를 배상할 책임이 있다.
❷ **공무원이란 소속을 불문하고 널리 국가나 지방자치단체의 사무를 수행하는 자를 말하며, 공무를 위탁받은 사인은 공무원에 해당하지 않는다.**
③ 직무행위란 국가배상법 제5조의 영조물의 설치・관리와 관련된 직무를 제외한 모든 공법상의 행정작용을 말한다.
④ 손해란 가해행위로부터 발생한 모든 손해를 의미하며, 재산상의 손해인가 비재산상의 손해인가를 가리지 않는다.

해설
공무원이란 소속을 불문하고 널리 국가나 지방자치단체의 사무를 수행하는 자를 말하며, 공무를 위탁받은 사인도 여기의 공무원에 해당한다.

90

영조물의 설치·관리상의 하자로 인한 배상책임에 대한 다음 설명 중 옳지 않은 것은?

① 설치 또는 관리의 흠이란 공물 자체가 항상 갖추어야 할 객관적인 안전성을 결여한 것을 말한다.
② 도로·하천 그 밖의 공공의 영조물의 설치나 관리에 하자가 있기 때문에 타인에게 손해를 발생하게 하였을 때에는 국가나 지방자치단체는 그 손해를 배상하여야 한다.
③ 손해의 종류 여하를 묻지 아니하며, 손해와 영조물의 흠 사이에는 인과관계가 있어야 한다.
❹ 도로·하천 그 밖의 영조물이란 공적 목적에 제공된 물건으로서 공공시설이 아닌 국공유의 사물을 말한다.

[해설]
도로·하천 그 밖의 영조물이란 공적 목적에 제공된 물건인 공물을 의미하며 자연공물인가 인공공물인가를 가리지 않는다. 다만 공공시설(공물)이 아닌 국공유의 사물(국유잡종재산)은 제외된다.

91

국가배상제도에 관한 다음 내용 중 옳지 않은 것은?

① 생명·신체의 침해에 대한 배상청구권은 이를 양도하거나 압류하지 못한다.
② 피해자가 예비군대원으로서 전투·훈련 등 직무집행과 관련하여 전사·순직 또는 공상을 입은 경우에, 다른 법령에 의한 보상을 지급받을 수 있을 때에는 국가배상법 및 민법에 의한 손해배상을 청구하지 못한다.
❸ 국가 또는 지방자치단체가 그 손해에 대한 배상책임을 지는 경우에, 그 공무원의 선임·감독자와 봉급·급여 등의 비용부담자가 동일하지 않을 때에는 피해자는 그 어느 쪽에 대하여도 선택적 청구권을 행사할 수 없다.
④ 국가배상청구권에는 단기 소멸시효가 인정된다.

[해설]
국가 또는 지방자치단체가 그 손해에 대한 배상책임을 지는 경우에, 그 공무원의 선임·감독자와 봉급·급여 등의 비용부담자가 동일하지 않을 때에는 피해자는 그 어느 쪽에 대하여도 선택적 청구권을 행사할 수 있다(국가배상법 제6조 제1항 참고).

92

국가배상청구권의 시효기간으로 옳은 것은?

① 손해 및 가해자를 안 날로부터 2년, 불법행위를 한 날로부터 3년
② 손해 및 가해자를 안 날로부터 5년, 불법행위를 한 날로부터 5년
✓ **손해 및 가해자를 안 날로부터 3년, 불법행위를 한 날로부터 5년**
④ 손해 및 가해자를 안 날로부터 5년, 불법행위를 한 날로부터 3년

해설

국가배상청구권에는 단기 소멸시효가 인정되며, 그 시효기간은 손해 및 가해자를 안 날로부터 3년, 불법행위를 한 날로부터 5년이다(국가배상법 제8조, 민법 제766조 제1항, 국가재정법 제96조 제2항 및 지방재정법 제82조 제2항 참고).

93

손해배상과 손실보상의 가장 본질적 구별기준은? 기출문제

✓ **침해의 위법 · 적법성 여부**
② 고의 · 과실
③ 공무원 직무행위
④ 손해액수

해설

손해배상은 위법한 침해에 대한 배상이고, 손실보상은 적법한 침해에 대한 보상이다.★

핵심만콕

- 손해배상제도 : 국가나 지방자치단체의 위법한 행위로 인하여 사인이 손해를 입은 경우에 그 사인은 국가에 대하여 손해의 배상을 청구할 수 있는바, 이것이 손해배상제도이다.
- 손실보상제도 : 손실보상제도란 국가나 지방자치단체가 공공의 필요에 의한 적법한 권력행사를 통하여 사인의 재산권에 특별한 희생을 가한 경우(예 정부나 지방자치단체의 청사 건설을 위하여 사인의 토지를 수용하는 경우)에 재산권의 보장과 공적부담 앞의 평등이라는 견지에서 사인에게 적절한 보상을 해주는 제도를 말한다.

94

다음의 ㉠과 ㉡이 의미하는 행정구제제도의 명칭이 바르게 연결된 것은? 기출문제

㉠ 지방자치단체가 건설한 교량이 시공자의 흠으로 붕괴되어 지역주민들에게 상해를 입혔을 때, 지방자치단체가 상해를 입은 주민들의 피해를 구제해 주었다.
㉡ 도로확장사업으로 인하여 토지를 수용당한 주민들의 피해를 국가가 변상하여 주었다.

① ㉠ : 손실보상,　㉡ : 행정소송
② ㉠ : 손해배상,　㉡ : 행정심판
③ ㉠ : 행정소송,　㉡ : 손실보상
❹ **㉠ : 손해배상,　㉡ : 손실보상**

해설
㉠은 시공자의 흠이라는 위법한 행정행위에 대한 것이므로 손해배상을, ㉡은 정당한 법집행에 대한 것이므로 손실보상이 타당하다.

95

다음 중 행정기관에 의하여 기본권이 침해된 경우의 구제수단으로서 부적당한 것은?

① 행정소송
❷ **형사재판청구권**
③ 국가배상청구권
④ 이의신청과 행정심판청구

해설
형사재판청구권은 불법행위로 인한 개인의 기본권 침해가 발생한 경우 그 회복 또는 구제를 청구하는 것으로, 일반 국민은 직접 형사재판을 청구할 권리를 가지지 아니하며 원칙적으로 검사만이 공소를 제기할 수 있다.

96

위법·부당한 행정행위로 인하여 권익을 침해당한 자가 행정기관에 그 시정을 구하는 절차를 무엇이라 하는가? 기출문제

① 행정소송
☑ **행정심판**
③ 행정상 손해배상제도
④ 행정상 손실보상제도

해설

행정쟁송제도와 관련하여 행정기관에 대하여 위법·부당한 행정행위의 취소·변경을 구하는 절차는 행정심판이고, 행정심판에 의해 구제받지 못한 때 최종적으로 법원에 구제를 청구하는 제도가 행정소송이다.

97

행정심판법상 행정심판의 종류가 아닌 것은? 기출 08

☑ **부작위위법확인심판**
② 의무이행심판
③ 무효등확인심판
④ 취소심판

해설

행정심판은 취소심판, 무효등확인심판, 의무이행심판의 세 가지로 구분한다(행정심판법 제5조).

98

관할행정청 甲이 乙의 경비업 허가신청에 대해 거부처분을 한 경우, 이에 불복하는 乙이 제기할 수 있는 행정심판은? 기출 10

① 당사자심판
② 부작위위법확인심판
③ 거부처분부당확인심판
☑ **의무이행심판**

해설

을(乙)은 의무이행심판 청구를 통하여 관할행정청의 거부처분에 대해 불복의사를 제기할 수 있다. 의무이행심판은 당사자의 신청에 대한 행정청의 위법 또는 부당한 거부처분이나 부작위에 대하여 일정한 처분을 하도록 하는 행정심판을 말한다(행정심판법 제5조 제3호).

99

다음 중 ㄱ과 ㄴ에 들어갈 내용으로 알맞은 것은?

> 행정심판청구는 처분이 있음을 알게 된 날부터 (ㄱ)일 이내에 제기하여야 하고, 처분이 있었던 날부터 (ㄴ)일이 지나면 청구하지 못한다.

① ㄱ : 60일, ㄴ : 90일
② ㄱ : 60일, ㄴ : 120일
③ ㄱ : 90일, ㄴ : 120일
④ **ㄱ : 90일, ㄴ : 180일**

해설

행정심판청구는 처분이 있음을 알게 된 날부터 90일 이내에 제기하여야 하고, 처분이 있었던 날부터 180일이 지나면 청구하지 못한다(행정심판법 제27조 제1항·제3항 본문).

100

행정심판에 의해 구제받지 못한 자가 위법한 행정행위에 대하여 최종적으로 법원에 구제를 청구하는 절차는?

① 헌법소원
② 손해배상청구
③ 손실보상청구
④ **행정소송**

해설

행정쟁송제도 중 행정소송에 관한 설명이다. 행정심판은 행정관청의 구제를 청구하는 절차를 말한다.

101

행정청의 처분 등이나 부작위에 대하여 제기하는 행정소송은? 기출 20

☑ ① 항고소송
② 기관소송
③ 민중소송
④ 당사자소송

해설

① (○) 항고소송은 행정청의 처분 등이나 부작위에 대하여 제기하는 소송이다(행정소송법 제3조 제1호).
② (×) 기관소송은 국가 또는 공공단체의 기관 상호 간에 있어서의 권한의 존부 또는 그 행사에 관한 다툼이 있을 때에 이에 대하여 제기하는 소송이다. 다만, 헌법재판소법 제2조의 규정에 의하여 헌법재판소의 관장사항으로 되는 소송은 제외한다(행정소송법 제3조 제4호).
③ (×) 민중소송은 국가 또는 공공단체의 기관이 법률에 위반되는 행위를 한 때에 직접 자기의 법률상 이익과 관계없이 그 시정을 구하기 위하여 제기하는 소송이다(행정소송법 제3조 제3호).
④ (×) 당사자소송은 행정청의 처분 등을 원인으로 하는 법률관계에 관한 소송 그 밖에 공법상의 법률관계에 관한 소송으로서 그 법률관계의 한쪽 당사자를 피고로 하는 소송이다(행정소송법 제3조 제2호).

102

행정소송법상 항고소송의 종류로 옳지 않은 것은?

① 취소소송
② 무효등확인소송
☑ ③ 당사자소송
④ 부작위위법확인소송

해설

당사자소송은 행정소송법상 항고소송의 종류에 해당되지 않는다.

관계법령 항고소송(행정소송법 제4조)

항고소송은 다음과 같이 구분한다.
1. 취소소송 : 행정청의 위법한 처분 등을 취소 또는 변경하는 소송
2. 무효등확인소송 : 행정청의 처분 등의 효력 유무 또는 존재여부를 확인하는 소송
3. 부작위위법확인소송 : 행정청의 부작위가 위법하다는 것을 확인하는 소송

103

다음 설명에 해당하는 행정소송은 무엇인가?

> 국가 또는 공공단체의 기관이 법률에 위반되는 행위를 한 때에 직접 자기의 법률상 이익과 관계없이 그 시정을 구하기 위하여 제기하는 소송

① 항고소송
② 당사자소송
❸ 민중소송
④ 기관소송

해설

민중소송에 관한 설명이다. 민중소송은 당사자 사이의 구체적인 권리와 의무에 관한 분쟁의 해결을 위한 것이 아니라는 점에서 객관적 소송이자, 법률이 규정하고 있는 경우에 한하여 제기할 수 있다는 점에서 법정주의를 취한다.

104

다음은 행정쟁송절차이다. ( ) 안에 해당되는 말의 순서로 알맞은 것은? 기출문제

① 지방법원 → 고등법원 → 대법원 → 헌법재판소
② 고등법원 → 대법원 → 행정기관 → 헌법재판소
❸ 당해 행정관청 → 행정법원 → 고등법원 → 대법원
④ 상급감독관청 → 지방법원 → 대법원 → 헌법재판소

해설

행정소송의 제1심 관할은 행정법원이다. ★

참고문헌

- 홍성찬, 법학원론, 박영사, 2021
- 김향기, 법학개론, 대명출판사, 2021
- 최종고, 법학통론, 박영사, 2019
- 박상기 외, 법학개론, 박영사, 2018
- 허영, 헌법이론과 헌법, 박영사, 2021
- 김학성·최희수, 헌법학원론, 피앤씨미디어, 2021
- 정종섭, 헌법학원론, 박영사, 2018
- 권영성, 헌법학원론, 법문사, 2010
- 황남기, 황남기 헌법, 찬글, 2021
- 곽윤직·김재형, 민법총칙, 박영사, 2020
- 곽윤직·김재형, 물권법, 박영사, 2019
- 곽윤직, 채권총론, 박영사, 2020
- 곽윤직, 채권각론, 박영사, 2018
- 양창수, 민법입문, 박영사, 2020
- 김준호, 민법강의, 법문사, 2021
- 이시윤, 신민사소송법, 박영사, 2021
- 호문혁, 민사소송법, 법문사, 2020
- 이재상·장영민·강동범, 형법총론, 박영사, 2020
- 이재상·장영민·강동범, 형법각론, 박영사, 2021
- 신동운, 형법총론, 법문사, 2021
- 신동운, 형법각론, 법문사, 2018
- 이재상·조균석, 형사소송법, 박영사, 2021
- 신동운, 간추린 형사소송법, 법문사, 2021
- 정찬형, 상법강의(상), 박영사, 2021
- 정찬형, 상법강의(하), 박영사, 2020
- 최기원, 상법학원론, 박영사, 2008
- 홍정선, 신행정법특강, 박영사, 2021
- 김동희·최계영, 행정법 Ⅰ, 박영사, 2021
- 김동희, 행정법 Ⅱ, 박영사, 2021
- 정하중, 행정법개론, 법문사, 2020
- 장태주, 행정법개론, 법문사, 2011
- 법제처 홈페이지, http://www.law.go.kr

2025 시대에듀 경비지도사 법학개론 [일반 · 기계경비]

개정14판1쇄 발행		2025년 02월 05일(인쇄 2024년 12월 26일)
초 판 발 행		2011년 05월 20일(인쇄 2011년 04월 06일)
발 행 인		박영일
책 임 편 집		이해욱
편 저		시대에듀 경비지도사 교수진
편 집 진 행		이재성 · 고광옥 · 백승은
표지디자인		박종우
편집디자인		표미영 · 임창규
발 행 처		(주)시대고시기획
출 판 등 록		제10-1521호
주 소		서울시 마포구 큰우물로 75 [도화동 538 성지 B/D] 9F
전 화		1600-3600
팩 스		02-701-8823
홈 페 이 지		www.sdedu.co.kr
I S B N		979-11-383-8420-9 (14350)
정 가		36,000원

※ 이 책은 저작권법의 보호를 받는 저작물이므로 동영상 제작 및 무단전재와 배포를 금합니다.
※ 잘못된 책은 구입하신 서점에서 바꾸어 드립니다.

혼자 공부하기 힘드시다면 방법이 있습니다.
시대에듀의 동영상 강의를 이용하시면 됩니다.
www.sdedu.co.kr → 회원가입(로그인) → 강의 살펴보기